Antisemitismus vor Gericht

Fritz Bauer Institut
Studien- und Dokumentationszentrum zur
Geschichte und Wirkung des Holocaust

Wissenschaftliche Reihe des Fritz Bauer Instituts, Band 16

Christoph Jahr ist Privatdozent an der Humboldt-Universität zu Berlin.

Christoph Jahr

Antisemitismus vor Gericht

Debatten über die juristische Ahndung judenfeindlicher Agitation in Deutschland (1879–1960)

Campus Verlag
Frankfurt/New York

ISBN 978-3-593-39058-1 Print
ISBN 978-3-593-41714-1 E-Book (PDF)

Umschlaggestaltung: Surface, Frankfurt am Main
Umschlagabbildung: Hendrik van Dam, 1973, © Archiv Jüdische Allgemeine
Lektorat im Fritz Bauer Institut: Regine Strotbek
Satz: Campus Verlag GmbH, Frankfurt am Main
Druck und Bindung: CPI books Leck, GmbH
Gedruckt auf Papier aus zertifizierten Rohstoffen (FSC/PEFC).
Printed in Germany

www.campus.de

Kontakt: Werderstr. 10, 69469 Weinheim, info@campus.de

Inhalt

Das vorliegende Büchlein soll kein Agitationshandbuch gegen die Antisemiten bilden, es soll nur das Wesen, die Geschichte und die politische Wirksamkeit des Antisemitismus darstellen. Aber antisemitische Politik schildern, heißt gegen die Antisemiten schreiben.

Hans Maier, *Die Antisemiten,* S. 9

Danksagung

Der Zufall stand an der Wiege dieses Buches. Auf der Suche nach Akten zur Geschichte der Rheinprovinz nach 1815 stieß ich vor gut zehn Jahren auf einen Bestand im Preußischen Geheimen Staatsarchiv zu Berlin-Dahlem, der mich sofort elektrisierte. Nun ist dieses Buch daraus geworden, das ich ohne vielfältige Hilfe niemals hätte fertigstellen können.

Zeit für ein ausführliches Gespräch nahm sich, ganz am Anfang meiner Recherchen, Peter Pulzer in Oxford. Die Gelegenheit, meine Überlegungen zu präzisieren und zuzuspitzen, gaben mir die Kolloquien von Heinrich A. Winkler und Wolfgang Hardtwig an der Humboldt-Universität, von Werner Bergmann am Zentrum für Antisemitismusforschung in Berlin, von Dan Diner am Leipziger Simon-Dubnow-Institut sowie Anfang 2009 am Fritz Bauer Institut in Frankfurt auf Einladung des damaligen Gastprofessors Ulrich Wyrwa. Hilfreich waren auch die Diskussionen über Vorträge in den Kolloquien von Roger Chickering an der Georgetown University und am Deutschen Historischen Institut in Washington unter seinem damaligen Direktor Christof Mauch. Dieser Institution verdanke ich auch ein Forschungsstipendium für die Recherchen in den USA, der FAZIT-Stiftung in Frankfurt am Main die finanzielle Basis für die Freistellung von meinen Lehrverpflichtungen für ein Semester. Die Gutachten als Teil meines Habilitationsverfahrens an der Humboldt-Universität zu Berlin übernahmen freundlicherweise Heinrich A. Winkler, Rüdiger vom Bruch und Werner Bergmann.

Es ist mir eine angenehme Pflicht, für ihre Kritiken und Hinweise zu danken, ebenso wie für die meiner »Korrekturleser«: Susanne Kiewitz, Nadine Rossol, Tobias Brinkmann und Ulrich Wyrwa. Als eine besondere Ehre empfinde ich es, dass sich Reinhard Rürup die Zeit genommen hat, meinen Text zu lesen und mit der ihm eigenen Gründlichkeit zu kommentieren. Seinen Anregungen, wie denen all der anderen »guten Geister«, habe ich zu folgen versucht; das wird mir nicht immer gelungen sein, und bisweilen zeigte ich mich beratungsresistent. Welche Konsequenzen das für die Überzeugungskraft meiner Darstellung hat, entscheiden die Leser.

Dass sie das überhaupt tun können, verdanken sie und ich der Jürg Breuninger Stiftung, die den Druckkostenzuschuss bereitstellte, Raphael Gross, der die Aufnahme meines Werkes in die Wissenschaftliche Reihe des Fritz Bauer Instituts ermöglichte, und dem stellvertretenden Institutsdirektor, Werner Konitzer, der zusammen mit Judith Wilke-Primavesi und Dorothéa Frangopoulos-Blank vom Campus Verlag immer wieder auf die Fertigstellung meines Manuskriptes drängte. Allen genannten Personen und Institutionen habe ich unziemlich viel Geduld abgenötigt. Umso dankbarer bin ich für das ebenso gründliche wie zügige Lektorat von Regine Strotbek.

Dafür, dass es länger als geplant gedauert hat, bis aus einem Manuskript dieses Buch wurde, gab es viele Gründe. Sie lagen teils an der Spree, teils am Unterlauf des Neckars, großenteils jedoch beim Verfasser, dem bewusst wurde, dass die Wissenschaft viel, aber nicht alles ist. Die Ankunft von Justin, Cederic und schließlich Pauline, an deren Wiege ich nun stehe, hat dem Weg von der Einreichung der Habilitationsschrift bis zum fertigen Buch seinen ganz eigenen Rhythmus unterlegt. Ihnen ist dieses Werk gewidmet – und Ute, die mir immer wieder das Weiterarbeiten ermöglicht hat.

Berlin, im September 2011

I. Einleitung

So unbedingt auch die Ablehnung der eigentlichen Antisemiterei von Seiten aller Vorsichtigen und Politischen sein mag, so richtet sich doch auch diese Vorsicht und Politik nicht etwa gegen die Gattung des Gefühls selber, sondern nur gegen seine gefährliche Unmässigkeit, insbesondere gegen den abgeschmackten und schandbaren Ausdruck dieses unmässigen Gefühls.[1]

Wenn der Staat vom öffentlichen Frieden spricht, so meint er nicht den Frieden in den Gemüthern, denn der Staat ist kein pietistischer Superintendent [...]. Sondern er meint den Frieden in den Straßen.[2]

1. Thema, Fragestellung, Quellen- und Literaturbasis

Jedes Mal, wenn eine Welle rechtsradikaler Gewalt durch Deutschland rollt, wird die Diskussion, mit welchen Mitteln Staat und Gesellschaft dieser Bedrohung des öffentlichen Friedens, der demokratischen Ordnung und der Menschenwürde begegnen könnten, aufs Neue belebt. In diesen Debatten, so zuletzt im Zusammenhang mit dem 2003 gescheiterten Verbotsverfahren gegen die NPD, geraten die rechtsextremistische Gewalt und die ihr vorausgehende Propaganda entweder primär als *Straftat* oder als moralischer und politischer *Skandal* in den Blick. Entsprechend unterschiedlich lauten die Antworten auf die Frage, wie dieser Extremismus zu bekämpfen sei: Aus konservativer Sicht empfiehlt man vor allem Repression und Prävention, aus liberaler Perspektive hingegen Erziehung und Aufklärung. Gemeinsam ist diesem Forderungspaket aus Parteiverbot und Gemeinschaftskundeunterricht zweierlei: erstens der Rückgriff auf die NS-Zeit, in der die Judenfeindschaft, zur gesellschaftlichen *Norm* erhoben, in den Völkermord mündete; zweitens die zentrale Rolle, die der Staat als Polizist und Lehrer zugewiesen bekommt. Die deutsche Debatte über den Rechtsextremismus ist, wie Christoph Menke in Bezug auf die Fremdenfeindlichkeit feststellte, in hohem Maße »ein Diskurs im Namen des Staates«,[3] in dem sich die Vorstellung

1 Friedrich Nietzsche, *Jenseits von Gut und Böse*, 8. Hauptstück, Völker und Vaterländer, 251.

2 Lassalle, »Wissenschaft«, S. 31.

3 Menke, »Dunkelzonen«, S. 47; vgl. auch Baldus, *Hate Crime*, S. 2.

widerspiegelt, gesellschaftliche Probleme ließen sich mit juristischen Mitteln steuern, wenn nicht gar lösen.

Die historischen Grundlagen dieser Debatte reichen weit zurück. Diese Studie möchte in Erfahrung bringen, ob die systematische Diffamierung einer für »fremd« und »schädlich« erklärten Bevölkerungsgruppe in der Vergangenheit als strafwürdiges Vergehen, als normativ erwünschtes oder im Gegenteil als moralische Empörung auslösendes und deshalb zu skandalisierendes Verhalten wahrgenommen wurde. Daran schließt sich die Frage an, ob man es für notwendig beziehungsweise erstrebenswert hielt, den öffentlichen Frieden vor solchen Angriffen zu schützen, und wenn ja, warum dieser Standpunkt vertreten wurde (oder gerade nicht), und, schließlich, mit welchen Mitteln man dieses Ziel zu erreichen suchte. Da seit Thomas Hobbes die Verhinderung des Krieges aller gegen alle das große *Versprechen* und zugleich die wichtigste *Legitimation* der tendenziell unbegrenzten Sanktionsgewalt des Leviathan ist, geraten Vorstellungen über das Verhältnis von Individuum und Kollektiv, Staat und Gesellschaft, Recht und Justiz in den Blick. Welche Steuerungs- und Regelungspotenziale, insbesondere durch das Recht und die Justiz, wurden dem modernen Staat gesellschaftlichen und politischen Entwicklungen und Bewegungen gegenüber zugesprochen? Welches gesellschaftliche Selbstbild spiegelte sich in dieser Diskussion? Was besagt dies über die politische Kultur, und welche mentalen Dispositionen bestimmten die Leitbilder der Akteure?

Vor einhundert Jahren spitzte sich die Auseinandersetzung um die Prinzipien der Gesellschaft, um das Verhältnis von Meinungsfreiheit, Minderheitenschutz und Wahrung des öffentlichen Friedens in der Haltung zum Antisemitismus zu. Die Judenfeindschaft ist wohl die – zumindest in Europa und den europäisch geprägten Gesellschaften – älteste und wirkungsmächtigste Erscheinungsform innergesellschaftlicher Feinderklärung und »gruppenbezogener Menschenfeindlichkeit«.[4] Deren Inhalte und Formen, politische oder soziale Kontexte wandelten sich laufend. Nicht der Hass als solcher war beständig, sondern die Tatsache, dass er immer wieder ein und demselben, »Juden« genannten Kollektiv galt und weiterhin gilt.

Da der politische Rechtsextremismus fast immer mit einer Form der Judenfeindschaft einhergeht, kann die heutige Diskussion über seine Bekämpfung am Beispiel des Antisemitismus gewissermaßen historisiert werden. Weil die Schwelle staatlichen Handelns im Falle antisemitischer Äußerungen

4 Vgl. Heitmeyer, »Gruppenbezogene Menschenfeindlichkeit«.

Das hat den Vorteil, dass in den politischen Parteien oder in der Öffentlichkeit dann besonders aufschlussreiche Debatten abliefen – und den Nachteil, dass schon allein aufgrund der Skandalisierung eines Falles die Justiz und die Frage, was Recht sei, zugunsten (partei)politischer oder anderer Faktoren oftmals weit in den Hintergrund rückten. Dies gilt es zu berücksichtigen, wenn sich im Folgenden immer wieder zeigt, dass es in den Auseinandersetzungen um Antisemitismus, Recht und Justiz selten in erster Linie um diese Themen geht. Doch nur die spektakulären, öffentlich diskutierten Fälle können die Haltung größerer Bevölkerungsschichten prägen. Die Alltagsjustiz dagegen besitzt hierfür nur eine minimale Ausstrahlung – wenn auch eine große auf die Lebenswirklichkeit angefeindeter Minderheiten – und ließe sich zudem wegen methodischer Schwierigkeiten kaum erfassen.

Gewisse Einschränkungen müssen auch hinsichtlich des Untersuchungsgebietes vorgenommen werden, das sich grundsätzlich auf das Deutsche Reich erstreckt. Aufgrund der Quellenlage und pragmatischer Erwägungen steht jedoch Preußen im Mittelpunkt und hier wiederum besonders Berlin. Vergleichende Blicke etwa auf Bayern, Baden, Hessen oder Sachsen, die mit ihren jeweiligen relativ starken oder schwachen antisemitischen Bewegungen, mit ihrer konservativer oder liberaler geprägten politischen Kultur als innerdeutsche Parallelfälle interessant wären, sind nur sporadisch, nicht aber systematisch möglich. Nach 1945 steht die Bundesrepublik ganz im Zentrum der Aufmerksamkeit, weil nur dort eine freie Verfassungsdiskussion als »zentrale[s] Element«[13] der Gründung eines liberalen Rechtsstaates mit pluralistischer Öffentlichkeit und parlamentarisch-demokratischem Regierungssystem stattgefunden hat. Die DDR kommt daher hauptsächlich in Gestalt ihrer Vorgeschichte als Sowjetische Besatzungszone (SBZ) vor, als Rechts- und Verfassungsfragen noch diskutiert werden konnten, bevor die SED ihren ausschließlichen Machtanspruch durchsetzte.

Was für die innerdeutsche Perspektive gilt, nämlich dass ein Vergleich sinnvoll und wünschenswert wäre, trifft erst recht auf internationaler Ebene zu. Angesichts des langen Untersuchungszeitraums und der Vielschichtigkeit des Themas ist ein systematischer Ländervergleich, gar die Analyse von transnationalen Entwicklungen oder Transferprozessen jedoch nicht zu leisten.[14]

---

13 Benz, *Auftrag*, S. 480.

14 Dazu nüchtern Fögen/Teubner, »Rechtstransfer«, S. 45: »Es gibt keinen Rechtstransfer, es gibt nur unterschiedliche Grenzüberschreitungen bei der Resignifikation von Rechtsnormen.«

Verschmerzbar ist diese Einschränkung nur deshalb, weil in dem behandelten Zeitraum das Strafrecht ein noch ganz und gar nationales war; erst seit 1945 traten jene Institutionen in Erscheinung, die heute dabei sind, eine verbindliche europäische oder globale Rechtsordnung aufzubauen. Die juristische Fachliteratur befasst sich zwar immer wieder mit dem Rechtsvergleich, ohne jedoch über das bloße Konstatieren von Ähnlichkeiten und Unterschieden hinauszugelangen. In der Gesetzgebung, von der Urteilspraxis ganz zu schweigen, scheinen Entwicklungen außerhalb Deutschlands jedoch keine nennenswerte Rolle gespielt zu haben.

Der Untersuchungszeitraum reicht von der Formierung des postemanzipatorischen und parteipolitischen Antisemitismus kurz nach der Gründung des deutschen Nationalstaates bis ins Jahr 1960. Das frühe und mittlere 19. Jahrhundert wird als Vorgeschichte behandelt, um zu klären, ab wann die systematische Judenfeindschaft als juristisches Problem auf die Agenda kam. Die Untersuchung deckt den Gesamtzeitraum allerdings nicht gleichmäßig ab, sondern setzt drei Schwerpunkte. In der Entstehungsphase des postemanzipatorischen Antisemitismus als Begriff und politisch-soziale Bewegung spielten die justiziellen Aspekte noch eine untergeordnete Rolle. Das änderte sich in der zweiten Initialisierungsphase des massenwirksamen, populären, teilweise auch antigouvernementalen Antisemitismus der Jahre ab 1890 bis kurz nach der Jahrhundertwende, die daher den ersten Schwerpunkt bilden. Den zweiten markiert die durch Krieg, Systemwandel und Instabilität geprägte Phase seit 1914. Insbesondere verdient die Weimarer Republik aufgrund der Radikalisierung des Antisemitismus und als Vorgeschichte des NS-Staats besondere Beachtung. In der NS-Zeit selbst konnte von einer Bekämpfung des Antisemitismus natürlich keine Rede sein. Dennoch endeten die Versuche juristischer Gegenwehr seitens der Betroffenen nicht abrupt. Nach 1945 konzentrierte sich die Debatte, mit Ausnahme der Diskussion um »Gesetze gegen Rassenhass« beziehungsweise entsprechende Artikel in den Länderverfassungen der SBZ, auf die Westzonen und die Bundesrepublik. Als Endpunkt der Betrachtung ist mit der Neufassung des Paragraphen 130 StGB (Volksverhetzung) das Jahr 1960 definiert. Diese Gesetzesänderung ist die erste, die seit dem Inkrafttreten des Reichsstrafgesetzbuches 1871 de facto explizit als Reaktion auf den Antisemitismus vorgenommen wurde. Ebenso fällt das »Lüth-Urteil« von 1958 – obwohl es selbst nicht unmittelbar zum Thema gehört – als Epochenurteil für die Begründung der Verfassungsgerichtsbarkeit noch in den Untersuchungszeitraum. Er endet

werden, die auch im empirischen Hauptteil eine Rolle spielen. Diesen bilden die Kapitel III, IV und V, in denen Fälle antisemitischer Agitation, die Reaktionen der Betroffenen und der Justiz sowie die Debatten in Parlamenten und Druckmedien dargestellt werden. Obwohl der Erste Weltkrieg, die Weimarer Republik und die NS-Zeit in einem Kapitel zusammengefasst werden, soll dies keinesfalls die Zwangsläufigkeit bestimmter Entwicklungen suggerieren; die Radikalität des Umbruchs von 1933 lässt sich aber auf diese Weise am besten aufzeigen. Jeder chronologische Abschnitt schließt mit einem analytischen Passus, der resümiert, wie in den untersuchten Jahrzehnten die Fragen, ob der Antisemitismus ein Problem sei und warum, ob er bekämpft werden müsse und mit welchen Mitteln, beantwortet wurden. Die Arbeit endet mit einem Ausblick auf die Jahre nach 1960 und einigen abschließenden Überlegungen (Kapitel VI).

Die Literaturflut zum Thema Antisemitismus ist überwältigend und kaum noch überschaubar. Statt Titel seitenlang aufzulisten, die im Laufe dieser Untersuchung an geeigneter Stelle ohnehin erörtert werden, soll es hier bei einigen wenigen Bemerkungen bleiben, ohne sie im Einzelnen mit detaillierten Anmerkungen abzusichern. Nachdem lange Zeit vor allem die »klassische Ideologiegeschichte« sowie die Erforschung antisemitischer Parteien, Organisationen und Strukturen im Vordergrund gestanden hatten, hat die kulturgeschichtliche Wende inzwischen auch die Antisemitismusforschung erreicht[24] – mit der Folge, dass insbesondere der Stellenwert der Sprache, des Performativen und der kulturellen Praktiken in den Mittelpunkt des Interesses rücken. Für das hier behandelte Thema ist dies insofern bedeutsam, als Sprache, Inszenierung und kultureller Kontext in Recht und Justiz eine zentrale Rolle spielen.

Die Forschung hat sich zwar immer wieder mit dem Themenbereich »Antisemitismus und Justiz« auseinandergesetzt, meist jedoch nur selektiv. Ausführlich behandelt wurden jene »Delikte«, die seit Jahrhunderten als »Strafprozesse ohne Straftat« ausschließlich Juden vorgeworfen wurden, vor allem der »Hostienfrevel« oder der »Ritualmord«.[25] Auch die juristische Dogmatik und Praxis gegenüber Juden und Judentum – beispielsweise im Hinblick auf das rituelle Schächten oder die Eidleistung von Juden vor christlichen Richtern und umgekehrt von christlichen Zeugen vor jüdischen

24 Vgl. die Literaturberichte bei Ziemann, »›Linguistische Wende‹«; Sieg, »Auf dem Weg«; als historischer Rückblick Reinhard Rürup, »Der moderne Antisemitismus«.

25 Erb, »Erforschung«, S. 9.

darüber zu äußern. Nur mit Hilfe des hier angewandten Verfahrens der Kreuzung quellennah-zeitgenössischer mit aktuell-analytischen Perspektiven kann man diesem Problem abhelfen.

In dem seiner »Essener Rede« von 1891 folgenden Prozess beispielsweise wurde Hermann Ahlwardt nicht wegen Beleidigung der Juden angeklagt und verurteilt, sondern weil er die Ehre der preußischen Beamten herabgewürdigt hatte. Damals also waren die Beamtenbeleidigung und der damit verbundene Angriff auf die Staatsautorität entscheidend – derart akzentuiert, sieht es so aus, als gehörte der Fall nicht in unsere Untersuchung. Doch in die Geschichtsbücher ist Ahlwardt nicht als Beamtenfresser, sondern als Judenhasser eingegangen. Es ist gerade die Spannung zwischen zeitgenössischer Akteurs- und historisch-analytischer Ex-post-Perspektive, die neue Erkenntnisse in dem vermeintlich längst überforschten Bereich des Antisemitismus zutage fördert.

Bei den Begriffen »Jude« und »Judentum« ist es schwierig, der von den Antisemiten des Kaiserreichs vorbereiteten und den Nationalsozialisten vollendeten Kontamination zu entgehen.[40] Während aus religiöser Sicht jedes Mitglied einer jüdischen Gemeinde und jedes Kind einer jüdischen Mutter Jude ist, trachteten die Antisemiten erfolgreich danach, die Verwendung des in stigmatisierender Absicht benutzten Merkmals »Jude« in ihrem Sinne zu beeinflussen. Will man nicht unwillentlich die Kategorien der Nürnberger Gesetze reproduzieren, verbieten sich nicht nur Bezeichnungen wie »Halb-« oder »Vierteljude«, sondern auch Formulierungen wie »von jüdischer Herkunft« oder Ähnliches – es sei denn, die Sichtbarmachung dieses Merkmals ergäbe einen analytischen Sinn, beispielsweise dann, wenn eine Person sich ausdrücklich als Konvertit beschreibt.

Auch die als Quellenbegriff ubiquitäre Bezeichnung »jüdische Mitbürger« ist als deskriptiver Begriff völlig ungeeignet. Das ist keine originelle Erkenntnis, hatte doch schon 1880 Heinrich Rickert erkannt, dass die Rede von »jüdischen Mitbürgern« gewollt oder ungewollt die Ansicht ausdrücke, »daß die Juden keine Deutschen sind«.[41] Ähnlich verhält es sich mit dem Begriff »Judentum«, zu dem der Breslauer Nationalliberale Alexander Meyer ebenfalls 1880 feststellte, dass man unter diesem Namen »gewisse kranke und verwerfliche Bestrebungen der Zeit« zusammenfasse, weshalb man die-

40 Für eine allgemeine Darstellung vgl. Rohrbacher, »Über das Fortwuchern«.

41 *VdPA*, Bd. 286, LP 14, Sess. 2 = (*Stenographische Berichte*) Bd. 1, 22.11.1880, S. 280.

ses Wort nicht gebrauchen könne, »wenn man nicht die Verantwortung dafür übernehmen will, daß ein Mißbrauch in dem Sinne erfolgt, daß der Haß und die Leidenschaft [...] sich gegen den Juden lediglich aus dem Grunde richtet, weil er ein Jude ist«.[42] Der Begriff »Judentum« ist also eine fast zwangsläufig antisemitisch aufgeladene Konstruktion, sobald sie in einem anderen Sinne verwendet wird als »Christentum«, das heißt nicht ausschließlich zur Kennzeichnung der Religion, ihrer Glaubenssätze und Verhaltensanweisungen. »Judentum« bezeichnet in der vorliegenden Studie folglich stets etwas Geistiges – wie zum Beispiel auch in der innerjüdischen Diskussion um »Deutschtum und Judentum« –, nie jedoch das Kollektiv der Angehörigen dieser Religionsgemeinschaft. Ist dieses gemeint, wird von »Judenheit« (analog zu »Christenheit«) beziehungsweise »Judenheiten« oder den »Mitgliedern der jüdischen Gemeinde« gesprochen.

Außerdem wird der Antisemitismus hier vor allem als soziale Bewegung und Praxis[43] verstanden, denn die Beschränkung auf die Ideengeschichte läuft immerzu Gefahr, den Unterschied zwischen Sprechen und Handeln zu verwischen. Der »moderne Antisemitismus« war eine Bewegung, die *auch* auf zahlreiche ungelöste Probleme der modernen Industriegesellschaft beziehungsweise des entstehenden Nationalstaates reagierte, die dem politischen System vorzugsweise als Staatsversagen angelastet wurden. Dieser Eindruck des Staatsversagens – genauer gesagt: des Steuerungsversagens des Staates – erwuchs aus dem empfundenen Missverhältnis zwischen Aufgaben und Leistungsfähigkeit des Staates.[44]

Wie bereits erwähnt, wird der (organisierte) Antisemitismus häufig gewissermaßen als *pars pro toto* mit dem Rechtsextremismus gleichgesetzt. Doch beide sind nicht deckungsgleich, denn nicht jeder Rechtsextremist ist zwangsläufig Antisemit, und radikale Judenfeindschaft gibt es, historisch wie aktuell, bekanntlich auch in der Mitte und auf der linken Seite des politischen Spektrums.[45] Bis heute jedoch, selbst wenn inzwischen die Ausländer- und Islam-

---

42 Ebd., S. 255.

43 Das Editorial des Themenhefts »Antisemitismus« von *WerkstattGeschichte*, Jg. 13, Nr. 38 (2004), S. 3 f., hier: S. 3, grenzt sich von jenen Deutungen des Antisemitismus ab, die sich »auf der Ebene der Geistes- bzw. Politikgeschichte« bewegen, während die soziale Praxis meist nur »am Rande in Studien zur jüdischen Geschichte« in den Blick komme.

44 Vgl. Görlitz, »Mediales Recht«.

45 Vgl. Brosch/Elm/Geißler/Simbürger/von Wrochem (Hrsg.), *Exklusive Solidarität*.

führung bei und kolportiert vor der Tür Stimmen und Stimmungen, kommentiert das Geschehen im Gericht und übersetzt es in die Alltagssprache. Im Zeitalter der Massenmedien haben zudem die Berichterstatter der Presse großes Gewicht, da sie bis heute als Einzige die unmittelbare Verbindung zur medial vermittelten Öffentlichkeit gewährleisten können. Die Inszenierung des Rechts kennt also sehr viel mehr Mitwirkende als die vermeintlich ausschließlich dazu berufenen Juristen. Das gilt in besonderem Maße für politische Strafverfahren. Bruno Weil, einer der wichtigsten juristischen Köpfe des CV, prägte 1927 dafür die Formel: »Derjenige Anwalt, der die Hauptaufgabe darin sieht, ob der von ihm Vertretene 10 Mark Geldstrafe erhält oder freigesprochen wird, verkennt das Wesen des politischen Prozesses durchaus. Der Prozeß ist nichts, das Echo ist alles.«[64]

Zentral bedeutsam sind die Medien auch als Verstärker, Transformatoren und Generatoren dessen, was man seit Gabriel Almonds Aufsatz »Comparative Political Systems« von 1956 und der von ihm zusammen mit Sidney Verba publizierten Studie *The Civic Culture. Political Attitudes and Democracy in Five Nations* aus dem Jahr 1963 im deutschen Sprachraum »politische Kultur« nennt. Dieser Begriff hat im Zuge der »kulturalistischen Wende« der Geschichtswissenschaft Konjunktur und ist auch für diese Untersuchung von Belang. Auf theoretische Grundsatzdebatten kann freilich verzichtet werden, es genügt in unserem Kontext eine pragmatische Arbeitsdefinition: »Unter ›politischer Kultur‹ sind geistige Traditionslinien, Mentalitätsbestände sowie Haltungen der Bürger/innen gegenüber den staatlichen Institutionen und Strukturen, also die subjektive Dimension des Politischen, zu verstehen.«[65]

Für die Bewertung des Verhaltens der jeweils Handelnden kann man zwei sich scheinbar widersprechende, in Wirklichkeit jedoch ergänzende Perspektiven einnehmen. *Zum einen* hat man es in der Regel kaum mit individuellem Handeln der an den rechtsförmigen Verfahren Beteiligten zu tun, sondern mit Rollenverhalten. Jenseits individueller Einstellungen und Prägungen ist ein Richter zuerst ein Richter, ein Verteidiger ein Verteidiger und ein Staatsanwalt ein Staatsanwalt. Das gilt auch im Rahmen politischer oder ethisch-moralischer Delikte. Daher bleibt in jedem Einzelfall zu klären, ob ein am Justizverfahren Beteiligter nachweisbar parteiisch war. Für Personen wie Erich Sello, Ludwig Foerder oder Henry Ormond auf der einen und

64 Bruno Weil, *Gegen die Rechtsnot*, zit. nach Beer, *Juden*, S. 188; zur Wirkung spektakulärer Gerichtsprozesse in der Öffentlichkeit vgl. Hett, *Death*; Siemens, *Metropole*.

65 Butterwegge, »Ambivalenzen«, S. 292.

Hans Frank, Roland Freisler oder Horst Mahler auf der anderen Seite gilt das gewiss (damit aber sind die Gemeinsamkeiten zwischen diesen beiden Gruppen auch schon erschöpft). Oft jedoch wechselten die Juristen je nach Lage der Dinge die Position. Im »Ritualmord«-Fall im böhmischen Polna beispielsweise hatte der die »Ritualmord«-Anklage erhebende Staatsanwalt davor in vielen Fällen Anklagen wegen Beleidigung von Juden vertreten, während der Verteidiger des Angeklagten Hilsner davor eine Frau verteidigt hatte, die sich wegen antijüdischer Beleidigung vor Gericht verantworten musste.[66] *Zum anderen* konkretisieren sich in der Gesetzgebung zwar große, überindividuelle, religiöse, philosophische oder ethische Prinzipien, ihre Umsetzung im juristischen Alltag dagegen hat das Nadelöhr der individuellen Entscheidungen von Richtern oder Staatsanwälten zu passieren, die Ermessensspielräume so oder so nutzen. Das ist nicht als bloße Willkür zu verstehen (obgleich man solche natürlich häufig wird feststellen können), denn Gesetzestexte unterliegen zwangsläufig Transkriptionsprozessen, während sie in einem juristischen Verfahren aufgerufen werden.[67]

Um die zeitgenössischen Perspektiven auf den Antisemitismus einzufangen, habe ich die analytischen Begriffe »Straftat« »Norm« und »Skandal« vorgeschlagen, die weiterer Erläuterung bedürfen. »Straftat« zielt auf die im engeren Sinne juristischen Aspekte ab, also darauf, ob und wie antisemitische Agitation als kriminelles Verhalten und daher als mit dem strafrechtlichen Instrumentarium zu erfassendes Delikt wahrgenommen wurde.

Der Begriff »Norm« steht gemeinhin für ein verbindliches Leitbild, das keine Varianz duldet. Bezogen auf unser Thema handelt es sich um die Sichtweise, dass der Antisemitismus nicht nur grundsätzlich mit der politischen Ordnung und den Grundlagen gesellschaftlichen Zusammenlebens vereinbar sei – dieser Standpunkt war vor 1933 in großen Teilen der Gesellschaft gang und gäbe –, sondern dass er, wie in der NS-Zeit geschehen, darüber hinaus geradezu als Richtschnur der Gesellschaft zu fungieren habe.

»Skandal« schließlich steht für die moralische Komponente einer Regelverletzung, also für das ethisch Anstößige einer Verhaltensweise, das sich nicht direkt oder ausschließlich als Verstoß gegen die Gesetze fassen lässt. Dieser Begriff ist doppeldeutig, bezeichnet er doch sowohl einen tatsächlichen oder vermeintlichen *Missstand* als auch die öffentliche *Empörung* dar-

66 Kieval, »Importance«, S. 158.

67 Vgl. Christensen/Lerch, »Transkriptionen«.

über.[68] Ein »Justizskandal« liegt vor, wenn entweder Gesetze nicht oder falsch angewendet werden oder wenn eine als Fehlverhalten wahrgenommene Handlung erst gar nicht unter die Kategorien juristischer Logik fällt.

Ein Sachverhalt wird freilich erst dadurch zum Skandal, »daß er bekannt gemacht und erfolgreich als Skandal *definiert* worden ist«[69] – mittels der Schritte »Ärgernis, Aufsehen, Lärm«. Einer erfolgreichen Skandalisierung gelingt es, »durch öffentliche Artikulation beim Publikum *moralische Empörung* zu erzeugen«, wozu glaubhaft gemacht werden muss, dass nicht irgendeine Norm, sondern »fundamentale, alle betreffende Grundnormen des gesellschaftlichen Zusammenlebens« verletzt worden sind. Es geht also bei Skandalen nicht nur um institutionalisierte Normen, sondern um »die Legitimität menschlichen Verhaltens. Sie schaffen Opfer und Märtyrer, konterkarieren bestehende Macht- und Herrschaftsstrukturen, indem sie die moralische Macht der Ohnmächtigen und die moralische Schwäche der Mächtigen für einen Augenblick sichtbar machen. Skandale stellen implizit oder explizit die Machtfrage.«[70]

Damit ist erneut die Rolle der Medien und der Öffentlichkeit angesprochen. Die Antisemiten, wie alle Protagonisten radikaler politischer Bewegungen, standen und stehen vor dem Problem, mit ihren Aktivitäten »stets oberhalb der Schwelle medialer Wahrnehmung, möglichst unterhalb der Schwelle des direkten juristischen Zugriffs«[71] bleiben zu müssen. Die »Ökonomie der Provokation« kommt dort besonders zum Tragen, »wo sich die Interessen der Provokateure und der Berichterstatter überschneiden. Beide suchen nach Aufmerksamkeit.«[72] Für Randgruppen und institutionell Machtlose, zu denen die expliziten antisemitischen Organisationen und Parteien meistens zählten, ist sie durch gezielte Provokationen relativ leicht zu erregen und dadurch attraktiv. In dieser Studie geht es jedoch, entsprechend der allgemeinen Fragestellung, nicht darum, wie Antisemiten versucht haben, ihren Vorstellungen möglichst große Resonanz zu verschaffen. Vielmehr verweisen »Skandal« beziehungsweise »Skandalisierung« hier auf die Bemühungen des Centralvereins und anderer jüdischer Interessenvertreter, von Parteien oder Teilen der Öffentlichkeit, den Antisemitismus als etwas ethisch und moralisch a priori Verwerfliches zu brandmarken.

68 Zusammenfassend zur Begriffsgeschichte vgl. Sabrow, »Politischer Skandal«, S. 7 ff.
69 Hitzler, »Skandal«, S. 334.
70 Jaschke, *Streitbare Demokratie*, S. 99 u. S. 100.
71 Robert Leicht, »Entlarven«, S. 5.
72 Beide Zitate Widmann, »Entscheidungsschlachten«, S. 109.

II. Staat, Recht, Emanzipation

Es erben sich Gesetz' und Rechte
Wie eine ew'ge Krankheit fort;
Sie schleppen von Geschlecht sich zum Geschlechte
Und rücken sacht von Ort zu Ort.
Vernunft wird Unsinn, Wohltat Plage;
Weh dir, daß du ein Enkel bist![1]

Aber trotz aller Berechtigung, die dem Trägheitsprinzip
in Gesetzgebungsfragen zuzusprechen ist,
kommt überall doch eine Grenze,
wo der Umschlag der Vernunft zum Unsinn,
der Wohltat zur Plage zu deutlich wird,
als dass wir konservativ bleiben dürften.[2]

1. Strafrecht, Justizorganisation und Justizpersonal

1.1. Recht und Strafe

Keine Gesellschaft kann ohne Konventionen und Normen existieren, deren Einhaltung auf die eine oder andere Weise überwacht und durchgesetzt wird. Da eine Strafe »die einschneidendste Sanktion [ist], die der Staat für seine Bürger bereithält«, weil sie nicht nur Geld oder Bewegungsfreiheit entzieht, sondern zusätzlich den Charakter einer »sozialethischen Mißbilligung«[3] trägt, ist dieses Rechtsinstitut in hohem Maße legitimationspflichtig. Anhand der Metapher vom »Auge des Gesetzes« hat Michael Stolleis prägnant dargestellt, wie aus der Verbindung altägyptischer, griechisch-römisch antiker und jüdisch-christlicher Traditionen die »Vorstellung von der Allwissenheit und Gerechtigkeit eines höchsten Wesens« entstand, »das Providenz und Vigilanz vereint«.[4] Der lange Weg »von der metaphysisch begründeten Gerechtigkeit zur formalen Rechtsordnung« und zur »Säkularisierung, Entpersonalisierung und Versachlichung der Herrschaft« führte »von Gott zum irdischen Gott des Fürsten, von da zum sterblichen Gott des Leviathan, und von diesem zum vergöttlichten Gesetz, das seinerseits seine Krönung in der

---

1 Goethe, *Faust I*, Szene Studierzimmer II.
2 Eduard Kohlrausch, *Beschimpfung*, S. 102.
3 Beide Zitate Kühl, *Bedeutung*, S. 9.
4 Stolleis, *Auge*, S. 42.

Verfassung findet«.[5] Während Thomas Hobbes den Verzicht auf den Wahrheitsanspruch in die Worte »auctoritas, non veritas facit legem« kleidete, verkündete die Verfassung von Massachusetts aus dem Jahr 1780 in ihrem Artikel XXX den Grundsatz entpersonalisierter Herrschaft durch das Gesetz so: »it may be a government of laws, and not of men«.[6] Das »Gesetz« schlüpfte in die Rolle Gottes, weil es als der »einzig sichtbare und das Leben gestaltende Ausdruck der neuen politischen Rangordnung« übrig geblieben war und dadurch »alle Qualitäten, die ehemals Gott und dann dem Fürsten zugeschrieben wurden«,[7] auf sich zog: Es galt Tag und Nacht, war ständig wachsam und beanspruchte vorausschauende Regelungskompetenz für die Zukunft. »Auch im Recht braucht man Glauben«, weil der Rechts*text* von seiner Quelle, dem Souverän, »getrennt gehalten werden muß, da sonst die Rule of Law mit der Rule of Men gleichzusetzen wäre und das System kollabieren würde«.[8] Alle Begriffe der modernen Staatslehre sind, so die bekannte Formulierung Carl Schmitts, »säkularisierte theologische Begriffe«.[9]

War das Recht also lange Zeit als ein göttlicher Setzung entspringendes Instrument zur Ordnungswahrung legitimiert, wurde es im Zeitalter des Absolutismus insofern säkularisiert, als man es nicht länger für unveränderlich erklärte, sondern als Steuerungsinstrument landesherrlicher Politik verstand. Um der damit verbundenen Gefahr despotischer Willkür argumentativ entgegentreten zu können, berief sich die Aufklärung auf die Prinzipien des Naturrechts und der Vernunft. Infolgedessen wurde das Recht gewissermaßen erneut sakralisiert, denn Naturrecht und Vernunft gehen in dieser Vorstellung dem Menschen voraus, werden durch ihn *ge*funden, aber nicht *er*funden, ähnlich wie einst das göttliche Recht. Diese säkulare Sakralisierung des Rechts verschaffte dem liberalen Widerstand gegen die alte Ordnung eine breite Legitimationsbasis und machte es zugleich zu einem Grundpfeiler zivilreligiöser Bekenntnisse. Die bürgerliche Gesellschaft ist, und das gilt trotz einiger Einschränkungen auch für Deutschland, eine »in spezifischer Weise rechtlich geprägte Gesellschaft«, in der das Recht vor allem »negatorische und organisatorische Aufgaben zu erfüllen«[10] hat. Die Definitionsmacht

5 Ebd., S. 46 u. S. 51.

6 Thomas Hobbes, *Leviathan*, Kap. 26, zit. nach ebd., S. 46; Verfassung von Massachusetts, zit. nach ebd., S. 83, Anm. 66.

7 Ebd., S. 59 u. S. 60.

8 Haltern, »Recht«, S. 166 u. Anm. 50.

9 Schmitt, *Politische Theologie*, S. 49.

10 Grimm, »Bürgerlichkeit«, S. 161 u. S. 160; zu den Einschränkungen hinsichtlich Deutschlands vgl. Landau, »Kommentar«.

ser Untersuchung. Die einzige Ausnahme ist der CV, dessen Rechtsschutzarbeit von 1893 bis 1938 *den* Schwerpunkt seiner gesamten Vereinstätigkeit bildete.

Die juristische Fachliteratur als fachspezifisches Diskussionsforum wird dagegen nur selektiv herangezogen, da die in ihr ausgetragenen dogmatischen Schlachten für den Laien schwer nachvollziehbar und für eine historische Fragestellung nur von nachrangigem Interesse sind. Die Sammlungen höchstrichterlicher Entscheidungen[22] des Reichsgerichts, des Bundesgerichtshofs und des Bundesverfassungsgerichts haben dagegen große Bedeutung; zum einen, weil sie der Urteilspraxis Orientierungshilfen gaben, zum anderen, weil sie so etwas wie das kollektive Gedächtnis »der Justiz« darstellen. Sowohl die juristische Fachliteratur als auch die höchstrichterlichen Entscheidungen sind für diese Arbeit immer dann besonders aussagekräftig, wenn sie Aufschluss über den »juristischen Blick« auf die Probleme des Schutzes des öffentlichen Friedens, der Demokratie und angefeindeter Minderheiten geben. Für die juristische Praxis sind allerdings weniger Dissertationen oder Abhandlungen in Fachzeitschriften relevant als vielmehr die Kommentarliteratur, die eine schnelle Orientierung über die »herrschende Meinung« ermöglicht. Da diese Untersuchung jedoch nicht den Anspruch erhebt, eine möglichst lückenlose empirische Aufbereitung aller Gerichtsfälle zu liefern, ist auch der Verzicht auf die jeweilige Widerspiegelung der juristischen Praxis in der Kommentarliteratur verschmerzbar, zumal in dieser mehr *konstatiert* als *argumentiert* wird.

Diese Studie versteht sich als Versuch, Rechts- beziehungsweise Justizgeschichte und Antisemitismusforschung zusammenzuführen, die über Jahrzehnte weitgehend unverbunden nebeneinander existierten und sich erst in letzter Zeit einander annähern.[23] Dazu ist sie in fünf, im Wesentlichen der Chronologie folgende Abschnitte gegliedert. Diese Einleitung klärt – nach einem kurzen Literaturbericht – in ihrem zweiten Teil die theoretischen, methodischen und begrifflichen Vorannahmen und Setzungen. Das anschließende Kapitel (II) macht mit der Entwicklung des Justizwesens und des Justizpersonals vertraut, stellt die zentralen strafrechtlichen Bestimmungen vor und ruft die wichtigsten Entwicklungslinien des Antisemitismus in Erinnerung, wobei vor allem jene Protagonisten der Judenfeindschaft behandelt

22 Als Überblick hierzu vgl. Dölemeyer, »Entstehung«.

23 Als Literaturüberblick und programmatische Skizze vgl. Henne/Kretschmann, »Rechtsgeschichtliche Beiträge«.

für das »Gemeinwohl« geht dabei tendenziell vom Staat auf die Gesellschaft über, das Recht soll die darum kreisenden Aushandlungsprozesse regulieren und abschirmen, aber nicht mehr inhaltlich vorherbestimmen. Die »Majestät des Rechts« trat vielfach neben die göttliche Allmacht, wenn es sie nicht gar übertraf, verlor aber ihre nähere inhaltliche Bestimmung.

Damit ging ein erheblicher Wandel der Vorstellungen über die Aufgaben der Justiz einher. Das Richterbild des 19. Jahrhunderts schwankte zwischen den Extremen »Richterkönig« und »Subsumtionsautomat«.[11] Die Anfänge der bis heute vorherrschenden Vorstellung, der Richter habe »unpolitisch« zu sein, datieren – anders als die schon in der Antike erhobene Forderung nach unparteiischen Richtern – erst auf das 18. Jahrhundert. Cesare Beccaria schrieb ihm 1764 keine andere Funktion zu, »als die Handlung zu untersuchen, ob sie mit dem Gesetz übereinstimmt oder nicht«.[12] In dieselbe Richtung zielte auch Montesquieus Charakterisierung des Richters als »bouche de la loi«, Mund des Gesetzes.

Dass sich diese Vorstellung durchsetzen konnte, lag an der zeitweiligen Interessenkongruenz zwischen dem absolutistischen Staat, der mit Hilfe eines eigenständigen Justizapparats seine Zentralisierungs- und Homogenisierungswünsche gegenüber den ständischen und adeligen Partikulargewalten durchsetzte, und dem aufkommenden Bürgertum, das sich von einer unabhängigen und allein an die Gesetze gebundenen Justiz den Schutz seiner ökonomischen, sozialen und politischen Rechte erhoffte. Die Gesetzesbindung versprach Schutz vor der Willkür der Richter, die Unabhängigkeit der Justiz vor derjenigen der Fürsten. Dieses Konstrukt einer »unpolitischen Justiz« entlastete sowohl den Fürsten als auch das Bürgertum, da beide nun – statt mit ihren Interessen – mit der scheinbar abstrakten »Herrschaft des Rechts« argumentieren konnten. Dieses Schutzversprechen entwickelte dabei eine normative Eigendynamik und trug zur Absolutsetzung des Rechts bei.

Das Bündnis zwischen Fürsten und Bürgertum war jedoch nur temporär. Vor allem konnte sich das liberale »Justizstaatskonzept«, das die Regierungshandlungen gerichtlicher Kontrolle unterwerfen wollte, unter den Bedingungen der monarchischen Restauration nach 1815 nicht durchsetzen. Der Topos vom »unpolitischen Richter« stammte aus der bürgerlich-liberalen

11 Ogorek, *Richterkönig*; dies., »Richterliche Normenkontrolle«.

12 Cesare Beccaria, *Verbrechen und Strafe* (1764), zit. nach Hattenhauer, »Wandlungen«, S. 10.

Rechtstheorie des 19. Jahrhunderts über die Kontrolle von Gesetzgebung und Verwaltung durch die ordentlichen Gerichte. Er stellte ein funktionales Äquivalent für die politisch nicht durchsetzbare Gewaltenteilung dar. Die »Fabelgestalt« des unpolitischen Richters diente dabei als Teil einer – freilich gescheiterten – »Appeasement-Strategie«[13] gegenüber dem Monarchen. Die Berufung auf die unpolitische Funktion der Justiz nutzten nämlich auch die Verfechter der vorliberalen Ordnung mit großem Erfolg. Wenngleich die liberale Prägung der Richter vor 1848 durchaus stark war und es bis in die 1860er Jahre dauerte, ehe die konservative Orientierung unter ihnen zur Regel wurde, herrschte von Anfang an eine Staats(wohl)gebundenheit vor, der die Vorstellungen von bürgerlicher Freiheit untergeordnet waren.

Die Selbstmythisierung der unbedingten Gesetzesbindung war also ursprünglich ein Mittel, um gegenüber dem Fürstenstaat eine gewisse Unabhängigkeit zu erringen. Sie wurde jedoch schon früh »zugleich zur Einbruchsstelle für obrigkeitliches Denken, für die unbedingte Loyalität zum Gesetz, welchen Inhalt es auch immer verkörpern mochte«, und »verkehrte sich unversehens in die Bindung an die hergebrachte ›Ordnung‹ und das hergebrachte ›Gemeinwohl‹«.[14] Diese Mentalität brachte beispielsweise der konservative Jurist Carl Kade zum Ausdruck, der dem Beharren auf der richterlichen Unabhängigkeit eine antiparlamentarische Note gab, als er der Justiz eine gesamtgesellschaftlich verbindliche Leitfunktion zusprach:

> »Recht und Rechtspflege sowie deren Träger, die Richter, sollen für das Staatsschiff den Kompaß bilden, dessen Magnetnadel [...] seine eigene Richtung unabänderlich innehält [...]. Die für eine gerechte und freie Rechtsprechung unbedingt und in vollem Maße erforderliche Unabhängigkeit der Gerichte und ihrer Richter gebietet es, daß diese in ihrer Amtstätigkeit um so mehr von der Staatsleitung losgelöst sind und auch erscheinen, als deren einheitliche Führung von dem jeweilig wechselnden Einfluß der politischen Parteien abhängig ist.«[15]

Das Richterbild des 19. Jahrhunderts war daher vom Positivismus in seinen verschiedenen Ausprägungen bestimmt, doch sind bei genauer Betrachtung vier Richterbilder unterscheidbar.[16] Da gibt es erstens den Richter als Bewahrer der ständischen Ordnung: Der war zwar spätestens seit der Französischen Revolution ein »Auslaufmodell«, seine Idee aber hielt sich zäh, vor al-

13 Beide Zitate Ogorek, »Richter«, S. 346, der auch die Darstellung dieses Sachverhalts folgt.

14 Hodenberg, *Partei*, S. 329.

15 Kade, *Der deutsche Richter*, S. 17.

16 Zum Folgenden vgl. Falk, »Von Dienern«.

lem in Verbindung mit dem Bild – zweitens – vom Richter als Diener des spätabsolutistischen Fürstenstaates. Darin verfügt die Justiz über eine durchaus eigenständige Rolle, sogar eine begrenzte Unabhängigkeit vom Monarchen, es blieb freilich bei ihrer ausschließlichen Fixierung auf den Staat. Die Zukunft schien in der ersten Hälfte des 19. Jahrhunderts jedoch – drittens – der Vorstellung vom Richter als Diener der bürgerlichen Gesellschaft zu gehören, die der Hanauer Hofgerichtsadvocat Karl August Klauhold 1798 auf die Formel brachte: »Sicherheit und bürgerliche Freiheit ist der einzige wesentliche Zweck des Staates, als bürgerliche Gesellschaft.«[17] Diese Position spitzte Rudolf von Jhering sogar noch zu, als er von der »Heiligkeit und Unantastbarkeit des Rechts als des Palladiums der bürgerlichen Gesellschaft« sprach und im Richter »das lebendig gewordene, in seiner Person der Sprache theilhaftig gewordene Gesetz« erblickte: »Gehorsam gegen das Gesetz ist die erste Tugend des Richters.«[18] Gleichwohl vertrat Jhering nicht die Auffassung eines »unpolitischen Subsumtionsautomaten«, denn das Beharren auf der unbedingten Gesetzesbindung war seitens der Verfechter des liberalen Rechtsstaates klar durchdacht und diente »als beschwichtigendes Argument in der verfassungspolitisch heiklen Debatte um die Kontrolle von staatlichen Hoheitsakten durch ordentliche Gerichte in einem monarchisch regierten Staat«.[19]

Doch bei diesem Bekenntnis zu den Prinzipien des bürgerlich-liberalen Rechtsstaats blieb es bekanntlich nicht, was sich an Jhering gut zeigen lässt. Dem Großteil des Bürgertums folgend, vollzogen auch die Juristen im Zeitraum zwischen dem Scheitern der 1848er-Revolution und der Reichseinigung 1870/71 die Wende hin zur Monarchie und dem von ihr verkörperten Machtstaat. Deshalb ist es kein Zufall, dass der Begriff »Rechtsstaat« zwar 1832 von dem südwestdeutschen liberalen Staatsrechtler Robert von Mohl geprägt,[20] inhaltlich aber von dem konservativen Friedrich Julius Stahl bestimmt wurde. Dessen berühmte Definition, dass damit »überhaupt nicht Ziel und Inhalt des Staates, sondern nur Art und Charakter, dieselben zu verwirklichen«, benannt seien, wandte sich gleichermaßen gegen den »bloßen Polizey-Staate« wie gegen den »Volksstaate (Rousseau, Robespierre)«.[21] Diese doppelte Frontstellung verdeutlicht, dass das Rechtsstaatskonzept nur

17 Zit. nach ebd., S. 257.

18 Zit. nach ebd., S. 271 f.

19 Ebd., S. 273.

20 Vgl. Mohl, *Die deutsche Polizeiwissenschaft.*

21 Stahl, *Philosophie*, Bd. II/2, S. 138.

eine materiell entleerte Schrumpfform des liberalen »Justizstaates« ist. Während im Zivilrecht die bürgerlichen Normen leitend blieben, vertrat beispielsweise Jhering im Strafrecht die Abweichung vom *Nulla-poena*-Grundsatz[22] und plädierte für die Ausweitung der Strafgewalt des Staates gegenüber den Außenseitern der Gesellschaft durch ebenjene Richterwillkür, die er ansonsten strikt ablehnte. Schon lange vor Oskar von Bülows als bahnbrechend gerühmter Abhandlung über *Gesetz und Richteramt* von 1885 war dadurch die Richterrechtsdiskussion in Bewegung geraten.[23]

Von hier aus war es nicht mehr weit bis zu jener nach 1870 zunehmend dominant werdenden Richtung, die im Richter, viertens, vor allem den Diener des Nationalstaates, des »Volkes« oder des Gemeinwohls erblickte. Für diese Position steht stellvertretend der Danziger Landgerichtsrat Heinrich Peiser, der 1906 das Recht als Mittel, »die gesellschaftlichen Lebensverhältnisse eines Volkes« dem Gemeinwohl »entsprechend zu ordnen«, bezeichnete, wobei er Recht und Staat als »voneinander nicht zu trennende Begriffe« ansah, denn dem »Staatswohl dient alles und jedes Recht«.[24]

Als dieser Staat sich von der Monarchie zur demokratischen Republik gewandelt hatte, verschoben sich die Fronten in der Methodendiskussion und richterlichen Praxis auf eigentümliche Weise. Die Interessenjurisprudenz vertrat – anders als die aus dem Positivismus hervorgegangene, rein deduktiv von vorgefassten Rechtsbegriffen ausgehende und von allen außertextlichen Faktoren abstrahierende Begriffsjurisprudenz – die Notwendigkeit lebensnaher Normierungen und Entscheidungen.[25] Sie beharrte aber weiterhin auf der Bindung des Richters an das Gesetz und unterschied sich dadurch von der Freirechtsschule.

Diese kurz nach 1900 vor allem von Eugen Ehrlich, Hermann Kantorowicz und Ernst Fuchs entwickelte Lehre,[26] die sich auf Gustav Rümelins Rede »Werturteile und Willensentscheidungen im Civilrecht« von 1891 berief, erachtete das kodifizierte Recht als unvermeidlicherweise beschränkt;

22 Rudolf von Jhering, *Der Zweck im Recht*, Bd. 1, Leipzig 1877: »Soll die Gerechtigkeit einem […] Unmenschen gegenüber sich machtlos erklären, weil das geschriebene Gesetz ihr nicht die Möglichkeit bietet, ihn zur verdienten Strafe zu ziehen?«, zit. nach Falk, »Von Dienern«, S. 278; vgl. auch Rückert, »Geist«.

23 Vgl. Henne/Kretschmann, »Mythos«.

24 Zit. nach Falk, »Von Dienern«, S. 280.

25 Vgl. dazu die Sammlung wichtiger Texte in Ellscheid/Hassemer (Hrsg.), *Interessenjurisprudenz.*

26 Folgende Darstellung hält sich an Nörr, *Richter*, S. 2–6.

seine normativen Lücken seien daher durch freie Rechtsfindung und Rechtschöpfung zu füllen, wobei der Jurist die Überzeugungen der ihn tragenden Gemeinschaft, seines Volkes und seiner Zeit, zur Geltung zu bringen habe. Der »gesunde Menschenverstand« und die persönliche Überzeugung des Richters sollten ihm helfen, den Schleier juristischer Objektivität, hinter dem sich der Positivismus verstecke, abzuwerfen.

Diese Lehre, die den »Subsumtionsautomaten« zum »Richterkönig« aufwertete, kam zunächst liberalem, dann sozialdemokratischem Denken zugute, ging sie doch davon aus, dass der Richterstand »bei weitem reifer als die Mehrzahl der als Gesetzgeber funktionierenden Parteiagenten«[27] sei. In der konstitutionellen Monarchie bedeutete diese Verschiebung in der Architektur der Gewaltenteilung zugleich die Stärkung des konstitutionellen zulasten des monarchischen Elements. Der konservativ-monarchische Deutsche Richterbund sprach sich auf dem Richtertag in Dresden 1911 folglich mehrheitlich gegen das Freirecht aus und betonte einmal mehr die unbedingte Gesetzesbindung der Richter.

Als die demokratische Republik die konstitutionelle Monarchie ablöste, wurde die freirechtliche Aufforderung zur richterlichen Rechtschöpfung für die »linken« oder zumindest der Republik wohlgesinnten Richter problematisch, musste sie doch mit den Prinzipien der Volkssouveränität und der parlamentarisch-demokratischen Regierungsweise in Konflikt geraten. Gustav Radbruch beispielsweise wandte sich gegen die Anmaßung des Prüfungsrechts durch die Gerichte, weil dann das Bild der Verfassung in der Öffentlichkeit unweigerlich »das eines Zeuglappens« wäre, »den die Juristen, die Parteijuristen und die Justizjuristen, wie die Hunde hin- und widerzerren, bis von ihm nur ein zerrissener, beschmutzter, unscheinbarer Fetzen übrigbleibt«.[28] Den politischen Positionswechsel des Freirechts auf dem Wege vom Kaiserreich zur Weimarer Republik beschrieb Franz Neumann 1929 prägnant: »Vor dem Kriege wirkte das freie Ermessen zweifellos in weitem Maße fortschrittlich. Mit seiner Hilfe konnte man Breschen in die starre, reaktionäre Rechtsordnung legen. […] Heute jedoch muß die freiheitliche Rechtsprechung […] notwendig reaktionär wirken.«[29] Ernst Fraenkel etwa erkannte, dass in der Republik »das Proletariat eher Einfluß auf die

27 Paraphrase von Hermann Kantorowicz, *Der Kampf um die Rechtswissenschaft*, 1906, S. 48, zit. nach ebd., S. 5.

28 Radbruch, »Richterliches Prüfungsrecht?«, S. 15; zum Folgenden vgl. Gangl, »Positivismus«.

29 Zit. nach Gangl, »Positivismus«, S. 36 f.

Entstehung der Gesetze durch das Parlament als auf die Auslegung durch die Justiz« habe, woraus sich der beobachtbare Frontenwechsel erkläre: »Dieselben Gründe, die das Proletariat bewegen müßten, die finalistische Methode der Rechtsfindung abzulehnen, haben die Hinwendung der Justiz zur Freirechtsschule verursacht.«[30]

Die Gruppierungen der Befürworter und Gegner des richterlichen Prüfungsrechts deckten sich allerdings nur grob mit den politischen Einstellungen der Einzelnen. Skeptisch zeigten sich unter anderem Anschütz, Jellinek, Neumann und Radbruch, aufgeschlossen dagegen Kelsen, Leibholz, Schmitt und Smend. Progressive und konservative Demokraten bejahten eine Verfassungsgerichtsbarkeit, während sich konservativ-reaktionäre Antirepublikaner wie Schmitt mit linken Sozialisten wie Fraenkel, Neumann oder Kirchheimer im Lager der Kritiker wiederfanden. Ging es den einen »um die Zerstörung der parlamentarischen Republik, so war das Ziel der anderen die Erhaltung des politischen Primats des parlamentarischen Gesetzgebers«.[31]

Tatsächlich urteilte das notorisch konservative und jedenfalls in politischen Strafsachen nicht gerade republikfreundliche Reichsgericht im November 1923 erstmals explizit gegen ein Reichsgesetz, wobei zwar keine direkte Verbindung, wohl aber eine »Fernwirkung der Freirechtsbewegung«[32] feststellbar ist. Das sogenannte »Aufwertungsurteil« im Zusammenhang mit der Hyperinflation fiel in den Bereich des Zivilrechts und interessiert hier nicht unmittelbar, anders als die »Ungehorsamserklärung« einiger Reichsrichter gegenüber der Regierung. Dieser stand freilich die Erklärung des Reichsgerichtspräsidenten Walter Simons entgegen, der es im April 1924 in der *Deutschen Juristen-Zeitung* ablehnte, »eine verfassungsmäßig zustande gekommene Norm unter dem Gesichtspunkt des richtigen Rechts zu kritisieren und sich damit über den souveränen Gesetzgeber zu stellen«.[33] Dennoch hat die Freirechtsbewegung, zusammen mit den Erfahrungen des Ersten Weltkriegs und der Inflation, die Juristen schließlich nicht nur für die Probleme des Rechtspositivismus sensibilisiert, sondern auch dazu beigetragen, dass sich die Grundrechte zu Normen wandelten, »an die alle rechtser-

30 Ernst Fraenkel, *Soziologie*, S. 45.

31 Wendenburg, *Debatte*, S. 231.

32 So lautet das vorsichtige Urteil von Chlosta, *Gesetz*, S. 212.

33 Zit. nach Nörr, *Richter*, S. 20. Vgl. zur Haltung des Reichsgerichts auch Lübbe-Wolff, »Safeguards«.

zeugenden Kräfte gebunden wurden«.[34] Das Reichsgericht kehrte später zum Rechtspositivismus zurück. Aber die teilweise Abkehr der juristischen Dogmatik von der Gesetzesbindung und ihre Ersetzung durch ein nicht objektivierbares »Rechtsgefühl«, auf das beispielsweise Ernst Sonntag hinwies, bedeutete »einen Sprung in eine verschwommene Irrationalität«.[35] Sie stellt das bedenkliche Ergebnis der lebhaften Diskussion um Recht, Gesetz und Gerechtigkeit in der Inflationszeit dar, die jedoch zu komplex ist, um sie allein unter dem Schlagwort interessengeleiteter, antirepublikanischer Agitation der Justizbeamten zu verbuchen.

Frontenwechsel zwischen Kaiserreich und Weimarer Republik zeichnen sich freilich nicht nur in der Frage des richterlichen Prüfungsrechts ab, sondern auch in der Haltung zur richterlichen Unabhängigkeit, von der Fraenkel sarkastisch bemerkte, dass sie de jure »nie jemand angezweifelt, de facto nie jemand angestrebt«[36] habe; immer wieder gab es massive Eingriffe des Ministeriums in die Rechtspflege.[37] Weil der richterlichen Unabhängigkeit »unter dem parlamentarischen System jene wesentliche Bedeutung, die ihm unter einer anderen Verfassung zukommen mag«, verloren gehe, zog A. Delmar in der *Justiz* 1928/29 den Schluss, dass der Schutz vor einem Missbrauch der Regierungsgewalt in der parlamentarischen Demokratie »in hervorragendem Maße schon durch die Abhängigkeit der Regierung von dem Vertrauen der Volksvertretung« gewährleistet sei, während die Gefahr einer »Richterwillkür oder Kadijustiz«[38] weiterbestehe. Die Unabhängigkeit der Richter, *die* zentrale Forderung liberaler Justizreformer im 19. Jahrhundert, erschien jetzt als Gefahr für die Verfassungstreue der Richterschaft, und demokratisch-republikanisch gesinnte Richter favorisierten nun ebenjene Instrumentarien, deren sich zuvor ihre konservativen Gegner bedient hatten. Anhand der Spruchpraxis im Zivilrecht lässt sich allerdings zeigen, dass ein »grundlegender sachli-

34 Nörr, *Richter*, S. 31; dieser relativ positiven Einschätzung des Reichsgerichts steht die Einschätzung bei Drosdeck, »Richterbilder«, S. 316, entgegen, der darin eine »Anmaßung von Verfassungsgerichtsbarkeit« erblickt. Sachlich abwägend dazu Geyer, »Recht«; zum weiteren Kontext vgl. ders., »Sprache«.

35 Vgl. Hempel, *Richterleitbilder*, S. 100–131, hier: S. 128. Nicht überzeugend ist Bettermann, »Reichsgericht«, der die Eigenaussage des Reichsgerichts, es habe schon im Kaiserreich ein Prüfungsrecht beansprucht, für zutreffend hält; gegensätzlicher Ansicht ist Hornauer, *Reichsgericht*.

36 Ernst Fraenkel, *Soziologie*, S. 16.

37 Vgl. Schütz, *Einwirkungen*.

38 Zit. nach Drosdeck, »Richterbilder«, S. 307 f.

cher Wandel« im Verhältnis der Richter zum geschriebenen Gesetz nicht nachweisbar ist. Zwar änderte sich die Urteilssprache, doch rechtfertigt diese Tatsache allein noch keine weitreichende These über eine neue Richterrolle in der Weimarer Republik, denn hier – und anderswo – gilt: »Richterrollen kommen im Urteil zum Schwur.«[39]

Das Bild der Richter und der Justiz in der Öffentlichkeit war jedoch nicht zuletzt von der weitverzweigten, als Ausdruck einer Modernisierungskrise deutbaren Auseinandersetzung um Justizkritik und Justizreform im Kaiserreich und in der Weimarer Republik geprägt, die um die Begriffe »Klassenjustiz«, »schlappe Justiz« und »Weltfremdheit« kreiste.[40] Der Vorwurf der Einseitigkeit der Gerichte, die »nichts sind als Mittel der Klassenherrschaft und Klassenunterdrückung«,[41] ist unter dem Etikett »Klassenjustiz« ein seit dem Ende des 19. Jahrhunderts von der Arbeiterbewegung verwendeter politischer Kampfbegriff, mit dem, nicht immer trennscharf, mal die »bürgerliche Justiz« generell, mal die spezifische Benachteiligung sozialer Unterschichten in den Prozessverfahren, mal eine vermutete »Rechtslastigkeit« in den politischen Verfahren des Kaiserreichs und vor allem der Weimarer Republik angeprangert werden sollte. Ernst Fraenkels klassische Formulierung von 1927 bezeichnete jene Rechtsprechung als »Klassenjustiz«, die »einseitig von den Interessen und Ideologien der herrschenden Klasse beeinflußt wird, so daß trotz formaler Anwendung des Gesetzes die unterdrückte Klasse durch die Handhabung der Justiz beeinträchtigt wird«.[42] Auch ist gelegentlich von »umgekehrter Klassenjustiz« die Rede, bei der Vermutung nämlich, dass insbesondere Angehörige des Hochadels Schutz vor den Bestimmungen des Strafrechts genossen, wie beispielsweise in den Harden-Eulenburg-Prozessen – wenn auch wohl nur teilweise zu Recht – beargwöhnt wurde.[43] Als Quellenbegriff ist die Verwendung des Wortes »Klassenjustiz« unumgänglich, als analytischer Begriff fehlt ihm bis heute ein solides theoretisches Fundament.

39 Beide Zitate Klemmer, *Gesetzesbindung*, S. 440.

40 So Wilhelm, *Das Deutsche Kaiserreich*, S. 636; zum Folgenden vgl. auch Rainer Schröder, »Richterschaft«.

41 So die Kritik Bebels und Liebknechts am Leipziger Urteil, zit. nach Rüping, *Studien- und Quellenbuch*, S. 170. Eine Textsammlung dazu findet sich bei Joseph (Hrsg.), *Rechtsstaat*.

42 Ernst Fraenkel, *Soziologie*, S. 41.

43 Vgl. Karsten Hecht, *Harden-Prozesse*, der die Justiz vor diesem Vorwurf in Schutz nimmt.

Die trotz partieller Anerkennung der Justizreformbestrebungen um 1910 aufrechterhaltene Kritik am Strafrecht als Instrument zur Unterdrückung der Arbeiterklasse[44] blieb von bürgerlich-konservativer Seite nicht unwidersprochen. So schrieb der oben erwähnte Carl Kade, wahrscheinlich auf den rabiaten Antisemiten Graf Pückler gemünzt, dass dieser von den Gerichten mit dem gleichen Maße gemessen worden sei »wie der Rohrleger Schulze [...]. Es ist ein durchaus unzutreffender und ganz haltloser [...] Vorwurf, die Gerichte bestraften die Anhänger der Sozialdemokratie besonders hart.«[45]

Den pauschalen Vorwurf der Klassenjustiz – etwa aufgrund einer Gegenüberstellung unterschiedlicher Urteile gegen konservative und SPD-nahe Redakteure bei vergleichbaren Delikten – haben die Juristen zwar stets entschieden zurückgewiesen; dennoch ließ sich das Eingeständnis, dass es »eine parteiische Standes- und Klassenjustiz«[46] gebe, nicht völlig vermeiden. Auch der Vorwurf der »Weltfremdheit« – der sich allerdings stärker auf das Zivil- als das Strafrecht bezog – fand in den letzten Jahren vor dem Ersten Weltkrieg vermehrt Eingang in die innerjuristischen Debatten, so dass die Forderung nach einer Stärkung des Laienrichterelements an Boden gewann,[47] zumal die Justizkritik im späten Kaiserreich zunehmend von (links)liberaler Seite aufgegriffen wurde – ein Phänomen, das man durchaus als Reaktion auf die langsame, aber unübersehbare »Rechtsverschiebung« der Justiz seit dem letzten Drittel des 19. Jahrhunderts deuten kann. So beklagte beispielsweise der linksliberale Justizexperte Ernst Müller-Meiningen die Missstände im Justizwesen, namentlich die zu hohen Strafmaße, den menschenunwürdigen Strafvollzug und die zahlreichen Zensurfälle.[48]

Unter dem Vorwurf der »Weltfremdheit« haben die Zeitgenossen auch die Kritik an den »eigentlich recht schwerfälligen Anschauungen des römischen Rechts«, in denen »unser Richterstand noch viel zu tief«[49] stecke, subsumiert. Schon infolge der Reformation gewann die Gegenüberstellung eines »abstrakten, individualistischen und rationalen« römischen Rechts und eines »volkstümlichen, gemeinschaftsbezogenen und organischen« germani-

44 Vgl. Siegfried Weinberg, »Der neue Strafgesetzentwurf«; ders., »Strafrechtswissenschaft«.

45 Carl Kade, *Der deutsche Richter*, Berlin 1904, S. 6 f., zit. nach Rüping, *Studien- und Quellenbuch*, S. 171.

46 So Justus Ernst 1913, zit. nach Rainer Schröder, »Richterschaft«, S. 216.

47 Vgl. Glaser, *Verhältnis*, S. 65–74; für eine zusammenfassende Darstellung vgl. Linnemann, *Klassenjustiz*.

48 *VdR*, Bd. 183, 8.2.1902, S. 4038–4044; zu Müller vgl. Reimann, *Ernst Müller-Meiningen*, sowie Jahr, »Liberaler Antiparlamentarismus?«.

49 So Carl Kade, *Klassenjustiz*, 1908, S. 4, zit. nach Rainer Schröder, »Richterschaft«, S. 216.

schen Rechts an Popularität, ohne allerdings bis zur Mitte des 19. Jahrhunderts zu einem grundsätzlichen Widerspruch stilisiert zu werden. Wenn etwa Friedrich Carl von Savigny dem einstmals vom »Volksgeist« gespeisten Rechtsverständnis das von den Juristen monopolisierte seiner Gegenwart gegenüberstellte, dann hatte diese den Geist des deutschen Idealismus atmende Äußerung noch nichts mit einer grundsätzlichen Ablehnung römischer Rechtsprinzipien zu tun. Sie sollte vielmehr die Überzeugung der historischen Rechtsschule zum Ausdruck bringen, dass nicht überzeitliche, abstrakte Sätze, sondern – in heutigen Worten ausgedrückt – konkrete gesellschaftliche Verhältnisse die Rechtstheorie und -praxis prägen.[50]

Bereits 1843 sprach der spätere Paulskirchen-Abgeordnete und Vertreter im Preußischen Abgeordneten- und Herrenhaus Georg Beseler – der Vater des späteren Preußischen Justizministers – im Hinblick auf das römische Recht vom »Nationalunglück der Rezeption«.[51] Ausformuliert hat den »römisch-germanische[n] Gegensatz« dann 1852 Jhering, der Egoismus und Selbstsucht als Prinzipien des römischen Rechts ausmachte. Noch deutlicher äußerte sich ein Jahr später der vermutlich von Hegels Rechtsphilosophie beeinflusste Carl Adolf Schmidt, der »die Voraussetzungen und Principien des römischen Rechts« und die »Grundprincipien unseres nationalen Staats- und Rechtslebens in directem Widerspruch«[52] zueinander sah. 1878 beklagte auch Jhering in deutlich schärferem Ton als 1852, dass das römische Recht »hinter den berechtigten Ansprüchen eines gesunden Rechtsgefühls« weit zurückbleibe, gelange in ihm doch der »nüchterne platte Materialismus« zur »vollendeten Ausprägung«, weshalb »das Volk sein Recht und das Recht sein Volk nicht mehr verstand«.[53] Der von Otto von Gierke 1889 formulierte Gegensatz »römische und germanische Rechtsanschauung, individualistische und soziale Ordnung« hat, wie heute unbestritten ist, »keine faßbare Grundlage in den Quellen des römischen und des germanischen Rechts«.[54] Wirkungsmächtig war diese Denkfigur gleichwohl, und selbst der politisch eher

---

50 Vgl. Rainer Schröder, *Rechtsgeschichte*, S. 124 ff.

51 Georg Beseler, *Volksrecht und Juristenrecht*, 1843, zit. nach ebd., S. 130.

52 Vgl. Rudolf von Jhering, *Geist des Römischen Rechts auf den verschiedenen Stufen der Entwicklung*, Bd. 1, Leipzig 1852, und Carl Adolf Schmidt, *Der principielle Unterschied zwischen dem römischen und germanischen Rechte*, Bd. 1, Rostock u.a 1853, S. vi, zit. nach Luig, »Römische und germanische Rechtsanschauung«, S. 115. Die *longue durée* des antirömischen Ressentiments betont Gerald Strauss, *Law*.

53 Rudolf von Jhering, *Der Kampf ums Recht*, 13. Aufl., Wien 1897 [zuerst 1878], S. 75, zit. nach Götz von Olenhusen, »Entwicklung«, S. 100.

54 Luig, »Römische und germanische Rechtsanschauung«, S. 96.

links einzuordnende Ernst Fuchs verstieg sich in seinem Kampf gegen den im Formalismus erstarrten Positivismus dazu, das Corpus Iuris als »römischen Talmud«[55] zu brandmarken. Seine Bemerkung zeugt zwar nicht von explizit antisemitischer Gesinnung, macht aber einmal mehr deutlich, wie verbreitet die Gleichsetzung von Judentum und lebensfeindlich-formalisierter Erstarrung war; nicht nur auf Seiten der politischen Rechten wurden als schädlich wahrgenommene Entwicklungen gewohnheitsmäßig und in diffamierender Absicht als »jüdisch« etikettiert.

Was bei Jhering, Gierke und anderen noch als nachvollziehbare Kritik am Liberalismus im Bemühen um die Entwicklung eines Sozialrechts und einer Sozialtheorie interpretiert werden kann, gewann zu Beginn des 20. Jahrhunderts eine neue Qualität »als antikapitalistischer Rückzug aus der Gegenwart und als deutschvölkische Sammlungsbewegung«. Theoretisch und rechtspolitisch wurden jene Vorgriffe erbracht, »die zu den Konstitutionsbedingungen nationalsozialistischer Herrschaft und Ideologie gehörten«.[56]

Doch auch die trotz partieller Selbstkritik der Justiz sich weiter verschärfende »Vertrauenskrise der Justiz« in der Weimarer Republik spielte letztlich der radikalen Rechten in die Hände, obwohl die Linke sehr viel mehr Grund zur Klage über den Zustand des Justizwesens hatte. Der Heidelberger Mathematiker, Pazifist und Publizist Emil Julius Gumbel hatte 1922 in seiner Schrift *Vier Jahre politischer Mord* eine erschreckende Bilanz der Einseitigkeit deutscher Gerichtsurteile gegen rechte und linke politische Straftäter gezogen.[57] Später wurde die Justiz dann von links scharf – und, so muss man der Gerechtigkeit halber bemerken, nicht immer fair – kritisiert, wozu allerdings unzählige haarsträubende Urteile, nicht zuletzt des Reichsgerichts, immer wieder Anlass gaben.[58]

Diese Kritik fand bei den Liberalen gleichfalls eifrige Befürworter. So konstatierte der zeitweilige Reichsjustizminister Eugen Schiffer einerseits eine »Augenblickskrise der Justiz«, hervorgerufen durch der Republik distanziert, wenn nicht ablehnend gegenüberstehende Richter, weshalb die Justiz

55 Ernst Fuchs, *Die Gemeinschädlichkeit der konstruktiven Jurisprudenz*, Karlsruhe 1909, S. 194, zit. nach Götz von Olenhusen, »Entwicklung«, S. 102.

56 Beide Zitate ebd., S. 105.

57 Vgl. Gumbel, *Vier Jahre politischer Mord*. Zu Gumbel vgl. Jansen, *Ernst Julius Gumbel*.

58 Vgl. Schöningh, *»Kontrolliert die Justiz«*, die allerdings zu mild mit den linken Justizkritikern umgeht; und Rasehorn, *Justizkritik*. Allgemein zur »Rechtsblindheit« der Weimarer Justiz vgl. Megerle, »Verhaltensdispositionen«, S. 220–246.

»nicht mehr das Bollwerk des Rechts, sondern eine Schutzmauer des Unrechts«[59] darstelle. Andererseits diagnostizierte er eine andauernde Rechts- und Vertrauenskrise aufgrund der Entfremdung zwischen Volk und Recht. Die Schuld an dieser Dauerkrise gab auch er der Rezeption des römischen Rechts, das sich wie »Mehltau« auf das lebendige Rechtsbewusstsein des Volkes gelegt habe, so dass »das Volk den Juristenstand auch weiterhin verständnislos, scheu und argwöhnisch ansieht«, weshalb sich dessen »Denkmethode aus fremder Quelle schöpfend und mit den so gewonnenen fremden Schulbegriffen an die heimatlichen Verhältnisse herantretend, [...] auch seinerseits vom Volke intellektuell isoliert«. Sein Therapievorschlag lautete: »Justizabbau als Justizreform«.[60] Als Mittel hierfür erwog er unter anderem den verstärkten Einsatz von Laienrichtern, eine demokratische Richterausbildung sowie eine Verschlankung der Rechts- und Verfahrensvorschriften.

Neben den Foren der juristischen Fachwelt, der politischen Institutionen und politischen Parteien gab es eine umfangreiche literarische und publizistische Justizkritik, zu deren bekanntesten Vertretern Carl von Ossietzky und Arnold Zweig gehörten.[61] Kurt Tucholsky beispielsweise glaubte, dass »die psychologisch und menschlich verfehlte Prozeßführung des deutschen Richters aus seiner Gruppenauslese herzuleiten ist« und »daß der heutige Typus noch Gold ist gegen jenen, der im Jahre 1940 Richter sein wird. Dieses verhetzte Kleinbürgertum, das heute auf den Universitäten randaliert, ist gefühlskälter und erbarmungsloser als selbst die vertrockneten alten Herren, die wir zu bekämpfen haben.«[62] Mag Tucholsky als politisch engagierter Beobachter auch oft falsch geurteilt haben – in diesem Punkt sollte er mit einer Radikalität recht behalten, die er sich 1927 wohl selbst nicht vorstellen konnte. Obwohl er die Mehrheit der Richter für integer hielt, wurde es Ludwig Foerder schon 1924 »angesichts der fanatisch-völkischen Einstellung eines großen Teils unserer studentischen Jugend«[63] Angst und Bange. »Hemmungslose Mordlust« als »Kennzeichen der Blutjustiz des Dritten Reiches«[64] erwartete der damalige Referent im Preußischen Innenministerium und spätere stellvertretende Chefankläger der USA in den Nürnberger Prozessen,

59 Schiffer, *Die deutsche Justiz*, S. 9.

60 Zitate ebd., S. 66, S. 78 u. S. 186; zu Schiffer vgl. Ramm, *Eugen Schiffer*, bes. S. 77–86.

61 Vgl. Petersen, *Literatur*; Siemens, »›Vertrauenskrise‹«; Kuhn, *Vertrauenskrise*.

62 Ignaz Wrobel [i.e. Kurt Tucholsky], »Deutsche Richter«, in: *Die Weltbühne*, Jg. 23 (1927), S. 622 f., zit. nach Rüping, *Studien- und Quellenbuch*, S. 214.

63 Foerder, *Antisemitismus*, S. 21.

64 Eike von Repgow [i.e. Robert M. W. Kempner], *Justiz-Dämmerung*, S. 120.

Robert W. Kempner, in seiner »Kassandra«-Schrift vom Frühjahr 1932, in der er die Darstellung der kaiserlichen Justiz als unabhängig und unbestechlich anhand zahlreicher Beispiele als Mythos entlarvte.

Justizkritik übten bereits seit der Kaiserzeit die Hochkonservativen, die ihr »Schlappheit« – vor allem beim Vorgehen gegen die Sozialdemokratie – vorwarfen, in deren Chor auch Kaiser Wilhelm II. gern mit einstimmte. Besonders beliebt war die Diffamierung des römischen Rechts als »artfremd« und »jüdisch« naheliegenderweise bei den Antisemiten. So charakterisierte zum Beispiel Hermann Ahlwardt »Justitia, die Heilige« als eine Gestalt, der die Augenbinde heruntergerutscht sei, während »sie da einen Cancan aufführt, zu dem ein Faun mit nach oben gebogener Nase die Musik macht, das ist die Justiz in vielen Fällen«.[65]

In der Weimarer Republik radikalisierte sich die Justizkritik von rechts, erreichte aber nie das intellektuelle Niveau derjenigen von links, sondern käute fast ausschließlich den alten Topos von der »Verjudung der Justiz« wieder und unterlag in extremer Weise parteitaktischen Erwägungen. Das galt vor allem für die NSDAP, deren Angriffe auf die Justiz bis Ende der zwanziger Jahre explizit antisemitisch zentriert waren. Als die Partei zum politischen Machtfaktor aufgestiegen war, porträtierte sie die Justiz in ihrer Propaganda zunehmend als Opfer politischer Einflussnahme und weniger als eigenständigen Akteur. Symptomatisch dafür ist Gottfried Zarnows Schrift *Gefesselte Justiz*, die »gegen die parlamentarische Kanaille geschrieben ist, die es versucht, die Rechtspflege in ihre Gewalt zu bekommen[,] und *gegen jene Justiz*, die sich zur Dirne hat machen lassen«.[66] Diese Schrift war nicht nur als Angriff auf »das System« gedacht, sondern *auch* als Versuch eines Brückenbaus hin zur konservativen Richterschaft, versprach sie doch für die Zukunft eine *Entfesselung* der Justiz von den traditionellen, liberalen und rechtsstaatlichen Bindungen. Von diesem Angebot machte diese nach 1933 bekanntlich reichlich Gebrauch.

Das Ergebnis der Kritik von rechts wie links war eine relativ weit verbreitete justizkritische Grundstimmung, der die Richtervereine nur mit mäßigem Erfolg entgegenwirken konnten, so dass sich viele Richter als »Aschenbrödel der Staatsverwaltung«[67] fühlten und das Reichsjustizministerium

---

65 Ahlwardt, *Wahrer und falscher Patriotismus*, S. 33.

66 Zarnow, *Gefesselte Justiz*, Bd. 1, S. 5, Hervorhebung von mir. Vgl. auch Kirschstein, »J. F. Lehmanns Verlag«; Krohn, *Die deutsche Justiz*, S. 214–228 u. S. 283 ff.

67 So der Landrichter R. Viezens in seiner Schrift *»Die Taugenichtse«. Eine Betrachtung über preußische Richter* von 1897, zit. nach Rainer Schröder, »Richterschaft«, S. 223; zur »real-

»unangefochten von sich behaupten [konnte], daß es auch das am meisten gescholtene sei«.[68] Viele Juristen empfanden daher die NS-Herrschaft als eine Befreiung von unliebsamer Beobachtung durch eine kritische Öffentlichkeit. Zugleich wandelte sich erneut das Richterbild, ebenso wie das Rechtsverständnis.[69] Die Propaganda verlangte nun die Orientierung an der »Volksgemeinschaft« als oberste Richtlinie, während das Recht keine eigenständige Bedeutung mehr haben sollte. Vor allem sollte die universalistische und individualistische Orientierung des als »liberalistisch« verfemten 19. Jahrhunderts beseitigt werden. Nur noch dem »arischen Volksgenossen« wurde zugestanden, ein vollwertiges Rechtssubjekt zu sein, wohingegen man den hauptsächlich aus rassistischer Motivation abqualifizierten Menschen bestenfalls noch den Rang von Bürgern zweiter Klasse zuweisen wollte; das betraf in erster Linie die deutschen Juden. Wie dieses Denken ihre Möglichkeiten beeinflusste, sich vor antisemitischer Agitation zu schützen, wird später erörtert werden.

Nach 1945 dauerte es in der Bundesrepublik gut fünfzehn Jahre, ehe eine Reformdebatte mit dem Ziel einer umfassenden Liberalisierung des Strafrechts und der Justizverfassung in Gang kam. In den fünfziger Jahren stand die konservative Konsolidierung noch ganz im Vordergrund, wobei sich insbesondere der Bundesgerichtshof mit einer naturrechtlich verbrämten, ausgesprochen konservativen und bisweilen dezidiert gegen das noch nicht fest etablierte Verfassungsgericht argumentierenden Rechtsprechung profilierte.[70] Der militante Antikommunismus jener Jahre ermöglichte es der überwiegend konservativ eingestellten Justizbeamtenschaft, trotz der NS-Vergangenheit vieler ihrer Protagonisten schließlich den Weg zur Demokratie zu finden, wenn auch um den Preis des Fortbestehens autoritärer Staats-, Menschen- und Gesellschaftsbilder. Insofern war der viel beschworene antitotalitäre Grundkonsens dieser Jahre, der sich gegen den Nationalsozialismus primär im Präteritum, gegen den Kommunismus jedoch im Präsens manifestierte, beides: eine Belastung *und* eine Stärkung der jungen Demokratie.

---

historischen Fundierung« der richterlichen Klagen über Arbeitsüberlastung, geringe Besoldung und ungesicherte Berufsperspektiven vgl. ebd., S. 224–253.

68 Hattenhauer, »Zur Lage«, S. 171.

69 Zum Folgenden vgl. Becker, »Neuheidentum«; Klippel, »Subjektives Recht«; Luig, »Römische und germanische Rechtsanschauung«; Behrends, »Freirechtsbewegung«.

70 Vgl. Requate, »Standespolitik«, bes. S. 426 f.

Die Justiz, das zeigt dieser gewiss nur grobe Überblick, ist nicht minder geschichtlichen Wandlungen unterworfen als alle anderen menschlichen Daseinsäußerungen. Natürlich ist dies keine neue Erkenntnis, bedarf aber gelegentlicher Rückbesinnung. Denn auch hier gilt, dass das Vergangene nie wirklich vergangen ist, sondern weiterwirkt. Wenn es eine Konstante im juristischen Denken gibt, dann wohl die, dass das Recht in den Augen derjenigen, die es entwickeln, deuten und anwenden, etwas darstellt, das Gesellschaft erst möglich macht, wenn nicht gar konstituiert. »Diener des Rechts« zu sein heißt dann, überzeitliche Regeln anzuwenden und Stellvertreter einer höheren Macht zu sein, sei es »Gott«, der »Staat«, das »Volk« oder die »Gesellschaft«. Auch wenn die Gerichtsbarkeit wie eh und je bisweilen herbe mediale Kritik erfährt, wirken diese hypertrophen Glaubenssätze bis heute fort. Keine andere öffentliche Institution erscheint derart unantastbar und genießt ein so hohes Ansehen wie das Bundesverfassungsgericht in Karlsruhe, dem vielfach zugestanden wird, selbst seine unmittelbar politisch bedeutsamen Beschlüsse seien »nicht entscheidend von äußeren Einflüssen, sondern von systemimmanenten Umständen geprägt«.[71] Die *Frankfurter Allgemeine Zeitung* konnte in Anlehnung an Augustinus' Diktum »Roma locuta, causa finita« schreiben: »Karlsruhe hat gesprochen, der Fall ist erledigt«.[72] Mögen die christlichen Kirchen als Sinnstiftungsagenturen an Bedeutung verloren haben und »die Politik« mehr denn je den Eindruck einer selbstreferenziellen, tendenziell korrupten, weitgehend machtlosen Veranstaltung erwecken: Auf die Priester des Rechts konzentriert sich weiterhin die Hoffnung, sie könnten als »Wegweiser durch das weite Meer der Zweifel«[73] Orientierung geben und Kontingenz beseitigen. Das gilt insbesondere für das Bundesverfassungsgericht, das »zunehmend als Instanz zur Entscheidungsentlastung in verfassungsrechtlichen [...] Fragen akzeptiert« und dadurch »zum Mitregenten in der deutschen Politik geworden«[74] ist, lassen sich doch die verfassungsrechtlichen Vorgaben und Maßstäbe »weniger dem Grundgesetz als vielmehr der Judikatur des Bundesverfassungsgerichts entnehmen«.[75] Diese Entwicklung ist unter demokratietheoretischen Aspekten freilich keineswegs

71 Solbach, *Politischer Druck*, S. 224.

72 Zit. nach Roellecke, »›Karlsruhe‹«, S. 549.

73 Kade, *Der deutsche Richter*, S. 17.

74 So die an Luhmanns Systemtheorie orientierte Einschätzung bei Gawron/Rogowski, *Wirkung*, S. 168.

75 Würtenberger, »Legitimität«, S. 60.

unproblematisch. Um seine »Deutungsmacht«[76] auszuüben, muss das Bundesverfassungsgericht peinlich auf seinen Ruf achten, nichts anderes als der politisch neutrale Interpret des Grundgesetzes zu sein.

Ausführliche Überlegungen darüber, was »Recht« sei, wären an dieser Stelle nicht nur vermessen, sondern auch überflüssig. Es genügen wenige, grundsätzliche Bemerkungen. Wie die Kultur verfolgt das Recht das Ziel, »den sozialen Frieden« zu sichern, und ist, obgleich mit Zwangsmitteln ausgestattet, auf Dauer auf kulturelle Akzeptanz angewiesen – denn es gibt »*kein Recht ohne Kultur*«.[77] Regelungen können als unverbindliche Sitte, als moralische Pflicht oder als verbindlicher Rechtssatz bestehen. Das Recht zeichnet sich dadurch aus, dass es sich gegebenenfalls mit Zwangsmitteln durchsetzen lässt. Doch ob die Einhaltung von Regeln durch Strafandrohung erzwungen wird, entscheidet die Gemeinschaft, konkret: der Gesetzgeber und die Gerichte. Diese Entscheidung ist oft strittig und von den jeweiligen Anschauungen der Mehrheit abhängig, also veränderlich. Fällt sie zugunsten einer verbindlichen Rechtsregel aus, stellt sich die Frage, ob von einem öffentlichen Interesse an der Durchsetzung dieser Rechtsnorm auszugehen sei, woraufhin der Staat, so sie bejaht wird, das Verfahren in die Hand nimmt.[78]

Aus der Entscheidung darüber, welche Rechtsnorm als strafbewehrtes Gesetz zu gelten habe, ergibt sich die Antwort auf die Frage, was ein legitimer Strafzweck sei. Die Rechtsphilosophie erteilte und erteilt hierzu verschiedene, sich teils ergänzende, teils einander ausschließende Auskünfte. Sühne für die Verletzung göttlichen Rechts, Rache und Vergeltung, Wiedergutmachung, die »Besserung« des Täters, Spezial- oder Generalprävention wären hier hauptsächlich zu nennen.

Eng damit hängt die Frage zusammen, wann überhaupt eine Rechtsverletzung vorliegt. Grundlegend ist zunächst die Differenzierung zwischen Sünde und Delikt, wobei Ersteres als Verbrechen gegen Gott oder göttliches Recht, Letzteres als Verbrechen gegen die Gesellschaft und das von Menschen gesetzte oder zumindest kodifizierte Recht gewertet wird. Während in sakral fundierten Rechtssystemen beides tendenziell zusammenfällt, trennen säkularisierte zwischen diesen Ebenen und erklären sich für unzuständig, mit weltlicher Justiz über Glaubensfragen zu urteilen. Doch fällt es nicht schwer,

76 Vgl. Vorländer, »Deutungsmacht«.
77 Senn, »Recht«, S. 16, Hervorhebung original.
78 Vgl. Olaf Werner, *Staatliches Gewaltmonopol*, S. 6 f.

in Debatten über die Ahndung von Verstößen gegen »Anstand, Sitte und Moral« das Fortwirken sakraler Elemente zu entdecken.

Wenn es um Delikte geht, stellt sich als Nächstes die Frage nach der Rechtsquelle. Für den im 19. Jahrhundert dominierenden Rechtspositivismus zählten hierzu das geschriebene Gesetz einerseits, das Gewohnheitsrecht andererseits. Das naturrechtliche Denken akzeptiert dagegen nur überindividuelle und überhistorische Rechtsquellen, die es meist entweder in »Gott« oder der »Natur« beziehungsweise der »Vernunft« findet, auf jeden Fall aber als dem Menschen und der Gesellschaft vorausgehend denkt. Den handelnden Menschen in einer sich wandelnden Gesellschaft stellt das Richterrecht, wie es sich insbesondere im angloamerikanischen *case law* verkörpert hat, in den Mittelpunkt.

Im Hinblick auf die Begründungsinstanz wird sich das Naturrecht wohl immer einen metaphysischen Charakter bewahren, während das Richterrecht von individuellen, zufälligen Konstellationen abhängt und besonders schnell auf aktuelle Entwicklungen zu reagieren vermag. Das positive Recht spiegelt in der Regel hochgradig aktuelle politische und gesellschaftliche Machtverhältnisse wider, weshalb nach Systembrüchen meist eine Naturrechtsrenaissance zu verzeichnen ist, besonders intensiv nach dem Zweiten Weltkrieg. Doch trotz oder wohl eher *wegen* seines Ewigkeitsanspruchs kann das Naturrecht nicht unmittelbar konkrete Rechtssätze generieren, sondern muss zu diesem Zweck stets gedeutet und übersetzt werden.[79] Die damit einhergehende beträchtliche Varianz ist der Grund, warum sich auf dem Naturrecht allein keine positive Rechtsordnung aufbauen lässt. Der größte Vorteil des positiven Rechts liegt in seinem Versprechen auf ein hohes Maß an Rechtssicherheit, da der Richter als Individuum idealtypisch völlig hinter seiner Funktion als Rechtsanwender zurücktritt. Aus der von Gustav Radbruch angestoßenen Debatte über die Ursächlichkeit des Rechtspositivismus für den NS-Unrechtsstaat kann man lernen, dass keine rechtsphilosophische Lehre für sich in Anspruch nehmen darf, »Palladium gegen den Unrechtsstaat zu sein«. Deshalb eignen »sich rechtsphilosophische Lehren auch nicht besonders gut für Gründungsmythen«[80] – auch nicht für jene demokratischer Staaten.

79 Vgl. Kühl, *Bedeutung*, S. 17 f.; ders., »Rückblick«.

80 Wittreck, *Nationalsozialistische Rechtslehre*, S. 57.

Im Laufe des 19. Jahrhunderts setzten sich in einem langsamen, widerspruchsreichen und verschlungenen Prozess die liberalen Rechtsgrundsätze weitgehend durch.[81] In idealtypischer Verkürzung können die Prinzipien des liberalen Strafrechts wie folgt charakterisiert werden: Das Strafrecht sanktioniert nur die begangene Tat, anders als beispielsweise das Verwaltungsrecht, das sich gegen künftige Taten richtet. Im Zusammenhang mit einem Hochverratsprozess formulierte das Oberlandesgericht Halberstadt 1836 diese Regel in aller Deutlichkeit:

»Die Gesinnung, der Gedanke, ja selbst der Entschluß fallen nicht unter das Strafgesetz. Der Staat kann eine polizeiliche Aufsicht über verbrecherisch Gesinnte eintreten lassen, er hat die Pflicht, der Entstehung solcher Gesinnung entgegenzuwirken, ja die Gesetzgebung kann in dieser Beziehung einschreiten und sonst erlaubte Handlungen durch positive Vorschriften zu Vergehen stempeln, aber zur Anwendung einer Strafe gehört stets, daß der Gedanke in eine Handlung übergegangen sey.«[82]

Trotzdem besitzt das Strafrecht einen Doppelcharakter, denn es soll darüber hinaus (general)präventiv wirken – allerdings weniger durch Pönalisierung im Vorfeld als vielmehr durch den abschreckenden Effekt der Strafen für begangene Taten. Der für die Verfolgung antisemitischer Agitation wichtige Paragraph 130 StGB bildet insofern eine Ausnahme, als er zu den Tatbeständen gehört, die in Kraft treten sollen, *bevor* die eigentliche Tat – die gewaltsame Konfliktaustragung zwischen Bevölkerungsgruppen – verübt wird.

Für diese Untersuchung ist das politische Strafrecht als Spezialfall von besonderer Bedeutung.[83] Dabei geht es, dialektisch aufeinander bezogen, um Verbrechen *gegen* den Staat und Verbrechen *des* Staates. Entsprechend bezeichnet der Begriff »politische Kriminalität« sowohl politisch *motivierte* als auch politisch *definierte* Gewalt.

Die politische Justiz galt im Kaiserreich hauptsächlich der Verfolgung nationaler Minderheiten – insbesondere der »Polen« –, während des Kulturkampfes der Katholiken und vor allem der Arbeiterbewegung. Der Paragraph 130 StGB diente vorrangig dazu, SPD-Politiker, Funktionäre und Redakteure auszuschalten, war aber eher ein Polizei- als ein Justizproblem, denn die Rechtsbindung der politischen Strafjustiz im Kaiserreich scheint unter

81 Vgl. dazu beispielsweise Vossieg, *Parlamentarische Justizkritik*, der die Rolle der liberalen Justizkritik für die Modernisierung des Rechts betont.

82 Zit. nach Blasius, *Geschichte*, S. 36.

83 Zum Folgenden vgl. ebd., S. 10 ff. Zum Gesamtkomplex bis heute grundlegend ist Schroeder, *Schutz*.

dem Sozialistengesetz »zumindest nicht in toto verlorengegangen zu sein«.[84] Dabei dürften sich die unteren Instanzen sozialen und politischen Veränderungen gegenüber offener gezeigt haben als die höheren.

Der Typ des »politischen Überzeugungstäters« (Gustav Radbruch), der für sich die Geltung der gesellschaftlichen Normen verneint, weil er sich auf ein »höheres« Recht beruft, gehört ebenfalls in diese Diskussion, auch wenn er meistens für Delikte wie Hochverrat oder Majestätsbeleidigung steht. Der Gedanke, dass – im weitesten Sinne – politisch beziehungsweise weltanschaulich motivierte Straftaten anders, nämlich milder, zu beurteilen seien als »rein kriminelle«, ist eine auf die Nachwirkungen der Französischen Revolution zurückgehende Errungenschaft der liberalen Strafrechtsreformen im 19. Jahrhundert gewesen. 1886 konnte der *Brockhaus* über »politische Verbrecher« schreiben, die öffentliche Meinung beurteile ihre Taten »in der Regel milder«, weil sie »keineswegs immer aus einer gemeinen, sondern oft sogar aus einer sehr uneigennützigen, selbstverleugnenden Gesinnung hervorgehen, die sich nur entweder in ihren Zwecken oder wenigstens in ihren Mitteln vergriff«. Nach 1945, im Lichte der Erfahrungen mit der Schreckensherrschaft ideologisch motivierter Gewalttäter rechter und linker Provenienz, schien »das Handeln aus blinder Überzeugung, ohne daß [der Täter] sich ein Gewissen daraus gemacht hat«,[85] die Figur des Überzeugungstäters zu delegitimieren, bis sie im Zuge der Strafrechtsreformdebatte in den 1960er Jahren in der Gestalt des Gewissenstäters, etwa als totaler Wehrdienstverweigerer, wiederkehrte.

1.2. Die Justizorganisation

Die Institutionalisierung und Ausdifferenzierung der Justizorganisation ist aufs engste mit der europäischen Staatenbildung seit der Frühen Neuzeit verbunden. Insbesondere die im Hochmittelalter von Italien ausgehende Rezeption des römischen Rechts führte zur Ausbildung der im Kern bis heute existierenden Strukturen. Dabei wiesen die Bedürfnisse der Landesherren

84 Blasius, *Geschichte*, S. 60; zur Gesamtproblematik vgl. ebd., S. 55–69, sowie Saul, »Staat«.

85 Hans Welzel, *Beratung Große Strafkommission 3.9.1955*, Niederschriften Bd. 3, S. 61, zit. nach Eichholz, *Gewissenstäter*, S. 157; weitere Darstellungen zu diesem Thema bei Baltzer, *Die geschichtlichen Grundlagen*, und Beckstein, *Gewissenstäter*.

nach einer von der kirchlichen Hierarchie emanzipierten Justizausübung und die der Juristen nach Aufwertung ihrer Tätigkeit in dieselbe Richtung.

Die in der Napoleonischen Ära von den äußeren Ereignissen erzwungene Modernisierung des Staatswesens hatte in einem mehrere Jahrzehnte andauernden Prozess auch eine umfassende Neuorganisation im Justizwesen zur Folge. Im »aufgeklärten Absolutismus« wurden die Forderungen nach Abschaffung der Folter, nach der Verhältnismäßigkeit von Tat und Strafe, nach dem Rückwirkungsverbot und der Gesetzesbindung der Gerichte bereits prinzipiell anerkannt. Kant brachte die – von Feuerbach weitergetriebene – Trennung von Legalität und Moralität ins Spiel. Außerdem orientiert sich das Strafrecht streng an den Handlungen oder Unterlassungen des Individuums, nimmt nicht nur die Tat und die Umstände ihrer Begehung, sondern auch den Täter, seine Motive und Schuldfähigkeit in den Blick. Letztere im Auge zu behalten fordert von den Opfern viel. Hendrik van Dam, Vorsitzender des Zentralrats der Juden in Deutschland, brachte 1960 das Problem am Beispiel der relativ harten Urteile gegen die Kölner Synagogenschmierer auf den Punkt:

»Es ist zweifellos sehr schwer für die Gerichte, den richtigen Weg zwischen der unerbittlichen Härte, die für den Schutz des Grundgesetzes erforderlich ist, und der Berücksichtigung der beschränkten Einsicht eines Angeklagten zu finden. […] Man darf aber keinen Augenblick vergessen, daß auch ein Gebäude, das von einem Psychopathen in Brand gesteckt worden ist, lichterloh brennt und vieles unter seinen Trümmern begraben kann.«[86]

Für die Entwicklung der heutigen Prozessordnung ist die Constitutio Criminalis Carolina aus dem Jahr 1532 von großer Bedeutung, da sie unter anderem die Stellung des Angeklagten stärkte und ein rechtliches Begutachtungsverfahren in Zweifelsfällen vorsah.[87] Zentral sind seit dem 19. Jahrhundert die Öffentlichkeit und Mündlichkeit des Verfahrens, die freie Beweiserhebung, die klare Regelung der Zuständigkeit ordentlicher Gerichte in einem Instanzenweg, die Trennung von Ankläger und Richter, die Möglichkeit der Verteidigung für den Angeklagten und schließlich das von Anselm von Feuerbach ausformulierte Rückwirkungsverbot (»nulla poena sine lege, nulla poena sine crimine, nullum crimen sine poena legali«). Die 1849 in Preußen eingeführte und nach 1860 für Deutschland zum Vorbild werdende Institution der Staatsanwaltschaft lief allerdings auf einen Rückschlag für die Libe-

86 Van Dam, »Gericht«.

87 Vgl. dazu und zur Folgezeit die umfassende Darstellung von Ignor, *Geschichte*.

ralität und Rechtsstaatlichkeit des Strafverfahrens hinaus, denn der »Einfluß des sachlich unabhängigen Gerichts auf die Gestaltung der Strafrechtspflege wurde zurückgedrängt, der Einfluß der Regierung dagegen gestärkt«.[88]

Die Staatsanwaltschaft sah sich auch nach 1871 immer wieder dem Vorwurf ausgesetzt, politischer Einflussnahme zu unterliegen. In einer Reichstagssitzung Anfang 1882 beispielsweise beklagten sich einige linksliberale Abgeordnete darüber, dass sich die Staatsanwaltschaften häufig weigerten, gegen den Antisemiten Adolf Stoecker öffentliche Anklage wegen Beleidigung zu erheben, während ähnliche Strafanträge von konservativer Seite gegen sozialistische oder linksliberale Reichstagsabgeordnete mit sehr viel größerem Wohlwollen behandelt würden. Während Eugen Richter in den Staatsanwälten »politische Instrumente [...] in der Hand der jeweiligen Regierung« erblickte, verwahrte sich der Staatssekretär im Reichsamt des Innern, von Boetticher, gegen diesen Vorwurf.[89] In seinem von dieser Reichstagsdebatte angeregten Bericht an das Preußische Justizministerium stellte der Erste Staatsanwalt am Landgericht I Berlin, Wachler, fest, dass »das Glaubensbekenntnis oder die politische Parteistellung des Klägers« niemals eine Rolle spiele. Zum Beweis verwies er darauf, selbst wiederholt die öffentliche Klage erhoben zu haben, »wenn Stadtverordnete und Wahlvorstandsmitglieder jüdischen Glaubens beziehungsweise fortschrittlicher Gesinnung [...] in conservativen Blättern beleidigt worden waren«,[90] wobei er unter anderem den Berliner Großfabrikanten Ludwig Loewe erwähnte. Die Zweifel an der Unparteilichkeit der Staatsanwaltschaften verstummten jedoch weder im Kaiserreich noch in den Jahrzehnten danach, und Wachlers Beispiel lässt auch ahnen, warum: Vielleicht unbewusst hatte er »jüdischen Glauben« und »fortschrittliche Gesinnung« in eins gesetzt.

Die richterliche Gewalt, so das Gerichtsverfassungsgesetz vom 27. Januar 1877, wurde »durch unabhängige, nur dem Gesetz unterworfene Gerichte«,[91] und zwar ausschließlich von ordentlichen Gerichten, den Amts-, Landes-, Oberlandesgerichten sowie, als höchster Instanz, dem Reichsgericht, ausgeübt (Paragraph 12).[92] Die Landgerichte waren in erster Instanz für alle in

88 Collin, »*Wächter*«, S. 414; vgl. auch Ledford, »Formalizing the Rule of Law«.

89 *VdR*, Bd. 67, 10.1.1882, S. 501 (Richter), S. 498 u. S. 500 (Boetticher).

90 EStA LG I Berlin an PJM, 15.1.1882, GStA PK, I. HA, Rep. 84a/49789, Bl. 56–60, hier: Bl. 57.

91 Paragraph 1 Gerichtsverfassungsgesetz, *RGBl.*, Nr. 4, 7.2.1877, S. 41–76, hier: S. 41.

92 Zur Institutionsgeschichte vgl. Kai Müller, *Hüter*; einen Überblick gibt Reckling, »Nur dem Gesetz«; für eine ausführlichere Darstellung vgl. Kern/Schmidt-Recla (Hrsg.), *125 Jahre Reichsgericht*.

unserem Kontext zentralen Straftatbestände (die Paragraphen 130, 166, 185 ff. StGB) zuständig. Berufungen, also Urteilsanfechtungen sowohl wegen Tatbestandsfeststellungen als auch wegen ihrer rechtlichen Würdigung durch das erstinstanzliche Gericht, gab es im Untersuchungszeitraum gegen die Urteile der Landgerichte nicht. Es blieb nur die Revision, um zu prüfen, ob das Urteil einer niederen Instanz das Recht fehlerhaft angewendet hatte.[93] In den hier interessierenden Fällen kam in der Regel allein das Reichsgericht als Revisionsinstanz in Betracht, da die Oberlandesgerichte nur zuständig waren, wenn es um Landesgesetze, nicht jedoch, wenn es um Bestimmungen des *Reichs*strafgesetzbuches ging.

In den öffentlichen »Laiendebatten« stifteten diese Revisionssprüche vielfältige Verwirrung. Wurde die Anwendbarkeit eines bestimmten Paragraphen in einem konkreten Fall verneint, so bedeutete dies keineswegs, dass zwangsläufig alle ähnlich gelagerten Fälle davon tangiert waren, da durch eine Revision gerade keine rechtstatsächlichen Feststellungen getroffen wurden. Der typische Satz eines Revisionsurteils lautete demnach: »Ob der Angeklagte alle Juden des Ortes XY habe beleidigen wollen, ist Tatfrage« – und genau zu dieser nahm das Reichsgericht als Revisionsinstanz *nie* Stellung. Wenn es also konstatierte, die Vorinstanz habe fälschlicherweise auf eine Kollektivbeleidigung »der Juden« erkannt, weil für diese Feststellung geprüft werden müsse, ob die so bezeichnete Personengruppe hinreichend genau bestimmbar ist, um beleidigt werden zu können, dann hieß das nur: Diese Sachverhaltsprüfung hatte die Vorinstanz unterlassen, weshalb das Urteil aufgehoben und an die Erstinstanz zurücküberwiesen wurde.[94] In der öffentlichen Wahrnehmung entstand – aus Unwissenheit oder in bewusst irreführender Absicht – dagegen häufig der Anschein, als habe, um bei diesem Beispiel zu bleiben, das Reichsgericht ein für alle Mal unterstrichen, dass »die Juden« gar nicht kollektiv beleidigbar seien.

Weder an den prozessrechtlichen Bestimmungen noch an der Gerichtsverfassung und dem Instanzenweg änderte sich im gesamten Untersuchungszeitraum Grundsätzliches. Nach 1945 trat in der Bundesrepublik lediglich der Bundesgerichtshof an die Stelle des aufgelösten Reichsgerichts. Allerdings bestand nun zusätzlich das Bundesverfassungsgericht, das Urteile auf ihre Verfassungsmäßigkeit überprüfen konnte, was dem Reichsgericht ver-

93 Die Gefahr politischer Einflussnahmen auf Gerichtsverfahren durch das Institut der Revision betont Braum, *Geschichte*.

94 Das erläutert in aufklärerischer Absicht Parmod, *Antisemitismus*, S. 99.

sagt geblieben war.[95] Dessen Urteile erzielten deshalb immer nur eine indirekte Bindungswirkung, wollten es doch die Strafkammern in der Regel vermeiden, wiederholt vom höchsten Gericht irrtümlicher Rechtsanwendung geziehen zu werden.

Üblicherweise verlief ein Verfahren gegen einen antisemitischen Agitator wie folgt: Das erste Verfahren, so es von der Staatsanwaltschaft auf einen Strafantrag hin eröffnet wurde, fand vor den jeweils zuständigen Landgerichten statt, von denen es in Berlin zunächst zwei, ab 1899 drei gab. Gegen das Urteil konnten beide Prozessparteien Revision einlegen, über die das Reichsgericht entschied. Verwarf es dieses Rechtsmittel, erlangte das erstinstanzliche Urteil Rechtskraft; gab es ihm statt, wurde der Fall an die Vorinstanz (meist an dieselbe, nur in Ausnahmefällen an eine andere Strafkammer) zurückverwiesen, die dann erneut zu befinden hatte.

Prinzipiell stehen sich in einem Strafprozess drei Beteiligte gegenüber: der Kläger, der Beklagte und das Gericht. Als Kläger kommt entweder eine Privatperson in Frage oder, wenn von einem »öffentlichen Interesse« an der Strafverfolgung ausgegangen wird, der Staatsanwalt. Die Staatsanwaltschaft spielt insgesamt eine große Rolle; nicht nur, weil sie den Staat repräsentiert und die Anklage vertritt. Noch gravierender ist, dass sie entscheidet, ob sie der durch einen Strafantrag initiierten Strafverfolgung »öffentliches Interesse« attestiert oder nicht (Paragraph 160 StPO). Eine öffentliche Anklage hatte den Nachteil, dass der klagenden Privatperson die Verfahrensführung aus der Hand genommen wurde, was insbesondere bei der Benennung von Zeugen oder Sachverständigen problematisch sein konnte. Da die öffentliche Anklage aber zugleich die Botschaft kommunizierte, der Staat sehe eine vermutete Tat als gegen sich und damit gegen die Gesellschaftsordnung gerichtet an, lag den jüdischen Interessenvertretern in der Regel sehr an ihr, zumal private Nebenkläger zugelassen werden konnten. Die Privatklage war nicht zuletzt auch finanziell risikoreich, weil die voraussichtlich entstehenden Gerichtskosten vorab als Sicherheit beim Gericht hinterlegt werden mussten (Paragraph 379 StPO).

95 Vgl. Wesel, *Gang*.

1.3. Das Justizpersonal: Sozialdaten und Selbstbilder

»Die Juristen sind so jewissermaßen die Kavallerie von's Civil: die feine Jattung«[96]– diese satirische Charakterisierung des Juristenstandes in einer *Simplicissimus*-Karikatur trifft sowohl das Selbstbild dieser Gruppe als auch ihre soziale Realität recht gut. Seit Max Weber sind Verstaatlichung und Verwissenschaftlichung als Grundzüge der Professionalisierung der Richterausbildung erkannt. Wer im Justizdienst tätig ist, hat also eine besondere, im Allgemeinen als prestigeträchtig empfundene Nähe zum Staat, ähnlich dem Militär, weshalb man auch von der »gebrochenen Bürgerlichkeit einer Scheinprofession«[97] sprechen kann. Das gilt zuerst für die Ausbildung, denn nicht nur an der sich zwar selbst verwaltenden, aber trotzdem hochgradig kontrollierten Universität, sondern auch im Referendariatsdienst war jeder Jurastudent (erst seit 1908 waren Frauen zum Jurastudium zugelassen, ab 1919 konnten sie in Preußen in den juristischen Staatsdienst eintreten) staatlicher Aufsicht unterworfen. Außerdem endete die juristische Ausbildung – beispielsweise in Preußen seit dem 18. Jahrhundert – mit einem Staats- statt einem Universitätsexamen.

Danach hatte ein Aspirant annähernd zehn Jahre bis zur Vollanstellung zu überbrücken, wofür eine erhebliche finanzielle Unterstützung von außen – meistens seitens der Familie – notwendig war. Somit sorgten das Studium und der mehrjährige unbezahlte Referendariatsdienst für einen informellen, aber wirkungsvollen sozialen Numerus clausus. Da aber selbst bei einer Festanstellung als Richter oder Staatsanwalt die Gehälter keineswegs üppig waren und ihnen überdies nicht unerhebliche Repräsentationskosten gegenüberstanden, erbrachte eine Karriere im juristischen Staatsdienst mehr soziales als ökonomisches Kapital.

Wer aus »einfachen Verhältnissen« kam, hatte also faktisch keine Chance, eine Laufbahn im Justizdienst zu absolvieren. Daher entstammten die Richter und Staatsanwälte bis weit ins 20. Jahrhundert hinein der oberen Mittelschicht und dem aufstiegsorientierten Kleinbürgertum, wobei die Richter den »höchsten Grad sozialer Abschottung [...] und damit das höchste Maß an sozialer Exklusivität«[98] aufwiesen. Wie bei der Beamtenschaft insgesamt

96 Eduard Thöni in einer *Simplicissimus*-Karikatur von 1897, zit. nach Rainer Schröder, »Richterschaft«, S. 205. Einen Überblick gibt Röhl, »Beamtenpolitik«.

97 Vgl. Rottleuthner, »Die gebrochene Bürgerlichkeit«.

98 Fattmann, *Bildungsbürger*, S. 66; Henning, *Die deutsche Beamtenschaft*, betont dagegen eher die relative soziale Öffnung der höheren Beamtenschaft.

waren auch bei den Justizbeamten – mit Ausnahme Bayerns und teilweise Badens – die Protestanten deutlich überrepräsentiert, vor allem an der Spitze. Karrieren wie die des langjährigen Preußischen Justizministers Carl Schönstedt, der den »Makel« seiner katholischen Herkunft durch eine ausgesprochen konservative Gesinnung zu kompensieren vermochte, zählten zu den Ausnahmen. Wie die Katholiken hatten die Juden im juristischen Staatsdienst mit zahlreichen informellen Hemmnissen und Zurücksetzungen zu kämpfen, die im Kaiserreich allerdings durch die christliche Taufe oft aus dem Weg geräumt werden konnten. Problematisch war hier die Identifikation von Verwaltung, Staat, Justiz und Obrigkeit mit dem konservativ-christlichen Nationalstaat. Verglichen mit anderen Verwaltungen stellte der Justizdienst trotz dieser Benachteiligungen aber immer noch relativ gute Aufstiegschancen in Aussicht.[99]

Ähnliches galt für die politische Orientierung der künftigen Juristen im Staatsdienst. Schon eine linksliberale Sozialisation und politische Einstellung waren alles andere als eine Karriereempfehlung, von sozialdemokratischen Überzeugungen ganz zu schweigen. Zwar öffnete sich der Justizdienst im Kaiserreich in dem Maße langsam für Liberale und Zentrumsanhänger, in dem die Systemopposition dieser Parteien schwand; von einer generellen Liberalisierung des Zugangs zum Justizdienst kann aber trotzdem keine Rede sein, sondern eher von einer militanten »Nationalisierung der Personalpolitik«.[100]

Eine gesicherte berufliche Zukunft garantierten freilich auch das Jurastudium und die Zugehörigkeit zum staatstragenden protestantischen Bürgertum nicht, war doch die »Juristenschwemme« der »Normalzustand des öffentlichen Arbeitsmarktes«.[101] In Preußen beispielsweise stellten nur die Jahre 1815–1830, 1849–1852 und unmittelbar nach 1870/71 »gute Zeiten« für die in den Staatsdienst strebenden Juristen dar. Da sie jedoch faktisch ein Monopol auf die Besetzung aller höheren Verwaltungsposten bis in die Ministerialbürokratie hinein hatten, boten sich den gut qualifizierten und aufstiegsorientierten Juristen zahlreiche Alternativen. Der Geheime Regierungsrat W. Franz bezeichnete Deutschland als ein »Juristenland«, »in dem, abgesehen von dem Amt des Kriegsministers und dem des Staatssekretärs der Reichsmarine, alle leitenden Männer vom Reichskanzler bis zum kleinen Vereinssekretär und bis weit in die vielverzweigte Privatwirtschaft hinein ›Ju-

99 Für eine zusammenfassende Darstellung vgl. Strenge, *Juden*, S. 343–359.
100 Ormond, *Richterwürde*, S. 509.
101 Hattenhauer, *Geschichte*, S. 249–253, hier: S. 249; vgl. dazu besonders Kolbeck, *Juristenschwemmen*, S. 109–114.

risten‹ sind«.[102] So überrascht es nicht, dass juristische Mentalität und juristischer Habitus prägend waren für die bürgerliche Gesellschaft.

Die Unsicherheit der Berufsaussichten verstärkte die Konkurrenzsituation unter den angehenden Richtern und Staatsanwälten und verminderte gewiss nicht die Tendenz zu angepasstem, staatstreuem Verhalten. In dieselbe Richtung wirkte die Modernisierung der Beförderungspraxis. Als das Anciennitäts- vom Leistungsprinzip abgelöst wurde, kamen zwar Exzellenzkriterien besser zum Tragen, die Abhängigkeit von den Vorgesetzten indes wuchs. Alles in allem lässt sich für das Kaiserreich zweifellos eine teilweise beachtliche Modifizierung, Lernfähigkeit und Anpassungsbereitschaft der Bürokratie feststellen, jedoch keine umfassende Modernisierung. Wie in vielen anderen Bereichen existierten hier Wandel und Stillstand nebeneinander.[103]

Selbst nach 1918 orientierte sich der Lebensstil noch stark am Kaiserreich, obwohl die Besoldung schon länger einem langsamen Nivellierungsprozess unterlag. Die Klagen der höheren Beamten über das relative Zurückbleiben ihres Einkommens hinter dem der freien Berufe oder der Wirtschaft erreichten ihren Gipfel in der Inflationszeit und in der Endphase der Republik angesichts der gerade die Beamtenschaft stark treffenden Notverordnungen. Auch wenn man bei den Äußerungen von Lobbyorganisationen wie dem Reichsbund der höheren Beamten vorsichtig sein muss: Ein ökonomischer und sozialer Abstieg der höheren Beamten – und damit auch der Richter und Staatsanwälte – in der Weimarer Republik lässt sich nicht leugnen.[104]

Systematische Versuche, die Richterschaft nach 1918 zu »republikanisieren«, blieben aus, woran nicht zuletzt der langjährige Staatssekretär im Reichsjustizministerium und kurzfristige Reichsjustizminister Curt Joël großen Anteil hatte.[105] Begeisterte Republikaner wurden die Justizbeamten in der Regel nicht, andererseits stellten die aktiven Antirepublikaner nur eine Minderheit dar. Der Höhepunkt der Annäherung an die Republik lag in deren Mittelphase. Am Ende stand Enttäuschung, von der die NSDAP jedoch nur moderat profitierte.[106] Die Haltung der Richter und Staatsanwälte

102 Franz, »Juristische Vorbildung«, S. 22.
103 Vgl. Süle, *Preußische Bürokratietradition.*
104 Vgl. Fattmann, *Bildungsbürger*, S. 78–133.
105 Vgl. Godau-Schüttke, *Rechtsverwalter.*
106 Recht wohlwollend äußert sich Schenck, *Einstellung*, deutlich kritischer Angermund, *Deutsche Richterschaft*, S. 19–44.

zur Republik blieb trotz – aufgrund der bisweilen polarisierend wirkenden Vorgehensweise vielleicht auch wegen – der Gründung des Republikanischen Richterbundes prekär.[107] Die These, der deutsche Richter sei »um so gesetzestreuer« gewesen, »je autoritärer der deutsche Staat verfaßt war«, während »in dem Maße, in dem das Gemeinwesen sich demokratisierte, [...] dem Richter die Verbindlichkeit des Gesetzes problematisch«[108] wurde, bestätigte sich jedenfalls in der Weimarer Republik.

Abgesehen von den rassistisch beziehungsweise politisch motivierten Vertreibungen und Berufsverboten in der NS-Zeit, änderte sich an der sozialen Zusammensetzung der Justizbeamtenschaft wenig. Im Gegenteil, das Berufsbeamtentum bewahrte über die drei politischen Systembrüche 1918, 1933 und 1945 hinweg eine erhebliche Kontinuität, ungeachtet der aktiven Beteiligung der Justiz an den NS-Verbrechen.[109] Im Mentalitätswandel nach 1945, der bei den Justizbeamten in der Bundesrepublik schließlich zur weitgehenden Bejahung der Demokratie führte, haben folglich nichtquantifizierbare Faktoren eine wichtige Rolle gespielt.[110] Wenn nach 1945 »alte Richter« im »alten Sinne« weiter urteilten, dann manifestierte sich darin die Schattenseite der ausgebliebenen Entnazifizierung des Justizsystems; doch selbst diejenigen Richter und Juristen, die in der Urteilspraxis und Literatur dem Geist der Demokratie Bahn brachen, waren mehrheitlich vom Nationalsozialismus keineswegs unberührt geblieben. Auch für die Strafrechtslehre trifft dies zu, in der das »Wunder der Smend-Rezeption« darin bestand, dass die ursprünglich antiliberale »Integrationslehre« eine ungeahnte Karriere bei der Neubegründung der Demokratie nach 1945 durchlief.[111] Der beachtliche Mentalitätswandel trotz fast vollständiger Elitenkontinuität ist im Justizwesen nicht weniger erklärungswürdig als in anderen Bereichen der Gesellschaft.

107 Vgl. Schulz, *Der Republikanische Richterbund.*

108 Kübler, »Der deutsche Richter«, S. 106.

109 Vgl. Raim, »Wiederaufbau«, die betont, dass es in der Besatzungszeit durchaus eine kritische Auseinandersetzung mit der NS-Justiz gab und erst in der frühen Bundesrepublik das Schweigen dominierte.

110 Für eine Zusammenfassung vgl. Grotkopp, *Beamtentum*, S. 273–276.

111 Vgl. dazu Günther, *Denken.*

2. Mit Paragraphen gegen Agitatoren

Äußerungen, die sich gegen Juden *als Juden* richten, können einerseits Individuen (oder kleinen Gruppen, deren Mitglieder grundsätzlich individualisierbar sind) gelten, andererseits Kollektiven, entweder »den Juden« als Ganzes oder großen, nicht mehr individualisierbaren Teilmengen wie den »Börsenjuden«. Seine Brisanz und Gefährlichkeit gewinnt der Antisemitismus aus dem pauschalen Angriff, erhebt er doch den Anspruch, hinter der »Fassade« der Wohlanständigkeit die eigentliche, »zersetzende« Natur »des Judentums« zu erkennen. Derart abstrahierend, gelingt ihm auch die Marginalisierung von Erfahrungen, die dem eigenen Stereotyp widersprechen. Diese Denkweise führte Theodor Fritsch 1922 in einem Artikel über Walther Rathenau exemplarisch vor, in dem er schrieb, dass

> »die Judenkenner und Judengegner niemals behauptet [hätten], daß es nicht einzelne Juden von ausgezeichneten menschlichen Eigenschaften gebe; aber hier gilt vor allem der Satz: ›Die Ausnahme bestätigt die Regel‹. Der antisemitische Kampf richtet sich ja überhaupt nicht gegen die Juden als Einzelpersonen, als vielmehr gegen ein im Gesamt-Judentum verkörpertes Prinzip, das als kultur- und menschheitsfeindlich erkannt werden muß.«[112]

Das Grundproblem bei jeglichem Versuch der Unterdrückung antisemitischer Agitation besteht juristisch gesehen darin, dass »Antisemitismus« per se kein Straftatbestand sein kann, sondern lediglich bestimmte Handlungen, die sich zwar im konkreten Fall auf judenfeindliche Einstellungen zurückführen lassen mögen, aber auch bestraft würden, wenn diese nicht vorhanden wären. Anders ausgedrückt: Niemand darf in einem liberalen Rechtsstaat allein dafür bestraft werden, bestimmte feindselige Gedanken oder Einstellungen zu haben, in diesem Fall also Antisemit zu sein – »thought crime« ist ein Delikt nur in George Orwells *1984* und in jenen totalitären Systemen, die dieser negativen Utopie als Vorbild dienten. Das Strafrecht tritt immer erst dann in Aktion, wenn eine gesetzeswidrige Handlung bereits begangen worden ist – in diesem Fall also der verbale Angriff auf Juden *als Juden*. Aber auch hier fragt die aus dem 19. Jahrhundert stammende, das Rechtsdenken bis heute prägende »Rechtsguttheorie« danach, *welches Rechtsgut* durch eine bestimmte Handlung verletzt worden ist. Nur wenn darauf eine plausible Antwort gegeben werden kann, ist es legitim, die staatliche Sanktionsgewalt anzuwenden. Hier kommen primär die Ehre beziehungs-

112 Fritsch, »Licht«, S. 393.

weise die Menschenwürde[113] als individuelles und der öffentliche Friede als kollektives Rechtsgut in Frage.

Was einfach klingt, erweist sich bei näherem Hinsehen als Quelle endloser dogmatischer Streitereien und widersprüchlicher Auslegungspraktiken. Die Grundfrage ist dabei, wie letztlich bei aller Rechtsprechung, die nach der Rechtsquelle – allgemeiner gesprochen: die nach der inhaltlichen Füllung des Rechts. Genügt es, positivistisch ein vom Gesetzgeber ex- oder implizit benanntes Rechtsgut heranzuziehen? Dogmengeschichtlich führt »von den freiheitlichen Gedanken der Aufklärung eine direkte Linie zum Begriff des Rechtsgutes [...]. Im Begriff des Rechtsgutes erhielt das Verbrechen jene systematische Begrenzung, die den Schutz des Individuums vor staatlicher Willkür verbürgen sollte.«[114] Obwohl dieser Begriff in der NS-Zeit als Ausfluss des liberalistischen Geistes verteufelt und »konkretem Ordnungsdenken«, »völkischem Recht«, »Willensstrafrecht« oder dem »gesunden Volksempfinden« gegenübergestellt wurde, überlebte er als methodisches Prinzip, allerdings um den Preis materieller Entleerung. So konnte beispielsweise die »rassische Reinheit des Volkskörpers« zum schützenswerten »Rechtsgut« erklärt werden.

Beharrt man allerdings auf der Wertbindung des Begriffs, dann ist er fest an einen »liberalen« beziehungsweise »freiheitlich-rechtsstaatlichen« Gehalt geknüpft und »fordert vielmehr notwendig eine vorgesetzliche, materielle Definition«.[115] Einmal mehr wird dadurch offenbar, dass die Selbststilisierung des Rechts als bloßer Exekutivmodus »ewiger Regeln« historisch bedingt ist, zumal Anzeichen dafür vorliegen, dass die Jurisprudenz ihren Wissenschaftlichkeitsanspruch wieder zugunsten einer Selbstdefinition als »herstellende Kunst«[116] im aristotelischen Sinne aufgibt. Die Rechtswissenschaft ist eine praktische und normative Wissenschaft, denn »jede ihrer materialen Aussagen gründet letztlich im Axiologischen«.[117] Die »Rechtsgutlehre« ist in der juristischen Literatur sehr umstritten, da es keinem Ansatz gelungen sei, diese von Johann Michael Franz Birnbaum 1834 eingeführte, aber nicht theoretisch fundierte Theorie »in allgemein anerkannter Weise der

113 Zu diesem Begriff aus juristischer Perspektive vgl. Fischer (Hrsg.), *Begriff*, und Tiedemann, *Menschenwürde*.

114 Sina, *Dogmengeschichte*, S. 89.

115 Ebd., S. 92.

116 So der Rechtsphilosoph Rolf Gröschner, zit. nach Weitzel, »Werte«, S. 23.

117 Michael Marx, *Definition*, S. 15.

Beliebigkeit zu entreißen«.[118] Die Rechtsguttheorie kann *allein* keine Werte generieren, sondern bleibt hierfür auf den Willen des Gesetzgebers angewiesen. Sie liefert aber eine geeignete Methode, um die Diskussion über die den Gesetzen zugrunde liegenden Werte und Normen zu objektivieren.[119]

Die für diese Untersuchung zentrale Rechtsgrundlage bilden das von liberalen Grundsätzen geprägte Reichsstrafgesetzbuch (StGB) vom Mai 1871, für die formalen Aspekte das Gerichtsverfassungsgesetz vom Januar 1877 und die Strafprozessordnung (StPO) vom Februar 1877. Von Bedeutung sind im Wesentlichen drei Straftatbestimmungen, nämlich die »Aufreizung zum Klassenhass« (Paragraph 130 StGB), die »Gotteslästerung« beziehungsweise »Religionsbeschimpfung« (Paragraph 166 StGB) sowie die »Beleidigung« (Paragraphen 185 ff. StGB). Am Rande sind auch die Bestimmungen zum »groben Unfug« (Paragraph 360.11 StGB) von Belang, ebenso wie der Paragraph 193 StGB, die »Wahrung berechtigter Interessen«. Zur Debatte stehen vier Rechtsgüter: der öffentliche (beziehungsweise gesellschaftliche) Frieden, religiöse Empfindungen, die Ehre und die Menschenwürde.

Jeder komplexen Gesellschaft, die ein Mindestmaß an Pluralismus und medialer Kommunikation erreicht hat, stellt sich die Frage, wie sie den »Krieg aller gegen alle« beenden kann. Daher ist es kein Zufall, dass Thomas Hobbes' »Leviathan« die Apotheose des Gewaltmonopols aus der Erfahrung des Bürgerkriegs herleitete.[120] »Einen Toleranzdiskurs«, so stellt Wolfgang Reinhard fest, »konnte es vor der Reformation nicht geben, weil das Problem des religiösen Pluralismus innerhalb der Christenheit bis dahin kaum existierte.«[121] »Toleranz« kam deshalb lange Zeit nur gegenüber *einer* religiös definierten Minderheit in Betracht, den Juden. Diese stellten jedoch nur eine winzige, machtpolitisch bedeutungslose Minorität dar. Erst durch die Reformation wurde die Wahrung des Religionsfriedens besonders in den gemischtkonfessionellen Gebieten Europas zum Problem, von dessen Lösung Wohl und Wehe der sich herausbildenden Territorialstaaten abhing. Das galt im Zeitalter des *cuius regio, eius religio* zunächst vor allem für das Verhältnis *zwischen* den frühneuzeitlichen Staaten; durch territoriale Expansionen wie

118 Vormbaum, »130 Jahre Strafgesetzgebung«, S. 486.

119 Vgl. Amelung, *Rechtsgüterschutz*, S. 393 ff.; ders., »Begriff«; Bottke, »Straftaterfordernis«, S. 488, fordert zu diesem Zweck, die »Verfassungsgutverletzung« an die Stelle der »Rechtsgutverletzung« zu setzen.

120 Vgl. Bredekamp, *Thomas Hobbes*.

121 Reinhard, *Geschichte*, S. 275.

beispielsweise die preußische in Richtung Schlesien und Polen oder Konfessionswechsel der Herrscher wie im Falle des Brandenburgischen Kurfürsten Johann Sigismund wurde die Wahrung des Religionsfriedens aber auch zu einer Notwendigkeit *innerhalb* der Staaten. Statt die jeweils definierte »Ketzerei« unter Strafe zu stellen, kam es, zumal im Zeitalter der Aufklärung und später der Emanzipation, mehr und mehr darauf an, zu verhindern, dass religiöse Polemiken die Untertanen zum Bürgerkrieg anstachelten: »Nicht schon gegen die konfessionellen Bürgerkriege, sondern erst gegen die Durchsetzung der ›respublica christiana‹ nach ihrem Sieg in diesem Krieg wurde die Konzeption der Aufklärung entwickelt«,[122] wie Horst Dreitzel in diesem Zusammenhang erklärt.

In dieser Zeit bahnte sich der entscheidende Wandel der Gesetze zum Schutz der Religion an; der spätere Paragraph 166 StGB beschirmt noch sowohl »Gott« als auch den »öffentlichen Frieden«. Idealtypisch können ein theokratisches und ein durch das Naturrecht säkularisiertes und rationalisiertes sowie durch die Aufklärung humanisiertes Strafrecht einander gegenüberstellt werden. Während in der religiös toleranten römischen Antike Glaubensformen und -inhalte nur dann Gegenstand des Strafrechts wurden, wenn sie die imperiale Herrschaft zu gefährden drohten, avancierte mit dem Aufstieg des Christentums die Lästerung des christlichen Gottes zum Staatsverbrechen.

Die Aufklärung brach endgültig mit der Anschauung, Gott selbst könne durch Menschen beleidigt oder herabgewürdigt werden und müsse deshalb strafrechtlich geschützt werden.[123] Seither lassen sich im Wesentlichen drei konkurrierende zu verteidigende Rechtsgüter identifizieren. Erstens geht es um den Schutz der freien Religionsausübung, zweitens um den der religiösen Gefühle und drittens um die Wahrung des öffentlichen Friedens, also um die Vermeidung religiös motivierter Unruhen. Das Religionsverständnis wurde dabei zunehmend instrumentell: »Diejenigen, welche die Religion antasten, sind haftbar, nicht, weil sie sündigen, oder weil sie falsche Meinungen hegen, sondern weil sie eine Stütze der bürgerlichen Gesellschaft untergraben.«[124] Da es nach weitverbreiteter Ansicht »jedoch die Juden [sind],

122 Dreitzel, »Toleranz«, S. 128.

123 Zum Folgenden vgl. Forrer, *Einfluss*; Schmitz, *Straftaten*, S. 22–38.

124 Hans Ernst von Globig/Johann Georg Huster, *Abhandlung von der Criminal-Gesetzgebung*, Zürich 1783, S. 22, zit. nach Lorenzen, *Strafbarkeit*, S. 8.

welche die christliche Religion laestern«,[125] war es nicht selbstverständlich, dass das Judentum denselben Schutz wie das Christentum und die christlichen Kirchen genoss.

Das Allgemeine Landrecht für die Preußischen Staaten von 1794 schützte – darin ganz auf der Höhe seiner Zeit – die »im Staate aufgenommenen Religionsgesellschaften« (Paragraph 214) und drohte zwei bis sechs Monate Gefängnis an für öffentliche Gotteslästerungen, die »zu einem gemeinen Aergernisse Anlaß geben« (Paragraph 217). Der Paragraph 227 schließlich inkriminierte die Erregung von Hass unter den Religionsgemeinschaften. Einen Schritt weiter ging hier das Bayerische Strafgesetzbuch von 1813, das die Religionsdelikte unter »Vergehen wider den öffentlichen Rechtsfrieden im Staate« subsumierte. Von diesem Gesetzeskodex, der auf Anselm von Feuerbachs Einsicht beruhte, dass der Strafrechtsschutz nicht Gott oder der Religion als solcher, sondern nur der sozialen Institution gelten könne, führte freilich kein gerader Weg zum Strafgesetzbuch von 1871, denn im Restaurationszeitalter wurde erneut der Schutz der Religion betont, um den freigelassenen Geist des Liberalismus wieder in die Flasche zurückzuzwingen. Das Preußische Strafgesetzbuch von 1851 (Paragraph 135) und in seiner Folge das Strafgesetzbuch von 1871 (Paragraph 166) spiegelten diese Unentschiedenheit insofern wider, als die Religionsdelikte als »Vergehen, welche sich auf die Religion beziehen«, einen eigenen Abschnitt bildeten und nicht den Vergehen gegen den öffentlichen Frieden zugeordnet wurden.[126]

Der bis 1969 gültige Text des Paragraph 166 StGB in der Fassung von 1871 lautete:

> »Wer dadurch, daß er öffentlich in beschimpfenden Aeußerungen Gott lästert, ein Aergerniß gibt, oder wer öffentlich eine der christlichen Kirchen oder eine andere mit Korporationsrechten im Staate bestehende Religionsgesellschaft oder ihre Einrichtungen oder Gebräuche beschimpft, ingleichen wer in einer Kirche oder einem anderen zu religiösen Versammlungen bestimmten Orte beschimpfenden Unfug verübt, wird mit Gefängnis bis zu drei Jahren bestraft.«[127]

Aus der Vorgeschichte und dem Wortlaut erklären sich bereits einige der Probleme, die bei der Anwendung der Gesetzesvorschriften zum Schutz der Religion und des Religionsfriedens im Falle antisemitischer Agitation er-

125 Johann Christian von Quistorp, *Grundsaetze des deutschen peinlichen Rechts*, 6. Aufl., Leipzig 1810 [zuerst 1770], Paragraph 121, zit. nach Forrer, *Einfluss*, S. 105.

126 Als handbuchartigen Überblick vgl. Kahl, »Gotteslästerung«.

127 Zit. nach Vormbaum/Welp (Hrsg.), *Strafgesetzbuch*, Bd. 1, S. 38.

wuchsen. Die erste Frage lautete, welcher Gottesbegriff geschützt war. Weitgehende Einigkeit bestand lange Zeit darüber, dass es ein monotheistischer sein musste, so dass es nur die radikalen Antisemiten waren, die den Schutz des jüdischen Gottesbegriffs ablehnten. Da das Judentum eine mit Korporationsrechten ausgestattete Religionsgemeinschaft und insofern den christlichen Kirchen gleichgestellt war, so die herrschende Meinung, genoss auch sein Gottesbegriff gesetzlichen Schutz. Sehr komplex sind die Streitfragen, was als Einrichtung oder Gebrauch einer Religionsgemeinschaft zu gelten habe. Auf das Judentum bezogen war strittig, ob das Schächten, der Talmud, der Schulchan Aruch und das Kol Nidre ebenfalls unter den Paragraph 166 StGB fielen. Das Hauptproblem bestand jedoch darin, dass ein vornehmlich rassistisch argumentierender Antisemit sich stets damit herausreden konnte, er greife ja nicht die Religion, sondern die »Rasse« an, so dass Paragraph 166 gar nicht anwendbar sei.

In engem inhaltlichen Zusammenhang mit den Gesetzen zur Wahrung des Religionsfriedens steht der heutige Paragraph 130 StGB, mit dem die Aufreizung verschiedener Bevölkerungsgruppen zum Hass gegeneinander inkriminiert wird.[128] Er dient daher ganz dem Schutz des öffentlichen Friedens. Historisch betrachtet kann man ihn mit Max Apt, der unter dem Pseudonym »Maximilian Parmod« die erste juristisch-historische Schrift über den Antisemitismus verfasst hat, freilich als den »strafrechtlichen Niederschlag der sozialen Bewegung bezeichnen«,[129] denn der »Klassenhassparagraph« stammt aus dem postnapoleonischen Frankreich.[130] Bereits die »Loi sur la répression des crimes et délits commis par la voie de la presse ou par tout autre moyen de publication« vom 17. Mai 1819 und vor allem der Artikel 8 der »Loi sur les crimes, délits et contraventions de la presse et des autres moyens de publication« vom 9. September 1835 verboten die Aufreizung verschiedener »Klassen der Bevölkerung« gegeneinander. Der Entstehungskontext dieses Gesetzes offenbart, dass es der Bourgeoisie unter dem »Bürgerkönig« Louis Philippe als Herrschaftsinstrument gegen das sich formierende Proletariat diente.[131]

128 Als erschöpfende »Biographie« dieses Paragraphen vgl. Rohrßen, *Anreizung*.

129 Parmod, *Antisemitismus*, S. 6.

130 Überblick bei Krone, *Volksverhetzung*, S. 126–151.

131 Weiterhin dienten die französischen Gesetze vom 25.3.1822 und 11./12.8.1848 als Vorbild; für Paragraph 100 Preußisches Strafgesetzbuch vgl. Schroeder, *Schutz*, S. 81.

Als Paragraph 100 Preußisches Strafgesetzbuch kam dieses Gesetz 1851 nach Deutschland, auch hier ist seine Zielrichtung klar: Es war ein Instrument zur Unterdrückung des radikaldemokratischen oder sozialen Protestes. Auf dem Wege der Verhandlungen im Reichstag des Norddeutschen Bundes über ein Strafgesetzbuch gelangte diese Bestimmung schließlich als Paragraph 130 in das Strafgesetzbuch des Deutschen Reiches.

Die Textfassung änderte sich von 1871 bis 1960 in ihrem Wortlaut nicht: »Wer in einer den öffentlichen Frieden gefährdenden Weise verschiedene Klassen der Bevölkerung zu Gewaltthätigkeiten gegen einander öffentlich anreizt, wird mit Geldstrafe bis zu sechshundert Mark oder mit Gefängniß bis zu zwei Jahren bestraft.«[132]

Im Reichstag des Norddeutschen Bundes gab es um diesen Paragraphen, der zunächst noch als Paragraph 128 vorgesehen war, eine kurze, aber folgenreiche Auseinandersetzung. Die Regierungsvorlage hatte die Worte »die Angehörigen des Staates *zum Hasse oder zur Verachtung* gegen einander« durch den dehnbaren Begriff »zu Feindseligkeiten« ersetzt. Des Weiteren trat an die Stelle der Formel »Angehörige des Staates« aus dem Preußischen Strafgesetzbuch von 1851 der im französischen und englischen Recht gebräuchliche Begriff »Klassen«, weil dadurch der »Thatbestand des Vergehens richtiger begrenzt und einer zu weit gehenden Anwendung vorgebeugt«[133] werde.

Der Unmut der Liberalen entzündete sich ausschließlich an dem Begriff »Feindseligkeit«, den der nationalliberale Abgeordnete Hugo Friedrich Fries gegen »Gewalttätigkeit« ausgewechselt wissen wollte. Sein Parteifreund Eduard Lasker lieferte eine ausführliche Begründung dafür, indem er erklärte, dass Feindseligkeit »eine innere Stimmung« sei und es keinen Grund gebe, »warum es verboten sein soll, irgend welche Ausführungen zu machen, welche zu einer inneren Abneigung und selbst zu dem gesteigerten Grade der Feindseligkeit gegen bestimmte Klassen der Gesellschaft führen«. Nur wenn aus Feindseligkeit Gewalttätigkeiten zu werden drohen, dürfe das Strafrecht eingreifen, zumal in Preußen die Gefahr der willkürlichen Anwendung eines »Kautschuk-Paragraphen« bestehe. Diese Sorge teilte offensichtlich die

132 Redaktion des StGB, in Kraft getreten 20.3.1876, zit. nach Vormbaum/Welp (Hrsg.), *Strafgesetzbuch*, Bd. 1, S. 139; die redaktionelle Änderung betraf lediglich die Geldstrafe, die von 200 Taler in 600 Mark umgeändert wurde.

133 *VdRNB*, Bd. 12/13, 1. LP, Session 1870: Anlage Nr. 5, Motive zum Entwurf des StGB für den Norddeutschen Bund, S. 26–122, hier: S. 63.

Mehrheit der Abgeordneten, so dass dieser Änderungsantrag angenommen wurde.[134]

Die Befürchtung, der Paragraph 130 StGB könne dazu benutzt werden, die Meinungsfreiheit immer weiter einzuschränken, war nicht unbegründet, denn in der Rechtsprechung des Reichsgerichts kam, wie noch zu zeigen sein wird, tatsächlich die Tendenz zum Ausdruck, das Wort »Gewalttätigkeiten« so weit zu fassen, dass der Unterschied zu »Feindseligkeiten« kaum noch erkennbar war. Mit diesem Problem hatten sich auch die Juristen des CV lange herumzuschlagen, von denen nun in jedem Fall der Nachweis erwartet wurde, dass ein antisemitischer Agitator »zu Gewalttätigkeiten« aufrief, was sofort die Frage provoziert, wie konkret diese Aufforderung sein musste. Die einfachste und auch durchgehend angewandte Vorsorgemaßnahme der Antisemiten war es, stets zu betonen, dass die »Lösung der Judenfrage« selbstverständlich auf »streng gesetzlichem Wege« zu erfolgen habe. Die aus liberaler Prinzipientreue eingefügte Konkretisierung des vagen »Kautschuk-Paragraphen« 130 StGB sollte sich aus jüdischer Sicht schnell als Kuckucksei entpuppen.

Ein weiteres Problem ergab sich aus dem Begriff »Klassen der Bevölkerung«, da dieser unzweifelhaft auf Gesellschaftsklassen – genauer gesagt: auf die entstehende Arbeiterklasse – zielte. Waren »die Juden« eine Klasse der Bevölkerung im Sinne des Paragraphen 130 StGB?, lautete die zu bejahende Frage, wenn diese Bestimmung zur Bestrafung antisemitischer Agitation herangezogen werden sollte. Die Juden als »Klasse der Bevölkerung« zu kennzeichnen schien allerdings das Ziel der Integration zu gefährden; davon wird noch ausführlich die Rede sein.

Der dritte wichtige Bereich der oben genannten Straftatbestimmungen – neben der Aufreizung zum Klassenhass und der Gotteslästerung beziehungsweise Religionsbeschimpfung – betrifft die Beleidigung der Ehre, die Paragraphen 185 ff. StGB. Hier ist zu beachten, dass für das Bürgertum, das das StGB prägte, der Schutz des Eigentums wichtiger war als derjenige der Ehre, da »die maßgeblichen Kreise ein eigenes Sanktionensystem [besaßen], das den Schutz der Ehre durch das Strafrecht […] unwichtig erscheinen ließ«.[135] Eine Beleidigung ist, allgemein gesprochen,

134 Alle Zitate *VdRNB*, Bd. 10, 1. LP, Session 1870 (Stenographische Berichte, Bd. 1), 21.3.1870, S. 439.

135 Herr, »Zur ›Rechtsblindheit‹«, S. 406.

»der vorsätzliche und rechtswidrige Angriff auf die Ehre eines anderen. [...] die allgemeine Menschenehre kann durch Handlungen dritter nicht genommen werden, sie ist unabhängig von äusserer Anerkennung und bedarf keines Schutzes durch die Rechtsordnung. Anders verhält es sich mit der äusseren Ehre. Sie beruht lediglich in der äusseren Achtung und Meinung der Mitmenschen, in der Anerkennung durch die Mitwelt.«[136]

Jenseits dieser allgemeinen Grundsätze kreisten lange juristische Debatten um die Frage, was genau unter »Ehre« zu verstehen sei und wie eine Beleidigung, üble Nachrede oder Verleumdung beschaffen sein müsse, um diese Ehre zu treffen. Weitgehende Einigkeit bestand darüber, dass die Ehre ein ausschließlich am Individuum hängendes Rechtsgut sei. Wegen Beleidigung kann nur bestraft werden, wer einen spezifisch bezeichneten anderen Menschen oder eine überschaubare, klar identifizierbare Personenmehrheit (Kollektiv) herabwürdigt. »Kaufmann Levy ist ein notorischer Betrüger und Lump« ist eine Beleidigung, die von den Gerichten in der Regel problemlos als solche geahndet wurde. Bezweifelt hat freilich schon Kant, dass eine Geldstrafe zur Sühne einer Beleidigung angemessen sei, habe diese doch »gar kein Verhältnis zur Beleidigung, denn wer des Geldes viel hat, kann diese sich wohl einmal zur Lust erlauben«.[137] Diese Äußerung zeigt, dass sich der Ehrbegriff insgesamt nur schwer mit bürgerlich-liberalen Vorstellungen in Einklang bringen lässt; zu sehr steckt in ihm das Wertesystem des Adels.

Besondere Relevanz hat die Problematik der Kollektivbeleidigung, denn das Entscheidende der antisemitischen Agitation – wie jeder Feindkonstruktion – ist es, dass sie primär nicht einzelne Personen treffen, sondern die Juden *als Juden* kollektiv und undifferenziert herabwürdigen will. Die bis nach 1945 herrschende Rechtsauffassung besagte jedoch, dass eine kollektive Beleidigung »der Juden« zu unspezifisch sei, um das einzelne Mitglied dieses Kollektivs zu treffen.

Gerade das, was den Antisemitismus so gefährlich machte, seine Pauschalisierung, entzog sich der Systematik des Strafrechts. Dass die »Kollektivbeleidigung« von der Strafrechtswissenschaft im Allgemeinen abgelehnt wurde, ist wiederum eine Konsequenz des liberalen Geistes des 19. Jahrhunderts, der alle Rechtsbeziehungen strikt als Rechtsbeziehungen zwischen Individuen ansah und keinen Raum ließ für intermediäre Ebenen. Der Gruppenschutz, wie er im alten Reich für die Juden durch das Reichskammergericht

136 Bleß, *Beleidigung*, S. 9.
137 Kant, *Metaphysik der Sitten*, Rechtslehre, zit. nach Rainer Schröder, *Rechtsgeschichte*, S. 109.

bestand, widersprach diesem Denken diametral.[138] Die kollektive Beleidigung bestimmter Gruppen ist zudem nur deshalb schwer zu ahnden, weil das Strafrecht mit guten Gründen darauf beharrt, dass für eine *strafrechtliche* Verfolgung stets eine *konkrete Schädigung* bestimmter Personen nachgewiesen werden müsse. Wenn die Kollektivbeleidigung ohne Einschränkungen anerkannt würde, bestünde die Gefahr einer starken Beeinträchtigung des öffentlichen Lebens und freien Meinungsaustauschs. Darüber hinaus gilt es, zwei Formen der Kollektivbeleidigung zu unterscheiden: zum einen die Beleidigung mehrerer Personen unter einer Gruppenbezeichnung (zum Beispiel »die Juden sind alle Verbrecher«), zum anderen die Beleidigung einer Personengemeinschaft (zum Beispiel »der Zentralrat der Juden ist eine Verbrecherbande«).

Das römische und mittelalterliche Recht verhielten sich hinsichtlich der Kollektivinjurie indifferent, Injurien gegen Kollektivpersonen waren ihnen sogar gänzlich fremd.[139] Während Adolph Dieterich Webers Abhandlung *Ueber Injurien und Schmähschriften*[140] von 1793 die Kollektivbeleidigung ablehnte, räumten einige einzelstaatliche Strafgesetzbücher im Deutschen Bund diese Möglichkeit ein. Das Sächsische Strafgesetzbuch von 1838 und 1855, das Braunschweigische von 1840, das Hannoversche von 1840, das Württembergische von 1839 und das Thüringische von 1850 sprechen von »ganzen Ständen oder Körperschaften«, »religiösen und politischen Körperschaften«, »anerkannten Religionsgesellschaften« oder »ganzen Personenklassen«, und auch die juristische Lehrmeinung ging überwiegend von der passiven Beleidigungsfähigkeit von Kollektivpersonen aus. Im Strafgesetzbuch des Norddeutschen Bundes und des Deutschen Reiches kamen Kollektivinjurien dagegen nicht, Injurien gegen Kollektivpersonen nur in bestimmten Fällen vor.

Im Zusammenhang mit den Beleidigungsdelikten ist noch eine weitere Regelung bedeutsam, der Paragraph 193 StGB. Indem er zur »Wahrnehmung berechtigter Interessen« zugefügte Beleidigungen für straflos erklärte, begründete er »überhaupt eine absonderliche Ausnahmestellung für das Vergehen der Beleidigung gegenüber allen anderen Vergehen, die niemals durch den Zweck ihrer Verübung außer Verantwortung gestellt werden«. Ein Recht

138 Vgl. Ehrenpreis/Gotzmann/Wendehorst, »Rechtsnormen«; Staudinger, »Resolutionsprotokolle«.

139 Zum Folgenden vgl. Ambach, *Kollektiv-Injurien*, S. 10–21.

140 Vgl. Adolph Dieterich Weber, *Injurien*; zum Folgenden vgl. Hirschberg, *Kollektiv-Ehre*, S. 39–42.

zu Beleidigungen räumt er indes »überhaupt nicht ein, erklärt nur in den hervorgehobenen Fällen die bewußte Beleidigung so lange für straflos, als nicht die bewußte Überschreitung der Grenzen für Tadel, Rechtsverteidigung, Rügen u.s.w. aus Form oder begleitenden Umständen erkennbar ist«.[141] Im Hinblick auf die juristische Bewertung antisemitischer Agitation stellte sich konkret die Frage, ob die parteipolitischen Interessen eines Antisemiten als »berechtigtes Interesse« gelten konnten, was einer *carte blanche* gleichgekommen wäre.

Die Geschichte des Antisemitismus zeugt von verschiedenen Agitationsformen, die nicht zu allen Zeiten gleichermaßen auftraten, sondern jeweils ihre spezifische Hochkonjunktur hatten. Antisemitische Äußerungen im privaten Bereich hat es durchgehend gegeben; sie sind aber nicht Gegenstand dieser Untersuchung, da sie streng genommen keine Agitation darstellen, wenngleich sie von solcher angefacht worden sein können. Da hier das Tatbestandsmerkmal der Öffentlichkeit fehlt, kommen die Paragraphen 130 und 166 StGB nicht in Betracht, sondern lediglich die Beleidigungstatbestände der Paragraphen 185 ff.

Schwierig ist die Streuung antisemitischer Gerüchte zu fassen; sie geht zwar oft mit antisemitischer Agitation einher, gehört in der Regel aber nicht zu deren eigentlichen Propagandaformen. Abgesehen davon, dass man mit Adorno den Antisemitismus insgesamt als das »Gerücht über die Juden« bezeichnen kann, ergibt für die juristische Verfolgung nur die Suche nach spezifischen, benennbaren Gerüchten einen Sinn. Paradigmatisch waren solche Gerüchte vor allem für die Auslösung der »Ritualmord«-Hysterien von Bedeutung. Wurden sie in einer Menschenmenge verbreitet, war die Grenze zur öffentlichen Rede schnell überschritten, so dass als Tatbestände neben den Paragraphen 130 und 166 der »Aufruf zur Begehung von Straftaten« (Paragraphen 110 f. StGB), der »Widerstand gegen die Staatsgewalt« und der »Landfriedensbruch« in Betracht kamen. Die Streuung von Gerüchten konnte nicht nur in aufreizende Agitation, sondern ebenso in antisemitisch motivierte Gewaltausübung übergehen, der außer den Körperverletzungsdelikten vor allem bei Unruhen und Pogromen Eigentumsdelikte und Sachbeschädigung zuzurechnen sind. Die kollektiven Formen antisemitisch motivierter Gewalt hatten ihren Schwerpunkt zunächst in der ersten Hälfte des 19. Jahrhunderts, wiederholten sich aber seit 1881 im ungefähren Zehnjah-

141 Beide Zitate *ERGSt*, Bd. 5, S. 56 ff., 10.10.1881, hier: S. 57.

resabstand und sind mit dem »Synagogenbrandprozess« in Neustettin und den »Ritualmord«-Fällen in Xanten und Konitz verknüpft. Diese regionalen Unruhen fanden nicht nur publizistisch reichsweit Widerhall, sondern führten auch zu Gewalttätigkeiten, so beispielsweise bereits 1873 in Stuttgart.[142] In der NS-Zeit (und davor schon in den Weimarer Jahren) wurde antijüdische Gewalt wieder systematisch öffentlich ausgeübt. Zwar spielten Gerüchte bei diesen meist lokal organisierten Ausschreitungen keine entscheidende Rolle mehr, wohl aber die regionalen Traditionen der Gewaltausübung. Als zentral dirigierter, staatlicher Pogrom stellt der 9./10. November 1938 einen Sonderfall dar. Vor wie nach 1933 erfüllten pogromähnliche Unruhen mehrere Straftatbestände, doch in der NS-Zeit konnte von einer systematischen Strafverfolgung der Täter keine Rede mehr sein. Nach 1945 kam es zu Fällen kollektiver antijüdischer Gewalt nur noch im unmittelbaren Zusammenhang mit den »Displaced Persons«, wovon noch ausführlich die Rede sein wird.

Einen grundsätzlich anderen Charakter hatte die politische Rede auf öffentlichen Versammlungen. Nach 1945 wagten es außerhalb des kleinen Kreises explizit rechtsradikaler Parteien und Vereinigungen nur noch wenige Redner, dezidiert antisemitische Propaganda in Umlauf zu setzen, so dass die Versammlungsrede als Massenmedium der Verbreitung judenfeindlicher Ideologie kaum noch ins Gewicht fiel. Schwierig zu bestimmen und stets Gegenstand erregter Debatten ist das Verhältnis zwischen gesprochenem Wort und Tat. Zwar hatten antisemitische Versammlungen gelegentlich Ausschreitungen zur Folge, so etwa 1880 in Berlin nach Stoecker-Reden. In der Regel aber, vom »Dreschgrafen« Pückler einmal abgesehen, verzichteten antisemitische Redner schon aus Angst vor Versammlungsauflösungen darauf, unmittelbar zu judenfeindlichen Handlungen aufzurufen. Ihnen kam es vielmehr darauf an, haarscharf an der Grenze zwischen »gerade noch erlaubt« und »schon verboten« ihre antisemitischen Ideologien zu verbreiten und dadurch ein Klima zu schaffen, das die »Lösung der Judenfrage« in ihrem Sinne ermöglichte. »Wozu aber«, fragte Arnold Schönberg schon 1923 in einem Brief an Wassily Kandinsky, der durch antisemitische Bemerkungen die langjährige Freundschaft der beiden erschüttert hatte, »soll der Antisemitismus führen, wenn nicht zu Gewalttaten? Ist es so schwer, sich das vorzu-

142 Ulmer, *Antisemitismus*, S. 57–74; ders., »Antisemitische Massenkrawalle«. Auch 1882 kam es beispielsweise zur Schändung der Stuttgarter Synagoge, vgl. dazu Hoffmann/Jeggle/Ulmer, »Jüdische Modernität«, S. 350.

stellen?«[143] Diese rhetorische Frage vermag man heute natürlich noch weniger zu verneinen als vor achtzig Jahren, aber juristisch eröffnete sich hier ein großes Problem. Wie konkret musste die durch hetzerische Reden heraufbeschworene Gefahr einer Störung des inneren Friedens sein, um juristische Zwangsmaßnahmen zu rechtfertigen?

Ähnliches gilt schließlich für Publikationen, bei denen das Verhältnis von Autorenintention und Wirkung noch weniger unmittelbar greifbar ist als bei Reden. Druckerzeugnisse aller Art, vom Handzettel über Werbe- und Ankündigungsplakate bis hin zu Broschüren, Belletristik und (pseudo)gelehrten Abhandlungen, kommen hier in Betracht. Je nach Genre wurden (und werden) unterschiedliche Bewertungsmaßstäbe angelegt, zum Beispiel wenn eine Schrift wissenschaftlichen oder künstlerischen Wert und damit die Freiheit der Kunst und Wissenschaft für sich reklamiert. Prinzipiell sind all diese Publikationsformen im gesamten Untersuchungszeitraum anzutreffen, doch analog zu den öffentlichen Reden verstärkt sich hier nach 1945 der Trend, dass explizit antisemitische Publikationen nur noch von Nischenverlagen oder einzelgängerischen Überzeugungstätern – oft auf eigene Kosten – in die Welt gesetzt werden und überwiegend in der Subkultur des rechtsextremen Milieus zirkulieren. Die Zeitungen und sonstigen Publikationsorgane der »etablierten« rechtsradikalen Parteien wie der SRP, NPD, DVU oder der Republikaner unterliegen in der Regel einer akribischen Selbstbeschränkung, um nicht ungewollt in Konflikt mit der Justiz zu geraten.

3. Judenfeindschaft, Emanzipation und politischer Antisemitismus

Die Geschichte der Juden geht nicht auf in der langen Kette von Verfolgung und Gewalt – und sie ist auch nicht die einer ausschließlich passiven, duldenden Minderheit. Die »jüdischen Lebenswelten«[144] waren und sind sehr vielfältig und wandeln sich beständig. Im Folgenden wird aber naturgemäß

143 Arnold Schönberg in einem Brief an Wassily Kandinsky vom 4.5.1923, zit. nach Erwin Stein (Hrsg.), *Arnold Schoenberg*, S. 95.

144 Vgl. die Ausstellung »Jüdische Lebenswelten« in Berlin 1992 und den Essayband dazu: Nachama/Schoeps/van Voolen (Hrsg.), *Jüdische Lebenswelten*. Vgl. auch Schorsch, *History*, der gegen das Klischeebild angeht, dass die jüdische Diaspora aufgrund ihrer Wehrlosigkeit folgerichtig in der Shoa endete.

einmal mehr der Schatten betont, den die Feindschaft der christlichen Umwelt nicht selten auf das jüdische Leben warf. Spekulationen über den heidnischen »Antisemitismus in der Antike« tragen zur Erklärung der Vorgänge im 19. und 20. Jahrhundert wenig bei. Die Entstehung des Christentums war dagegen eine entscheidende Zäsur. Was als innerjüdische Reformbewegung begann, entwickelte sich zu einer eigenständigen Religion, die sich von ihrem Ursprung zunehmend abgrenzte und in Konkurrenz zu ihm geriet, nicht zuletzt durch die Schriften einiger Kirchenväter wie Origines und Johannes Chrisostomus. Augustinus' Lehre, die Fortexistenz der Juden unter den Christen – durchaus in den verschiedenen Bedeutungen des Wortes »unter« – stelle ein heilsgeschichtliches Memento dar und mache den Sieg der neuen Lehre geradezu physisch immer wieder aufs Neue erlebbar, bahnte den Weg für ein Gleichgewicht aus Repression und Duldung. Auch der den lateinischen Westen prägende Codex Theodosianus (429–438) enthält eine eigentümliche Mischung repressiver und toleranter Elemente, die das Fortleben der jüdischen Gemeinden in christlicher Umgebung zwar erschwerten, aber nicht verhinderten. Dennoch ist die Bilanz für das als Staatsreligion agierende Christentum nicht günstig, machte doch der antike Religionspluralismus einem Hierarchisierungsdenken Platz, das die Juden nicht mehr als grundsätzlich gleichberechtigte Gemeinschaft anerkannte, sondern ihnen eine mindere Rechtsstellung zuwies.

Bis ins 11. Jahrhundert ruhten die Beziehungen zwischen Christen und Juden in einer prekären Balance, wobei aber ein weitgehend friedliches Nebeneinander dominierte; die Vorstellung einer zwangsläufigen Entwicklung hin zu einer rabiaten religiös motivierten Judenfeindschaft erscheint daher verfehlt.[145] Dass schließlich die Intoleranz bestimmend wurde, war vielmehr das Ergebnis der Entwicklungen des 11. bis 14. Jahrhunderts, die das Christentum durch die Konfrontation mit dem Islam, die Transformation der langsam in Bewegung geratenden Feudalgesellschaft und schließlich durch die von der Pestepidemie 1348/49 ausgelöste Katastrophe immer aggressiver gegen das Judentum und die Juden auftreten ließen. So konstituierte sich das Christentum im Hochmittelalter als eine »Verfolgungsgesellschaft«,[146] wobei das Jahr 1096, als die Kreuzfahrerheere in den jüdischen Gemeinden Europas wüteten, eine erste Wegscheide markiert. Die Reformulierung und Intensivierung des Christentums im 13. Jahrhundert bewirkte eine zuneh-

145 Das betont Steven T. Katz, *Kontinuität.*

146 Vgl. Moore, *Formation*; Cohen, *Unter Kreuz*, S. 167–172. Instruktive Beispiele dazu finden sich in Burgard/Haverkamp/Mentgen (Hrsg.), *Judenvertreibungen.*

mend strengere Trennung des privaten und gesellschaftlichen Umgangs miteinander, nicht zuletzt durch die Begrenzung jüdischer Erwerbstätigkeit auf Handel und Geldwirtschaft. Dass kirchliche und weltliche Obrigkeiten sich der Juden bedienten, um unter Umgehung des christlichen Zinsverbots ihre Kassen zu füllen, grenzt nicht nur an Perfidie, sondern verweist überdies auf den spezifischen Zusammenhang zwischen Minderheit und (proto)staatlicher Gewalt, insbesondere in der Zeit der sich langsam herausbildenden frühneuzeitlichen Territorialstaaten. Schutz bot, und das nur unzuverlässig, lediglich der jeweilige Territorialherr – im Heiligen Römischen Reich ursprünglich der Kaiser –, für den die Juden *auch* ein Instrument waren, seinen Herrschaftsanspruch gegen partikulare Gewalten durchzusetzen. Doch für ihre Schutzprivilegien mussten sie bezahlen – mit Sonderabgaben und mit ständiger Unsicherheit ihrer Lebenssituation. Zwar sorgte die territoriale Zersplitterung Mitteleuropas dafür, dass sie nach den verheerenden Pogrom- und Vertreibungswellen im 14. und 15. Jahrhundert hier überhaupt noch siedeln konnten, weil eine vollständige Vertreibung wie in den bereits stärker zentralisierten Regionen Europas – namentlich in England 1290 und dann jeweils im Abstand von etwa einhundert Jahren in Frankreich und Spanien – hier unmöglich war. Aber an ihrem minderen Rechtsstatus änderte weder die Reformation noch der absolutistische Staat etwas, auch wenn die Phase willkürlicher Vertreibungen und Wiederansiedlungsgenehmigungen einem einigermaßen stabilen und berechenbaren Zustand wich, zumindest in Mitteleuropa. Gerade die in der Figur des Hofjuden personifizierte Abhängigkeit des Ancien Régime von Gruppierungen außerhalb der Ständeordnung machte die Juden zur idealen Projektionsfläche für alle Unbill, welche die Durchsetzung der neuzeitlichen Staatsgewalt und Wirtschaftsformen tatsächlich oder vermeintlich mit sich brachte. Diese Problematik ist in Lion Feuchtwangers Roman *Jud Süß* literarisch umgesetzt, und es zeugt von Goebbels' Gespür für die propagandistische Verwertbarkeit dieses Stoffes, dass er ihn dem wohl wichtigsten antisemitischen Propagandafilm der NS-Zeit (neben dem im Gewand der Dokumentation daherkommenden Film *Der ewige Jude*) zugrunde legte.

Die Juden nicht mehr primär als verstockte, rückwärtsgewandte Gruppe, sondern im Gegenteil als Avantgarde der als zerstörerisch wahrgenommenen Moderne aufzufassen – diese neue Sichtweise gewann im Zeitalter der Emanzipation zunehmend an Plausibilität.[147] Eine fundamentale Wende brachte hier vor allem die Französische Revolution. Die apodiktische Kontrastierung von Gleichstellung in einem revolutionären Akt wie in Frankreich und quälend langsamem Emanzipationsprozess wie in Deutschland, der den Juden die bürgerliche Gleichberechtigung nur widerstrebend und unter Vorbehalt gewährte, vermag die Vielfalt dieses gesamteuropäischen Prozesses nicht hinreichend abzubilden.[148] Das Elsass etwa, wo – wie in ganz Frankreich – die Emanzipation de jure frühzeitig und umfassend durchgesetzt wurde, war ebenso wie das benachbarte Baden Schauplatz heftiger antijüdischer Unruhen. Richtig bleibt aber, dass die Durchsetzung der Emanzipation der (revolutionären) Überwindung des Ancien Régime bedurfte. Die Juden, jedenfalls soweit sie auf Emanzipation drängten, identifizierten sich daher nicht mehr mit den Machthabern, sondern mit den (liberalen) Gegnern der alten Ordnung – und blieben dennoch auf »das Bündnis mit der Zentralgewalt […] auch im 19. Jahrhundert angewiesen«.[149]

Den eigentlichen Emanzipationsprozess – ideell vorbereitet durch Christian Wilhelm Dohms Schrift *Über die bürgerliche Verbesserung der Juden* von 1781 und erstmals ansatzweise in die Praxis umgesetzt in den Toleranzedikten Josephs II. – kann man, je nach Mitgliedsstaat des Deutschen Bundes differenziert, in der von Ernest Hamburger vorgeschlagenen Weise[150] in fünf Phasen einteilen. Die Periode der unvollständigen Emanzipation 1808–1847 zerfällt in eine erste Emanzipationsphase 1808–1815 und die daran anschließende erste Reaktionsphase 1815–1847. Die Periode der Durchsetzung der Emanzipation wiederum lässt sich in drei Phasen untergliedern. Auf die zweite, sehr kurze Emanzipationsphase 1848/49 folgte die zweite Reaktionsphase 1849–1859, die schließlich in die dritte Emanzipationsphase überging, die 1869/1871 mit der vollständigen rechtlichen Gleichstellung der Juden im Norddeutschen Bund beziehungsweise im Kaiserreich ihr Ziel fand. Die Kopplung der Emanzipationsgeschichte an die allgemeine politische Entwicklung ist evident, insbesondere in der Dekade vor der Reichsgründung, in der der scheinbar unaufhaltsame Siegeszug des Liberalismus als Ord-

147 Zur Begriffsgeschichte vgl. Reinhard Rürup, »Emanzipation«.

148 Vgl. Wyrwa, *Juden*, bes. S. 415–431.

149 Horkheimer/Adorno, *Dialektik*, S. 207. Vgl. auch Schorsch, *History*, S. 13: »Amelioration was perhaps still possible through an alliance with the absolute state; emancipation, however, could become a reality only in a liberal state based on law.«

150 Hamburger, *Juden*, S. xiii f.

nungsidee Hand in Hand mit der Vollendung des Emanzipationsprojekts ging.

Doch es gab auch eine »Nachtseite der Judenemanzipation«,[151] einen sich artikulierenden Widerstand gegen die rechtliche Gleichstellung der Juden in Deutschland, der nicht nur alle alten religiösen oder sozialen Vorurteile bündelte, systematisierte und an die Gegebenheiten des 19. Jahrhunderts anpasste, sondern darüber hinaus erste populäre Bewegungen schuf, die den Widerstand gegen die Emanzipation politisch zu organisieren versuchten. Parallel zum sich entwickelnden Emanzipationsgedanken formierte sich langsam ein »frühmoderner Antisemitismus«, der die Juden weiterhin als eine sittlich minderwertige, doch nicht länger marginale, sondern bedrohlich machtvolle Gruppe wahrnahm und sie in Ansätzen bereits protorassistisch definierte. Autoren wie Johann David Michaelis, Johann Heinrich Schulz und vor allem Carl Wilhelm Friedrich Grattenauer wären hier zu nennen, der 1803 die Juden als »eine ganz besondere Menschen-Race« bezeichnete, mit der wir »im Krieg«[152] leben. Zwar verbot eine preußische Kabinettsorder vom September 1804 derlei Agitation, konnte sie jedoch nicht dauerhaft unterbinden. Die Verbesserung der Situation der Juden in der Ära Napoleons und der preußischen Reformen rief weitere radikale Judengegner wie Friedrich Christian Rühs oder Jakob Friedrich Fries auf den Plan und, als vielleicht radikalsten, Hartwig von Hundt-Radowsky, bei dem Juden- und Fürstenfeindschaft innig miteinander verschmolzen und der in seinem *Judenspiegel* 1819 darüber sinnierte, wie die Juden »ganz von der Erde vertilgt werden«[153] könnten. Die Juden als Initiatoren und Nutznießer der liberalen Modernisierung von Staat und Gesellschaft zum Nachteil sowohl der alten agrarischen Eliten und Bauern als auch des kleinbürgerlichen Mittelstandes – so lautete seit Friedrich August Ludwig von der Marwitz das Motto der nicht mehr in erster Linie religiös motivierten Judengegnerschaft. Freilich war von der Marwitz nicht der Erste, der diese Argumente vertrat: Bereits 1778 nutzte der Landvogt des elsässischen Blotzenheim, Jean-François Hell, die Unzufriedenheit der Bauern mit ihrer wirtschaftlichen Situation skrupellos aus, um die Juden als zugleich

151 Grundlegend hierfür ist Erb/Bergmann, *Nachtseite*; ferner Herbert A. Strauss, »Formen«, bes. S. 432 f.; Harris, *People*.

152 Zit. nach Fasel, *Revolte*, S. 133; vgl. dort auch S. 127–142.

153 Zit. nach ebd., S. 275.

Schuldige und Profiteure zu brandmarken.[154] Von dieser engen Verbindung, die politisch organisierter Sozialkonservativismus, Kapitalismuskritik und Judenfeindschaft schon früh eingegangen waren, schlug Hermann Wagener seit der Mitte des 19. Jahrhunderts gewissermaßen die Brücke zum modernen Antisemitismus.[155] In einer nichtemanzipierten Gesellschaft, so zeigte das Beispiel der Juden, kann eine Gruppe nicht emanzipiert werden, ohne dass dies die sozialen Abstände verändert und infolgedessen Widerstand bei der Mehrheitsbevölkerung hervorruft.[156]

Für die Entwicklung der Judenfeindschaft in Deutschland wurden die Augusttage des Jahres 1819 zum Paukenschlag. Erstmals seit dem späten Mittelalter ging wieder eine Welle antijüdischer Unruhen durchs Land. Von Würzburg aus griffen die »Hep-Hep«-Unruhen in den folgenden Tagen und Wochen auf große Teile im Süden und Westen Deutschlands über, strahlten aber auch bis nach Sachsen, Hamburg, Mecklenburg und Dänemark, ja sogar Danzig aus und führten noch im Herbst 1819 zu Ausschreitungen, als im niederrheinischen Dormagen ein »Ritualmord«-Gerücht aufflammte.[157]

In der Forschung herrscht weiterhin Uneinigkeit, ob die antijüdischen Proteste primär sozioökonomische Ursachen hatten – so die von Eleonore Sterling für 1819 prominent vertretene These – oder ob die Widerstände gegen die Emanzipation im Allgemeinen und die Ausweitung der Ortsbürgerrechte im Besonderen die eigentlichen Triebfedern der pogromähnlichen Unruhen 1819 und später dann 1830, vor allem aber 1848 waren.[158] Diese richteten sich wohl auch deshalb gezielt gegen die Juden, weil sie in die Debatte um die Emanzipation eingebettet waren. Das galt zumindest für die drei Unruhezentren Würzburg, Frankfurt am Main und Hamburg. Eine der frühesten Verwendungen des Begriffs »Emanzipation« im Hinblick auf die Juden ist in einer Petition von Salomon Hirsch an die Bayerische Ständeversammlung Anfang April 1819 nachweisbar, weshalb es sich bei den Hep-

154 Vgl. Gerson, *Kehrseite*, S. 37–45; im Gegensatz zu Marwitz bekam Hell allerdings die Strenge des Gesetzes zu spüren und wurde für zwei Jahre aus seinem Wirkungskreis verbannt.

155 Vgl. Albrecht, *Antiliberalismus*; für eine allgemeine Darstellung vgl. Matthew Lange, *Antisemitic Elements*.

156 Vgl. Jeggle, *Judendörfer*, S. 157–165.

157 Vgl. Rohrbacher, »›Hep-Hep-Krawalle‹«.

158 Vgl. Sterling, »Anti-Jewish Riots«; kritisch dazu äußert sich Jakob Katz, *Hep-Hep-Verfolgungen*, S. 9–13. Gegensätzliche Deutungen vertreten auch Rohrbacher, *Gewalt*, ders., »The ›Hep Hep‹ Riots«, und Gailus, »Anti-Jewish Emotion«.

Hep-Unruhen um spezifisch judenfeindliche und weniger um sozial motivierte Krawalle gehandelt haben dürfte.[159]

Eine breite publizistische Strömung verknüpfte die sozioökonomischen Krisen- und politisch-gesellschaftlichen Frustrationserfahrungen der Restaurationsära mit der Debatte um die Judenemanzipation, doch auch Theaterstücke wie Karl Borromäus Alexander Sessas skandalträchtige Posse *Unser Verkehr* trugen zur Verstärkung judenfeindlicher Stimmungen bei.[160] Tatsächlich standen die antijüdischen Ausschreitungen in zeitlichem Zusammenhang mit den Prozessen der Unruhe und Rebellion, die in der Ermordung August von Kotzebues durch Karl Ludwig Sand ihren blutigen Ausdruck fanden.[161] Doch blieben antijüdische Schriften lange Zeit von der Zensur unbehelligt; erst anlässlich der Hep-Hep-Krawalle gab sie ihre Zurückhaltung auf. So wurde beispielsweise das Theaterstück *Der reiche Moyses in der Klemme oder Hep! Hep! in F…t* des anonymen Autors Kacadaeus von der preußischen Zensur unterdrückt und im Oktober 1819 in Köln beschlagnahmt.[162] Freilich war das kein Novum der postnapoleonischen Zeit, denn bereits 1803 hatte der Berliner Polizeipräsident in einer Anordnung darauf hingewiesen, dass der »Unfug, der seit einiger Zeit durch Druckschriften wider und für die Juden […] durch die öffentlichen Blätter veranlaßt und getrieben worden«[163] sei, die Zensur derselben nötig mache.

Die Französische Revolution hatte in dieser Hinsicht in Deutschland ein doppeltes Erbe hinterlassen. Auf der einen Seite kam in jener Zeit auf konservativer Seite erstmals der Verdacht auf, die Juden stünden mit den »Mächten des Umsturzes« im Bunde. Auf der anderen Seite befürchtete man, dass Angriffe auf Juden in eine allgemeine Revolution münden könnten. Diese Ambivalenz trat während der Hep-Hep-Unruhen besonders deutlich zutage. Staatliche Stellen, vor allem auf lokaler Ebene, bezeichneten diese Ausschreitungen, in denen die Unruhestifter mit ihren Forderungen mit der Revolutionsangst der Regierenden zu spielen verstanden, durchweg als das Werk »ortsfremden Gesindels«. Ein Landrichter äußerte in einem Schreiben an die Regierung des besonders betroffenen Untermainkreises die Befürchtung,

159 Vgl. Kampmann, »Petition«. Für das 17. Jahrhundert kommt zu einem – *mutatis mutandis* – ähnlichen Ergebnis Lustiger, »Fettmilchaufstand«.

160 Vgl. Neubauer, *Judenfiguren*, S. 98–120.

161 Jakob Katz, *Hep-Hep-Verfolgungen*, S. 71–82.

162 Vgl. Erb/Bergmann, *Nachtseite*, S. 264, Anm. 150.

163 Anordnung vom 20.9.1803, als Faksimile in Reinhard Rürup (Hrsg.), *Jüdische Geschichte*, S. 88.

»daß die befragten Vorfälle gegen die Juden zum ersten bedeutenden Schritte der (wer mag und kann ohne Zittern das unglückliche Wort aussprechen) Revolution!!! gehörten, welche (was noch schrecklicher ist) der Regierung und den Beamten gelte!!!«. Ähnlich klangen die Worte des Stadtkommissärs Gessert, der hinter den Ausschreitungen von »teutschen Volkstümlern« die »wilden Republikane[r]«[164] vermutete, die »den Pöbel« erst gegen die Juden, sodann aber gegen die Staatsmacht aufhetzen wollten. Es war daher nicht nur politische Taktik, wenn die Fürsten die Judenverfolgungen als Vorboten einer allgemeinen Revolution verteufelten. Vor Gericht wurden die Ausschreitungen allerdings entpolitisiert, indem man die Anklagen wegen Privatdelikten und nicht wegen Aufstandes gegen die Obrigkeit (Tumult, Landfriedensbruch) erhob.

Stefan Rohrbacher kommt, auf Studien Ismar Freunds verweisend, zumindest für die Zentral- und Mittelbehörden zu dem Schluss, dass trotz des nicht übersehbaren Trends zur Verharmlosung der antijüdischen Gewalttätigkeiten diese keinesfalls »eher toleriert worden seien als andere Verstöße gegen Ordnung und Gesetz«, weil »in der Regel umfangreiche Maßnahmen zu ihrer Unterdrückung oder Vermeidung ergriffen«[165] wurden. Angesichts der – verglichen mit späteren Zeiten – noch immer relativ geringen materiellen und personellen Ressourcen der Staatsmacht musste selbst bei gutem Willen die umfassende Gewährleistung des inneren Friedens ein unerreichbares Ideal bleiben.

Haben die Behörden im Vormärz diese Ausschreitungen als spezifisch gegen die Juden *als Juden* gerichtete angesehen, oder in welchen anderen Kontext wurden sie gestellt? Schlaglichtartig beleuchtet werden kann diese Frage anhand der gut erforschten Unruhen, die der gewaltsame Tod eines sechsjährigen Jungen aus dem niederrheinischen Dorf Neuenhoven im Kreis Grevenbroich Mitte Juli 1834 ausgelöst hatte und die abermals bewiesen, wie lebendig die »Ritualmord«-Legende vor allem unter der Landbevölkerung war.[166] In weitem Umkreis um den Tatort wurden über Wochen Juden »theilweise mißhandelt« und Synagogen »völlig zerstört«,[167] ehe das Militär und die schließ-

164 Vgl. Gehring-Münzel, *Schutzjuden*, S. 133–177, hier: S. 162, Anm. 236 u. S. 163.

165 Rohrbacher, *Gewalt*, S. 276.

166 Die detailreichste Darstellung bietet Kirchhof, »Kindesmord«. Vgl. auch Rohrbacher, *Gewalt*, S. 70–81; Rohrbacher/Schmidt, *Judenbilder*, S. 320–333.

167 RP Düsseldorf an PIM, 23.7.1834, GStA PK, I. HA, Rep. 77 Tit. 505 Nr. 10, Bl. 1 ff., beide Zitate Bl. 1.

lich einsetzende beruhigende Wirkung der Aufrufe weltlicher und geistlicher Autoritäten wieder für Ruhe sorgten. Das Hauptmotiv für das nach anfänglichem Zögern recht entschiedene Durchgreifen der Behörden war freilich nicht der Wunsch, die angegriffenen Juden zu schützen, sondern dem Gesetz gegenüber »den Freunden der Unordnung [...] wieder alle Achtung zu verschaffen und um die Autorität der Beamten von neuem herzustellen«.[168] Der Landrat in Mühlheim, Schnabel, äußerte gar die Befürchtung, »daß die Demagogen nur die Juden zum Vorwand nehmen für ihre revolutionären Anschläge, um das Militair dorthin zu ziehen und um auf einer andern Stelle desto sicherer operiren zu können«.[169] Wie schon 1819 waren nach Meinung der Behörden auch 1834 die Juden selbst schuld an den gegen sie gerichteten Umtrieben. Der Düsseldorfer Regierungspräsident Graf zu Stolberg erklärte dem Innenministerium, dass »in der hiesigen Gegend im Allgemeinen eine große, tief gewurzelte Abneigung gegen die Juden« erkennbar sei, die »ihren Grund in der wucherischen Bedrückung« der Christen habe, weswegen sich »die gegenwärtige Aufregung, so rasch verbreiten und in ihren Ausbrüchen so heftig und gewaltsam machen konnte«.[170]

Bisweilen wurde die Behauptung, die Juden hätten durch ihr Verhalten die Ausschreitungen gegen sie selbst provoziert, zum Anlass für konkrete Verhaltensvorschläge genommen. Auf die Eingabe eines sich durch die Unruhen infolge eines »Ritualmord«-Gerüchtes bedroht fühlenden niederrheinischen Juden erklärte der Landrat in Jülich, von Bülow, im Sommer 1834 gegenüber dem Oberpräsidenten der Rheinprovinz, dass von gegen die Juden »gerichtetem religiösen Fanatismus [...] keine Spuren« zu bemerken seien, diese also beruhigt sein könnten, »wenn sie nur vorsichtig genug sind, dazu nicht selbst nähere Veranlassung z.B. durch übertriebene Angst und unbegründete Beschwerden zu geben«.[171] Später musste Regierungspräsident Graf zu Stolberg gegenüber dem Innenministerium allerdings zugeben, dass die Juden keineswegs voreilig die Behörden anriefen, sondern im Gegenteil »zu furchtsam [sind], um alles, was vorgeht, sofort zur Kenntniß der Behörden zu bringen, auch sollen sie in einigen Fällen durch starke Drohungen eingeschüchtert und zum Schweigen gebracht worden sein«. Ebenso hat er die Möglichkeit angedeutet, dass der Aufruhr nicht allein durch das Fehlverhalten von Juden, sondern »vielleicht sogar durch positive Aufregungen

168 Alle Zitate RP Düsseldorf an PIM, 20.8.1834, ebd., Bl. 18 f.
169 Bericht Landrat Mühlheim, 18.8.1834, ebd., Bl. 24.
170 Alle Zitate RP Düsseldorf an PIM, 4.8.1834, ebd., Bl. 11.
171 Landrat Jülich an Oberpräsident Rheinprovinz, 2.8.1834, ebd., Bl. 17.

genährt worden ist«.[172] Einerseits wurde ein explizit judenfeindlicher Charakter der Unruhen geleugnet oder zumindest relativiert, andererseits, wenn auch widerwillig, anerkannt. Allein schon aufgrund der Macht- und Mehrheitsverhältnisse hatten die Juden normalerweise nicht die Möglichkeit, sich bei angedrohten oder tatsächlichen physischen Angriffen unmittelbar zu wehren. Nur wenn die jüdische Bevölkerung zahlreich und entschlossen genug war, konnten sich Formen kollektiver Gegenwehr herausbilden, so etwa in Hamburg 1835, wovon Gabriel Riesser eindrucksvoll berichtet hat; Ähnliches ereignete sich vereinzelt auch 1848.[173]

Als Beitrag zur Aufklärung der einfachen Bevölkerung war die 1834 in Düsseldorf erschienene Broschüre *Ueber den Gebrauch des Christenblutes bei den Juden* des Bilker Pfarrers und Kirchenhistorikers Anton Joseph Binterim gedacht.[174] Indem sie die rituelle Blutverwendung bei jüdischen Sekten behauptete und kirchlich sanktionierte Fälle wie Simon von Trient in Erinnerung rief, bestärkte sie freilich die alten Vorurteile, auch wenn Binterim ausdrücklich hervorhob, dass solche Vorkommnisse nicht den Juden als Ganzes zur Last gelegt werden dürften, und er eindringlich vor Selbstjustiz warnte, da diese »in die Gerechtsame Gottes«[175] eingreife. Wie das Oberpräsidium der Rheinprovinz an das Innenministerium berichtete, hatte die Schrift in der Tat »nicht wenig dazu beigetragen, die große Menge zu fanatisiren«, weswegen man die weitere Werbung für sie sowie die Veröffentlichung einer zweiten Auflage untersagte und den Zensor »wegen Zulassung des unpassenden Titels« zurechtwies. Diese Maßnahme wurde vom Innenministerium gebilligt.[176]

Einen letzten Höhepunkt erreichten die antijüdischen Ausschreitungen im Revolutionsjahr 1848. In ihnen kam noch einmal die spezifische Verknüpfung von freiheitlichen, zumindest jedoch obrigkeitsfeindlichen Affekten und sozioökonomischen Krisenerfahrungen zum Ausdruck. Erneut lag der Schwerpunkt der Unruhen im süd- und südwestdeutschen Raum, vor allem in Nordbaden, und im benachbarten Elsass, und abermals waren sie dort besonders intensiv, wo sie mit den Auseinandersetzungen um die Ortsbürgerrechte zusammenfielen.[177]

172 RP Düsseldorf an PIM, 28.8.1834, ebd., Bl. 26–29, Zitate Bl. 26 f.

173 Vgl. Rohrbacher, *Gewalt*, S. 279–283.

174 Vgl. dazu die Dokumente 21 ff. in Herbert A. Strauss, »Die preußische Bürokratie«, S. 35 f.

175 Vgl. Rohrbacher, »Ritualmord-Beschuldigungen«; Binterim zit. nach ebd., S. 311.

176 Alle Zitate Oberpräsident Rheinprovinz an PIM, 29.8.1834, GStA PK, I. HA, Rep. 77 Tit. 505 Nr. 10, Bl. 44; PIM an Oberpräsident Rheinprovinz, 15.9.1834, ebd., Bl. 45.

177 Zu diesem Thema bleibt Nolte, *Gemeindebürgertum*, merkwürdig blass. Zu den Ereignissen im Elsass vgl. Gerson, *Kehrseite*, S. 235–297.

Von Ort zu Ort unterschiedlich, gestaltete sich das Zusammenleben von Juden und Christen mal überwiegend friedlich, mal kann man, besonders auf dem Lande, »lokal und regional von Traditionen antijüdischer Gewalt sprechen«,[178] die mindestens bis in die Mitte des 20. Jahrhunderts hinein wirksam blieben. Ähnlich vielschichtig ist auch die Haltung des Staates zu den judenfeindlichen Umtrieben. Herbert A. Strauss' Aussage anlässlich der Unruhen von 1834, die preußischen Justiz- und Verwaltungsbeamten hätten »die Exzesse der katholischen Rheinländer zunächst und primär als Verletzung von ›Ruhe und Ordnung‹«[179] verstanden, dürfte die Sachlage korrekt wiedergeben. Dennoch fehlte es nicht völlig an dem Bewusstsein, dass diese »Neckereien« spezifisch den Juden galten und durch gezielte Agitation in Wort und Schrift vorbereitet worden waren, was jedoch meist als Argument diente, die Unruhen in einem milderen Licht zu sehen. Eindeutig herrschte die Sichtweise vor, dass Erscheinungsformen der Judenfeindschaft erst dann bekämpft werden müssten, wenn die Autorität des Staates, seiner Institutionen und Vertreter oder die Monarchie unmittelbar mit angegriffen würden – kurz: wenn es um den Schutz der Staatsraison ging. Dieses Begründungsmuster könnte man pragmatisch-utilitaristisch nennen.

Schon bei den vormärzlichen liberalen Staatsrechtlern findet sich der Gedanke, dass formale Freiheitsgarantien allein nicht ausreichend seien, Verfassungsnormen also, um zur Verfassungsrealität zu werden, aufgeklärter Bürger bedürften. So stellte Carl von Rotteck 1830 fest, dass gute Gesetze aus eigener Kraft nicht gegen den »Angriff Böswilliger und Starker, auch nicht gegen leises Untergraben von Seite der Verschmitzten« helfen. Vielmehr müssten dazu auch die Kräfte des Volkes mobilisiert werden:

»Im Schooße der Nation selbst werden die zum Schirm der Verfassung tüchtigsten, bereitesten, unüberwindlichsten Kräfte erzeugt, gepflegt, in constitutioneller Richtung erhalten werden vor allem durch eine weise Volkserziehung im Sinne der Verfassung, d.h. des Rechts und der Freiheit, also durch eine die möglichst vollständige politische Mündigkeit aller Klassen sich zum Ziel sezende [*sic*] […] Erziehung.«[180]

Die seit 1819 intensiv betriebene, bereits von einem gewissen Grad an Organisation zeugende antijüdische Agitation und Aktion ist einer der Gründe, warum seit einiger Zeit die Tragfähigkeit einer scharfen Unterscheidung zwi-

178 Rohrbacher, »Gewalt«, S. 64.

179 Herbert A. Strauss, »Die preußische Bürokratie«, S. 46.

180 Carl von Rotteck, *Lehrbuch des Vernunftrechts und der Staatswissenschaften*, Bd. 2: *Allgemeine Staatslehre*, 1830, zit. nach Denninger, »›Streitbare Demokratie‹«, S. 682; zu Rottecks antijüdischen Ressentiments vgl. Haumann, »›Wir waren alle‹«, S. 196–203.

schen »traditionellem«, primär religiös motiviertem und »modernem«, hauptsächlich rassistisch argumentierendem Antisemitismus bezweifelt wird. Die Notwendigkeit für die Emanzipationsgegner, ihre Argumente zu bündeln und zu systematisieren, trug zweifelsohne zur Formierung des politischen Antisemitismus bei. Ein weiterer Grund für die Relativierung der Unterscheidung von alter und neuer Judenfeindschaft ist der, dass schon im Spanien nach der Reconquista protorassistisches Denken identifiziert werden kann.[181] Dennoch scheinen die Argumente Hans Maiers von 1911, der politische Antisemitismus stelle »seinem Wesen nach eine Reaktion gegen den wirtschaftlichen Liberalismus« dar, bis heute nicht überholt. Judenfeindschaft war um 1870 gewiss kein neuartiges Phänomen; neu war aber, »daß der Antisemitismus den Charakter einer politischen Partei annahm. Voraussetzung dafür war die Emanzipation der Juden«, in deren Folge »die Aeußerungen des Judenhasses und die religiösen Gegensätze sich zu einer politisch-antisemitischen Bewegung verdichteten«.[182] Hinzu kam die biologistische beziehungsweise explizit rassistische Aufladung der Judenfeindschaft, ohne dass ältere religiöse, soziale oder kulturelle Motive verdrängt worden wären; sie verschoben sich teilweise, blieben aber wirksam. Erst am Beginn steht die international vergleichende Analyse der Rezeptions- und Wirkungsgeschichte des postemanzipatorischen Antisemitismus. Zwar ist unstrittig, dass der *Begriff* im Herbst 1879 als positive Selbstzuschreibung der sich nicht mehr primär religiös definierenden Judenfeinde in Berlin entstanden ist, doch kommt insbesondere Frankreich in Frage, wenn man nach Ländern sucht, die möglicherweise schon in der Mitte des 19. Jahrhunderts einen *antisémitisme avant la lettre* aufwiesen.[183]

Das 1871 aus der Taufe gehobene Kaiserreich verkörpert die formative, hochdynamische Epoche des deutschen Nationalstaates. Alle politischen Zäsuren sind auch für die Entwicklung des politischen und gesellschaftlichen Antisemitismus bedeutsam. Die staatliche Einigung weckte bei der Mehrzahl der Juden wie schon 1813 die letztlich vergebliche Hoffnung, durch ihre aktive und opferbereite Beteiligung als vollwertige Mitglieder der deutschen

181 Bergmann, *Geschichte*, S. 12; für eine ausführliche Darstellung vgl. Hering Torres, *Rassismus*; Walz, »Der vormoderne Antisemitismus«, S. 748, schlägt den Begriff des »genealogischen Rassismus« vor, der »sowohl die Ähnlichkeiten als auch die Unterschiede zwischen den verschiedenen Formen der gegen die Juden gerichteten Xenophobie verdeutlichen« soll.

182 Maier, *Antisemiten*, S. 3 u. S. 4 f.

183 Vgl. Reinhard Rürup, »Antisemitismus und moderne Gesellschaft«, S. 87 f.

Nation anerkannt zu werden.[184] Die Entstehung des »modernen Antisemitismus« als Begriff und politisch-soziale Bewegung fiel nicht nur mit Bismarcks »innenpolitischer Wende« von 1878/79 zusammen, sondern auch mit dem »Berliner Kongress«, auf dem die diplomatische Anerkennung der Unabhängigkeit Rumäniens daran geknüpft wurde, den dort lebenden Juden Emanzipation zu gewähren.[185] Bismarcks Sturz 1890 ging einher mit einem Radikalisierungsschub des Antisemitismus, der sich zunehmend aus seiner engen, wenn auch zu keiner Zeit exklusiven Verbindung mit dem politischen Konservativismus löste. Die antigouvernementale Richtung des politischen Antisemitismus erstarkte und wurde Teil einer umfassenden »Fundamentalopposition von rechts«. Dennoch blieb dieser, wie der Hannoveraner Architekt Hermann Schöler, zugleich Mitglied des Vereins zur Abwehr des Antisemitismus (Abwehrverein), 1911 feststellte, »ein konservatives Kind, wenn auch ein illegitimes, das die Kreuzzeitung in neuerer Zeit am liebsten aussetzen und verleugnen möchte. Die ganze Gedankenwelt der Konservativen war der parate Boden für den Antisemitismus.«[186]

Das Scheitern des parteipolitischen Antisemitismus seit 1900 fiel zusammen mit der Diffusion des Antisemitismus in die gesellschaftliche Praxis – ein Prozess, der mit der Verbreitung radikalnationalistischer, rassistischer und antifeministischer[187] Ideologien und Praktiken parallelisiert werden kann. Schließlich läuteten der Erste Weltkrieg und vor allem seine spezifische Verarbeitung ein neues Kapitel für die deutsche Gesellschaft und Politik ein, nicht weniger als für die Geschichte des Antisemitismus.

Wie »fortschrittlich«, »liberal«, »repressiv« oder reformfähig das Kaiserreich war, ist unter dem Signum »Sonderwegsdebatte« lange Zeit hitzig diskutiert worden. Auch der internationale Vergleich oder neuere Ansätze wie Rezeptions- und Transferanalyse vermögen eindeutige Antworten wohl nicht zu geben. Dennoch ist eine einseitig nationalstaatlich fixierte Perspektive überholt, denn letztlich können für jeden Nationalstaat dieser Zeit »Sonderwege«, »Sonderfälle« oder *exceptions* geltend gemacht werden. Vor allem gilt es, stets zu berücksichtigen, dass alle wichtigen Entwicklungen mindestens gesamteuropäische, wenn nicht sogar weit darüber hinausreichende Phänomene sind. Gerade die Entstehung, Verbreitung und Weiterentwicklung von

184 Vgl. Christine Krüger, *»Sind wir denn nicht Brüder?«*.
185 Vgl. Fink, *Defending the Rights*, S. 3–38.
186 Schöler, *Die antisemitische Bewegung*, S. 17.
187 Vgl. Planert, »Reaktionäre Modernisten?«.

Ideologien wie Rassismus oder Antisemitismus sind eindrückliche Belege dafür.[188]

Der Beginn des »modernen Antisemitismus« lässt sich anhand dreier Faktoren recht genau auf die Jahre um 1875 datieren.[189] Otto Glagau definierte als Autor zahlreicher Artikel zum Gründerkrach in der *Gartenlaube* die »soziale Frage als Judenfrage«, übte aber darüber hinaus in seiner Zeitschrift *Der Kulturkämpfer* großen Einfluss auf die Entwicklung des Antisemitismus aus, indem er die Moderne nicht pauschal ablehnte, sondern einen »dritten, deutschen Weg«, einen »Nationalen Sozialismus«, anstelle der vermeintlichen »jüdischen« und »roten Internationale« suchte.[190] Als Zweites muss hier die Frontstellung des Zentrums gegen den Kulturkampf genannt werden, das die verständliche und berechtigte Erregung über den harten, von den Liberalen vorangetriebenen Feldzug Bismarcks gegen den politischen und gesellschaftlichen Einfluss des Katholizismus schnell in eine antijüdische Agitation ummünzte.[191]

Die Parallelität von Artikelserien im Jahr 1875 gegen die liberale Wirtschaftspolitik im Schatten des 1873 von Wien ausgegangenen »Börsenkrachs« in der katholischen *Germania* und der protestantisch-ultrakonservativen *Neuen Preußischen Zeitung* (*Kreuz-Zeitung*) markiert die »Bildung einer katholisch-protestantischen Einheitsfront«.[192] Die im letztgenannten Blatt vom 29. Juni bis 3. Juli 1875 erschienene Artikelserie »Die Aera Bleichröder, Delbrück, Camphausen und die neudeutsche Wirthschaftspolitik« von Franz Perrot[193] bildete, wie die *Staatsbürger-Zeitung* fast vierzig Jahre später feststellte, »den Geburtstag der antisemitischen Bewegung«,[194] da die Juden dort nicht mehr als randständige Existenzen, sondern als machtvolle Gruppe im Zentrum der bürgerlich-kapitalistischen Gesellschaft beschrieben wur-

188 Vgl. jetzt Bergmann/Wyrwa, *Antisemitismus*, sowie die Einzelstudien des von beiden Autoren geleiteten Forschungskollegs »Antisemitismus in Europa (1879–1914). Nationale Kontexte, Kulturtransfer und europäischer Vergleich«, http://zfa.kgw.tu-berlin.de/projekte/europa.htm (3.7.2011).

189 Nach wie vor nicht überholt ist Berding, *Moderner Antisemitismus.*

190 Vgl. Weiland, *Otto Glagau.*

191 Blaschke, *Katholizismus*, S. 42–56, der die apologetische Deutung von Mazura, *Zentrumspartei*, schlagend widerlegt.

192 Greive, *Geschichte*, S. 57.

193 Abdruck der »Aera«-Artikel in Perrot, *Bismarck*, S. 271–280; zu Perrot vgl. Harris, »Franz Perrot«.

194 »Dr. Böckel. Die Alten und die Jungen«, in: *Staatsbürger-Zeitung* vom 7.11.1912 (Beiblatt).

den. Durch die publizistischen Angriffe in diesen Artikeln sollte Bismarck zur Änderung seiner Wirtschafts- und Finanzpolitik gezwungen werden: Beschuldigt wurden einige einflussreiche Juden, die eigentliche Zielscheibe war jedoch der »regierende Liberalismus«.[195] Auch wenn die Charakterisierung der Juden noch zwischen den quasi synonym nebeneinander verwendeten Parametern Religion, Nationalität und Rasse schwankte und eine ausdrückliche Diffamierung »der Juden« als Ganzes unterblieb, bezeichnen die »Aera«-Artikel einen Wendepunkt der antijüdischen Agitation. Denn zum Zwecke der Diffamierung des politischen Gegners wurde dieser als »Jude« oder »Judengenosse« (wieder) kenntlich gemacht, was die gerade erst erreichte Emanzipation in Frage stellte. Die antijüdische Agitation diente aber *auch* als Mittel zur Kritik der Regierung, doch vor allem wurden neue Schlagworte geprägt wie das von Bleichröder als »regierendem Bankier« oder das von der »Judenpolitik« als einer »von und für Juden betrieben[en] Politik«.[196] Zugleich stellten die »Aera«-Artikel einen ersten Höhepunkt judenfeindlicher Agitation in der *Kreuz-Zeitung* dar. Von da an spielte dieses Blatt eine erhebliche Rolle bei der Förderung des Antisemitismus, und zwar nicht nur in instrumenteller Absicht, sondern zunehmend auch aus Überzeugung.[197]

Aufgrund ihrer unverhohlenen Kritik an Bismarck wurden die »Aera«-Artikel zu einem Fall für die Justiz. Bereits am 5. Juli 1875, also unmittelbar nach dem Erscheinen des letzten Artikels, erstattete der Staatsanwalt beim Stadtgericht Berlin Bericht an den Oberstaatsanwalt beim Kammergericht und bat zu prüfen, ob der Reichskanzler sowie die Minister Delbrück und Camphausen Strafantrag wegen Beleidigung stellen sollten.[198] Während aus der überlieferten Akte nichts über die erwogene Verfolgung der Artikel in der *Kreuz-Zeitung* hervorgeht, lässt sich die Argumentation der Staatsanwaltschaft wenigstens ansatzweise anhand der Stellungnahme des Ober-Prokurators (= Oberstaatsanwalts) in Koblenz rekonstruieren. Dieser musste sich mit der Sache beschäftigen, weil die zentrumsnahe *Coblenzer Volkszeitung* in einem Artikel vom 4. Juli 1875 den ersten »Aera«-Artikel zustimmend paraphrasiert hatte.[199] Ober-Prokurator Sommer regte in einem Schreiben an Justizminister Leonhardt an, wegen des »in offenbar beleidigender Weise« argumentierenden Artikels einen Strafantrag der genannten Personen »gegen

195 Vgl. Retallack, »Anti-Semitism«, S. 381.
196 Vgl. Bernhardt, »›Juden‹«, S. 33–37, hier: S. 35.
197 Vgl. bilanzierend Bussiek, *»Mit Gott«*, S. 423–429; dies., »Stimme«.
198 StA Stadtgericht Berlin an OStA KG, 5.7.1875, BA-B, R 3001/6747, Bl. 78.
199 *Coblenzer Volkszeitung* vom 4.7.1875.

das bekannte staatsfeindliche Blatt«[200] zu erwirken, worauf diese jedoch ebenso wie gegenüber der *Kreuz-Zeitung* verzichteten.

An dieser Episode fällt auf, dass die am heftigsten angegriffene Person, Gerson von Bleichröder, in den Überlegungen der Justizbehörden fehlt. Der Schutz *seiner* Ehre war offensichtlich kein Thema, anders als bei den Ministern und Bismarck. So wie die »Aera«-Artikel den Antisemitismus noch überwiegend instrumentell einsetzten, so wurde auch die Erwägung juristischer Maßnahmen politischem Kalkül unterworfen. Maßgeblich für die Argumentation des Ober-Prokurators in Koblenz war, dass es sich bei der *Coblenzer Volkszeitung* um ein »bekannt staatsfeindliches Blatt«, in diesem Fall ein zentrumsnahes, handelte. Das aus heutiger Sicht folgenschwere Moment der »Aera«-Artikel, ihre Signalwirkung für die Verschärfung antijüdischer Agitation, spielte demgegenüber keine Rolle. Es war purer Zufall, dass das Vorgehen gegen ein Zentrumsblatt zusätzlich eine Stoßrichtung gegen den Antisemitismus hatte.

Auch in seinen *Gedanken und Erinnerungen*, in denen sich der Kanzler über seine Erwägungen ausließ, ob er Strafantrag gegen die *Kreuz-Zeitung* stellen solle, wird das deutlich. Bismarck hatte sich »brieflich an Amsberg, eine unsrer höchsten juristischen Autoritäten«, und an den Justizminister mit der Frage gewandt, ob ein Strafantrag mit Sicherheit zur Verurteilung des Verfassers führen werde. Falls nicht, wollte Bismarck davon absehen, »weil ein freisprechendes Erkenntniß meinen Gegnern neue Vorwände zu Verdächtigungen geben könnte«. Die Antwort beider Befragter, dass »die Verurtheilung wahrscheinlich, aber bei der vorsichtigen Fassung der Artikel nicht sicher sei«,[201] ließ den Kanzler schließlich von einem Strafantrag Abstand nehmen. Diese Wendung ist insofern bemerkenswert, als Bismarck ansonsten nicht zögerte, »die Strafjustiz in hervorragender Weise für die Zwecke seiner Politik in Bewegung zu setzen«,[202] wie der spätere Reichsgerichtsrat Otto Mittelstädt 1876 scharfsinnig bemerkte.

Die postemanzipatorische »Judenfrage« nahm seit der Mitte der 1870er Jahre zunehmend breiten Raum im öffentlichen Bewusstsein ein.[203] In der Ideen-

200 Beide Zitate Ober-Prokurator Koblenz an PJM Leonhardt, 9.7.1875, BA-B, R 3001/6747, Bl. 81.

201 Bismarck, *Gedanken*, Bd. 2, S. 153.

202 Otto Mittelstädt, »Der deutsche Reichskanzler und die Strafjustiz«, in: *Im neuen Reich*, Jg. 6 (1876), Bd. 1, S. 10, zit. nach Wilhelm, *Das Deutsche Kaiserreich*, S. 212 f.

203 Vgl. Jensen, »Macht«; Meyer, »Great Debate«.

und Wirkungsgeschichte des modernen Antisemitismus beansprucht vor allem die heute irreführenderweise als »Berliner Antisemitismusstreit«[204] bekannte Auseinandersetzung um den Historiker Heinrich von Treitschke[205] einen herausragenden Platz. Dessen Artikel »Unsere Aussichten« in den *Preußischen Jahrbüchern* vom November 1879 ist ein Schlüsseltext nicht nur des postliberalen, sondern vor allem des »nationalen Antisemitismus«, indem er »Judenfrage« und »Nationalbewusstsein« zu einer Einheit verschmolz – auch wenn er (noch) keine Perspektive zur »Lösung der Judenfrage« anbot.[206] Darüber hinaus nahm Treitschke dem Antisemitismus den »Kappzaum der Scham« (Theodor Mommsen) und machte ihn für Bevölkerungskreise akzeptabel, die sich vom »Radau- und Pöbelantisemitismus« distanzierten. Diese Kontroverse zeigte, dass der Antisemitismus selbst im gebildeten Bürgertum Widerhall fand, die Juden diskursiv weitgehend isoliert waren und auch der Liberalismus sie nur halbherzig verteidigte – und wenn, dann eher aus taktischen Überlegungen denn aus Prinzipientreue.[207]

Neben Treitschke waren es vor allem der bereits unmittelbar vor diesem ins Rampenlicht getretene Hofprediger Adolf Stoecker[208] und seine Christlich-Soziale Partei, die dem Antisemitismus Popularität und Schubkraft verliehen, besonders im Kleinbürgertum. Zugleich löste seine Agitation unmittelbar antijüdische Tumulte aus, so dass eine Wahlversammlung Ende

204 Der Begriff wurde geprägt von Boehlich (Hrsg.), *Berliner Antisemitismusstreit*; zur Kritik vgl. Benz, »Vorwort«, S. vii f.

205 Wyrwa, »Heinrich von Treitschke«; Treitschkes Rolle für die Verbreitung des Antisemitismus betonen Langer, *Heinrich von Treitschke*, S. 292–328, und Lüsebrink, »Nationalistische Publizistik«, S. 667–671.

206 Vgl. Holz, *Nationaler Antisemitismus*, S. 165–247.

207 Für eine umfassende Darstellung vgl. neuerdings Stoetzler, *State*; Jensen, *Gebildete Doppelgänger*, S. 197–432; ders., »Getrennt streiten«; Malitz, »›Auch ein Wort‹«; ferner Christhard Hoffmann, »Geschichte«; Krieger, »Berliner Antisemitismusstreit«; für eine rein ideengeschichtliche Darstellung vgl. Liebeschütz, »Treitschke«; für eine allgemeine Biefang, »›Volksgenossen‹«.

208 Als neuere Biographie vgl. Grit Koch, *Adolf Stoecker*, die allerdings aufgrund vieler fehlerhafter oder ungenauer Angaben nicht voll überzeugt. Speziell zu Stoeckers Antisemitismus vgl. Adolph, *Entwicklung*; Engelmann, *Kirche*, S. 172, der sein Wirken als »geradezu unheimlich modern« charakterisiert; Greschat, »Protestantischer Antisemitismus«, der insbesondere die Vielschichtigkeit von Stoeckers Antisemitismus zwischen traditionellem Antijudaismus, konservativer Gesellschaftsutopie und Rassismus sowie seine Wirkung im protestantischen Milieu betont; dazu auch ausführlich Brakelmann/Greschat/Jochmann, *Protestantismus*. Pfahl-Traughber, »Adolf Stoeckers politische Instrumentalisierung«, S. 78: »Nur seine theologische Orientierung und seine Anbindung an die ›Deutschkonservativen‹ hinderten Stoecker an einer Vereinigung mit den radikalen Antisemiten.«

Oktober 1880 polizeilich aufgelöst wurde.[209] Auch über die zwischen heimlicher Unterstützung und zögerlicher Unterbindung seiner Agitation changierende Politik der Preußischen und der Reichsregierung sowie Kaiser Wilhelms I. sind wir bestens informiert.[210] Dass Stoecker schließlich doch »kaltgestellt« wurde, lag nicht zuletzt daran, dass wenige Tage nach einem Auftritt Ernst Henricis im Februar 1881 in Neustettin die dortige Synagoge brannte, was eine hitzige Debatte über das Verhältnis von Wort und Tat entfachte.[211] Spätestens mit diesen Vorfällen war die Haltung der Konservativen Partei zum Antisemitismus zum Thema geworden, handelte es sich doch um »loyale Pogrome«,[212] da die Täter glaubten, in stillem Einverständnis mit der Intention der Regierung zu handeln.

Zu den erklärungsbedürftigsten Erscheinungsformen der Judenfeindschaft im späten 19. Jahrhundert gehört das Wiederaufleben der »Ritualmord«-Legende in Mitteleuropa, die einerseits mittelalterliche Traditionen aktualisierte, andererseits in die jeweiligen zeitgenössischen politischen Kontexte gestellt werden muss. Auch der moderne Journalismus, insbesondere die Gerichtsreportage, verdient in diesem Zusammenhang Beachtung.[213] Eine wichtige, weltweit Aufsehen erregende Rolle hatte dabei 1840 der Fall in Damaskus gespielt, durch den zum einen das Konzept einer »Selbstverteidigung« gegen die Judenfeindschaft an Kontur gewann; zum anderen lässt sich hier erstmals nachweisen, dass genuin christliche Motive der Judenfeindschaft in die moslemische Welt Eingang fanden, auch wenn die osmanischen Behörden im Interesse des Religionsfriedens Partei für die Juden ergriffen.[214] Zwar wurde der »Ritualmord«-Vorwurf in Tisza-Eslar, Polna, Skurcz, Xanten, Konitz – um nur die wichtigsten zu nennen – gerichtlich abgewiesen, die Prozesse aber machten noch die absurdesten Theoreme salonfähig, da sie sogar in bedeutenden überregionalen Blättern wie der *Germania* oder der

---

209 Vgl. Jensen, *Gebildete Doppelgänger*, S. 271.

210 Bis heute herausragend ist Fritz Stern, *Gold*, zu Stoecker und Bleichröder vgl. S. 510–526.

211 Vgl. dazu Christhard Hoffmann, »Political Culture«; Vogt, »Antisemitismus«; Nicholls, *Burning of the Synagogue*, der Vogt weitgehend folgt; für eine den größeren Kontext einbeziehende Darstellung vgl. ders., *Jews*.

212 Christhard Hoffmann, »Politische Kultur«, S. 101.

213 Das betont am Beispiel Polna Vyleta, *Crime*, S. 178–217.

214 Vgl. Frankel, *Damascus Affair*, und Nordbruch, »Antisemitismus«, S. 255.

Kreuz-Zeitung verbreitet wurden.[215] Das Besondere an den »Ritualmord«-Fällen ist, dass sie eine dezentrale, auf Gerüchten basierende Agitation darstellten, die einerseits von professionellen Antisemiten gefördert und vorstrukturiert wurde, andererseits diesen ein ganz neues Betätigungsfeld eröffnete. Vor allem fand auf diese Weise ein Kernelement des christlichen Antijudaismus Eingang in den mit den modernsten Methoden der Massenbeeinflussung arbeitenden Antisemitismus des 19. und 20. Jahrhunderts.

Seit den späten 1880er Jahren deutete sich eine weitere ideologische Radikalisierung des Antisemitismus an, in erster Linie durch die schärfere Betonung seiner rassistischen Ausrichtung – ohne dass freilich die religiösen oder sozialen Komponenten an Bedeutung verloren hätten. Das rassenantisemitische Glaubensbekenntnis brachte Otto Böckel 1886 in einer Rede auf den Punkt: »Die Judenfrage hat nichts mit der Religion der Juden zu thun; was der Jude glaubt, das ist völlig einerlei, ob Reformjude, orthodoxer oder gar getaufter Jude, das ist ganz einerlei.«[216] Böckel ist noch in einer zweiten Hinsicht wichtig, denn während die antisemitische Agitation bislang weitgehend eine Angelegenheit der großen Städte war, trat mit ihm erstmals ein Agitator auf, der gezielt die bäuerliche Bevölkerung an die parteipolitische antisemitische Bewegung heranführte.[217] Zwar sprechen gute Gründe dafür, die kanonisierte Deutung, Böckels Wahlerfolge hätten auf einer exzeptionellen Mobilisierung neuer Wählerschichten beruht, zu relativieren; ihren zeitweiligen Siegeszug verdankte die »Böckel-Bewegung« weniger eigener Stärke als vielmehr der Schwäche der konkurrierenden Parteien.[218] Dennoch gelang es Böckel, neue Methoden der Agitation und modernere Formen der Organisation des politischen Antisemitismus zu etablieren, die auf einem verbreiteten gesellschaftlichen Ressentiment aufbauen konnten.[219] Die These, Böckels Erfolg sei hauptsächlich als Sozialprotest zu interpretieren und der

215 Für eine allgemeine Darstellung vgl. Kieval, »Importance«; zur Rolle der Konfession vgl. Nonn, »Ritualmordgerüchte«; zu den Gerichtsprozessen vgl. Hartston, *Sensationalizing the Jewish Question*, S. 129–187.

216 Otto Böckel, *Die Juden, die Könige unserer Zeit.* Rede geh. zu Berlin 1886, 136. Aufl., Marburg 1892, S. 7, zit. nach Sieg, »›Wissenschaft‹«, S. 227.

217 Vgl. Peal, *Anti-Semitism*; ders., »Antisemitism«; zur Verbindung von Antisemitismus und Agrarbewegungen vgl. Blackbourn, »Peasants«.

218 Vgl. Nickerson, *Political Fragmentation*; ich danke dem Autor für die Überlassung dieses Manuskripts.

219 Vgl. Stingl, *Jüdisches Leben*, S. 51–54; hinsichtlich der gesellschaftlichen Gegenwehr wohl zu optimistisch urteilt Mack, »Otto Böckel«.

Antisemitismus habe eher als Integrationsmittel gedient,[220] überzeugt freilich nur begrenzt angesichts der Persistenz judenfeindlicher Einstellungen und Verhaltensweisen, die sich in Nordhessen bis nach 1945 feststellen lassen und zuletzt durch den Skandal um den dortigen Bundestagsabgeordneten Martin Hohmann und seine »Tätervolk-Rede« aktualisiert wurden.[221]

Andere Aspekte der Radikalisierung des Antisemitismus sind mit dem Namen Hermann Ahlwardt verknüpft, der ab 1891, freilich nur für wenige Jahre, zu den öffentlichkeitswirksamsten Gestalten auf der politischen Bühne des Kaiserreichs zählte. Es waren in jeder Hinsicht bewegte Zeiten im »Deutschland nach Bismarck«.[222] Die Agitation der Deutsch-Konservativen gegen den moderate Reformen anstrebenden Reichskanzler Leo von Caprivi bediente sich *auch* antisemitischer Elemente.[223] Ahlwardts Bedeutung für die Geschichte des Antisemitismus besteht erstens in seiner Massenwirksamkeit, da er es verstand, den »Volkston« zu treffen. Zweitens ist die Radikalität seines Wortschatzes bemerkenswert, scheute er sich doch nicht, von »Vampiren«, »Wanzen« oder »Parasitenvolk«[224] zu sprechen. Drittens war er ein Meister abenteuerlicher, von wahnhafter Verschwörungstheorie zeugender Sensationsgeschichten, die selbst Regierungsmitglieder nicht verschonten. Ahlwardt warf den deutschen Fürsten vor, angesichts der »jüdischen Gefahr« genauso zu versagen wie einst 1813 gegenüber dem erwachenden Nationalgefühl der Untertanen. Daraus zog er den Schluss: »nur durch das Volk kann das Volk noch gerettet werden«.[225] Dieser Antisemitismus stand Pate für den vom heutigen Rechtsextremismus unternommenen Versuch, »kleinbürgerliches Ressentiment und Autoritätsfixierung bruchlos mit autoritäts- und staatsfeindlicher Militanz«[226] zu verbinden. Ahlwardts offener Angriff auf die politische und gesellschaftliche Ordnung des Kaiserreichs wurde zwar permanent von Beteuerungen der Reichs- und Monarchietreue flankiert, doch änderte das in der zeitgenössischen Wahrnehmung nichts daran, dass der sich sozialrevolutionär gebärdende Antisemitismus als »eine Vorfrucht der Sozialdemokratie« erschien, da die Vermischung des Religionsantisemitismus und des Rassenantisemitismus logischerweise zu einem »Kapitals-

220 So die Interpretation bei Pfahl-Traughber, »Antisemitismus«.

221 Vgl. Wildt, »›Gemeinnutz‹«.

222 Vgl. Nichols, *Germany*.

223 Nach wie vor grundlegend ist Retallack, *Notables*; als Aufsatzsammlung zu den Wandlungen des deutschen Konservatismus vgl. ders., *German Right*.

224 Vgl. Mai, »›Wie es der Jude treibt‹«, S. 73.

225 Ahlwardt, *Neue Enthüllungen*, 1. Teil, S. 6.

226 Robert Leicht, »Entlarven«.

antisemitismus«[227] führen müsse, wie Reichskanzler Caprivi im Reichstag ausführte. Schon Paul Massing hat den Wandel vom konservativ-gouvernementalen Antisemitismus eines Stoecker oder Liebermann von Sonnenberg hin zu einem »demokratisch«-völkischen Antisemitismus im Stil Böckels oder Ahlwardts betont, der »als politische Kraft [...] jetzt für den christlich-konservativen Staat eine Drohung«[228] darstelle. Die »konservative Antwort« bestand einerseits in der Gründung eigener antisemitisch eingestellter Massenverbände wie dem Bund der Landwirte[229] und dem Deutschnationalen Handlungsgehilfen-Verband,[230] andererseits in der Verankerung der Judenfeindschaft im Parteiprogramm der Konservativen auf dem Tivoli-Parteitag Ende 1892. Trotzdem konnten die Antisemiten zunächst ihre größten Wahlerfolge erzielen, wobei ihre Reichstagsmandate bei der Wahlprüfung immer in wesentlich höherem Maß umstritten waren als die der anderen Parteien.[231]

Die Annahme der Zeitgenossen, dass der Aberwitz der Ahlwardt'schen Agitation nicht mehr steigerungsfähig sei, war irrig, denn Walter Graf Pückler sagte zutreffend über sich selbst: »Stöcker blieb in den Grenzen, Ahlwardt wurde schon wüster, ich bin dessen Nachfolger.«[232] In der Galerie der massenwirksamen antisemitischen Agitatoren des Kaiserreichs ist Pückler, den Zeitgenossen auch als der »Dreschgraf« bekannt, die vielleicht bizarrste Gestalt dieser »an sonderbaren Heiligen, an psychologischen Irrgängen«[233] wahrlich nicht armen Gattung. Dennoch hat sich die Voraussage der *Danziger Zeitung*, dass, wer »einmal die Kulturgeschichte des preußischen Staates in der neureichsdeutschen Zeit schreiben wird [...] dem Pücklerskandal einen breiten Raum gewähren«[234] müsse, bis heute nicht erfüllt. Pückler war zwischen 1899 und 1907 eine Persönlichkeit der Zeitgeschichte und galt,

227 *VdR*, Bd. 133, 30.11.1893, S. 192.

228 Massing, *Vorgeschichte*, S. 88.

229 Vgl. Puhle, *Agrarische Interessenpolitik*, S. 111–140.

230 Als kurzer Überblick eignet sich Nerger/Zimmermann, »Der Deutschnationale Handlungsgehilfen-Verband«; weiterhin wichtig ist Hamel, *Völkischer Verband*.

231 Vgl. Arsenschek, *Kampf*, S. 160, Tab. 7, u. S. 161, Tab. 8.

232 »Ein neuer Pückler-Prozeß«, in: *Staatsbürger-Zeitung* vom 12.1.1905 (abends). Zum Folgenden vgl. Jahr, »Pückler«.

233 »Gestern und heut. Glossen zum Pückler-Prozeß« von H. Dt, in: *Berliner Morgenpost* vom 14.1.1905.

234 »Der Pücklerskandal und die Staatshoheit«, in: *Danziger Zeitung* vom 7.7.1906 (morgens).

häufig gemeinsam mit Ahlwardt, schlechthin als Synonym für den »Radauantisemitismus«.[235]

Weil er jedoch weder ein Parlamentsmandat innehatte noch Bücher oder Zeitschriften publizierte oder ernsthaft parteipolitisch tätig war, wird er von der Forschungsliteratur meist nur als skurrile Randerscheinung behandelt und in der Regel nicht in die Ideen- und Wirkungsgeschichte antisemitischer Agitation eingeordnet.[236] Dabei versuchte Pückler, neben der Landbevölkerung vor allem die städtische Arbeiterschaft für seine Zwecke zu mobilisieren, indem er sich als »Sozialist[en], antisemitische[n] Sozialist[en] oder soziale[n] Antisemit[en]«[237] bezeichnete und auch »die Straße« als Agitationsforum nicht verschmähte.[238] Zwar erschien nur eine Ausgabe seiner Zeitschrift *Der Retter aus der Judennot. Wochenschrift für nationalen Sozialismus und reines Deutschtum*,[239] doch zeigt der Untertitel, welch brisante und zukunftsträchtige Ideologie sich im Kopf des Grafen zusammengebraut hatte. Außerdem gehört seine Agitation zum Brutalsten, was der Antisemitismus vor 1914 zu bieten hatte. Pückler dürfte der Erste gewesen sein, der völlig unverhüllt aussprach, »die Judenfrage« sei »eben nur zu lösen mit Gewalt«.[240] Damit bewegte er sich auf der gleichen Linie wie Hundt-Radowsky, der bereits 1819 die »Tödtung eines Juden weder für Sünde, noch für ein Verbrechen, sondern blos für ein Polizeivergehen«[241] erklärte. Trotzdem erscheint es völlig überzogen, wenn Erich Goldhagen schreibt, dass Pücklers »dream of shooting down Jews as one shoots down hare at a chase would have been

---

235 Zu diesem problematischen Begriff vgl. Jahr, »Radauantisemitismus«.

236 Massing, *Vorgeschichte*, S. 111, betont die Randposition Pücklers, die »aber den tödlichen Ernst, mit dem die völkische Ideologie gemeinhin von ihren Anhängern aufgefaßt wurde«, unterstreiche.

237 Pückler-Rede »Der Ruin des Handwerkerstandes!«, Flugblatt ca. Oktober/November 1904, GStA PK, I. HA, Rep. 76 III. Sekt. 1 Tit. XIIIa Nr. 56a, Bd. 1, Bl. 130.

238 Vgl. dazu Lindenberger, *Straßenpolitik*, S. 360: »Die systematische und gezielte Nutzung des öffentlichen Straßenraumes für die ›aggressive Werbetätigkeit‹ einer nicht der politischen Linken zuzurechnenden Organisation blieb hingegen in Berlin auf wenige Ausnahmeerscheinungen, darunter die Umzüge der Heilsarmee und Tumulte um die Kundgebungen des ›Radauantisemiten‹ Graf von Pückler-Tschirne, beschränkt.«

239 »Geschichten vom Grafen Pückler«, in: *Berliner Tageblatt* vom 23.1.1905.

240 Abdruck der Pückler-Rede »Die Juden und die Stadt Berlin!« vom 21.10.1904, GStA PK, I. HA, Rep. 76 III. Sekt. 1 Tit. XIIIa Nr. 56a, Bd. 1, Bl. 128. Vgl. Walter, *Antisemitische Kriminalität*, S. 10: »Zum Radauantisemitismus gehörte im Kaiserreich eine schillernde Vielfalt anstößiger Formen der Judenfeindschaft – sicherlich nicht primär offene Gewaltbefürwortung oder -anwendung.«

241 Zit. nach Fasel, *Revolte*, S. 274.

fulfilled as a member of the Einsatzgruppen«.[242] Daran ändert auch die Tatsache nichts, dass Joseph Goebbels Pücklers »Gemisch von richtigen und falschen Erkenntnissen, diese schneidige Art, mit den Vernichtern des deutschen Volkes Schlitten zu fahren«,[243] lobte und der *Stürmer* ihn 1934 als den großen »Nationalsozialist[en] einer nichtnationalsozialistischen Zeit«[244] pries.

Einen anderen, auf längere Sicht wohl wirksameren Weg als die radikalen Agitatoren ging Theodor Fritsch.[245] Unfähig, eine öffentliche Rede zu halten, verlegte er sich gänzlich auf die Publizistik; in diesem Feld ist er von 1881 bis zu seinem Tod 1933 unermüdlich tätig gewesen. Neben seiner *Antisemitischen Correspondenz* und dem *Hammer: Blätter für deutschen Sinn*[246] war der 1887 erstmals erschienene *Antisemiten-Katechismus* – seit 1907 als *Handbuch der Judenfrage* bis 1944 weitergeführt – seine »erfolgreichste und folgenreichste Publikation«,[247] die Generationen von Antisemiten mit vermeintlich gesichertem Wissen über Juden und Judentum versorgt hat. Fritschs Bedeutung für die Geschichte des Antisemitismus beruht auf zweierlei: Zum einen systematisierte er alle antisemitischen Argumentationsmuster, wobei schließlich die schiere Hartnäckigkeit, mit der er dies über Jahrzehnte betrieb, ihn zur unbestrittenen Autorität in Antisemitenkreisen machte. Zum anderen führte er den radikalen Antisemitismus mit seinem rassistischen und eliminatorischen Grundzug aus den engen Mauern des Parteiantisemitismus heraus; stattdessen sah er in ihm »mehr eine geistig-moralische als eine parteipolitische Bewegung« und »ein Stück Weltanschauung, die jeder sich zu eigen machen kann[,] gleichviel welcher Partei er angehört«.[248] Statt für breite Gesellschaftsschichten respektabel zu werden, habe der Antisemitismus den Fehler begangen, durch »unvornehme« Agitation »alle anständigen Elemente«[249] abzustoßen. Fritsch verknüpfte auch Nationalismus und Rassismus, da für ihn »die Juden« einerseits Feind im Rassenkampf, zugleich

242 Goldhagen, »Mad Count«, S. 63.
243 Goebbels (Hrsg.), *Knorke*, S. 19.
244 »Graf Pückler. Warum er im Irrenhaus enden mußte. Seine letzte Mahnung an Kaiser und Volk«, in: *Der Stürmer*, Jg. 12, Nr. 51 (1934).
245 Als umfassende Darstellung zu Fritsch vgl. Zumbini, *Wurzeln*, S. 321–422; Levy, »Fritsch, Theodor«. Vor allem ideengeschichtlich verfährt Tabary, *Theodor Fritsch*.
246 Vgl. Andreas Herzog, »Theodor Fritschs Zeitschrift«.
247 Zumbini, *Wurzeln*, S. 321.
248 Fritsch, »Vom parteipolitischen Antisemitismus«, 1912, zit. nach ebd., S. 367 u. S. 368.
249 Alle Zitate Fritsch, *Handbuch*, S. 13.

aber auch Feind des Rassenkampfes überhaupt waren; weil sich eine Rasse aber nur im Kampf mit anderen konstituieren und bewähren könne, hielt er die Juden für den ewigen Feind jeder rassisch definierten Nation. Sein Antisemitismus spricht also sowohl *zu* den Juden als Rasse als auch *über* die Juden als Rasse.[250] Daneben versuchte sich der Propagandist des »völkischen Staates« an der Amalgamierung dieser Idee mit der eines »positiven Christentums«, um »den Juden« als Verkörperung des Bösen aus der Menschheit auszuscheiden.[251] Nach 1933 – er erlebte noch die Anfänge des NS-Staates – wurde Fritsch endgültig zum Heros des radikalen Antisemitismus stilisiert und 1935 sogar mit einem Denkmal in Berlin-Zehlendorf geehrt.[252]

Parallel zum Antisemitismus entstand – wenngleich als »träge fließendes Rinnsal« im Verhältnis zum »breiten Strom«[253] – eine Gegenbewegung, der Philosemitismus. Dieser war ideologisch und hinsichtlich seiner Exponenten äußerst heterogen und dadurch gekennzeichnet, dass sich Nichtjuden subjektiv wohlwollend für das einsetzten, »was sie selbst als Anliegen der Juden«[254] erachteten. In diesen Zusammenhang gehören die Verfechter der »Judenmission« innerhalb der evangelischen Theologie, als deren prominenteste Figuren Gustaf Dalman, Franz Delitzsch und Hermann L. Strack gelten können. Vor allem die beiden erstgenannten tradierten das alte Bild der »verstockten«, in einer »Nationalreligion« befangenen Juden weiter. Diese Ambivalenz wurde beispielsweise bei Delitzsch deutlich, der einerseits »die antisemitische Losung, wonach der Jude, weil er ein Jude ist, kein Deutscher sein kann«, verwarf, andererseits aber die Bindung ans Deutschtum »von dem Selbstbewußtsein durchkreuzt« sah, »dem auserwählten Volke anzugehören«, so dass die »Judenfrage« erst dann gelöst wäre, »wenn die Judenheit das nationale Princip ihrer Religion mit dem internationalen christlichen vertauschte«.[255] Dem »Judenbild« des Protestantismus jener Zeit war weit über die judenmissionarischen Kreise hinaus eine Zwiespältigkeit zu eigen, die mannigfache Ausprägungen erfuhr: »Positive Klischees, wie jüdische

250 Vgl. Geulen, *Wahlverwandte*, S. 199.

251 Vgl. Tabary, »Theodor Fritsch«.

252 Vgl. Irmer, »Das ›erste antisemitische Denkmal Deutschlands‹«.

253 So Hans-Joachim Schoeps, *Philosemitismus im Barock. Religions- und geistesgeschichtliche Untersuchungen*, Tübingen 1952, S. 1, zit. nach Brenner, »›Gott schütze uns‹«, S. 174.

254 Ebd.

255 Franz Delitzsch, »Christentum und jüdische Presse. Selbsterlebtes«, in: *Saat auf Hoffnung. Zeitschrift für die Mission der Kirche an Israel*, Jg. 19 (1882), S. 120, zit. nach Heinrichs, *Judenbild*, S. 570; zur Judenmission insgesamt vgl. ebd., S. 484–594.

Treue, jüdischer Familiensinn, Nüchternheit, Willensstärke […] können in Krisenzeiten als Gesetzlichkeit, Starrsinn, Fanatismus, […] Verschlagenheit […] erscheinen und funktionalisiert werden.«[256] Diese unterschiedlichen, ja scheinbar gegensätzlichen Züge sind jedoch insofern miteinander verbunden, als sie das Unbehagen an einer »unvollendeten« – aus liberaler Sicht – oder einer »zerstörerischen Moderne« – aus konservativer Perspektive – auf die Formel »jüdisch« beziehungsweise »semitisch« brachten.

Wann immer – insbesondere – die Vertreter der Judenmission, im Unterschied zu den Antisemiten den Juden »freundlich« gegenüberzutreten versuchten, hatten sie vor allem eines vor Augen: sie von der Überlegenheit des Christentums zu überzeugen. Der Harnack-Schüler und spätere Parteigänger der Bekennenden Kirche, Erich Förster, plädierte in diesem Sinne dafür, vielen Juden eine Beamten-, Gelehrten- oder gar Offizierslaufbahn zu ermöglichen, denn desto geringer sei dann »die Gefahr, daß sie in ihren Gewohnheiten befangen bleiben, desto größer die Möglichkeit, sie in christliche Zucht einzugliedern«.[257] Auch Strack argumentierte, dass der Antisemitismus nicht zuletzt dazu führe, dass die Juden »über die Religion ihrer Angreifer geringschätzig […] denken«, was sich auf ihre »Beurteilung der Person Jesu, des Stifters der Religion ihrer Angreifer«,[258] ungünstig auswirken müsse. Der Pädagoge Friedrich Wilhelm Förster schließlich kam zu dem Schluss: »Solange wir dieses jüdische Element nur vom Standpunkt kalter und gereizter Abneigung und gelehrten und ungelehrten Rassedünkels behandeln – so lange wird unsere ganze sociale und christliche Kultur auf niederer Stufe stehenbleiben.«[259] Der Antisemitismus war ihm also nicht deshalb problematisch, weil er eine spezifisch definierte Menschengruppe diffamierte, sondern weil er das positiv konstruierte eigene Kollektiv diskreditierte. Zumindest für das Kaiserreich und die Weimarer Republik kann man festhalten, dass die »Liebe zu Israel« meist nicht den Juden als Juden oder dem Judentum als Religion galt, sondern vielmehr dem, in das man sie zu konvertieren hoffte: in gläubige Christen, in assimilierte deutsche Staatsbürger oder in nationalbewusste und umsiedlungswillige Zionisten. Mit dem Aufschwung der völkischen Bewegungen, aus deren Sicht die Judenmission unerwünscht

256 Ebd., S. 693 f.

257 Erich Förster, »Evangelische Gedanken zur Judenfrage«, in: *Christliche Welt*, Jg. 5 (1891), Sp. 390, zit. nach ebd., S. 449.

258 Zit. nach Wiese, »Ein ›aufrichtiger Freund‹«, S. 301.

259 Friedrich Wilhelm Förster, »Betrachtung zur Judenfrage«, in: *Saat auf Hoffnung*, Jg. 54 (1917), S. 87, zit. nach Heinrichs, *Judenbild*, S. 592.

war, weil sie die »Rassereinheit« des deutschen Volkes bedrohte, verlor dieser Gedanke immer mehr an Boden.[260] Erst nach 1945, im Schatten des Holocaust, kristallisierte sich langsam ein ernsthaftes Interesse an Juden und Judentum heraus.

Der organisatorisch und ideologisch völlig zersplitterte Parteiantisemitismus brach allerdings nicht aufgrund der philosemitischen Gegenströmungen nach der Jahrhundertwende fast vollständig in sich zusammen, sondern wegen der zahllosen persönlichen Rivalitäten der Antisemiten untereinander, die zu sektenähnlichen Aufspaltungsprozessen führten. Außerdem starben nach und nach die meisten Agitatoren der 1880er und 1890er Jahre oder zogen sich ins Privatleben zurück.[261] Die gesellschaftliche Verbreitung und Verankerung des Antisemitismus wurde davon jedoch kaum geschmälert, so fand er beispielsweise Eingang in die Frauenbewegung, die selbst für eine Emanzipation kämpfte.[262] Diesen Wandel beschrieb der Vorsitzende des Vereins zur Abwehr des Antisemitismus, Theodor Barth, im Oktober 1908, wie folgt: »Der brutale Antisemitismus, wie er in Ahlwardt und Graf Pückler verkörpert wurde, ist allerdings verschwunden. Der gefährliche, der Antisemitismus in Glacéhandschuhen, ist geblieben.«[263] Vor allem in den rechten Verbänden wie dem Alldeutschen Verband spitzte sich der Antisemitismus in den Jahren unmittelbar vor dem Ersten Weltkrieg nicht nur inhaltlich immer mehr zu, sondern trat auch verstärkt in der öffentlichen Agitation in Erscheinung.[264] Zumindest im Nachhinein ist es nicht weiter erstaunlich, dass der Judenhass als »Code der Radikalität«[265] in der gesellschaftlichen Krise des Ersten Weltkriegs eine neue Dimension gewann.

Die Hoffnung der deutschen Juden, der lautstark proklamierte »Burgfriede« würde ihnen endlich die lang verwehrte gesellschaftliche Gleichstellung bringen, erwies sich bekanntlich als trügerisch.[266] Auch wenn neuerdings

---

260 Vgl. Kaiser, »Der deutsche Protestantismus«.
261 Vgl. Levy, *Downfall*, S. 254–265.
262 Vgl. Wawrzyn, *Vaterland*; dies., »›Mütter‹«.
263 *Berliner Tageblatt* vom 19.10.1908.
264 Zur Radikalisierung des – anfänglich aus taktischen Überlegungen zurückhaltenden – Alldeutschen Antisemitismus von Hasse zu Claß vgl. Johannes Leicht, »›Alldeutsch‹«.
265 Walkenhorst, *Nation*, S. 289.
266 Speziell zur Radikalisierung des Antisemitismus im Ersten Weltkrieg vgl. Berding, »Aufstieg«; Christhard Hoffmann, »Between Integration«; Jahr, »Sündenböcke«; Jochmann, »Ausbreitung«; Picht, »Zwischen Vaterland und Volk«; Sieg, »›Nothing More German‹«.

gute Argumente dafür vorgebracht werden, dass der Erste Weltkrieg selbst noch keine substanzielle Verschärfung des Antisemitismus bewirkt und ihm keine neuen Trägerschichten zugeführt habe, so lässt sich doch kaum bestreiten, dass seine Radikalisierung in der Weimarer Republik nur auf der Grundlage der Entwicklungen in der Kriegszeit möglich war.[267]

Bis heute bietet die Weimarer Republik ein verwirrendes, zugleich aber auch faszinierendes Bild als Epoche politischer und sozialer Instabilität, als »Krisenzeit der klassischen Moderne« (Peukert) einerseits, als ein utopiefreudiges Zeitalter neuer Chancen und Perspektiven für zuvor benachteiligte Gruppen andererseits.[268] In der »Republik der Außenseiter« (Peter Gay) kam die Judenemanzipation an ihr Ziel, als neben die rechtliche die gesellschaftliche Gleichberechtigung trat. Gleichzeitig erreichte der Antisemitismus – vor allem in den Anfangsjahren und dann wieder in der Auflösungsphase am Ende – eine noch nie dagewesene Radikalität, Brutalität und Massenwirksamkeit, die die Lage der Juden unsicherer machten denn je. Es gelang den Antisemiten nicht nur, Juden und Judentum mit Kriegsniederlage und Revolution gleichzusetzen, sondern auch das Schreckbild der »Ostjuden« zu aktualisieren und zu verschärfen.[269] Aus der Sicht der deutschen Juden schien die demokratische Weimarer Republik trotz ihrer Mängel den besten Schutz vor dem Antisemitismus zu gewähren, weshalb sie ihre entschiedensten Befürworter waren.[270] Die schon im Kaiserreich spürbare Ablösung vieler Juden vom politischen Liberalismus setzte sich nach 1918 verstärkt fort. Zwar blieb die Verbindung des Großteils des jüdischen Bürgertums zur DDP bis etwa 1930 sehr eng. Mit dem faktischen Zusammenbruch des bürgerlichliberalen Milieus und seiner Parteien, DDP (seit 1930: Deutsche Staatspartei) und DVP, sind die Juden angesichts der existenziellen Bedrohung durch die NSDAP zu einem taktischen Wahlverhalten übergegangen, von dem die SPD und – mit Einschränkung – das Zentrum profitierten, weil nur sie noch in der Lage schienen, die Republik und damit die Gleichberechtigung zu verteidigen.[271]

---

267 Vgl. Sven Oliver Müller, *Nation*, S. 140–148.

268 Vgl. Föllmer/Graf (Hrsg.), *»Krise«*.

269 Vgl. Magill, *Defense*, für eine Zusammenfassung vgl. S. 405–418; Simonsen, »Perfect Targets«.

270 Einen Überblick bietet Suchy, »›Wir halten treu und fest‹«; Moshe Zimmermann, »Zukunftserwartungen«; weiterhin wichtig ist Paucker, *Der jüdische Abwehrkampf*.

271 Vgl. Liepach, *Wahlverhalten*, für eine Zusammenfassung vgl. S. 299–309.

Der Inhalt des Antisemitismus änderte sich nur begrenzt; entscheidend ist, dass es ihm gelang, aus seiner parteipolitischen und gesellschaftlichen Marginalität auszubrechen und in großen Teilen der Öffentlichkeit Diskurshoheit zu gewinnen. Das äußerte sich zum einen darin, dass die Judenfeindschaft für die DNVP, anders als für die Deutsch-Konservativen im Kaiserreich, essenzieller Bestandteil ihrer politischen Agenda wurde; auch bei den liberalen Parteien, der DVP vor allem, beim Zentrum und gelegentlich sogar ansatzweise bei der SPD wurde völkisches und antisemitisches Denken und Sprechen zunehmend hoffähig. Zum anderen aber erschien der Antisemitismus noch stärker als vor 1914 vielfach an sich berechtigt, ja nötig. Er wurde daher kaum noch grundsätzlich kritisiert. Zugespitzt formuliert: Nicht die Tatsache, dass jemand Antisemit war, rief Widerspruch hervor, sondern nur noch seine Radikalität im Ton.[272] Daneben bestimmten neue Agitationsformen die politische Bühne, wobei der Antisemitismus der politischen Rechten nach 1918 noch mehr als im Kaiserreich als Bindemittel zwischen den verschiedenen Parteien und Gruppierungen fungierte. Der Deutsch-Völkische Schutz- und Trutzbund etwa versuchte, durch antisemitische Agitation eine Massenbasis zu erlangen, nicht zuletzt durch »die große Prozeßlawine, die teilweise von ihm angestrengt wurde, teilweise von den übel diffamierten Opfern ausging. Überhaupt wird man, stärker noch als für das Kaiserreich, sagen müssen, daß der Gerichtssaal [...] als ein neues Forum der Politik entdeckt wurde.«[273] Dasselbe gilt für die in großer Zahl von radikalen Antisemiten initiierten oder gegen sie geführten Gerichtsprozesse.

Jüngere Forschungen relativieren die Annahme, dass in den mittleren Jahren der Republik der Antisemitismus signifikant zurückgegangen sei; dies treffe höchstens für die spektakulären Fälle zu, während der Alltag der deutschen Juden durchweg von vielen kleinen Zurücksetzungen und Angriffen geprägt gewesen sei.[274] Geht man aber davon aus, dass die in einer Akte des CV für die Jahre 1922–1933 dokumentierten Meldungen von Mitgliedern über antisemitische Vorfälle und Auskünfte zum Rechtsschutz repräsentativ sind, lässt sich für die Zeit ab 1930 eine ungefähre Verdopplung der Fallzahlen gegenüber 1929 beobachten.[275] Verglichen mit dem hohen Niveau politischer Gewalt in der Weimarer Republik, war die physische Gewaltanwendung gegen Juden jedoch nach 1930–1932 *vergleichsweise* gering. Hier wirkten

272 Vgl. Kauders, *German Politics*, für eine Zusammenfassung vgl. S. 184 f.

273 Hagenlücke, »Formverwandlungen«, S. 120; vgl. auch Grunwald, »Gerichtssaal«.

274 Vgl. Cornelia Hecht, *Deutsche Juden*.

275 USHMM, RG-11.001M.31, Osobyi, 721/1/2251 (reel 366).

offensichtlich *noch* zivilisatorische Schranken, auch wenn die Selbstwahrnehmung ein deutlich düstereres Bild zeigt.[276] Daher wird bis heute darüber gestritten, ob es ein Krisenbewusstsein der Juden in den »guten Jahren« der Weimarer Republik gegeben hat. Ein solches war auf jeden Fall in der Schlussphase der Republik vorhanden, denn in ihr folgten den Worten immer brutalere Taten, vor allem in einigen ländlichen Gebieten wie Franken oder Ostpreußen.[277] Die nichtjüdischen Deutschen, selbst wenn sie dem liberalen und linken politischen Spektrum zuneigten, hat der Antisemitismus der Nationalsozialisten in der Endphase der Republik dagegen vermutlich kaum mit großer Sorge erfüllt. Wenn er thematisiert wurde, dann meistens nur im Zusammenhang mit der übrigen politisch motivierten Gewalttätigkeit, die das Gefühl eines latenten Bürgerkriegs vermittelte.[278]

Die Dramatik der Zäsur von 1933 bestand, wie Reinhard Rürup feststellt, darin, dass zum ersten Mal in einem modernen Staat eine politische Bewegung an die Macht kam,

> »in deren Programm der Antisemitismus nicht beiläufig, sondern zentral war. Zum ersten Mal wurde damit der moderne Antisemitismus, der bis dahin nie mehr als das Kampfinstrument einer Oppositionsbewegung gewesen war, zur Herrschaftsideologie eines totalitären Systems. Der Antisemitismus gewann damit, was ihm bisher gefehlt hatte, nämlich Macht, und zwar die volle Macht, die durch keine konkurrierenden Kräfte mehr in Schranken gehalten wurde.«[279]

Auch Oded Heilbronner betont, dass erst im Zuge der durch den Ersten Weltkrieg ausgelösten Krise der politische Antisemitismus, der sich davor nur regional und temporär durchsetzen konnte, von der Peripherie ins Zentrum der Politik gelangte.[280] Entsprechend verkehrten sich die Vorzeichen zwischen ihm und seiner Abwehr. Radikale antisemitische Gesinnung zu zeigen und zu propagieren war ab 1933 nicht mehr ein randständiges, sondern das normale Verhalten oder sollte es nach dem Willen der Machthaber zumindest sein. Die Gesetzgebung verfolgte nun nicht mehr das Ziel, juden-

276 Zu unterschiedlichen Schlüssen kommen diesbezüglich Walter, *Antisemitische Kriminalität*, einerseits, Cornelia Hecht, *Deutsche Juden*, Fricke, »›Antisemitisch bis in die Knochen!‹«, und Borut, »Gewalttätiger Antisemitismus«, andererseits. Vgl. auch Toury, »Krisenbewußtsein«.

277 Vgl. Manfred Kittel, *Provinz*, S. 637 ff.

278 Vgl. Steinle, »Weimarer Krisenbewußtsein«, S. 249 f.

279 Reinhard Rürup, »Jüdische Geschichte«, S. 99.

280 Vgl. Heilbronner, »Antisemitic Peripheries«.

feindlichem Verhalten wenigstens die Spitze zu brechen; vielmehr konnte sie es – als gewünschtes, die »Volksgemeinschaft« mit konstituierendes Verhalten – notfalls sogar erzwingen.[281]

Daneben gab es vielfältige Bemühungen, durch Einrichtungen wie das »Institut zur Erforschung der Judenfrage« der NS-Politik eine »wissenschaftliche« Legitimation zu verleihen und Politikberatung zu betreiben. So entstand ein kleines, aber dichtes Netzwerk, das auch Opportunisten wie dem Breslauer Theologen Adolf Wendels, bis 1932 noch Mitglied des Abwehrvereins, Wirkungsmöglichkeiten bot.[282]

Vom »Irrgarten der Rassenlogik«[283] sprach schon 1925 der Publizist Wilhelm Stapel. Der Versuch, die konkurrierenden und einander teilweise geradezu ausschließenden Konzepte der »kontagionistischen« und der »erbbiologischen« Richtung und ihre zahlreichen Mischformen zu einer konsistenten Politik zu bündeln, erwies sich als äußerst schwierig, wie das »Mischlingsproblem« verdeutlichte. Während die Erbbiologen in der Regel davon ausgingen, dass die »Mischlinge« in einem mehrere Generationen dauernden Prozess »aufgesaugt« werden könnten, erschien den Kontagionisten gerade die durch Assimilationsprozesse drohende immer feinere Verteilung des »jüdischen Blutes« im deutschen »Volkskörper« als die eigentliche Gefahr. Die letztere Richtung setzte sich schließlich durch und endete, innerhalb des Wahngebäudes konsequent, im systematischen Massenmord. Selbst in diesem letzten Akt waren noch die für die NS-Zeit typischen Mechanismen der rechtsförmigen Entrechtung am Werke. Solange sie in Deutschland lebten und Reichsbürger waren, blieb der Mord an den deutschen Juden bis zum letzten Kriegstag illegal, aller Entrechtung ungeachtet. Infolgedessen fand die Shoa nicht nur weitgehend im rechtsfreien Raum der besetzten Ostgebiete statt, sondern wurde auch an vor ihrer Deportation eigens noch ausgebürgerten, daher formal staaten- und somit schutzlosen Menschen vollzogen.

Der Krieg ging den Deutschen 1945 verloren, doch die Nazis blieben – und die jüdischen Überlebenden des Holocaust. Die von Gustav Radbruch 1947 geforderte »Umkehr zur Humanität« geriet zu einem langsamen, wider-

---

281 Vgl. Wildt, *Volksgemeinschaft*.

282 Vgl. Steinweis, *Studying the Jew*, S. 41–46 u. S. 76–91; Junginger, »Bild«; Papen-Bodek, »Anti-Jewish Research«: Wendel musste freilich seinen Posten räumen, als seine Vergangenheit 1942 bekannt wurde (siehe dazu S. 166 f.); vgl. auch dies., »Schützenhilfe«.

283 Vgl. Essner, *»Nürnberger Gesetze«*, S. 21.

spruchsreichen Prozess, der noch dazu im West- beziehungsweise Ostteil Deutschlands unter sehr unterschiedlichen Rahmenbedingungen verlief.[284] Wie kein Ereignis davor hatte der systematische Mord an allen Juden im deutschen Machtbereich seit 1941 gezeigt, wohin Feindzuschreibungen und insbesondere der Antisemitismus im Extremfall führen können. Die Nachkriegsentwicklung in beiden Teilen Deutschlands erfolgte im Schatten der NS-Verbrechen.[285] Wie ein kritischer Beobachter 1956 feststellte, habe man sich

> »aus Gründen der Zweckmäßigkeit daran gewöhnt, gewisse Erscheinungen mit dem Begriff des Nationalsozialismus zu verbinden. Das ist erstens falsch und zweitens gefährlich. […] In Wahrheit ist eine bestimmte Geisteshaltung gemeint, die schon viel früher da war als der Nationalsozialismus. […]. Und diese Geisteshaltung beobachten wir nach wie vor«.[286]

Aus diesem Grund bestand und besteht in Deutschland eine spezifische Verknüpfung von Judenfeindschaft und Demokratie,[287] so dass, wie Ulrich Bielefeld erläutert, das universelle Problem des Schutzes von Bevölkerungsgruppen vor gehässiger Agitation hier Bedingungen unterliegt, die mit denen in anderen Ländern nicht unmittelbar gleichgesetzt werden können, da »es nur im nationalsozialistischen Deutschland zu einer Institutionalisierung des Rassismus in Form systematischer Vernichtungspolitik gekommen war«.[288] Den Antisemitismus, so merkt Bielefeld an anderer Stelle an, »gab es auch nach 1945. Verschwunden war freilich die Option, den Antisemitismus als […] ein – für legitim, angemessen, zustimmungsfähig und berechtigt gehaltenes – Mittel der Identitätspolitik zu nutzen«.[289]

Dass dies so war, lag nicht zuletzt an der sich nach dem Zweiten Weltkrieg durchsetzenden Tendenz, Antisemitismus und Demokratie als miteinander unvereinbar anzusehen.[290] Für die drei westlichen Besatzungszonen Deutschlands ist »Demokratisierung« ein zentrales Schlagwort, um den Neuanfang nach 1945 zu charakterisieren. Zwar berief man sich auch in der SBZ unter Verweis auf das Potsdamer Abkommen beharrlich darauf, doch diente diese

284 Für neuere Überblicke vgl. Jarausch, *Umkehr*, Radbruch-Zitat S. 10; Edgar Wolfrum, *Die geglückte Demokratie*; Conze, *Suche*.

285 Vgl. Reichel, *Vergangenheitsbewältigung*.

286 Hammerschmidt, »Renazifizierung«, S. 378.

287 Vgl. Bergmann, »›Judenfrage‹«, und Jahr, »Fighting Antisemitism«.

288 Bielefeld, »Vorwort«, S. 3.

289 Ders., »Der gegenwärtige Antisemitismus«, S. 44.

290 Vgl. dazu Kauders, *Democratization*; Jahr, »Fighting Antisemitism«.

Parole sehr schnell nur noch dazu, die Machtansprüche der SED propagandistisch zu bemänteln. Die Geschichte der Demokratie ist alles andere als eine lineare Erfolgsgeschichte, wie gerade die Zwischenkriegszeit in Europa eindrücklich beweist.[291] So verdanken sich die Nachkriegsdemokratien in Europa eher einem Bruch als einer kontinuierlichen Entwicklung, zumal der Demokratisierungsprozess in hohem Maße extern gesteuert war, vor allem von den USA.[292] Das ist besonders augenfällig für Deutschland (und in geringerem Maße für Österreich), doch auch hier konnte die Demokratisierung an alte Traditionen und Trägerschichten anknüpfen – und an jene Reste demokratischer Ideen, die den Nationalsozialismus überlebt hatten.[293] Angesichts der Tatsache, dass viele westeuropäische Staaten (wenngleich graduell unterschiedlich) sich durch einen Mangel an aktiver Bürgergesinnung, eine zögerliche Aufarbeitung der faschistischen oder kollaborativen Vergangenheit und eine staatlich betriebene Marginalisierung kommunistischer Bewegungen und Parteien auszeichneten, erscheint die Entwicklung Westdeutschlands in dieser Hinsicht nicht mehr so grundsätzlich anders, als man zunächst vermuten möchte.

Auch wenn es naiv wäre, den Zweiten Weltkrieg primär als einen »Kreuzzug für die Demokratie« zu bezeichnen – in der Atlantic Charter jedenfalls war die Errichtung demokratischer Systeme als Kriegsziel mit festgeschrieben. In den Plänen für die *re-education* spielte darüber hinaus die Bekämpfung rassistischer Ideen eine große Rolle.[294] Das »Long-Range Policy Statement on German Re-education« vom Sommer 1945, das eine Vorbildfunktion für das spätere Grundgesetz ausübte, proklamierte emphatisch, dass Toleranz zwischen verschiedenen kulturellen und rassischen Gruppen eine wichtige Voraussetzung nationaler wie internationaler Ruhe und Stabilität sei.[295] Das Potsdamer Abkommen vom Sommer 1945 forderte ebenfalls die Abschaffung aller Gesetze, die »eine Diskriminierung auf Grund der Rasse, Religion oder politischen Überzeugung« ermöglicht hatten. Außerdem wurde die Reorga-

291 Berg-Schlosser, »Introduction«, S. 16, Schaubild 1. Zur Kritik an Samuel Huntingtons »Wellentheorie« vgl. Grugel, *Democratization*, S. 34–37.

292 Conway, »Democracy«, S. 63–67.

293 Den damit zusammenhängenden Unterschied zwischen der Demokratisierung Westdeutschlands nach 1945 und der gewaltsamen Demokratisierung des Irak nach 2003 betont Heinrich August Winkler, »Forced Democratization?«.

294 Vgl. Hentschke, *Demokratisierung*.

295 Im Original: »toleration between diverse cultural and racial groups is the basis of national and international tranquillity«, zit. nach Gerhardt, »Reeducation-Programm«, S. 426, Anm. 20.

nisation des Gerichtswesens auf der Grundlage der »Gleichheit aller Bürger vor dem Gesetz ohne Unterschied der Rasse, der Nationalität und der Religion«[296] angemahnt. Um diese allgemeinen Grundsätze gesellschaftliche Wirklichkeit werden zu lassen, mussten zunächst einmal die politischen und verfassungsrechtlichen Grundlagen geschaffen werden, die es ermöglichten, in einem langwierigen Transformationsprozess das delegitimierte nationalsozialistische »Ritualsystem«[297] durch ein neues, freiheitlich-demokratisches zu ersetzen.

Der Antisemitismus artikulierte sich nach einer Schockphase kurz nach der Befreiung der letzten Konzentrationslager erneut. Einer OMGUS-Umfrage vom März 1947 zufolge waren 40 Prozent der Deutschen nach wie vor starke oder sogar radikale Antisemiten, weshalb eine strenge Verfolgung antisemitisch motivierter Straftaten empfohlen wurde.[298] Schon 1946 hatte ein aufmerksamer Beobachter neben der alten eine neue Form des Antisemitismus in Deutschland konstatiert: jenen, der nicht mehr nach Auschwitz führt, sondern in Auschwitz seinen Ausgangspunkt hat: »The Jews now in Germany […] are the *corpus delicti* […]. As long as the Germans lack the moral courage to accept the consequences of the Nazi crimes against the Jews, they will seek to banish the accuser and they will denounce him as a disturber of their peace.«[299] Dieser »sekundäre Antisemitismus«[300] zeichnet sich dadurch aus, dass er auf den Völkermord mit Leugnung oder Schuld-

296 Beide Zitate nach Schiffers, *Bürgerfreiheit*, S. 30; für die englische Textfassung vgl. Balfour, »Four-Power Control«, S. 80 f.

297 Vgl. dazu die Überlegungen bei Holtmann, »Demokratische Transformation«.

298 Vgl. Benz, »Antisemitismus«, dort findet sich ein Abdruck des OMGUS-Berichts: »Report on Survival of Anti-Semitism, 24.7.1947« an das War Department (S. 351–359); zu den OMGUS-Reporten vgl. auch Frank Stern, *Im Anfang*, S. 115–133; Goschler, »Attitude«, S. 443 ff. Noch zehn Jahre nach Kriegsende warnten ausländische Beobachter wie Sefton Delmar vor dem weiterhin starken Antisemitismus in Westdeutschland, vgl. dazu Bayer, *»How dead is Hitler?«*, S. 230 u. S. 247.

299 Moskowitz, »Germans«, S. 13; zum Motiv des »Ruhestörers« in der Belletristik vgl. Feinberg, »Der permanente Ruhestörer«.

300 Begriffsprägung durch Schönbach, *Reaktionen*, S. 80: Dieser sei eine »Trotzreaktion, die die traditionellen antisemitischen Vorstellungen, seien es die eigenen oder die der Eltern, um ihrer Rechtfertigung willen am Leben erhält.« Vgl. auch Adorno, »Bekämpfung«, S. 107 f. Völlig fehl geht die Bemerkung von Rensmann, *Kritische Theorie*, S. 231 f., Anm. 750, zu der angeblich falschen Rezeption des Begriffs bei Bergmann/Erb, *Antisemitismus*, hier: S. 267, Anm. 3. Rensmanns leichtfertiger Umgang mit fremder Forschungsliteratur verstärkt die jüngst artikulierten Zweifel an der Solidität seiner Vorgehensweise; vgl. zu dieser Debatte Lahme, »Historische Fußtritte«; Brumlik, »Rezension«; Holz, »Besser streiten«.

projektion reagieren muss, in vielen Ländern ein Antisemitismus (fast) ohne Juden ist, nicht mehr primär »rassentheoretisch« argumentiert und seit der Gründung des Staates Israel sich vielfach hinter der Maske des Antizionismus verbirgt.[301] Vor allem der Antizionismus und die mit ihm oft einhergehende Haftbarmachung aller Juden für die Politik des Staates Israel machten den Antisemitismus auch bei der Linken wieder hoffähig[302] und können als Brücke zwischen den Extremen dienen, wie die Karriere Horst Mahlers vom RAF-Terroristen zum Lautsprecher der NPD zeigte. Neben der »zweiten Intifada« seit September 2000 und den Anschlägen vom 11. September 2001 wird das Problem eines neuen, jetzt auch verstärkt von moslemischen Bewohnern in verschiedenen europäischen Staaten getragenen Antisemitismus erregt debattiert.[303]

Der *Inhalt* des Antisemitismus ist heute unbestimmter und gerade deshalb breiter gefächert denn je. Weil die »gewöhnliche Judenfeindschaft mit dem Holocaust kontaminiert« ist, vermag sie »sich nicht begriffsnah zu verdichten« – zumindest nicht in jenen Ländern, die von der »Universalisierung des Holocaust« erfasst sind und in deren politischer Kultur »Auschwitz« als Chiffre für den »Zivilisationsbruch« (Dan Diner) steht. Die »Partikel des Ressentiments« freilich »legen sich wie Mehltau unterschiedlicher Konsistenz über die jeweils inkriminierten, mit den Juden in Verbindung gebrachten Phänomene« und seien deswegen allgegenwärtig, weshalb ihnen »vielleicht kein antisemitischer, sondern eher ein *antisemitisierender* Charakter zugeschrieben«[304] werden sollte. Diese Feststellung Dan Diners hat weitreichende Konsequenzen vor allem für jede strafrechtliche Reaktion auf diesen Antisemitismus, denn Justiz, die nicht Gesinnung bestrafen und eine Willkürherrschaft bemänteln will, muss auf konkreter Tatbindung bestehen. Mit der quasi ätherischen Diffusion antisemitischer Denk- und Argumentationsmuster, die meist weit unterhalb der strafrechtsrelevanten Konkretheitsschranke verbleiben, wird dies jedoch immer schwieriger. Es ist daher kein Zufall, dass in vielen Auseinandersetzungen um antisemitische Äußerungen der letzten Jahre wie

301 Vgl. Bergmann, »Auschwitz«, S. 117.

302 Dazu zuletzt Haury, *Antisemitismus*.

303 Vgl. Wetzel, »Der schwierige Umgang«; Klug, »Gibt es einen neuen Antisemitismus?«.

304 Alle Zitate Diner, »Sarkophag«, S. 310.

der Hohmann- oder Möllemann-Affäre die justizielle Ebene in der öffentlichen Diskussion bedeutungslos war.[305]

Auf die jüngste Diskussion, ob es einen »neuen«, wesentlich islamistisch geprägten Antisemitismus gebe, kann ich hier nicht eingehen. Plausibel erscheint die These von Klaus Holz, »daß wir es nicht mit einem neuartigen Antisemitismus zu tun haben«, weil »sich grundlegende Muster der Semantik« nicht gewandelt, sondern sich lediglich »an die veränderte weltgeschichtliche Lage und die gesellschaftlichen Veränderungen seit 1989 angepaßt und aktualisiert«[306] haben. Es ist eine offene Frage, ob sich der Antisemitismus, der in Deutschland jedenfalls seit 1945 seinen Charakter als »Weltanschauung« weitgehend verloren und primär auf Auschwitz reagiert hat, wieder zu einem umfassenden Welterklärungsmodell entwickelt und verschiedene ideologische Lager verbindet (Islamisten, Globalisierungskritiker, Rechtsradikale). Die Tatsache, dass »sich der Antisemitismus von seiner historischen und delegitimierten Verschwisterung mit dem Rassismus gelöst«[307] hat, könnte, wie Ulrich Bielefeld zu bedenken gibt, seinen neuerlichen »Erfolg« erklären. Insofern bleibt in der Tat abzuwarten, wie rissig der von Dan Diner beschriebene »Sarkophag« ist, in dem der Antisemitismus seit 1945 ruht. Möge er solider sein als jener, in dem die Reaktorruine von Tschernobyl eingeschlossen ist.

305 Im Hinblick auf eine Anzeige der Grünen-Vorsitzenden Claudia Roth wegen Volksverhetzung gegen Möllemann, die von der Staatsanwaltschaft wegen unzureichenden Tatverdachts nicht weiterverfolgt wurde, kommen Bleeker-Dohmen/Strasser, »Denkverbot«, S. 815, zu dem Schluss: »Es waren eben keine *Rechts*normen, sondern *soziale* Normen im Spiel.« (Hervorhebungen original).

306 Holz, *Gegenwart*, S. 11.

307 Bielefeld, »Der gegenwärtige Antisemitismus«, S. 49.

III. Antisemitische Agitation und Straftat im Kaiserreich 1879–1914

Man meint, die Zahl der Feinde sei nicht groß,
aber meine Herren, die Zahl derjenigen,
welche uns vertheidigen, ist auch nicht groß.[1]

Zum Glück steht die Regierung in Deutschland
noch über den Parteien [...].
Sie hält auch die Finger schützend über die Juden,
wenn die Finger oft auch sehr gespreizt sind,
so daß der Wind durchweht.[2]

1. Die Entfaltungszeit des postemanzipatorischen Antisemitismus

Die Anerkennung oder gar Wertschätzung gesellschaftlicher und politischer Pluralität gehörte gewiss nicht zu den Stärken des Kaiserreichs, was jedoch kein europäischer Sonderfall war. Im Gegenteil: Die Unterdrückung politisch-sozialer Bewegungen mit rechtlichen und polizeilichen Mitteln wurde auch anderwärts häufig praktiziert. Im Kampf gegen die Arbeiterbewegung, gegen den politischen Katholizismus oder gegen nationale Minderheiten wurden in Deutschland sehr schnell neue Gesetze geschaffen, anders als im Falle des Antisemitismus. Diese Tatsache lässt zumindest vorsichtige Rückschlüsse auf den Steuerungswillen von Seiten der Regierung und Legislative zu. Der parteipolitische Antisemitismus schien in deren Sicht offenbar kein gravierendes Problem gewesen zu sein, das gesetzgeberische Tätigkeit erfordert hätte.

Die im November 1879 durch Heinrich von Treitschkes Aufsatz »Unsere Aussichten« ausgelöste Diskussion hatte keine unmittelbare juristische Komponente. Unter dem Aspekt der Abwehr des Antisemitismus ist daran trotzdem bemerkenswert, dass viele Juden sich zwar in ihrer Ehre gekränkt

1 Moritz Lazarus auf einer Versammlung der Jüdischen Gemeinde Berlin, 1.12.1880, zit. nach dem Polizeiprotokoll, GStA PK, I. HA, Rep. 76 III. Sekt. 1 Tit. XIIIa Nr. 56a, Bd. 1, Bl. 144–151, hier: Bl. 146.

2 Theodor Zlocisti auf einer zionistischen Versammlung in Berlin, zit. nach »Eine Zionisten-Versammlung«, in: *Berliner Zeitung* vom 22.1.1901 (abends).

fühlten,[3] offensichtlich aber kein juristisches Vorgehen gegen Treitschke erwogen – es hätte auch den Gepflogenheiten der geistigen Auseinandersetzung zwischen gebildeten Bürgern widersprochen. Doch so oder so, in ihrem Kampf gegen Treitschkes Antisemitismus blieben die Juden lange Zeit allein, bis Mitte November 1880 Berliner Notabeln in einer Erklärung gegen die akut gewordene Judenfeindschaft Stellung bezogen.

Ein Fall für die Polizei und Justiz wurden dagegen der zeitgleich ins Rampenlicht tretende Hofprediger Adolf Stoecker und seine Christlich-Soziale Partei. Aufgrund einer Eingabe des Vorstandes der Jüdischen Gemeinde Berlin an das Preußische Innenministerium vom Oktober 1879, in der er darum ersuchte, dass »den gehässigen Agitationen [Stoeckers], welche den öffentlichen Frieden und die Eintracht der Bevölkerungsklassen gefährden, recht bald Einhalt gethan werde«,[4] verlangte Innenminister Botho Graf zu Eulenburg einen Bericht des Berliner Polizeipräsidenten Guido von Madai. Dieser stellte lakonisch fest, dass Gewalttätigkeiten gegen Juden nicht zu befürchten seien, doch gab er zu, dass das Verhältnis zwischen Juden und Christen zurzeit erregt diskutiert werde, wozu »aber die Juden durch ihr Verhalten selbst, und allein, Veranlassung« gäben. Dann führte Madai im Ton einer antisemitischen Broschüre alle Klischees – die angebliche Geld- und Pressemacht, Anmaßung und Prunksucht – als erwiesene Tatsachen auf, gegen die sich ein verständlicher, sich nur gelegentlich im Ton vergreifender Protest formiert habe, zumal es die Juden verstünden, »die Rollen zu vertauschen, und sich aus der ungünstigen Lage des Angreifers in die der Angegriffenen zu versetzen«. In Stoeckers Reden wollte Madai »weder Verlästerungen noch Verdächtigungen der Lehre und des Lebens der Juden« erkennen, da er lediglich »mit anerkennenswerthem Muthe« ausgesprochen habe, »was tausende denken, sich aber aus Furcht vor Inkonvenienzen«[5] nicht zu sagen trauten. Daher empfahl er die Abweisung der Beschwerde des Berliner Jüdischen Gemeindevorstandes.

3 Vgl. Jensen, *Gebildete Doppelgänger*, S. 220–224.

4 Vorstand der Jüdischen Gemeinde Berlin an PIM, 17.10.1879, GStA PK, I. HA, Rep. 76 III. Sekt. 1 Tit. XIIIa Nr. 56a, Bd. 1, Bl. 6 f.; PIM an Polizeipräsident Berlin, 29.10.1879, ebd., Bl. 8; zum Folgenden siehe auch die Schilderung bei Auerbach, *Judenthum*, S. 104–107.

5 Alle Zitate Polizeipräsident Berlin an PIM, 10.11.1879, GStA PK, I. HA, Rep. 76 III. Sekt. 1 Tit. XIIIa Nr. 56a, Bd. 1, Bl. 9 ff.

Statt diesem Vorschlag zu folgen, hüllte sich Innenminister Eulenburg jedoch in Schweigen;[6] erst aufgrund einer zweimaligen Nachfrage des Gemeindevorstandes sah er sich schließlich zu einer Stellungnahme gezwungen. Dabei zog er sich auf das formale Argument zurück, dass er den Berliner Gemeindevorstand als Vertretung der jüdischen Glaubensgenossenschaft in Deutschland »nicht für legitimiert erachten«[7] könne. Im Übrigen würden bei den Versammlungen der Christlich-Sozialen keine Gesetze verletzt, weshalb es staatlicherseits keine Veranlassung zum Einschreiten gebe. Ähnlich dilatorisch verhielt sich das Innenministerium auch gegenüber den zahlreichen Eingaben von Privatpersonen, die auf energischere Maßnahmen gegen die Antisemiten drängten, wobei aber festzuhalten bleibt, dass diese insofern ernst genommen wurden, als der Polizeipräsident in Berlin jedes Mal zur Stellungnahme aufgefordert wurde.[8] Dennoch stellte Rudolf Virchow im Preußischen Abgeordnetenhaus zu Recht fest, dass es nicht »besonders animierend wirkte auf die sich bedrückt und verfolgt Glaubenden, als 3/4 Jahre gewartet werden mußte, ohne auch nur eine Aeußerung von der angerufenen Stelle zu hören, und als sie schließlich privatim erfuhren, der Herr Minister habe nicht für ›Jedermann‹ eine Antwort«.[9] Wie Leopold Auerbach zehn Jahre später berichtete, mussten die jüdischen Gemeinden in Preußen aus diesem Vorfall lernen, dass »etwaige Immediateingaben an allerhöchster Stelle keinen Erfolg haben würden«, es vielmehr ratsam sei, »die eigenen Glaubensgenossen zu würdiger Zurückhaltung zu mahnen, um nicht durch Gegenagitation die Sachlage zuzuspitzen und schließlich zu gegenseitigen Gewaltthätigkeiten zu führen«.[10]

Als Stoeckers antisemitisch-antikapitalistische Reden unmittelbar Bismarcks Bankier Bleichröder als Zielscheibe benutzten, intervenierte dieser durch seine bekannte Eingabe an Wilhelm I. vom 18. Juni 1880, in der er Stoeckers »sozialen Kampf gegen das Capital« beklagte, der »im Namen der

6 Aktenvermerk zu Madais Bericht: »bis auf weitere Anregung: zu den Akten«, 19.11.1879, ebd., Bl. 9.

7 PIM an Stadtrat Magnus, 19.6.1880, ebd., Bl. 51.

8 Z.B. PIM an Polizeipräsident Berlin, 30.3.1880, ebd., Bl. 41: Erwähnung einer Beschwerde des Dr. Pinner, Berlin, 10.3.1880, »über die Beschimpfungen der Juden in öffentlichen Versammlungen«. Eingabe A. Meier an PIM, Berlin, 2.12.1880, ebd., Bl. 142; PIM an Polizeipräsident Berlin, 5.12.1880, Bl. 141; Polizeipräsident Berlin an PIM, 14.12.1880, ebd., Bl. 139 f.

9 *VdPA*, Bd. 286, LP 14, Sess. 2 = Bd. 1, 20.11.1880, S. 241.

10 Auerbach, *Judenthum*, S. 107.

christlichen Religion jetzt fanatisch fortgeführt wird«.[11] Sich dagegen zu schützen, so Bleichröder weiter, sei ihm nicht möglich, weil eine Privatklage »dem Skandal nur neuen Stoff zuführen« würde, während die Behörden ihm »bisher Schutz nicht gewährt« hätten: »Dies Alles dient aber auch wieder zur Ermunterung der Verfolger und zur Verbreitung der Agitation, die sich so innerhalb der gesetzlichen Grenzen, wie unter gesetzlichem Schutze glauben darf, und der das große Publikum ganz offen die Protection von einflußreicher und höherer Stelle vindicirt«. Stoeckers Agitation, so Bleichröder abschließend, könnte »der Anfang des Unglücks einer furchtbaren sozialen Revolution sein«.[12] Die Stoecker schließlich zugekommene Abmahnung war äußerst sanft im Ton und verlangte von ihm nur, »daß Sie fortan überall, wo Sie öffentlich auftreten, auch außerhalb Ihres geistlichen Amtes, die dem letzteren besonders obliegende Pflege des Friedens unter allen Klassen Meiner Unterthanen unbeirrt im Auge behalten werden«.[13] Dass dieser Text so mild ausgefallen ist, lag nicht zuletzt an den taktischen Überlegungen Bismarcks und des Preußischen Kultusministers Robert von Puttkamer. Der Kanzler hatte zunächst sogar erwogen, gegen Stoecker mit Hilfe des Sozialistengesetzes vorzugehen, war damit jedoch auf Ablehnung sowohl des Innen- als auch des Kultusministers gestoßen.[14]

Den Stimmungsumschwung bei Bismarck bewirkte die Interpellation im Preußischen Landtag vom 13. November 1880 gegen die sogenannte »Antisemitenpetition«, mit der die Rücknahme der Gleichstellung der Juden gefordert wurde. Zu ihr verweigerte die preußische Regierung jegliche offizielle Stellungnahme, während das Bayerische Innenministerium im Januar 1881 die Exekutivorgane anwies, »der antisemitischen Agitation die größte Aufmerksamkeit zuzuwenden und [...] gegebenenfalls durch aufklärende Belehrung und, soweit nötig, durch Geltendmachung gesetzlicher Mittel der Bewegung im ersten Entstehen wirksam entgegen[zu]treten«.[15] Der Initiator der Interpellation war der linksliberale Abgeordnete Albert Hänel, der nicht nur Juraprofessor in Kiel, sondern auch Reichstagsabgeordneter war. In ihr

11 Bleichröder an Wilhelm I., 18.6.1880, GStA PK, I. HA, Rep. 89/23691, Bl. 122–125, hier: Bl. 122. Vgl. dazu Stern, *Gold*, S. 510–526.

12 Bleichröder an Wilhelm I., 18.6.1880, GStA PK, I. HA, Rep. 89/23691, Bl. 122–125, hier: Bl. 123 u. Bl. 124.

13 Wilhelm I. an Stoecker, 29.12.1880, ebd., Bl. 134.

14 Bismarck an PKuM, 16.10.1880, BA-B, R 43/679, Bd. 1, Bl. 38–42; Puttkamer an Bismarck, 9.11.1880, ebd., Bl. 45–48; Herbert von Bismarck an GORR Tiedemann, 18.11.1880, ebd., Bl. 62 f.

15 Zit. nach Kampe, *Studenten*, S. 219, Anm. 31; zur »Antisemitenpetition« vgl. S. 23–33.

erblickte der Kanzler »eine gänzlich unberechtigte fortschrittliche Anmaßung, welche regierungsseitig am besten gänzlich ignoriert würde«.[16]

Entsprechend der im Staatsministerium vereinbarten Linie,[17] stellte die Regierung in der Aussprache über die Anfrage Hänels lediglich nüchtern fest, dass eine Verfassungsänderung mit dem Ziel der Rücknahme der rechtlichen Gleichstellung aller Staatsbürger nicht beabsichtigt sei. Diese Antwort war, wie Rudolf Virchow bemerkte, »korrekt, aber kühl bis ans Herz hinan«,[18] gab jedoch nicht nur den regierungsoffiziellen Kurs wieder, sondern ebenso die Privatmeinung Kaiser Wilhelms I., der die Ansicht vertrat, dass die Regierung »sich nur auf den Rechtsboden stellen« könne, »der den Juden (viel zu viele!) Rechte eingeräumt hat«,[19] aber nun einmal bestehe. Diese Debatte zeitigte zwei Ergebnisse: Sie machte klar, dass die staatsbürgerliche Emanzipation nicht angetastet werden würde, und verdeutlichte gleichzeitig, dass die Mehrheit des Abgeordnetenhauses »nicht geneigt [war], ›rund und voll‹ […] die sogenannte antisemitische Bewegung zu verurtheilen«,[20] wie der Zentrumsabgeordnete Julius Bachem zustimmend konstatierte. Es war in jenen Jahren wohl in erster Linie dem Einfluss Ludwig Windthorsts zu verdanken, dass sich das Zentrum nicht noch stärker dem politischen Antisemitismus öffnete.[21]

Insofern hatte der linksliberale Abgeordnete Ludwig Loewe, dessen Bruder Isidor gut zehn Jahre später persönlich einer Kampagne Hermann Ahlwardts zum Opfer fallen sollte, recht, als er unterstrich, dass die Debatte »zur Klärung der Verhältnisse sehr viel beigetragen« habe, »denn das deutsche Volk weiß jetzt, wo die Freunde und Feinde seiner Kultur stehen«.[22] Tatsächlich waren es nur die Linksliberalen, die in dieser einzigen parlamentarischen Grundsatzdebatte im Kaiserreich den Antisemitismus prinzipiell verurteilten, während Zentrum und Konservative zwar den Gedanken der Rücknahme der Emanzipation entschieden zurückwiesen, der antisemitischen Agitation ansonsten aber die grundsätzliche Berechtigung keineswegs

16 Herbert von Bismarck an GORR Tiedemann, 17.11.1880, BA-B, R 43/679, Bd. 1, Bl. 53.

17 Besprechung des Staatsministeriums vom 17.11.1880, in: *Protokolle des Preußischen Staatsministeriums*, Bd. 7, Dok. Nr. 56, S. 71 f.

18 *VdPA*, Bd. 286, LP 14, Sess. 2 = Bd. 1, 20.11.1880, S. 240. Zu dieser Debatte vgl. auch Jentsch, *Antisemitismus*, S. 42–54.

19 Privatschreiben Wilhelms I. vom 19.11.1880 an Stoeckers Hofpredigerkollegen Kögel, zit. nach Walter Frank, *Hofprediger Adolf Stoecker*, S. 118.

20 *VdPA*, Bd. 286, LP 14, Sess. 2 = Bd. 1, 22.11.1880, S. 256.

21 Vgl. Anderson, *Windthorst*, S. 255–267.

22 *VdPA*, Bd. 286, LP 14, Sess. 2 = Bd. 1, 22.11.1880, S. 277.

absprachen. Bachem erblickte in ihr eher eine »berechtigt[e] Gegenwehr« denn eine »zu verurtheilend[e] Aggression«, und Wilhelm von Heydebrand und der Lasa äußerte gar die Vermutung, dass »ein Theil unseres deutschen Judenthums selbst die Schuld trägt an dem Unfrieden des Augenblicks«.[23] Doch nicht nur für Preußen, sondern auch für die übrigen Bundesstaaten wie beispielsweise Bayern trifft zu, dass die Juden »in ihrem Kampf gegen den Antisemitismus im Landtag auf sich allein gestellt«[24] waren und allenfalls auf die Unterstützung der Linksliberalen zählen konnten.

Den besonderen Unwillen Bismarcks hatte Eugen Richter erregt, der dessen zwielichtige Haltung angeprangert hatte, die dazu geführt habe, dass die Initiatoren der »Antisemitenpetition« sich in dem Glauben wiegen könnten, »sie thäten dem Reichskanzler einen Gefallen«.[25] Obwohl ihn der von Puttkamer vorgeschlagene Text der Ordre Wilhelms I. gegen Stoecker »doch sehr milde« dünkte, sah Bismarck wegen der »Ausfälle welche Richter, Rickert u. Genossen« im Abgeordnetenhaus »öffentlich zu machen sich nicht entblödet hätten«, von einer schärferen Formulierung ab, um den Anschein zu vermeiden, »als ließe sich irgend eine Parallele zwischen der regierungsseitig nothwendigen Mißbilligung der Stöcker'schen Agitation und jenen Angriffen der Fortschrittler«, der »übelsten Feinde der Regierung«,[26] ziehen. Schließlich zeigte sich der Kanzler besorgt, dass Stoeckers Unbesonnenheit seinen Gegnern willkommene Angriffspunkte liefere, »und das ist um so übler, als die Stellung zum Hof und Dom den Kaiser in Mitleidenschaft zieht, und für alle Roheiten, die noch jetzt in den Stöckerschen Versammlungen täglich vorkommen, indirect als Deckung erscheinen läßt«.[27] An der Einsicht, dass Stoeckers Agitation die Grenze des Tolerablen überschritt, fehlte es Bismarck nicht, doch seine Abneigung gegen die Linksliberalen erwies sich als stärker. Auch der Preußische Gesandte in Dresden, Freiherr von Huppmann-Valbella, schrieb dem Innenminister, es sei jetzt an der Regierung, »den sich darbietenden, so sehr günstigen Fall, zum allgemeinen Besten auszunützen«, da die Linksliberalen, »je eifriger und toller« sie für die Juden einträten, desto sicherer und schneller »ihrer Gunst beim Volke ein Grab« schaufelten, »aus dem sie zum Vortheile des Vaterlandes und der Re-

23 Ebd., S. 257 (Bachem) und S. 238 (Heydebrand); vgl. auch Lamberti, »Liberals«.

24 Ludyga, *Rechtsstellung*, S. 414.

25 *VdPA*, Bd. 286, LP 14, Sess. 2 = Bd. 1, 22.11.1880, S. 266.

26 Herbert von Bismarck an Tiedemann, 29.11.1880, BA-B, R 43/679, Bd. 1, Bl. 75.

27 Bismarck an PKuM, 23.12.1880, ebd., Bl. 93.

gierung gewiß nicht mehr auferstehen werden«.[28] Aus diesen Zeilen wird offensichtlich, wie stark die staatliche Reaktion auf Stoeckers antisemitische Agitation politischem Kalkül unterworfen war.

Neben Stoecker war Bernhard Förster ein antisemitischer Agitator der ersten Stunde, dessen Versuch, zusammen mit Max Liebermann von Sonnenberg im Oktober 1881 eine Liste »christlicher Firmen« herauszugeben und dadurch einen Boykott der »jüdischen« herbeizuführen, mit Hilfe des Paragraphen 130 unterbunden wurde.[29] Förster war zusammen mit Ernst Henrici Mitinitiator der an Bismarck adressierten »Antisemitenpetition«, doch wurde diese bald überschattet von einem Gewaltausbruch, der sofort eine Debatte über das Verhältnis von Wort und Tat auslöste. Am 13. Februar 1881 propagierte Henrici in Neustettin Gewalt gegen die Juden, fünf Tage später brannte die dortige Synagoge. Die polizeilichen Ermittlungen richteten sich schnell gegen einige jüdische Gemeindemitglieder, denen vorgeworfen wurde, den Brand selbst gelegt zu haben, um sich die Versicherungsprämie für den Neubau erstatten zu lassen. Fünf von ihnen wurden angeklagt und in einem ersten Prozess vom 18. bis 21. Oktober 1883 vor dem Schwurgericht Cöslin zwar vom Vorwurf der Brandstiftung freigesprochen, jedoch in zwei Fällen wegen unterlassener Hilfeleistung zu drei beziehungsweise sechs Monaten Gefängnis, in zwei weiteren Fällen wegen Beihilfe zu vier Jahren Gefängnis beziehungsweise Einweisung in eine Besserungsanstalt verurteilt. Nur ein Angeklagter wurde freigesprochen.[30] Da der Verteidiger Erich Sello beim Reichsgericht erfolgreich die Urteilsaufhebung beantragt hatte, kam es vom 29. Februar bis 7. März 1884 vor dem Schwurgericht Konitz erneut zur Verhandlung, die diesmal mit Freisprüchen endete. Bei der Rückkehr der anfänglich Beschuldigten nach Neustettin brachen Unruhen aus, die »lediglich in Folge Provocationen seitens der jüdischen Bevölkerung erfolgt«[31] seien, wie der Cösliner Regierungspräsident Maximilian Graf Clairon d'Haussonville an Innenminister von Puttkamer aufgrund eines Berichts der lokalen Polizei meldete. Diese Deutung der Ereignisse vertrat Puttkamer unter leb-

28 Preußischer Gesandter in Dresden an PIM, 20.11.1880, GStA PK, I. HA, Rep. 76 III. Sekt. 1 Tit. XIIIa Nr. 56a, Bd. 1, Bl. 131.

29 Vgl. Kraus, »Bernhard Förster«, S. 172 f.

30 Vgl. zu diesem Prozess die sehr ausführliche Darstellung in Hoffmann (Hrsg.), *Prozeß*; als Zusammenfassung Vogt, »Antisemitismus«, S. 393–397.

31 RP Cöslin an PIM, 10.3.1884, GStA PK, I. HA, Rep. 76 III. Sekt. 1 Tit. XIIIa Nr. 56a, Bd. 3, Bl. 12 f., hier: Bl. 12.

hafter Zustimmung der Konservativen dann vor dem Preußischen Abgeordnetenhaus, wobei er »einem Theil der Presse« glaubte vorwerfen zu müssen, die »selbstverständlich höchst bedauerliche[n]« Ereignisse »übertrieben gehässig dargestellt und aufgebauscht« zu haben, so »daß man fast auf den Gedanken kommen könnte, diese Presse sei sich ihrer Pflicht, ihrerseits zur Aufrechterhaltung des öffentlichen Friedens beizutragen, nicht in vollem Maße bewußt gewesen«.[32]

Dieser Aufruhr war jedoch nur mehr ein leises Echo jener pogromartigen Ausschreitungen, die, ausgelöst von dem Brand der Neustettiner Synagoge, drei Jahre davor große Teile Hinterpommerns sowie einige Orte Westpreußens erschüttert hatten. Sie hatten im Frühling sporadisch begonnen, Mitte Juli bis Mitte September 1881 ihren Höhepunkt erreicht und waren erst im Spätherbst langsam abgeflaut.[33] Einige Verfahren gegen die Ruhestörer fanden bereits im Herbst 1881 statt,[34] endeten jedoch mit ähnlich milden Strafen wie jenes im Januar 1882 vor dem Landgericht Konitz verhandelte und in den Justizakten gut dokumentierte Verfahren wegen der Unruhen in Hammerstein. Die Anklageschrift hatte diese als ein »importiertes Problem« bezeichnet, weil »die von Berlin ausgehenden antisemitischen Bestrebungen es lediglich gewesen sind, welche die Leidenschaften der unteren Volksklassen entfesselt und diese zu Gewaltthätigkeiten gegen das Eigenthum der jüdischen Bürger Hammersteins getrieben haben«.[35] Vierzehn der achtzehn Angeklagten wurden tatsächlich wegen Landfriedensbruch beziehungsweise groben Unfugs verurteilt, während die schwerwiegenderen Anklagen wegen Widerstand gegen die Staatsgewalt oder Aufreizung zum Klassenhass zurückgewiesen wurden. Dementsprechend fielen die Strafen – weit unter den Anträgen der Staatsanwaltschaft – mit zwei Wochen Haft recht milde aus, zumal sie in vielen Fällen durch die Untersuchungshaft bereits verbüßt waren.[36] Wegen der Ausschreitungen in Jastrow Anfang August 1881 wurden vierzehn Personen wegen Landfriedensbruch – eine zusätzlich wegen Aufreizung – vor dem Landgericht Schneidemühl angeklagt und zwölf davon verurteilt. Dabei lagen die Strafmaße – zwischen sechs Wochen und einem Jahr

---

32 Alle Zitate *VdPA*, LP 15, Sess. 2 = Bd. 3, 14.3.1884, S. 1811.

33 Vgl. dazu die Karte bei Christhard Hoffmann, »Politische Kultur«, S. 106.

34 Vgl. Vogt, »Antisemitismus«, S. 389.

35 EStA LG Konitz, Anklageschrift, undatiert, GStA PK, I. HA, Rep. 76 III. Sekt. 1 Tit. XIIIa Nr. 56a, Bd. 2, Bl. 90.

36 Urteil LG Konitz 24.1.1882, ebd., Bl. 134–147; RP Marienwerder an PIM, 9.5.1882, ebd., Bl. 132; vgl. auch den Prozessbericht im *Westpreußischen Volksblatt* Nr. 12, ca. 26.1.1882.

Haft – deutlich höher als in einem wenige Tage zuvor vor demselben Gericht verhandelten Fall.[37]

Diese auffällige Diskrepanz in den Strafmaßen zwischen der ersten und der zweiten Strafkammer des Landgerichts Schneidemühl registrierte die Presse aufmerksam, und es wurde die Hoffnung ausgesprochen, dass die »schärfere Anwendung des Gesetzes […] gewiß ihre beabsichtigte Wirkung nicht verfehlen wird«.[38] Allerdings gab es keinen *allgemeinen* Trend zu einer Verschärfung der Strafmaße, denn als das Landgericht Stettin in fünf Verfahren 28 von insgesamt 34 Angeklagten verurteilte, lauteten die Schuldsprüche in der Regel wieder nur auf wenige Wochen Haft mit Ausnahme einer sechs- und einer zwölfmonatigen Strafe.[39] Diese Urteile deckten sich weitgehend mit den Anträgen der Staatsanwaltschaft und wurden von dieser als »in jeder Beziehung […] der Sachlage entsprechend« gewürdigt, zumal »von agitatorischen Einflüssen […] nichts bekannt geworden«[40] sei, womit sie sich auf einige Henrici-Versammlungen im Mai und Juli 1881 bezog; eine Anklage wegen Paragraph 130 StGB entfiel daher.

Die juristische Aufarbeitung der wochenlangen, pogromartigen Unruhen in Pommern und Westpreußen ließ also einiges zu wünschen übrig, zumal die Strafmaße recht unterschiedlich, im Allgemeinen jedoch niedrig ausfielen – vor allem, wenn man sie mit denjenigen gegen die angeblichen jüdischen Brandstifter vergleicht. Immer wieder kam die Tendenz der Behörden zum Vorschein, die Juden selbst für die gegen sie gerichteten Unruhen verantwortlich zu machen. So wurde der jüdische Amtsrichter Flater in Hammerstein auf Anregung des Innenministers von Puttkamer versetzt, weil er »nicht wenig zur Verschärfung der Gegensätze zwischen den christlichen und den jüdischen Einwohnern beigetragen zu haben scheint«.[41]

---

37 EStA Schneidemühl, Anklageschrift 21.11.1881, GStA PK, I. HA, Rep. 76 III. Sekt. 1 Tit. XIIIa Nr. 56a, Bd. 2, Bl. 97 f.; Anklageerhebung durch 1. Strafkammer LG Schneidemühl 10.12.1881, ebd., Bl. 99; Urteil 2. Strafkammer LG Schneidemühl 4.2.1882, ebd., Bl. 149–179.

38 *Westpreußische Mittheilungen* vom 7.2.1882.

39 Urteile LG Stettin 28.2.1882 und 1.3.1882, GStA PK, I. HA, Rep. 76 III. Sekt. 1 Tit. XIIIa Nr. 56a, Bd. 2, Bl. 230–236; Urteil LG Stettin 9.3.1882, ebd., Bl. 237 f.; Urteil LG Stettin 11.3.1882, ebd., Bl. 239. Die zwölfmonatige Haftstrafe entstammte einem Urteil des Schöffengerichts Stettin vom 3.1.1882.

40 EStA Stettin an RP Stettin, 11.7.1882, ebd., Bl. 228 f.

41 PIM an PJM, 23.2.1882, ebd., Bl. 101. Puttkamer stützte seine Meinung auf den Bericht RP Marienwerder an PIM, 19.1.1882, ebd., Bl. 106–119. Zur Versetzung Flaters: PJM an PIM, 4.3.1882, ebd., Bl. 105; PJM an PIM, 30.3.1882, ebd., Bl. 123.

Wer tatsächlich »nicht wenig zur Verschärfung der Gegensätze zwischen den christlichen und den jüdischen Einwohnern« beisteuerte, war Otto Böckel. Aufsehen weit über Hessen hinaus erregte im Frühjahr 1888 ein Prozess vor dem Landgericht Marburg, handelte es sich doch in Deutschland »um den ersten Fall, bei dem die jüdische Religion in einem ordentlichen Gerichtsverfahren verteidigt wurde«.[42] Der Volksschullehrer Ferdinand Fenner hatte im Dezember 1886 in einer von Böckel einberufenen Versammlung unter anderem behauptet, der Talmud verlange von den Juden betrügerisches Verhalten gegenüber Nichtjuden. Das Gericht hatte als Gutachter Hermann Cohen und Paul de Lagarde[43] berufen. Ohne die intellektuelle Kontroverse zwischen Cohen und Lagarde zu berücksichtigen, die Ersterer klar für sich entschieden hatte, verurteilte das Gericht Fenner schließlich wegen Religionsbeschimpfung zu zwei Wochen Gefängnis statt zu den von der Staatsanwaltschaft beantragten sechs Wochen. Ein Revisionsantrag gegen dieses Urteil wurde verworfen.[44] Der Marburger Prozess mit den Gutachtern Cohen und Lagarde zeigte nicht nur, »in welchem Ausmaß wissenschaftliche Urteile von der politischen Positionierung ihrer Autoren« abhängen, sondern genauso, dass ethischer Universalismus oftmals wenig werbende Wirkung entfaltet und überhaupt in »der Diskussion um religiöse Minderheiten [...] die politische Reichweite aufklärerischer Argumente bis heute überschätzt«[45] wird.

Böckels Erfolge riefen auch gesellschaftlichen Widerstand hervor, und die Bezeichnung »du Böckel« wurde gerichtlich als Beleidigung gewertet.[46] Hauptsächlich wehrten sich jedoch die Betroffenen, die sich wie Hermann Cohen als Gelehrter und Mitglied des Abwehrvereins oder wie der junge Kurt Eisner als Journalist zu wachsendem Engagement gegen den Antisemitismus genötigt sahen.[47] Die Reaktionen der Juden auf die Angriffe bestanden hier wie überall vor allem in der Anrufung der Gerichte, in verstärkten Assimilationsbemühungen und einer intensiven »Selbstzuchtdebatte«. Die antisemitischen Stereotype wurden derart internalisiert, dass Theodor Lessing 1930 dafür den Begriff des »jüdischen Selbsthasses« prägte.[48] Hinzu kamen das Engagement in Abwehrorganisationen[49] und das politische

42 Sieg, »›Wissenschaft‹«, S. 231; vgl. auch ders., »Talmud«.

43 Als umfassende Biographie vgl. Sieg, *Deutschlands Prophet*.

44 Vgl. Thomas Klein, *Der preußisch-deutsche Konservatismus*, S. 248 f.

45 Beide Zitate Sieg, »Talmud«, S. 142 u. S. 143.

46 Vgl. Thomas Klein, *Der preußisch-deutsche Konservatismus*, S. 248 f.

47 Vgl. Sieg, *Aufstieg*, S. 146–157; Grau, *Kurt Eisner*, S. 91–104.

48 Zu diesem umstrittenen Konzept vgl. Gilman, *Jüdischer Selbsthaß*.

49 Vgl. Mehnert, »Verein zur Abwehr«.

»Bündnis« mit dem (Links)Liberalismus, während der später entstehende Zionismus lange Zeit nur für eine Minderheit attraktiv war.

Einem Gesamtkonzept entsprang diese Abwehr nicht; sie hing vielmehr ab von den Initiativen einzelner Juden.[50] Die Rabbinate, wie beispielsweise das in Kassel, reagierten kaum auf den Antisemitismus, und wenn überhaupt, dann vor allem mit Aufforderungen zur »Selbstzucht«. So verlangte der Marburger Provinzialrabbiner Leo Munk in den *Mitteilungen des Abwehrvereins* Ende 1892 nicht, dass die Juden »in den Kampf gegen unsere Gegner eingreifen sollen, aber wir fordern, daß jeder einzelne sein Verhalten so einrichte, daß daraus keine Anklagen und Verfolgungen hergeleitet werden können«.[51] Allerdings sollte nicht vergessen werden, dass Munk es war, der das Gerichtsverfahren gegen Fenner ins Rollen gebracht hatte.

Die neue Qualität antisemitischer Agitation und Mobilisierung spiegelte sich in einer relativ dichten polizeilichen Überwachung der Böckel-Bewegung wider. So wies das Hessische Innen- und Justizministerium 1887 das Kreisamt Alsfeld an, Versammlungen nicht erst bei Ausschreitungen, sondern bereits bei »antisemitische[n] Kundgebungen«[52] aufzulösen. Die polizeiliche Überwachung und eventuelle Auflösung von Versammlungen wurden in der Folgezeit immer wieder seitens verschiedener staatlicher Stellen eingefordert.[53] Wirkungslos blieben solche Anordnungen nicht. Als bei einer Böckel-Versammlung im September 1887 die Polizei intervenierte, unterließ der Redner eine Woche später jede direkte Bezugnahme auf die »Judenfrage«.[54] Andere staatliche Zwangsmittel zielten auf ökonomische Sanktionen; so verweigerte der Kreisausschuss Alsfeld dem Homberger Antisemiten Eduard Graub die Erlaubnis zur Kolportage antisemitischer Schriften, weil diese dazu dienen, »eine starke antisemitische Agitation und damit Hass und Missstimmung gegen einen Theil der Bevölkerung in das Volk zu tragen und Unruhe und Erregung gegen eine Volksklasse hervorzurufen«.[55] Des Weiteren versuchten die Behörden, Gastwirte dazu zu bewegen, keine

50 Vgl. Peal, »Jewish Response«; die dort vertretene These, dass seitens der Juden grundsätzlich Passivität vorgeherrscht habe, überzeugt allerdings nicht, wie die Beispiele Cohen und Eisner zeigen.

51 So Munk in *Mitteilungen des Abwehrvereins*, Jg. 2, Nr. 52 (1892), zit. nach Toury, »Antisemitismus«, S. 185.

52 Zit. nach Pötzsch, *Antisemitismus*, S. 145.

53 Zahlreiche Beispiele dazu bei Schmahl, *Entwicklung*, S. 51–56; Schmahls Wertungen sind stark vom Zeitgeist geprägt, sein Quellenmaterial ist jedoch sehr aufschlussreich.

54 Pötzsch, *Antisemitismus*, S. 145.

55 Zit. nach ebd., S. 278.

Böckel-Versammlungen zu beherbergen. Es erging eine Anweisung an den *Gießener Anzeiger*, keine Versammlungsankündigungen für Antisemiten zu drucken.[56]

Der anhaltende Erfolg der Antisemiten gerade auch in der Beamtenschaft führte schließlich zu dem bekannten Erlass des leitenden Hessischen Staatsministers Jacob Finger vom 20. Oktober 1890, in dem unter Androhung disziplinarischer Maßnahmen die Mitgliedschaft von Beamten in antisemitischen Vereinen als »unstatthafte Außerachtlassung« der »mit Allerhöchster Billigung befolgten Grundsätze bezüglich der Behandlung der israelitischen Staatsangehörigen«[57] bezeichnet wurde. Aufgrund antisemitischer Tumulte erließ der Oberstaatsanwalt Paul Schlippe, der als Ministerialrat im Innen- und Justizministerium zugleich Mitglied der Staatsregierung war, am 20. Dezember 1890 eine Anordnung an die Ersten Staatsanwälte und Amtsanwälte der Provinz Starkenburg, »der Antisemitenbewegung im Odenwalde sorgfältige Beachtung zu schenken, gegen strafbare Ausschreitungen mit Rücksicht auf die Störung des öffentlichen Friedens sofort und strenge einzuschreiten, die entsprechende Bestrafung [...] herbeizuführen und da, wo es sich um Beleidigungen der Israeliten als solcher handelt, nach Erheben des Strafantrags auf dem Wege der öffentlichen Klage vorzugehen«.[58] In ähnlichem Duktus gehalten war ein vertrauliches Rundschreiben Fingers, das die Kreisräte am 2. Januar 1891 zur Berichterstattung über den Stand der antisemitischen Bewegung anwies und forderte, »der vielfach verbreiteten irrigen Auffassung, als seien die Angehörigen der israelitischen Konfession, als solche, für bestehende schwere Missstände in unserem Volksleben verantwortlich zu machen, mit voller Entschiedenheit entgegen[zu]treten und [...] der das friedliche Zusammenleben der Bevölkerung gefährdenden Agitation [...] mit polizeilichen Mitteln in energischer Weise entgegenzuwirken«.[59] Zudem sollten antisemitische Versammlungen überwacht, bei Aufreizungen aufgelöst und Versammlungen unter freiem Himmel gar nicht erst genehmigt werden. Für dieses relativ harte Vorgehen gegen den politischen Antisemitismus hatte die Ministerialbürokratie die Rückendeckung sowohl der Regierung beziehungsweise der Ersten Kammer als auch des Großherzogs Ludwig IV. Die Anwendung des Schlippe'schen Erlasses war freilich uneinheitlich, doch lehnte die Regierung seine mehrfach beantragte Aufhebung ab, weil sie

56 Vgl. Schmahl, *Entwicklung*, S. 54 ff. u. S. 71 ff.

57 Zit. nach Pötzsch, *Antisemitismus*, S. 281.

58 Ebd., S. 280.

59 Ebd., S. 281.

sonst »der Mißdeutung ausgesetzt wäre«, dass sie den »wohlberechtigten Grundgedanken preisgegeben habe«.[60]

In Hessen war die antisemitische Bewegung stark, traf dafür aber auf relativ entschlossenen staatlichen Widerstand. Im benachbarten Großherzogtum Baden zeigte sich der politisch organisierte Antisemitismus deutlich schwächer, obwohl das Land im 19. Jahrhundert wiederholt von heftigen antijüdischen Ausschreitungen erschüttert worden war, die 1848 sogar die größte Dichte im gesamten Deutschen Bund erreicht hatten.[61] Gerade in den schon 1848 besonders schwer heimgesuchten Teilen Nordbadens konnten die Judenfeinde seit den 1890er Jahren zeit- und ortsweise wieder Erfolge verbuchen. Die spezifische konfessionelle und politische Lage mit ihrem Antagonismus von regierendem Nationalliberalismus, reformistischer Sozialdemokratie und opponierender Zentrumspartei bei gleichzeitiger Schwäche der Konservativen ließ den Antisemitismus jedoch trotz aller sozioökonomischen Spannungen politisch noch deutlicher scheitern als insgesamt im Reich.[62] Dazu trug nicht zuletzt die dezidiert anti-antisemitische Haltung des Großherzogs Friedrich I. bei, die von der Regierung und den Behörden unterstützt wurde, wenngleich die Probleme ministeriellen Handelns natürlich hier ebenso zum Tragen kamen wie in Hessen. Auch in Baden waren antisemitische Haltungen vor allem auf lokaler Verwaltungsebene präsent, und selbst im »liberalen Musterstaat« erschien die Wahrung der Staatsautorität wichtiger als der Schutz der Juden. Dennoch begegnet man hier, sehr viel mehr als beispielsweise in Preußen, einem authentisch motivierten Vorgehen gegen den Antisemitismus, so etwa als die Regierung die Gemeinden im Großherzogtum aufforderte, den »Deutsch-Socialen« keine Versammlungsorte zur Verfügung zu stellen.[63] Gerichtsverfahren gegen Antisemiten fanden nur vereinzelt statt – nicht, weil die Gerichte sich der Verfolgung verweigert hätten, sondern weil Versammlungsverbote oder andere Interven-

60 So Justizminister Ewald im Hessischen Landtag, 6.5.1907, zit. nach Thomas Lange, »Judenfeindschaft«, S. 152.

61 Vgl. dazu Riff, »Anti-Jewish Aspects«; Erb/Bergmann, *Nachtseite*, bes. S. 251–254; Rohrbacher, »Deutsche Revolution«, S. 46.

62 Zum Folgenden vgl. Riff, »Government«, S. 134: »All in all, one is [...] left with the impression that the Government of Baden took the threat of antisemitism most seriously.« Scheil, »Aktivitäten«; kritischer hierzu Smith, »Alltag«; Baumann, *Zerstörte Nachbarschaften*, S. 136–168, der die relativ starke Verwurzelung des Antisemitismus besonders in den protestantischen Landesteilen betont; vgl. auch Wolf, *Konservatismus*, bes. S. 354–358.

63 Vgl. Wolf, *Konservatismus*, S. 360 f.

tionen der Exekutive die antisemitischen Aktivitäten überdurchschnittlich häufig eindämmten.

Das bizarre und juristisch schwer fassbare Phänomen des »Bäderantisemitismus« – das ob seiner Absurdität vielfach verspottet wurde[64] – gab es nicht nur auf Borkum oder in Zinnowitz, sondern auch im badischen Schwarzwald. Als ein Gastwirt mit einem von der Bahnstrecke aus sichtbaren Schild für sein »Judenreines Haus« warb, verfügte das Bezirksamt Waldshut aufgrund von Beschwerden die Beseitigung des Schildes, dessen Aufschrift der Wirt daraufhin in »Judenfreies Haus« änderte. Das blieb zwar seitens des Bezirksamtes unbeanstandet, doch auf die Eingabe eines Rabbiners namens der Vereinigung Badischer Israeliten ordnete es die polizeiliche Entfernung des Schildes an, gegen die der Wirt klagte. Es entsprach allerdings der Rechtsauffassung jener Zeit, dass ein Wirt öffentlich kundtun dürfe, welche Gäste er *nicht* wünschte, doch kam der Badische Verwaltungsgerichtshof in seinem Urteil Ende November 1904 zu dem Schluss, »daß auch die Aufschrift ›Juden*freies* Haus‹ verletzend wirkt«, weil »das Wort ›frei‹ mit einem Begriff verbunden, der etwas Lästiges, Unangenehmes, Widerwärtiges bezeichnet«, durchweg »einen Zustand ausdrücke, der sich eben durch das Fehlen jener unerwünschten Dinge als ein guter, erwünschter, erstrebenswerter charakterisiert«. Wenn mit der Bezeichnung »judenfrei« folglich ausgesagt werde, »daß der Verkehr mit Juden allgemein als etwas Lästiges und Unangenehmes zu betrachten sei«, dann, so das Gericht abschließend, komme darin »eine Mißachtung gegenüber den Israeliten zum Ausdruck«, die »die Gefühle eines Teils des Publikums verletzt und das friedliche Zusammenleben der Konfessionen nachteilig«[65] beeinflusst. Der Wirt wandelte nun das Schild in »Jüdischer Besuch höflichst verbeten« um, wogegen es in einer Zeit, der eine Antidiskriminierungsgesetzgebung fremd war, keine Handhabe mehr gab.

Während die Regierungen und Monarchen in Hessen und Baden den Antisemitismus einzudämmen bemüht waren, äußerten beispielsweise die braunschweigischen Regenten Albrecht und Johann Albrecht offene Sympathien für ihn.[66] Das eigentliche zweite Zentrum des Parteiantisemitismus

64 Den aufschlussreichen Fall des Baurates Carl Hensel, der zum Lohn für sein Eintreten gegen das »Borkum-Lied« ins Visier der Staatsbehörden geriet, schildert Reyer, »Antisemitische ›Empörung‹«.

65 Alle Zitate nach »Judenreines Haus«, in: *Neue Bayerische Landeszeitung* vom 10.2.1905, Hervorhebung original. Vgl. auch Bajohr, *»Unser Hotel«*, S. 47.

66 Dazu und zum Folgenden vgl. Pötzsch, *Antisemitismus*, S. 282 f.

neben Hessen bildete jedoch Sachsen. Schon kurz vor den Reichstagswahlen 1893 hatte die in Leipzig erscheinende *Allgemeine Zeitung des Judenthums* auf den eigentümlichen Umstand hingewiesen, dass die organisierten Judenfeinde gerade dort am erfolgreichsten waren, wo die Juden nur einen verschwindend kleinen Bruchteil der Gesamtbevölkerung ausmachen »und schon aus diesem Grund selten Anlass zu Klagen geben«.[67] In Sachsen betrug der Anteil der Juden an der Gesamtbevölkerung 1871 nur 0,13 Prozent und 1910 0,37 Prozent, wohingegen er im Reichsdurchschnitt bei 1,25 Prozent beziehungsweise knapp 1 Prozent (1910) lag. Dennoch behauptete sich der Antisemitismus hier als eine relativ bedeutende politische Kraft bis in die NS-Zeit hinein. Die sächsische Regierung kann ohne Übertreibung als Förderin des politischen Antisemitismus gelten,[68] zumal auch König Albert in dieser Hinsicht empfänglich war. Nur in Sachsen und im Fürstentum Reuß beispielsweise existierte ein amtliches Schächtverbot – ähnlich wie zeitgleich in der Schweiz.[69] Einer Petition zur Ausweisung von »Ostjuden« aus Sachsen wurde zwar nicht entsprochen, sie wurde aber auch nicht explizit zurückgewiesen. Der später nach Dresden eingemeindete Ort Löbtau benannte 1892 sogar kurzfristig eine Straße nach Hermann Ahlwardt.[70]

In diesem Klima konnte sich Theodor Fritsch voll entfalten. Zwar blieb er nicht unbehelligt von der Justiz: 1888 wurde er in dritter Instanz vom Oberlandesgericht Dresden aufgrund der Verbreitung antisemitischer Flugblätter wegen groben Unfugs zu 60 Mark Geldstrafe, später vom Landgericht Leipzig wegen Beschimpfung der jüdischen Religion in seinem *Antisemiten-Katechismus* zu einer Woche Gefängnis verurteilt; 1891 dagegen sprach ihn dasselbe Gericht vom Vorwurf des groben Unfugs frei.[71] 1894 wiederum musste er wegen Beleidigung 100 Mark Geldstrafe entrichten, weil er einen Nichtjuden als Juden bezeichnet hatte.[72] Die erste Auflage des *Antisemiten-Katechis-*

67 Zit. nach Piefel, *Antisemitismus*, S. 15, vgl. dort auch zu den folgenden Zahlen.

68 Vgl. Levy, *Downfall*, S. 95; vgl. auch Retallack, »Die ›liberalen‹ Konservativen«, S. 142–147.

69 Vgl. Judd, »Jewish Political Behaviour«; Krauthammer, *Schächtverbot*. Zur Aktualität dieses Themas vgl. Kyrill-A. Schwarz, *Spannungsverhältnis*; Mesmer, »Banning«; dies., »Schächtverbot«; Efron, »The Most Cruel Cut«; zur ambivalenten Haltung des Schweizer Staates Külling, »Schweizerische Behörden«.

70 Vgl. hierzu http://www.dresdner-stadtteile.de/West/Cotta/Strassen_Cotta/strassen_cotta.html (24.8.2011).

71 Dazu und zum Folgenden vgl. Pötzsch, *Antisemitismus*, S. 286 f.

72 *Abwehrblätter*, Jg. 4, Nr. 16 (1894), S. 128.

mus haben die Behörden zwar im Juli 1888 beschlagnahmt, da Fritsch aber nur zur Tilgung einiger Textstellen verurteilt wurde, tat das dem Siegeszug dieses Elaborats keinen Abbruch.[73] Die Prozesse gegen ihn sind ein Musterbeispiel dafür, dass ein Überzeugungstäter durch Gerichtsurteile nicht nur nicht gestoppt werden kann, sondern diese sogar zur weiteren Mobilisierung seiner Anhängerschaft zu nutzen vermag.[74]

Dasselbe gilt für die verschiedenen Prozesse gegen Fritsch wegen Gotteslästerung. Im *Hammer* hatte er Jahwe als »den Geist der Bosheit und der Lüge«[75] diffamiert. Vor Gericht verteidigte sich Fritsch damit, dass der »jüdische Gott« Jahwe nicht »identisch sei mit Gott, mit dem, was durch Paragraph 166 des Strafgesetzbuches als Gottesbegriff geschützt werden soll«, da er »höchstens ein Stammesgötze« sei, der »allen anderen Völkern gegenüber sich feindselig verhält, indem er den Juden allerlei Ungerechtigkeiten gegen andere Völker gestattet«.[76] Davon ließ sich das Gericht freilich nicht beeindrucken, hatte Fritsch doch den Fehler begangen, die Frage des Vorsitzenden Richters, ob »Jahwe als Gott der Juden gegenwärtig noch verehrt wird«, zu bejahen. Die Argumentation des Verteidigers, die heutigen Juden könnten sich von den Angriffen auf den historischen Gott Jahwe nicht mehr beleidigt fühlen,[77] verfing daher nicht: Das Gericht erkannte auf eine Woche Gefängnis wegen Gotteslästerung. Gar mit einer Strafe von zehn Tagen Gefängnis endete ein zweiter Prozess gegen Fritsch im Mai 1911.[78]

In seiner zehnmal, zuletzt unter dem Titel *Der falsche Gott* neu aufgelegten Schrift *Beweismaterial gegen Jahwe*[79] wiederholte Fritsch seine Ausfälle, so dass es darin vor Beleidigungen des jüdischen Gottes nur so wimmelte: Dieser sei der »Schützer des Unrechts«, ein »Lügengott der Finsternis«, der »sich als Meuchelmörder hinstellen lassen [müsse], der sich einer Hure bedient«.[80] Der CV stellte einen Strafantrag, aber das Landgericht Leipzig ging auf den

73 Zumbini, *Wurzeln*, S. 341.

74 Vgl. Herzog, »Theodor Fritschs Zeitschrift«, S. 176 ff. Sehr materialreich, aber leider wenig analytisch zu den zahllosen antitalmudischen Schriften ist Hannelore Noack, *Unbelehrbar?*. Auch die zahlreichen Verurteilungen des Redakteurs der antisemitischen Zeitschrift *Die Wucherpille* hatten keinen erkennbar mäßigenden Effekt, vgl. Berkessel, »Antisemitismus«; leichter zugänglich ders., »Antisemitische Presse«.

75 *Hammer*, 15.5.1910, zit. nach Wiese, »Jahwe«, S. 30.

76 Fritsch vor der 2. Strafkammer des LG Leipzig, 18.11.1910, zit. nach Fritsch, *Beweismaterial*, S. 7 (erstes), S. 8 (viertes) u. S. 9 (zweites und drittes Zitat).

77 Ebd., S. 13–16.

78 Vgl. Wiese, »Jahwe«, S. 30 f.

79 Vgl. Fritsch, *Beweismaterial*; ders., *Der falsche Gott*.

80 Fritsch, *Beweismaterial*, S. 29, S. 73 u. S. 62.

Antrag der Verteidigung ein und forderte schon vor der Eröffnung des Hauptverfahrens wissenschaftliche Gutachten an. Diese widersprachen sich so sehr, dass es schließlich ein »Obergutachten« bei dem der historisch-kritischen Bibelexegese verpflichteten, in Leipzig lehrenden Alttestamentler Rudolf Kittel bestellte. Dieser wies zwar anhand zahlreicher Beispiele darauf hin, dass viele Behauptungen Fritschs »durchaus willkürliche« und »schlechthin aus der Luft gegriffen«[81] seien. Trotzdem hielt er ihm zugute, dass er »seine Lästerungen *bona fide* und im Dienst einer, wie er glauben mag, großen Aufgabe, ja eines heiligen Martyriums aussprach«, was allerdings zugleich enthülle, dass bei ihm sowohl von einem »starken *intellektuellen*« Defekt, einer Unfähigkeit »zu wissenschaftlichem Denken und Arbeiten«, als auch von einem »Mangel an Pflichtgefühl«, also einem *»moralischen Defekt«*,[82] ausgegangen werden müsse, weil er sich auf Sachgebiete begebe, für die er nicht kompetent sei.

Darüber hinaus reproduzierte Kittel zahlreiche Klischees über das alttestamentliche Judentum. So sei im Jahwe des Alten Testaments das »sittlich Gute […] wohl auch […] vertreten«, mache aber »nicht den Kern seines Charakters aus«. Obendrein habe die Zusicherung Gottes an Israel, das auserwählte Volk zu sein, oftmals »eine Überhebung Israels über die anderen Völker« zur Folge gehabt »und die Gefahr nationalen Dünkels« heraufbeschworen. Einerseits, so Kittel weiter, habe es ein sittlich hochstehendes und universelles, vor allem durch die Propheten vertretenes Judentum gegeben; andererseits sei das Judentum in nachprophetischer Zeit in strenger Gesetzesbindung erstarrt, so dass vielfach »das Äußere *über* das Sittliche« getreten sei. Die Verfolgungs- und Unterdrückungserfahrungen Israels hätten schließlich einen »glühende[n] Durst nach Rache« gegen andere Völker hervorgebracht, so dass die Religion »in Israel mit der Nation und dem Nationalgefühl eine allzu enge Verbindung eingegangen« und Jahwe auch als Weltgott »vielen tatsächlich *Nationalgott*« geblieben sei. Bei aller Kritik Kittels daran, dass Fritsch das Bild des alttestamentlichen Jahwe »in agitatorischer und leidenschaftlicher Weise *verzerrt*« zeige, komme eine genaue Untersuchung einiger Stellen im Alten Testament »dem, was Fritsch meint, nahe«.[83]

Juristisch bedeutsamer war jedoch das Fazit Kittels, der alttestamentliche Gottesbegriff sei mit dem des heutigen Judentums nicht identisch und folglich stellten Fritschs Ausführungen keinen Angriff auf das zeitgenössische Judentum als anerkannte Religionsgemeinschaft im Sinne des Paragraphen

81 Rudolf Kittel, *Judenfeindschaft*, S. 37.

82 Alle Zitate ebd., S. 77, letztes Zitat S. 78, Hervorhebungen original.

83 Zitate ebd., S. 33, S. 35, S. 39, S. 41, S. 42 , S. 46 u. S. 53; Hervorhebungen original.

166 StGB dar. Das Gericht folgte dieser Argumentation und lehnte im September 1913 die Eröffnung des Hauptverfahrens gegen Fritsch ab,[84] dem Kittels Gutachten – trotz der unzweideutigen Kritik an dessen wissenschaftlicher Unzulänglichkeit und agitatorischer Schärfe – den Schein teilweiser Rechtfertigung verliehen hatte. Der Agitator selbst feierte seinen juristischen Erfolg als ein »Kultur-Dokument unserer Zeit«[85] und bewarb sein Buch fortan mit der Behauptung, er habe vor dem Landgericht Leipzig den Beweis erbracht, dass das Judentum »nicht als sittlich einwandfrei im Sinne unserer christlichen Religion gelten darf«.[86]

Das ließ den konservativen Alttestamentler Eduard König nicht ruhen, der in seiner 1918 publizierten Schrift *Das Obergutachten im Gotteslästerungsprozeß Fritsch* den »wissenschaftlichen Antisemitismus« Kittels zurückwies, weil dieser Fritsch »auf halbem Wege«[87] entgegengekommen sei. Wie schon mehrere jüdische Gelehrte, etwa Moritz Güdemann, Jakob Neubauer, Adolf Schwarz oder Hermann Cohen, vor ihm[88] kritisierte er zahlreiche Einseitigkeiten in Kittels Darstellung und seine Neigung, judenfeindlichen Klischees eine zumindest teilweise Berechtigung zuzugestehen. Vor allem aber wollte er, im Gegensatz zu Kittel, Fritsch keinen idealistischen Übereifer zugutehalten, im Gegenteil: Gerade dessen »*Mangel an Gewissenhaftigkeit*, den er sich bei der Vorbereitung auf einen Angriff gegen eine Gottheit hat zuschulden kommen lassen, *ist auch ein Grund*, seine Aeusserungen gegen diese Gottheit als gotteslästerlich zu kennzeichnen«.[89] Die von König vorgebrachte Widerlegung des negativen Bildes des alttestamentlichen Judentums fand in der zeitgenössischen protestantischen Theologie jedoch kaum ein positives Echo.[90]

Als wäre das noch nicht problematisch genug, bescherte das Urteil des Leipziger Landgerichts den Gegnern der antisemitischen Agitation eine weitere argumentative Zwickmühle. Die Agitatoren konnten sich nunmehr auf die Behauptung zurückziehen, sie meinten ein »historisches«, nicht das gegenwärtige Judentum, wenn sie über den jüdischen Gottesbegriff sinnierten

84 Das Urteil des LG Leipzig vom 4.11.1913 ist abgedruckt in Fritsch, *Der falsche Gott*, S. 211 f.

85 Ebd., S. 211.

86 So der CV in einem Schreiben an Rudolf Kittel vom 5.5.1914, abgedruckt in Rudolf Kittel, *Judenfeindschaft*, S. 4.

87 Eduard König, *Obergutachten*, S. 50.

88 Vgl. Wiese, »Jahwe«, S. 56–66.

89 Eduard König, *Obergutachten*, S. 62 f., Hervorhebungen original.

90 Vgl. Wiese, »Jahwe«, S. 68; allgemein dazu Heinrichs, *Judenbild*, vgl. zur Judenmission insgesamt S. 484–594, zum »Fall Fritsch/Kittel« S. 553–558.

oder den Talmud und den Schulchan Aruch diffamierten. Um dagegen juristisch vorzugehen, mussten die Anti-Antisemiten darauf beharren, dass die von den Antisemiten verteufelten Texte Teil der lebendigen Glaubenstradition seien, gegen die zu hetzen also den Glauben der heute lebenden Juden beleidige. Das nutzten wiederum die Antisemiten aus, indem sie die von ihnen böswillig verfälschten Texte als nach wie vor gültig bezeichneten und zum Beweis auf die entkontextualisierten Zeugnisse jüdischer Gelehrter verwiesen.

Die nichtjüdischen Intellektuellen, Wissenschaftler und Künstler des Kaiserreichs blieben gegenüber dem Antisemitismus in der Regel recht schweigsam, mit wenigen prominenten Ausnahmen wie Theodor Mommsen, Rudolf Virchow, Anton von Werner oder Gustav Freytag.[91] Adolf von Harnack verhielt sich hingegen eigentümlich ambivalent. So betonte er schon in der Zeit seiner Zusammenarbeit mit Stoecker, es sei »ein trauriger Skandal«, »den Antisemitismus auf die Fahnen des evangelischen Christenthums zu schreiben«.[92] Doch das war nur die halbe Wahrheit. Auf dem ersten Evangelisch-Sozialen Kongress 1890 bekundete er zwar, »nach den Grundsätzen des Evangeliums Philosemit zu sein«, gab jedoch im gleichen Atemzug zu: »es wird mir schwer«.[93] Man könnte Harnack wohl einen »Vernunft-Anti-Antisemiten« nennen, der sich zeitlebens gegen die agitatorische Judenfeindschaft und die Vereinnahmung seines Werkes wandte und 1928 die »Schmach der Friedhofsschändungen« in der CV-Zeitung verurteilte; in den Vorstand des Abwehrvereins trat er freilich nie ein.[94]

Konsequenter als Harnack versuchte der Berliner Theologe Hermann Strack, dem antisemitischen Wahn durch Aufklärung gegenzusteuern, indem er in die Fußstapfen des Begründers des Leipziger Institutum Judaicum, Franz Delitzsch, trat.[95] Die Zeitschrift *Der Israelit* etwa hob 1922 in ihrem Nachruf auf

91 Vgl. Rebenich, *Theodor Mommsen*, S. 170–173; Goschler, *Rudolf Virchow*, S. 267–272; zu Werner vgl. Zumbini, *Wurzeln*, S. 231.

92 Adolf Harnack, »Der Evangelisch-sociale Congreß zu Berlin«, in: *Preußische Jahrbücher*, Jg. 65, H. 5 (1890), S. 574, zit. nach Heinrichs, *Judenbild*, S. 430 f.

93 Rede Harnacks auf dem Evangelisch-Sozialen Kongress Ende Mai 1890, zit. nach ebd., S. 430.

94 Vgl. Nottmeier, *Adolf von Harnack*, S. 484–487 u. S. 513. Thalmann, »Schwäche«, S. 152.

95 Vgl. Brenner, »›Gott schütze uns‹«, S. 182–185; umfassend jetzt – auch zu Delitzsch – Levenson, *Philosemitism*, S. 68–87; vgl. auch ders., »Philosemitic Discourse«.

Strack die Tatsache hervor, dass es »im letzten halben Jahrhundert kaum einen jüdischen wissenschaftlichen Abwehrkampf« gegeben habe, der Strack nicht »zum Helfer, ja zum Führer gehabt hätte. Keiner war wie er imstande, mit dem schweren Geschütz der einschlägigen Wissenschaft Verleumdung und Verdrehung entgegenzutreten und der Wahrheit zum Siege zu verhelfen.«[96] Zwar war auch Strack nicht frei von den Ambivalenzen des »judenmissionarischen« Philosemitismus, und selbst er konnte, freundschaftlicher Kontakte zu jüdischen Theologen ungeachtet, sie nicht als gleichberechtigte Dialogpartner wahrnehmen; dennoch zeichnete er sich »durch entschiedene, beherzte Solidarität mit dem Judentum«[97] aus wie kein anderer Theologe seiner Zeit.

Seit 1885 hatte Strack vehement Stoeckers Kol-Nidre-Auslegung widersprochen und war dadurch in immer größeren Gegensatz zum Verband Deutscher Studenten geraten, der ihm 1893 schließlich die Ehrenmitgliedschaft aberkannte.[98] Den Auslöser dafür lieferten Stracks öffentliche Auseinandersetzung mit dem Antisemitismus einerseits und die Zögerlichkeit staatlicher Instanzen bei der Abwehr desselben andererseits. Den Stein des Anstoßes brachte wieder die *Staatsbürger-Zeitung* ins Rollen, die in einer Ausgabe[99] anhand angeblicher Talmud-Auszüge nicht zum ersten Mal die Minderwertigkeit der jüdischen Religion behauptete. Der Erste Staatsanwalt am Landgericht I Berlin hatte mit Bescheiden vom 18. und 30. September 1892 Stracks Strafanträge gemäß den Paragraphen 166 und 130 StGB gegen die Hersteller und Verbreiter des Antisemitenblattes unter anderem mit dem Argument abgelehnt, ein früher publizierter, fast wortgleicher Talmud-Auszug habe nicht zu Gewalttätigkeiten geführt, weshalb solche auch diesmal nicht zu erwarten seien.[100] Im Oktober 1892 beklagte Strack diese Entscheidung in einer Eingabe an Justizminister Hermann von Schelling und forderte ihn auf, die drohende Verjährung zu verhindern, was dieser auch versuchte.[101] Eine Strafverfolgung kam dennoch nicht zustande, denn in seinem

96 *Der Israelit*, Jg. 63, Nr. 42 (1922), S. 3 f., zit. nach Wiese, »Ein ›aufrichtiger Freund‹«, S. 277.

97 Ebd., S. 293.

98 Vgl. Kampe, *Studenten*, S. 147 f.

99 *Staatsbürger-Zeitung* vom 26.5.1892; zu dieser seit Stoecker bis in die Zeit vor dem Ersten Weltkrieg bedeutenden antisemitischen Zeitung vgl. Jahr, »›Zentralorgan‹«.

100 Vgl. zum »Fall Strack« auch Parmod, *Antisemitismus*, S. 25–31 u. S. 53–63.

101 Aktenvermerk PJM an Nebe-Pflugstaedt, 4.11.1892, GStA PK, I. HA, Rep. 84a/55746, Bl. 5. Der Schriftwechsel Stracks und anderer mit den verschiedenen Gerichtsinstanzen und dem PJM ist auch dokumentiert in Strack, *Juden*, S. 7–30.

Bericht an den Justizminister rechtfertigte Oberstaatsanwalt Wachler vom Kammergericht die Entscheidung der Vorinstanz, da in dem betreffenden Artikel nicht behauptet werde, »daß nur durch Anwendung von Gewalt der nach Auffassung des Verfassers beziehungsweise des Verteilers unheilvolle Einfluß des Judenthums auf die Entwicklung des deutschen Volkes beseitigt werden könne«, sondern »die Innehaltung der durch die allgemeinen und besonderen Staatsgesetze gezogenen Grenzen als selbstverständlich zu gelten hat«. Die liberale Skepsis gegenüber der Benutzung des Strafgesetzbuches in der Sphäre des Politischen paraphrasierend, bezweifelte Wachler die Anwendbarkeit des Paragraphen 166 StGB, da »nicht schlechthin jede Kritik an Gegenständen religiöser Verehrung verboten [sei], sondern nur deren Beschimpfung«;[102] eine solche liege jedoch nicht vor. Außerdem sei der Talmud heute nicht mehr verbindlich für das jüdische Bekenntnis, und so entfalle der Schutz des Paragraphen 166 StGB. Schelling schloss sich dieser Sichtweise an und wies Stracks Eingabe mit dürren Worten zurück.[103]

Ungeachtet solcher Rückschläge war Strack unermüdlich aufklärerisch-publizistisch tätig, vor allem in der Auseinandersetzung mit dem »Blutaberglauben in der Menschheit«. Anlässlich des »Ritualmord«-Falles in Konitz beispielsweise übersandte er seine Schrift *Das Blut im Glauben und Aberglauben der Menschheit* an das Preußische Innenministerium. Selbstbewusst empfahl er, mittels dieser Schrift die Behörden und Kreisblätter zunächst der unmittelbar gefährdeten, dann aller Teile Deutschlands zu instruieren; Gebrauch machte das Ministerium von diesem Angebot nicht.[104] Auch von katholischer Seite gab es, wenngleich weniger prominent, Aufklärungsschriften, die versuchten, die Aberwitzigkeit des »Ritualmord«-Vorwurfs offenzulegen.[105]

Wie wenig begründet die Hoffnung war, sachlich fundierte Aufklärung könne dem Unwissen und Aberglauben oder der Gräuelpropaganda entgegenwirken, zeigte in Deutschland spätestens der Xantener »Ritualmord«-Fall, der an die unselige Tradition antijüdischer Gewalt am überwiegend katholischen Niederrhein anknüpfte.[106] Als am 29. Juni 1891 in Xanten die Leiche

102 OStA KG an PJM, 3.12.1892, GStA PK, I. HA, Rep. 84a/55746, Bl. 6–15, hier: Bl. 8 f. Wachler bezog sich auf das Reichsgerichtsurteil *ERGSt*, Bd. 9, S. 417 ff., 8.1.1884.

103 PJM von Schelling an Strack, 19.12.1892, GStA PK, I. HA, Rep. 84a/55746, Bl. 16.

104 Vgl. Strack an PIM, 25.4.1900, GStA PK, I. HA, Rep. 76 III. Sekt. 1 Tit. XIIIa Nr. 56a, Bd. 6, Bl. 332.

105 Vgl. als prominentestes Beispiel Friedrich Frank, *Ritualmord*; ders., *Nachträge*.

106 Vgl. Rohrbacher, »Ritualmord-Beschuldigungen«; zu Xanten 1891 sehr gründlich aus stadtgeschichtlicher Perspektive ist Schmenk, *Xanten*, S. 310–367; Kölling, »Blutige Illusi-

eines fünfjährigen Jungen mit einer Halswunde aufgefunden wurde, verbreitete sich schlagartig das Gerücht, es handele sich um einen »jüdischen Ritualmord«. Als Verdächtiger wurde bald der Schlachter Adolf Buschhoff verhaftet, mangels Beweisen wieder entlassen, nach erneuten Ermittlungen abermals festgenommen und schließlich wegen Mordes angeklagt.[107] Trotz der aufgeheizten und von politischen Einwirkungen des Justizministers geprägten Atmosphäre – sogar der Kaiser ließ sich vom Fortgang des Verfahrens berichten – endete die Schwurgerichtsverhandlung vom 4. bis 14. Juli 1892 zu Cleve mit dem Freispruch des Angeklagten wegen erwiesener Unschuld. Auch wenn es »keineswegs ein politischer Tendenzprozeß«, sondern vielmehr »ein Prozeß mit den Mitteln und zur Wahrung des Rechts« gewesen war, erscheint es verfehlt, ihn als ein »Ruhmesblatt«[108] der Justiz zu bezeichnen. Dass diese verfahrensrechtlich auf den Antisemitismus so weit einging und es trotz der zweifelhaften Beweislage überhaupt zu einer Hauptverhandlung kam, konnten die Antisemiten bereits als Sieg verbuchen.

Der Prozess gegen Buschhoff selbst ist, da es zu keinen direkt mit ihm verbundenen Verfahren gegen antisemitische Agitatoren kam, in unserem Zusammenhang nicht von Belang und außerdem an anderer Stelle ausführlich geschildert worden.[109] Erwähnt werden muss jedoch eine Rede Stoeckers, der im Preußischen Abgeordnetenhaus kritisiert hatte, dass »die Justizverwaltung ungemein gezögert« habe, sich auf ein Untersuchungsverfahren einzulassen, und »erst durch das Drängen der öffentlichen Meinung, durch Volksversammlungen, durch Petitionen, durch eine Bewegung im Volk« dazu gedrängt worden sei. Wie so häufig legte er, indem er diese Meinung »dem Volke« unterstellte, indirekt nahe, »daß, wenn es sich um jüdische Angelegenheiten handelt, man die Dinge nachsichtiger behandelt, als wenn das nicht der Fall ist«. Diesen unter Zustimmung seiner konservativen Parteigenossen vorgebrachten, kaum verhüllten Angriff auf die Justiz konterte Justizminister von Schelling, indem er Stoecker zahlreiche sach- und wahrheitswidrige Behauptungen nachwies. Dank seiner beherzten Worte konnte er sich ausnahmsweise einmal des stürmischen Beifalls der Linksliberalen er-

onen«, der die Bedeutung des Antisemitismus dafür, dass die »Ritualmord«-Geschichte vielen Zeitgenossen glaubwürdig erschien, gering einschätzt. Den gegenteiligen Standpunkt vertritt Schoeps, »Ritualmordbeschuldigung«.

107 Zu den Prozessen in Xanten vgl. Johannes T. Groß, *Ritualmordbeschuldigungen*, S. 51–88.

108 Alle Zitate Jürgen Lange, »Der Xantener Ritualmordprozeß«, S. 620 u. S. 622.

109 Hartston, *Sensationalizing the Jewish Question*, S. 170–186; Johannes T. Groß, *Ritualmordbeschuldigungen*, S. 74–88. Das ausführlichste Verhandlungsprotokoll findet sich in *Xantener Knabenmord.*

freuen. Deren Abgeordneter Karl August Ludwig von Munckel erkannte zutreffend in Stoeckers Behauptung einer »judenfreundlichen Justiz« die Klage darüber, dass die Juden »nicht zurückgesetzt werden, so wie Sie es wünschen«. Eugen Richter hatte schon vor Stoeckers Rede dagegen protestiert, »daß Volksversammlungen sich anmaßen, unter Verdächtigung unserer Justizbeamten, unseres Ministers und der Richter [...] in den Gang der Rechtspflege«[110] eingreifen zu wollen. Wenige Wochen später demonstrierte der Geheime Oberjustizrat Dr. Lucas vom Justizministerium unter dem erneuten Beifall der Linksliberalen, dass es für die Behörden nicht »Semiten und Antisemiten«, sondern »einfach Staatsbürger« gebe, »denen wir verpflichtet sind, das Recht mit gleichem Maße zuzumessen«.[111] Dieser temporäre Schulterschluss zwischen den Linksliberalen und der Justizverwaltung, auf den sich Maximilian Parmod zwei Jahre später bezog,[112] ist bemerkenswert, blieb aber folgenlos.

In den Wochen nach dem Freispruch Buschhoffs erschütterten antijüdische Ausschreitungen den Niederrhein; trauriger Höhepunkt war ein Rohrbombenanschlag auf das Hoftor einer jüdischen Familie in Gindorf. Daneben kam es zu Steinwürfen gegen Wohnhäuser und Synagogen, zu Friedhofsschändungen und zur gezielten Zerstörung landwirtschaftlicher Pflanzungen. Erst die Entsendung zweier zusätzlicher Gendarmen in den Kreis Grevenbroich konnte die Ruhe bis auf »vereinzelte Ungehörigkeiten durch Jüngere« wiederherstellen; drei Tatverdächtige nahm man in Untersuchungshaft.[113] Mitte August 1892 brachen jedoch abermals antijüdische Unruhen im Kreis Grevenbroich aus, so dass erneut die Gendarmerie herbeigerufen werden musste. Eine Serie von drei Scheunenbränden von Ende August bis Mitte Oktober, deren abwechselnd die Judenfeinde und die betroffenen jüdischen Familien bezichtigt wurden, markierten das Ende des akuten Aufruhrs.[114] Die Behörden hatten immer wieder Versammlungen verboten oder aufgelöst wie im Fall des antisemitischen Wanderredners König am 7. Februar 1892 in Kevelaer.

---

110 *VdPA*, LP 17, Sess. 4 = Bd. 1, 9.2.1892, S. 365 (Stoecker), S. 367 f. (Schelling), S. 369 (Munckel) und S. 364 (Richter).

111 *VdPA*, LP 17, Sess. 4 = Bd. 2, 19.3.1892, S. 1030.

112 Parmod, *Antisemitismus*, S. 1.

113 RP Düsseldorf an PIM, 13.8.1892, GStA PK, I. HA, Rep. 76 III. Sekt. 1 Tit. XIIIa Nr. 56a, Bd. 4, unpag. Vgl. auch den Bericht in der *Kölnischen Zeitung* vom 19.7.1892 (abends).

114 Vgl. Landrat Grevenbroich an RP Düsseldorf, 15.8.1892, GStA PK, I. HA, Rep. 76 III. Sekt. 1 Tit. XIIIa Nr. 56a, Bd. 4; RP Düsseldorf an PIM, 6.9.1892, ebd.; RP Düsseldorf an PIM, 20.11.1892, ebd.

Im Umfeld des Xantener »Ritualmord«-Prozesses fand ein Verfahren gegen den Antisemiten Heinrich Oberwinder statt, das in unserem Zusammenhang interessant ist.[115] Seine Broschüre *Der Fall Buschoff. Die Untersuchung über den Xantener Knabenmord* wurde wegen Beleidigung des Untersuchungsrichters Brixius durch das Landgericht I Berlin am 16. März 1892 beschlagnahmt. Während Brixius und der Erste Staatsanwalt Baumgard Strafantrag stellten, sahen der Preußische Justizminister von Schelling und sein Unterstaatssekretär August Nebe-Pflugstaedt – leider ohne eine Begründung zu Protokoll gegeben zu haben – davon ab, obwohl der zuständige Staatsanwalt einer Klage große Erfolgsaussichten bescheinigte.[116] Noch vor dem Prozess betätigte sich Oberwinder als Lobbyist in eigener Sache, indem er eine Audienz bei von Schelling erbat und am 13. Oktober 1892 auch gewährt bekam.[117] Über den Inhalt dieser Audienz geben die Akten keine Auskunft, doch scheint sie nicht ohne Wirkung geblieben zu sein. Oberwinder wurde am 18. November 1892 wegen Verstoß gegen Paragraph 185 StGB zu zwei Monaten Gefängnis verurteilt – statt zu sechs Monaten, wie vom Staatsanwalt gefordert, weil ihm der Schutz des Paragraphen 193 zugebilligt wurde.[118] Wohl ahnend, dass er damit relativ gut davongekommen war, reichte er statt eines Revisionsantrags mit Erfolg ein Gnadengesuch bei Wilhelm II. ein. Eine abermalige Audienz Oberwinders bei von Schelling hatte, so scheint es, ihre Wirkung nicht verfehlt.[119] Oberwinder überließ in dieser Sache auch weiterhin nichts dem Zufall und schickte dem Justizminister eine Presseausschnittssammlung über seine Zeitschrift *Das Volk*, um seine konservative Gesinnung zu belegen.[120] Zwar zweifelte Staatsanwalt Karl Drescher in seiner Stellungnahme zu dem Gnadengesuch die Anwendbarkeit des Paragraphen 193 zugunsten Oberwinders an, dessen Schutz dem Redakteur ten Winkel in einer ähnlichen Angelegenheit versagt worden war; aber er schenkte Oberwinders

---

115 Am 4.11.1892 erging vom LG Wuppertal-Elberfeld ein Urteil gegen den Redakteur der antisemitischen *Rheinischen Wacht*, ten Winkel, weil er der Staatsanwaltschaft vorgeworfen hatte, nicht ordentlich zu ermitteln, vgl. Schoeps, »Ritualmordbeschuldigung«, S. 295.

116 EStA LG I Berlin an OStA KG, 24.3.1892, GStA PK, I. HA, Rep. 84a/57468, Bl. 5 ff.; OStA KG an PJM, 26.3.1892, ebd., Bl. 3 f.; Schelling an OStA KG, 5.4.1892, ebd., Bl. 8.

117 Oberwinder an PJM, 11.10.1892, ebd., Bl. 10; PJM an Oberwinder, 12.10.1892, ebd., Bl. 11.

118 Alle Angaben aus dem Prozessbericht »Prozeß Oberwinder«, in: *Kreuz-Zeitung* vom 19.11.1892.

119 Oberwinder an Schelling, 22.11.1892, GStA PK, I. HA Rep. 84a/57468, Bl. 26. Aus den Akten geht nicht hervor, ob die Audienz tatsächlich stattfand; es ist aber wahrscheinlich.

120 Oberwinder an PJM, 23.12.1892, ebd., Bl. 35.

Behauptung Glauben, dass ihm eine Beleidigung der Justiz ferngelegen habe, zumal er bislang unbescholten gewesen und sein schroffes Auftreten in der Verhandlung »nicht auf eine allgemeine Nichtachtung der Justizbehörden, sondern vielmehr auf eine erklärliche Aufregung und Anstrengung während der lange dauernden und ungewohnten Gerichtssitzung«[121] zurückzuführen sei. Daher unterbreitete Drescher Minister von Schelling den Vorschlag, dem Kaiser die Umwandlung der Strafe in eine einmonatige Festungshaft zu empfehlen. Diese verständnisvollen Worte stießen nicht auf taube Ohren, worin zumindest die liberale und sozialdemokratische Presse eine Bedrohung der richterlichen Autorität erblickte.[122] Das Ansehen der Staatsorgane litt aber auch darunter, dass der Mörder des fünfjährigen Jungen nie gefunden wurde. Eine der Folgen der anhaltenden antijüdischen Agitation am Niederrhein war 1893 die Gründung der einzigen nur von Juden geführten Geschäftsstelle des Abwehrvereins in Köln.[123]

Das aus der westlichen Peripherie bekannte Ablaufschema wiederholte sich knapp ein Jahrzehnt später am Ostrand Deutschlands im westpreußischen Landstädtchen Konitz, wo am 11. März 1900 der 18-jährige Gymnasiast Ernst Winter ermordet wurde.[124] Wieder waren es die angebliche »Blutleerheit« der Leiche und die Tatsache ihrer fachmännischen Zerstückelung, die den »Ritualmord«-Vorwurf wach werden ließen; abermals blieb der Mörder unentdeckt; und die Ermittlungsbehörden folgten erneut einem Zickzackkurs und gingen jeder noch so abwegigen Spur nach. Daran war nicht zuletzt die Pressekampagne der Antisemiten schuld.[125] So verständlich der Wunsch der Behörden war, zu beweisen, dass ihnen tatsächlich an der Verbrechensaufklärung lag, spiegelte die Wendung »Es kommt nichts heraus, denn es soll und darf nichts herauskommen«[126] die Meinung eines erheblichen Teils der Bevölkerung wider, wodurch einmal mehr das Ansehen der Justiz- und Polizeibehörden litt.

121 EStA LG I Berlin an PJM, 18.1.1893, Bl. 38–55, hier: Bl. 53 f.

122 *Allgemeine Zeitung* vom 17.5.1893 (morgens); *Volks-Zeitung* vom 19.5.1893 (1. Blatt).

123 Vgl. Borut, »Die jüdischen Abwehrvereine«.

124 Vgl. Nonn, »Zwischenfall«, und ders., *Stadt*, der die soziale Dynamik der Gerüchte betont; im Gegensatz dazu Smith, »Konitz«, und ders., *Geschichte*, der einen antisemitisch umgekehrten metaphorischen »Ritualmord« an den Juden erkennt. Zu Konitz vgl. auch Vogt, »›Atmosphäre‹«.

125 Hett, *Death*, S. 148–155.

126 Zustimmend zu dieser These äußert sich der Artikel »Betrachtungen über den Konitzer Mord«, in: *Germania* vom 6.6.1900 (2. Blatt).

Auch hier sind die Verfahren gegen die vermeintlichen Tatbeteiligten oder meineidigen Zeugen nicht relevant.[127] Es gab aber wieder Beleidigungsprozesse wie den gegen den Stellmachermeister Johann Dobrindt, der zu dem jüdischen Klempnermeister Leopold Lindemann gesagt hatte: »Das können nur die Juden gethan haben!« Die Privatklage Lindemanns wies das Schöffengericht Konitz jedoch ab, da eine Beleidigungsabsicht nicht nachzuweisen sei. Außerdem »wurde Lindemann, nach konstanter Gerichtspraxis, nicht als legitimer Vertreter seiner Glaubensgenossen vom Gericht angesehen«.[128]

Beachtenswert ist ferner ein Bericht des Landrats in Konitz, von Zedlitz, an das Preußische Innenministerium von Mitte Juni 1900. Während er bis dahin stets dafür plädiert hatte, das nach Konitz beorderte Militär schnell wieder abzuziehen, weil die Lage sich beruhigt habe, beurteilte er die Situation nun »ernster denn je«. Anlass zu dieser Beunruhigung bot ihm ein Artikel der *Staatsbürger-Zeitung* zur Verteidigung des in Verdacht geratenen christlichen Schlachters Hoffmann. »Mit diesem zweifellos nicht aus Hoffmanns eigener Feder geflossenen Schriftsatz«, so Zedlitz weiter, »hat die antisemitische Agitation offenbar einen Hauptstreich gegen die Juden führen wollen. [...] Meines Erachtens ist es, zwar nicht dem Ton, wohl aber dem Inhalt nach, das aufreizendste Preßerzeugnis, welches bisher zur Kenntniß der Bevölkerung gelangt ist.« Neben der forcierten Erhitzung der Gemüter erschien es Zedlitz auch verderblich, dass »der offene Widerstand der Bevölkerung gegen eine etwa beabsichtigte Festnahme Hoffmanns als etwas Hohes und Verdienstvolles hingestellt wird«, was nur dazu diene, »die Begriffe über Recht und Unrecht noch mehr zu verwirren, als sie schon verwirrt sind«.[129] Diese Episode zeigt, dass mit einer gewissen Verzögerung den preußischen Behörden deutlich wurde, welch verheerende Rolle gerade die *Staatsbürger-Zeitung* spielte, indem sie die »Ritualmord«-Geschichte in Konitz erst aufbaute und dann verbreitete.

So kam es schließlich zu einem Strafverfahren gegen deren Verleger, Wilhelm Bruhn, und seinen Redakteur Paul Böttcher. Wegen Beleidigung Adolf und Moritz Lewys und des Kaufmanns Gustav Caspari aus Konitz sowie des Kaufmanns Max Großmann aus Bütow, die die *Staatsbürger-Zeitung* wiederholt als Mittäter und Mitwisser an dem Mord denunziert hatte, wurde gegen

127 Zu den Prozessen in Konitz vgl. Johannes T. Groß, *Ritualmordbeschuldigungen*, S. 89–145.

128 *Berliner Neueste Nachrichten* vom 12.6.1900 (abends).

129 Alle Zitate Landrat Konitz an PIM, 14.6.1900, GStA PK, I. HA, Rep. 77 Tit. 500 Nr. 50, Bd. 2, Bl. 110 f.

Bötticher wegen Beleidigung in 25, gegen Bruhn in zwei Fällen öffentliche Anklage erhoben, woraufhin das Landgericht I Berlin am 24. September 1900 das Hauptverfahren eröffnete.[130] Die zunächst auf den 16. Oktober angesetzte Verhandlung musste jedoch aufgrund von Beweisanträgen der Verteidigung aufgeschoben werden, zumal auch noch das Ende des Prozesses gegen Adolf und Moritz Lewy wegen Meineids abzuwarten war. Obwohl Staatsanwalt Hugo Isenbiel davor warnte, dass durch »eine weitere nochmalige Hinausschiebung der gerichtlichen Entscheidung [...] der Wirkung dieses Strafverfahrens ein bedauerlicher Abbruch erwachsen« würde, weigerte sich sein Kollege in Konitz – mit der Unterstützung des Justizministeriums –, das Verfahren gegen die Lewys einzustellen, deren Unschuld aufgrund der Beweislage so gut wie gesichert erschien.[131] Erst über zwei Jahre nach Eröffnung des Hauptverfahrens wurden schließlich Bötticher zu einem Jahr und Bruhn zu sechs Monaten Haft verurteilt; das Urteil hatte auch vor dem Reichsgericht Bestand.[132] Anders als im Fall des Redakteurs Oberwinder im Zusammenhang mit dem Xantener Ereignis wurden die Begnadigungsgesuche der Verurteilten diesmal abgewiesen, da beide ihre Vorwürfe grundlos und leichtfertig erhoben und »die in der Stadt Konitz damals an sich bestehende juden- und behördenfeindliche Stimmung durch die Artikel [...] noch geschürt« hätten:

»Beide haben in überaus verwerflicher Weise leichtfertig die Ehre der Familien Lewy, Caspari und Großmann verletzt, indem sie unablässig in die Welt hinausschrieen, niemand anders als diese seien die Mörder des Winter; sie haben eine beispiellose Hetze gegen die genannten Familien veranstaltet und dadurch Unruhe, Kummer, Sorge und Elend über sie gebracht; sie haben dies leichtfertig getan, [...] trotzdem sie als gewandte Journalisten und als den Aufregungen des Tatortes entrückte Großstädter die Fadenscheinigkeit dieser Sensationsberichte erkennen mußten und auch erkannten; sie haben [...] die Strafverfolgungsbehörden [...] öffentlich geschmäht und beschimpft, indem sie ihnen ohne greifbare Unterlage den schweren Vorwurf der Parteilichkeit und bewußten Pflichtverletzung machten«, und zwar »aus parteipolitischen Rücksichten und aus Profitwut«.[133]

130 EStA LG I Berlin an PJM, 28.7.1900, GStA PK, I. HA, Rep. 84a/57485, Bl. 1 f.; EStA LG I Berlin an PJM, 2.10.1900, ebd., Bl. 4 f.

131 EStA LG I Berlin an PJM, 2.11.1900, ebd., Bl. 7–11; EStA LG I Berlin an PJM, 17.4.1901, ebd., Bl. 16 ff., hier: Bl. 18; EStA Konitz an EStA LG I Berlin, 11.4.1901, ebd., Bl. 19 f.; PJM an EStA LG I Berlin und OStA Marienwerder, 18.5.1901, ebd., Bl. 22.

132 EStA LG I Berlin an PJM, 11.10.1902, ebd., Bl. 37, Meldung über das Urteil LG Berlin I vom gleichen Tag. Urteil RG 17.4.1903, ebd., Bl. 62–69.

133 EStA LG I Berlin an PJM, 6.7.1903, ebd., Bl. 72–78, hier: Bl. 75–78.

Diesem Votum schloss sich Minister Schönstedt nicht an – mit dem befremdlichen Argument, dass Bruhn und Bötticher nicht die volle Schwere des Gesetzes spüren sollten, solange der Mord an Winter noch ungesühnt sei. Obwohl Bruhn »in dem Ruf eines antisemitischen Agitators« stehe, sei seine bürgerliche Rechtschaffenheit nicht zweifelhaft und aus diesem Grunde die Umwandlung der Haftstrafen in Festungshaft gerechtfertigt.[134]

Wilhelm II. lehnte diesen Wunsch jedoch ab. Wenn die Gründe dafür den Akten auch nicht zu entnehmen sind – die *Staatsbürger-Zeitung* kannte die Antwort. Da das Blatt zu Recht davon ausging, dass der Justizminister die Begnadigung empfohlen hatte, musste es so sein, dass Wilhelm II. nicht nur den Einflüsterungen von Juden und Judenfreunden erlegen war, sondern es grundsätzlich vorzog, mit dem »Börsenliberalismus« und dem Zentrum »zum Zwecke der Förderung seiner besonderen Pläne, die uns glücklicheren Zeiten entgegenführen sollen«, zu paktieren. »Diese Kunde«, so die *Staatsbürger-Zeitung* weiter, zerstört »manche Hoffnung patriotischer Herzen und ist darum ein wohl zu beachtender politischer Wegweiser für weite Kreise der Bevölkerung«. Daraus zog das Antisemitenblatt weitreichende Schlussfolgerungen, denn so wie einst die Kämpfer von 1813 zunächst als Rebellen verkannt worden seien, so werde heute der »Befreiungskampf« der Antisemiten missdeutet: »Als rückgratstarke, freie, unabhängige Männer werden die Antisemiten *mit oder gegen die Regierung* den Kampf für des Vaterlandes Ruhm, Freiheit und Wohlfahrt, gegen jüdische Hinterlist aufnehmen«.[135] Selten kam die staatszerstörerische Konsequenz des radikalen Antisemitismus so deutlich zum Ausdruck wie in diesen Zeilen, die, war ihre Dynamik erst einmal in Gang gesetzt, selbst vor der Person des Kaisers nicht haltmachte, der sich allerdings in jenen Jahren aus fast allen politischen Lagern heftiger Kritik ausgesetzt sah.[136]

Ein späteres Gesuch Bruhns und der Vorsitzenden von 27 konservativen Bürgervereinen Berlins vom Januar 1904 auf Erlass der Reststrafe mündete in ein Déjà-vu-Erlebnis: Es wurde von Staatsanwalt Isenbiel neuerlich mit denselben Gründen abgelehnt, während Justizminister Schönstedt es wie zuvor aufgrund der »königstreuen, patriotischen Gesinnung« Bruhns befür-

134 PJM an Wilhelm II, 7.9.1903, ebd., Bl. 81–86, hier: Bl. 85; PJM an EStA LG I, 10.10.1903, ebd., Bl. 89.

135 »Wetterleuchten«, in: *Staatsbürger-Zeitung* vom 20.4.1904 (abends), Hervorhebung von mir. Zur geschichtspolitischen Instrumentalisierung der Erinnerung an die »Befreiungskriege« vgl. Wenzel, »Befreiung«.

136 Vgl. zu diesem Thema allgemein Kohlrausch, *Monarch*.

wortete; und der Kaiser schließlich wies es abermals zurück.[137] Wie diese Begebenheit zeigt, besaß der hochkonservative Schönstedt den Ruf einer tiefsitzenden Judenfeindlichkeit – nicht nur wegen seiner restriktiven Personalpolitik – wohl zu Recht.[138]

Wie bei den Vorgängen zehn Jahre davor kam es ähnlich auch in und um Konitz zu antisemitischen Ausschreitungen im Zusammenhang mit dem »Ritualmord«-Gerücht. Was sich jedoch – zumindest graduell – unterschied, war die Reaktion der Behörden, denn unmittelbar nach einem Hilferuf des CV Ende März 1900 mahnte das Innenministerium die Aufrechterhaltung von Ruhe und Ordnung an, um Unruhen wie in Xanten zu verhindern.[139] Zwei Wochen später empfing Innenminister Georg Freiherr von Rheinbaben eine Delegation des CV, und auf eine erneute Intervention hin zwei Wochen darauf wies er sofort einen Referenten an, sich noch in derselben Nacht nach Konitz zu begeben, nicht ohne ihm die erforderlichen Vollmachten bis zur Anforderung von Militär zu erteilen.[140] Davon machte der zwar keinen Gebrauch, übermittelte seinem Vorgesetzten aber das Gesuch des Justizrats Dr. Edmund Friedemann, der »die Untersuchung gefährdenden Thätigkeit der Staatsbürgerzeitung durch die Behörden entgegenzutreten«.[141] Während der Innenminister dieses Gesuch zuständigkeitshalber an das Justizministerium weiterleitete,[142] lieh er den besorgten Berichten des CV über antisemitisch motivierte Umtriebe auch förderhin seine Aufmerksamkeit. Der Landrat beorderte Ende Mai Militär nach Konitz, ohne dadurch freilich neue Tumulte verhindern zu können.[143] Daran änderten auch polizeiliche

137 EStA LG I Berlin an PJM, 18.2.1904, GStA PK, I. HA, Rep. 84a/57485, Bl. 97–100; PJM an Wilhelm II., 27.2.1904, ebd., Bl. 101 ff., hier: Bl. 102; Zivilkabinett an PJM, 28.3.1904, ebd., Bl. 111.

138 P. G., »Schönstedt«, in: *Neue Freie Presse* vom 27.11.1905: »Der Antisemitismus ist vielleicht das einzige Gebiet, auf dem Herr Schönstedt sich mit Erfolg betätigt hat.« Vgl. auch Ormond, *Richterwürde*, S. 495: »Der Antisemitismus in der Personalpolitik erreichte unter Minister Schönstedt seinen Höhepunkt.«

139 CV Berlin an PIM, 26.3.1900, GStA PK, I. HA, Rep. 77 Tit. 500 Nr. 50, Bd. 1, Bl. 1 ff.; PIM an Landrat in Konitz, 28.3.1900, ebd., Bl. 4.

140 CV Berlin an PIM, [ca. 20.4.1900], ebd., Bl. 96.

141 Aktennotiz PIM an GORR Dr. Maubach, 6.5.1900, ebd., Bl. 144.

142 PIM an CV, 20.5.1900, ebd., Bl. 152.

143 CV Berlin an PIM, 30.5.1900, ebd., Bl. 186; PIM an Landrat Konitz, 30.5.1900, ebd., Bl. 189; Telegramm Landrat Konitz an PIM, 30.5.1900, ebd., Bl. 189; Telegramm Landrat Konitz an PIM, 31.5.1900, ebd., Bl. 190.

Warnplakate und Aufrufe des Stadtrats an die Bürger nichts,[144] so dass weitere Ausschreitungen folgten. Diese machen es verständlich, warum beispielsweise das *Berliner Tageblatt* der Regierung unterstellte, dass sie

»hier allzu sehr auf dem Prinzip des laisser aller zu stehen scheint, anstatt mit allen ihr zu Gebote stehenden Mitteln diese offenen Auflehnungen gegen die staatliche Ordnung zu verhindern. Sollte sich die Partei der Aufrührer auch in Hammerstein stark genug fühlen, um ein deutsches ›Fort Guérin‹ ganz nach Pariser antisemitischem Muster zu etabliren?«[145]

Zumindest auf den Innenminister traf dieser Vorwurf nicht zu, denn der nahm auch diesen Zeitungsbericht zum Anlass, sofort vom Landrat die Wiederherstellung der Ordnung zu verlangen.[146] Über die Gründe für das entschiedene Vorgehen Rheinbabens kann aufgrund mangelnder Quellen nur spekuliert werden. Neben allgemeinen politischen Erwägungen, dass ein dauerhafter Unruheherd grundsätzlich unerwünscht sei, könnte eine familiengeschichtliche Komponente eine Rolle spielen: Ein Verwandter des Innenministers hatte 1892 als Staatsanwalt die Anklage gegen Hermann Ahlwardt im Prozess wegen Beleidigung des Berliner Magistrats vertreten und dabei aus erster Hand Einblick in die Gepflogenheiten der Antisemiten gewonnen.[147]

Im Vergleich zu Xanten lässt sich außerdem feststellen, dass die Strafmaße für die Unruhestifter deutlich höher lagen. Bis auf eine wurden von den 23 angeklagten Personen vom Schwurgericht Stolp im Juli 1900 alle wegen Landfriedensbruch – teilweise verbunden mit Aufruhr, Körperverletzung, Beleidigung und Sachbeschädigung – zu Strafen zwischen vier Monaten

144 Plakat »Warnung« Polizei-Verwaltung Konitz 1.6.1900, ebd., Bl. 216; Plakat »An unsere Mitbürger!« Konitz 1.6.1900, Bürgermeister Deditius, Stadträte Klotz, Schur, Gebauer, Heise, Schulze, ebd., Bl. 219.

145 *Berliner Tageblatt* vom 8.6.1900 (morgens); die Anspielung bezieht sich auf den antisemitischen französischen Politiker Jules Guérin, der sich 1899 über einen Monat in seiner Pariser Wohnung verbarrikadiert hatte, um sich seiner Verhaftung wegen »antirepublikanischer Umtriebe« zu entziehen.

146 Aktenvermerk Rheinbaben, 8.6.1900, GStA PK, I. HA, Rep. 77 Tit. 500 Nr. 50, Bd. 1, Bl. 230.

147 Der Staatsanwalt von Rheinbaben hatte im Prozess gegen Ahlwardt unter anderem geäußert, dass dieser »seine Verleumdungen gewerbsmäßig betreibt«, vgl. Ahlwardt, *Neue Enthüllungen. Judenflinten*, S. 36. In seinem Plädoyer beschuldigte Rheinbaben Ahlwardt nicht nur der »Gefährdung des Ansehens obrigkeitlicher Organe«, sondern auch der »Bedrohung des öffentlichen Friedens verschiedener Bevölkerungsklassen zu einander«, vgl. Anonymus, *Prozeß Ahlwardt*, S. 40.

Haft bis zu drei Jahren Zuchthaus verurteilt.[148] In späteren Prozessen wurden allerdings schon wieder mildere Urteile verhängt, bei denen die Strafmaße zum Teil deutlich unter den von der Staatsanwaltschaft beantragten lagen; dazu hatte wahrscheinlich allein schon der zeitliche Abstand zu den Ereignissen beigetragen.[149] Andererseits blieben regionale Unterschiede bestehen, auf die der CV Ende Juli 1900 gegenüber dem Innenministerium hinwies, als einige jüdische Bewohner des Kreises Schlochau hart bestraft wurden, weil sie eigenmächtig gegen antisemitische Angreifer – die freigesprochen wurden – vorgegangen waren: »Unsere Glaubensgenossen«, so der CV, erscheinen »hiernach geradezu jedes staatlichen Schutzes entbehren zu sollen: Die Polizei verweist sie auf Selbsthülfe, und üben sie solche, so werden sie von den Gerichten bestraft.«[150]

Der Fall Xanten, so wie zehn Jahre später Konitz, brachte ein weiteres Medium antisemitischer Agitation verstärkt in Umlauf: die Postkarte mit antisemitischen Bildmotiven und den mit judenfeindlichen Sprüchen verzierten Brief.[151] So missbilligte die Oberpostdirektion Frankfurt am Main 1897 auf eine Beschwerde hin die Beförderung von Postkarten, die als Adresse »Neu-Jerusalem« statt Frankfurt trugen.[152] Ähnliche Anordnungen mussten auch später immer wieder erlassen werden, vor allem, wenn die Bildmotive selbst ausgesprochen antisemitisch waren und beispielsweise auf den Konitzer Fall Bezug nahmen.[153] Den Reichstag beschäftigte 1898 eine Beschwerde Liebermanns von Sonnenberg über die Nichtbeförderung antisemitischer Postkarten am Beispiel des mit seiner »Judenfreiheit« werbenden, durch Behördenverfügung schließlich gemaßregelten Hotels »Kölner Hof« in dem in »Neu-Jerusalem am fränkischen Jordan« umgetauften Frankfurt am Main. Der Staatssekretär des Reichspostamtes, Theophil von Podbielski, verteidigte die generelle Anwendung des Paragraphen 14 der Postordnung, dem zufolge

148 Urteil SG Stolp 9.7.1900/10.7.1900, GStA PK, I. HA, Rep. 77 Tit. 500 Nr. 50, Bd. 2, Bl. 231–242.

149 Zum Urteil SG Konitz 18.10.1900 vgl. »Die Konitzer Krawalle vor dem Schwurgericht«, in: *Staatsbürger-Zeitung* vom 19.10.1900; und »Der Krawall in Konarczyn« (in 2 Teilen), in: ebd. vom 19.10.1900 (abends) und 20.10.1900 (morgens), Beiblatt.

150 CV Berlin an PIM, 30.7.1900, GStA PK, I. HA, Rep. 77 Tit. 500 Nr. 50, Bd. 3, Bl. 264.

151 Vgl. dazu Gold/Heuberger (Hrsg.), *Abgestempelt.*

152 Pötzsch, *Antisemitismus*, S. 280.

153 Staatssekretär Reichs-Postamt an PIM, 23.6.1900, GStA PK, I. HA, Rep. 77 Tit. 500 Nr. 50, Bd. 2, Bl. 151.

Postsendungen beleidigenden Inhalts nicht befördert werden durften.[154] Auch die Oberpostdirektion Berlin kennzeichnete im Juni 1899 eine Reihe antisemitischer Postkarten als »zur Postbeförderung nicht geeignet«.[155] Mit seiner Beschwerde abgewiesen wurde dagegen Adolf Lewy in Konitz, der die Beschlagnahme der »Löwy-Postkarten« erbeten hatte, auf denen eine mit menschlichen Knochen spielende Löwenfamilie mit »Judengesichtern« zu sehen ist; da die Lage in Konitz wieder ruhig sei, bestehe keine unmittelbare Gefahr von Unruhen, die allein eine Beschlagnahme nach Paragraph 23.3 Pressegesetz erlaube.[156]

Ein anderes, auf ein breites Publikum zielendes Medium waren Bilderbögen. Vor allem der Dresdner Verleger Ferdinand Woldemar Paul Glöß brachte es darin zur Meisterschaft. Von 1892 bis 1901 produzierte er 33 Ausgaben in Auflagen von jeweils mehreren zehntausend. Glöß schonte dabei auch höchste Persönlichkeiten nicht. Im *Politischen Bilderbogen Nr. 8* mit dem Titel *Juden-ABC* hieß es beim Buchstaben C: »In Deutschland hausen Cahn und Cohn, Caprivi ist ihr Schutzpatron«. Glöß wurde auf Strafantrag Caprivis hin zu 500 Mark Geldstrafe verurteilt, der Bilderbogen danach jedoch abgeändert weiter veröffentlicht. Nun fehlte das Bild Caprivis, und der Text lautete: »In Deutschland hausen Cohn und Cahn / Concurs ist ihre Lebensbahn«.[157]

Sehr viel höhere Wellen schlug der folgende, *Bismarck in Berlin* betitelte *Bilderbogen Nr. 9*, in dem nicht nur von einem »frühzeitig schlapp werdenden Reichskanzler« die Rede war; zugleich zeigte eine der Karikaturen Caprivi mit einem Geldsack neben einer in antisemitischer Bildsprache als Jüdin charakterisierten Frau in einer Kutsche. Die Initiative für die Strafverfolgung ging in diesem Fall vom Ersten Staatsanwalt am Landgericht I Berlin aus, der im

154 *VdR*, Bd. 160, 4.2.1898, S. 828 f. Vgl. auch »Antisemitische Postkarten«, in: *Im Deutschen Reich*, Jg. 4, Nr. 2 (1898), S. 82–85. Ähnlich ebd., Jg. 4, Nr. 4 (1898), S. 228, über eine Eingabe an den Staatssekretär des Reichspostamts und an die Oberpostdirektion Darmstadt wegen der Versendung antisemitischer Postkarten. Letztere sicherte zu, hier künftig mehr Sorgfalt walten zu lassen. Vgl. auch Steen, »›Gruß‹«. Vgl. auch Graetz, »Vom Text«, S. 166 f., sowie allgemein Klein, »Alltags-Antisemitismus«.

155 *Im Deutschen Reich*, Jg. 5, Nr. 8 (1899), S. 440.

156 RP Marienwerder an PIM über Oberpräsident Danzig, 6.10.1900, GStA PK, I. HA, Rep. 77 Tit. 500 Nr. 50, Bd. 3, Bl. 73 f.; mit höhnischem Kommentar »Zum Blutmord in Konitz«, in: *Staatsbürger-Zeitung* vom 16.9.1900 (morgens).

157 Die beiden Versionen sind abgedruckt bei Polleroß, »›Erinnerung‹«, S. 159, und Gräfe, *Antisemitismus*, S. 90.

Juni 1893 seinen Minister über den Bilderbogen informierte. Aus der Gegenüberstellung Caprivis und Bismarcks »und der bekannten antisemitischen Tendenz des Verlegers Glöß« werde die Absicht deutlich, »die Regierungsfähigkeit des Herrn Reichskanzlers herabzusetzen und zu verhöhnen«. Außerdem habe die Druckschrift »einen ehrenkränkenden Charakter«, da durch die Abbildung Caprivis mit einem großen Sack mit der Aufschrift »Gehalt« und einer jüdischen Frau als Symbol des Judentums angedeutet werden solle, »daß der Herr Reichskanzler lediglich, um sich im Amt zu erhalten und sich dadurch in [*sic*] den Besitz seines Gehaltes zu sichern, das Judenthum protegiere«.[158] Auf Caprivis Strafantrag hin wurde Anklage gegen Glöß sowie die Buchhändler Gustav Adolf Dewald, Paul Gregor Struppe und Carl Winkler erhoben.[159] Das Gericht kam am 5. Januar 1894 zwar zu dem Schluss, dass der Text des inkriminierten Bilderbogens »objectiv Beleidigungen des Herrn Reichskanzlers« enthalte, da ihm »nicht nur seine Regierungsthätigkeit und Regierungsfähigkeit in höhnender Weise herabgesetzt«, sondern überdies der Vorwurf des »Mangels an Willen[,] an moralischer Kraft, an Energie gemacht« werde. Auch in der bildlichen Darstellung wurde eine Beleidigung erblickt, weil sie ausdrücken sollte, »daß der Herr Reichskanzler das Judenthum deshalb protegiere, um sich sein Amt und damit sein Gehalt zu sichern«. Trotz dieser klaren Worte fiel das Strafmaß gemessen an dem Antrag der Staatsanwaltschaft auf sechs Monate Haft mit 100 Mark Geldstrafe gemäß Paragraph 185 StGB in Verbindung mit Paragraph 20 Pressegesetz sehr mild aus. Das Gericht hielt Glöß zugute, in Wahrnehmung berechtigter Interessen von seinem verfassungsmäßigen Recht der freien Meinungsäußerung Gebrauch gemacht zu haben, da seine Publikation »einen politischen Boden hat und in einem Witzblatte erfolgt ist«.[160] Die Buchhändler wurden freigesprochen, weil sie glaubhaft versichern konnten, vom strafbaren Inhalt des Bilderbogens keine Kenntnis gehabt zu haben.

Dieses Urteil rief in der liberalen Presse scharfe Kritik hervor. Das *Berliner Tageblatt* beklagte es als »ein Novum«, weil erstmalig »von einem Gerichtshof *der Antisemitismus als ein berechtigtes Interesse*[161] anerkannt und daraufhin dem Angeklagten der Schutz des Paragraphen 193 des Strafgesetz-

158 EStA LG I Berlin an PJM, 22.6.1893, GStA PK, I. HA, Rep. 84a/55747, Bl. 2–5, hier: Bl. 4 f.

159 AA an PJM, 4.7.1893, GStA PK, I. HA, Rep. 84a/55747, Bl. 8.

160 Urteil LG I Berlin 5.1.1894, ebd., Bl. 35–43, hier: Bl. 39 ff.

161 Das ist eine – vermutlich absichtlich polemische – Verkürzung des Sachverhalts; vgl. weiter unten.

buches zuerkannt worden« sei, was nicht nur im Gegensatz zu Reichsgerichtsurteilen, sondern auch im Widerspruch zur Verdammung des Antisemitismus durch Caprivi stehe. Darüber hinaus erschien dem *Berliner Tageblatt* bedenklich, dass nach diesem Urteil künftig »jeder Sozialdemokrat und Anarchist, der sich wegen beleidigender Angriffe gegen die bürgerliche Gesellschaft und deren Spitzen vor dem hiesigen Landgericht zu verantworten haben wird, den Schutz des Paragraphen 193 für sich in Anspruch nehmen«[162] könne. Doch nicht nur in der liberalen Presse, sondern auch im Justizministerium traf dieses Urteil auf Empörung. Neben die Urteilswiedergabe des *Berliner Tageblatts*, in der der Ausdruck »frühzeitig schlapp werdender Reichskanzler« zitiert wurde, schrieb ein sichtlich erregter Sachbearbeiter: »Unerhört! Frühzeitig schlapp werdende Richter!«[163]

In seinem Revisionsantrag[164] bezeichnete Staatsanwalt Drescher die Anerkennung der Wahrnehmung berechtigter Interessen zugunsten Glöß' als rechtsirrtümlich, da, wie vom Reichsgericht festgestellt, ein »allgemeines Recht der Tagespresse, vermeintliche Übelstände öffentlich zu rügen, und jedes Vorkommnis, auch wenn es andere in ihrer Ehre verletzt, in die Öffentlichkeit zu bringen«,[165] nicht existiere. Zudem stehe der Schutz vor Beleidigungen über dem in Artikel 27 der Preußischen Verfassung gewährten Recht auf freie Meinungsäußerung. Dieser Auffassung schloss sich das Reichsgericht ausdrücklich an, indem es hervorhob, dass Paragraph 193 StGB nur dann greife, wenn es sich »um eine Angelegenheit handele, welche den Thäter vermöge besonderer Beziehung angehe, und dass die Presse eine von dem Rechte der Privatpersonen abweichende Berechtigung nicht habe«. Darüber hinaus sei es »durchaus verfehlt, wenn der Vorderrichter annimmt, daß durch die Vorschriften des Strafgesetzbuchs die Ehre des Reichskanzlers nicht in

162 Alle Zitate aus »Richterspruch und Volksüberzeugung«, in: *Berliner Tageblatt* vom 6.1.1894 (abends).

163 Aus der Urteilsbegründung, zit. nach »Prozeß wegen Beleidigung des Reichskanzlers Grafen Caprivi«, in: *Berliner Tageblatt* vom 5.1.1894. Zitat Marginalie: GStA PK, I. HA, Rep. 84a/55747, Bl. 30.

164 Vgl. zum Folgenden Revisionsrechtfertigung EStA LG I Berlin an LG I Berlin, 24.2.1894, GStA PK, I. HA, Rep. 84a/55747, Bl. 44–47.

165 *ERGSt*, Bd. 5, S. 239 ff., 16.12.1881, hier: S. 240; auch in *RRGSt*, Bd. 3, S. 808 ff., 16.12.1881, hier: S. 809. Zu ähnlichen Urteilen des RG vgl. *RRGSt*, Bd. 5, S. 490–493, 3.7.1883; ebd., S. 541 f., 21.9.1883; ebd., Bd. 6, S. 615 ff., 10.10.1884. Drescher verwies ausdrücklich auf *ERGSt*, Bd. 15, S. 15–19, 5.11.1886; ebd., Bd. 23, S. 285 f., 11.11.1892; ebd., Bd. 24, S. 223 ff., 2.6.1893; ebd., S. 304–308, 13.10.1893.

demselben Maße geschützt sei, wie die Ehre von Privatpersonen«.[166] Da in dem Urteil vom 5. Januar 1894 ausdrücklich konstatiert wurde, dass der Angeklagte »auf politische[m] Boden« beleidigt habe, sei folglich die Wahrnehmung berechtigter Interessen nicht gegeben. In der neuerlichen Verhandlung, diesmal vor dem Landgericht II Berlin, wurde Glöß am 25. Juni 1894 trotz der beantragten viermonatigen Gefängnisstrafe wiederum nur zu 500 Mark Geldbuße verurteilt, wogegen die Staatsanwaltschaft wegen Aussichtslosigkeit keinen Revisionsantrag mehr stellte.[167]

Dieser Fall zeigt recht eindrücklich, was man den »Eigensinn der Gerichte« nennen könnte. Obwohl der Verfolgungswille höchster staatlicher Stellen klar erkennbar war, zog das Landgericht I Berlin die Grenzen der Meinungsfreiheit sehr weit, auch wenn es um die Beleidigung des Reichskanzlers ging und es sich hier in Gegensatz zur Rechtsprechung des Reichsgerichts brachte. Man könnte in diesem Urteil also den Versuch sehen, der Pressefreiheit eine Bresche zu schlagen,[168] doch dass davon ausgerechnet ein Antisemit profitiert hatte, hinterlässt einen schalen Nachgeschmack. Ob es für die Haltung des Gerichts außerjuristische Gründe gab, kann aus den zur Verfügung stehenden Akten leider nicht erschlossen werden. Wenn dem so wäre, käme wohl weniger Sympathie für den Verleger Glöß als eher Gegnerschaft zu Caprivi in Frage, dessen Kanzlerschaft ja vor allem seitens der Konservativen scharfer Kritik ausgesetzt war. Der Publizist Carl Jentsch beispielsweise beklagte 1894, dass »der Reichskanzler jahrelang Woche für Woche als ein Mittelding zwischen einem Troddel und einem Vaterlandsverräter dargestellt« werde, ohne dass Schritte dagegen unternommen würden, wenn es sich um eine Agitation von rechts handele. »Von zwei gleichzeitigen Oppositionen aber die eine unterdrücken und die andere hegen«, das hielt Jentsch für ein nicht bloß »gesetzwidriges, sondern ein höchst gefährliches Spiel«.[169] Keineswegs nur auf Seiten der Linken, sondern auch weit ins bürgerlich-liberale Lager hinein entstand auf diese Weise eine Vertrauenskrise der Justiz, die die Legitimität der politischen Ordnung des Kaiserreiches zu unterminieren drohte.

166 Urteil RG 30.3.1894, GStA PK, I. HA, Rep. 84a/55747, Bl. 53–58, hier: Bl. 57 u. Bl. 58.

167 EStA LG II Berlin an PJM, 26.6.1894, ebd., Bl. 61.

168 Dass Paragraph 193 lange Zeit nicht zugunsten der Journalisten ausgelegt wurde, stellte eine spürbare Einschränkung ihrer Tätigkeit dar; vgl. Requate, »Öffentlichkeit«, S. 24 f.

169 Alle Zitate Carl Jentsch, *Betrachtungen*, S. 57 u. S. 62 f. Zur weitverbreiteten bürgerlichen Justizkritik vgl. Wilhelm, *Das Deutsche Kaiserreich*, S. 386–393.

Von einem stringenten Durchgreifen der Regierung auf die Rechtsprechung kann bei alldem natürlich keine Rede sein; vielmehr gab es eine stark divergierende Urteilspraxis, die *auch* anzeigt, dass die richterliche Unabhängigkeit im Kaiserreich keinesfalls *nur* leerer Schein war. Das ist unter dem Aspekt der Einschätzung des Grades an Rechtsstaatlichkeit ein nicht zu unterschätzender Pluspunkt, erwies sich aber zugleich als zentrales Problem für die Versuche der Betroffenen, dem Antisemitismus wirksame juristische Schranken zu setzen.

2. Abscheu, Aufklärung, Abwehr: Die Reaktionen der Betroffenen

Die Jahre um 1890 waren nicht nur für den Antisemitismus eine Zäsur, sondern auch für seine Abwehr.[170] Organisierung, Bündelung und »Justizierung«, so könnten die Schlagworte für diesen Prozess lauten. Einzelne Versuche jüdischer Organisationen oder Einzelpersonen, durch Eingaben oder auf juristischem Weg gegen antisemitische Agitatoren vorzugehen, sind bereits beschrieben worden. Seit April 1880 hatte es gelegentliche Zusammenkünfte jüdischer Honoratioren gegeben, die allerdings folgenlos blieben, zumal die deutschen Juden die Gefahr erkannten, sich durch aktive Gegenwehr erst recht von den nichtjüdischen Deutschen abzusondern und dadurch die antisemitischen Vorurteile ungewollt weiter zu verstärken.[171] Nach der ernüchternden Erfahrung in der Debatte des Preußischen Abgeordnetenhauses am 20. und 22. November 1880 lud Moritz Lazarus schließlich über 200 jüdische Notabeln zu einem Treffen, bei dem das Jüdische Comité vom 1. Dezember 1880 gegründet wurde. Das Thema von Lazarus' Rede waren die »jetzigen Angriffe der Antisemiten Liga« und die Frage, »welche Mittel zur Abwehr dagegen etwa erforderlich wären«. Danach beklagte er die Organisiertheit der Antisemiten, die er der Unorganisiertheit im eigenen Lager gegenüberstellte, und äußerte die Befürchtung, dass die Agitation weitergeht, »weil die Krankheit ansteckend ist. Die eigentliche Gefahr liegt in den Unschlüssigen, die nicht fähig [*sic*] selbst zu urtheilen. Es liegt in der Natur des Liberalismus, daß er zähe und abwartend auf sein gutes Recht pocht. Er ar-

170 Vgl. Paucker, »Problematik«; Lamberti, *Jewish Activism.*

171 Vgl. Toury, »Anti-Anti«, und Borut, »Rise«.

beitet für die Zukunft, verliert jedoch dabei seinen Einfluß auf die Gegenwart.« Um dieser Gefahr zu begegnen, rief er dazu auf, ein »Comité für uns Alle zu wählen, [...] das beobachtet und Abhülfe schafft; ein Comité für die ideellen Aufgaben der Juden in Deutschland, welches leitet die Abwehr, die Hebung des Judenthums in den fremden und in den eigenen Augen«.[172] Dieses Engagement verebbte freilich rasch; es fand lediglich noch ein zweites Treffen des Comités statt, bevor es wieder zerfiel. Dass sich die organisierte Abwehr so schwierig gestaltete, lag zum einen an der Indifferenz vieler Juden, die hofften, das Problem werde sich von allein lösen; zum anderen wirkte sich hier die Schwäche des Liberalismus aus, insbesondere nach der Abkehr vieler Juden von den regierungsnahen Nationalliberalen und ihrer Hinwendung zu den oppositionellen Linksliberalen. Des Weiteren dürften juristische Misserfolge zur Ernüchterung beigetragen haben. So lehnte die Staatsanwaltschaft die Eröffnung des Ermittlungsverfahrens gegen Henrici und gegen verschiedene Zeitungen wegen Verstößen gegen die Paragraphen 130 und 166 StGB ab, weil von »agitatorischen Einflüssen [...] nichts bekannt geworden«[173] und auf den schwach besuchten Henrici-Versammlungen im Mai und Juli 1881 nicht direkt zu Gewalt gegen die Juden aufgerufen worden sei.

Das Problem einer fehlenden starken Zentralorganisation konnte auch der 1869 in Leipzig gegründete und zehn Jahre später nach Berlin übersiedelte Deutsch-Israelitische Gemeindebund (DIGB) nicht lösen.[174] Noch bevor der »moderne Antisemitismus« volle Gestalt annahm, benannte er im September 1875 als sein Ziel,

> »durch alle gesetzlichen Mittel dem Treiben der judenfeindlichen Presse entgegen zu treten, entweder durch direkte Klagestellung gegen die betr. Blätter, in denen eine Aufreizung zur Judenverfolgung vorliegt, oder durch Inanspruchnahme der Staatsanwaltschaft oder, wenn die Gesetze nicht ausreichten, auf eine Verbesserung des Preßgesetzes bei der Reichsregierung und dem Reichstage hinzuwirken.«[175]

---

172 Polizeiprotokoll der Versammlung 1.12.1880, Berlin 2.12.1880, GStA PK, I. HA, Rep. 76 III. Sekt. 1 Tit. XIIIa Nr. 56a, Bd. 1, Bl. 144–151, hier: Bl. 144, Bl. 146 u. Bl. 147. Vgl. dazu auch Lazarus, *An die deutschen Juden*; diese Rede ist, leicht redigiert, unter dem Titel »Unser Standpunkt« abgedruckt in ders., *Treu und Frei*, S. 117–129; Ragins, *Jewish Responses*, S. 33 ff.; nichts Neues demgegenüber bei Schüler-Springorum, »Unser Standpunkt«.

173 EStA LG Stettin an RP Stettin, 11.7.1882, GStA PK, I. HA, Rep. 76 III. Sekt. 1 Tit. XIIIa Nr. 56a, Bd. 2, Bl. 229; vgl. auch Christhard Hoffmann, »Politische Kultur«, S. 104 f. u. Anm. 53, sowie Ragins, *Jewish Responses*, S. 23–29.

174 Zum DIGB vgl. Schorsch, *Jewish Reactions*, S. 23–52.

175 Zit. nach Auerbach, *Judenthum*, S. 107 f.

In seinen revidierten Statuten vom September 1877 war allgemeiner von der »Wahrnehmung aller gemeinsamen Angelegenheiten in Bezug auf die rechtliche und sociale Stellung der Bekenner der jüdischen Religion und Abwehr von Angriffen gegen dieselben«[176] die Rede. Allerdings endete nur eines der vom DIGB angestrengten Strafverfahren erfolgreich: Gegen den Paderborner Domvikar Schröder konnte wegen seines antitalmudischen Pamphlets *Nicht Judenhatz – aber Christenschutz!* eine dreimonatige Haftstrafe aufgrund eines Verstoßes gegen die Paragraphen 130 und 166 StGB erwirkt werden, während zum Beispiel ein im November 1879 initiiertes Verfahren gegen zwei Artikel Wilhelm Marrs in der *Deutschen Wacht* scheiterte, weil das Landgericht I Berlin weder eine Anreizung zur Gewalt noch eine Religionsbeschimpfung erkennen wollte. Das Kammergericht verwarf die Beschwerde des DIGB gegen diesen Bescheid, weil keine Staatseinrichtungen angegriffen worden seien, »es sich vielmehr nur um eine Bekämpfung der jüdischen Elemente im Wege der Discussion«[177] gehandelt habe. Außerdem sei der DIGB nicht berechtigt, zugunsten beleidigter Individuen Strafantrag zu stellen. Ebenso wenig Erfolg hatte ein Appell des DIGB an das Sächsische Justizministerium: Die Staatsanwaltschaft lehnte die Strafverfolgung gegen Alexander Pinkert wegen einer August Rohlings *Talmudjuden* popularisierenden Broschüre, die er unter dem Pseudonym Egon Waldegg veröffentlicht hatte, ab. Als auch ein weiterer Strafantrag im Mai 1881 vor Gericht in eine Niederlage mündete, zog sich der DIGB aus der öffentlichen Bekämpfung des Antisemitismus zurück.[178]

Inwieweit sich die Gründung der deutschen Sektion des Ordens B'nai B'rith 1882 zumindest teilweise als Reaktion auf den Antisemitismus verstehen lässt, ist eine offene Forschungsfrage.[179] Doch davon abgesehen verhielten sich die deutschen Juden in den Jahren bis 1890 weitgehend passiv. Ganz in der jüdischen Tradition der Fürsprache seitens aufgeklärter Christen stand die Gründung des Vereins zur Abwehr des Antisemitismus Ende 1890 in Berlin.[180] Ähnlich seinem gleichnamigen, vom Ehemann Bertha von Suttners, Baron Gundaccar von Suttner, geführten Wiener Pendant[181] war der

176 Zit. nach Pulzer, »Reaktion«, S. 249.

177 Zit. nach Tal, *Christians*, S. 311; vgl. auch Pulzer, »Reaktion«, S. 249.

178 Vgl. Schorsch, *Jewish Reactions*, S. 50; zu Rohlings wirkungsmächtiger Schrift vgl. Peter R. Frank, »Weg«.

179 Vgl. Reinke, »Ethnic Solidarity«.

180 Suchy, »Verein zur Abwehr« (1983).

181 Vgl. Kornberg, »Vienna in the 1890s«; ders., »Vienna, the 1890s«.

deutsche Abwehrverein eine Gründung christlicher Politiker und Intellektueller vornehmlich liberaler Provenienz. Zwar beteiligten sich auch Juden wie der Philanthrop und Bankier Charles L. Hallgarten und der Rechtsanwalt und Berliner Stadtverordnete Edmund Friedemann, doch nach außen traten vor allem liberal gesinnte Christen hervor, um den Anschein der Vertretung bloß eigener Interessen zu vermeiden. Obwohl die eigentliche Gründungsinitiative von Heinrich Rickert ausging, übernahm zunächst bis zu seinem Tod 1895 Rudolf von Gneist den Vorsitz. Ihm folgten Rickert, 1903 Theodor Barth und 1909, bis zur Selbstauflösung im Juni 1933, Georg Gothein nach. Die Mitglieder stammten überwiegend aus dem linksliberalen Besitz- und Bildungsbürgertum. Ein öffentliches Unterstützungsschreiben konnte sich mit großen Namen wie Max von Forckenbeck, Gustav Freytag, Rudolf von Jhering, Franz von Liszt, Theodor Mommsen und Friedrich von Payer schmücken. Ab Oktober 1891 erschienen die wöchentlichen *Mitteilungen aus dem Verein zur Abwehr des Antisemitismus* in einer Vorkriegsauflage von 7.000–9.000 Stück. Die Mitgliederzahl lag um die 12.000. Juden stellten davon einen nicht unerheblichen Anteil, vor allem waren sie in den führenden Stellen vertreten. Lag das Schwergewicht der Abwehrarbeit zunächst ganz bei »Aufklärung« und stiller Honoratiorenpolitik, so wurde der Verein unter Barths Führung politischer in seiner Strategie und demokratischer in seinen Führungsstrukturen.

So gut seine Ziele auch gewesen sein mögen – das historische Urteil über den Abwehrverein fällt nur begrenzt positiv aus, denn er intensivierte die einseitige Bindung der Juden an den Liberalismus und verstärkte dadurch die Gleichsetzung von Konservativismus und Antisemitismus. Wenn der Abwehrverein die Position vertrat, zwar den politischen Antisemitismus zu bekämpfen, nicht jedoch den privaten, da dieser »lediglich Gefühlssache«[182] sei, dann spricht daraus ein eingeschränktes Verständnis der Gefahren der modernen Judenfeindschaft. Schließlich machte auch der für viele Vertreter des Liberalismus typische Nationsbegriff die Sache nicht einfacher, da er »nicht-pluralistisch und gegen eine festgehaltene jüdische Identität innerhalb der deutschen Gesellschaft gerichtet«,[183] also auf Homogenisierung bedacht war. Den *Juden als Individuen* sollte freie Bahn verschafft werden, für das *Judentum* jedoch war keine Zukunft in Deutschland vorgesehen.

182 *Abwehrblätter*, Nr. 49 (1898), S. 396, zit. nach Suchy, »Verein zur Abwehr« (1983), S. 232.

183 Pulzer, »Reaktion«, S. 251.

Bedeutungsvoller als der christliche Philosemitismus, der sich unter anderem in der Anfang Januar 1892 gegründeten und kurzlebigen Vereinigung zur Bekämpfung der Rassenhetze[184] niederschlug, sind daher die seit den frühen 1890er Jahren zunehmend sich formierenden Initiativen jüdischer Selbstorganisation. Da wären das Ende Juni 1892 in Berlin auf Anregung Julius Isaacs gegründete Comité zur Abwehr antisemitischer Angriffe und die Vereinigung badischer Israeliten von 1893 zu nennen, daneben gab es aber auch zahlreiche lokale Abwehrinitiativen.[185] Um schließlich dem besonders in der akademischen Jugend grassierenden Antisemitismus an den Universitäten wirksam entgegenzutreten, schlossen sich die jüdischen Studentenverbindungen 1896 im Kartell-Convent der Verbindungen deutscher Studenten jüdischen Glaubens zusammen, der allerdings viele Ideale der nichtjüdischen Burschenschaften wie Nationalismus und Wehrhaftigkeit übernahm, die heute als äußerst problematisch gelten müssen.[186]

Der eigentliche Wendepunkt in der Geschichte der »jüdischen Abwehrarbeit« ist zweifelsohne die Gründung des Centralvereins deutscher Staatsbürger jüdischen Glaubens (CV).[187] Den unmittelbaren Anlass dafür gaben das verstärkte Auftreten antisemitischer Agitatoren vom Schlage eines Hermann Ahlwardt und das Einschwenken der Konservativen Partei auf einen Kurs bekennender Judenfeindschaft auf dem Tivoli-Parteitag im Dezember 1892. Schriften wie F. Simons *Wehrt Euch! Ein Mahnruf an die Juden* und noch mehr Raphael Loewenfelds anonym erschienenes Buch *Schutzjuden oder Staatsbürger* riefen dazu auf, sich nicht mehr vor judenfeindlichen Angriffen zu ducken, sondern »zu schneidiger Abwehr jedes Angriffes bereit«[188] zu sein, denn »nicht Schutzjuden wollen wir sein, sondern Staatsbürger«.[189]

Wesentlich von Loewenfeld vorangetrieben, wurde der CV am 26. März 1893 in Berlin[190] offiziell gegründet und zunächst bis Ende 1894 von Martin

184 Borut, »Rise«, S. 71–75; vgl. auch *Allgemeine Zeitung des Judenthums* vom 8.1.1892, Der Gemeindebote (Beilage).

185 Vgl. Borut, »Die jüdischen Abwehrvereine«, S. 481–492; ders., »Rise«, S. 75–85.

186 Vgl. Miriam Rürup, *Ehrensache*; dies., »Jüdische Studentenverbindungen«.

187 Dazu grundlegend mit Schwerpunkt auf der ideologischen Entwicklung Barkai, »*Wehr Dich!*«; vgl. auch Friesel, »Self-Defense«.

188 Simon, *Wehrt Euch!*, S. 18.

189 Raphael Loewenfeld, *Schutzjuden oder Staatsbürger*, Berlin 1893, zit. nach Rieger, *Vierteljahrhundert*, S. 14.

190 Zu der herausragenden Rolle der Berliner Juden bei der CV-Gründung vgl. Paucker, »Das Berliner liberale jüdische Bürgertum«.

Mendelsohn geführt, danach bis zu seinem Tod 1917 von Maximilian Horwitz. Der Anspruch des CV steckte im Namen, sein Programm bestand aus »Aufklärung«, »Selbstzucht« und juristischer »Abwehr«. Vor allem der letzte Punkt unterschied den Verein von seinen Vorgängerassoziationen, denn die offensiv betriebene Rechtsschutzarbeit war das Kernstück eines neuen Selbstverständnisses. Nicht mehr unterwürfige Unauffälligkeit, sondern selbstbewusste und der Öffentlichkeit zugewandte Lobbyarbeit lautete nunmehr das Motto. Daher rief der CV sogleich eine Rechtsschutzkommission unter der langjährigen Führung von Eugen Fuchs ins Leben, die um die Jahrhundertwende jährlich über einhundert Gerichtsfälle betreute.[191] Nicht nur deswegen, sondern auch, weil er mit zeitweise über einhunderttausend – allerdings zum größeren Teil korporativ beigetretenen – Mitgliedern die größte jüdische Organisation bildete, ist der CV aus der Geschichte der deutschen Juden nicht wegzudenken. Das gilt unbeschadet der Tatsache, dass er seinen Anspruch, *das* Sammelbecken für alle Juden ungeachtet ihrer religiösen und politischen Orientierung zu sein, nicht erfüllen konnte. Zu eng war die faktische Bindung an den politischen Liberalismus und das Reformjudentum. Die Auseinandersetzungen um das eigene Selbstverständnis lassen sich, ebenso wie die Rechtsschutzarbeit, am besten in der seit 1895 erscheinenden Monatsschrift *Im Deutschen Reich* nachvollziehen.

Von Anfang an wurde allerdings auch Kritik am Ansatz des Centralvereins laut, den Kampf gegen den Antisemitismus öffentlich und systematisch juristisch auszutragen. In einer anonymen, drei Jahre nach seiner Gründung erschienenen Schrift verteidigte deren Autor das diskretere Vorgehen des Abwehrvereins und stellte es der »aufdringlichen Form« der öffentlichen Propaganda des CV gegenüber. Die prinzipielle Beschreitung des Rechtsweges erschien ihm gleichfalls nicht ratsam, weil dies den Antisemiten »einen Sporn zur Fortsetzung, ja sogar zur Verstärkung ihrer Angriffe« gebe, die »durch die Urtheile vielfach quasi sanktionirt worden sind«. Vor allem aber beklagte er die »Sonderbündlerei«[192] des CV, der egoistisch den Gruppeninteressen der Juden diene, statt das liberale Prinzip der Rechtsgleichheit zu vertreten.

Der letzte Punkt stand in direktem Gegensatz zum Selbstbild des CV, dessen führende Vertreter stets betonten, nicht aus Gruppenegoismus, sondern im Interesse der gesamten Gesellschaft zu handeln. Die Frage jedoch, ob die Abwehr mit Hilfe der Gerichte die richtige Strategie sei, beschäftigte

191 Vgl. Barkai, »*Wehr Dich!*«, S. 29–35.
192 Anonymus, *Wort*, S. 3, S. 8 u. S. 10.

den Verein sehr wohl. Bereits im ersten Jahresbericht der Rechtsschutzkommission hatte ihr Vorsitzender Eugen Fuchs klargestellt, dass der CV nicht »um des blossen Kampfes wegen kämpfen« solle, weil es eine Unzahl von Angriffen durch die antisemitische Bewegung gebe, »wo erst die abwehrende Reaction den Angriff der Vergessenheit entreisst und Wasser auf die trägen Mühlen der Angreifer liefert«. Es musste immer eine Einzelfallentscheidung bleiben, ob ein antisemitischer Angriff als so gravierend eingestuft wurde, dass sich das Risiko eines Gerichtsverfahrens lohnte. Daher unterschied Fuchs diejenigen Fälle, in denen »der Kampf ohne Rücksicht auf den Erfolg geführt werden muss, weil Ehre und Selbsterhaltung den Kampf aufzwingen«,[193] von jenen, in denen »jede Aufwendung von Muth und Mühe übel angebracht und ein zweckloses Vergeuden von Kraft ist« oder in denen »Aufklärung und Veredlung der Massen durch Wort und Schrift«[194] das adäquate Vorgehen darstellen, da sie nicht in die juristische Sphäre gehören. Doch Misserfolge, da zeigte sich Eugen Fuchs sicher, waren kein Argument gegen die rechtspolitische Strategie des CV, denn »der Erfolg der Gegenwart« dürfe nicht »die Richtschnur unseres Handelns sein«,[195] vielmehr komme es auf einen »langen Atem« an.

Dasselbe betonte die unter dem Pseudonym Maximilian Parmod veröffentlichte Schrift *Antisemitismus und Strafrechtspflege* von 1894. Max Apt, Mitglied der Rechtsschutzkommission, bemühte sich darin um den Nachweis, »daß lediglich eine unrichtige Praxis in der Handhabung der Gesetze«,[196] nicht aber Mängel des Strafrechts an dem ungenügenden Rechtsschutz für Juden und Judentum schuld seien. Als eigentliches Nadelöhr identifizierte er die Staatsanwaltschaften, die unzulässigerweise häufig »rechtliche Zweifelsfragen [...] nach der Seite der Ablehnung der Verfolgung«[197] entschieden hätten und dadurch die Juden um den ihnen zustehenden Rechtsschutz brächten. Parmods an zahllosen Beispielen gut begründete Kritik an der Rechtspraxis seiner Zeit lässt sich in drei Punkten zusammenfassen. Als Erstes monierte er, dass die Anwendung der Gesetze ungleichmäßig sei; wo beispielsweise sozialdemokratische, aber auch katholische Redner verurteilt würden, könnten sich Antisemiten häufig eines Freispruchs erfreuen. Als

193 Alle Zitate Fuchs, *Bericht*, S. 6.

194 Beide Zitate ebd., S. 7.

195 »Fleischbesudelungs-Prozesse«, in: *Im Deutschen Reich*, Jg. 2, Nr. 10 (1896), S. 465–495, hier: S. 485 (Referat und Diskussion der ordentlichen CV-Versammlung vom 12.10.1896).

196 Parmod, *Antisemitismus*, S. 43.

197 Ebd., S. 4.

Zweites beklagte er, dass die Staatsanwaltschaften und Gerichte sich auf die Argumentationsweise der Antisemiten einließen und somit – in heutigen Worten – deren Diskurshoheit anerkennen und befestigen würden. Anstatt beispielsweise zu erörtern, ob der Talmud tatsächlich, wie von den Antisemiten behauptet, ein aktuell bindendes Sittengesetz unmoralischen Inhalts darstelle, hätte sich die Justiz, so Parmod, ausschließlich auf die Feststellung konzentrieren sollen, dass die talmudfeindliche Literatur in beleidigender Absicht verfasst und verbreitet worden und deshalb die Prüfung ihres Wahrheitsgehalts von höchstens sekundärer Bedeutung sei. Schließlich und drittens bemühte er sich um den systematischen Nachweis der Staatsfeindlichkeit der gegen eine mit Korporationsrechten ausgestattete – also staatlich anerkannte – Religionsgemeinschaft gerichteten Agitation. Lasse man diese zu, unterstelle man den Behörden die – mit der Idee der Staatsautorität unvereinbare – Kumpanei mit einer gesellschaftsfeindlichen Gemeinschaft. Die Richter nahm Parmod in Schutz, da ihre Fehlurteile nicht auf Parteilichkeit beruhten, sondern, im Gegenteil, auf ihrer noblen Gesinnung, weil es außerhalb ihrer Vorstellungswelt liege, dass die Antisemiten wissentlich mit erwiesen unwahren Behauptungen operierten, um die Massen aufzuwiegeln.[198] Ob dieses positive Bild der Richterschaft Apts tatsächlicher Meinung entsprach oder ob er nicht vielmehr aus taktischer Überlegung so argumentierte, um die Adressaten seiner Äußerung nicht zu verprellen und eine argumentative Brücke zu ihnen zu bauen, kann an dieser Stelle nicht entschieden werden.

Wie Parmod erblickte auch der anonyme Autor einer 1895 erschienenen Schrift das zentrale Problem bei den Staatsanwaltschaften, die meist nicht bereit waren, gerichtliche Anklage zu erheben. Doch selbst wenn es dazu kam, reichte es selten für eine Verurteilung, weil sie fast stereotyp argumentierten, »der Angeklagte habe nur die jüdische Rasse und nicht die Religion beleidigen wollen«. Diese milde Auffassung über Verletzungen der jüdischen Religion sei, so der anonyme Autor weiter, »kein blosser Zufall«, sondern das Ergebnis einer systematischen Ansteckung mit antisemitischen Parolen an den Universitäten und in den Studentenverbindungen: »Wohin soll das aber führen, wenn diese Herren einst das heilige Richteramt übernehmen? Was helfen uns die schönsten Gesetze, wenn Theorie und Praxis sich zu konträren Gegensätzen ausbilden?« Diese düstere Prognose wurde mit vielen Beispielen verweigerten Rechtsschutzes durch Gerichte belegt. Neben der juristischen

198 Ebd., S. 124 ff.

Abwehr bezeichnete der Autor die Aufklärung als einziges Kampfmittel gegen den Antisemitismus, wobei – offensichtlich gegen den CV gerichtet – auch er vor einem »offensiven Krieg« warnte, »denn wir sind die Minorität im Staate und stehen einer fanatischen Majorität gegenüber«.[199]

Die größte Herausforderung erwuchs dem Anspruch des CV auf Vertretung aller Juden in Gestalt der 1897 gegründeten Zionistischen Vereinigung für Deutschland, die die Basis seines Selbstverständnisses, zugleich gute Deutsche *und* gute Juden sein zu wollen, frontal angriff zugunsten einer Trennung, die langfristig mit der Gründung eines eigenen jüdischen Nationalstaats vollzogen werden sollte.[200] Der Antisemitismus sollte also dadurch obsolet werden, dass die Juden sich ihm auf längere Sicht räumlich entzogen. Auch wenn die Entstehung der nationaljüdischen Bewegung und dann des Zionismus nicht ausschließlich auf eine Reaktion gegen die Judenfeindschaft reduziert werden sollte, bildeten die Nachrichten von den Pogromen im Osten und der moderne Antisemitismus im Westen ohne Zweifel wichtige Antriebe dafür.[201] Schon 1862 beklagte der Rheinländer und Weggefährte Marx', Engels' und Lassalles, Moses Hess, in seiner Schrift *Rom und Jerusalem* das Reformjudentum und die Assimilation als »Reformschwindel, der nicht mehr den Mut hat, dem Gegner frei ins Gesicht zu schauen«.[202] Von der katastrophalen Situation in Osteuropa geprägt war Leon Pinskers Schrift *»Autoemanzipation!« Mahnruf an seine Stammesgenossen von einem russischen Juden* von 1882. In den 1880er Jahren wurden Hilfsvereine zur Linderung der Not der osteuropäischen Juden gegründet. Aufgrund der extremen Judenfeindlichkeit dort war Wien das Zentrum der mitteleuropäischen nationaljüdischen Bewegung, die in Deutschland dagegen nur geringe Resonanz fand. Zur aktiven Bekämpfung des Gegenwartsantisemitismus ermutigte die nationaljüdische Perspektive nicht gerade, hielt doch die Wiener Zeitschrift *Selbst-Emancipation* 1885 »angesichts der Assimilationssucht« die Judenfeindschaft für »berechtigt; das jüdische Volk wie es sich bis jetzt repräsentierte, verdient den Antisemitismus«.[203] Massive Kritik übten später die Zionisten auch an der »Babylonischen Gefangenschaft« der Juden im Liberalismus.

---

199 Anonymus [F. S.], *Antisemitismus*, S. 7, S. 8, S. 14 u. S. 17.

200 Vgl. allgemein dazu Friesel, »Political and Ideological Development«.

201 Gegen den Mythos, dass die berüchtigte Pogromwelle 1881/82 in Russland quasi staatlich gelenkt gewesen sei, argumentiert überzeugend Klier, *Russians*; vgl. auch Almog, »Zionism«.

202 Hess in einem offenen Brief an Abraham Geiger 1863, zit. nach Schoeps, »Autoemanzipation«, S. 235.

203 *Selbst-Emancipation*, Nr. 7 (1885), zit. nach ebd., S. 250.

Auf einer zionistischen Versammlung im Januar 1901 zog Theodor Zlocisti eine ernüchternde Bilanz. Die Juden sollten sich hüten, den Tod des Parteiantisemitismus zu bejubeln, denn dieser sei »nur ein Beweis, daß der Antisemitismus nicht mehr notwendig ist, daß seine Ziele Gemeingut aller Parteien geworden sind. Es ist kein Zweifel, der Antisemitismus hat auf der ganzen Linie gesiegt.« Da selbst Freisinnige und Sozialdemokraten aus Furcht vor dem Verlust von Wählerstimmen keine jüdischen Kandidaten mehr aufstellten, müsse die Devise jetzt lauten: »Los von den Judenschutztruppen!« Klassische antiliberale, aber ebenso zum Repertoire der Antisemiten zählende Ressentiments benutzend, fuhr der Redner fort, dass der Liberalismus »mit seinem Kosmopolitismus [...] den Ruin des Judentums« bedeute. Nicht mehr in der Entfremdung vom Judentum sollten die Juden künftig ihre Rettung suchen, sondern »nur den wählen, der ihre Interessen wahrnimmt, der für sie eintritt und ihre Rechte verteidigt«. Solange die Regierung, wenn auch zögerlich, die Juden in ihren Staatsbürgerrechten schütze, sollten sie folglich »nichts thun, was uns in Gegensatz zu der Regierung bringt«.[204] Diese defensive Position, die weiterhin auf den – wenn auch oft nur halbherzig gewährten – Schutz eines »starken Staates« setzte, verband im Übrigen Zionisten und Orthodoxe, da Letztere ebenfalls nicht das Ziel der Mehrheit der liberalen Juden teilten, *als Staatsbürger* völlig in der deutschen Nation aufzugehen. Um die innerjüdischen Differenzen zu überwinden,[205] schlugen der Berliner Rechtsanwalt Bernhard Breslauer und der Historiker Martin Philippson einen jährlichen »Judentag« nach dem Vorbild der Katholikentage vor, was der CV jedoch ablehnte, weil er darin eine unzulässige Einmischung in die Politik erblickte. Der im April 1904 gegründete Verband der Deutschen Juden wollte nicht, wie der CV, in erster Linie den juristischen Weg beschreiten, sondern als Lobbygruppe auf die Regierung einwirken, um die vielfältigen Benachteiligungen der Juden im öffentlichen Leben zu bekämpfen.

Doch die eigentliche Bedrohung der jüdischen Existenz erwuchs nicht aus diesen inneren Differenzen zwischen Befürwortern der Akkulturation und Zionisten oder Liberalen und Orthodoxen, sondern aus einer weiteren Radikalisierung des Antisemitismus. Für diese stehen vor allem die Namen Hermann Ahlwardt und Walter Graf Pückler.

204 Zlocisti auf einer zionistischen Versammlung in Berlin, zit. nach »Eine Zionisten-Versammlung«, in: *Berliner Zeitung* vom 22.1.1901 (abends). Vgl. auch Suchy, »Verein zur Abwehr« (1983), S. 233 f.

205 Vgl. zum Folgenden Schorsch, *Jewish Reactions*, S. 149–177.

3. Agitation als juristische Provokation: Hermann Ahlwardt und die Justiz

Hermann Ahlwardt[206] wurde am 21. Dezember 1846 in Crien bei Anklam geboren und war seit 1881 Rektor eines Lyzeums in Berlin. Von diesem Posten wurde er jedoch 1890 wegen Unterschlagung entfernt, und in der Folge ordnete sich Ahlwardt in die Reihe derjenigen Antisemiten ein, die das »a. D.«, »das Stigma des Schiffbruchs«, umwandelten, indem sie mit einer »cynischen Frivolität«[207] »aller Deutschen« daraus machten. So trat der selbsternannte »Rector aller Deutschen« als antisemitischer Redner und Publizist hervor und wurde in kurzer Zeit zum neuen »Star« der Antisemitenszene. Er war ein Meister sensationeller Enthüllungsgeschichten, trieb allerdings ein gefährliches Spiel damit, denn er machte auch vor Anschuldigungen hochgestellter Persönlichkeiten aus Politik, Wirtschaft und Finanzwelt nicht halt. Insbesondere der ehemalige Preußische Justizminister Heinrich von Friedberg, Finanzminister Johannes von Miquel, Bismarcks Bankier von Bleichröder und der ehemalige Berliner Polizeipräsident von Madai gerieten immer wieder ins Fadenkreuz der Ahlwardt'schen Agitation, die Justizminister von Schelling im Preußischen Abgeordnetenhaus als »boshafte Machwerke, welche nur darauf berechnet sind, den Kitzel der Neugierde und der Schadenfreude zu erregen«,[208] bezeichnete. Für seine Schrift *Der Verzweiflungskampf der arischen Völker mit dem Judentum* kassierte Ahlwardt im Februar 1892 eine viermonatige Haftstrafe wegen Beleidigung des Magistrats und mehrerer Einzelpersonen, denen er unsaubere Finanzgeschäfte und Postenschacher unterstellt hatte, wobei natürlich »die Juden« letztlich die Fäden zogen. Diese Strafe verbüßte er vom 21. Oktober 1892 bis zum 24. Februar 1893.[209] Die vielleicht spektakulärste Ahlwardt'sche »Enthüllung« war im Frühjahr 1892 seine *Judenflinten*-Broschüre, mit der er seine Angriffe auf das Herz des preußischen Machtstaates, die Armee, ausweitete.[210] Das verschaffte ihm zwar eine ungeheure Popularität, brach ihm aber längerfristig das Genick, denn er zwang die staatlichen Institutionen geradezu, gegen ihn vorzugehen. Selbst die Konservativen, die ihn anfänglich für ihre Zwecke zu

206 Vgl. Mai, »›Wie es der Jude treibt‹«; Gondermann, »*Rektor*«; Levy, »Hermann Ahlwardt«.
207 Beide Zitate Simon, *Wehrt Euch!*, S. 12.
208 *VdPA*, LP 17, Sess. 4 = Bd. 1, 9.2.1892, S. 368.
209 EStA LG I Berlin an PJM, 22.10.1892, GStA PK, I. HA, Rep. 84a/55739, Bl. 41; OStA LG I Berlin an PJM, 27.2.1893, ebd., Bl. 62 f.
210 Als Überblick vgl. Jahr, »Judenflinten-Prozess«.

brauchen gedachten, mussten unter diesen Umständen von ihm abrücken. Ahlwardts Stern sank daher rasch; symptomatisch dafür war, dass ihm beispielsweise in Mainz 1897 die Stadthalle als Versammlungsort verwehrt wurde.[211] Es nutzte ihm auch nichts, dass er sich immer wieder mit bizarren Auftritten im Reichstag oder während einer USA-Reise und mit neuen Broschüren in Erinnerung brachte, in denen er zunehmend andere »übernationale Mächte« wie die Freimaurer oder die Jesuiten angriff und seine Sozialdemagogie in die Form eines politischen Antiamerikanismus goss.[212] Wenige Monate vor Beginn des Ersten Weltkrieges starb er bei einem Autounfall in Leipzig. Seine Bedeutung wurde schon von den Zeitgenossen unterschiedlich eingeschätzt. Während Hellmut von Gerlach ihn 1926 als den »stärkste[n] Demagoge[n], den Deutschland vor Adolf Hitler besessen hat«,[213] bezeichnete, kam die *Berliner Morgenpost* zu dem Fazit, er sei »mehr komisch als verderblich«[214] gewesen.

Nicht nur seine Broschüren brachten Ahlwardt in Kontakt mit der Justiz, sondern auch eine seiner vielen Reden. Am Abend des 29. Oktober 1891 sprach er in Essen vor rund eintausend Zuhörern zum Thema »Unsere Justiz« und zog im bekannt grobschlächtigen Ton über die Juden her, die an allen tatsächlichen und vermeintlichen Missständen der Zeit schuld seien. Der »großteils corrumpirte Beamtenstand« wurde gleichfalls nicht verschont: »Je höher der Beamte stände, desto unwürdiger sei er, in Folge jüdischen Einflusses, oft seiner Stellung. Der Beamte sei dem Juden die liebste und sicherste Beute, weil er, um sich seine Stellung zu wahren, den Mund halten müsse.« Besonderer Kritik sah sich die Justiz ausgesetzt, die »uns an und für sich unsympathisch« sei, denn »sie stütze sich auf das römische Recht, welches […] nimmermehr […] für deutsche Verhältnisse [passend] sei. Das römische Recht sei streng logisch, dem Deutschen unverständlich.« Im weiteren Verlauf wiederholte Ahlwardt »alle seine Beleidigungen die er in dem Buche – Der Eid eines Juden – gesagt habe, in ihrem vollen Umfange noch einmal um der hohen Staatsbehörde zum Einschreiten gegen ihn Gelegenheit zu geben«.[215]

211 Pötzsch, *Antisemitismus*, S. 279 f.
212 Vgl. dazu Gondermann, »Vom politischen Antisemitismus«.
213 Hellmut von Gerlach, *Erinnerungen*, S. 114.
214 *Berliner Morgenpost* vom 17.4.1914.
215 Alle Zitate aus dem Bericht über die Antisemitenversammlung am 29.10.1891, 4.11.1891, GStA PK, I. HA, Rep. 84a/55740, Bl. 3, letztes Zitat Bl. 5. Gemeint ist Ahlwardt, *Verzweiflungskampf*, Bd. 2: *Der Eid eines Juden*.

Diese Essener Rede Ahlwardts veranlasste tatsächlich das Einschreiten der Regierung. »Dies wird«, so schrieb Justizminister von Schelling an Innenminister Herrfurth, »in Ermangelung eines anderen zutreffenden rechtlichen Gesichtspunktes nur aus demjenigen der Beleidigung geschehen können«,[216] wozu es notwendig war, dass die Betroffenen Strafanträge stellten. Gemäß Paragraph 196 StGB war bei Beamtenbeleidigung der oberste Dienstherr stellvertretend für seine Untergebenen klageberechtigt. Weil Ahlwardts Äußerung, dass der »Beamtenstand großteils corrumpirt« sei, eine solche Beleidigung des gesamten Beamtenstandes darstellte und insbesondere auch die Justiz angesprochen war, stellte Justizminister von Schelling im Einvernehmen mit dem Preußischen Staatsministerium im Januar 1892 Strafantrag gegen Ahlwardt, der »durch sein Treiben die Achtung vor den Staatsbehörden in weiteren Kreisen zu gefährden scheint«.[217] Es dauerte bis Mitte März 1892, ehe der Strafantrag beim zuständigen Landgericht I Berlin entscheidungsreif wurde. So weit also nichts Ungewöhnliches. *Juden* konnte man in Preußen beleidigen, ohne juristische Sanktionen befürchten zu müssen – *Beamte* dagegen nicht, da griff der Staat hart durch, zumal, wenn der Justizminister höchstpersönlich sein Interesse an der Strafverfolgung dokumentierte.

Doch in diesem Falle trat eine unvorhergesehene Wendung ein, denn am 13. April 1892 erklärten sich mehrere Richter der ersten Strafkammer des Landgerichts I Berlin »Kraft Gesetzes für ausgeschlossen von der Ausübung des Richteramtes«, weshalb die Kammer beschlussunfähig wurde. Problematisch erschien den Richtern, dass sie durch Ahlwardts Beleidigung der Justizbeamtenschaft selbst unmittelbar verletzt und daher gemäß Paragraph 22.1 StPO als Richter, also Justizbeamte, kraft Gesetzes vom Verfahren ausgeschlossen waren. Die Richter des Landgerichts waren sich dabei der weit über den Bereich *antisemitischer* Agitation hinausweisenden Tragweite ihrer Rechtsinterpretation voll bewusst. »Die entstandenen Zweifel«, begründeten sie ihren Entschluss,

»sind auch nicht behoben durch die Erwägung, daß gegebenenfalls ein Thäter im ganzen Staate nicht verurtheilt werden, ja sich seiner gerichtlichen Verfolgung dadurch entziehen könne, daß er in einer und derselben That immer neben demjenigen, den er treffen wolle, gleichzeitig die gesammten Richter der Monarchie beleidi-

216 PJM an PIM, 8.12.1891, GStA PK, I. HA, Rep. 84a/55740, Bl. 10.

217 Zitat: Votum des PJM Schelling an das Staatsministerium, 30.12.1891, ebd., Bl. 14; den Strafantrag wegen Beleidigung stellte gemäß Paragraph 196 StGB der PJM für seine ihm untergebenen Beamten; Strafantrag vom 12.1.1892, ebd., Bl. 21.

ge. Angesichts des jetzigen Standes der Gesetzgebung möchte wohl nur Abhülfe durch Gesetz, wonach eine so allgemeine Beleidigung für ungeeignet erachtet wird, die Unparteilichkeit der nicht direct getroffenen Richter zu beeinträchtigen, möglich sein. Im vorliegenden Falle könnte vielleicht, falls nicht die sämmtlichen Richter Deutschlands für verletzt erachtet werden, seitens des Reichsgerichts ein außerpreußischer Gerichtshof mit der Erledigung der Sache beauftragt werden.«[218]

Die Untersuchungsakten wurden zur Sachverhaltsprüfung an den Strafsenat der höheren Instanz, das Kammergericht, abgegeben. Dessen Richter schlossen sich der Rechtsauffassung des Landgerichts in ihrer Entscheidung vom 25. April 1892 *nicht* an, weil diese »die Anzeige der konkreten Verhältnisse, welche die Ablehnung der Richter rechtfertigen könnte, und die Angabe der Zweifel, ob dieselben Kraft Gesetzes ausgeschlossen seien, vermissen läßt, diese aber nothwendig sind, weil die dem Ahlwardt zur Last gelegte Äußerung nicht nothwendig sämmtliche Mitglieder der erwähnten Strafkammer trifft«.[219] Außerdem monierte das Kammergericht, dass nicht *sämtliche* Richter des Landgerichts I um ihr Votum ersucht worden waren, so dass man die Beschlussunfähigkeit dieses Gerichts gar nicht sicher behaupten könne. Das Verfahren ging folglich an die erste Strafkammer des Landgerichts zurück. Dessen Richter ließen sich jedoch durch das abweichende Votum der höheren Instanz nicht beirren, sondern hielten an ihrer Auffassung fest, verschärften ihre Position unbedingter Treue gegenüber dem Wortlaut des Gesetzes sogar noch. Sie wiesen nämlich darauf hin, dass mit der Erwägung, der Gesetzgeber könne die »hier eintretende Consequenz nicht gemeint haben« – nämlich die drohende Straffreiheit für Beleidigungen der preußischen Richterschaft –, »gegenüber dem klaren Wortlaute des Gesetzes nicht operirt werden«[220] dürfe. Daher lehnte es das Landgericht I am 9. Mai 1892 zum zweiten Mal ab, das Hauptverfahren zu eröffnen.

Plötzlich schien der Fall zu einem Musterbeispiel richterlicher Unabhängigkeit geworden zu sein, die sich auch von Unmutsbezeugungen höherer Instanzen nicht verunsichern ließ. Doch bei diesem Stand des Verfahrens blieb es nicht. Minister von Schelling hatte den Präsidenten des Kammergerichts wissen lassen, dass ihm die »rechtliche Auffassung der Mitglieder der ersten Strafkammer des Landgerichts I […] durchaus irrig« erscheine und diese »um so bedauerlicher [sei], als dieselbe geeignet ist, zu einer Verschlep-

218 Richter Schmidt und Möhring, 1. Strafkammer LG I Berlin, 13.4.1892, ebd., Bl. 40.
219 Beschluss des KG vom 25.4.1892, ebd., Bl. 42.
220 Beschluss 1. Strafkammer LG I Berlin, 9.5.1892, ebd., Bl. 50.

pung dieser schon zu lange schwebenden Untersuchung zu führen«.[221] Tatsächlich kam das Kammergericht wenige Tage später in seiner nunmehr bindenden Entscheidung zu dem »wunschgemäßen« Ergebnis. Es sei nämlich zu berücksichtigen, »daß aus einer Beleidigung einer Behörde nicht nothwendig eine Beleidigung der Mitglieder derselben folgt, und aus den nach der Anklage vom Angeklagten gegen die ›Gerichte‹ und die ›Justiz‹ erhobenen Vorwürfen nicht ersichtlich ist, daß er damit die einzelnen Mitglieder der ersten Strafkammer des Landgerichts I zu Berlin oder dieses ganzen Gerichts habe treffen wollen«. Die Richter des Landgerichts I verträten eine unhaltbare Ansicht, da – und hier zitierte das Kammergericht das einschlägige Urteil des Reichsgerichts vom 7. Mai 1883 – als »Verletzter nur derjenige betrachtet werden kann, in dessen Rechte durch das betreffende Delict unmittelbar eingegriffen, an welchem das Delict begangen worden ist«.[222] Eine derart allgemein gehaltene Kollektivbeleidigung der preußischen Richter, wie sie Ahlwardt ausgesprochen hatte, rechtfertige es also nicht, dass sich die preußischen Richter kraft Gesetzes für ausgeschlossen vom Richteramt erachten können. Am 4. August 1892,[223] über neun Monate nach Ahlwardts Essener Rede, wurde dann endlich das Hauptverfahren gegen ihn eröffnet, nachdem die Voruntersuchung einen hinreichenden Tatverdacht ergeben hatte.

Das Verfahren verzögerte sich wegen der schwierigen Beweisaufnahme jedoch weiter und kam zeitweise ganz zum Erliegen, als Ahlwardt im Dezember 1892 für den neumärkischen Wahlkreis Arnswalde-Friedeberg in den Reichstag gewählt wurde und folglich für die Dauer der Sitzungsperioden Immunität genoss. Am 27. Juni 1893 verurteilte das Berliner Landgericht I Ahlwardt schließlich zu drei Monaten Gefängnis. Er habe, so die Urteilsbegründung, einen »die angegriffenen Beamten in ihrer Ehre schwer verletzenden Vorwurf erhoben. [...] Der Gedankengang war hierbei offenbar der, daß diejenigen Beamten, die verschuldet und dadurch in Abhängigkeit von Juden gerathen seien, unter dem Einflusse des Judenthums ihre Pflicht verletzten.«[224] Darüber hinaus stelle Ahlwardts Behauptung, die Juden könnten praktisch ungesühnt Straftaten begehen, durch den Vorwurf der Parteilichkeit der Justiz eine schwere Beleidigung dar. Der Angeklagte sei

221 PJM an Präsident KG, 25.5.1892, GStA PK, I. HA, Rep. 84a/55740, Bl. 52.

222 Beide Zitate aus dem Beschluss des KG, Senat I.8 [27.5.1892], ebd., Bl. 57 f. Vgl. Urteil 7.5.1883, *RRGSt*, Bd. 5, S. 333 ff., 7.5.1883, hier: S. 334.

223 Beschluss 1. Strafkammer LG I Berlin, 4.8.1892, GStA PK, I. HA, Rep. 84a/55740, Bl. 69 f.

224 Urteil 2. Strafkammer LG I Berlin 27.6.1893, ebd., Bl. 103.

sich des beleidigenden Charakters seiner Äußerungen bewusst gewesen, und Paragraph 186 StGB, in dem Beleidigungen, die auf erweislich wahren Tatsachenbehauptungen beruhten, straffrei gestellt waren, finde wie der die Meinungs- und Pressefreiheit garantierende Artikel 27 der Preußischen Verfassung keine Anwendung. Der Schutz des Paragraphen 193 StGB – die Wahrnehmung berechtigter Interessen – wurde allerdings nur deshalb nicht wirksam, weil der Angeklagte in beleidigender Absicht gehandelt habe. Dieser, so hieß es in der Urteilsbegründung weiter,

»ist geständlich Antisemit und benutzt in seinem Haß gegen das Judenthum zu Angriffen gegen dasselbe jede sich ihm darbietende Gelegenheit. So hat er auch mit seinem Vortrage, wie der ganze Gehalt desselben ergiebt, den Zweck verfolgt, das Judenthum anzugreifen, und dabei mit der Absicht gehandelt, nicht nur die genannten von ihm als Juden oder Judengenossen gekennzeichneten Personen, sondern auch diejenigen Beamten und Behörden, welche sich nach seiner Meinung den Juden willfährig gezeigt, sich mit solchen eingelassen haben oder mit ihnen in Verbindung getreten sind, zu beleidigen, indem er diesen Theil der Beamten und Behörden […] angriff.«[225]

Bei der Strafbemessung wurde berücksichtigt, dass Ahlwardt zum Zeitpunkt der Rede nicht vorbestraft war, was insofern ein rein formales Argument darstellte, als bereits damals zwei – lediglich noch nicht rechtskräftige – Verurteilungen wegen Beleidigungen vorlagen. Als weiteres strafmilderndes Moment kam hinzu, dass der Angeklagte »während des Vortrages offenbar von einer durch eingewurzelten Haß gegen das Judenthum hervorgerufenen Stimmung beherrscht war«.[226]

Dieses Urteil vom 27. Juni 1893 hob das Reichsgericht im Oktober 1893 wegen einiger Formfehler auf. Außerdem verwarf das höchste deutsche Gericht die im Revisionsantrag der Verteidigung vorgebrachte Argumentation, dass die Paragraphen 337.2 und 22.1 StPO verletzt seien, da der Angeklagte sämtliche am Urteil mitwirkende Richter mit beleidigt habe. Diese ursprünglich ja auch von den Richtern des Landgerichts I Berlin ins Feld geführte Erklärung wurde jedoch abgelehnt, weil – anders als vom Paragraphen 22.1 StPO gefordert – keine unmittelbare Verletzung der Rechte aller Justizbeamten vorliege.[227] Das Verfahren wurde folglich an die Vorinstanz zurücküberwiesen, die am 1. Mai 1894 – mit praktisch wortgleicher Begründung – zu

225 Urteil 2. Strafkammer LG I Berlin 27.6.1893, ebd., Bl. 106.

226 Ebd., Bl. 109.

227 Urteil RG 24.10.1893, ebd., Bl. 119–125. Das RG verwies auf ein früheres Urteil, vgl. dazu *RRGSt*, Bd. 5, 7.5.1883, S. 333 ff., bes. S. 333.

demselben Urteil kam wie im Juni des Vorjahres.[228] Einen abermaligen Revisionsantrag seitens der Verteidigung wies das Reichsgericht ab,[229] so dass das Urteil am 10. Juli 1894, zwei Jahre und neun Monate nach Ahlwardts Essener Rede, endlich Rechtskraft erlangte. Da der weitgehend zeitgleich verlaufende Prozess um Ahlwardts *Judenflinten*-Broschüre die öffentliche Aufmerksamkeit sehr viel stärker beanspruchte als der um die Essener Rede, werden die Pressereaktionen auf die Gerichtsverfahren des »Rectors aller Deutschen« weiter unten behandelt.

Der soeben geschilderte Prozess gibt Gelegenheit zu einigen Beobachtungen und Fragen. Erstens fällt die lange Verfahrensdauer von beinahe drei Jahren auf, erstaunlich vor allem deshalb, weil doch der Preußische Justizminister der treibende Motor der Strafverfolgung war, nicht irgendeine, gar jüdische Privatperson, in deren Fall ein derart geringes Tempo des Justizapparates kaum verwundert hätte.

Zweitens ist bemerkenswert, welche Bestandteile der Ahlwardt'schen Agitation überhaupt justiziabel gemacht wurden und welche nicht. Die Vermutung, die Justiz sei tendenziell auf dem »rechten« und »antisemitischen Auge« blind oder zumindest schwer sehbehindert, könnte man hier bestätigt finden. Sie erklärt allerdings nicht viel, denn die Tatsache, dass das eigentliche Ziel der Ahlwardt'schen Agitation die Juden – und nicht die preußischen Beamten – waren, haben die verschiedenen Instanzen durchaus anerkannt, zumal in der Hauptverhandlung auch ein Zeuge zu Protokoll gab, dass »mehr die Juden, als die Beamten getroffen werden«[230] sollten. Doch die klar benannte Tatsache, dass Ahlwardt »von einer durch eingewurzelten Haß gegen das Judenthum hervorgerufenen Stimmung beherrscht war«,[231] diente hier als strafminderndes Argument. Ein Fall von krasser antisemitischer Gesinnungsjustiz? Das ist eine Deutungsmöglichkeit, die sicherlich einen Teil des Problems erklärt, aber nicht alles. Denn der Paragraph 193 StGB besagte, dass selbst scharfe Negativurteile über Verhaltensweisen von Personen dann straffrei waren, wenn keine absichtliche Beleidigung vorlag und die »Wahrnehmung berechtigter Interessen« geltend gemacht werden konnte. In der Rechtsprechung und Dogmatik herrschte Uneinigkeit darüber, ob auch po-

228 Urteil 2. Strafkammer LG I Berlin, 1.5.1894, GStA PK, I. HA, Rep. 84a/55740, Bl. 151–158.

229 EStA LG I Berlin an PJM, 2.8.1894, ebd., Bl. 148.

230 Zit. nach dem Prozessbericht in der *Täglichen Rundschau* (Berlin) vom 28.6.1893.

231 Urteil 2. Strafkammer LG I Berlin 27.6.1893, GStA PK, I. HA, Rep. 84a/55740, Bl. 109.

litische Meinungsäußerungen darunterfielen. Verschiedentlich war Ahlwardt dieser Schutz zugestanden worden, während er vor allem Journalisten in der Regel abgesprochen wurde. Erst zwei Grundsatzurteile von 1907 und 1912 schlossen die Wahrnehmung *partei*politischer Interessen durch politische Agitation explizit vom Schutz durch Paragraph 193 StGB aus.[232] *Rechtspositivistisch* betrachtet, erscheint das Urteil des Landgerichts zwar nicht unproblematisch, weil seine Auslegung umstritten war, aber es bewegt sich noch innerhalb des Graubereichs der damaligen Rechtsauffassung.

Auch die auf den ersten Blick befremdlich wirkende Position der Richter des Landgerichts I Berlin, die sich zunächst kraft Gesetzes für ausgeschlossen vom Richteramt erklärt hatten, ist bei näherer Betrachtung durchaus ambivalent, weil sie unmittelbar an ein juristisches Problem rührte, das für die Verfolgung antisemitischer Agitation essenziell war. Die passive Beleidigungsfähigkeit von Personenmehrheiten wurde in der Regel unter anderem mit dem Argument abgelehnt, dass eine pauschale Beleidigung beispielsweise »der Juden« zu allgemein sei, um den Tatbestand der Ehrverletzung eines individuellen Mitglieds der betreffenden Personenmehrheit zu begründen. Indem die Richter des Landgerichts sich nun durch Ahlwardts Pauschalinjurie der Justizbeamtenschaft für unmittelbar in ihrer Ehre verletzt erachteten, formulierten sie einen Rechtsstandpunkt, der geradezu dahingehend wirken konnte, dass die Mitglieder anderer kollektiv beleidigter Personenmehrheiten dasselbe für sich beanspruchten und damit die Möglichkeit erhielten, gegen derartige Beleidigungen vorzugehen. Dabei konnten sich diese Richter auf einige Reichsgerichtsurteile wie das vom 29. Januar 1880 stützen, in dem festgestellt worden war, dass in der Äußerung, es gebe »charakterlos[e] Streber, von welcher Sorte das Richterthum Preußens eine Legion zählt«, tatsächlich »eine Beleidigung der einzelnen diesem Stande angehörigen Richter gefunden werden« könne. Diese Auffassung, so das Reichsgericht 1880 weiter, »wird rechtlich auch dadurch nicht ausgeschlossen, daß in jener Kundgebung ihrer äußeren Form nach nur ein, jedoch nicht abgegrenzter und erkennbar gemachter *Teil* der Gesamtheit angegriffen wird, da eben wegen der Unbestimmtheit des Angriffs die Beziehung der Beleidigung auf *alle* Mitglieder angenommen werden konnte«.[233] Dieses Urteil, das anmutet, als bezöge es sich direkt auf Ahlwardts elf Jahre später gehaltene Essener Rede,

232 Vgl. *ERGSt*, Bd. 40, S. 101–104, 27.3.1907, hier: S. 101; ebd., Bd. 46, S. 151–154, 28.6.1912, hier: S. 151.

233 Alle Zitate *RRGSt*, Bd. 1, S. 292 f., 29.1.1880, Hervorhebungen original; ähnlich auch *ERGSt*, Bd. 7, S. 169–173, 3.11.1882.

diente noch 1929 Alfred Hirschberg dazu, die rechtspolitische Position des CV zu untermauern, der das Prinzip der Kollektivbeleidigung zum Schutz der jüdischen Minderheit anerkannt wissen wollte.[234]

Das vorgesetzte Kammergericht dagegen, das in diesem konkreten Fall der Ahndung einer antisemitisch motivierten Beleidigung den Weg ebnete, tat dies mit Hinweis auf eines jener Reichsgerichtsurteile, die sich ablehnend zum Prinzip der Kollektivbeleidigung geäußert hatten, weil als »Verletzter nur derjenige betrachtet werden kann, in dessen Rechte durch das betreffende Delict *unmittelbar* eingegriffen, an welchem das Delict begangen worden ist«.[235]

Aus dem Gesagten ergibt sich noch ein drittes Problem, nämlich welche Regelungs- und Steuerungsmöglichkeiten gegenüber politischen Bewegungen dem Staat überhaupt zur Verfügung standen. Das Eingeständnis des Justizministers von Schelling, der das juristische Vorgehen gegen Ahlwardt »in Ermangelung eines anderen zutreffenden rechtlichen Gesichtspunktes nur aus demjenigen der Beleidigung« heraus für möglich hielt, spricht Bände. Der Schluss könnte lauten, dass der Staat gegenüber einer rechten Massenbewegung relativ machtlos war, welche die bestehende Ordnung ändern wollte, *ohne* sich der Revolutionssemantik zu bedienen, wie es etwa die Arbeiterbewegung tat. Bezeichnend ist hier das Vorgehen Ahlwardts, der es geradezu auf eine juristische Konfrontation anlegte. Verzichtete der Staat auf die Strafverfolgung, wurde dies als Eingeständnis gewertet, dass die antisemitische Position zumindest grundsätzlich berechtigt war. Nahm der Staat die juristische Verfolgung auf, ohne dass es zu einer Verurteilung kam, schien dies die Plausibilität der antisemitischen Vorwürfe zu bekräftigen. Erfolgte eine Verurteilung, sahen die Antisemiten darin nur einen weiteren Beweis, wie weit die »Verjudung« von Staat und Justiz bereits fortgeschritten sei – ein logischer Zirkelschluss, der zwar leicht durchschaubar war, für die Strafverfolgung aber dennoch ein Dilemma darstellte.

Die vierte – und letzte – Überlegung betrifft die weniger normengeleitete als vielmehr systemimmanente Frage nach den Handlungsdeterminanten, die sich aus der Verfasstheit des deutschen Justizwesens und seiner Grundprinzipien ergeben. Wichtigster Punkt scheint hier das Prinzip der richterlichen Unabhängigkeit zu sein. Dieses ist nun einerseits ein wichtiger Eckstein

---

234 Alfred Hirschberg, *Kollektiv-Ehre*, S. 69.

235 *RRGSt*, Bd. 5, S. 333 ff., 7.5.1883, hier: S. 334, Hervorhebung von mir. Noch problematischer war in dieser Hinsicht das Urteil *RRGSt*, Bd. 3, S. 606, 6.10.1881, das explizit den Juden die Anerkennung als beleidigungsfähiges Kollektiv verweigerte.

jeglicher Rechtsstaatlichkeit, kann aber, wie im vorliegenden Beispiel, ungewollt auch Entwicklungen unterstützen, die auf das Ende der Rechtsstaatlichkeit überhaupt zielen, indem eine einheitliche Umsetzung politisch gewollter Maßnahmen untergraben wird, und zwar nicht zwingend im Stile stiller Obstruktion, sondern unter Berufung auf ein Rechtsgut hohen Ranges, eben die richterliche Unabhängigkeit.

Der selbsternannte »Rector aller Deutschen« hielt die Gerichte weiter in Trab, denn die spektakulärste Ahlwardt'sche »Enthüllung« war bereits im Frühjahr 1892 über die Berliner Gewehrfabrik Ludwig Loewe hereingebrochen. Diese hatte angeblich dem deutschen Heer im Auftrag der Alliance Israélite Universelle in Paris über vierhunderttausend schadhafte Gewehre geliefert, um Deutschland wehrlos zu machen.[236] Zum Beweis seiner Behauptungen sammelte Ahlwardt eifrig Zeugenaussagen ehemaliger Arbeiter der Loewe'schen Gewehrfabrik, die zu Protokoll gaben, dass es bei den Kontrollen der Waffen nicht mit rechten Dingen zugegangen sei. Neben dem Fabrikbesitzer Isidor Loewe sei dafür vor allem der christliche Waffeninspektor und Oberstlieutenant a. D. Kühne verantwortlich gewesen.

Ahlwardt nutzte seine Bekanntschaft mit Friedrich Ernst Freiherr von Langen, der als konservativer Reichstagsabgeordneter von 1893 bis 1903 eine Vermittlerstellung zwischen Konservativen und Antisemiten einnahm. Langen versuchte, den Berliner Polizeipräsidenten Bernhard Freiherr von Richthofen zur Aufnahme von Ermittlungen gegen Loewe und Kühne zu bewegen, was dieser jedoch ablehnte, weil er befürchtete, dass sein »Name in irgend welcher Weise verwerthet werden sollte«.[237] Danach wurde Langen beim Preußischen Kriegsministerium vorstellig, das eine Untersuchung der Vorwürfe zusagte; dieses Engagement für Ahlwardt brachte ihn später in große Erklärungsnöte.[238] Ohne das Ergebnis möglicher Ermittlungen abzuwarten, entschloss sich Ahlwardt nämlich Anfang April 1892 zur Publikation der *Neuen Enthüllungen – Judenflinten*[239] bei dem für seine antisemitischen Schriften bekannten Dresdner Verlag Glöß. Diese Broschüre erlebte mehr

236 Zum Folgenden vgl. speziell Jahr, »Ahlwardt«.

237 Polizeipräsident Berlin an PIM, 27.6.1892, GStA PK, I. HA, Rep. 76 III. Sekt. 1 Tit. XIIIa Nr. 56a, Bd. 4, unpag. Ähnlich Richthofens Aussage vor Gericht, in: *Das Kleine Journal* vom 7.12.1892.

238 Bericht über »meine Beziehungen zum Rektor Ahlwardt als Verfasser der Broschüre ›Judenflinten‹«, von Langen an PKM, 30.6.1892, GStA PK, I. HA, Rep. 76 III. Sekt. 1 Tit. XIIIa Nr. 56a, Bd. 4.

239 Ahlwardt, *Neue Enthüllungen*; ders., *Judenflinten*.

als dreißig Auflagen und wurde über einhunderttausend Mal verkauft. Die dadurch erregte öffentliche Aufmerksamkeit – zumal in einer Zeit, da sich die heftigen Auseinandersetzungen um die dreijährige Dienstzeit bereits abzeichneten – veranlasste nunmehr das Preußische und Sächsische Kriegsministerium zu einer Prüfung der Loewe-Gewehre. Ende Mai 1892 verkündete der Preußische Kriegsminister Georg von Kaltenborn kühl und korrekt, dass die Loewe-Gewehre allen Anforderungen entsprechen, »die an die Kriegsbrauchbarkeit derselben zu stellen sind«.[240] Die Geringschätzung des Parlaments seitens der Armeeführung zeigte sich darin, dass Reichskanzler von Caprivi und der Sächsische Kriegsminister von der Planitz im Reichstag erst am 12. Dezember 1892 eine entsprechende Erklärung abgaben, und auch das erst auf eine Anfrage der Nationalliberalen Partei.[241]

Zu einem Fall für die Justiz wurde diese Angelegenheit durch die Strafanträge Loewes und Kühnes wegen Beleidigung vom 12. Mai 1892. Der Erste Staatsanwalt am Landgericht I Berlin, Drescher, beantragte sogleich die Beschlagnahme der *Judenflinten*-Broschüre und die Verhaftung Ahlwardts.[242] Die Beleidigungsklage nahm der zuständige Ermittlungsrichter an, die Beschlagnahme der Flugschrift und die Verhaftung Ahlwardts aber lehnte er ab. Gegen diesen Beschluss legte der Staatsanwalt beim Kammergericht erfolgreich Beschwerde ein, so dass Ahlwardt am 2. Juni 1892 verhaftet wurde.[243]

Aufgrund der Tragweite der von Ahlwardt aufgestellten Behauptungen, die er in der Ende Mai 1892 erschienenen zweiten *Judenflinten*-Broschüre bekräftigt hatte, beschäftigte sein Fall nicht nur die Gerichte, sondern auch das Justizministerium und darüber hinaus die Preußische und die Reichsregierung. Am 29. Mai, einem Sonntag, trafen sich der Reichskanzler von Caprivi und der Preußische Justizminister von Schelling mit dem Oberreichsanwalt, um das weitere Vorgehen gegen Ahlwardt abzustimmen. Aufschlussreich ist die Begründung Caprivis für das Interesse der Regierung an diesem Prozess:

»Der Schaden, welcher dem Rufe der Kriegstüchtigkeit unserer Armee und der Solidität unserer Industrie im Auslande durch das Erscheinen jener Broschüre und durch das Ausbleiben jeder befriedigenden amtlichen Aufklärung bereits geschehen ist, ist

240 *Deutscher Reichsanzeiger und Königlich Preußischer Staats-Anzeiger* vom 30.5.1892.

241 Vgl. *VdR*, Bd. 127, 12.12.1892, S. 253–256.

242 PJM an EStA LG I Berlin, 13.5.1892, GStA PK, I. HA, Rep. 84a/55741, Bl. 7; EStA LG I Berlin an PJM, 16.5.1892, ebd., Bl. 8 f.

243 EStA LG I Berlin an PJM, 19.5.1892, ebd., Bl. 14; EStA LG I Berlin an PJM, 4.6.1892, ebd., Bl. 31 ff.

[…] so erheblich, daß ich mich verpflichtet fühle, mit den mir zur Verfügung stehenden Mitteln Abhülfe zu erstreben.«[244]

Entscheidend für das Eingreifen des Reichskanzlers und Preußischen Außenministers war also nicht die Sorge, dass Ahlwardts Behauptungen die deutschen Juden diffamierten, sondern allein die Befürchtung, das Ansehen der Armee und der Industrie könnten Schaden nehmen. Besonders problematisch für die öffentliche Wahrnehmung des Falles erschien Caprivi ein Beschluss des Berliner Landgerichts I vom 23. Mai 1892. Die Kammer hatte darin zwar beschlossen, das Verfahren zu eröffnen, weil Ahlwardts »völlig beweislos«[245] vorgebrachte Behauptung, die Betroffenen hätten in landesverräterischer Absicht gehandelt, den Tatbestand der Beleidigung erfülle. Deshalb verbot sie den weiteren Abdruck der in der *Judenflinten*-Broschüre enthaltenen Beleidigungen Loewes und Kühnes. Caprivis Missfallen erregte jedoch jener Passus der Begründung der Verfahrenseröffnung, in dem das Gericht die Behauptungen Ahlwardts als nicht offensichtlich unwahr bezeichnete. Ihm wurde deshalb die vor Strafverfolgung bei Beleidigungen schützende »Wahrnehmung berechtigter Interessen« (Paragraph 193 StGB) zugebilligt. Diese Tatsache deutete beispielsweise der Antisemit Paul Förster tatsächlich als Wahrheitsbeweis, indem er behauptete, Ahlwardts Anschuldigungen »erscheinen als glaubhaft oder erwiesen«.[246] Wie ein Sachbearbeiter des Preußischen Justizministeriums in einem Aktenvermerk resigniert feststellte, gab es keine Möglichkeit, gegen diese zweckfremde Verwertung juristischer Beurteilungen einzuschreiten.[247]

Die Richter des Landgerichts I zeigten wenig Eigeninitiative bei der Strafverfolgung, obwohl die Regierung erkennbar ein Verfahren gegen Ahlwardt wünschte und die politische Bedeutung dieses Falles offenkundig war. Es bedurfte noch der Beschwerde des Staatsanwalts, um die Verhaftung Ahlwardts zu erwirken. Die Beschlagnahme des gesamten zweiten Teils der *Judenflinten*-Broschüre erfolgte ebenfalls erst auf Antrag des Staatsanwalts Drescher durch das Amtsgericht Dresden und das Amtsgericht I in Berlin.[248]

244 RK an PKM, 28.5.1892, ebd., Bl. 18.

245 Beschluss LG I Berlin, 23.5.1892, ebd., Bl. 30.

246 Förster, *Fall Ahlwardt*, S. 22.

247 Aktenvermerk 4.6.1892 zum Schreiben OStA KG an PJM, 28.5.1892, GStA PK, I. HA, Rep. 84a/55741, Bl. 27 f.

248 Vgl. EStA LG I Berlin an PJM, 4.6.1892, ebd., Bl. 31 ff.; und OStA KG an PJM, 14.6.1892, ebd., Bl. 46.

Am 13. Juni 1892 jedoch beschloss das Berliner Landgericht I in Übereinstimmung mit dem Untersuchungsrichter, Ahlwardt gegen 10.000 Mark Kaution aus der Untersuchungshaft zu entlassen, weil seine Behauptungen nicht offensichtlich unwahr seien und Ahlwardt sie subjektiv für begründet halte, also keine absichtliche Verleumdung vorliege. Da der Verteidiger Hertwig die Kaution beibrachte, kam Ahlwardt am 16. Juni aus der Haft frei,[249] konnte sich dieses Zustandes aber nur wenige Tage erfreuen, denn auf die erneute Beschwerde des Staatsanwalts hin entschied das Kammergericht am 22. Juni, die Kautionssumme auf 50.000 Mark zu erhöhen.[250] Auch diese Summe wurde durch eine von der *Staatsbürger-Zeitung* angeregte Sammlung aufgebracht, so dass er sich am 1. Juli wieder auf freiem Fuß befand.[251] Nachdem die viermonatige Haftstrafe aus dem oben erwähnten Prozess um seine Schrift *Der Verzweiflungskampf der arischen Völker mit dem Judentum* rechtskräftig geworden war, musste Ahlwardt Ende Oktober 1892 freilich in die Haftanstalt Berlin-Plötzensee zurückkehren.

Es bedurfte einer erneuten Initiative des Preußischen Justizministeriums, um das Strafverfahren gegen Ahlwardt voranzutreiben. Da die Untersuchung gegen ihn »bekanntlich die allgemeine Aufmerksamkeit in besonderem Maße in Anspruch nimmt«, mahnte das Justizministerium »im öffentlichen Interesse [zur] größten Beschleunigung«.[252] Deshalb wies es den Ersten Staatsanwalt des Landgerichts und den Präsidenten des Kammergerichts an, das Verfahren zu forcieren. Die Ermittlungen im Loewe'schen Betrieb ergaben zwar einige Unregelmäßigkeiten bei den Kontrollen der Waffen, aber keinerlei Hinweise für die absichtliche Produktion schadhafter Gewehre. Nunmehr wurde auch der gesamte erste Teil der *Judenflinten*-Broschüre beschlagnahmt.[253]

Zur Frage, ob man schnellstmöglich zur Anklageerhebung schreiten oder zuerst die Ermittlungen abschließen solle, gab es unterschiedliche Positionen. In Übereinstimmung mit dem Ersten Staatsanwalt Drescher vom Landgericht I empfahl das Kammergericht, »auf die Gefahr einer längeren Dauer, zur besseren Sicherung der künftigen Hauptverhandlung die Voruntersuchung in

249 Aktennotiz, 17.6.1892, ebd., Bl. 40.
250 Aktenvermerk zum Beschluss KG, 22.6.1892, ebd., Bl. 49.
251 Der einzige Nachweis für diese Tatsache findet sich in *»Judenflinten«-Proceß*, S. 5.
252 PJM an Präsident und OStA KG, 28.6.1892, GStA PK, I. HA, Rep. 84a/55741, Bl. 54.
253 Bericht des Untersuchungsrichters beim LG I Berlin, 24.6.1892, ebd., Bl. 56.

weiterem Umfange durchführen zu lassen«.[254] Das Preußische Justizministerium entschied sich jedoch für eine rasche Verfahrenseröffnung.[255]

Trotzdem war die Anklageschrift gegen Ahlwardt erst Anfang Oktober fertiggestellt. Er wurde wegen wiederholter öffentlicher Verleumdung und Beleidigung angeklagt. Über die *Judenflinten*-Broschüren hieß es dort: »Diese beiden Broschüren richten sich in ihrem gesammten Inhalt, abgesehen von Auslassungen und Verdächtigungen, welche gegen die Juden im allgemeinen erhoben werden, – insbesondere gegen die [...] Firma Löwe & Co.«[256] Die Vorwürfe Ahlwardts seien jedoch, so die Anklageschrift, völlig unhaltbar. Als Beweismittel bot die Staatsanwaltschaft nicht weniger als 64 Zeugenaussagen beziehungsweise Gutachten auf. Die politische Bedeutung dieses Prozesses kommt darin zum Ausdruck, dass der Erste Staatsanwalt nicht nur selbst die Anklage vertrat, sondern auch das Justizministerium regelmäßig telefonisch über den Stand des Verfahrens unterrichtete. Justizminister von Schelling hielt seinerseits das Preußische Staatsministerium über den Fortgang der gerichtlichen Untersuchung auf dem Laufenden.[257]

Die Verhandlung fand vom 29. November bis 9. Dezember 1892 vor dem Berliner Landgericht I statt und liefert reichhaltiges Anschauungsmaterial für den performativen Charakter des Rechts. Der Angeklagte und sein Verteidiger Hertwig versuchten, den Prozess durch immer neue Beweisanträge zu verschleppen, da Ahlwardt die Aussicht hatte, in den Reichstag gewählt zu werden und von der Immunität zu profitieren. Zu diesem Zweck wurden ständig Zeugen benannt, deren Aufenthaltsort mit Vorliebe im Ausland lag oder erst ermittelt werden musste. Die Verhandlungsführung entsprach nicht dem Bild einer objektiven Justiz, wobei es dem bekennenden Antisemiten Ahlwardt nichts nützte, dass er unentwegt seine monarchisch-konservative Haltung betonte, um sich so von den Agitatoren der Arbeiterbewegung zu distanzieren. Offen mokierte sich der Vorsitzende Richter beispielsweise über den Antrag Ahlwardts, Landwehrsoldaten zu vernehmen, deren Gewehre sich als schadhaft erwiesen haben sollen: »Sie [sc. Ahlwardt] werden doch nicht so thöricht sein, anzunehmen, daß für einen Gerichtshof das Gutachten eines Droschkenkutschers oder irgend eines bestraften Subjektes größern Wert haben könne, als die Gutachten der höchsten militärischen Behörden und Sach-

254 Präsident KG Berlin und OStA an PJM, 11.7.1892, ebd., Bl. 59.

255 PJM an Präsident und OStA KG Berlin, 12.7.1892, ebd., Bl. 61 f.

256 Anklageschrift EStA LG I Berlin 1.10.1892, ebd., Bl. 81.

257 Sitzung des Staatsministeriums, 13.10.1892, ebd., Bl. 128.

verständigen? Solche Dinge kann nicht der Rektor irgend einer Schule entscheiden.«[258] Als Ahlwardt Zweifel an der Korrektheit der Aussage jener Zeugen anmeldete, die der Alliance Israélite Universelle angehörten, griff der Gerichtspräsident Brausewetter abermals direkt ein: »Sie scheinen einen seltsamen Begriff von der Heiligkeit des Eides zu haben, daß Sie glauben, hier stelle sich jeder hin und schwöre aus Bosheit gegen Sie einen Meineid. [...] So weit heruntergekommen sind wir doch noch nicht, daß hier die Zeugen Meineide leisten, um Sie tot zu machen.«[259] Am vorletzten Verhandlungstag äußerte der Vorsitzende die Überzeugung, dass der Verteidiger neue Beweisanträge allein zum Zwecke der Verschleppung stelle, worauf Hertwig mit theatralischer Geste sein Mandat niederlegte, weil sein Mandant »bereits verurteilt war, bevor die Sitzung begann [...]. Wie das Urteil auch ausfallen möge, wir fürchten uns nicht und überlassen die Kritik dieses Verfahrens der Öffentlichkeit.«[260]

Staatsanwalt Drescher, der eine Haftstrafe von eineinhalb Jahren forderte, machte in seinem Schlussplädoyer deutlich, dass Ahlwardts Agitation jenseits dessen lag, was vom Recht auf Meinungsfreiheit gedeckt wurde:

»Jeder Partei und auch der antisemitischen Partei muß das Recht zugesprochen werden, [...] zu kritisiren und zu tadeln, aber jede Parteibestrebung darf dabei nicht die eine Grundlage verlassen: die Grundlage der Wahrheit und Wahrhaftigkeit. [...] Wer mit ungesetzlichen Mitteln operirt, kann nicht den Schutz des Gesetzes für sich in Anspruch nehmen.«[261]

Befremdlich ist allerdings, dass Drescher es für angemessen hielt, der antisemitischen Bewegung gute Ratschläge für die Zukunft zu erteilen: »Politische Skandalmacher, denen nur darum zu thun ist, Aufsehen zu erregen, werden ihrer Partei mehr schaden, als nutzen und sie werden ein Krebsschaden der Partei werden.«[262] Auch der Vorsitzende Richter Brausewetter stellte dem »gemäßigten« Antisemitismus gewissermaßen eine juristische Unbedenklichkeitsbescheinigung aus, als er während der Gerichtsverhandlung sagte: »Ich halte den Antisemitismus in gewisser Weise für nicht ganz unberechtigt oder doch für ebenso berechtigt, wie alle anderen politischen Bestrebungen. Möge doch jemand, der Antisemit ist, immerhin diese seine Gesinnung gel-

258 Otto Bähr, »Prozeß«, S. 612.
259 Ebd., S. 615.
260 Ebd., S. 619.
261 *Das Kleine Journal* vom 10.12.1892.
262 Ebd.

tend machen, aber dann doch in andrer Weise wie der Angeklagte.«[263] Diese Aussage geht wie selbstverständlich davon aus, dass es möglich sei, den Antisemitismus *anders* als in demagogischer und ehrverletzender Art zu propagieren.

Ahlwardt wurde wegen Beleidigung zu fünf Monaten Gefängnis verurteilt, womit er angesichts des von der Staatsanwaltschaft beantragten Strafmaßes noch recht gut davonkam. Dennoch ging er in die Revision. Da er am 5. Dezember die Stichwahl im Reichstagswahlkreis Arnswalde-Friedeberg als parteiloser Kandidat gewonnen hatte, beantragte Liebermann von Sonnenberg, von sechzehn sozialdemokratischen Abgeordneten unterstützt, die Immunität für Ahlwardt. Während Links- und Nationalliberale gegen diesen Antrag stimmten und dabei als Begründung ins Feld führten, dass Ahlwardts Straftaten verjähren könnten, ließen sich das Zentrum und die SPD von der grundsätzlichen Überlegung leiten, dass die Immunität eines Abgeordneten unabhängig von dessen parteipolitischer Orientierung zu verteidigen sei. Der Zentrumsabgeordnete Adolf Bödiker stellte dabei klar, dass es gerade nicht sein Ziel sei, Ahlwardt und seine antisemitische Agitation zu skandalisieren: »Wir haben nicht die Aufgabe den Herrn Ahlwardt zu stigmatisieren und anders zu behandeln; wir müssen gleiches Recht für alle verlangen, auch in diesem Falle!«[264]

Dieses Argument überzeugte offensichtlich die Reichstagsmehrheit. Zwar wurde Ahlwardt trotzdem nicht aus der Haft entlassen,[265] die er aufgrund des Urteils gegen seine Schrift *Der Verzweiflungskampf der arischen Völker mit dem Judentum* verbüßte, weil die parlamentarische Immunität nicht auf eine bereits laufende Strafvollstreckung angewandt werden konnte. Aber das Verfahren wegen der *Judenflinten*-Broschüren wurde für die Dauer der laufenden Reichstagssession eingestellt. Erst im September 1893, in der Sitzungspause des Reichstags, verwarf das Reichsgericht einen Revisionsantrag Ahlwardts,[266] so dass er schließlich seine Strafe vom 4. Oktober 1893 bis zum 6. März 1894 in der Haftanstalt Berlin-Plötzensee verbüßen musste. Den Antrag, ihn nach dem Beginn der Sitzungsperiode des Reichstags Mitte November 1893 wieder aus der Haft zu entlassen, zogen die Antragsteller

263 Bähr, »Prozeß«, S. 617.
264 *VdR*, Bd. 127, 14.12.1892, S. 345.
265 So irrtümlich behauptet bei Jahr, »Ahlwardt«, S. 73.
266 Urteil RG 19.9.1893, GStA PK, I. HA, Rep. 84a/55741, Bl. 190–197.

zurück, was belegt, wie schwach die Unterstützung für Ahlwardt inzwischen selbst unter seinen antisemitischen Gesinnungsgenossen war.[267]

Der Gerichtssaal wurde von den verschiedenen Prozessparteien als Bühne benutzt, auf der sie ein Stück aufführten, dessen Wirkung sich primär außerhalb des Gerichtssaals entfalten sollte. Das galt in besonderem Maße natürlich für Ahlwardt und seinen Verteidiger, aber auch für den Gerichtspräsidenten und den Staatsanwalt, die sich bemühten, durch »schneidiges« Auftreten ihren ernsthaften Verfolgungswillen zu demonstrieren. Dadurch bewiesen sie freilich vor allem ihr autoritäres Rechtsverständnis. Bemerkenswert ist, dass sich dieses obrigkeitsstaatliche Verhalten des Gerichts tatsächlich nicht nur gegen Sozialdemokraten, sondern in diesem Fall gegen den radikalen Antisemiten Ahlwardt richtete, über den es eine empfindliche, seine agitatorische Tätigkeit langfristig hemmende Strafe verhängte.[268] Trotz der Voreingenommenheit gegen Ahlwardt zog das Gericht dessen antisemitische Haltungen nicht grundsätzlich in Zweifel, sondern übernahm sie vielmehr und bestätigte sie gewissermaßen. Dies geschah dadurch, dass es einen »berechtigten« von einem »unberechtigten Antisemitismus« abspaltete und diese beiden Formen einander gegenüberstellte. Der »berechtigte Antisemitismus« wurde so aus der justiziellen Bewertung quasi herausgelöst und schien folglich legal und letztlich auch legitim zu sein. Dieses Denken stimmte mit dem des Reichskanzlers von Caprivi überein, der im Reichstag Verständnis dafür äußerte, »daß man Antisemit sein kann«, und der es sogar »begreiflich finden« konnte, wenn die Rücknahme des Emanzipationsgesetzes von 1869 gefordert wurde. »Wenn aber dieses Bestreben«, so Caprivi weiter, »agitatorisch draußen betrieben wird, so werde ich mit den Mitteln, die

267 Vgl. EStA LG I Berlin an PJM, 5.10.1893, ebd., Bl. 198; OStA KG an PJM, 7.3.1894, ebd., Bl. 210; Schleuniger Antrag Dr. Boeckel und Genossen, 25.11.1893, Reichstagsdrucksache Nr. 68, *VdR*, Bd. 136, 25.11.1893, S. 474; laut Registereintrag *VdR*, Bd. 135, S. 2298, wurde dieser Antrag zurückgezogen. Die seit Massing, *Vorgeschichte*, S. 90, ständig reproduzierte Behauptung, Ahlwardt habe seine Strafe aus dem *Judenflinten*-Prozess nicht verbüßen müssen, ist daher unzutreffend.

268 Vgl. dazu auch Hartston, *Sensationalizing the Jewish Question*, S. 104: »Thus, if the courtroom promised an unparalleled opportunity for anti-Semitic agitators to attract public attention and spread propaganda, it also posed serious dangers. The careers of Bernhard Förster, Otto Glagau, Max Liebermann von Sonnenberg, Adolf Stöcker, Adolf König and many other anti-Semites were seriously damaged by their courtroom experiences. Echoing the sense of frustration that many others must have felt, Otto Böckel's Reichsherold warned his anti-Semitic colleagues: ›Avoid lawsuits like fire.‹«

mir dafür zu Gebote stehen, dagegen auftreten«.[269] Problematisch war für den Kanzler also nicht in erster Linie die *antisemitische* Agitation, sondern die antisemitische *Agitation*, weil sie nicht ins konservative Gesellschaftsbild passte, in dessen Mittelpunkt die Begriffe »Ordnung«, »Obrigkeit« und »Staatsautorität« standen.[270]

Die in der Presse und Publizistik sich abbildenden verschiedenen politischen Haltungen zum Antisemitismus bergen kaum Überraschungen. Interessant ist dagegen, wie der *Judenflinten*-Prozess juristisch und politisch bewertet wurde. Die Geister schieden sich zunächst an der Frage, ob man gegen Agitatoren wie Ahlwardt mit einer Verschärfung der Pressegesetze reagieren oder der Meinungsfreiheit den Vorrang einräumen sollte. So war es kein liberales oder sozialdemokratisches Blatt, sondern die konservative *Norddeutsche Allgemeine Zeitung*, die Anfang Mai 1892 eine »sehr bedenkliche Lücke in unserem gesammten Rechtsleben« beklagte, weil »einseitige Behauptungen wochenlang ungestört in weitestem Umfange verbreitet werden können, während die Berichtigung und Widerlegung solcher Behauptungen nach einem umständlichen und schwierigen Beweisverfahren erst so viel später nachzuhumpeln vermag«.[271] Um derartige Erscheinungen in der Zukunft zu verhindern, forderte die *Norddeutsche Allgemeine* eine Verschärfung des Presserechts. Dem widersprach die *Vossische Zeitung*,[272] denn das Problem sei nicht durch eine »Lücke im Rechtsleben«, sondern durch die zögerliche Haltung des Kriegsministeriums entstanden. Ähnlich argumentierte der *Börsen-Courier*, als er feststellte, dass die Angriffe Ahlwardts »nicht einem Juden gegolten« hatten, sondern staatlichen Institutionen, vor allem der Armee. Die *Norddeutsche Allgemeine* wolle also nur die gute Gelegenheit nutzen, um »durch ein auf Ahlwardtereien gerichtetes Gesetz der freien Meinungsäußerung Fallstricke zu legen«. Die Liberalen, so das Fazit, dürfen sich nicht von der Heuchelei der konservativ-gouvernementalen Antisemiten täuschen las-

269 *VdR*, Bd. 127, 12.12.1892, S. 273.

270 Vgl. Pulzer, *Jews*, S. 119: »Most states were concerned more with public order than with justice«.

271 *Norddeutsche Allgemeine Zeitung* vom 7.5.1892, zit. nach »Eine Lücke im Rechtsleben?«, in: *Vossische Zeitung* vom 9.5.1892 (abends). Ähnlich wird argumentiert in »Judenflinten«, in: *Kreuz-Zeitung* vom 27.5.1892: Es hätten neben Loewe und Kühne »auch Ahlwardt selbst sofort in Untersuchungshaft genommen und seine ›Enthüllungen‹ beschlagnahmt werden müssen. Viel Unheil und viel Aufregung im deutschen Volke wäre dadurch verhütet worden.«

272 »Eine Lücke im Rechtsleben?«, in: *Vossische Zeitung* vom 9.5.1892 (abends).

sen. Die »Lücke« klaffe nicht im Gesetzesleben, »sondern in unserer Verwaltungs-Praxis«.[273]

Die von der *Norddeutschen Allgemeinen* ausgelöste Debatte offenbarte eine auf den ersten Blick überraschende Frontstellung, denn es waren die konservativen Blätter, die ein entschiedenes juristisches Vorgehen gegen die antisemitische Agitation Ahlwardts forderten, während die liberalen Zeitungen darin nur eine Taktik der Konservativen erblickten, die Pressefreiheit einzuschränken. Hier spiegelte sich eine alte Konfrontation zwischen Konservativen und Liberalen wider, doch um den Antisemitismus und seine Auswirkungen auf die Juden ging es dabei nicht. Diese Kontroverse ist vielmehr im Kontext der Auseinandersetzung innerhalb der Konservativen Partei zu sehen, wie man auf den parteipolitischen Antisemitismus reagieren solle, der in der eigenen Wählerbasis große Erfolge feierte.

Das Argument, dass die zögerliche staatliche Reaktion auf Ahlwardt den Eindruck erzeuge, es sei »etwas dran« an seinen Behauptungen, findet sich auch bei entschiedenen Gegnern des Antisemitismus wie Josef Feuerring, der zu dem Schluss kam, das Volk werde annehmen, dass Ahlwardt mit seinen »verläumderischen Behauptungen Recht haben«[274] müsse. Man stand vor dem Dilemma, dass sowohl das Gewährenlassen als auch das Unterdrücken der antisemitischen Agitation als indirekte Plausibilitätsbeweise gewertet werden konnten. Beide Argumente machten sich die Antisemiten zu eigen, um für ihre Broschüren zu werben. So zierte das Titelblatt der dritten Auflage von Paul Försters Schrift *Der Fall Ahlwardt in der öffentlichen Meinung und im Lichte der Wahrheit* der Schriftzug »Beschlagnahmt gewesen«. Nicht weil sie Lügen, sondern weil sie ungeheuerliche Wahrheiten enthält, wird eine antisemitische Schrift vom Staat unterdrückt – dieser Eindruck sollte hier erweckt werden. Dass ausbleibende Strafverfolgung als Wahrheitsbeweis gelte, wurde dagegen in der Werbung des Verlags Gustav Adolf Dewald für Ahlwardts Schrift *Schwerin und Bleichröder: Edelmann und Jude* insinuiert: »Allgemein erwartete man die Beschlagnahme des Buches, sie ist jedoch nicht erfolgt, ein Zeichen dafür, daß der Inhalt nur zu wahr ist.«[275]

Der Ahlwardt-Prozess vor dem Berliner Landgericht gab allen großen Tageszeitungen Anlass zu aufschlussreichen Erörterungen. Bei den Antisemiten selbst gehörte die Klage über eine angebliche Verfolgung durch die »verjudeten« Justizbehörden zur Selbstdarstellung als »verfolgte Unschuld«. Dies

273 »Eine Lücke in unserem Rechtsleben«, in: *Börsen-Courier* vom 18.5.1892 (morgens).

274 Feuerring, *Antisemitenapostel*, S. 2; vgl. auch Schorsch, *Jewish Reactions*, S. 84 f.

275 Vgl. Plack-Podgòrski, *Pharisäer*.

wird bei Plack-Podgòrski deutlich, der vom »sogenannten Rechtsstaate Preußen« sprach, dem er das »Gerechtigkeitsgefühl« des deutschen Volkes gegenüberstellte, »das selbst bei der krassesten Anwendung des römisch-jüdischen Rechts unserer Juristen nicht zu tödten ist«.[276] In diesem Sinn stellte Paul Förster die rhetorische Frage: »War es ein bloßer Privatprozeß wegen Beleidigung oder ein Staatsprozeß? Wohl eher das Letztere!«[277] So falsch lag Förster in diesem Fall nicht: Der Prozess gegen Ahlwardt war ein von höchsten politischen Instanzen gewolltes Gerichtsverfahren, in dem sowohl der Staatsanwalt als auch der Vorsitzende Richter wussten, was von ihnen »erwartet« wurde, und beide handelten auch entsprechend.

Doch nicht nur von radikaler antisemitischer Seite kam Kritik am Prozessverlauf. Der Jurist Otto Bähr, der die Nationalliberalen von 1867 bis 1880 im Preußischen Abgeordnetenhaus und im Reichstag vertreten hatte, setzte sich ausführlich mit dem *Judenflinten*-Prozess auseinander, der ihm »seltsame, nichts weniger als erfreuliche Erscheinungen« [278] bot. Damit zielte Bähr auf die seiner Meinung nach zahlreichen formalen Mängel des Verfahrens, das sich auch zu sehr an das Publikum gerichtet habe: »Der Richterstuhl ist keine Tribüne, von der der Richter zum Publikum zu reden berufen wäre.«[279] Anhand zahlreicher Beispiele beklagte er die voreingenommene Verhandlungsführung des Vorsitzenden Richters Brausewetter und unterzog abschließend trotz der moderaten Strafe von fünf Monaten Gefängnis die Urteilsbegründung, in der Ahlwardt unter anderem als »gewerbsmäßiger Beleidiger« bezeichnet worden war, einer scharfen Kritik. Selbst Ahlwardt »hatte ein Recht darauf, daß seine Sache vor Gericht eine objektive Behandlung erfahre«, weil man sonst argwöhnen müsse, »daß hier doch ein Stück Wahrheit unterdrückt werden solle«.[280] So urteilte Bähr zu guter Letzt: »Wir wollen auch hoffen, daß eine solche Gerichtsverhandlung nicht wieder vorkommt. Die Justiz würde allzu sehr darunter leiden.«[281]

Die in Breslau erscheinende konservative *Schlesische Zeitung* kam zu dem Schluss, dass Brausewetter seine Verpflichtung, »als die Verkörperung der von jeder Gefühlsregung unberührten Rechtspflege« aufzutreten, nicht erfüllte: »Das Schlimmste ist, daß die ganze Gerichtsverhandlung von dem

276 Ders., *Ahlwardt*, S. 12 u. S. 14.
277 Förster, *Fall Ahlwardt*, S. 53.
278 Bähr, »Prozeß«, S. 609.
279 Ebd., S. 610.
280 Ebd., S. 620.
281 Ebd.

Boden, auf welchem sie geführt werden sollte, durch diese Discussion fortgeschoben und zu einem Kampf zwischen Judenthum und Antisemitismus gestempelt erscheint.«[282] Was Otto Bähr – selbst keineswegs frei von judenfeindlichen Einstellungen – positiv bemerkt hatte, nämlich »daß hier eine große Schlacht gegen den Antisemitismus geschlagen wurde«,[283] verneinte die *Schlesische Zeitung*, die im *Judenflinten*-Prozess keine gerichtliche Auseinandersetzung mit dem Antisemitismus erkennen konnte. Die *Germania* rügte gleichermaßen die voreingenommene Prozessführung und das Verhalten des Angeklagten.[284] Ebenso war die *Frankfurter Zeitung* der Meinung, der Vorsitzende habe seine Objektivitätspflicht verletzt, was Ahlwardt und seinen Anhängern »ein scheinbares Recht« gebe, »sich über die Justizpflege [...] zu beklagen«. Ohne Ansehen der Person zu richten ist, so die *Frankfurter Zeitung* weiter, auch gegenüber einer Person wie Ahlwardt notwendig, in der man »das unheilvollste Treiben verkörpert« sah, »das sich je mit dem Mantel der Ehrlichkeit und des Patriotismus zu drapiren versucht hat«. Trotzdem schien es der Zeitung um des Grundsatzes »Gleiches Recht für Alle« willen geboten, ihre »Stimme dagegen zu erheben, daß er auch nur um Haares Breite am Rechte verkürzt werde«.[285]

Die sozialdemokratische Presse ging noch einen Schritt weiter und verglich die Prozessführung gegen Ahlwardt mit ihren eigenen Erfahrungen aus der erst kurz zurückliegenden Zeit des Sozialistengesetzes. Die Sozialdemokraten, schrieb in diesem Sinn die *Berliner Volks-Tribüne*, hätten es nur zu oft am eigenen Leibe verspürt, dass der Vorsitzende Richter Brausewetter »jeden Angeklagten von vornherein als Schuldigen betrachtet und danach behandelt. Herr Brausewetter müßte nicht Herr Brausewetter sein, wenn er in diesem Prozesse ein anderes Gesicht gezeigt hätte.« Wenn trotzdem ein wochenlanger Prozess geführt wurde, dann »deshalb, um das Vertrauen des Volkes in die Rechtspflege des Klassenstaates zu stärken«.[286] Der Vorwurf, der Klassenstaat betreibe auch Klassenjustiz, wurde von diesem sozialdemokratischen Blatt ohne weiteres auf einen sich sozialrevolutionär gebärdenden Antisemiten wie Ahlwardt übertragen. Noch 1926 charakterisierte Hellmut

282 »Ahlwardt«, in: *Schlesische Zeitung* vom 11.12.1892.

283 Bähr, »Prozeß«, S. 609; zu Bährs Aufsatz »Zur Judenfrage«, 1893 in den *Grenzboten* abgedruckt, in dem er sich als entschiedenen Judengegner bezeichnet, vgl. Binder, *Otto Bähr*, S. 67 f.

284 »Die Proceßführung im Ahlwardtproceß«, in: *Germania* vom 15.12.1892, 3. Blatt.

285 »Politische Uebersicht«, in: *Frankfurter Zeitung* vom 5.12.1892 (abends).

286 *Berliner Volks-Tribüne* vom 10.12.1892.

von Gerlach Brausewetter als einen »Blutrichter, der als Verrückter jahrelang amtiert hat«.[287] Gewiss wäre es unangemessen, die SPD und ihre Presse irgendwelcher Sympathien für Ahlwardt zu verdächtigen.[288] Dennoch ist seine Behauptung, der *Vorwärts* stelle zusammen mit der *Staatsbürger-Zeitung*, dem *Berliner Lokal-Anzeiger* und der *Täglichen Rundschau* eine »rühmliche Ausnahme«[289] dar, weil er sich um eine objektive Berichterstattung bemühe, nicht völlig falsch. So kam der *Vorwärts* beispielsweise zu dem Schluss, dass die Prozessführung »den Anhängern Ahlwardt's reichen Stoff bieten« werde. Die Kritik des *Vorwärts* am Verhalten des Vorsitzenden Richters war allerdings anders motiviert als bei den schon zitierten Zeitungen. Moniert wurde zunächst nämlich nicht, Ahlwardt sei vom Gericht benachteiligt worden, im Gegenteil: »Eine so weit ausgedehnte Beweisführung, wie sie dieser Prozeß dem Angeklagten bot, ist bisher in der richterlichen Praxis in Deutschland unerhört. Wir tadeln dieses am wenigsten. Aber wir ziehen Vergleiche mit Prozessen, die gegen Sozialdemokraten geführt wurden.« Doch weil sich der Vorsitzende Richter nicht neutral verhielt, »steht Ahlwardt, so weiter Spielraum ihm gelassen wurde, noch als der in der Vertheidigung beschränkte Märtyrer da«. Zwar gestand der *Vorwärts* ein, dass das Motiv für dieses Entgegenkommen des Gerichts kein anderes sei als der Wille, völlige Klarheit zu schaffen, allerdings sei dieses Ziel auf diese Weise nicht zu erreichen, weil jede, »auch die leiseste Beeinflussung des Ganges der Prozeßführung in einem Einzelfalle, und ginge sie von den besten Motiven aus, […] das Ansehen der Rechtspflege«[290] gefährde. Die Grundsätze einer objektiven Justiz, die das Kaiserreich gern für sich in Anspruch nahm, hatten sich, so sah es der *Vorwärts*, nicht bewährt, denn sie wurden vom Gericht bereitwillig politischen Nützlichkeitserwägungen geopfert.

Die *National-Zeitung* fand noch klarere Worte als der *Vorwärts*, denn sie durchschaute die Strategie der Antisemiten, nicht nur das Verfahren im Hinblick auf die Reichstagsstichwahl zu verzögern, sondern auch den Gerichtshof als agitatorische Bühne zu missbrauchen, was der theatralische Auszug von Ahlwardts Verteidiger Hertwig aus dem Gerichtssaal – »eine vorbereitete Scene in der für das befreundete Publikum berechneten Theater-Aufführung« – plastisch vor Augen geführt habe. Die Hoffnung des Gerichts, durch eine gründliche Beweisaufnahme den Vorwurf der Parteilichkeit gegen den

287 *Welt am Montag* vom 22.2.1926.

288 Vgl. Reinhard Rürup, »Sozialdemokratie«.

289 Ahlwardt, *Judenflinten*, II. Theil, S. 6.

290 *Vorwärts* vom 8.12.1892.

Angeklagten zu widerlegen, sei vergebens angesichts einer »lediglich auf Skandal gerichteten Agitation […]. Der Strafprozeß wird […] von denen, gegen die er gerichtet ist, und von ihren Genossen zu einem Mittel ihrer Agitation herabgewürdigt.«[291] Damit stellte die *National-Zeitung* klar, dass Ahlwardts Agitation nicht nur ein juristisches, sondern vor allem ein politisches Problem war. Die *Frankfurter Zeitung* hatte das bereits im Juni 1892 erkannt, als sie der Regierung bescheinigte, dass ihr »der richtige politische Blick für die Beurtheilung des Ahlwardt'schen Treibens und seiner Folgen gefehlt hat. […] Mit einigen kräftigen Worten hätte der unerhörte Schwindel in seinen Anfängen unterdrückt werden können.« Die rechtliche Prüfung sei dagegen eine Frage »zweiten Ranges gegenüber der politisch wichtigsten, daß die Unwahrheit von Anfang an gekennzeichnet und öffentlich bekämpft werden mußte«.[292]

Der *Börsen-Courier* setzte sich mit der bereits erwähnten Entscheidung des Landgerichts Berlin auseinander, in der Ahlwardt attestiert worden war, »mit einem so fanatischen Eifer gegen die Juden erfüllt« zu sein, »daß ihm die Objectivität vielfach verloren gegangen ist […]. Von seinem […] Standpunkte aus ist der Angeschuldigte kein Verleumder.« Diese politische Meinungsäußerungen strafrechtlich privilegierende Argumentation bewertete der *Börsen-Courier* äußerst negativ, weil die Richter damit objektiv jeden Verleumder aufgefordert hätten, durch die Frechheit des Auftretens seine Aufrichtigkeit zu beweisen, garantiere dies doch Straffreiheit:

> »Es stellt Jemand ohne Beweis eine verleumderische Behauptung auf, die dadurch nur umso ehrloser wird, daß sie nicht blos einzelne bestimmte Personen, sondern eine nach Hunderttausenden zählende Gemeinschaft [sc. die deutschen Juden] treffen soll, deren Mitglieder durch eine schwer verständliche Merkwürdigkeit unserer Gesetzgebung unbestraft beleidigt und verleumdet werden dürfen – und wenn diese verleumderische Behauptung recht ungeheuerlich ist, so hat der Verleumder die Präsumption der bona fides für sich; und wenn er die weitere verleumderische Behauptung hinzufügt, daß er jene Gemeinschaft für einen öffentlichen Schaden und sich für den berufenen Arzt dieses Schadens halte, so hat er Anspruch auf den Schutz des Paragraph 193 des Strafgesetzbuches, welcher von der Wahrnehmung berechtigter Interessen handelt!«[293]

Der *Börsen-Courier* konstatierte letztlich die Tatsache, dass die bestehenden Gesetze strukturell unzureichend waren, um eine politische Bewegung wie

291 *National-Zeitung* vom 8.12.1892.

292 *Frankfurter Zeitung* vom 2.6.1892 (abends).

293 »Calumniare audacter!«, in: *Börsen-Courier* vom 14.6.1892 (morgens).

den Antisemitismus zu erfassen. Der Paragraph 193 StGB war durchaus eine Rechtsvorschrift, die *politische* Meinungsäußerungen in einem gewissen Rahmen vor der Strafverfolgung schützte, auch die der Antisemiten.

Der *Judenflinten*-Prozess gab ferner Anlass zu grundsätzlicher Rechtskritik. Wenn etwa die antisemitische *Staatsbürger-Zeitung* den Gegensatz beklagte, »der zwischen volkstümlicher und juristischer Rechtsauffassung« bestehe, dann vertrat sie damit eine Justizkritik, die zum Standardrepertoire des Antisemiten gehörte. »Der Laie«, so meinte die *Staatsbürger-Zeitung* weiter, »weiß daher mit den Ergebnissen dieser Rechtshandhabung nichts anzufangen; die Fälle häufen sich immer mehr, in denen das Volk mit dem Rechtsverfahren nicht einverstanden ist, weil es dasselbe eben nicht versteht, sondern im Widerspruch mit seinem natürlichen Verstande findet.«[294] Das römische Recht kam hier lediglich als ein weiteres Instrument der »Judenherrschaft« in den Blick. Von hier aus ist es nur noch ein kleiner Schritt für Paul Förster, die Pflichten des »guten Staatsbürgers« neu zu definieren. Man müsse lernen, »den bürgerlichen Ehrbegriff höher zu spannen«, denn die »Pflicht des guten Staatsbürgers ist nicht der Gehorsam allein und das Vertrauen in die Obrigkeit; sondern er soll auch an dem Staatswesen frei mitarbeiten und um dessen wirthschaftlichen und sittlichen Bestand sich sorgen«.[295] Die Verteidigung des Staates nach innen gegen die angebliche »Verjudung« stellte Förster mit der militärischen gleich, wobei er für die »innere Landesverteidigung« ausdrücklich den Bürgern die Führungsrolle zusprach, da sie »nicht nur des Landes Wehrleute in des Königs Rock, sondern auch des Rechtes Wehrleute im bürgerlichen Kleide«[296] seien. Dieser Appell an die Selbsthilfe »des Volkes« für den Fall, dass die Obrigkeit »versagt«, gehörte schon zu Ahlwardts agitatorischem Repertoire.[297]

Doch nicht nur von antisemitischer Seite gab es Kritik an der Justizverfassung. Die *Allgemeine Zeitung* rügte vor allem das Verhalten von Ahlwardts Verteidiger Hertwig, denn der Verteidiger sei »ein Organ des Rechts, nicht des Unrechts, und rabulistische Unterstützung des Verbrechers erniedrigt den Vertheidiger zum Spießgesellen des Verbrechers und Helfershelfer der Schurken«. Deshalb sei zu überlegen, wie »dieser fortschreitenden Verhöh-

294 »Ahlwardts Verurteilung und Wahl«, in: *Staatsbürger-Zeitung* vom 11.12.1892.

295 Förster, *Fall Ahlwardt*, S. 33.

296 Ebd., S. 47.

297 Ahlwardt, *Enthüllungen*, S. 6: »nur durch das Volk kann das Volk noch gerettet werden«.

nung der staatlichen Autorität entgegengetreten werden kann«.[298] Noch deutlicher wurde abermals die *Norddeutsche Allgemeine Zeitung*, die jene linksliberale »hämische Sucht, zu kritteln und zu mängeln, zu witzeln und zu spötteln«, als »die Vorfrucht Ahlwardts« bezeichnete. Mitschuldig an dem Aufstieg Ahlwardts seien, so das Blatt weiter, neben seinen Anhängern »auch Diejenigen, die, statt sein gemeingefährliches, scheinheiliges Gebahren niederzudrücken, lau von fern stehend, es gehen und treiben ließen, wie es eben ging«. Wie den Reichskanzler von Caprivi störte auch die *Norddeutsche Allgemeine* nicht der menschenverachtende Inhalt der antisemitischen Agitation, sondern nur, dass sie »eine Unbotmäßigkeit« hervorrufen könne, »die nicht weiter um sich greifen darf«.[299]

Die *Allgemeine Zeitung des Judenthums* verkannte jedoch – offensichtlich auf der Suche nach Verbündeten – diesen problematischen Aspekt in der Argumentation der *Norddeutschen Allgemeinen* und begrüßte stattdessen den vermeintlichen

> »Frontwechsel, welchen durch diesen Prozeß und seine Nachwehen der ganze Kampf der Antisemiten erfahren mußte. Sind es denn wirklich noch die Juden, gegen die sich die Ausschreitungen der Ahlwardt und Genossen richten? Die deutsche Armee und die deutsche Justiz, sie sind an Stelle des Judenthums zu Angriffspunkten der Antisemiten geworden und haben den Juden plötzlich Verbündete gebracht, auf welche die Gegner am allerwenigsten gerechnet hatten.«[300]

Dass diese Ansicht wohl eher von einem leider irrigen Zweckoptimismus als von einer nüchternen Situationsanalyse zeugt, veranschaulicht abschließend die anonym erschienene Schrift eines »deutschen« (soll heißen: nichtjüdischen) Waffenoffiziers, in der er einerseits Ahlwardts Behauptungen als nicht nur unpatriotisch, sondern auch sachlich völlig unhaltbar qualifizierte. Andererseits demonstrierte er geradezu paradigmatisch, dass von dem erhofften »Frontwechsel« der Konservativen auf die Seite der Juden keine Rede sein konnte, denn er formulierte das Ziel, den Beamten- und Offiziersstand, die doch »unsere festen Stützen« gegen den übermächtigen Einfluß der Juden seien, dem »Antisemitismus warm« zu halten, »aber nicht sich ihn mit seinem Radau [zu] verfeinden«.[301]

---

298 »Die Rechte der Vertheidigung im Strafverfahren«, in: *Allgemeine Zeitung* vom 11.12.1892 (2. Morgenblatt).

299 *Norddeutsche Allgemeine Zeitung* vom 11.12.1892.

300 *Allgemeine Zeitung des Judenthums* vom 16.12.1892, Der Gemeindebote, S. 2 f.

301 Anonymus, *Ahlwardt*, S. 12 f.

Trotz der hier geschilderten Strafverfahren ließ Ahlwardt von seiner Strategie der gezielten politischen Provokation nicht ab. Als er im Februar 1897 im Reichstag die Reinigung Deutschlands »von diesem jüdischen Ungeziefer«[302] verlangte, wurde er auf die Intervention Eugen Richters hin zur Ordnung gerufen. Am Sitzungsende ergriff Ahlwardt nochmals das Wort und erklärte zynisch, er wolle sich »speziell bei dem Ungeziefer, wenn ich es durch den Vergleich mit Juden beleidigt haben sollte«,[303] entschuldigen. Am nächsten Tag rief ihn der Parlamentspräsident Rudolf Freiherr von Buol-Berenberg wegen dieser Erklärung, die »nicht nur keine Entschuldigung«, sondern eine »mehrfache Wiederholung der durch den ersten Ordnungsruf gerügten Aeußerung« war, aufs Neue und auf das nachdrücklichste zur Ordnung.[304] Solch zynisches Spiel mit dem Tabu gehört spätestens seit Ahlwardt zum Repertoire antisemitischer Agitatoren, ebenso wie der Versuch, möglichst exakt auf der juristischen Grenzlinie zwischen »schon verboten« und »noch erlaubt« zu balancieren.

4. Brutalität und Psychopathologie: Walter Graf Pückler

Albrecht Erdmann Walter Graf von Pückler stammte aus einer angesehenen schlesischen Adelsfamilie, bei deren Namen man gewöhnlich wahlweise an elysische Parkanlagen wie die im niederlausitzischen Muskau oder an eine schmackhafte Speiseeiskreation denkt. Ungeachtet seiner hohen Herkunft tummelte sich *dieses* Mitglied der Pückler-Familie aber im Milieu der Massenversammlungen und Bierhallen, ähnlich Ernst Graf zu Reventlow,[305] den jedoch an verbaler Radikalität noch weit übertreffend. Pückler wurde am 9. Oktober 1860 in Rogau im schlesischen Kreis Schweidnitz geboren. Während sein älterer Bruder, der zeitweilige Hofmarschall Maximilian Graf Pückler zu Rogau-Rosenau, der Familienvorstand dieses Pückler-Zweiges war, versuchte sich Walter Pückler im juristischen Gewerbe. Die verschiedenen Sozialisations- und Ausbildungsstufen erreichte er jeweils relativ spät, denn erst mit 22 Jahren legte er das Abitur ab und 1887 bestand er das Referendarexamen. Im selben Jahr promovierte er in Heidelberg und war bis 1891

302 *VdR*, Bd. 148, 18.2.1897, S. 4788.
303 Ebd., S. 4793.
304 Ebd., S. 4795.
305 Vgl. dazu Martens, *Graf Ernst zu Reventlow*.

als Referendar tätig. Die ebenfalls in diesem Jahr mit Luise von Zastrow geschlossene, kinderlos gebliebene Ehe wurde 1903 geschieden. Erst durch Nachdienen erlangte Pückler das Offizierspatent, brachte es jedoch nicht weiter als bis zum Leutnant der Landwehr. 1894 erwarb er das zwischen Glogau und dem niederschlesischen Beuthen an der Oder gelegene Rittergut in Klein-Tschirne, das 1935 in Alteichen umbenannt wurde und seit 1945 Czerna heißt.[306] Das Leben als Gutsherr füllte Pücklers Tatendrang offensichtlich nicht aus, denn seit 1899 trat er zunächst lokal,[307] dann aber rasch vor allem in Berlin und Umgebung als antisemitischer Redner auf. Nach seiner Entmündigung 1908 erwarb sein Bruder Maximilian das heruntergewirtschaftete Gut und verkaufte es 1912 weiter. Walter Pückler starb am 23. August 1924 in Rogau, ohne nochmals nennenswert öffentlich in Erscheinung getreten zu sein.[308]

Während Ahlwardts kleinbürgerliche Herkunft, seine leichtfertig unternommenen Angriffe auf das Ansehen der sakrosankten Armee und seine vermeintlich sozialrevolutionäre Attitüde ihn zu einem leichten Ziel der staatlichen Exekutive machten, verhielt es sich bei seinem Nachfolger, Deutschlands radikalstem antisemitischen Agitator, in einiger Hinsicht anders, doch gab es auch Parallelen. Pückler konnte lange Zeit von seiner hohen sozialen Stellung profitieren, die ihn vor ernsthafter Strafverfolgung schützte. An ihm lassen sich die Grenzen von Verfolgung und Unterdrückung der antisemitischen Agitation fanatischer Überzeugungstäter besonders gut studieren, denn es handelt sich bei ihm keinesfalls nur um Selbststilisierung, wenn er behauptete, dass man ihn durch die Konfiskationen seiner Reden oder durch Prozesse nicht einschüchtern könne, weil ihm eine Gerichtsverhandlung mehr oder weniger »ganz schnuppe«[309] sei. Pückler hielt in seiner achtjährigen Laufbahn als Bierhallenagitator wohl um die 200 Reden, in manchen Monaten mehr als eine pro Woche, wobei etwa ein Fünftel seiner Versammlungen polizeilich aufgelöst wurde.[310] Da er trotz acht Geldstrafen in einer

306 Vgl. Bellardi, »Klein-Tschirne«.

307 Seine erste auch als Flugblatt verteilte Rede über »Das Judenthum« hielt er wahrscheinlich am 15.1.1899 im Gasthof von Tschiersky, vgl. *Im Deutschen Reich*, Jg. 5, Nr. 2 (1899), S. 103 f.

308 Die *Vossische Zeitung* vom 20.2.1922 berichtet allerdings, dass gegen den in letzter Zeit wieder aktiv gewordenen Pückler »wegen systematisch unternommener Aufreizung zum Rassenhaß von der Staatsanwaltschaft Schweidnitz Strafantrag gestellt worden« sei.

309 »Die vierte Pückler-Versammlung«, in: *Staatsbürger-Zeitung* vom 20.10.1899, 2. Beilage.

310 Aufgrund der Quellenlage können diese nur aus Tageszeitungen gewinnbaren Angaben lediglich geschätzt werden. Nachweisen lassen sich rund 130 Versammlungen, von denen 26 aufgelöst wurden.

Gesamthöhe von 2.360 Mark und vier Haftstrafen – zu einem Monat, zu drei und zu sechs Monaten Gefängnis sowie einer zu zwei Monaten Festungshaft – nicht von seinem Tun abließ, wurde er, weil die polizeilichen und juristischen Mittel keinen dauerhaften Erfolg gezeigt hatten, schließlich entmündigt und in eine psychiatrische Anstalt eingewiesen. Neben Carl Paasch ist er eines der seltenen Beispiele für die Psychiatrisierung antisemitischer Agitatoren. Außerdem hat Pückler Rechtsgeschichte geschrieben, weil zwei mit seiner Agitation zusammenhängende Prozesse zu bedeutsamen Grundsatzurteilen des Reichsgerichts geführt haben.[311] Es gibt also Gründe genug, sich mit dieser obskuren Gestalt näher zu befassen.

Seinen Werdegang zum aktiven Antisemiten begründete Pückler 1907 dem ihn auf seine Zurechnungsfähigkeit untersuchenden Medizinalrat Hoffmann damit, dass er als strenger Gutsherr häufig Arbeiter entlassen habe, die mit Hilfe jüdischer Rechtsanwälte in Glogau dagegen geklagt hätten. Obwohl er moralisch im Recht gewesen sei, habe er alle diese Prozesse verloren, weil »die Juden die Justiz in der Weise beherrschten«, dass es »mit Deutschland schlimm bestellt«[312] sei. Da er festgestellt haben wollte, dass sich auch der ländliche Zwischenhandel in der Hand der Juden befinde, diese also schuld am Elend der Bauern seien, begann er zu agitieren. Der Beifall und die weiteren Redeeinladungen, die er daraufhin erhielt, ließen ihn schnell in die antisemitische Bewegung hineinwachsen. Allerdings beließ Pückler es nicht bei verbaler Agitation, denn er organisierte Reiterspiele mit einem Trupp berittener, in historische Kostüme gekleideter Bauern seines Gutsbezirks, um eine patriotisch-antisemitische Bauernbewegung zu entfachen, allem Anschein nach jedoch ohne großen Erfolg.[313]

Daher wandte sich Pückler bald nach der Reichshauptstadt, wo er erstmals 1899 auftrat.[314] Schon sehr früh hatte sich eine enge Zusammenarbeit

---

311 Vgl. Schorsch, *Jewish Reactions*, S. 127 ff.

312 Gutachten Medizinalrat Dr. Hoffmann, 22.5.1907, GStA PK, I. HA, Rep. 84a/55755, Bl. 101.

313 Wie der EStA am LG Glogau in einem Bericht an das PJM vom 28.2.1903 feststellte, galt Pückler »hier allgemein und schon seit langer Zeit als Sonderling und etwas verschroben. Es genügt auf seine wunderlichen Reiterfeste und Reiterexpeditionen hinzuweisen, die die Schau- und Spottlust vieler Hunderte von Zuschauern erwecken. Er macht mit seinen Arbeitern und Bauern Reiterattaquen, überfällt Ortschaften und ›erobert‹ sie, so selbst einmal die Stadt Beuthen a/O., wofür ihn der Bürgermeister wegen Verübung groben Unfugs in Polizeistrafe genommen haben soll. Trotz guter Bezahlung hat er in neuerer Zeit nur noch wenige Teilnehmer finden können.« GStA PK, I. HA, Rep. 84a/55754, Bl. 78 f.

314 »Auf die Schanzen, Deutsche Männer und Frauen!«, in: *Staatsbürger-Zeitung* vom 5.3.1899 (morgens).

Pücklers mit der *Staatsbürger-Zeitung* herauskristallisiert, denn über Jahre wurden alle Reden des Grafen in dieser zu jener Zeit wohl wichtigsten antisemitischen Tageszeitung veröffentlicht. Der langjährige Reichstagsabgeordnete von 1903 bis 1930 und Verleger der *Staatsbürger-Zeitung*, Wilhelm Bruhn, von dem bereits im Zusammenhang mit der Konitz-Affäre die Rede war, baute Pückler zielstrebig auf, der, was damals für antisemitische Versammlungen unüblich war, Eintrittsgeld von den Besuchern nahm.[315] In den folgenden Jahren konzentrierte Pückler seine Rednertätigkeit auf Berlin und Umgebung, ohne jedoch ganz auf Gastspiele in anderen Regionen zu verzichten.[316] Doch sowohl in der Hauptstadt als auch in der Provinz erzeugten seine Reden, »so aufreizend« sie zunächst erschienen, »bei der Hörerschaft, die des Juxes wegen in die Versammlungen des ›Dreschgrafen‹ läuft, nur eine ungeheure Heiterkeit«.[317] Ganz ähnlich wie das gerade zitierte sächsische Provinzblatt kommentierte der *Vorwärts* die Wirkung der Pückler-Flugblätter: »Man *lacht* über die Flugblätter, wie man über *Zirkusspäße* lacht und wirft sie weg, nachdem man sie gelesen.«[318] Pückler wurde von den Zeitgenossen fast immer zwiespältig beurteilt, denn man äußerte sich auch entsetzt über die Brutalität seiner Sprache, die – selbst an der Rhetorik anderer Antisemiten gemessen – weit jenseits des als normal Empfundenen lag. Der *Würzburger General-Anzeiger* warnte daher, dass Pückler zwar »persönlich nicht ernst zu nehmen« sei, sehr wohl aber seine »plangemäße Aufreizung und Aufhetzung der Volksmassen«.[319] Die ambivalente Beurteilung Pücklers seitens der Öffentlichkeit brachte die *Straßburger Post* auf die Formel, er sei ein »gefährliche[r] Komiker«.[320]

Pückler war zwar reichsweit bekannt, aber seine im Januar 1905 vor Gericht vollmundig verkündete Ansicht, er allein könne »Deutschland vor der Vernichtung durch das Judentum noch retten«[321] oder er sei »zur Zeit der

315 Massing, *Vorgeschichte*, S. 111.

316 Im März 1900 trat Pückler beispielsweise in Frankfurt am Main auf, vgl. Schlotzhauer, *Ideologie*, S. 132 u. S. 137; im Februar 1902 sprach Pückler dagegen vor einem ostelbisch-kleinstädtischen Publikum in Kolmar in der Provinz Posen, vgl. Nonn, »Zwischenfall«, S. 414.

317 »Graf Pückler«, in: *Altenburger Land-Zeitung* vom 27.10.1904.

318 »Nervosität«, in: *Vorwärts* vom 25.10.1904.

319 »Der umgekehrte dolus eventualis!«, in: *Würzburger General-Anzeiger* ca. vom 27.10.1900.

320 *Straßburger Post* vom 26.6.1905.

321 Mit diesen Worten verteidigte Pückler sich während seines Prozesses 1905, Urteil LG I Berlin 12.1.1905, GStA PK, I. HA, Rep. 84a/55754, Bl. 183.

einzige Vertreter des wahren Deutschtums«,[322] fand außerhalb seines engsten, etwa 200 Mitglieder[323] zählenden Anhängerkreises wenig Glauben. Als Redner freilich war er eine Attraktion ersten Grades. In der Regel konnte er 500 bis 1.000 Zuschauer mobilisieren, in seinen besten Zeiten sogar deutlich mehr. Eine vom Deutschen Antisemitenbund organisierte Versammlung im März 1902 zählte fast 5.000 Besucher.[324] Die Kundgebungen fanden meist an den bekannten großen Berliner Versammlungsorten statt, zum Beispiel in den »Concordia-Sälen«, der »Neuen Welt« an der Hasenheide, bei »Buggenhagen«, in der »Neuen Philharmonie«, in »Keller's Festsälen« oder in den »Prachtsälen des Westens« in der Spichernstraße.

Der Inhalt der Pückler'schen Reden zeichnet sich, wie es für den Antisemitismus insgesamt typisch ist, durch die Ablehnung gesellschaftlicher Modernisierungsprozesse und vor allem ihrer als negativ wahrgenommenen Begleiterscheinungen aus, die ausschließlich auf das unheilvolle Wirken der Juden zurückgeführt wurden. Da Pückler häufiger Gast der Justiz war, können nur zwei seiner über zwanzig Prozesse genauer dargestellt werden. Im Juni 1899 wurden zwei Redakteure für die Verbreitung eines Pückler-Flugblattes verurteilt; ihr Revisionsantrag führte zu einem bedeutsamen Reichsgerichtsurteil. In einem Prozess im Januar 1905 bekam Pückler erstmalig eine Gefängnisstrafe zugewiesen; zugleich stand aber auch die Frage seiner geistigen Zurechnungsfähigkeit und der Angemessenheit des polizeilichen Vorgehens gegen ihn zur Diskussion.

Aufgrund der ungehemmten Brutalität seiner Sprache wurde Pückler schnell ein Fall für die Justiz. In einer der ersten Veröffentlichungen von Pückler-Reden unter dem Titel *Nieder mit Israel* hieß es unter anderem: »Der Deutsche ist gutmüthig und geduldig, freundlich und langmüthig lange Zeit; aber wenn sein Zorn einmal erwacht, […] dann erhebt er die gewaltige Rechte zum Schlage und *drischt* und *drischt* und *drischt* so lange, bis es nichts mehr zum Zerhauen giebt.«[325] Dieser Rhetorik verdankte Pückler nicht nur

322 »Ein neuer Pückler-Prozeß«, in: *Staatsbürger-Zeitung* vom 12.1.1905 (abends).

323 Diese Einschätzung der Anhängerschaft Pücklers findet sich in dem Gutachten des Gerichtsarztes Dr. Strauch vom 24.6.1907, GStA PK, I. HA, Rep. 84a/55755, Bl. 122–143. Pückler hatte bei der Reichstagswahl 1907 in Berlin nur 200 Stimmen erhalten, was der Mitgliederzahl der von ihm ausgehaltenen »Pückler-Vereinigung« entspricht.

324 *Im Deutschen Reich*, Jg. 8, Nr. 3 (1902), S. 166 f.

325 Zit. nach ebd., Jg. 5, Nr. 2 (1899), S. 104, Hervorhebung original.

den Spitznamen »Dreschgraf«, sondern auch seine erste juristische Niederlage, denn der Centralverein stellte Strafantrag wegen Aufreizung zum Klassenhass und Religionsbeschimpfung und forderte die Konfiskation des entsprechenden Flugblattes.[326] Da Pückler auch Amtsvorsteher in seinem Gutsbezirk war, richtete der CV parallel eine Beschwerde an den Oberpräsidenten der Provinz Schlesien, Fürst Hatzfeldt-Trachtenberg, der sogleich die Prüfung des Falles zusagte. Obwohl sich Innenminister Eberhard Freiherr von der Recke, von den Abgeordneten der Fortschrittspartei Rickert und Kopsch im Preußischen Abgeordnetenhaus zur Rede gestellt, völlig uninformiert zeigte, wurde Pückler später seines Amtes enthoben.[327] Auf eine weitere Eingabe des CV an den Polizeipräsidenten von Berlin vom 24. Februar 1899 antwortete dieser drei Tage später, dass auch das Polizeipräsidium das Flugblatt wegen seines aufreizenden Inhalts der Staatsanwaltschaft zur Prüfung vorgelegt habe. Am 28. Februar erfolgte bereits die polizeiliche Hausdurchsuchung in den Redaktionsräumen der *Staatsbürger-Zeitung* und die Beschlagnahme der dort noch lagernden Flugblätter; auch der Glogauer Druckerei-Verein, der 1.000 Exemplare einer weiteren Pückler-Rede gedruckt hatte, wurde aufgrund eines Beschlusses des Landgerichts Glogau durchsucht. Weil »Gefahr im Verzug« sei, ordnete am 6. März 1899 die Staatsanwaltschaft beim Landgericht Berlin I ohne Gerichtsbeschluss die Beschlagnahme der Nr. 28 und Nr. 28a von Karl Sedlatzeks *General-Anzeiger* vom 5. März 1899 und die Durchsuchung der Redaktionsräume gemäß den Paragraphen 94 bis 98 StPO und Paragraph 130 StGB an. Zugleich leitete die Staatsanwaltschaft ein Strafverfahren gegen den Redakteur der *Staatsbürger-Zeitung*, Johannes Wilberg, und ihren Herausgeber Wilhelm Bruhn ein.

Bis hierhin sieht es so aus, als schritten Polizei und Justiz rasch gegen antisemitische Agitatoren ein und als sei die Lobbyarbeit des Centralvereins von Erfolg gekrönt. Als retardierendes Moment erwies sich in diesem Fall erst die Gerichtsverhandlung, in der sich Graf Pückler für seine ersten Reden und Flugblätter verantworten musste. Das Landgericht Glogau folgte Pücklers Verteidigung, sein Dreschvokabular bestehe nur aus »rhetorische[n] Formen und meinetwegen Uebertreibungen«,[328] und sprach ihn am 12. Mai 1899 frei. Im gleichen Atemzug tat er jedoch dem Richter seine Überzeu-

326 Zum Folgenden vgl. ebd., Nr. 3 (1899), S. 149–153, und »Konfisziert!«, in: *Staatsbürger-Zeitung* vom 1.3.1899.

327 *VdPA*, LP 19, Sess. 1, 15.2.1899, S. 596 f. (Rickert) u. S. 605 (PIM von der Recke), sowie 17.2.1899, S. 645–649 (Kopsch) u. S. 651 (von der Recke).

328 EStA LG Glogau an PJM, 12.5.1899, GStA PK, I. HA, Rep. 84a/55753, Bl. 12.

gung kund, dass, »wenn mal ein jüdischer Wucherer Prügel bekommt«, das »nichts schaden« würde, leide die Gegenwart doch »an Gefühlsduselei«. Auch in seinem Schlussplädoyer ließ Pückler alle taktische Vorsicht fahren: »Wenn man Israel bekämpfen will, so muß man es *fassen mit eiserner Faust*, sonst nützt das ganze Reden überhaupt nichts, sonst wird die Judenfrage nicht gelöst«.[329] Trotz dieses unmissverständlichen Bekenntnisses zur Gewalt kamen die Glogauer Richter zu dem Schluss, dass Pückler zwar *objektiv* zum Klassenhass aufreize, ihm der *subjektive* Wille dazu jedoch fehle. Obwohl der Staatsanwalt die Erfolgsaussichten gering einschätzte, wurde gegen dieses Urteil – vermutlich auf Betreiben des Justizministeriums – Revision eingelegt, die das Reichsgericht aber am 22. September 1899 verwarf.

Während Pückler für das *Halten* seiner Rede freigesprochen wurde, bekamen Wilberg und Bruhn von der *Staatsbürger-Zeitung* und Schürkämper vom *Deutschen Generalanzeiger* vom Landgericht I Berlin am 3. Juni 1899 wegen des *Verbreitens* ebendieser Rede aufgrund eines Verstoßes gegen Paragraph 130 StGB Geldstrafen über 200 beziehungsweise 100 Mark auferlegt. Lediglich für Sedlatzek erging ein Freispruch, da ihm nicht nachzuweisen war, den Artikel vor seinem Erscheinen gelesen zu haben.[330] Sein Urteil begründete das Gericht damit, dass es sich »bei § 130 nicht blos um verschiedene Gewerbsklassen, sondern auch um sonstige Verschiedenheiten innerhalb der Bevölkerung« handele: »Bei den Juden sind aber bezüglich der Abstammung, des Glaubens und anderer Merkmale solche Verschiedenheiten vorhanden, sie sind Deutsche, aber sie bilden innerhalb der Deutschen eine besondere Klasse.«[331] Das Reichsgericht, vor das die Verurteilten gezogen waren, übernahm diese Begründung in seinem Urteil vom 10. November 1899 und führte sie noch einen Schritt weiter. Die Juden, so die Leipziger Richter, bildeten eine Klasse im Sinn des Paragraphen 130 und »weil sie sich von den übrigen deutschen Staatsbürgern durch ihre Religion und Abstammung unterscheiden, und mit Rücksicht darauf, daß sie in diesem Gegensatze von den Angeklagten angegriffen sind«.[332]

Dieses Urteil war von großer Bedeutung, da es den Weg dafür ebnete, antisemitische Agitation mit Hilfe des Paragraphen 130 StGB zu verfolgen. Insofern klingt es nach dem sprichwörtlichen Pfeifen im Walde, wenn die

329 Alle Zitate aus dem Prozessbericht »Eine objektive Aufreizung zu Gewaltthätigkeiten«, in: *Berliner Tageblatt und Handels-Zeitung* vom 13.5.1899, Hervorhebung original.

330 Vgl. den Prozessbericht in der *Freisinnigen Zeitung* vom 4.6.1899.

331 Zit. nach ebd.

332 *ERGSt*, Bd. 32, S. 352 f., 10.11.1899.

Staatsbürger-Zeitung diese eindeutige juristische Niederlage in einen Sieg umzudeuten versuchte, indem sie dem Reichsgericht unterstellte, es habe ausdrücken wollen, dass die Juden »zwar die Rechte deutscher Staatsbürger haben, niemals aber Deutsche sind und sein können«, weshalb man »mit dieser Feststellung des höchsten Gerichtshofes sehr zufrieden« sei: »Der jüdische Denunziantenverein«, als den die *Staatsbürger-Zeitung* den CV gewohnheitsmäßig titulierte,

> »hat also mit seiner Denunziation gegen uns nur erreicht, daß nach Feststellung durch das höchste Gericht das *Judentum als besondere Klasse der deutschen Bevölkerung* anzusehen ist, die mit uns Deutschen weder der Religion noch der Abstammung nach etwas gemein hat; [...]. Die Juden haben durch ihr Vorgehen nur von neuem die unübersteigliche Schranke markieren lassen, die sie vom deutschen Volke trennt.«[333]

Inhaltlich ist diese Aussage eine völlig unhaltbare Verdrehung des juristischen Gehalts dieses Reichsgerichtsurteils, das zu den wenigen großen Erfolgen in der jahrzehntelangen Rechtsschutzarbeit des CV zählt. Zugleich hat die *Staatsbürger-Zeitung* damit aber demonstriert, dass man – sei es aus Unkenntnis, sei es in demagogischer Absicht – juristische Gedankengänge beinahe beliebig verfälschen kann. Das CV-Monatsblatt *Im Deutschen Reich* hob dagegen zutreffend hervor, dass nun alle Ursachen für Fehlinterpretationen dieser Art ausgeräumt seien, denn der Spruch des Reichsgerichts stelle die Juden als Klasse nicht einer homogenen deutschen Bevölkerung gegenüber, sondern beschreibe diese vielmehr als aus mehreren Klassen – zum Beispiel Katholiken, Protestanten und Juden – zusammengesetzt. Die Hoffnung, es »sollte eigentlich keine zuständige Instanz mehr in der Lage sein, freisprechende Urtheile zu fällen, welche mit der Entscheidung des höchsten deutschen Gerichtshofes im schroffsten Widerspruch stehen«,[334] erfüllte sich freilich nur zum Teil. Zum einen war kein Gericht gezwungen, dem Reichsgericht zu folgen, zum anderen eröffnete sich ein Ausweg, der vor allem in der Weimarer Republik mit Vorliebe beschritten wurde: Wenn die Juden als »Rasse« statt als »Klasse« angegriffen wurden, so argumentierten manche Gerichte, konnten sie auch nicht von einem Paragraphen geschützt werden, der lediglich die »Aufreizung zum *Klassen*hass« unter Strafe stellte. Diese Auslegung widersprach auf jeden Fall dem Geist des Reichsgerichtsurteils vom 10. November

333 »Ein jüdischer Mißerfolg«, in: *Staatsbürger-Zeitung* vom 4.2.1900 (morgens), Hervorhebung original.

334 *Im Deutschen Reich*, Jg. 6, Nr. 8 (1900), S. 405–408, hier: S. 406.

1899, sicherlich auch seinem Buchstaben, denn darin war sehr wohl von »Abstammung« die Rede, welche die unterschiedlichen Klassen der deutschen Bevölkerung unter anderem konstituiere.

Den nächsten großen Konflikt mit der Justiz hatte Pückler aufgrund seiner Rede »Die praktische Lösung der Judenfrage« in der Berliner Tonhalle am 13. Juli 1900, in der er – wie gewohnt – »Durchhauen und Rausschmeißen« als »das einzige Mittel« zur »Lösung der Judenfrage« anpries und vor Mitleid gegenüber »dem jüdischen Ungeziefer«[335] warnte. Die siebte Strafkammer des Landgerichts I Berlin sprach Pückler am 26. Oktober 1900 dennoch wieder vom Vorwurf der Aufreizung zum Klassenhass frei, da seine Äußerungen zwar objektiv den Tatbestand des Paragraphen 130 StGB erfüllten, subjektiv aber keine Absicht der Anreizung vorgelegen habe, schließlich hätten seine Reden noch nie zu Gewalttätigkeiten geführt.[336] Im Gegensatz zum Urteil der neunten Strafkammer des Landgerichts I Berlin vom 3. Juni 1899 wurde in diesem Fall der mitangeklagte Redakteur der *Staatsbürger-Zeitung*, Paul Bötticher, ebenfalls freigesprochen, weil das Verbreiten einer rechtlich einwandfreien Rede in der Presse nicht strafwürdig sei.

Pückler beschäftigte das Reichsgericht weiter, nachdem der Staatsanwalt gegen ein freisprechendes Urteil des Landgerichts I Berlin vom 19. Februar 1901 in die Revision gegangen war. Das Reichsgericht musste zu der für Pücklers Verteidigungsstrategie zentralen Argumentation Stellung nehmen, seine Dreschmetaphorik werde von den Zuhörern als rhetorische Übertreibung und nicht als unmittelbare Handlungsaufforderung verstanden. Folgte man diesem Gedankengang, dann bestand für die Juden kein Anlass zur Beunruhigung, da es infolge seiner Reden tatsächlich nie zu Ausschreitungen gegen Juden gekommen, der öffentliche Frieden also ungestört geblieben war. Dagegen stellte das Reichsgericht in Anlehnung an seine frühere Rechtsprechung[337] fest, dass es einer wirklichen Störung des Friedens nicht bedürfe, weil es genüge, »wenn die Anreizung in solcher Weise geschieht, daß berechtigte Gründe zu der Befürchtung vorliegen, jenes Gefühl der öffentlichen Rechtssicherheit werde erschüttert werden«. Die Argumentation der Richter des Landgerichts, die überwiegend gebildeten Zuhörer hätten den Redner

---

335 Zit. nach *Staatsbürger-Zeitung* vom 15.7.1900, 2. Beilage.

336 Vgl. Urteil LG I Berlin 26.10.1900, GStA PK, I. HA, Rep. 84a/55754, Bl. 14–29.

337 Vgl. *ERGSt*, Bd. 2, S. 431–435, 10.11.1880, hier: S. 433; *RRGSt*, Bd. 3, S. 632 ff., 24.10.1881; ebd., Bd. 8, S. 109–112, 9.2.1886; ebd., S. 783 ff., 22.12.1886; *ERGSt*, Bd. 17, S. 309 ff., 17.4.1888.

nicht ernst genommen, weshalb nicht zu befürchten sei, dass den Gewaltaufforderungen Folge geleistet würde, wies das Reichsgericht zurück: »Der Begriff der Friedensgefährdung setzt nicht voraus, daß bei der *gesamten* Bevölkerung die Befürchtung entsteht, die öffentliche Rechtssicherheit werde eine Beeinträchtigung erfahren; es kommt aber auch nicht einzig und allein auf die Empfindungen der *angereizten* Bevölkerungsklasse«, in diesem Fall also der Juden, an. Entscheidend sei, dass »die Klasse, die das Opfer der Gewaltthätigkeiten werden soll, [...] sich in den Empfindungen geschützten, befriedeten Zusammenlebens auch dann beunruhigt fühlen [kann], wenn die Anreizung bei derjenigen Klasse, an die sie gerichtet ist, auf unfruchtbaren Boden fällt«. Daher wurde das Urteil aufgehoben und der Fall zur erneuten Tatsachenprüfung an das Landgericht zurücküberwiesen.[338] Am 19. Dezember 1901 erkannte die erste Strafkammer des Landgerichts II Berlin noch einmal auf Freispruch, und die erneut eingelegte Revision wurde vom Reichsgericht am 8. April 1902 verworfen.[339]

Ungeachtet der Tatsache, dass er erstmalig im Juni 1901 vom Landgericht Dresden wegen Verstoß gegen Paragraph 130 StGB zu einer Geldstrafe verurteilt wurde, auf die in den kommenden Jahren etliche weitere Strafen bis zu 600 Mark folgten, ließ Pückler nicht ab von seinem Treiben. Auch die Tatsache, dass ihn die *Staatsbürger-Zeitung* im Sommer 1904 fallenließ und er seine Flugblätter von da an selbst zu bezahlen hatte – was ihn langsam in den finanziellen Ruin trieb –, konnte ihn nicht stoppen, wie Eduard Graf von Pückler-Schedlau, ein Bruder des »Dreschgrafen«, in einer Besprechung mit Regierungsrat Maximilian von Sandt vom Preußischen Innenministerium eingestehen musste.[340] Im Gegenteil, sein Furor steigerte sich so sehr, dass der CV am 20. Juli 1904 in einer Eingabe an das Berliner Polizeipräsidium eine schärfere Anwendung des Versammlungsrechts erbat. Dieser Antrag wurde jedoch abgewiesen, da man bei ihrer Anmeldung nicht ersehen könne, »dass die Versammlung als solche einem strafgesetzwidrigen Zweck dienen soll«,[341] und somit die in Ausnahmefällen mögliche Vorabbeschlagnahme der Flugblätter gemäß Paragraph 23 Pressegesetz nicht gerechtfertigt sei.

338 Ebd., Bd. 34, S. 268–271, 31.5.1901, hier: S. 269 ff.
339 Vgl. EStA LG I an PJM, 27.2.1907, GStA PK, I. HA, Rep. 84a/55755, Bl. 28 f.
340 Protokoll der Besprechung, 18.7.1904, GStA PK, I. HA, Rep. 76 III. Sekt. 1 Tit. XIIIa Nr. 56a, Bd. 1, Bl. 91 f.
341 Polizeipräsident Berlin an CV, 23.7.1904, ebd., Bl. 116.

Völlig verändert hatte sich das Klima, als Maximilian Horwitz drei Monate später dem Innenministerium vortrug, dass die »Reden des Grafen Pückler ausnahmslos« zum »strafgesetzwidrigen Zwecke« der Aufstachelung zum Klassenhass stattfänden, weshalb anzunehmen sei, »dass es dem Grafen Pückler bei ferneren Reden über die Judenfrage nur darum handelt, diesem strafgesetzwidrigen Zwecke sich fernerhin dienstbar zu machen«.[342] Da sich der Graf neuerdings vermehrt an »die lieben roten Kerle« wende, wachse zudem die Gefahr tatsächlicher Gewalttätigkeiten. Diesmal rannte der CV offene Türen ein, denn schon kurz vor diesem Schreiben hatte Regierungsrat von Sandt festgestellt, dass Pückler immer maßloser werde, weshalb es »nicht mehr zu vermeiden« sei, »gegen den Grafen Pückler energischer als bisher vorzugehen«.[343] Wie aus dem angeforderten Bericht des Berliner Polizeipräsidenten von Borries hervorgeht, hatte der bereits am 27. Oktober 1904 angeordnet, die Verteilung der Pückler-Flugblätter als »groben Unfug« sofort zu unterbinden und dem Grafen kurz darauf ein generelles Redeverbot für Berlin erteilt.[344]

Dieses umging Pückler, indem er einerseits seine Aktivitäten nach Potsdam und in die dem dortigen Polizeipräsidium unterstehenden Vororte der Hauptstadt verlegte und indem andererseits die Pückler-Vereinigung »Kommerse« gegen von jedermann erwerbbare Einlasskarten veranstaltete, um eine Vereinsfestlichkeit vorzutäuschen, gegen die es praktisch keine Verbotshandhabe gab.[345] Diese Rechnung ging aber nur zum Teil auf, denn bei einem solchen Kommers Anfang Dezember 1904 hatte der überwachende Polizeibeamte Weisung erhalten, ihn als öffentliche Versammlung zu werten, weshalb Pücklers Rede nur von einem anderen verlesen werden durfte.[346] Eine weitere Reaktion Pücklers auf das Redeverbot bestand darin, dass er – Aktionsformen der Arbeiterbewegung imitierend – auch »die Straße« als Agitationsforum nutzte, und seine Flugschriften mit Hilfe eines in den Reichsfarben Schwarz-Weiß-Rot dekorierten, mit antisemitischen Inschrif-

342 CV Berlin an PIM, 31.10.1904, ebd., Bl. 113 ff., hier: Bl. 114. Eine Antwort des PIM ist in den Akten nicht überliefert.

343 PIM Dr. von Sandt an GORR Dr. Herrmann, 28.10.1904, ebd., Bl. 110.

344 Polizeipräsident Berlin an PIM, 22.11.1904, ebd., Bl. 122 ff.

345 Vgl. *Berliner Tageblatt* vom 28.11.1904, 1. Beiblatt; *Die Welt am Montag* vom 28.11.1904; ebd. vom 5.12.1904; *Tägliche Rundschau* vom 6.12.1904 (abends); PIM an Polizei-Präsidium Berlin, 2.12.1904, GStA PK, I. HA, Rep. 76 III. Sekt. 1 Tit. XIIIa Nr. 56a, Bd. 1, Bl. 138.

346 »Mißlungener Pückler-Kommers«, in: *Berliner Tageblatt* vom 9.12.1904; *Die Post* vom 9.12.1904 (abends); »Polizei und Kommers«, in: *Vorwärts* vom 10.12.1904, 2. Beilage.

ten und Emblemen geschmückten Möbelwagens, des sogenannten »Pücklerwagens«, in Berlin verteilen ließ, was ihm allerdings zeitweise untersagt wurde.[347]

Dass er den Bogen überspannt hatte, musste er in der Verhandlung vor der neunten Strafkammer des Landgerichts I Berlin am 12. Januar 1905 erkennen, als er bereits zum 18. Mal auf der Anklagebank saß. Es ist vielleicht nur ein Zufall, dass just an diesem Tag ein offensichtlich geistig verwirrter Anhänger Pücklers dessen blumige Gewaltrhetorik in eine blutige Tat umsetzte. Ein siebzigjähriger Synagogenangestellter in Rendsburg wurde mit vier Revolverschüssen niedergestreckt und starb kurz darauf im Krankenhaus. Der Täter soll ein eifriger Leser der Pückler'schen Reden gewesen sein, von denen er eine bei seiner Festnahme bei sich führte; auch gab er an, sich von den Juden verfolgt zu fühlen.[348]

Die Anklage[349] basierte auf elf Reden und Flugblättern Pücklers aus dem Zeitraum Juli bis November 1904, in denen er nicht nur in der ihm eigenen drastischen Bildersprache zur Gewalt gegen die Juden aufrief, sondern – als gelernter Jurist – forderte, »mal ohne Gesetze und ohne Rechte«[350] zu regieren, um ungehemmt gegen die Juden vorgehen zu können. In seinen Reden und Flugblättern erkannte das Gericht »eine demagogische Agitation schlimmster Art«, »indem sie fast ununterbrochen den christlichen Teil der Bevölkerung zu offenen Gewalttätigkeiten gegen den jüdischen Teil anreizen«.[351] Folglich wurde Pückler wegen Vergehen gegen die Paragraphen 110, 130, 47, 73 StGB und Paragraph 20 Pressegesetz zu sechs Monaten Gefängnis verurteilt. Zu seinen Gunsten ging das Gericht wegen der Einheitlichkeit des Vorsatzes nur von einer fortgesetzten Handlung aus. Weiterhin konstatierte es, »daß er offenbar ein Fanatiker seiner Idee ist und nicht aus selbstsüchtigen Motiven gehandelt hat«,[352] thematisierte aber auch, dass er sein Tun insofern für gesetzeskonform halten konnte, als bislang die meisten seiner Flugblätter nicht beschlagnahmt und seine Versammlungen überwiegend nicht aufgelöst wurden. Das Gericht gab den »Schwarzen Peter« also an

347 Vgl. »Neueres vom Grafen Pückler«, in: *Staatsbürger-Zeitung* vom 18.1.1905 (abends); *Das Kleine Journal* vom 13.2.1905; *Die Welt am Montag* vom 13.2.1905; *Freie Deutsche Presse* vom 21.6.1905.

348 *Berliner Tageblatt* vom 14.1.1905 (morgens), 1. Beiblatt; *Volks-Zeitung* vom 13.1.1905.

349 Urteil LG I Berlin 12.1.1905, GStA PK, I. HA, Rep. 84a/55754, Bl. 171–190.

350 Flugblatt vom 1.7.1904, ebd., Bl. 174.

351 Urteilsbegründung 12.1.1905, ebd., Bl. 186.

352 Ebd., Bl. 189.

die Exekutive weiter, denn es habe »den Anschein, als ob die Polizeibeamten in einzelnen Fällen nicht scharf genug vorgegangen sind«. [353] Damit reagierte es auf eine Aussage Pücklers im Prozess, als er fragte: »Weshalb sind die Behörden nicht eher vorgegangen? Jetzt ist es zu spät, die Bewegung gegen die Juden ist jetzt zu mächtig, und großen Volksbewegungen muß sich der Staat anpassen.« Er hatte in der Tat ein gravierendes Problem angesprochen, denn die Tatsache, dass er so lange unbehelligt geblieben war, deutete Pückler – und nicht nur er – als stillschweigende Zustimmung zu seinem Treiben. Der Vorsitzende Richter Karl Kanzow, der als späterer Abgeordneter der Fortschrittlichen Volkspartei im Preußischen Abgeordnetenhaus und als Mitglied und Redner des Abwehrvereins nicht im Verdacht stand, fragwürdige Sympathien zu hegen, erfasste dieses Dilemma, als er Pückler antwortete: »Sie denken also: [...] als ich mit der Hand schlug, habt ihr mir nichts gesagt, dann kann ich jetzt mit dem Knüppel schlagen und ihr dürft mir auch nichts sagen!«[354] Als strafverschärfend wertete das Gericht dagegen das angesichts seines Bildungsgrades »unwürdige Benehmen«[355] Pücklers sowie seine zahlreichen Vorstrafen. Der Revisionsantrag des Angeklagten wurde vom Reichsgericht in allen Punkten verworfen.[356] Dennoch musste er nicht hinter Gitter, weil sowohl seine Mutter als auch eine in der »Pückler-Vereinigung« aktive Frau von Kleist ein Gnadengesuch an Wilhelm II. richteten, in dem sie auf Pücklers Glauben, zur Rettung Deutschlands berufen zu sein, verwiesen, im Falle der Frau von Kleist auch auf die Notwendigkeit des antisemitischen Kampfes. Obwohl Oberstaatsanwalt Hugo Isenbiel vom Landgericht I Berlin in seiner Stellungnahme Urteil und Strafmaß verteidigte und ebenso wie der Preußische Justizminister die Ablehnung des Gesuchs empfahl, wurde Pückler, offensichtlich dank einflussreicher Fürsprecher am Hof, zu sechs Monaten Festungshaft in Weichselmünde begnadigt.[357] Das war, so der *Hannoversche Courier*, »ein grober *politischer Fehler*«, denn damit liefere »man den Gegnern von Staat und Gesellschaft die wirksamsten Agitations-

353 Ebd., Bl. 189 f.

354 Beide Zitate in »Ein neuer Pückler-Prozeß«, in: *Staatsbürger-Zeitung* vom 12.1.1905 (abends).

355 Urteilsbegründung 12.1.1905, GStA PK, I. HA, Rep. 84a/55754, Bl. 190.

356 Urteil RG 23.5.1905, ebd., Bl. 191 ff.

357 Stellungnahme zum Begnadigungsgesuch EStA LG I Berlin an PJM, 12.9.1905, ebd., Bl. 162–170; Stellungnahme PJM, 31.10.1905, ebd., Bl. 209–216; Geheimes Zivil-Kabinett, 25.11.1905, ebd., Bl. 219; Ordre Wilhelms II., 12.12.1905, ebd., Bl. 220. Die in der Abendausgabe der *Vossischen Zeitung* am 20.12.1905 geäußerte Vermutung, die Begnadigung Pücklers sei auf den Justizminister zurückzuführen, scheint unzutreffend zu sein.

waffen und schafft immer neue Mitläufer der Sozialdemokratie«.[358] Auch die *Vossische Zeitung* kritisierte die Begnadigung Pücklers, weil sie ihn weiter ermuntern und in der Bevölkerung die Achtung vor der Justiz zerstören werde.[359]

Neben der Frage, ob man Pücklers Gewaltrhetorik bildlich oder wörtlich zu verstehen habe, beschäftigte die Gerichtsverhandlung ein zweites, ähnlich wichtiges Thema. Zwar nicht zum ersten Mal, aber in bis dahin nicht gekannter Ausführlichkeit wurde nämlich der Geisteszustand des Grafen erörtert. So erklärte Pückler sich davon überzeugt, dass sein Kampf »eine von Gott gewollte Sache ist«. Nach der Schilderung eines angeblichen Giftanschlags während eines Urlaubs in der Schweiz, der selbstverständlich Teil einer großen, von den Juden angezettelten Verschwörung gegen ihn sei, fragte ihn der Vorsitzende Richter: »Leiden Sie vielleicht an Verfolgungswahn?«, worauf der Angeklagte entrüstet mit »Nicht die Spur!« antwortete, aber zugeben musste, auf Betreiben seiner Verwandtschaft bereits in der Berliner Charité auf seinen Nervenzustand untersucht worden zu sein.[360] Der als Sachverständiger hinzugezogene Psychiater Dr. Hoffmann erklärte Pückler trotz seiner »mystisch-religiösen Anschauungen«[361] für zurechnungsfähig, nicht zuletzt aufgrund seiner planvoll betriebenen Propaganda und der Tatsache, dass er vor Gericht seine antisemitische Überzeugung in maßvollere Worte zu kleiden verstand.

Geradezu leitmotivisch erklang in den Pressestimmen von liberaler und sozialdemokratischer Seite zum Urteil vom 12. Januar 1905 Bedauern darüber, dass die Behörden durch das lange Gewährenlassen Pücklers den Eindruck erzeugt hatten, er stehe über dem Gesetz.[362] Die sozialdemokratische *Volks-Zeitung* argumentierte, dass, solange die Juden verfassungswidrig aus Staatsämtern ferngehalten würden, »sich die antisemitischen Redner und Demagogen immer noch durch die antisemitische Praxis des Staates gedeckt wähnen, […] da ja der Staat ihren Forderungen auf unterschiedliche Be-

358 »Die Begnadigung des Grafen Pückler«, in: *Hannoverscher Courier* vom 30.12.1905 (abends), Hervorhebung original.

359 *Vossische Zeitung* vom 30.12.1905 (abends).

360 Alle Zitate aus dem Prozessbericht in *Im Deutschen Reich*, Jg. 11, Nr. 1 (1905), S. 3.

361 Urteilsbegründung 12.1.1905, ebd., Bl. 185.

362 So z.B. »In einem geordneten Staatswesen«, in: *Königsberger-Hartungsche Zeitung* vom 14.1.1905 (abends).

handlung der Christen und Juden weit entgegenkomme«.[363] Das mache, so die *Berliner Morgenpost*, »die Affäre Pückler« zum »groteskeste[n] Kapitel in der Geschichte des deutschen Antisemitismus«.[364] Die *Berliner Zeitung* sprach von einem »Pückler-Skandal«, der darin bestehe, dass zu Recht nicht nur der Graf, »dieser armselige Mensch«, sondern auch die Behörden verurteilt seien, weil sie »es bis jetzt versäumt haben, dem in zahllosen Fällen von Pückler verletzten Gesetze Geltung zu verschaffen«.[365] Dieser Ansicht schloss sich die *Vossische Zeitung* an, die zusätzlich die Frage nach Pücklers Geisteszustand im Sinne eines *tertium non datur* ansprach: Wenn er gesund sei, gehöre er ins Gefängnis, sei er krank, benötige er einen Aufenthalt in einem Nervensanatorium.[366]

Die Debatte um die geistige Zurechnungsfähigkeit Pücklers war freilich nicht neu. Die sozialdemokratische *Volks-Zeitung* hatte schon im Oktober 1904 »Gleiches Recht für Alle!« gefordert und vor die Alternative Gefängnis oder Sanatorium gestellt, denn ein »Drittes darf es nicht geben im Interesse des *öffentlichen Rechtsbewußtseins*«. Dieser Artikel veranlasste den Innenminister zu der Aktennotiz: »Der Herr muß doch endlich unschädlich gemacht werden, er gehört in ein Irrenhaus. Jetzt wirkt er gemeinschädlich.«[367] Das sah die *Vossische Zeitung* ganz ähnlich, die unter der Überschrift »Was in Berlin möglich ist!« Zitate aus einigen Pückler-Flugblättern wiedergab und jeden Kommentar, der »die Wirkung dieser Kundgebungen nur abschwächen«[368] könnte, für überflüssig erklärte. Diesen Artikel brandmarkte der *Vorwärts* bissig als unbegründete »Nervosität« der Liberalen, denn eine Konfiskation der gräflichen Elaborate »wäre eine *Beleidigung des Ordnungssinnes der Berliner Bevölkerung*«, die sich an den Flugblättern lediglich erheitere. Die Grenze der Verharmlosung der Pückler'schen Agitation hin zum süffisanten Spiel mit antisemitischen Klischees im Dienste parteipolitischer Polemik überschritt der *Vorwärts* jedoch, als er fortfuhr: »Die ›Vossische Zeitung‹ kann des Dreschgrafen wegen ruhig zu Bette gehen; auch braucht sie keinen *semitischen* Re-

---

363 »Graf Pückler«, in: *Volks-Zeitung* vom 13.1.1905 (abends).

364 »Gestern und heut. Glossen zum Pückler-Prozeß« von H. Dt., in: *Berliner Morgenpost* vom 14.1.1905.

365 »Der Pückler-Skandal«, in: *Berliner Zeitung* vom 13.1.1905 (abends).

366 *Vossische Zeitung* vom 14.1.1905 (morgens).

367 »Gleiches Recht für Alle!«, in: *Volks-Zeitung* vom 25.10.1904, Hervorhebung original; Aktennotiz von Sandt, PIM, 25.10.1904, GStA PK, I. HA, Rep. 76 III. Sekt. 1 Tit. XIIIa Nr. 56a, Bd. 1, Bl. 104.

368 »Was in Berlin möglich ist!«, in: *Vossische Zeitung* vom 24.10.1904 (abends).

dakteur in der Befürchtung zu *entlassen*, daß um eines räudigen Schafes willen es ihrem Geldsack im ganzen an den Kragen gehe.«[369]

Das vom Preußischen Innenministerium geforderte »Unschädlichmachen« Pücklers geschah, wie bereits geschildert, im November 1904 zunächst in Form eines allgemeinen Redeverbots, das die *Berliner Zeitung* zwar grundsätzlich begrüßte; sie kritisierte aber, »daß die Polizei viel zu lange gesäumt und die Dinge zu einem Skandal der schlimmsten Art hat auswachsen lassen. [...] Nun dem Faß der Boden ausgeschlagen ist, will man es schleunigst mit Gewalt zustopfen.« Die Schuld an diesem »Pücklerskandal«, so stellte die *Berliner Zeitung* apodiktisch fest, »trägt einzig die Polizei«.[370] Auch der *Vorwärts* hob hervor, dass die Polizei Pückler zu lange habe gewähren lassen, und fügte hinzu, sie habe »kein Recht [...], in der geschilderten Weise zu verfahren. Entweder soll Graf Pückler entmündigt werden oder sich vor Gericht verantworten, wenn man einmal glaubt, seinen Narrheiten staatsgefährliche Bedeutung beilegen zu müssen.«[371] Nachdem das Gericht am 12. Januar 1905 trotz begründeter Zweifel von der geistigen Zurechnungsfähigkeit Pücklers ausgegangen war, stellte sich die Frage, ob ein allgemeines Redeverbot berechtigt sei, tatsächlich neu. Dass die »Pückler-Vereinigung« von Innenminister von Hammerstein die Aufhebung des Redeverbots erbat, da Pückler nicht entmündigt und deshalb »diese Mundtotmachung ein gesetzwidriges Verfahren der preußischen Regierung«[372] sei, dürfte niemanden überraschen. Aber auch die *Berliner Morgenpost* kam zu dem Schluss, dass die Behörde »eine unglückliche Hand« habe, denn »früher ließ sie den Grafen die ärgsten Brandreden halten, ohne einzuschreiten, [...] und jetzt hindert sie ihn, unseres Erachtens ohne gesetzliche Grundlage, am Reden überhaupt«.[373]

Die *Kreuz-Zeitung* wiederum verglich das vermeintliche Gewährenlassen sozialdemokratischer Agitatoren mit dem scharfen Vorgehen gegen Pückler, dessen polizeiliches Redeverbot rechtlich unhaltbar sei, weswegen er nicht völlig zu Unrecht dem Polizeipräsidenten von Borries erklärt habe, er »werde zur Zeit schlechter behandelt als die meisten Anarchisten«.[374] Das gespielte

369 »Nervosität«, in: *Vorwärts* vom 25.10.1905.

370 »Ein Schweigegebot für den Grafen Pückler«, in: *Berliner Zeitung* vom 12.11.1904.

371 »Polizei und Kommers«, in: *Vorwärts* vom 10.12.1904, 2. Beilage.

372 Hermann Mitsching, Vorsitzender der Pückler-Vereinigung, und Hermann Ladewig, Schriftführer, an PIM, 23.2.1905, GStA PK, I. HA, Rep. 76 III. Sekt. Tit. XIIIa Nr. 56a, Bd. 1, Bl. 224.

373 *Berliner Morgenpost* vom 15.2.1905.

374 *Kreuz-Zeitung* vom 9.2.1905 (abends).

Erstaunen der *Kreuz-Zeitung* darüber, dass die Linksliberalen, die doch sonst schnell den Maulkorbvorwurf parat hätten, hier schweigen, spießte die sozialdemokratische *Volks-Zeitung* genüsslich auf. Ungeachtet seiner pseudorevolutionären Rhetorik sei Pückler nämlich ein durch und durch Konservativer, der nur die als störend empfundene »Angewohnheit zu großer Deutlichkeit in der Vertretung der konservativ-antisemitischen ›Weltanschauung‹« habe. Da das Redeverbot Pückler vor dem Kerker und den konservativen Antisemitismus vor der Bloßstellung durch den Grafen schütze, sei Polizeipräsident von Borries in Wahrheit dessen »Schutzengel«, denn die Radikalität Pücklers beweise nur, »daß der konservativ-antisemitische Staatsgedanke, bis in seine letzten Konsequenzen bloßgelegt, an *seiner eigenen Unvernunft zu Grunde gehen muß*. Es ist im öffentlichen Interesse bedauerlich, daß dem edlen Grafen diese Beweisführung durch das Vorgehen des Berliner Polizeipräsidenten *abgeschnitten* ist.«[375] Diese Überlegungen mochten nicht ohne einen wahren Kern sein, aber auch sie opferten die Schutzinteressen der jüdischen Minderheit, von denen hier mit keinem Wort die Rede war, der Auseinandersetzung mit dem politischen Gegner.

Das Urteil vom 12. Januar 1905 war noch in einer anderen Hinsicht folgenreich, denn durch die unmissverständliche Kritik des Vorsitzenden Richters Kanzow an der Zurückhaltung der Polizei gegenüber Pückler war die Exekutive unter öffentlichen Druck geraten, der durch verschiedene Zeitungsberichte weiter zunahm. Im Februar 1905 hatte Pückler in einer Versammlung Herzog Günther von Schleswig-Holstein wegen seiner Kontakte zu Juden als Beispiel für »das gewissenlose Treiben der deutschen Fürsten« angeprangert, die »wieder patriotisch werden« müssten, »sonst sollte sie der Deubel holen«.[376] Der Potsdamer Regierungspräsident musste gegenüber dem Innenministerium eingestehen, dass diese Versammlung gemäß der ministeriellen Weisung gar nicht hätte genehmigt werden dürfen. »Als sie aber zugelassen war«, so von Hardenberg an den Regierungspräsidenten von der Schulenburg weiter, »wäre es Pflicht des überwachenden Beamten gewesen, den Grafen Pückler an der Fortsetzung seiner aufreizenden Rede sofort zu

375 »Pücklers Schutzengel«, in: *Volks-Zeitung* vom 10.2.1905 (abends), Hervorhebungen original.

376 Rede Pücklers »Das schlafende Berlin« am 10.1.1905 in Potsdam, zit. nach dem Polizeiprotokoll, GStA PK, I. HA, Rep. 76 III. Sekt. 1 Tit. XIIIa Nr. 56a, Bd. 1, Bl. 219 ff., hier: Bl. 220.

hindern. Ich habe das Verfahren der Polizeibeamten gerügt.«[377] In einem zusammenfassenden Bericht in den Akten des Innenministeriums wurde festgehalten, dass es keine rechtliche Handhabe für die unmittelbare Beschlagnahme der Flugblätter gemäß Paragraph 23 Pressegesetz gebe; dagegen sei »den Ausschreitungen des Grafen P. in Versammlungen stets mit Nachdruck begegnet worden«. Zudem, so hieß es in diesem Bericht, sei der in den Flugblättern verbreitete Text oft nicht wörtlich auf der Versammlung gesprochen worden; es findet sich aber das Eingeständnis, dass die Polizei »solche Reden nicht hätte dulden dürfen«.[378] Aufgrund der voneinander abweichenden Ansichten über Pücklers Zurechnungsfähigkeit sei auch das polizeiliche Vorgehen gegen ihn uneinheitlich, Kritik daran aber unangemessen. Ungeachtet dieser verhaltenen Selbstkritik musste das Innenministerium gut zwei Wochen später erneut seine Missbilligung darüber aussprechen, dass Pückler-Versammlungen trotz reichlich gegebener Anlässe nicht aufgelöst worden seien.[379] Nachdem Pücklers Revision gegen das Urteil vom 12. Januar am 23. Mai 1905 vom Reichsgericht verworfen worden war und der Schuldspruch dadurch Rechtskraft erlangt hatte, musste bei der juristischen Beurteilung Pücklers von seiner geistigen Zurechnungsfähigkeit ausgegangen werden. Damit entfiel endgültig die ohnehin fragliche Rechtsbasis für das allgemeine Redeverbot, das deshalb Mitte Juni vom neuen Preußischen Innenminister, dem späteren Reichskanzler Theobald von Bethmann Hollweg, aufgehoben wurde.[380]

Der Ton zwischen dem Innenministerium und dem Polizeipräsidium in Berlin verschärfte sich zusehends in den folgenden Wochen. Anlass dazu gab ein Schreiben des Centralvereins an das Polizeipräsidium in Berlin, in dem er die Beschlagnahme eines Pückler-Flugblattes verlangte, weil es »in der denkbar unzweideutigsten Sprache zu Gewalttätigkeiten gegen die Juden« auffordere; da das Polizeipräsidium jedoch keine wörtlich gemeinte Gewaltaufforderung darin erblickte, wies es den Antrag ab.[381] Nun beschwerte sich der CV beim Innenministerium über das Verhalten des Polizeipräsidiums

377 RP Potsdam an PIM, 8.2.1905, ebd., Bl. 214.

378 Handschriftlicher, undatierter und nicht unterzeichneter Bericht, Überschrift »Graf Pückler«, ebd., Bl. 69–73, hier: Bl. 69 u. Bl. 70. Dieser Bericht könnte von Polizeipräsident von Borries stammen, was der das Vorgehen der Polizei verteidigende Tenor vermuten lässt.

379 PIM an RP Potsdam, 26.2.1905, ebd., Bl. 223.

380 PIM an Pückler und Polizeipräsident Berlin, 17.6.1905, ebd., Bl. 254 ff.

381 CV Berlin an Polizeipräsident Berlin, 23.6.1905, ebd., Bl. 289 f., hier: Bl. 289; Polizeipräsident Berlin Abt. VII an CV, 27.6.1905, ebd., Bl. 282.

Berlin, welches »in gewalttätig und verbrecherisch veranlagten Menschen die Auffassung« hervorrufen müsse, »dass die empfohlenen verbrecherischen Handlungen in diesem Falle nicht den gleichen Repressiv- und Strafmassregeln unterliegenm [*sic*] die man Seitens der Kgl. Preussischen Behörden verbrecherischen Strömungen der öffentlichen Ordnung gegenüber gewohnt ist«. Die Erklärung, Pücklers Ausführungen seien nur bildlich gemeint, hielt der CV »geradezu für eine strafrechtliche Monstrosität«.[382]

Diese Argumentation machte sich das Innenministerium in einem erneuten Schreiben an den Berliner Polizeipräsidenten zu eigen,[383] auf das Borries abermals verteidigend antwortete. Insbesondere verwies er auf die rechtlichen Probleme bei der Anwendung des Paragraphen 23.3 Pressegesetz, das von den Gerichten streng interpretiert werde, weswegen die Staatsanwaltschaft darum ersucht habe, wenig Gebrauch von ihm zu machen. Wie blank die Nerven im Innenministerium inzwischen lagen, verrät eine Marginalie Sandts. Als Borries versicherte, die überwachenden Beamten im Sinne des Erlasses vom 14. Juli 1905 zu strenger Anwendung des Versammlungsrechts instruiert zu haben, schrieb Sandt dazu: »Dessen Inhalt ich dem Pol. Präsidenten auch mündlich wiederholt habe«.[384] Aus diesen Zeilen geht hervor, dass das Innenministerium das Verhalten des Polizeipräsidiums in Wirklichkeit missbilligte, es gleichwohl nach außen deckte – und folglich den Antrag des CV zurückwies.[385] So differenziert sich das Bild, wenn man nach der Wirksamkeit der Lobbyarbeit des CV fragt. Nach *außen* musste es so scheinen, als ob sie an der Arroganz der Exekutive abprallte, doch enthüllt der genauere Blick, dass es keine einheitliche Lageeinschätzung und Verhaltensweise »der Exekutive« gab. Es war durchaus offen, ob die fortdauernde Missachtung des Schutzbedürfnisses der Juden oder ein größeres Verständnis dafür die weitere Entwicklung bestimmen würde.

Aufschlussreich ist in diesem Zusammenhang auch die Reaktion des Gerichts und des Justizministeriums auf einen Vorfall, bei dem Pückler im November 1904 selbst Opfer eines tätlichen Angriffs wurde. Ein Frankfurter Juwelenhändler hatte, vom Anblick des Agitators erregt, den Grafen mit einem Schlagring niedergestreckt. Für diese schwere Körperverletzung wurde Leopold Levi zu relativ mäßigen drei Monaten Gefängnis verurteilt, weil die

382 CV Berlin an PIM, 10.7.1905, ebd., Bl. 279 ff., hier: Bl. 280 (alle Zitate).

383 PIM an Polizeipräsident Berlin, 14.7.1905, ebd., Bl. 273.

384 Polizeipräsident Berlin an PIM, 24.7.1905, ebd., Bl. 276 ff.; Kommentar von Sandts, ebd., Bl. 277.

385 PIM an CV, 5.8.1905, ebd., Bl. 295.

Strafkammer dem Angeklagten zugutehielt, »daß ihn die Aufreizungen des Grafen Pückler in seinen Flugblättern gegen seine jüdischen Glaubensgenossen, sowie die Postkarten der Verehrer desselben in Zorn versetzt und den angesammelten Explosivstoff zur Entladung gebracht haben«.[386] Als Levi schließlich um die gnadenweise Umwandlung der Haft- in eine Geldstrafe bat, wurde ihm diese gewährt. Oberstaatsanwalt Isenbiel zeigte in seiner befürwortenden Stellungnahme viel Verständnis für Levi, der »vielleicht das Bestreben nicht unterdrücken [konnte], dem Grafen Pückler gegenüber das Faustrecht in Anwendung zu bringen, welches dieser so vielfach im Kampfe gegen die Juden empfohlen hatte«.[387]

Im Fall des Grafen Pückler waren es die immer stärker in den Vordergrund rückenden vulgärsozialistischen Aspekte seiner Agitation, die schließlich den Ausschlag dafür gaben, ihn aus dem Verkehr zu ziehen. In einem Flugblatt vom Januar 1905 kündigte er an, er wolle »den sozialistischen Zukunftsstaat proklamieren auf den Trümmern der verfaulten Gesellschaft, aber mit einem verständigen sozialen Kaiser an der Spitze«.[388] Diesen Ton schlug er auch in der einzigen Ausgabe seiner Zeitschrift *Der Retter aus der Judennot. Wochenschrift für nationalen Sozialismus und reines Deutschtum* an, die auf eine Anzeige des CV hin als grober Unfug konfisziert wurde – gegen Pücklers Beschwerde, die der Oberpräsident der Provinz Brandenburg abwies.[389] Den Bericht in der *National-Zeitung* im Juli 1905, vor dem Grafen sei »ein blutrotes, aus Kartonpapier« gefertigtes Banner mit der Aufschrift »Deutschland, Deutschland über alles« und »Des Kaisers Freund, der Juden Feind!« hergetragen worden, kommentierte der Innenminister mit den Worten: »Die Polizei soll Pückler scharf auf die Finger fassen«.[390]

Obwohl Wilhelm II. Pücklers Gefängnisstrafe in Festungshaft umgewandelt hatte, zeigte sich der so schonend Behandelte ausgesprochen undankbar, indem er in seinen Reden zunehmend den Kaiser ins Visier nahm und sich die Kritik des Kleinadels an dessen angeblich die Großbourgeoisie und rei-

386 Urteil LG I Berlin 2.6.1905, GStA PK, I. HA, Rep 84a/57728, unpaginiert.

387 EStA LG I Berlin an PJM, 31.7.1906, ebd.; Wilhelm II. an PJM, 3.9.1906, ebd.

388 »Graf Pücklers neueste Rede«, in: *Berliner Tageblatt* vom 9.1.1905, 1. Beiblatt.

389 Vgl. »Geschichten vom Grafen Pückler«, in: *Berliner Tageblatt* vom 23.1.1905; *Deutsche Tageszeitung* vom 1.2.1905 (abends), 1. Beiblatt; *Berliner Tageblatt* vom 10.2.1905; *Volks-Zeitung* vom 1.3.1905 (abends).

390 »Graf Pückler mit der roten Fahne«, in: *National-Zeitung* vom 12.7.1905 (abends); handschriftlicher Kommentar GStA PK, I. HA, Rep. 76 III. Sekt. 1 Tit. XIIIa Nr. 56a, Bd. 1, Bl. 3.

che Juden begünstigender Politik zu eigen machte, ihn gar als hilflose Marionette dieser Kreise schilderte.[391] Um das Maß voll zu machen, nutzte er einen großzügig bemessenen Hafturlaub dazu, wieder Versammlungen abzuhalten, was die liberale Presse zu der bangen Frage veranlasste, ob »die preußische Staats- und Rechtsgewalt einfach kapituliert habe vor diesem rasenden Prügelritter«.[392] Zwar erwog Oberstaatsanwalt Isenbiel die Rücknahme des Urlaubs, verzichtete aber »mit Rücksicht auf Angehörige«[393] darauf. Erst als sich Pückler ins Waldsanatorium Schwarzeck bei Blankenburg in Thüringen zur Kur zurückzog, wurde sein erneutes Gesuch auf Urlaubsverlängerung abgelehnt – und als er wahrhaftig wieder auf einer Versammlung in Berlin sprechen wollte, seine zwangsweise Einlieferung nach Weichselmünde verfügt, die kurz darauf erfolgte.[394] Der Centralverein hatte in einer neuerlichen Eingabe an das Preußische Innen- und Justizministerium gegen das Gewährenlassen Pücklers protestiert. Der neue Preußische Justizminister von Beseler missbilligte ausdrücklich, dass die Urlaubsbewilligung nicht unverzüglich zurückgenommen wurde, »als zur Kenntnis der Staatsanwaltschaft gelangte, daß Graf Pückler den ihm gewährten Urlaub mißbrauchte«;[395] auch bei Polizeipräsident von Borries traf der CV auf mehr Entgegenkommen als noch ein Jahr zuvor, weil das »sattsam bekannte Auftreten des Grafen […] an Schärfe und Ziellosigkeit noch zugenommen« habe und er »ganz zur Sozialdemokratie abzuschwenken«[396] scheine. Tatsächlich legte Pückler in seinen letzten von ihm veröffentlichten Flugblättern im Sommer 1907 »die Errettung des Vaterlandes aus den schmachvollen Ketten des Judenthums« in die »reinen Hände des Volkes«. Nicht nur »gegen die hässlichen und vollgefressenen Ramsch- und Abzahlungsjuden«, sondern »auch gegen die gewissenlosen Höflinge, gegen die verlumpte und verbummelte Hofgesellschaft […] gegen die Moltkes, die Eulenburgs, die Hohenaus, die Hül-

391 Vgl. Malinowski, »Vom blauen zum reinen Blut«, S. 156 ff.; es scheint plausibel, wenn auch nicht beweisbar, dass Pücklers Wendung gegen Wilhelm II. durch Reventlows 1906 erschienenes Buch *Kaiser Wilhelm und die Byzantiner* beeinflusst wurde.

392 »Der Pücklerskandal und die Staatshoheit«, in: *Danziger Zeitung* vom 7.7.1906 (morgens); ähnlich *Frankfurter Zeitung* vom 30.6.1906 (abends).

393 EStA LG I Berlin an PJM, 2.7.1906, GStA PK, I. HA, Rep. 84a/55754, Bl. 236.

394 EStA LG I Berlin an PJM, 10.7.1906, ebd., Bl. 246.

395 PJM an EStA LG I Berlin, 7.7.1906, ebd., Bl. 238; CV an PIM/PJM, 21.6.1906, ebd., Bl. 240 f.

396 Zitate Polizeipräsident Berlin an EStA LG I Berlin, 1.6.1906, GStA PK, I. HA, Rep. 76 III. Sekt. 1 Tit. XIIIa Nr. 56a, Bd. 1, Bl. 338. Zur CV-Eingabe vgl. CV an PIM, 21.6.1906, ebd., Bl. 335 f.; Polizeipräsident Berlin an PIM, 10.7.1906, ebd., Bl. 333 f.

sens, die Stuckrads und wie sie alle heissen, diese elenden Jammergestalten, diese Schandbuben«,[397] sollte dieses Volk nunmehr kämpfen. Dadurch schloss er sich auf seine sehr eigene Art dem kaiserkritischen Skandaldiskurs jener Jahre an, der durch Schriften wie Paul Limans *Der Kaiser: Ein Charakterbild Wilhelms II* von 1904 oder Ernst Graf zu Reventlows *Kaiser Wilhelm II. und die Byzantiner* von 1906 zunehmend in Fahrt kam und schließlich in den »Harden-Eulenburg-Prozessen« und der »*Daily Telegraph*-Affäre« eskalierte.[398]

Für seine zur Schau gestellte Verachtung nicht nur der Justiz, sondern auch der Person des ihn begnadigenden preußischen Königs zahlte Pückler einen hohen Preis, denn als er am 20. Oktober 1906 zu nunmehr drei Monaten Gefängnis verurteilt und der Revisionsantrag vom Reichsgericht am 15. Januar 1907 verworfen wurde, blieb ein neuerlicher Gnadenantrag fruchtlos. Der gräfliche Agitator musste seine Haftstrafe vom 25. Februar bis 25. Mai 1907 in Berlin-Tegel absitzen, an die sich aufgrund eines Urteils des Landgerichts I Berlin vom 15. März 1907 noch ein weiterer Monat in Moabit anschloss.[399] Dennoch blieb die Frage ungeklärt, ob man Pückler als strafmündig oder unzurechnungsfähig einzuschätzen habe, was die *Kölnische Volkszeitung* scharf kritisierte. Zwar äußerte sie zunächst Verständnis für das Verhalten der Behörden, weil diese es satt seien, »den Grafen Pückler alle paar Wochen vor Gericht zu stellen«, und ihm deshalb das Reden verbieten, »damit er keine neuen Straftaten begeht«. Gleichwohl fehle es hier an »Logik und Einheitlichkeit und darum auch der Gerechtigkeit«, denn man »darf keinen Menschen wegen Beleidigung einsperren, der irrsinnig ist, und man darf keinem Staatsbürger, der vom Gericht für geistig gesund erklärt und deshalb bestraft ist, das Reden in öffentlichen Versammlungen verbieten«.[400]

Trotz solcher Appelle an das Gebot der Gleichbehandlung und Wahrung der staatsbürgerlichen Rechte auch von Personen wie dem »Dreschgrafen« zog sich in diesen Monaten die Schlinge spät, aber unerbittlich um Pückler zu, denn im Juni 1907 attestierte ihm der gerichtliche Gutachter Kurt Strauch, Privatdozent und später außerordentlicher Professor an der Fried-

397 Alle Zitate undatiertes [ca. Juni 1907] Flugblatt *Letzte Rede des Grafen Pückler! Die verfaulte Gesellschaft!*, ebd., Bd. 2, Bl. 17.

398 Vgl. Kohlrausch, *Monarch im Skandal*, S. 156–301.

399 Aktennotiz PIM, November 1907, GStA PK, I. HA, Rep. 76 III. Sekt. 1 Tit. XIIIa Nr. 56a, Bd. 2, Bl. 60; EStA LG I Berlin an PJM, 25.5.1907, GStA PK, I. HA, Rep. 84a/55755, Bl. 97.

400 »Graf Pückler«, in: *Kölnische Volkszeitung* vom 3.7.1907.

rich-Wilhelms-Universität zu Berlin, »ein Phantast, ein geistesgestörter Mensch« zu sein, der sich »in einem die freie Willensbestimmung ausschliessenden Zustand krankhafter Störung der Geistestätigkeit«[401] befinde. Das Medizinal-Kollegium der Provinz Brandenburg bestätigte diese Einschätzung mit seiner Diagnose, dass Pückler mindestens seit 1904, wahrscheinlich jedoch schon sehr viel länger, an chronischer Paranoia mit hochgradigem Schwachsinn und Erregungszuständen leide und folglich geisteskrank im Sinne des Paragraphen 51 StGB sei.[402] Kurz vor Weihnachten 1907 wurde Pückler von der Anstalt in Dalldorf, wohin er Ende November verbracht worden war, in die Anstalt Neufriedenheim bei München überstellt.[403] Das Amtsgericht Glogau entmündigte ihn schließlich Anfang Juli 1908 und bestimmte als Vormünder seinen Rechtsanwalt Müller und seinen Bruder, Hofmarschall Maximilian Graf Pückler zu Rogau-Rosenau.[404]

Pücklers Voraussage, er werde aufgrund seines Kampfes gegen die Juden »entweder im Irrenhaus oder im Gefängnis endigen«,[405] erfüllte sich im Sinne eines Sowohl-als-auch. An Pückler hat sich einmal mehr die spezifisch ambivalente Haltung der politischen und gesellschaftlichen Eliten gegenüber dem Antisemitismus gezeigt. Einerseits genoss der »Dreschgraf« lange Zeit Protektion, so dass er sich in seinem Wahn bestätigt fühlen konnte, über dem Gesetz zu stehen. Andererseits nutzte ihm seine Herkunft zu dem Zeitpunkt nichts mehr, als er die rote Linie überschritten hatte. Diese Linie war freilich nicht um die angegriffenen Juden gezogen, sondern um das Allerheiligste des Reiches, die Autorität des Staates, zumal die Monarchie und die Person des Kaisers. Der *Vorwärts* hatte Ende November 1907 nicht ganz unrecht mit seiner Feststellung: »So lange Pückler bloß gegen die Juden hetzte und in gemeinster Weise den Klassenhaß predigte, durfte er seinen Gefühlen fast ungehindert jahrelang freien Lauf lassen. Nachdem aber die höchste Per-

401 Gutachten Gerichtsarzt Dr. Strauch an Untersuchungsrichter LG I Berlin, 24.6.1907, GStA PK, I. HA, Rep. 84a/55755, Zitate Bl. 141 u. Bl. 143.

402 Obergutachten Kgl. Medizinal-Kollegium der Provinz Brandenburg, Mayer, 15.1.1908, ebd., Bl. 159–195.

403 Polizeipräsident Berlin an PIM, 22.11.1907, GStA PK, I. HA, Rep. 76 III. Sekt. 1 Tit. XIIIa Nr. 56a, Bd. 2, Bl. 62: Meldung der tags zuvor erfolgten Verhaftung Pücklers.

404 AG Glogau, Entmündigung Pücklers gem. Paragraph 6 BGB, 4.7.1908, GStA PK, I. HA, Rep. 84a/55755, Bl. 198–201; Polizeipräsident Berlin an PIM, 9.10.1908, GStA PK, I. HA, Rep. 76 III. Sekt. 1 Tit. XIIIa Nr. 56a, Bd. 2, Bl. 70.

405 *Tägliche Rundschau* vom 6.12.1904 (abends), Wiedergabe einer Rede Pücklers tags zuvor in Potsdam.

son im Lande angegriffen worden ist, wird der längst Verrückte im Handumdrehen kaltgestellt.«[406] Das »im Handumdrehen« stellte eine polemische Überspitzung dar. Wie wir gesehen haben, gab es durchaus Tendenzen, zu einer Zeit, als er noch ausschließlich gegen die Juden hetzte, energischer gegen Pückler vorzugehen. Dennoch – der Umgang mit diesem Fall war gewiss kein Ruhmesblatt der deutschen Justiz.

5. Reaktionen – Diskussionen – Perspektiven 1879–1914

5.1. Juristische Probleme und Entwicklungen

In den vorausgehenden Fallbeispielen ist immer wieder eine Reihe juristischer Probleme zutage getreten. Unser erster Blick soll dem »Klassenkampfparagraphen« 130 StGB gelten. Die Reichskriminalstatistik weist hierzu sehr unterschiedliche Verurteilungsziffern aus, die zwischen zwei Fällen 1885, 44 Fällen 1888, 61 Fällen 1894 und jeweils sieben Fällen 1900, 1901, 1903 und 1904 schwankten.[407] Diese Statistik lässt Aussagen über die Gründe für die Verurteilungen nicht zu; die überwiegende Mehrzahl richtete sich jedoch gegen die Arbeiterbewegung, während nur eine verschwindend geringe Anzahl Urteile gegen Antisemiten erging.[408]

Die vordringlichste juristische Streitfrage lautete, ob die Juden eine »Klasse der Bevölkerung« im Sinne des Paragraphen 130 StGB darstellen. Der Begriff »Klasse« war weniger klar als die Wendung »Angehörige des Staates« im Preußischen Strafgesetzbuch von 1851. Um von einer »Klasse« zu sprechen, reichte es dem Reichsgericht nicht aus, dass Einzelne oder zufällig Anwesende gegeneinander angereizt werden.[409] 1892 definierte es »Klasse« als die »auf dem Boden der *Gesellschaft* emporgewachsenen, nach Besitz, Beruf, Beschäftigung und Gewerbe, Bildung und Herkommen geschiedenen, natürlichen Gliederungen des Volksorganismus«;[410] auch »eine Gliederung nach anderen Gesichtspunkten, beispielsweise nach übereinstimmenden Be-

406 »Entmündigung des Grafen Pückler«, in: *Vorwärts* vom 28.11.1907, 3. Beilage.
407 Krone, *Volksverhetzung*, Tabelle S. 5.
408 Bei einer Auswertung der *Abwehrblätter* kam Rohrßen, *»Anreizung«*, S. 86, Anm. 193, für die Jahre zwischen 1893 und 1905 zu diesen Zahlen.
409 *RRGSt*, Bd. 9, S. 458 f., 23.9.1887, hier: S. 458.
410 *ERGSt*, Bd. 22, S. 293 ff., 4.1.1892, hier: S. 294, Hervorhebung original.

strebungen und Interessen«,[411] schloss das Reichsgericht in einem anderen Urteil wenig später nicht grundsätzlich aus. Es dauerte bis zu dem in seiner grundlegenden Bedeutung bereits hervorgehobenen »Pückler-Urteil« von 1899, ehe den deutschen Juden ausdrücklich bescheinigt wurde, eine Klasse der Bevölkerung im Sinne des Paragraphen 130 StGB zu sein. Anders als die Antisemiten es gern drehen wollten, konstatierte dieses Urteil gerade *nicht*, dass die Juden keine Deutschen seien; vielmehr setzte es genau das voraus. Dass nämlich »der Ausdruck ›Klassen der Bevölkerung‹ die auf der Gleichheit des religiösen Bekenntnisses beruhenden Personenverbindungen umfaßt, ist in Hinblick auf die Fassung, Entstehung und den erkennbaren Zweck des Gesetzes nicht zu bezweifeln«, da war sich das Reichsgericht sicher; um so weniger, fuhr es fort,

»kann daher beabsichtigt sein, den durch die Verschiedenheit der Religion begründeten Gliederungen der Bevölkerung den Schutz zu versagen […], zumal gerade das religiöse Gebiet dasjenige ist, auf welchem von jeher Aufreizungen zu den gefährlichsten Angriffen gegen die öffentliche Ordnung und zu den bedauerlichsten Störungen des öffentlichen Friedens geführt haben«.[412]

Auch in der Frage, ob es zu einer tatsächlichen Störung des inneren Friedens gekommen sein muss, war die Rechtsprechung des Reichsgerichts relativ einheitlich. So stellte es 1880 fest, dass der Paragraph 130 nur »fordert, daß das angewandte Mittel an sich zur Gefährdung des Friedens geeignet gewesen sei, aber nicht, daß es im konkreten Fall seinen Zweck realisiert und eine wirkliche Gefahr des öffentlichen Friedens hervorgerufen habe«.[413] Was den »öffentlichen Frieden« ausmacht, definierte das Reichsgericht ein Jahr später: Dieser bestehe

»in dem Zustand des beruhigenden Bewußtseins der Staatsangehörigen, in ihren berechtigten Interessen genügend geschützt zu sein und zu bleiben. Gestört ist sonach der öffentliche Friede, wenn dieser Zustand der Beruhigung sich in einen Zustand der Beunruhigung umgewandelt hat, gefährdet aber schon dann, wenn die Möglichkeit dieser Umwandlung vorliegt«.[414]

Die Bedeutung des schon bei der Beratung des Strafgesetzbuchs von 1871 im Reichstag des Norddeutschen Bundes umstrittenen Wortes »Gewalttätigkei-

411 Ebd., Bd. 26, S. 63–66, 29.7.1894, hier: S. 65.

412 Alle Zitate ebd., Bd. 32, S. 352 f., 10.11.1899, hier: S. 353.

413 Ebd., Bd. 2, S. 431–435, 10.11.1880, hier: S. 433.

414 *RRGSt*, Bd. 3, S. 632 ff., 24.10.1881, hier: S. 633; ähnlich ebd., Bd. 8, S. 109–112, 9.2.1886; ebd., S. 783 ff., 22.12.1886, hier: S. 784.

ten« wurde in einer Reichsgerichtsentscheidung von 1884 noch großzügiger gefasst. Sie besagte, dass die Absicht des Täters nicht »auf die Gefährdung des öffentlichen Friedens und auf die Herbeiführung von Gewaltthätigkeiten zwischen verschiedenen Klassen der Bevölkerung gerichtet« sein muss. Es genüge vielmehr, dass ein Agitator »sich bewußt ist, daß derjenige Erfolg, von dem das Gesetz die Strafbarkeit abhängig macht, durch seine Handlung herbeigeführt werden könne« und er »mit diesem Erfolge, wenn er eintritt, einverstanden ist«.[415] Ein weiteres Urteil von 1888 beschritt beherzt den Weg der in die Zukunft gerichteten Generalprävention, indem es klarstellte, dass es »gerade den gefährlichsten Fall« berücksichtigt wissen wollte, wenn »der Anreiz darauf berechnet war, zwar nicht sofort [...], wohl aber bei einem künftig sich darbietenden günstigen Anlasse Gewaltthätigkeiten hervorzurufen«;[416] sieben Jahre später genügte es dem Reichsgericht sogar schon, wenn eine Stimmung erzeugt wurde, »die, unbestimmt wann und auf welchen Anlaß hin, früher oder später den öffentlichen Frieden unter den Bevölkerungsklassen zu erschüttern angethan war«.[417]

Die genannten Reichsgerichtsurteile zur Frage, wie konkret die »Aufreizung zu Gewalttätigkeiten« sein müsse, waren entweder mit der Sozialdemokratie oder mit der polnischsprachigen Minderheit in Preußens Osten verknüpft. Erst im zweiten, auf Pückler Bezug nehmenden Urteil von 1901 kam die antisemitische Bewegung direkt ins Spiel. Indem es die bisherige Rechtsprechung fortführte, konstatierte das Reichsgericht abermals, dass schon die Möglichkeit künftiger Unruhen ausreiche. Außerdem stellte es klar, dass die Wirkung antisemitischer Reden auf die Christen nicht der einzige Bewertungsmaßstab sei: »die Klasse, die das Opfer der Gewaltthätigkeiten werden soll, zu denen angereizt wird, *kann* sich in den Empfindungen geschützten, befriedeten Zusammenlebens auch dann beunruhigt fühlen, wenn die Anreizung bei derjenigen Klasse, an die sie gerichtet ist, auf unfruchtbaren Boden fällt«.[418] Damit wies das Reichsgericht ausdrücklich die von Pückler und anderen Antisemiten gern vorgebrachte und von vielen Gerichten willig aufgenommene Ausrede zurück, die Gewaltrhetorik sei rein bildlich zu verstehen und werde von den nichtjüdischen Zuhörern auch so aufgefasst, was dadurch bewiesen sei, dass es zu keinen Ausschreitungen komme.

415 Alle Zitate *ERGSt*, Bd. 9, S. 417 ff., 8.1.1884, hier: S. 419.
416 Ebd., Bd. 17, S. 309 ff., 17.4.1888, hier: S. 311.
417 Ebd., Bd. 26, S. 349 ff., 7.1.1895, hier: S. 350 f.
418 Ebd., Bd. 34, S. 268–271, 31.5.1901, hier: S. 271.

Mit diesem Urteil hatte das Reichsgericht eine große Sensibilität für die Schutzbedürfnisse einer angefeindeten Minderheit bewiesen, allerdings um den Preis einer nach wie vor obrigkeitsstaatlichen Interpretation des Paragraphen 130, da seine Rechtsprechung das Kriterium des tatsächlichen Erfolgs einer Agitation fast ganz beiseiteließ. In die Spruchpraxis der Gerichte fand dieses Denken freilich nur langsam Eingang, doch ist eine solche Diskrepanz zwischen höchstinstanzlicher Vorgabe und ihrer Umsetzung durch die nachgeordneten Gerichte keine Besonderheit des Kaiserreichs.

Bemerkenswerterweise hat sich die wissenschaftliche juristische Literatur mit dem Paragraphen 130 StGB lange Zeit kaum beschäftigt; erst nach der Jahrhundertwende bahnte sich langsam eine Änderung an. Wie Parmod zehn Jahre zuvor, monierte Ludwig Weil 1905 die ungleichmäßige Anwendung des »Klassenkampfparagraphen« durch die Gerichte. Zusätzlich sprach er ein Thema an, das bis heute seine Relevanz nicht verloren hat. »Das höchste Gut der Gesellschaft, *ihr* Rechtsgut, ist der Friede in ihr«, stellte Weil apodiktisch fest, um dann zu präzisieren, dass er nicht Frieden »im Sinne eines tatenlosen Quietismus« meine, denn ohne »Meinungsstreit ist Fortschritt undenkbar«. Allerdings dürfe der Kampf »nur mit geistigen Waffen und nur in den Grenzen des Gesetzes ausgetragen werden«, weil »Attentate auf den öffentlichen Frieden […] Krieg im eigenen Vaterland, geführt vom ›inneren Feind‹«, bedeuten würden; sollten in der Folge Recht und Gesetz »zu Boden getreten« werden, würde hierdurch »die Autorität der Staatsgewalt und damit das Vertrauen auf sie«[419] vernichtet.

Ähnlich sah der Strafrechtler Robert von Hippel diese delikate Balance zwischen Friedenswahrung einerseits und den Bedürfnissen einer pluralistischen, Konflikte öffentlich austragenden politischen Kultur andererseits, wenn er »Kämpfe zwischen verschiedenen Teilen oder Klassen der Bevölkerung« als »an sich weder bedauerlich noch erfreulich« bezeichnete, da sie »aus edlen oder unedlen Motiven hervorgehen« und folglich »ein Hebel des Fortschritts oder des Rückschritts sein« können. Das Strafrecht dürfe daher »nicht generell den Klassenkampf als solchen treffen. Andernfalls läuft es Gefahr, durch Bestrafung auch berechtigten Verhaltens selbst aufreizend statt schützend zu wirken und überdies durch unzweckmäßige Schaffung von Märtyrern den Kampf zu fördern.«[420] Die juristische Fachliteratur setzte

419 Alle Zitate Weil, *Aufreizung*, S. 3 f., Hervorhebung original.
420 Hippel, »Anreizung«, S. 60 f.

sich mit dem Konflikt zwischen Friedenswahrung und Meinungsfreiheit differenziert auseinander und versuchte, das autoritäre Erbe des Paragraphen 130 zu entschärfen. Das führte zu Kritik an der restriktiven Interpretation des Reichsgerichts, welches allerdings, wie gezeigt, den Schutzbedürfnissen der Juden *in diesem Punkt* faktisch, wenn auch wohl nicht intentional, weit entgegengekommen war.

Eine Entschärfung des Paragraphen 130 avisierten auch die Autoren des Gegenentwurfs zum Vorentwurf eines novellierten deutschen Strafgesetzbuchs, die für einen künftigen Paragraphen 186, »Aufreizung von Bevölkerungsklassen gegeneinander«, vorsahen, dass es zu einer tatsächlichen Friedensstörung kommen müsse, die bloße Gefährdung dagegen nicht ausreiche. Dadurch wollten sie »der Gefahr einer zu weit gehenden Anwendung des Paragraphen«[421] vorbeugen – was aus liberaler Perspektive zwar nachvollziehbar und im Hinblick auf die Maßregelung der Arbeiterbewegung oder nationaler Minderheiten durchaus gerechtfertigt schien; zugleich erwuchs aus dem Wunsch nach möglichst großzügiger Handhabung der Meinungsfreiheit jedoch ein kaum lösbarer Konflikt mit dem Wunsch nach Schutz von Minderheiten. Das hätte insbesondere für die Juden gegolten, da die Antisemiten ja meist beteuerten, keineswegs gewaltsam, sondern »rein gesetzmäßig« zur »Lösung der Judenfrage« schreiten zu wollen.

Nähme man allein die Anzahl der juristischen Dissertationen und anderer Fachpublikationen als Maßstab, drängte sich der Schluss auf, für das Kaiserreich hätten die Probleme der »Gotteslästerung« und der Wahrung des Religionsfriedens eine alles überragende Bedeutung gehabt. Eindeutig im Vordergrund standen dabei jedoch die beiden christlichen Konfessionen, während das Judentum nur selten explizit behandelt wurde. Die Frage, ob der jüdische Gottesbegriff und die jüdische Religionsgemeinschaft durch den Paragraphen 166 StGB mit geschützt seien, war durch die Paragraphen 35 und 37 des »Gesetzes über die Verhältnisse der Juden« vom 23. Juli 1847 in Preußen eindeutig bejaht worden. Seitdem war sie als eine mit Korporationsrechten ausgestattete Religionsgesellschaft anerkannt. Daher hat das Reichsgericht 1882 unter Zurückweisung eines Revisionsantrags des unter dem Pseudonym Heinrich Naudh bekannten Antisemiten Heinrich Nordmann folgerichtig festgestellt, dass die Bezeichnung des jüdischen Gottes als

421 Kahl/von Lilienthal/von Liszt/Goldschmidt, *Gegenentwurf*, Bd. 2, S. 200 f., hier: S. 201. *Der Vorentwurf zu einem Deutschen Strafgesetzbuch*, Bd. 2, S. 494, begründete das Festhalten am unveränderten Text des Paragraphen 130 damit, dass die Klassenhetze zunehme.

eines »*unsittlichen* Privatdämons und *Bandenchefs*, der mit den Juden einen *Beutebund* zur Beraubung der übrigen Völker geschlossen habe, eine – einer bloß wissenschaftlichen Erörterung der mosaischen Lehren über den Gottesbegriff fernliegende – öffentliche Herabwürdigung und Lästerung des Gottes der Juden«[422] darstellt. In der juristischen Literatur war die rechtliche Gleichstellung des Judentums mit den christlichen Konfessionen unumstritten, weshalb sie meist nicht einmal explizit erwähnt wurde, und auf die verschiedenen Entwürfe für eine Strafrechtsreform traf dasselbe zu. Der regierungsamtliche Entwurf stellte vielmehr ausdrücklich klar, dass das Interesse des Staates »an dem Frieden unter den verschiedenen im Staate bestehenden Religionsgesellschaften«[423] die Beibehaltung des Religionsschutzes erfordere.

Das sahen die Antisemiten naturgemäß anders. Heinrich Pudor beispielsweise befand, dass das »jetzt bestehende Untereinanderwerfen der christlichen Religion mit der jüdischen und das Gleichstellen beider gegenüber dem Strafgesetz [...] eine Entwürdigung und Unterschätzung der christlichen Religion und eine Ueberschätzung der nichtchristlichen Religion« darstelle, denn die jüdische Religion sei »ausgesprochen orientalisch [...] und mit unseren deutschen sittlichen Anschauungen unvereinbar«. Das »Judentum« bilde, so Pudor weiter, keine Religion im eigentlichen Sinn, sondern diene nur dem Zweck, »den geschlossenen rassenmäßigen Charakter gegenüber anderen Völkern und Rassen zu erhalten: gerade aus diesem Grunde ist *das Judentum gefährlich und geradezu als gemeingefährlich und staatsgefährlich zu bezeichnen*«.[424] Diese unter anderem auch von Theodor Fritsch vertretene Position fand in den juristischen Debatten des Kaiserreichs jedoch keinerlei Widerhall.[425]

Außerdem war beim Paragraphen 166 StGB strittig, ob es auch einer groben Form bedurfte oder ob bereits bestimmte Inhalte das Straftatmerkmal der Beschimpfung erfüllten. 1896 gab das Reichsgericht eine eindeutige Antwort. Es war durchaus der Auffassung, dass eine gewisse Rohheit der Form

422 *ERGSt*, Bd. 6, S. 77–81, 3.3.1882 (auch in *RRGSt*, Bd. 4, S. 225–228), hier: S. 80 f.
423 *Vorentwurf*, Bd. 2, S. 513.
424 Heinrich Pudor, »Paragraph 166. Die sogenannte ›Beschimpfung der jüdischen Religion‹ im Vorentwurf zum neuen Strafgesetzbuch«, in: *Staatsbürger-Zeitung* vom 14.12.1912.
425 Keiner der drei Reformentwürfe im Kaiserreich vermochte ein klares Rechtsgut zu benennen, und alle hielten am quasi staatsreligiösen Begriff der Gotteslästerung fest; vgl. dazu Kiewitz, *Strafbarkeit*.

vorliegen müsse; ein Artikel im *Deutschen Generalanzeiger* mit dem Titel »Der jüngste Ritualmord« bot aber Gelegenheit zur Präzisierung. Wenn, so die Leipziger Richter, behauptet werde, dass »das Ermorden christlicher Kinder zu gottesdienstlichen Zwecken« ein alljährliches und gefeiertes Bedürfnis des Judentums darstelle, dann sei eine solche »Thatsache an sich schimpflicher Art [...], mag auch die Form [...] eine besonders rohe nicht sein, namentlich des Gebrauchs sog. Schimpfworte entbehren«.[426] Auch diese Feststellung war seitens der höchstrichterlichen Rechtsprechung und in der Fachliteratur unumstritten, doch die Antisemiten bedienten sich nun des Wortes »Blutmord« statt »Ritualmord« und ließen die Rechtsprechung des Reichsgerichts dadurch ins Leere laufen.

Ganz anders sah es bei den Beleidigungsdelikten der Paragraphen 185 ff. StGB aus. Alle Probleme, die das heute geltende Recht ob dieser Straftatbestände aufwirft, gehen auf das StGB von 1871 zurück.[427] Das gilt insbesondere für die Kollektivbeleidigung, die eines der schwierigsten überhaupt in unserem Zusammenhang ist. Bis heute zeichnet die Rechtsprechung »kein einheitliches Bild der Kollektivbeleidigung«,[428] und die Systematisierung ihrer tatbestandlichen Voraussetzungen ist auch der Literatur noch nicht gelungen.

Schon Parmod hat auf die eklatante Widersprüchlichkeit der Reichsgerichtsrechtsprechung hingewiesen, die »den preußischen Richtern« oder »allen Offizieren einer Garnison« die kollektive Beleidigungsfähigkeit zuerkannte, sie den Juden jedoch ausdrücklich verweigerte.[429] Grundsätzlich schloss das Reichsgericht nicht aus, dass eine »Beleidigung gegenüber einer collectiven Mehrheit von Personen [...] eine Beleidigung der Mitglieder«[430] darstelle. Noch deutlicher hieß es in späteren Urteilen, eine Kollektivbeleidigung sei dann gegeben, wenn der Täter eine Kollektivbezeichnung wähle,

426 *ERGSt*, Bd. 28, S. 403–408, 2.6.1896, hier: S. 404 u. S. 405 (der inkriminierte Artikel stand im *Deutschen Generalanzeiger*, Jg. 4, Nr. 80, 6.10.1895); ähnlich ebd., Bd. 31, S. 305 ff., 5.11.1898, hier: S. 307. Zu dieser Problematik vgl. auch Steinitz, *Kampf*, S. 34 f.

427 Vgl. Herdegen, »Beleidigung«.

428 Foerstner, *Kollektivbeleidigung*, S. 71.

429 Parmod, *Antisemitismus*, S. 98–106; ähnlich Wehinger, *Kollektivbeleidigung*, S. 38: Dem RG »kann der Vorwurf nicht erspart werden, es habe sich bei seinen Entscheidungen von den gesellschaftlichen und politischen Ansichten der damaligen Zeit beeinflussen lassen«. Vgl. auch *RRGSt*, Bd. 1, S. 292 f., 29.1.1880; *ERGSt*, Bd. 3, S. 246 ff., 7.1.1881; *RRGSt*, Bd. 3, S. 606, 6.10.1881.

430 *RRGSt*, Bd. 2, S. 388 f., 25.10.1880, hier: S. 389.

»um *sämtliche* von derselben umfaßten Personen zu treffen«,[431] wobei auch der »weite Umfang der durch eine Kollektivbeleidigung getroffenen Personenmehrheit« an sich kein Ausschließungsgrund dafür sei, »daß alle darunter begriffenen Einzelpersonen ausnahmslos als beleidigt gelten können«.[432]

Am 6. Oktober 1881 entschied das Reichsgericht allerdings, dem Beleidiger müsse nachgewiesen werden, »daß er bestimmte Personen, und welche bestimmten Personen er habe beleidigen wollen«. Seine Bestrafung könne nicht »auf die Schlußfolgerung gestützt werden, seine beleidigenden Aeußerungen richteten sich gegen die Juden im Allgemeinen, die Antragsteller seien Juden und mithin beleidigt worden«.[433] Dieses Urteil wurde bis in die 1950er Jahre immer wieder von Staatsanwaltschaften und Gerichten herangezogen, um Strafanträge abzuweisen beziehungsweise freisprechende Urteile zu fällen. Begründet wurde die Ablehnung der Kollektivbeleidigung seitens des Reichsgerichts damit, dass die Ehre »ein Attribut der menschlichen Persönlichkeit« und »daher eine Beleidigung nur von wirklichen, nicht von fingierten (juristischen) Personen oder Kollektivbegriffen denkbar« sei. Dennoch könne »eine Mehrheit von Personen durch [...] Kundgebungen der Geringschätzung« getroffen werden, wofür es genüge, dass »der Beleidiger die Kollektivbezeichnung gewählt hat, um damit die sämtlichen Personen zu treffen, welche unter den Kollektivbegriff fallen«.[434] Da sich das Reichsgericht, bei aller zugestandenen Varianz, bei der Anerkennung der Kollektivbeleidigung im Fall der Juden erkennbar zugeknöpfter zeigte als gegenüber anderen Bevölkerungsgruppen, kann man ihm »den Vorwurf einer gewissen Einseitigkeit nicht ersparen«.[435]

Die juristische Literatur vertrat bei der Problematik der Kollektivinjurien im Detail unterschiedliche Positionen, doch überwog eine Haltung, die derjenigen des Reichsgerichts nahe kam.[436] Moniert wurde, wie bereits ausgeführt, gelegentlich die ungleichmäßige Anwendung der Kriterien auf verschiedene Bevölkerungsgruppen.[437] Allgemein wurde aber eingeräumt, dass die Abwägung zwischen dem Schutz vor solchen Beleidigungen einerseits und der

---

431 *ERGSt*, Bd. 18, S. 167 ff., 26.10.1888, hier: S. 169, Hervorhebung original. Auf dieses Urteil verweist auch Auerbach, *Judenthum*, S. 113.

432 *ERGSt*, Bd. 31, S. 185–194, 14.6.1898, hier: S. 189.

433 *RRGSt*, Bd. 3, S. 606, 6.10.1881.

434 *ERGSt*, Bd. 9, S. 1 ff., 3.7.1883, hier: S. 2.

435 Paepcke, *Antisemitismus*, S. 86.

436 Vgl. Wehinger, *Kollektivbeleidigung*, S. 23.

437 So vor allem Parmod, *Antisemitismus*, S. 99–106.

doppelten Gefahr einer Prozessflut und ungebührlichen Einschränkung der Meinungsfreiheit andererseits schwierig war. Nur wenige wollten jedoch so weit wie Hermann Ambach gehen und die Kollektivbeleidigung explizit im Strafgesetzbuch verankern.[438] Andere Autoren schlugen dagegen vor, bei der Pönalisierung von Kollektivbeleidigungen gegen Bevölkerungsgruppen ganz auf den Paragraphen 130 StGB zu setzen.[439]

Eine randständige Rolle spielte der Paragraph 360.11 StGB. 1889 erließ das Reichsgericht ein Urteil, das die Pressefreiheit recht weitgehend schützte, indem es sich dagegen aussprach, den »groben Unfug« quasi als »Reserveparagraphen« zu benutzen, wenn die hohen strafrechtlichen Hürden für die Anwendung der Paragraphen 130 und 166 StGB nicht überwunden werden konnten:

»Wenn beispielsweise §. 130 St.G.B.'s [...] auf öffentliche Anreizung zu Gewaltthätigkeiten beschränkt hat; wenn im §. 166 St.G.B.'s ebenso bestimmt die beleidigenden Angriffe gegen abstrakte Glaubenssätze als solche aus dem Bereiche des Strafschutzes ausgeschieden wurden, so darf jetzt nicht §. 360 Nr. 11 St.G.B.'s dazu verwendet werden, um [...] die bloße Erregung von Haß und Verachtung gegen eine politische Partei unter der Bezeichnung ›grober Unfug‹ zum Delikte zu stempeln. Wäre jede Verletzung der religiösen oder politischen Überzeugungen anderer schon um deshalb ›grober Unfug‹, weil die Möglichkeit niemals auszuschließen ist, daß solche Verletzungen im Streite der politischen und kirchlichen Parteien zu ›Erwiderungen, selbst Gewalttätigkeiten‹ führen, so fiele damit die gesamte politische Tagespresse und die ganze Streitschriftenliteratur, sobald sie in ihren Angriffen gegen die Meinungen anderer das vom Strafrichter nach seinem freien Ermessen für zulässig erachtete Maß überschreitet, unter die Censur des §. 360 Nr. 11 St.G.B.'s.«[440]

Maximilian Parmod stellte, wie auch bei den anderen hier relevanten Paragraphen, eine Ungleichbehandlung verschiedener Agitationsformen fest. Das Landgericht Leipzig hatte in zweiter Instanz den Verbreiter antisemitischer Flugblätter freigesprochen, weil eine weite Auslegung des Straftatbestands »grober Unfug« »auf die Aufhebung der Preßfreiheit« hinauslaufe, »denn der Richter braucht nur von seinem subjektiven Standpunkte aus [...] in dem Inhalte der Druckschrift eine Ungehörigkeit zu finden [...] und das fragl. Preß-Erzeugnis ist der Strafe verfallen«. Da der Staatsbürger jedoch nie wissen könne, »worin der Richter einmal eine Ungehörigkeit findet«,

438 Ambach, *Kollektiv-Injurien*, S. 65 f.

439 So Bleß, *Beleidigung*, S. 50.

440 *ERGSt*, Bd. 19, S. 294–298, 3.6.1889, hier: S. 297.

könne der »Grobe-Unfugs-Paragraph« leicht der »Totengräber eines offenen, ehrlichen, freimütigen Worts werden«.[441] Diesem emphatischen Plädoyer zugunsten der Pressefreiheit hätte sich Parmod wohl gern angeschlossen, doch musste er erkennen, dass sich die Justiz ihrer Großzügigkeit »gerade bei antisemitischen Angeschuldigten besonders oft erinnere«.[442]

Schließlich gab es noch zwei gesetzesübergreifende Bestimmungen, die von erheblicher Tragweite waren. Doch weder in den Behördenakten noch in der juristischen Literatur wird die für die Rechtsschutzarbeit des CV wichtige Frage behandelt, ob antisemitischen Agitatoren der Schutz des Paragraphen 193 StGB zugebilligt wurde.[443] Es ist weiter oben ausführlich dargelegt worden, dass das Reichsgericht grundsätzlich die vor Strafe wegen Beleidigung schützende »Wahrnehmung berechtigter Interessen« für Publizisten oder Parteipolitiker ausschloss, sie den Antisemiten Hermann Ahlwardt und Heinrich Oberwinder aber zugestand. Wie im Fall der Kollektivbeleidigung zeigte das Reichsgericht hier eine gewisse Einseitigkeit, über deren Gründe jedoch nur spekuliert werden könnte.

Ähnliches gilt für die Tatsache, dass die Staatsanwaltschaften häufig das »öffentliche Interesse« an der Strafverfolgung verneinten, ein Punkt, den schon Parmod beklagt hatte. Dadurch war den Gerichten die Möglichkeit einer eingehenden Sachverhaltsprüfung genommen, zumindest dann, wenn die Kläger das Risiko einer Privatklage scheuten.[444] Die unscheinbar wirkenden, aber enorm folgenreichen Bestimmungen zur »Wahrnehmung berechtigter Interessen« und zum »öffentlichen Interesse« fristeten in der juristischen Literatur erstaunlicherweise ein Schattendasein.

Betrachtet man zusammenfassend die höchstrichterliche Rechtsprechung und die juristische Literatur, ergibt sich ein widersprüchliches Bild. Beim Paragraphen 166 StGB spielten die spezifischen Probleme seiner Anwendung gegen antisemitische Agitation keine große Rolle. Die grundsätzliche Gleichstellung des Judentums mit den christlichen Konfessionen war, jenseits des Zirkels radikaler Antisemiten, unbestritten. Einzig die Frage, ob der Talmud oder der Schulchan Aruch als »Einrichtungen« der jüdischen Religionsgemeinschaft galten und deshalb geschützt waren, sorgte für einen gewissen

441 Zit. nach Parmod, *Antisemitismus*, S. 116 f.
442 Ebd., S. 123.
443 Ebd., S. 107 ff.
444 Ebd., S. 3.

Konfliktstoff. Sie hatte allerdings ein Pendant in den erhitzten Debatten darüber, ob der »katholische Marienkult« oder das »Zölibat« diese Kriterien erfüllten.

Bei den Beleidigungstatbeständen der Paragraphen 185 ff. StGB gab es nur eine freilich höchst bedeutsame Streitfrage – die der Kollektivbeleidigung. Hier gelang es der Lobbyarbeit des CV im Gegensatz zum Paragraphen 130 StGB nicht, irgendwelche substanziellen Fortschritte zu erzielen. Dieser Paragraph war infolge des Reichsgerichtsurteils von 1899 zu einem Instrument geworden, das die Verfolgung antisemitischer Agitation prinzipiell ermöglichte. Diesem Haben steht freilich als Soll gegenüber, dass der Begriff »Aufreizung zu Gewalttätigkeiten« zu ungenau war, um eine präzise und konsistente Rechtsprechung herbeizuführen, zumal sich das liberale Interesse an möglichst großer Meinungsfreiheit, der konservative Wunsch nach starker Kontrolle derselben und die Bedürfnisse der Juden nach Schutz vor aggressiver Agitation vielfach kreuzten und zu widerspruchsreichen Konstellationen führten.

5.2. Gesellschaftliche Debatten

Im Kaiserreich war es bekanntlich nicht selbstverständlich, in der Zuschreibung negativer Eigenschaften an die Juden als Kollektiv ein grundsätzliches Problem zu sehen. Stattdessen nahm man den Antisemitismus als eine vielleicht unschöne, aber marginale Erscheinung des politischen und gesellschaftlichen Lebens wahr. Diese Haltung ist zunächst nachweisbar in den Reaktionen der Behörden auf Petitionen, Bittschreiben oder Hinweise aus der Bevölkerung aus Anlass antisemitischer Vorgänge. Dabei muss man zwischen den Reaktionen nach innen und nach außen differenzieren. Nach außen hin präsentierte sich das Preußische Innenministerium unter Eulenburg erfahrungsgemäß sehr schmallippig bei Eingaben, die sich auf Stoeckers Agitation 1879/80 bezogen. Dennoch ließ er sich vom Berliner Polizeipräsidium über die Sachlage ausführlich informieren.

Es lag nicht zuletzt an der Haltung des Behördenleiters, wie zugewandt oder abweisend sich ein Ministerium gegenüber den Bürgern verhielt, denn die Minister Herrfurth[445] und Rheinbaben beispielsweise waren gegenüber

445 Als der Vorstand der Jüdischen Gemeinde Berlin um einen Audienztermin wegen »Vortrags über die Ausschreitungen der antisemitischen Bewegung in Berlin« bei Minister Herrfurth nachsuchte, erklärte sich dieser umgehend dazu bereit, vgl. Vorstand Jüdische

Eingaben Betroffener deutlich aufgeschlossener als etwa Eulenburg und Puttkamer. Indem Innenminister Rheinbaben auf einen Hilferuf des Centralvereins wegen der Unruhen in Konitz die Aufrechterhaltung von Ruhe und Ordnung bei den untergeordneten Stellen anmahnte und dazu ausdrücklich auf die Eingabe des CV verwies, erkannte er ihn als legitimen Akteur an.[446]

Überwiegend zeigten sich die Behörden jedoch unwillig, auf Petitionen oder Beschwerden gegen den Antisemitismus zu reagieren, und zogen sie häufig offen oder verdeckt ins Lächerliche. Moritz Baum etwa sandte seine 1890 im Selbstverlag herausgegebene Schrift *Stimmen über Juden und Judenthum von hervorragenden christlichen Gelehrten Nord-Amerikas* an das Preußische Innenministerium. Sie versammelte die Antworten prominenter christlicher Amerikaner auf eine Rundfrage des New Yorker *American Hebrew*, welchen Wahrheitsgehalt die antijüdischen Vorurteile hätten und was zu ihrer Zerstreuung zu tun sei. Ein Beamter des Innenministeriums konnte es sich nicht verkneifen, seinen Sinn für Humor unter Beweis zu stellen, indem er eine weitere Frage hinzufügte: »Kann die Natur gezwungen werden den Juden vorschriftsmäßige Nasen wachsen zu lassen?«[447]

Als Indikator dafür, ob die staatlichen Institutionen antisemitische Agitation überhaupt als Problem wahrnahmen, kann das Kriterium dienen, ob sie auf Zeitungsberichte reagierten. Es fällt auf, dass die Presse der Betroffenen – Periodika wie die *Allgemeine Zeitung des Judenthums* oder das *Israelitische Familienblatt* – von den Justiz- oder Innenministerien offensichtlich *nicht* rezipiert wurde. Obwohl das CV-Organ *Im Deutschen Reich* spätestens seit Anfang 1896 dem Preußischen Justizministerium regelmäßig zugesandt wurde, teilte es dieses Schicksal zunächst, denn es wurde meist kommentarlos in die Bibliothek eingestellt;[448] erst in den letzten Vorkriegsjahren stieß es auf Interesse.

Starke Beachtung fanden dagegen die meinungsführenden liberalen Blätter, die als gesellschaftliche Seismographen unentbehrlich waren. Ob die kaiserlichen Behörden darüber hinaus glaubten, durch die Beobachtung der

Gemeinde Berlin an PIM, 20.6.1892, PIM an Vorstand Jüdische Gemeinde, 24.6.1892, GStA PK, I. HA, Rep. 76 III. Sekt. 1 Tit. XIIIa Nr. 56a, Bd. 4, unpaginiert.

446 CV Berlin an PIM, 26.3.1900, GStA PK, I. HA, Rep. 77 Tit. 500 Nr. 50, Bd. 1, Bl. 1 ff.; PIM an Landrat in Konitz, 28.3.1900, ebd., Bl. 4.

447 Vgl. *Stimmen*; der Kommentar findet sich in GStA PK, I. HA, Rep. 76 III. Sekt. 1 Tit. XIIIa Nr. 56a, Bd. 3, Bl. 282.

448 Aktenvermerk PJM, 7.1.1896, GStA PK, I. HA, Rep. 84a/47116, Bl. 40.

vermeintlichen »Judenblätter« zugleich hinreichend über die Juden informiert zu sein, mag dahingestellt bleiben. Jedenfalls wurden die *Frankfurter Zeitung*, das *Berliner Tageblatt*, der *Börsen-Courier* oder die *Vossische Zeitung* regelmäßig gelesen, ebenso wie wichtige nationalliberale und konservative Blätter, während die Zeitung des Vereins zur Abwehr des Antisemitismus als Informationsquelle der Ministerien kaum eine Rolle spielte.[449] Von den Antisemitenblättern behielt man vor allem die von 1865 bis 1926 erscheinende *Staatsbürger-Zeitung* im Auge. Die sozialdemokratische Presse wurde erst nach dem Auslaufen des Sozialistengesetzes in die behördliche Presseschau einbezogen, wobei der *Vorwärts* keineswegs so im Vordergrund des Interesses stand, wie man vielleicht erwarten würde.

Wenn die Presse über tatsächliche oder vermeintliche Missstände berichtete, erfolgten in der Regel gründliche Ermittlungen der Justiz- und Innenministerien, so beispielsweise nach Berichten des *Berliner Tageblatts* anlässlich der Rückkehr der freigesprochenen Angeklagten nach Neustettin im zweiten »Synagogenbrandprozess« 1884.[450] Das Verhalten der Behörden ähnelte dem – oben beschriebenen – gegenüber den Eingaben Betroffener: Nach außen wollten sie ungern in den Ruf geraten, sich von Presseberichten beeinflussen zu lassen; tatsächlich war aber genau das in hohem Maße der Fall.

Der eigentliche Lackmustest, der über die Ernsthaftigkeit Aufschluss gibt, mit der man die Judenfeindlichkeit bekämpfte, war jedoch die Reaktion auf antijüdische Tumulte. Diese waren, wie bereits geschildert, von den Behörden im Vormärz einerseits oft »nur als Neckerei betrachte[t]«,[451] andererseits aber doch recht energisch unterdrückt worden, sobald die Staatsautorität akut gefährdet schien. Dasselbe Grundmuster findet sich auch später immer wieder, wie für die Unruhen in Pommern und Westpreußen 1881, 1884 und 1900 sowie am Niederrhein 1892 gezeigt wurde. Dadurch ergibt sich das Bild eines relativ schwachen Staates. Die kaiserliche Verwaltung verhielt sich weitgehend passiv; ohne Impulse von außen, seien es Eingaben von

449 Vgl. den ausnahmsweise zu den Akten genommenen Artikel zum Buschhoff-Prozess aus den *Mittheilungen aus dem Verein zur Abwehr des Antisemitismus*, Nr. 29 (1892), GStA PK, I. HA, Rep. 84a/57462, Bl. 126.

450 »Die Vorgänge in Neustettin«, in: *Berliner Tageblatt* vom 10.3.1884 (abends); es folgten weitere Berichte am 12.3.1884 (abends) und am 13.3.1884 (morgens), 1. Beiblatt. Die Berichte der verschiedenen Behörden in GStA PK, I. HA, Rep. 76 III. Sekt. 1 Tit. XIIIa Nr. 56a, Bd. 3, Bl. 12 ff.

451 RP Düsseldorf an PIM, 14.8.1834, GStA PK, I. HA, Rep. 77 Tit. 505 Nr. 10, Bl. 13 f., hier: Bl. 13; vgl. in diesem Band auch Kap. III 1.

Bürgern oder Verbänden, seien es Presseberichte, wurde sie kaum jemals tätig. Das macht wohl auch den Hauptunterschied zur Behandlung der Arbeiterbewegung aus, die sich stets in sehr viel größerem Umfang des aktiven Interesses der Exekutivorgane sicher sein konnte. Im Hinblick auf die antisemitische Agitation gilt jedoch, was der SPD-Abgeordnete und Ministerialrat im Preußischen Innenministerium, Hermann Badt, 1924 zur skandalösen Situation im »Antisemitenparadies« Borkum sarkastisch feststellte: »Die höhere Staatsweisheit des ancien régime gipfelte eben in dem Satze: ›Da kann man nix machen!‹«[452]

Demonstratives Desinteresse ist jedoch nur eine Weise, die Geringschätzung der Juden auszudrücken. Noch weiter gingen jene Stimmen, die sie für selbst schuld an den gegen sie gerichteten Anfeindungen erklärten. Eng damit verknüpft ist ein Denken, dem zufolge der Antisemitismus *an sich* legitim sei und nur seine »Auswüchse« bekämpft werden sollten. Beispiele dafür, so etwa die Reaktion des Berliner Polizeipräsidenten von Madai auf die »um Schutz gegen Angriffe und Verunglimpfungen«[453] nachsuchende Eingabe des Vorstandes der Jüdischen Gemeinde Berlin, sind im Vorangehenden zitiert worden. In ähnlichem Ton ließ der Preußische Gesandte in Dresden, Freiherr von Huppmann-Valbella, den Innenminister anlässlich der Abgeordnetenhaus-Interpellation 1880 wissen, »daß die maßlose Aroganz [*sic*] der Juden« es sei, welche »die Judenfrage [...] so bald aufs Tapet«[454] gebracht habe.

Das Prinzip der Täter-Opfer-Umkehrung wurde in Neustettin praktisch umgesetzt: Die Randalierer erhielten mildere Strafen als die vermeintlichen jüdischen Brandstifter, und der Untersuchungseifer der Behörden gegenüber den Antisemiten war geringer als gegenüber den angegriffenen Juden.[455] Bei den Unruhen nach dem zweiten »Synagogenbrandprozess« in Neustettin 1884 entschuldigte Adolf Stoecker die Unruhestifter, indem er behauptete, »daß vielfach die Juden durch ihr Verhalten [...] die Leute bis aufs Blut quälen und in dem Moment des Konflikts zur Gewaltthat greifen«; die Liberalen und Juden, so Stoecker weiter, stellten es aber so dar, »als wäre der Jude das

---

452 *VdPA*, LP 1, Sess. 1 = Bd. 17, 6.10.1924, Sp. 24174.

453 Zitat Vorstand der Jüdischen Gemeinde Berlin an PIM, 17.10.1879, GStA PK, I. HA, Rep. 76 III. Sekt. 1 Tit. XIIIa Nr. 56a, Bd. 1, Bl. 6 f.; PIM an Polizeipräsident Berlin, 29.10.1879, ebd., Bl. 8.

454 Preußischer Gesandter in Dresden an PIM, 20.11.1880, ebd., Bl. 131.

455 Vgl. Vogt, »Antisemitismus«, S. 393–397.

unschuldige Lamm und der Christ wäre der Wolf, der das Lamm überfällt«.[456] Diese klassische Formulierung der Täter-Opfer-Umkehrung konfrontierte der Linksliberale Albert Hänel ebenso prägnant mit der einzig logischen Konsequenz dieses Denkens, indem er Stoeckers Rede als den Versuch kennzeichnete, zu sagen, »die Juden sind nun einmal eine Rasse, die ich mit Haß und Leidenschaft verfolgen muß; wenn sie irgendwie Schläge bekommen, wenn sie überall verfolgt werden, so mag ich das der Form nach hier oder da nicht billigen; aber im Allgemeinen muß ich sagen, daß ihnen ganz recht geschieht«.[457] Stoeckers Parteifreund Adolph Wagner beantwortete die selbstgestellte Frage, warum »man den Juden immer etwas am Zeuge zu flicken« suche, noch direkter: »es kommt her von der jüdischen Handlungsweise«.[458]

Sechzehn Jahre später, diesmal anlässlich der Unruhen um den Konitzer »Ritualmord«, identifizierte der Regierungspräsident in Marienwerder, von Horn, in einem Bericht an den Innenminister von Rheinbaben »das Verhalten von Mitgliedern der jüdischen Bevölkerung« als eines, das »es der christlichen Bevölkerung nicht immer leicht gemacht hat, die Ruhe zu bewahren«,[459] wobei in seinem Entwurf sogar noch von »Hetzrednern« statt von »Mitgliedern« die Rede war. Bereits davor hatte Horn in einem durch eine Anfrage des CV initiierten Bericht über angebliche antisemitische Äußerungen und Verhaltensweisen zweier Amtsvorsteher geschrieben, dass die Aussagen der Juden über Tumulte nicht nur »gewöhnlich recht übertrieben« seien, sondern vielmehr

> »erwiesener Maßen des Oefteren die Juden die Christen durch ihr Verhalten, durch Redensarten wie Thätlichkeiten arg gereizt und dann, sobald die Christen ihnen entgegentraten, sich beeilt haben, den Schutz der Behörden [...] anzurufen – es ist daher erklärbar, daß ihnen gerade von den Lokalbehörden ein allzugroßes Entgegenkommen nicht immer gezeigt worden ist«.[460]

Auch in Zeitschriften und Zeitungen findet sich dieses Denken, vor allem in den Blättern der Rechten. Die *Deutsch-völkische Wochenschrift für Juden und Christen* beispielsweise war der Meinung, dass erst die Anmaßung der ver-

456 *VdPA*, LP 15, Sess. 2 = Bd. 3, 14.3.1884, S. 1813.
457 Ebd., S. 1818.
458 Ebd., S. 1823.
459 RP Marienwerder an PIM, 16.10.1900, GStA PK, I. HA, Rep. 77 Tit. 500 Nr. 50, Bd. 3, Bl. 249–256, hier: Bl. 249.
460 RP Marienwerder, von Horn (Berichterstatter ORR von Gizycki), an PIM, 27.8.1900, GStA PK, I. HA, Rep. 77 Tit. 500 Nr. 50, Bd. 3, Bl. 261.

meintlich die Interessen des Bürgertums, tatsächlich jedoch diejenigen der Juden vertretenden Tageszeitungen wie *Berliner Tageblatt, Berliner Zeitung* oder *Frankfurter Zeitung* die antisemitische »Gegenwehr« hervorrufe: »Wenn kein ›Berliner Tageblatt‹ existierte, gäbe es auch keine ›Staatsbürgerzeitung‹. Ohne Mosse kein Pückler!« Wenn ferner die Ansicht geäußert wurde, dass erst die »Zugehörigkeit [der Juden] zum politischen Radikalismus [Sozialdemokratie und vor allem Linksliberalismus] den Antisemitismus groß gezogen und stark gemacht«[461] habe, dann kam dies freilich jenen vor allem zionistischen Stimmen recht nahe, die sich die Parole »Los von den Judenschutztruppen!«[462] zu eigen machten.

Eine andere Variante der Täter-Opfer-Umkehrung präsentierte Liebermann von Sonnenberg 1892 im Reichstag, als er vor einem Sieg des »Antisemitismus mit der Sozialdemokratie zusammen« warnte, weil dann die »Judenfrage« sehr schnell »nach einem ungeschriebenen Gesetze« gelöst werde: »wer einen Juden todt schlägt, beerbt ihn«. Nach einem Heiterkeitsausbruch auf Seiten der Rechten fügte er zynisch hinzu: »Das wollen wir nicht, und in diesem Sinn sind wir also eigentlich Freunde der Juden.«[463] Dieser Gipfel der Perfidie, die Täter zu den eigentlichen Wohltätern ihrer Opfer zu erklären, wurde in radikalisierter Form selbst nach 1945 immer wieder erklommen.

In diesen Beispielen ist mehrfach folgende Spielart der Täter-Opfer-Umkehr mit angeklungen, wonach die Juden die Anfeindungen gegen sich sogar gezielt heraufbeschwören, um dann staatlichen Schutz herbeizuzitieren und um christlich-konservative Institutionen oder Personen mit dem Vorwurf der Untätigkeit und der heimlichen Kumpanei mit den »Radauantisemiten« zu diskreditieren. Polizeipräsident von Madai etwa geißelte in seinem Bericht an den Innenminister über eine Versammlung Ernst Henricis im Dezember 1880 die »tendenziös[e] Berichterstattung der unter jüdischem Einflusse stehenden Presse, welche mit Eifer die Gelegenheit zu Angriffen und Verdächtigungen gegen die Regierung und die Polizei«[464] benutze.

461 »Die Hauptursache des Antisemitismus«, in: *Deutsch-völkische Wochenschrift für Juden und Christen*, Jg. 1, Nr. 1 (1903), S. 2; ähnlich schon Gozel, *Juden*.

462 So Theodor Zlocisti, vgl. »Eine Zionisten-Versammlung«, in: *Berliner Zeitung* vom 22.1.1901 (abends).

463 *VdR*, Bd. 120, 26.3.1892, S. 5028.

464 Polizeipräsident Berlin an PIM, 25.12.1880, GStA PK, I. HA, Rep. 76 III. Sekt. 1 Tit. XIIIa Nr. 56a, Bd. 1, Bl. 164–169, hier: Bl. 167.

Die Ambivalenz zwischen Antipathie gegen die Juden einerseits und dem Wunsch nach Wahrung der durch die Antisemiten angegriffenen Staatsautorität andererseits zeigte Maximilian Graf Clairon d'Haussonville geradezu exemplarisch. Als Regierungsrat im Regierungspräsidium Cöslin warf er »den Juden« im Sommer 1881 vor,

»auch die kleinste Störung der Ordnung [...] zu großen Actionen aufzubauschen, die Entsendung von Militair zu verlangen, um dann aus den ganzen Vorgängen politisches Kapital zu schlagen. Diesem tendenziösen Streben halte ich für Pflicht entgegen zu treten, wenn ich auch unter allen Umständen den vollen polizeilichen Schutz den Leuten zu schaffen suche.«[465]

Ein halbes Jahr später beschuldigte er, nunmehr Abgeordneter der Konservativen im Preußischen Abgeordnetenhaus, die Linksliberalen und Juden, schuld an jener Untergrabung der Staatsautorität zu sein, die antijüdische Unruhen wie die in Neustettin erst möglich mache.[466]

Die Vorstellung, die Juden selbst seien zumindest nicht völlig unschuldig an dem gegen sie gerichteten Hass und hätten es daher zuerst in der Hand, antisemitische Ausfälle durch Änderung ihres eigenen Verhaltens zu verhindern, fand sich auch in der innerjüdischen Diskussion um »Selbstzucht«. Diese ist in mancher Hinsicht gar nicht so fern von einigen Denkfiguren der Antisemiten. So warnte etwa ein anonymer jüdischer Autor im Sommer 1892 vor Verhaltensweisen, die »meinen Glaubensgenossen schweren Schaden zufügen können, wenn letztere nicht eine Remedur bezüglich ihres Verhaltens eintreten lassen«.[467]

Regelmäßig wurde den Antisemiten von Regierungs- und Behördenvertretern, öfters aber auch im Gerichtssaal von Staatsanwälten oder Richtern zugebilligt, eine grundsätzlich respektable Partei zu sein, die sich lediglich von ihren radikalen »Radauelementen« trennen sollte. Die Stellungnahmen des Staatsanwalts Drescher und des Vorsitzenden Richters Brausewetter im *Judenflinten*-Prozess gegen Ahlwardt sind Beispiele dafür.

Wenn die Juden also, wie die Antisemiten nicht müde werden zu behaupten, die eigentlichen Täter sind, dann ist es nur logisch, dass die Judenfeinde stets die »verfolgte Unschuld« geben. So klagte Heinrich von Treitsch-

465 RP Cöslin an PIM, 10.8.1881, ebd., Bl. 270–273, hier: Bl. 273. Ähnlich bereits RP Cöslin an PIM, 21.7.1881, ebd., Bl. 230–236.

466 *VdPA*, Bd. 291, LP 14, Sess. 3 = Bd. 1, 24.2.1882, S. 512.

467 Anonymus, *Christenflinten*, Vorwort.

ke, schon über ein halbes Jahr bevor »Unsere Aussichten« erschien, darüber, dass »jede noch so gerechte Aeußerung über unzweifelhafte Fehler des modernen Judenthums sofort als Unduldsamkeit verlästert« werde. Er zog daraus die martialische Schlussfolgerung: »Ich denke mich diesem Terrorismus nicht zu fügen.«[468] Ursache seiner Unmutsäußerung war ein Bericht der *Israelitischen Wochenschrift* über seine antijüdischen Ausfälle in einer nichtöffentlichen akademischen Vorlesung gewesen. Fünfzehn Jahre später mussten die *Abwehrblätter* resigniert feststellen, dass sich die Antisemiten »in einer beneidenswerthen Lage« befinden, denn obwohl der Richterstand mehrheitlich »alles andere denn judenfreundlich« sei,

»verbreiten sie geflissentlich die Mär, der Richterstand sei verjudet und das Recht römisch und undeutsch. […] Die Antisemiten stellen sich als Verfolgte hin, geberden sich vor jedem Gerichtshofe als großmäulige Märtyrer der Freiheit und lachen hinterher über Gerichtsentscheidungen, die die Judenschaft bekümmer[n] und stumm mach[en] und das allgemeine öffentliche Rechtsgefühl zu ihren Gunsten aufstacheln müßt[en].«[469]

Diese zynische Selbstviktimisierung haben Antisemiten auch bei antisemitisch motivierten Ausschreitungen betrieben. Häufig war zu lesen, dass »die Juden« buchstäblich den ersten Stein geworfen hätten. Ein Artikel der *Neuen Deutschen Zeitung* über die Unruhen am Niederrhein während der »Buschhoff-Affäre« behauptete 1893, dass der Antisemitismus »überall im deutschen Reiche kaiser- und reichstreu [und] der schärfste und erfolgreichste Gegner der Socialdemokratie und des Anarchismus« sei und »daher von diesen Parteien des Umsturzes aufs bitterste gehaßt und bekämpft« werde. Es folgte die übliche Klage, dass die Polizei die Sozialdemokraten gewähren lasse, den Antisemitismus aber auf Schritt und Tritt hemme. In Umkehrung der Lage wurde gar behauptet, »daß ein öffentlicher Vortrag über das Wesen und die Bedeutung der Judenfrage nur zur Beruhigung der Bevölkerung gedient haben würde«. Auch Sachbeschädigungen wären dann ausgeblieben, »wenn nicht vielleicht die Juden selbst die Fensterscheiben eingeworfen hätten«.[470]

Die Begriffsverwirrung von Angriff und Abwehr trieb wieder einmal die *Staatsbürger-Zeitung* auf die Spitze, die aus der Tatsache, dass die Verbreitung eines Pückler-Flugblatts zu keinerlei physischen Angriffen auf Juden geführt hatte, den – juristisch unerheblichen – Schluss zog, dass keine »Aufreizung

468 Zit. nach Jensen, *Gebildete Doppelgänger*, S. 206.
469 »Vom Rechtsgefühl«, in: *Abwehrblätter*, Jg. 4, Nr. 21 (1894), S. 161 f., hier: S. 161.
470 »Was heißt Versammlungsfreiheit?«, in: *Neue Deutsche Zeitung/Leipziger Tages-Anzeiger*, Jg. 13, Nr. 231 (1893), Beilage.

zur Gewaltthätigkeit« vorgelegen habe. Vielmehr sei »eine Vertauschung der Begriffe« zu konstatieren, denn »was *Abwehr* und *nur Abwehr* ist, wird als *Angriff* hingestellt; der *Notschrei* eines um das Wohl seines Volkes besorgten Herzens als *Hetzruf*«. Da, so die *Staatsbürger-Zeitung* weiter, staatlicherseits keine Hilfe zu erwarten sei, bleibe nichts »anderes als Selbsthilfe«. Zynisch wirkt die Schlussbemerkung, dass es »schon in der Natur des Kampfes« liege, dass »diese Selbsthilfe nicht in der gewaltthätigen Vernichtung, im Totschlagen bestehen«[471] könne – sie bestand genau darin, wie wir heute wissen.

Den staatsfeindlichen Charakter des radikalen Weltanschauungsantisemitismus brachte am klarsten Theodor Fritsch zum Ausdruck. 1891 schrieb er in seiner *Vertheidigungs-Schrift gegen die Anklage wegen groben Unfugs*, die Juden hätten die ihnen gewährten Rechte dazu benutzt, die Herrschaft über die Christen zu erlangen. »Man kommt«, so Fritschs Schlussfolgerung, »hier in die Lage, *den Staat vor seinen eigenen Gesetzen schützen zu müssen.* Man geräth in einen Widerspruch zwischen Vernunft und geschriebenem Gesetz. Auf welche Seite der Richter sich zu stellen hat, darüber kann kein Zweifel sein. Volk und Staat sind nicht des Gesetzes wegen da, sondern umgekehrt.« Die »deutsche Rechtsprechung«, so Fritsch abschließend, könne »nicht so weit gehen wollen, jüdische Gesinnungen und Handlungen zu schützen, die in ihrer Wirkung direkt verderblich für die deutsche Gesellschaft sind.«[472] In dieselbe Kerbe hieb auch ein anonymer Autor, der über Hermann Ahlwardt behauptete, »daß die einzelnen Punkte der Beschuldigungen, mit denen er hervortritt, ungenau oder übertrieben sind, während er in der Hauptsache den Nagel auf den Kopf getroffen hat«.[473] Man könne ihm also allenfalls Übereifer und Unbedachtsamkeit vorwerfen, die aber durch seinen Idealismus aufgewogen würden.

Das provokative Spiel mit der Staatsmacht beherrschte Ahlwardt, das muss man ihm lassen, von allen Antisemiten des Kaiserreichs wohl am besten. Hellmut von Gerlach berichtet eine Szene aus einer Versammlung, in der er den protokollierenden Polizeibeamten zum Opfer erkor und ihn direkt ansprach:

»Ja, meine Herrschaften, glauben Sie denn, daß der Herr Polizeileutnant, der hier neben mir sitzt, mich auch nur eine Sekunde hätte weiter reden lassen, wenn nicht

471 »Auf die Schanzen, Deutsche Männer und Frauen!«, in: *Staatsbürger-Zeitung* vom 5.3.1899 (morgens), alle Hervorhebungen original.

472 Fritsch, *Vertheidigungs-Schrift*, S. 49, Hervorhebung von mir.

473 H., C. von, *Adel*, S. 89.

jedes Wort wahr wäre? Er weiß genau so gut wie ich, daß ich die Wahrheit spreche. Sonst müßte er mich verhaften, müßte er die Versammlung auflösen. Er tut es nicht. Sein Schweigen ist mein bester Zeuge. Viertausend Augen richteten sich auf den unglücklichen Polizeibeamten, der puterrot geworden war und nicht wußte, was er tun sollte. Schmunzelnd sah ihn Ahlwardt an, heimste tosenden Beifall ein und fuhr dann mit unerschütterlicher Seelenruhe fort. Er wußte, von nun an war er seines Publikums sicher.«[474]

Ahlwardt trieb ein zynisches Spiel mit der durch den Polizeibeamten verkörperten Staatsmacht und warf dabei die entscheidenden Begriffe, wohl kaum zufällig, durcheinander. Meinungsfreiheit bedeutet ja gerade, dass es nicht auf den *Wahrheitsgehalt* einer öffentlich gemachten Aussage ankommt; sie beinhaltet vielmehr die Möglichkeit, auch offensichtlichen Unsinn zu verbreiten. Die Exekutive oder Judikative schreitet erst dann ein, wenn Rechtsgüter Dritter verletzt werden, zum Beispiel ihre Ehre durch eine Beleidigung. Gegenüber dem Versammlungspublikum verstand es Ahlwardt aber, den Eindruck zu erwecken, als sei das Nichteingreifen des überwachenden Polizisten ein positiver Wahrheitsbeweis für seine Behauptungen.

Es war ein nicht nur bei Ahlwardt beliebtes Spiel der Antisemiten, verbal ein Gerichtsverfahren gegen sich zu provozieren. So bezichtigte die *Westfälische Reform* den Xantener Schlachter Adolf Buschhoff »öffentlich des Mordes und zwar des rituellen Mordes« und forderte ihn auf, »gegen uns die Verleumdungsklage anzustrengen, damit wir ihm in öffentlicher Gerichtsverhandlung die Beweise seiner Schuld erbringen können«.[475] Ähnlich verfuhr Wilhelm Bruhn aus Anlass der Konitzer Affäre, indem er einer Familie unterstellte, Mitwisser des vermeintlichen »Ritualmordes« zu sein, und sie aufforderte, ihn »wegen Beleidigung anzuklagen, damit mir Gelegenheit gegeben wird, vor Gericht den Beweis der Wahrheit anzutreten«.[476] So hielt es auch Theodor Fritsch, der den Juden theatralisch das Recht bestritt, »sich eine ›Religionsgemeinschaft‹ zu nennen«, und sie stattdessen als »eine internationale Verschwörer-Gesellschaft«[477] bezeichnete. In der dritten Auflage seines *Beweismaterials gegen Jahwe* schrieb er in diesem Sinn, das Judentum sei keine »Religions-Gemeinde«, sondern »eine im Dunkeln wühlende anarchistische Sekte, die ihre Moral aus den schurkischen Lehren des Talmud

474 Hellmut von Gerlach, *Erinnerungen*, S. 113 f.

475 »Vertuschungsmanöver«, in: *Westfälische Reform* vom 7.2.1892.

476 *Danziger Zeitung* vom 29.6.1900 (abends).

477 Flugblatt Nr. 61 von Theodor Fritsch, Dezember 1892, zit. nach Kasischke-Wurm, *Antisemitismus*, S. 181.

entnimmt und nichts mit Sittlichkeit und Religion zu tun hat«.[478] Das war allerdings nicht nur eine leere Provokation, denn damit zielte Fritsch auf den Paragraphen 166 StGB, von dessen Schutz das Judentum profitierte, solange es eine »mit Korporationsrechten« ausgestattete Religionsgemeinschaft war.

Aber auch die Gegner der Antisemiten spielten mit der Option, Gerichtsverfahren zu provozieren. Der evangelische Theologe Hermann Strack sah angesichts des Unwillens des Preußischen Justizministeriums, gegen antitalmudische Pamphlete vorzugehen, keine andere Möglichkeit, »als an das Rechtsgefühl des christlichen deutschen Volkes Berufung einzulegen«, zumal »Christen und Juden, ›Antisemiten‹ und ›Philosemiten‹« gleichermaßen zu der Überzeugung gelangt seien, »daß die Rechtspflege in Preußen einer zielbewußten festen Leitung ermangelt«. Weil also der Staat nicht von sich aus mit juristischen Mitteln gegen die Verleumder vorgehe, bleibe »kein andrer Weg, als daß die *Ankläger* gezwungen werden ihre Beschuldigungen vor Gericht entweder zu erweisen oder zurückzunehmen«.[479]

Die Strategie, sich von einer Gerichtsverhandlung einen Wahrheitsbeweis zu erhoffen, war für die Gegner der Antisemiten in mancherlei Hinsicht problematisch. Anhand des »Ritualmord«-Falles von Konitz beschrieb Rabbiner Ackermann, was die Tatsache, dass die Justizbehörden auch noch die abstruseste Behauptung der Antisemiten einer akribischen juristischen Untersuchung unterzogen, im Grunde bewirkte. Die Mehrheit der Bevölkerung werde »aus der ganzen verwirrenden und betäubenden Masse von Beweiserhebungen und Zeugenaussagen nur das Eine als feststehende Thatsache heraushören: ›*Das Judenthum sitzt auf der Anklagebank*‹«. Das daraus erwachsende Gefühl der Schutzlosigkeit veranlasste Ackermann zu der pessimistischen Schlussfolgerung, »daß durch die offizielle Berücksichtigung jenes Verdachtes ein Eingriff in unsere religiöse Ehre geschieht«, wozu es nur habe kommen können,

> »weil der grenzenlose antisemitische Terrorismus bei den Behörden nicht auf denjenigen Widerstand stieß, der allein im Stande gewesen wäre, das freche Gespenst in seine finstere Schlupfwinkel zurückzuscheuchen. Diese verhängnisvolle Nachgiebigkeit gegenüber den herrischen Forderungen der Antisemiten, dieses Ernstnehmen ihrer wüthenden Bezichtigungen, dieses scheinbare Eingehen auf ihre Vorschläge und Verdächtigungen […] machen auch die Hetzer selbst kühner und kühner!«[480]

478 Fritsch, *Beweismaterial*, S. 239.
479 Strack, *Juden*, alle Zitate S. 5, letztes Zitat S. 6, Hervorhebung original.
480 Alle Zitate Ackermann, *Vogelfrei!*, S. 15 (Hervorhebung original) u. S. 16 f.

Unter solchen Bedingungen waren die Antisemiten in der Lage, die Agenda zu bestimmen – auch dann, wenn sie eine juristische Niederlage erleiden sollten.[481]

Leisten konnten sie sich die unbefangenen Beobachtern meist deutlich ins Auge springende Bloßstellung ihrer Behauptungen in den Gerichtsverfahren nur aus zwei Gründen. Erstens argumentierten sie zirkulär: Die Angriffe gegen ihn, so beispielsweise Ahlwardt, »beweisen nur, daß ich auf dem richtigen Wege bin und meine Pflicht thue«.[482] Zweitens führte eine gerichtliche Verurteilung meist nicht dazu, dass ihre Anhänger von ihnen abrückten. Im Gegenteil, die Popularität der Antisemiten wuchs oft noch getreu dem Motto »Viel Feind – viel Ehr«, wodurch die Hoffnung auf die abschreckende Wirkung einer Gefängnisstrafe konterkariert wurde. Dies rief selbst unter einigen Judengegnern Verwunderung hervor. Hans Arndt warf Stoecker, Liebermann von Sonnenberg, von Langen, Böckel, Bachler und Hertwig vor, die antisemitische Bewegung ruiniert zu haben. Besondere »Zweifel an der sittlichen Reife« der Anhänger Ahlwardts weckte bei Arndt das Phänomen, dass das Publikum in dessen Versammlungen regelmäßig erklärte, »daß die Thatsache seiner Verurtheilung [...] nicht den allergeringsten Makel auf seine persönliche Ehrenhaftigkeit wirft, in keiner Weise unser Vertrauen zu demselben erschüttert«, und es ihn im Gegenteil als »Vorkämpfer und Märtyrer unserer guten Sache«[483] feierte.

Schließlich lösten die Gerichtsverfahren einen Lernprozess bei den Antisemiten aus, der in neue, subversive Strategien zur Umgehung von Strafandrohungen mündete. Der *Badische Volksbote* aus Heidelberg bekannte im Januar 1894 – nicht zuletzt, um die eigene Helden- und Standhaftigkeit zu beweisen –, »daß sämtliche Manuskripte alsbald nach Gebrauch vernichtet werden, so daß unsere Correspondenten der Verlegenheit nicht ausgesetzt werden, mit dem Staatsanwalt in Verbindung zu kommen. Die Redaktion nimmt alle Unannehmlichkeiten auf sich.«[484] Paul Förster empfahl seinen Lesern, »zwischen den Zeilen zu lesen«, denn in »verdorbenen Zeiten heißt es, klüglich handeln«,[485] und Adolf König ließ 1892 einen Vortrag mit dem

481 Zu diesem Schluss kommt auch Lindner, »Houston Stewart Chamberlain«, S. 236: »debates in defence journals drew attention to the question and concern was aroused not for the Jews but for their opponents«.

482 Ahlwardt, *Enthüllungen*, S. 22.

483 Hans Arndt, *Herunter*, S. 114.

484 Zit. nach Wolf, *Konservatismus*, S. 358.

485 Förster, *Fall Ahlwardt*, S. iv.

unverfänglichen Titel »Betrachtungen über das Koch'sche Heilverfahren« ankündigen, um ein Versammlungsverbot aus Anlass des »Ritualmord«-Falles in Xanten zu verhindern, was in diesem Fall aber misslang.[486]

Angesichts des allenfalls halbherzigen staatlichen Vorgehens gegen den Antisemitismus wirkt es grotesk, wenn die *Staatsbürger-Zeitung* 1911 verkündete: Die Zeiten »der Judenverfolgungen sind vorüber, die Tage der Antisemitenhetze sind da!«.[487] Für die permanent wiederholte Behauptung der Antisemiten, sie bekämen die volle Härte des Gesetzes zu spüren, während die Juden, aber auch die »Anarchisten« oder Sozialdemokraten geschont würden, gab es nur einen realen Anknüpfungspunkt: Die wüstesten Ausschreitungen der Antisemiten bekämpften die kaiserlichen Behörden und Gerichte, wenn auch manchmal nach einigem Zögern, schließlich doch. Wie im Vormärz geschah dies vor allem dann, wenn die Staatsautorität bedroht schien. Der Staatsanwalt Nölting wollte in einem der Prozesse gegen Pückler politische Faktoren nicht gelten lassen, gehe es doch nur darum, »ob jemand gegen die öffentliche Ordnung verstoßen hat«.[488] Erinnert sei vor allem an die Äußerung des Reichskanzlers von Caprivi 1892 im Reichstag, als er Verständnis dafür bekundete, »daß man Antisemit sein kann«, sich aber scharf dagegen wandte, wenn die Judenfeindschaft »agitatorisch draußen betrieben wird«[489] – nicht der Antisemitismus war das Problem, sondern die möglicherweise mit ihm einhergehende Ruhestörung. Die schon im Biedermeier immer wieder geäußerte Befürchtung, der Antisemitismus ebne unwillentlich den »Mächten des Umsturzes« die Bahn, wurde im Kaiserreich auf die SPD hin konkretisiert. Bleichröder führte dieses Argument gegenüber Wilhelm I. an, um diesen dazu zu bewegen, Stoecker in seine Schranken zu verweisen.

Besonders beliebt war die Gleichsetzung des radikalen Antisemitismus mit der Sozialdemokratie, als infolge des Auslaufens des Sozialistengesetzes die SPD kräftigen Zulauf hatte und gleichzeitig die Antisemitenparteien ihre größten Wahlerfolge feiern konnten. Hier war Reichskanzler von Caprivi stilprägend, der das bereits gebräuchliche Diktum vom Antisemitismus als »Vorfrucht der Sozialdemokratie« im Reichstag zur regierungsoffiziellen Formel erhob. Die eigentliche Gefahr der Vermischung von »Religionsantisemitis-

486 Bericht RP Düsseldorf an PIM, 18.1.1893, GStA PK, I. HA, Rep. 76 III. Sekt. 1 Tit. XIIIa Nr. 56a, Bd. 5, Bl. 13–21, hier: Bl. 17.

487 »Antisemiten-Verfolgung« von Wille Buch, in: *Staatsbürger-Zeitung* vom 21.5.1911.

488 »Ein neuer Pückler-Prozeß«, in: *Staatsbürger-Zeitung* vom 12.1.1905 (abends).

489 *VdR*, Bd. 127, 12.12.1892, S. 273.

mus« und »Rassenantisemitismus« stellte für ihn der »Kapitalsantisemitismus«[490] dar, der dabei übrig bleibe. Wie ein Echo dieser Sätze mutet der Bericht des Dresdner Kreishauptmanns von Hausen über das Geschäftsjahr 1892 an das Sächsische Innenministerium vom April 1893 an, in dem er schrieb, der Antisemitismus habe »von der alten Sozialdemokratie gelernt« und sei »nach Auftreten, Taktik, Agitation und zum Theil wohl selbst nach innerem Wesen nur eine Abart dieser alten Sozialdemokratie«.[491] Und im katholischen Milieu war diese »Kompromissformel« gleichfalls akzeptabel, so dass von der Kanzel herab verkündet wurde, »die Antisemiten seien schlimmer als die Sozialdemokraten«.[492]

Umgekehrt vertrat die SPD die Position, der Antisemitismus sei ein Problem, das sich mit der Überwindung der kapitalistischen durch eine sozialistische Ordnung von selbst löse. So forderte August Bebel auf dem IV. Parteitag der Sozialdemokratischen Partei in Köln 1894 dazu auf, den Antisemitismus als eine von oben inszenierte Bewegung zu erkennen, die nur dazu da sei, von der wahren Ursache der Misere, dem Kapitalismus, abzulenken: »Der Schlachtruf muß also künftig lauten nicht: Wider den Semitismus! sondern: Wider den Kapitalismus! und damit: Für den Sozialismus!«[493] Auch wenn die SPD und ihre Anhängerschaft gegen die systematische Judenhetze alles in allem relativ immun blieben, gingen sie gleichwohl vom Bestehen einer »Judenfrage« aus. Zusätzlich führte die sozioökonomische Deutung des Antisemitismus lange Zeit zu faktischer Indifferenz, zumal die Partei in den frühen 1890er Jahren mit der These liebäugelte, dass sie letztlich sogar von ihm profitieren könne. Die Ablehnung des Antisemitismus »erfolgte also nicht unbedingt aus Sympathie für die Juden, sondern diente in erster Linie der Selbstverteidigung und dem Schutz der eigenen Organisation«.[494] Trotzdem sollte nicht übersehen werden, dass sich die SPD für den Centralverein praktisch betätigte, indem sie gegebenenfalls seine Veranstaltungen bewachte und geschulte Redner den antisemitischen Agitatoren öffentlich Paroli boten.

---

490 Alle Zitate *VdR*, Bd. 133, 30.11.1893, S. 192.

491 Zit. nach Pötzsch, *Antisemitismus*, S. 278.

492 Gerd Krüger, *»Treudeutsch Allewege!«*, S. 30.

493 Bebel, *Sozialdemokratie*, S. 32. Auch an Wilhelm Liebknechts Ausspruch von 1893 kann hier erinnert werden: »Ja, die Herren Antisemiten ackern und säen und wir Sozialdemokraten werden ernten«, zit. nach Leuschen-Seppel, »Arbeiterbewegung«, S. 155.

494 Lauer, *Positionen*, S. 110. Vgl. dazu vor allem Fischer, *The Socialist Response*; Leuschen-Seppel, *Sozialdemokratie*; Reinhard Rürup, »Sozialdemokratie«; am Beispiel Hamburgs vgl. Evans (Hrsg.), *Kneipengespräche*, S. 306, sowie Bauche, »›Wo ist der Judenjunge‹«.

Dieser Zusammenarbeit ungeachtet bedienten sich auch jüdische Interessenvertreter des von Caprivi quasi »abgesegneten« Arguments. Die Ansicht, dass der Antisemitismus nur ein sekundäres Problem darstelle, teilten viele Juden. Das verdeutlicht vor allem ihre ambivalente Haltung gegenüber der SPD. Hermann Cohn, führendes Mitglied der Dessauer CV-Ortsgruppe, verteidigte »die notwendige Bekämpfung der Sozialdemokratie« und bestätigte, dass »die antisemitische Gefahr gegenüber der sozialdemokratischen von Vielen als die geringere und ferner liegende erachtet worden ist«.[495] Auf einer CV-Versammlung im Oktober 1896 malte Eugen Fuchs das Schreckensszenario an die Wand, »daß durch irgend ein unglückliches Verhängniß die staatliche Autorität in Deutschland vorübergehend erschüttert wäre«; das erste Opfer wären dann mit Sicherheit die Juden, doch würde es dabei nicht bleiben. Ahlwardt, so Fuchs weiter, habe am klarsten gezeigt,

> »daß man mit den Juden sich nicht begnügt; Herr Miquel hat es erfahren, Herr von Schelling weiß es, die Kriegsverwaltung weiß es, die Junker wissen es. Dieser Strom kann ein recht hübsches Chaos schaffen. Und Bestrebungen, die solche Möglichkeiten für Theile der Bevölkerung und für den Staat bieten, direkt zu fördern oder zu ignoriren oder nur lau abzuwehren, halten zahlreiche verantwortliche Beamte in hohen und in niederen Stellungen immer noch für politische Weisheit. Ihre Humanität ist ebenso groß, wie ihr politischer Scharfblick.«[496]

Die Tendenz, Attacken gegen Staatsbehörden penibel zu registrieren, über die nicht weniger offensichtlichen Angriffe gegen die Juden dagegen großzügig hinwegzusehen, lässt sich am Beispiel der Bewertung eines antisemitischen Artikels durch einen Beamten im Preußischen Justizministerium im Januar 1892 illustrieren. Die *Ulmer Schnellpost* hatte die württembergischen Behörden mit wüsten Vorwürfen wegen angeblicher Bevorzugung der Juden bedacht. Diese Stellen versah der preußische Beamte mit Hinweisen auf die jeweils anwendbaren Paragraphen 131, 185, 186, 196. Bei den Beleidigungen, die gegen die Juden gerichtet sind, fehlen solche Randbemerkungen dagegen.[497] Die Tatsache, dass sich die staatlichen Behörden mehr um die Auf-

495 *Allgemeine Zeitung des Judenthums* vom 5.4.1907, zit. nach Pulzer, »Reaktion«, S. 271.

496 »Fleischbesudelungs-Prozesse«, in: *Im Deutschen Reich*, Jg. 2, Nr. 10 (1896), S. 465–495, hier: S. 483.

497 »Der Knabenmord in Xanten«, in: *Ulmer Schnellpost* vom 14.1.1892; die Marginalien dazu finden sich GStA PK, I. HA, Rep. 84a/57462, Bl. 84. Zu diesem Blatt, gegen das die Staatsanwaltschaft in Ulm, vom Württembergischen Justizministerium unterstützt und angetrieben, entschieden, wenn auch letztlich erfolglos vorging, vgl. Hoffmann/Jeggle/Ulmer, »Jüdische Modernität«, S. 348 f.

rechterhaltung der öffentlichen Ordnung sorgten als um den Schutz angefeindeter Minderheiten, hat schon Peter Pulzer prägnant formuliert, und Hansjörg Pötzsch spricht in diesem Zusammenhang sogar von einer »Doppelmoral von Staat und Verwaltung im Verhalten gegenüber den Juden«,[498] welche die behördlichen Maßnahmen gegen die Parteiantisemiten teilweise entwerte.

Auch wenn der Begriff »Doppelmoral« hier zu hart klingen mag: Auffällig bleibt, wie verbreitet das Argument war, die Verurteilung antisemitischer Agitatoren liege »im Interesse der Staatsautorität« – auch in den liberalen Zeitungen wie etwa dem *Berliner Tageblatt* in einem Artikel über Graf Pückler. Es versah diese Mahnung freilich mit der expliziten Begründung, dass eine andere Vorgehensweise »mit den Grundsätzen des Rechtsstaates unvereinbar«[499] wäre. Hier wurde die Wahrung der Staatsautorität also nicht als Selbstzweck betrachtet, sondern an einen liberalen Grundsatz, die Rechtsstaatlichkeit, geknüpft.

Insbesondere die bürgerlichen, akkulturierten deutschen Juden – soweit der CV repräsentativ für sie war – haben naheliegenderweise auf das Ausgrenzende des Antisemitismus aufmerksam gemacht. So beklagte Maximilian Parmod die mangelhafte Rechtsanwendung vieler Staatsanwälte zuungunsten der Juden, indem sie die öffentliche Klageerhebung verweigerten und dadurch den Anschein erweckten, die Juden seien vogelfrei. Diese Praxis musste, so Parmod, auf Dauer verheerende Konsequenzen haben: »Sie schadet nicht den Juden in erster Reihe. Es handelt sich um das Prinzip. Wer daran gewöhnt wird, eine Klasse von Staatsbürgern für vogelfrei zu halten, bleibt hierbei nicht stehen. Heißt es doch schon jetzt nicht mehr: Gegen die Juden, sondern gegen die Juden, Junker und Pfaffen!«[500]

Während die Antisemiten die Juden für nicht integrierbar hielten, hatte sich der Emanzipationsprozess die formale Rechtsgleichheit zum Ziel gesetzt und so das Hereinwachsen der Juden in die Nation und die bürgerliche Gesellschaft ermöglichen wollen. Eigens für Juden erlassene besondere »Schutzgesetze« mussten vor diesem Hintergrund anachronistisch und schädlich für den Nationsbildungsprozess erscheinen, wie Leopold Auerbach 1893 bemerkte:

498 Pötzsch, *Antisemitismus*, S. 278.
499 *Berliner Tageblatt* vom 21.10.1906.
500 Parmod, *Antisemitismus*, S. 43.

»Ein strafrechtlicher Schutz gegen die öffentliche Beschimpfung des *jüdischen Stammes* existiert nicht, wie überhaupt keiner der im Deutschen Reiche bestehenden Volksstämme [...] gegen öffentliche Beschimpfungen besonders geschützt ist. Und mit vollem Recht hat der Gesetzgeber von einem solchen Sonderschutz Abstand genommen, weil der Staat an der Erhaltung und Isolierung dieser Stämme kein Interesse hat, vielmehr die *Vereinigung* derselben zu einer Nation [...] als seine Hauptaufgabe betrachtet.«[501]

Ähnlich hatte auch F. Simon apodiktisch erklärt: »Wir perhorresciren jede Ausnahmestellung, die nach oben und nach unten, die nach der Seite der Bevorzugung ebensowohl wie die nach der Seite der Verunglimpfung.«[502]

Die Perspektive, dass das Vorgehen gegen den Antisemitismus nicht jüdischen Sonderinteressen, sondern dem Prinzip der Rechtsgleichheit, dem Gemeinwohl und dem Wohl des Vaterlandes diene, war freilich doppeldeutig. Einerseits entsprach sie tatsächlich dem Wertehorizont einer überwiegend integrationswilligen Bevölkerungsgruppe, die im deutschen Nationalstaat trotz seiner Defizite den Garanten ihrer Gleichberechtigung erblickte; andererseits war sie sicherlich taktisch motiviert, da man durch die Berufung auf das Wohl der Nation auch jene nichtjüdischen Bevölkerungskreise zu erreichen hoffte, die politisch weit rechts standen und als Träger antisemitischer Einstellungen gelten mussten.

Die »klassische« Reaktion der Juden auf Anfeindungen bestand über Jahrhunderte im demütigen Appell an die Obrigkeit in Form von Fürsprachen (hebräisch »shtadlanut«), Eingaben, Petitionen und Bitten um Audienzen.[503] Diese Tradition war in der Frühzeit des modernen Antisemitismus noch sehr lebendig und blieb es auch nach der Gründung des Centralvereins, obwohl es in dessen »Gründungsschrift«, Loewenfelds *Schutzjuden oder Staatsbürger*, völlig zu Recht hieß, dass um »Schutz fleht, wer keine Rechte genießt«. An Loewenfelds Aufforderung, »einmütig gegen ein Bittgesuch an den Monarchen«[504] zu protestieren, hielten sich viele Juden nicht. Im Februar 1893 appellierte die Gemeinde – in einer Eingabe an den Stadtrat gegen die antisemitischen Tendenzen der *Zittauer Nachrichten* – an den »Gerechtigkeits-

501 Auerbach, *Judenhetze*, S. 9, Hervorhebung original. Die Verbindung von Nationalismus, Staatsbürgerschaft und Antisemitismus betont Pulzer, »Why Was there a Jewish Question«; vgl. dazu auch Holz, *Nationaler Antisemitismus*.

502 Simon, *Wehrt Euch!*, S. 22.

503 Vgl. hierzu Guesnet, »Politik«; ders., »Strukturwandel«.

504 Loewenfeld, *Schutzjuden oder Staatsbürger*, zit. nach Rieger, *Vierteljahrhundert*, S. 13 u. S. 14.

sinn unseres loeblichen Stadtrats«, er möge dafür sorgen, »daß unsere [*sic*] Glaubensgenossen am hiesigen Orte der einem jeden Bürger zustehende Schutz zuteil wird, daß der Redaction der Zittauer Nachrichten zur strengsten Pflicht gemacht wird, ihre antisemitischen Hetzartikel in Zukunft zu unterlassen«.[505] Die Anrufung des Fürsten – selbst eines den Juden ambivalent gegenüberstehenden Herrschers wie Wilhelm II. – wurde nach wie vor geübt. Die *Allgemeine Zeitung des Judenthums* schrieb 1898 anlässlich seines 39. Geburtstages, es sei ein »starke[r] Halt für eine schwache Minderheit, die sich nicht selbst helfen kann, daß ein König im Lande herrscht, der kein Unrecht duldet«.[506] Trotz wiederholter konträrer Erfahrungen appellierten die Gegner der Antisemiten wiederholt an »das Vertrauen, dass die Behörde dieses verleumderische Gewürm zertreten wird, dass [*sic*] in tierischem Fanatismus vermessen genug ist, die Achtung und Ehrerbietung den Behörden gegenüber ausser Acht zu lassen«.[507]

Die Aufrufe gesellschaftlicher Gruppen oder hochgestellter Persönlichkeiten gegen den Judenhass kommen einer »Abwehr des Antisemitismus« schon näher. Auch in ihnen stößt man oft auf den Hinweis, dass die Juden selbst einen Beitrag dazu leisten müssten. So wandte sich der Großherzog von Hessen, Ludwig IV., einerseits unzweideutig gegen die »gehässigen Anfeindungen« gegen die Juden, missbilligte die Agitation gegen sie »auf's Ernstlichste« und forderte »von dem sonst gesunden und christlichen Sinne der betheiligten Kreise ein baldiges Aufhören jener gehässigen Angriffe«. Ludwig stellte ferner klar, dass die Juden in »den ihnen verfassungsmäßig und gesetzlich zustehenden Rechten […] ebenso geschützt werden wie Angehörige anderer Bekenntnisse«. Andererseits müsse jedoch »der sittlich höher stehende Theil der israelitischen Bevölkerung« selbst etwas dazu beisteuern, indem er »es sich nach Kräften angelegen sein läßt, den Ursachen zu Klagen über die Handlungsweise mancher seiner Glaubensgenossen nachzuforschen und mit den geeigneten Mitteln abzuhelfen«.[508]

Vielfältig waren auch die Versuche in aufklärerischer Absicht von Seiten der Juden und der nichtjüdischen Anti-Antisemiten, die nicht zuletzt die Verantwortung der Pädagogen betonten. Der Direktor der kaiserlichen

505 Zit. nach Griebel, »Antijudaismus«, S. 97 f.

506 Zit. nach Pulzer, »Reaktion«, S. 263.

507 Ring-Zborow, *Enthüllungen*, S. 14.

508 Alle Zitate nach *General-Anzeiger der Stadt Frankfurt a. M.* vom 7.11.1890; vgl. auch Pötzsch, *Antisemitismus*, S. 281.

Landwirtschaftsschule im oberelsässischen Rufach beantwortete die rhetorische Frage »Kann und *soll* der Lehrer zur Beschwichtigung in der Antisemiten-Bewegung beitragen?« mit einem klaren »Ja«. Sowohl »als Menschenfreund und Staatsbürger« als auch »im Interesse des Vaterlandes« solle der Lehrer dazu beitragen, »die Eintracht unter den Bürgern zu erhalten, weil nur in der Eintracht seiner Bürger die Stärke und Unantastbarkeit Deutschlands liegt«.[509] Wie bei den verschiedenen Spielarten des Philosemitismus zeigt auch dieses Beispiel, dass das Wohl der Juden höchstens an zweiter Stelle stand, Priorität genossen andere Erwägungen, in diesem Fall »das Wohl des Vaterlandes«.

Jeder, der Antisemiten argumentativ von der intellektuellen und moralischen Unhaltbarkeit ihrer Einstellung zu überzeugen versuchte, musste schließlich erleben, dass fanatisierte Überzeugungstäter für Gründe nicht mehr empfänglich sind. Die *Allgemeine Zeitung des Judenthums* warnte daher ausdrücklich davor, »sich in nutz- und zwecklose Debatten mit Antisemiten hier einzulassen, denn wir haben Beweise genug, dass sie sich nicht überzeugen [lassen] wollen«.[510] Auch an Theodor Mommsens häufig zitierte Sätze, dass man gegen den Antisemitismus »immer nur Gründe, logische und sittliche Argumente« vorbringen könne, denen jedoch kein Antisemit Beachtung schenke, wäre hier zu erinnern. Da die Judenfeinde »nur auf ihren eigenen Haß und den eigenen Neid, auf die schändlichsten Instinkte« hörten, kam Mommsen wie manch anderer vor und viele nach ihm zu dem resignierten Schluss: »Der Antisemitismus ist nicht zu widerlegen, wie keine Krankheit zu widerlegen ist.«[511]

Im Lichte der Erfahrungen bis heute spricht in der Tat wenig für die auf Theodor Fritsch gemünzte Behauptung Rudolf Kittels, dass der »Fluch der Lächerlichkeit […] empfindlicher und tödlicher als gerichtliche Strafen«[512] treffe. Es gelang im Kaiserreich gerade nicht, die antisemitische Agitation zu skandalisieren, was die *Abwehrblätter* 1894 heftig beklagten: »Wenn ein Volk einen ungerechten Urtheilsspruch mit einem Schrei der Entrüstung ablehnt, kann es besser werden. Wenn es aber schweigt, verdient es ein zwiespalti-

509 Fiedler, *Antisemitenbewegung*, S. 22 u. S. 23, Hervorhebung original.
510 *Allgemeine Zeitung des Judenthums*, Nr. 56 (1896), zit. nach Wassermann, *»Verein«*, S. 38.
511 Bahr, *Antisemitismus*, S. 28 f.
512 Rudolf Kittel, *Judenfeindschaft*, S. 7.

ges [*sic*], ein biegsames Recht.«[513] Dabei hatte es an Versuchen, nicht nur inhaltlich gegen die Antisemiten vorzugehen, sondern auch deren moralische Qualitäten anzugreifen, nicht gefehlt. Eine Auflistung in der CV-Monatsschrift *Im Deutschen Reich* 1896 umfasst allein 122 Namen von Antisemiten, die mit dem Strafrecht wegen Delikten – nicht selten Betrug, Unterschlagung oder Beleidigung – in Konflikt geraten waren, die nichts mit ihrer Judenfeindschaft zu tun hatten. Genüsslich stellte die Zeitschrift die rhetorische Frage, wie »eine Bewegung ehrlich, klar und wahr sein« könne, »wenn eine erhebliche Zahl ihrer Wortführer als gemeine Verbrecher oder Ehrabschneider gebrandmarkt ist«.[514]

Berthold Auerbach wies auf eine weitere Schwierigkeit hin, wenn man »die Abwehr der Beleidigung durch Schrift und Wort« unternimmt, »um den Thäter vor der öffentlichen Meinung so, wie es sich gebührt, zu brandmarken«. Es zeige sich nämlich, dass die Antisemiten »leider nicht empfindlich [sind] für moralische Brandmarkungen, und so häufen sie ungestraft fortgesetzt Beleidigungen auf Beleidigungen, gegen welche die mündliche und schriftliche Abwehr gar bald ermüdet«.[515]

Selbst die Anti-Antisemiten waren mitunter alles andere als zimperlich, wenn es galt, den Gegner schlechtzumachen. Auf semantischer Ebene kamen sie der Argumentation der Antisemiten bisweilen frappierend nahe. So bezeichnete Joé Freiherr von Ring-Zborow den Antisemitismus als »eine grosse Lüge, und die ›Staatsbürger-Zeitung‹ [als] ihre Verkünderin«. Auch er wich strategisch strafrechtsrelevanten Äußerungen mit Hilfe von Andeutungen aus, die alles andere als unzweideutig sind: »Laut Gesetz […] kann man mit dem Richter in unangenehme Berührung kommen, wenn man einem Lumpen die Wahrheit, dass er ein Lump sei, sagt.«[516] Zugleich erkannte er die Janusgesichtigkeit des Skandals, der den Skandalerzeuger einerseits tendenziell diskreditiert, ihm aber – als Aufmerksamkeit heischendes Ereignis – andererseits Selbstzweck sei: »Man hatte Sensation, Scandal geboten, von sich zu reden gemacht, und die Geschäftsantisemiten konnten sich des besten Geschäftsganges erfreuen, der Nimbus der Partei war wieder für Monate lang mit neuem Glorienglanz bedeckt«.[517]

513 »Vom Rechtsgefühl«, in: *Abwehrblätter*, Jg. 4, Nr. 21 (1894), S. 161 f., hier: S. 162.

514 »Antisemiten-Galerie«, in: *Im Deutschen Reich*, Jg. 2, Nr. 5 (1896), S. 243–261, hier: S. 244.

515 Auerbach, *Judenthum*, S. 113.

516 Beide Zitate Ring-Zborow, *Enthüllungen*, S. 3.

517 Ebd., S. 4.

Der bisweilen fragwürdige Lebenswandel mancher Protagonisten der Antisemitenszene, ihre oft begrenzte intellektuelle Leistungsfähigkeit, ihre nicht seltene Verstrickung in dubiose Finanzgeschäfte – all das gab und gibt Anlass zur Häme, von Carl Paasch oder Hermann Ahlwardt bis zum NPD-Politiker Holger Apfel heute. So berechtigt sie in den meisten Fällen auch sein mag – am eigentlichen Problem geht sie vorbei, insofern sie den Antisemitismus (oder rechtsextremistische Einstellungen insgesamt) zum Phänomen im Wortsinn »verrückter« Randgruppen verkürzt. Das ist er zwar auch, aber seine Dynamik und Gefährlichkeit gewinnt er erst dadurch, dass er in der Mitte der Gesellschaft Fuß fasst. Es war im Kaiserreich durchaus nicht unpopulär, die Protagonisten des Antisemitismus auf humoristischem Wege lächerlich zu machen. Auf einer Postkarte, die unter der Überschrift »Der grosse Dreschgraf und der kleine Cohn« die beiden Protagonisten umgeben von amüsierten Passanten zeigt, heißt es:

»Der Dreschgraf: Ich bin der gröss're, kleiner Mann / Der kleine Cohn: Ja, grosser Mund und Grössenwahn / Der Dreschgraf: Ich dresch' und mach mein Deutschland flügge, / Der kleine Cohn: Du bist und machst die Welt meschügge. / Beide: Wir beide sorgen voller Schwung in Deutschland für Erheiterung.«

Beide Figuren, die stellvertretend für »die Antisemiten« und »die Juden« stehen, werden gleichermaßen ins Ridiküle gezogen. Diese demonstrative Neutralität suggeriert, die Auseinandersetzung zwischen Juden und ihren Gegnern gehe nur diese beiden an, während der große Rest der Bevölkerung davon nicht betroffen sei und sich daher einer Parteinahme enthalten könne. Aus heutiger Sicht mutet diese Indifferenz hoch problematisch an. Man darf sie jedoch nicht ohne weiteres als judenfeindliche Grundstimmung oder gar klammheimliche Komplizenschaft mit den Antisemiten deuten. Eine aktive, von großen Teilen der Gesellschaft getragene Bekämpfung des Judenhasses war unter solchen Umständen allerdings nicht zu erwarten.

Die Erkenntnis, dass die systematische Hetze gegen eine bestimmte Bevölkerungsgruppe moralische Empörung verdiene, weil keine von konstitutionellem und rechtsstaatlichem (ganz zu schweigen von liberalem oder gar demokratischem) Denken geprägte Gesellschaftsordnung sie dulden kann, ohne sich selbst aufzugeben, entwickelte sich, wie gezeigt, keineswegs erst nach 1945. Im Kaiserreich schimmerte sie freilich in den Debatten um die Bekämpfung des Antisemitismus nur gelegentlich durch – zu sehr waren die meisten Beobachter, Kommentatoren oder Handelnden Partei, als dass sie in dieser Frage bereit oder in der Lage gewesen wären, von ihrer Haltung zu den

Juden zu abstrahieren. Wer im Kaiserreich, ohne erklärter Antisemit zu sein, »die Juden« nicht mochte, tat sich schwer damit, das Staatsgefährdende des antisemitischen Treibens zu erkennen oder gar öffentlich zu benennen.

5.3. Zwischenbilanz

Der preußische Staat war »gewiß latent repressiv, zugleich aber schwerfällig und unflexibel« und dennoch »ein Staat, in welchem dem Handeln der Exekutive rechtliche Grenzen gezogen waren [...] zum Zwecke der Selbstbeschränkung seiner eigenen Handlungen«. Dabei ging es lediglich um »Verhinderung von Willkür«, nicht aber um »Anerkennung und Verkündung elementarer Bürgerrechte«, denn diese standen stets »unter exekutivem Vorbehalt«.[518] Zu *dieser* Charakterisierung des Kaiserreichs haben David Blackbourn die staatlichen Repressionen anlässlich der Marienerscheinungen in Marpingen bewogen – sie passt aber in mancher Hinsicht ebenso gut auf seine Reaktion auf den radikalen Antisemitismus. Die Gründe für die relativ geringe Steuerungskompetenz des Staates im Kaiserreich sind vielschichtig. An erster Stelle wäre die seit den 1880er Jahren stattfindende Modernisierung und Professionalisierung der politischen Auseinandersetzung zu nennen, an der neben der Arbeiterbewegung auch die antisemitische Bewegung Anteil hatte. Neue Formen der Massenagitation, des Medieneinsatzes und der Organisation politischer Interessenvertretung entstanden. Auf diese Politisierung der bürgerlichen Mitte war der Staat offensichtlich nicht vorbereitet. Anders als im Falle der Arbeiterbewegung wollte oder konnte man nicht mit Brachialgewalt gegen das dort versammelte und sich artikulierende Protestpotenzial vorgehen – eine Strategie, die im Übrigen auch gegenüber der Arbeiterbewegung nicht zum gewünschten Ergebnis führte.

Rückblickend betrachtet stellte der organisierte Antisemitismus die größte Bedrohung der politischen Ordnung des Kaiserreiches von rechts dar, vor allem seit dem Auftreten prominenter »Radauantisemiten« vom Schlage Hermann Ahlwardts, Otto Böckels oder des Grafen Pückler. Man wird der Justiz ebenso wie den übrigen administrativen und politischen Eliten und vor allem der Polizei und den Innenministerien den Vorwurf kaum ersparen können, dem Treiben dieser und anderer antisemitischer Agitatoren in der Regel mit demonstrativem Desinteresse, gelegentlich auch mit wohlwollen-

518 Blackbourn, *Wenn ihr sie wieder seht*, erstes Zitat S. 373, alle weiteren S. 487.

der Neutralität gegenübergestanden zu haben. Antisemitische Äußerungen erachtete der kaiserliche Staat erst dann als ernsthaftes Problem, wenn er sie als »Agitation« wahrnahm. Dann, und nur dann, wurden sie als *Straftat* kategorisiert. Alles, was sich unterhalb dieser – noch dazu jeweils ganz unterschiedlich definierten Schwelle – bewegte, war zwar nicht *Norm*, aber doch »normal« in dem Sinne, dass man es für legitim hielt, keinen Grund für moralische Empörung und folglich auch keinen *Skandal* darin sah.

Wie der 1888 nobilitierte nationalliberale Staatsrechtler Heinrich Marquardsen schon 1849 feststellte, »geziemt es dem starken freien Staat, die schwachen Arme kindischen Eifers an seinen Grundpfeilern unbeachtet sich abmatten zu lassen«.[519] Im Kaiserreich freilich trat weder ein freier noch ein starker, sondern vielmehr ein schwacher und unfreier Staat in Erscheinung, der mehr getrieben wurde, als dass er selbst antrieb. Unter diesen Bedingungen gewann die Presse, deren Berichte und Kommentare in den Ministerien meist sehr sorgfältig zur Kenntnis genommen wurden, erheblichen Einfluss auf das Regierungshandeln. Recht gemacht hat es die Justizverwaltung dabei niemandem, da sie permanent zwischen konservativen und ansatzweise liberalen Positionen schwankte, meist die Antisemiten lange gewähren ließ, um dann gelegentlich mit repressiver Härte gegen sie vorzugehen.

Durch dieses Lavieren entwickelte sich jene zugleich »juden- und behördenfeindliche Stimmung«,[520] die der Oberstaatsanwalt am Landgericht I Berlin, Hugo Isenbiel, im Rückblick auf die Konitz-Affäre konstatiert hatte. Wenngleich der kaiserliche Staat – wie man heute fast sagen möchte: leider – meilenweit davon entfernt war, jene »Judenfreundlichkeit« zu zeigen, die ihm die radikalen Antisemiten unterstellten, so war das Wechselspiel zwischen Staatsautorität und Antisemitismus doch paradigmatisch für das Beziehungsgeflecht zwischen Staat, Gesellschaft und Bürgern, zwischen abstrakter Rechtsordnung und individuellen Freiheits- und Schutzrechten. Der Antisemitismus hatte im Kaiserreich daher im Ganzen gesehen weder Skandal- noch Normstatus. Stattdessen versuchte man, mit den Kategorien des Strafrechts seiner Herr zu werden. Da diese jedoch ungeeignet waren, das Spezifische der neuen Judenfeindschaft seit 1879 zu erfassen, blieben weite Bereiche antisemitischer Agitation ungeahndet.

Das illustrieren besonders die Fälle, in denen ein starkes staatliches Interesse an der Verfolgung der Antisemiten bestand. Es verdankte sich aber

519 Marquardsen, »Begriff«, S. 264.

520 EStA LG I Berlin an PJM, 6.7.1903, GStA PK, I. HA, Rep. 84a/57485, Bl. 72–78, hier: Bl. 76.

nicht deren Judenfeindschaft als solcher, sondern artikulierte sich regelmäßig erst, wenn vermeintlich höhere Werte – das Ansehen staatlicher Institutionen und von Personen vor allem – auf dem Spiel standen. Doch selbst dann taten sich die kaiserliche Exekutive und Judikative sehr schwer, notorischen Unruhestiftern wie Hermann Ahlwardt oder Graf Pückler das Handwerk zu legen, was die These stützen mag, dass das Kaiserreich in vielen Bereichen ein – nach den Maßstäben der Zeit – funktionierender Rechtsstaat war, dem es aber mehr um geregelte Rechtsabläufe als um den Schutz der Bürgerrechte ging. Dieses System autoritärer Wahrung des inneren Friedens hatte freilich einen hohen Preis, denn der Versuch, politischen Dissens mit den Mitteln der Justiz zu unterdrücken, erregte zwangsläufig vielfältigen Protest, und die aus ihm hervorgegangene »Justizkritik trug nicht unerheblich dazu bei, die Legitimität des monarchischen Staates zu untergraben«.[521] Der Versuch, einen Grundkonsens zwischen Regime und Gesellschaft zu demonstrieren, scheiterte. Zwar konnten die staatlichen Behörden mit ihrem gelegentlichen Vorgehen gegen radikale Judenfeinde beweisen, dass sie nicht nur Angriffe auf die Staatsautorität von links, sondern auch von rechter, antisemitischer Seite bestraften. Dabei wurde jedoch stillschweigend vorausgesetzt, dass der Antisemitismus eine legitime politische und gesellschaftliche Bewegung sei. Vor diesem Hintergrund zeitigte die strenge juristische Verfolgung der »Radauantisemiten« die paradoxe Folge, dass der sich gemäßigt gebende Antisemitismus seriös, legal und daher tendenziell legitim erschien.

Die Trennung in einen vermeintlich »berechtigten« Antisemitismus, der seine Ziele auf »rein gesetzlichem Wege« erreichen wollte, und einen »Radauantisemitismus«, mit dem die gesellschaftlichen Eliten nichts zu tun haben mochten, obwohl sie dessen Prämissen teilten, ist so alt wie der postemanzipatorische Antisemitismus. Die Aufsehen erregenden Prozesse gegen Antisemiten trugen ihr Teil dazu bei, dass der sich stets vom »Radauantisemitismus« distanzierende »Salonantisemitismus« zum kulturellen Code in der wilhelminischen Gesellschaft werden konnte. Die juristische Verfolgung setzte darüber hinaus einen Lernprozesses bei den radikalen Antisemiten in Gang, der ihr menschenverachtendes Denken zwar nicht Frage stellte, wohl aber subtilere Formen hervorbrachte, um ihr Gedankengut zu verbreiten.

Diese Einschätzung bestätigt sich auch für die politischen Parteien, denn – abgesehen von der Auseinandersetzung im Preußischen Abgeordnetenhaus

521 So auch das zusammenfassende Urteil bei Wilhelm, *Das Deutsche Kaiserreich*, S. 645.

im Jahr 1880 – sucht man »große« Debatten um den Antisemitismus in den Parlamenten vergeblich. Zwar fanden die Skandale um antisemitische Agitatoren in den Volksvertretungen Widerhall, aber zu einer Grundsatzdebatte kam es nie, denn hier herrschte ebenfalls das für das politische Klima im Kaiserreich insgesamt kennzeichnende »präventive Schweigen«[522] zwischen den politischen Lagern. Auch das ist ein Indiz dafür, dass die grassierende Judenfeindschaft, so sauer sie manchen Beobachtern aufgestoßen sein mag, nicht in ihrer paradigmatischen Bedeutung erkannt wurde – und vielleicht auch nicht erkannt werden konnte. Dennoch erscheint es bemerkenswert, dass die Bezeichnung »Antisemit« schnell zum Schimpfwort wurde, mit dem sich außer den eigentlichen Parteiantisemiten kaum jemand schmücken wollte. Das lag vor allem an der bereits erwähnten Scheidung zwischen einem durchweg als verderblich gekennzeichneten »Radauantisemitismus« und einer vermeintlich »berechtigten« Judengegnerschaft. Offenbar ist die verbale Distanzierung von einer politisch radikalisierten Position in der Lage, die wesentlichen Inhalte ihrer gemäßigteren Variante politisch und gesellschaftlich akzeptabel zu machen – ein Phänomen, das nicht auf die Jahre zwischen 1879 und 1914 beschränkt blieb.[523]

Taktische und utilitaristische Argumente hatten also unübersehbar Vorrang vor grundsätzlichen Erwägungen. Dabei bildeten sich immer wieder verblüffende temporäre Koalitionen. Beispielsweise waren Konservative und Sozialdemokraten – bisweilen unterstützt vom Zentrum – sich häufig darin einig, den relativ konsequenten Einsatz der Linksliberalen für die Wahrung der Grundsätze der Emanzipation, des Minderheitenschutzes und der Rechtsgleichheit als bloße Heuchelei abtun zu dürfen. Fast könnte man meinen, Carl Schmitt habe seinen allerdings auf die Außenpolitik bezogenen zynischen Ausspruch: »wer Menschheit sagt, will betrügen«,[524] nicht 1932, sondern bereits fünfzig Jahre früher getan. Auch den Liberalen kann der Vorwurf nicht erspart bleiben, mit ihren Grundsätzen gelegentlich recht flexibel umgegangen zu sein. Es gehörte freilich allenthalben zur eher problematischen Praxis der Reichstagsfraktionen, dem politischen Gegner, wenn er sich kompromissbereit zeigte, sich teilweise auf die Argumente der anderen

522 Vgl. Owzar, »*Reden*«.

523 Anhand der Reaktionen der katholischen und der konservativ-protestantischen Presse auf die Pogrome und Unruhen in Russland und Deutschland 1881/82 kommt zu einem ähnlichen Schluss Sonja Weinberg, *Pogroms*, und dies., »Germania«.

524 Schmitt, *Begriff*, S. 42.

Seite einließ oder sie gar übernahm, Verrat an den eigenen Grundsätzen vorzuwerfen, statt sein Verhalten positiv zu werten.[525]

Zum problematischen Erbe des Kaiserreichs gehört somit auch, dass die Stellung zur »Judenfrage« stark von der parteipolitischen Orientierung abhing. Die Losung »Antisemitismus oder Philosemitismus« war beinahe identisch mit der Gegenüberstellung »konservativ oder fortschrittlich«, was sich als äußerst hinderlich erwies, wenn es darum ging, allgemeinen Rechtsgrundsätzen, die über den parteipolitischen Gesinnungen stehen, zur Geltung zu verhelfen. So wird nun verständlich, warum die jüdischen Interessenvertreter stets – und zu Recht – betonten, keine Partikularinteressen zu vertreten, sondern im Sinne des »Vaterlandes« und der »Nation« zu handeln. Dass sie *damit* kein Gehör fanden, bedeutete das *eigentliche* Scheitern der jüdischen Abwehrbemühungen, das die juristischen Erfolge nicht kompensieren konnten. Auch wenn sie die Anerkennung des Prinzips der Kollektivbeleidigung nicht zu erwirken vermochten – die Anerkennung der Juden als Klasse der Bevölkerung im Sinne des Paragraphen 130 StGB durch das Reichsgericht war dennoch ein bedeutender Fortschritt. Aus der Perspektive des letzten Friedensjahres im Kaiserreich war das ein Indiz für die trotz aller retardierenden Momente vorhandene Entwicklungsfähigkeit des Systems. Weitet man den Blick auf die Kriegs- und Zwischenkriegszeit, so scheint freilich der Begriff Pyrrhussieg die Erfolge auf juristischem Gebiet besser zu charakterisieren.

525 Für die Weimarer Republik – aber wohl auch auf die Zeit vor 1918 übertragbar – hat das Mergel, *Parlamentarische Kultur*, bes. S. 264–269, am Beispiel der Zustimmung der DNVP zur Verlängerung des Republikschutzgesetzes 1927 ausgeführt.

IV. Antisemitische Agitation und Norm: Das Zeitalter der Weltkriege

Sie sind Schopenhauerianer? Antisemit? Ich respektiere Ihre Meinung: Da sehen Sie, meiner Toleranz sind keine Grenzen gesetzt, und dies ist der wahre Liberalismus. Man kennt aber Meinungen, die keine solchen sind, vielmehr Vorbereitung zur Mordveranstaltung großen Stils.[1]

Drängt sich da nicht förmlich der Gedanke auf, daß auch wir bei der Göttin Justitia nicht den Schutz finden, den wir notgedrungen bei ihr so häufig suchen müssen, daß auch wir Stiefkinder der Gerechtigkeit geworden sind?[2]

1. Judenhass und »Burgfrieden«: Der Erste Weltkrieg

Der behördliche Umgang mit antisemitischer Agitation im Ersten Weltkrieg stand unter besonderen Vorzeichen. Da ist an erster Stelle das durch das preußische Gesetz über den Belagerungszustand von 1851 und das bayerische Gesetz über den Kriegszustand von 1912 geregelte Kriegsrecht zu nennen, das den militärischen Heimatbehörden große Kompetenzen in allen Bereichen des öffentlichen Lebens einräumte.[3] Eine wichtige Rolle spielte hier die Pressezensur, die regional jedoch sehr uneinheitlich gehandhabt wurde, weil die militärischen Befehlshaber sich oft erfolgreich gegen Zentralisierungsbestrebungen zur Wehr setzten. Neben den üblichen antisemitischen Topoi tauchten neue auf. Aus dem »Wucherer« wurde der »Kriegsgewinnler«, aus dem »internationalen Juden« der »Flaumacher« und »heimliche Englandfreund«.[4] Kennzeichnend ist insbesondere die Verknüpfung des Antisemitismus mit der Kriegszieldebatte und der »Kanzlerfronde« gegen Bethmann Hollweg.

Zwar kam es am zweiten Mobilmachungstag beispielsweise im vogtländischen Plauen zu einer »antisemitischen Ausschreitung«[5] gegen jüdische

1 Améry, »Grenzen«, S. 206.

2 Foerder, »Antisemitismus«.

3 Dazu grundlegend Schudnagies, *Kriegs- oder Belagerungszustand*; weiterhin wichtig Boldt, *Rechtsstaat*.

4 Vgl. Jahr, »›Krämervolk‹«, S. 137 ff.

5 Auswärtiges Amt Berlin an Sächsische Gesandtschaft in Berlin, 16.11.1916, USHMM, RG-14.011M, Osobyi (reel 9), Bl. 15.

russische Staatsbürger, doch sind solche Vorfälle wohl eher ausländerfeindlicher Kriegshysterie als antisemitischer Rage zuzurechnen. In den allerersten Kriegswochen hatte es den Anschein, als ob die Antisemiten – weniger aus Überzeugung denn aus Taktik – ihre Agitation tatsächlich einschränken oder sogar gänzlich einstellen würden. Diese Illusion verflog freilich rasch, denn schon am 28. August 1914 forderte Theodor Fritschs Reichshammerbund seine Mitglieder auf, »Belastungsmaterial« über das Verhalten der Juden im Krieg zu sammeln.[6]

Dennoch waren die Antisemiten zunächst in der Defensive, und in zahlreichen Fällen stieß ihre Agitation auf Widerstand. Eine Beschwerde des Centralvereins vom 4. September 1915 über Heinrich Pudors Artikel »Der Reichskanzler und die Juden« veranlasste die Reichskanzlei zwar einerseits zu der Einschätzung, dass »die Persönlichkeit des Verfassers politisch nicht ins Gewicht fällt«; man sah aber andererseits die Gefahr, dass »die Verbreitung seiner hetzerischen Ausführungen doch unliebsame Wirkungen haben«[7] könnte. Als er Anfang Dezember 1915 gemäß Paragraph 9b des Gesetzes über den Belagerungszustand unter Vorzensur gestellt wurde, um »im Staatsinteresse die Verhetzung der verschiedenen Volksklassen und Konfessionen« zu verhindern, zeigte sich Pudor uneinsichtig und umging die Zensurvorschriften, indem er manche Textpassagen erst nach Vorlage beim Zensor einstempelte. Ein Schöffengericht verurteilte ihn deswegen zu sechs Wochen Haft (Vergehen gegen Paragraph 9b Gesetz über den Belagerungszustand), die Berufungsinstanz erkannte jedoch auf lediglich 300 Mark Geldstrafe. Gegen dieses milde Urteil legte Pudor Berufung ein, die das Oberlandesgericht Dresden aber verwarf.[8] Die *Deutsch-Sozialen Blätter*, die auf Theodor Fritsch zurückgehen und deren Redaktion lange in den Händen Max Liebermanns von Sonnenberg gelegen hatte, wurden im Oktober 1915 wegen »antisemitischer, verhetzend wirkender Artikel«[9] verboten. Erst als die Geschäftsleitung sich bereiterklärte, künftig auf diese Agitation zu verzichten, gab das stellvertretende Generalkommando IX. Armeekorps das Blatt versuchsweise wieder frei, erhielt die Vorzensur aber aufrecht.

Trotz dieser Beispiele bildete die Unterdrückung antisemitischer Schriften und Zeitungen keinen Schwerpunkt der Zensurtätigkeit, wie eine vom

6 Vgl. dazu grundlegend Jochmann, »Ausbreitung«, S. 101.

7 Alle Zitate Reichskanzlei an stellvertretenden Generalstab, 9.9.1915, BA-B, R 43/908, Bl. 78.

8 *Leipziger Volkszeitung* vom 27.9.1917.

9 PKM an RK/RdI, 1.11.1915, BA-B, R 1501/112276, Bl. 32.

Kriegspresseamt erstellte Auflistung der erlassenen Zeitungsverbote von Ende März 1916 belegt. Während bis dahin unter anderem 23 SPD-Blätter für zusammen 149 Tage nicht erscheinen durften, traf es im selben Zeitraum nur ein Antisemitenblatt, das vom Oberkommando in den Marken zunächst für fünf Tage, später unbefristet verboten wurde.[10] Es handelte sich um eine alte Bekannte: die notorische, wenn auch inzwischen fast bedeutungslos gewordene *Staatsbürger-Zeitung*. Sie war schon Ende September 1914 wegen antisemitischer Äußerungen vom Oberkommando in den Marken gemaßregelt und erst nach Abgabe einer Erklärung, während des Krieges vom Antisemitismus zu lassen, wieder freigegeben worden.[11] Dieser Schwur hielt nicht lange; wegen fortgesetzter Bekämpfung »bestimmter Kreise deutscher Staatsangehöriger«[12] und Missachtung des Verbots, öffentlich über die Kriegsziele nachzudenken, musste sie im Dezember 1914 ihr Erscheinen einstellen und war erst im Januar 1917, nach Freigabe der Kriegszieldebatte, wieder zugelassen.

Als besonders hartnäckig erwies sich Theodor Fritsch. Seine im *Hammer* Mitte September 1914 kolportierte Behauptung, dass sich jüdische Deutsche während der kurzen Besetzung des Elsass mit französischen Soldaten verbrüdert hätten, brachte ihm zunächst eine Geldstrafe von 1.200 Mark wegen Beleidigung (Paragraph 186 StGB) ein, die in zweiter Instanz auf 400 Mark ermäßigt wurde.[13] Diese Strafe schreckte Fritsch nicht ab: Die zweite Nummer der *Kriegs-Flugblätter des Hammerbundes* war nach Ansicht des Badischen Justizministeriums geeignet, »die Einigkeit des deutschen Volkes aufs Schwerste zu gefährden«.[14] Infolgedessen wies das Badische Kultusministerium die Großherzogliche Hof- und Landesbibliothek in Karlsruhe an, den *Hammer* nicht mehr im Lesesaal auszulegen.[15]

Tatsächlich hatte Fritsch alias F. Roderich-Stoltheim in seinem Artikel »Der Krieg und die Juden« in gewohnter Weise gegen das »Hebräertum« gehetzt, die auch Privatpersonen veranlasste, sich an die Behörden zu wen-

10 Zusammenstellung der erlassenen Zeitungsverbote, Kriegspresseamt, 30.3.1916, BA-B, R 1501/112276, Bl. 145.

11 Vgl. dazu und zu weiteren ähnlichen Fällen Lindner, *Philosemitismus*, S. 20–23.

12 Oberkommando in den Marken an Rudolf Lebius, 26.1.1917, BA-B, R 1501/112277, Bl. 115 ff., hier: Bl. 115.

13 Vgl. Lindner, *Philosemitismus*, S. 135; *Reichsbote* vom 1.4.1915; *Berliner Tageblatt* vom 2.4.1915; *Leipziger Volkszeitung* vom 5.6.1915.

14 BadMdJ/dA an RdI, 4.11.1914, BA-B, R 1501/112276, Bl. 5.

15 Vgl. *Freisinnige Zeitung* vom 8.12.1914.

den, um gegen Fritschs »Art & Weise, wie hier die Juden als Drückeberger & Schmarotzer in der Oeffentlichkeit geächtet werden sollen«,[16] zu protestieren. Die vom Reichsamt des Innern eingeschalteten sächsischen Behörden teilten daraufhin mit, dass Fritsch wegen seiner Artikel sowohl im *Hammer* als auch in den *Kriegs-Flugblättern* mehrfach ausdrücklich verwarnt worden sei und unter scharfer polizeilicher Überwachung stehe.[17]

Seine jahrzehntelange Übung im Umgang mit den Überwachungsorganen kam Fritsch nun im Weltkrieg zustatten. Im April 1916 stand im *Hammer* die kurze Notiz, dass ein dreijähriger Knabe aus Berlin-Neukölln vermisst werde. »Der naive Leser fragt sich erstaunt: warum die Reproduktion einer so gleichgültigen, alltäglichen Notiz?« Auf diese rhetorische Frage wusste die *Welt am Montag* eine plausible Antwort: »Der Durchschnittsleser des ›Hammer‹ aber sagt sich: *Aha*! Christenknabe unmittelbar vor Ostern ›spurlos‹ verschwunden! Denkt an Tißa-Eßlar, Konitz usw.!«[18] Die Zensur zu umgehen und subtil alte Klischees zu bedienen bereitete in den Zeiten des Kriegsrechts erfahrenen Antisemiten offensichtlich kein ernsthaftes Problem.

Fritsch war wohl derjenige, der am meisten dem Typus des halsstarrigen, weder durch gutes Zureden noch durch juristische Sanktionen von seinem Weg abzubringenden Überzeugungstäters entsprach. Aufgrund einer Anfrage des Reichsamts des Innern[19] vom September 1916 listete das stellvertretende Generalkommando des XIX. Armeekorps Fritschs umfangreiches »Sündenregister« auf. Diesem zufolge ist er »von jeher ein fanatischer, dabei ganz einseitiger Antisemit gewesen, der schon in Friedenszeiten die Juden als solche mit recht gehässigen Angriffen […] verfolgt hat und dieserhalb öfters schon strafrechtlich zur Verantwortung gezogen werden mußte«. Dass er trotz mehrfacher Gerichtsurteile auch während des Krieges nicht von seinem Treiben abließ, hatte »zum Teil nicht unberechtigte Beschwerden aus jüdischen, maßgebenden Kreisen«[20] zur Folge, auf die das Generalkommando im Dezember 1914 mit der Vorzensur seiner Publikationen reagierte. Weil das zuständige Polizeiamt dabei zu nachsichtig vorging, nahm das General-

16 Brief S. Rossberg an RK, 15.12.1914, BA-B, R 1501/112276, Bl. 11 f., hier: Bl. 11.

17 RK/RdI an SIM, 29.12.1914, ebd., Bl. 13; SMdA an RdI, 23.1.1915, ebd., Bl. 16; RK/RdI an BadMdJ/dA, 8.2.1915, ebd., Bl. 17.

18 »Wie's gemacht wird«, in: *Welt am Montag* vom 29.5.1916.

19 RK/RdI an SMdA, 3.9.1916, BA-B, R 1501/112276/1, Bl. 288.

20 Beide Zitate stellvertretendes GK XIX. AK an SIM, 11.9.1916, ebd., Bl. 354–357, hier: Bl. 354.

kommando im Juli 1916 die Sache selbst in die Hand. Fritsch war jedoch dreist genug, in einem Fall die gestrichenen Passagen als Anlage unter der Überschrift »Von der Zensur zur Veröffentlichung nicht zugelassen« mit den zensierten *Hammer*-Heften zusammen zu versenden. Sein die Zensurbehörden offen verhöhnendes Verhalten ließ den Geduldsfaden des Generalkommandos reißen. Zwar hielt es Fritsch zugute, dass er sich »nur von der guten Absicht, gegen unlautere Elemente des Judentums vorzugehen, leiten läßt«, konnte »aber die gewählte Form nicht billigen«. Die Militärbehörde brachte sogar Verständnis für den Agitator auf, da ihr »eine energische Stellungnahme gegen *wucherisches* Geschäftsgebaren insbesondere jüdischer Staatsbürger [...] durchaus berechtigt und nötig«[21] erschien. Diese Stellungnahme verrät einmal mehr die eigentümlich doppeldeutige Haltung der amtlichen Stellen gegenüber dem Antisemitismus. Einerseits anerkannten sie, dass der radikale Antisemitismus à la Fritsch verhetzend, widersinnig und »gemeinwohlschädlich« war – erst recht in Kriegszeiten –, andererseits erschien er ihnen berechtigt, weshalb sie seinen Protagonisten gute Absichten zugutehielten.

Dieses Fortwirken antijüdischer Ressentiments bei den Militärbehörden fand unterschiedliche Ausdrucksformen. So blieben die deutschen Juden bei Beförderungen oder Ordensvergaben nach wie vor benachteiligt. Obwohl die hauptsächlich zu Kriegsbeginn grassierende Spionagefurcht im Allgemeinen kaum auf die Juden projiziert wurde,[22] musste der Centralverein in einer Eingabe an den Reichskanzler im Oktober 1914 feststellen, dass mehrfach Spionageverdächtige in Fahndungsaufrufen ausdrücklich als Juden gekennzeichnet wurden, so dass »auch die *deutschen* Juden bei der Bevölkerung mit Spionage-Angelegenheiten in Verbindung gebracht werden und dass infolgedessen, wie sich dies in Ostpreussen gezeigt hat, erhebliche Belästigungen ganz unschuldiger jüdischer Personen nicht zu vermeiden gewesen sind«. Die vom CV geäußerte Bitte, »die Angabe der Zugehörigkeit zum Judentum in allen derartigen Anzeigen« zu unterlassen, »wenn sie nicht durch besondere charakteristische Verhältnisse geboten ist«,[23] leitete das Reichskanzleramt schnell an die zuständigen zivilen und militärischen Stellen weiter, doch erst im Februar 1915 ließ es sich nach einer erneuten Intervention des CV zu ei-

21 Beide Zitate, ebd., Bl. 356, Hervorhebung original.
22 Altenhöner, *Kommunikation*, S. 196.
23 Alle Zitate CV Berlin an RK, 20.10.1914, BA-B, R 43/908, Bl. 61, Hervorhebung original.

nem kurzen, inhaltsleeren Antwortschreiben herab.[24] Ein ähnliches Schicksal teilte die Ende Januar 1917 an das Generalgouvernement in Warschau ergangene Beschwerde des Centralvereins, in der er einen Erlass vom 30. November 1916 kritisierte, in dem alleinreisende Mannschaftssoldaten zur Vorsicht gegenüber »Dirnen und Juden« ermahnt wurden.[25] Das Antwortschreiben fiel lakonisch aus: Da nur die Juden in Russisch-Polen und nicht die deutschen betroffen seien, gebe es keinen Grund zur Aufregung. Sollte es dem Centralverein dagegen »möglich sein, diese Zustände [...] zu beseitigen, so würde das Generalgouvernement dies mit grossem Dank begrüssen«.[26] Darin spiegelt sich die Auffassung wider, die Juden bildeten eine Einheit und könnten über Ländergrenzen hinweg unmittelbar aufeinander Einfluss nehmen. Der CV gab sich damit nicht zufrieden und schaltete Staatssekretär Helfferich vom Reichsamt des Innern ein. Das Antwortschreiben – immerhin von Reichskanzler Bethmann Hollweg selbst unterzeichnet – konzedierte, dass die Formulierung »Dirnen und Juden« Befremden hervorrufen könne, sah aber ansonsten keinen Anlass für irgendwelche Maßnahmen.[27]

Ein weiteres viel beachtetes Thema war der von antisemitischer Seite bald nach Kriegsbeginn kolportierte Vorwurf, die deutschen Juden würden sich vor dem Kriegsdienst im Allgemeinen und vor dem Frontdienst im Besonderen drücken.[28] Zwar wandten sich militärische Stellen wiederholt gegen solche Vorwürfe, wie zum Beispiel die in Landau/Pfalz stationierte stellvertretende 6. Infanterie-Brigade, die die ihr anonym zugegangenen Beschuldigungen jüdischer Heeresangehöriger mit dem Satz: »Wer aus konfessioneller Unduldsamkeit andere bedrängt, hält schlecht zu seinem Kaiser«[29] zurückwies. Doch steter Tropfen höhlt den Stein, auch hier, denn die systematische und gut organisierte antijüdische Agitation verfehlte ihre Wirkung auf Dauer nicht. Die von den Zeitgenossen schlicht »Judenzählung« genannte »Nachweisung der beim Heere befindlichen wehrpflichtigen Juden« vom Oktober 1916 war das Resultat; erstmalig seit der endgültigen Durchsetzung

24 Vgl. RK, 24.10.1914, ebd., Bl. 62; CV Berlin an RK, 8.1.1915, ebd., Bl. 64; RK an CV, 9.2.1915, ebd., Bl. 67.

25 CV Berlin an Generalgouvernement Warschau, 25.1.1917, ebd., Bl. 188.

26 Generalgouvernement Warschau an CV, 2.2.1917, ebd., Bl. 189.

27 CV Berlin an RK, 8.3.1917, ebd., Bl. 187; RK an CV, 6.5.1917, ebd., Bl. 193.

28 Vgl. dazu Angress, »The German Army's ›Judenzählung‹«; ders., »Das deutsche Militär«; Rosenthal, *»Ehre des jüdischen Soldaten«*.

29 »Militärische Zurückweisung anonymer antisemitischer Verleumdungen«, in: *Berliner Tageblatt* vom 3.12.1914.

der Emanzipation hatte eine staatliche Behörde, das Preußische Kriegsministerium, eine offen diskriminierende Anordnung erlassen und dadurch das Prinzip der Rechtsgleichheit aller Staatsbürger beschädigt. Der Landgerichtsdirektor a. D. Kanzow, unter dessen Vorsitz im Januar 1905 die neunte Strafkammer des Landgerichts I Berlin den Grafen Pückler zum ersten Mal zu einer Haftstrafe verurteilt hatte, schrieb als nunmehriger liberaler Abgeordneter im Preußischen Abgeordnetenhaus in der *Vossischen Zeitung*, dass ihn als »alten Richter« nichts mehr empöre »als Gehässigkeit und Ungerechtigkeit. Auf den Schlachtfeldern im Osten und im Westen ist *deutsches* Blut geflossen, ob christliches, jüdisches oder dissidentisches ist gleichgültig.«[30]

Die Feststellung, dass der emphatisch verkündete »Burgfrieden« nur kurzfristig die Gegensätze zwischen den verschiedenen politischen Lagern zu überdecken vermochte – und auch das nur dürftig –, lässt sich auf die innerjüdische Auseinandersetzung zwischen dem CV und der Zionistischen Vereinigung für Deutschland übertragen. Seit 1916 – offen zutage tretend seit Ende 1917 – zerbrach allmählich der kriegsbedingte Modus Vivendi zwischen den beiden Kontrahenten, ein Faktor, der sich nach 1918 als Schwächung der Abwehrkraft erweisen sollte.[31] Aus heutiger Sicht zeigt sich, dass die CV-Führung einer Fehleinschätzung unterlag, als sie die Burgfriedensideologie – ganz im Gegensatz zu den Antisemiten – ernst nahm und die neue Dynamik und Aggressivität des Antisemitismus verkannte. Das Urteil, der CV habe sich geweigert, den Kampf dagegen *auch* politisch anstatt nur rechtlich zu führen, scheint freilich zu hart; im Rahmen seiner – allerdings bescheidenen – Möglichkeiten hat er sich sehr wohl um beides bemüht.[32] Trotz der bisweilen scharfen Auseinandersetzung mit den Zionisten vergaß zumindest Eugen Fuchs nicht, wer der wirkliche Gegner war. Im Sommer 1917 stellte er zwar fest, dass der Zionismus »den antisemitischen Mühlen Wasser gibt, wenn es [*sic*] uns zu Fremden im deutschen Wirtsvolke stempelt«, fügte aber sofort hinzu: »Indessen halte ich das für gleichgültig. Was gibt den Antisemiten nicht Wasser auf ihre Mühle? Wenn wir unser Verhal-

30 »Quousque tandem?«, in: *Vossische Zeitung* vom 18.11.1916 (abends), Hervorhebung original.

31 Vgl. Matthäus, *Verhältnis*; ders., »Deutschtum«.

32 Dies gegen Engel, *Organized Jewish Responses*.

ten danach einrichten, was sie sagen oder denken, so werden wir entweder Narren oder Schurken werden.«[33]

Die Bilanz für die vier Kriegsjahre fällt gemischt aus. In den Zeiten äußerer Bedrohung gewann die Forderung nach »innerer Einheit« an Plausibilität und schloss grundsätzlich die deutschen Juden mit ein. Ungeachtet einer gewissen Voreingenommenheit im Allgemeinen überwachten die Zensurstellen auch die Rechtspresse aufmerksam, die Repressionen nicht völlig entging.[34] Dass aber trotz des proklamierten »Burgfriedens« die antisemitische Agitation im Krieg überhaupt fortgesetzt werden konnte, lässt einmal mehr auf die »verbreitete Akzeptanz antisemitischer Anschuldigungen auch bei staatlichen Stellen schließen«.[35]

Diese Sichtweise teilte angesichts der Propagandaoffensive der Völkischen und Alldeutschen zum Beispiel der Abwehrverein, der ein uneinheitliches Vorgehen und eine »weitgehende Toleranz der Zensurbehörden gegenüber den Antisemiten«[36] konstatierte, zugleich aber mit seiner auf traditionelle »Honoratiorenpublizistik« setzenden Abwehrarbeit zum Scheitern verurteilt war. Die »philosemitische Abwehrarbeit« konnte die Diskurshoheit der Antisemiten im Weltkrieg nicht ernsthaft in Frage stellen und auch der »jüdischen Abwehrarbeit« gelang dies nicht, obwohl sie noch stärker als vor 1914 betonte, nicht von partikularistischen, sondern von patriotischen Motiven bestimmt zu sein.[37] Nur mit einem erheblichen Maß an Wohlwollen lässt sich behaupten, dass die Regierungen im Reich und in den Bundesstaaten den »antisemitischen Einflüssen in der deutschen Innenpolitik widerstanden«[38] hätten. Die »Judenzählung« von 1916 als erste offen diskriminierende Maßnahme einer staatlichen Behörde seit der Durchsetzung der rechtlichen Gleichstellung der Juden 1869 spricht eine zu deutliche Sprache. Infolge des Traumas der Kriegsniederlage weiteten die radikalen Antisemiten ihre Einstellungen und Praktiken, die sie zuvor hauptsächlich den »Ostjuden« vorbehalten hatten, nun auf die jüdischen Bürger Deutschlands aus. Unter diesem Blickwinkel kamen der Erste Weltkrieg und seine Folgen

33 Fuchs, *Glaube*, S. 257 (Separatdruck eines erstmals in den *Neuen Jüdischen Monatsheften* 1917 erschienenen Artikels).

34 Vgl. dazu am Beispiel der dem Bund der Landwirte nahestehenden *Deutschen Tageszeitung* Kimmel, *Methoden*, S. 82–87.

35 Ebd., S. 249.

36 Lindner, *Philosemitismus*, S. 166.

37 Vgl. ders., »Houston Stewart Chamberlain«; Engel, »Patriotism«.

38 Schwabe, »Die deutsche Politik«, S. 266.

»eine[m] Dammbruch«[39] gleich. Für die juristische Auseinandersetzung mit dem Antisemitismus war der Erste Weltkrieg jedoch zu kurz und die rechtliche Situation im Zeichen des Belagerungszustandes zu spezifisch, als dass dieser Zeitabschnitt nennenswerte Spuren hinterlassen hätte.

2. Antisemitismus als Demokratiefeindschaft: Die Weimarer Republik

Weil das, was auf die Weimarer Republik folgte, sich als ein bis dahin unvorstellbarer Schrecken für Deutschland, Europa und die Welt entpuppte, ist jede Geschichtsschreibung über diese Epoche »notwendigerweise immer auch Trauerarbeit«.[40] Das gilt in besonderer Weise im Hinblick auf die deutschen Juden, denen die Republik endlich jene Entfaltungsmöglichkeiten bot, die ihnen das Kaiserreich bis zum Schluss vorenthalten hatte. Da gleichzeitig das Schimpfwort »Judenrepublik« zur alle vermeintlichen Übel erklärenden Zauberformel der politischen Rechten geriet, waren Antisemitismusabwehr und Republikschutz aufs engste miteinander verflochten. Das Vorgehen gegen die Judenfeindschaft ist folglich *auch* ein wichtiger Parameter auf der Suche nach den Ursachen für das Scheitern der ersten deutschen Demokratie. Daher stellt sich als Erstes die Frage, welche Rolle die Verfassungsbestimmungen und die Legislative bei der Bekämpfung des Antisemitismus spielten; das Verhalten der Justiz und der staatlichen Exekutive, vor allem der Polizei, bei der Verfolgung des Rechtsextremismus ist als Zweites von Interesse; und schließlich weist das Stichwort von der »Demokratie ohne Demokraten« oder der »Republik ohne Republikaner« die Blickrichtung auf die Mentalitäten und politischen Einstellungen der Bevölkerung.

2.1. Verfassungsrecht und Legislative

Der Punkt, welchen Stellenwert etwa das Wahlrecht, das destruktive Misstrauensvotum oder die Vormachtstellung des Reichspräsidenten für die Unterminierung der demokratischen Ordnung hatten, kann und braucht hier

39 Welling, »›Wie ein böser Spuk‹«, S. 188.
40 Heinrich August Winkler, *Weimar*, S. 11.

nicht erörtert zu werden. Die Frage Dieter Grimms, ob die Weimarer Reichsverfassung glücklos oder missglückt war[41] – ob also die Republik theoretisch über das Instrumentarium zu ihrer Selbstverteidigung verfügte oder ob sie strukturell wehrlos war –, lässt sich auf die Abwehr des Antisemitismus übertragen. Die Weimarer Verfassung selbst verfügte mit Artikel 136 zwar über die zur damaligen Zeit längst selbstverständliche Anerkennung der staatsbürgerlichen Rechte und Pflichten unabhängig vom religiösen Bekenntnis. Darüber hinaus gab es jedoch keine spezifischen Strafbestimmungen gegen Diskriminierungen oder Hetze gegen Bevölkerungsteile.

Die mit Abstand wichtigste rechtliche Regelung in unserem Zusammenhang ist das nach dem Mord an Walther Rathenau erlassene Gesetz zum Schutz der Republik vom 21. Juli 1922. Es war aufgrund der ungenauen Formulierung »Verächtlichmachung der verfassungsmäßig festgestellten Staatsform« schon zum Schutz demokratischer Werte im engeren Sinn nur bedingt geeignet, zumal der Staatssekretär im Reichsjustizministerium, Curt Joël, es gleichermaßen gegen links und rechts anwenden und ihm dadurch seine Stoßrichtung gegen den »Feind von rechts« benehmen wollte.[42] Die Ahndung antisemitischer Äußerungen mit Hilfe dieses Gesetzes gestaltete sich schwierig, musste doch nachgewiesen werden, dass ein Angriff auf die Juden zugleich der Republik galt. Das war allerdings fast immer der Fall, denn wie kein zweiter fasste der Begriff »Judenrepublik« für die politische Rechte alles zusammen, was sie verabscheuungswürdig fand. In einer im SPD-Parteiverlag erschienenen, allerdings wenig verbreiteten und beachteten Schrift stellte Carlo Mierendorff, wenn auch unter Verkennung der Eigenbedeutung des Antisemitismus, schon 1920 fest, dass die »reinrassigen schwarz-weiß-roten Sprücheklopfer« zwar »auf *den Juden*« einhauen, »aber *den Republikaner* [meinen]. Sie verknüpfen die Republik machiavellistisch mit dem Judentum und richten ihre Schimpfkanonaden gegen die ›Juden‹republik.«[43]

Diese enge Kopplung von Judenfeindschaft, Hass auf die Republik und Verachtung für die Demokratie haben die Gerichte nur selten (an)erkannt.[44] Urteile wie das folgende des Staatsgerichtshofes zum Schutz der Republik waren die Ausnahme. Er wertete im März 1923 die Bestrebungen zur Ent-

41 Grimm, »Mißglückt«; ebenfalls gegen die »Geburtsfehlerthese« Pauly, *Grundrechtslaboratorium*.

42 Vgl. Godau-Schüttke, *Rechtsverwalter*, S. 69–73.

43 Alle Zitate Mierendorff, *Arisches Kaiserreich*, S. 14, Hervorhebungen original (in der von Albrecht neu hrsg. Fassung S. 336).

44 Vgl. Foerder, »Die ›Judenrepublik‹«; als »Gegenschrift« dazu Holthoff, *Ausdruck*.

rechtung einer Gruppe deutscher Staatsbürger, der Juden, als Verstoß gegen Paragraph 7 Ziffer 4 des Republikschutzgesetzes, weil sie dem Grundsatz der »Gleichstellung aller Deutschen vor dem Gesetz [...] ohne Rücksicht auf das religiöse Bekenntnis«[45] zuwiderlaufen, und erklärte Verbote und Auflösungsverfügungen gegen die NSDAP auf dieser Rechtsgrundlage für zulässig. Von der Anwendung des Republikschutzgesetzes gegen antisemitische Agitation durch die ordentlichen Gerichte wird noch ausführlicher die Rede sein.

2.2. Die Exekutive

Bekanntermaßen zögerten die Gerichte, wenn es um den Rechtsschutz für die jüdische Minderheit ging. In der Forschung dominiert die Ansicht, dass beim Republikschutz nicht nur »die Justiz« versagt, sondern auch auf politischer Seite die notwendige Entschlossenheit gefehlt habe.[46] Gegen diese pauschale Deutung sprechen die beinahe 200 Parteiverbote auf der Grundlage des Republikschutzgesetzes, für die die Länder verantwortlich waren. In Preußen wurden 29 Parteien und Verbände überwiegend des rechten Spektrums verboten, während Bayern von dieser Möglichkeit keinen Gebrauch machte.[47] 1923 kam der Staatsgerichtshof zum Schutze der Republik zu dem Schluss, dass die Aktivitäten der NSDAP republikfeindlich seien und sie sich mit ihrem Ziel der »Entrechtung einer Gruppe deutscher Staatsbürger« gegen die Artikel 109, 128 und 136 der Reichsverfassung vergehe. Auch später verfolgte der Staatsgerichtshof, konsequenter als das Reichsgericht, Äußerungen wie »jüdische Regierung« zur Kennzeichnung der Reichsregierung oder »Judenpolitik der Judenrepublik« als Verstoß gegen das Republikschutzgesetz, ohne damit freilich eine dauerhafte Urteilspraxis bei den ordentlichen Gerichten begründen zu können.[48]

Dieses Beispiel zeigt, wie groß der Spielraum der Politik und der Gerichte war, zumal das zeitgenössische Verfassungs- und Staatsrechtsdenken keinen strikten Gegensatz zwischen Verfassungsschutz und Verfassung sah. »Aktiver Republikschutz«, so etwa Christoph Gusy, »war rechtlich möglich, wurde aber aus anderen als rechtlichen Gründen nicht stets, nicht rechtzeitig

45 Conrad, »Ein grundlegendes Urteil«, S. 299.
46 Als Klassiker dieser Interpretation Jasper, *Schutz*; ders., »Justiz«; Schönhoven, »Republik«.
47 Vgl. Jasper, *Schutz*, S. 316–320.
48 Vgl. Hueck, *Staatsgerichtshof*, S. 145, ebenso S. 233 f. u. S. 237 f.

und nicht gleichermaßen praktiziert.«[49] Auch Eike Hennig zufolge lag das Scheitern des Abwehrkampfes gegen den Nationalsozialismus »weder an mangelnden Kenntnissen, Einsichten und Praxeologien noch am Fehlen demokratischer Mahnungen und Aufrufe«, »sondern an der zu breiten Schnittmenge«[50] vieler staatlicher Funktionsträger mit dem antidemokratischen Extremismus der NSDAP.

Das pauschale Bild von der »Selbstpreisgabe einer Demokratie«[51] bedarf dennoch der Korrektur. Vor allem die SPD hat Gebrauch von den staatlichen Machtmitteln gemacht, allen voran im republikanischen »Bollwerk« Preußen und in den Länderregierungen in Hamburg, Hessen und Baden, an denen sie kontinuierlich beteiligt war.[52] In Baden gab es eine Tendenz der Judikative und Exekutive, relativ konsequent gegen den politischen Rechtsradikalismus vorzugehen. Die Gerichte ließen sich dort im Allgemeinen weniger auf die argumentativen Tricks der Antisemiten ein, um einer Verurteilung aufgrund der Paragraphen 130 und 166 oder des Republikschutzgesetzes zu entgehen, aber es fehlt nicht an Gegenbeispielen. So stand in dem badischen NS-Blatt *Der Führer* der Satz: »wenn wir nun behaupten würden, schwarz-rot-gold sei eine Judenfahne, so würden wir gegen das Republikschutzgesetz verstoßen. Deshalb behaupten wir das nicht.« In diesem Fall bestätigte das Reichsgericht das Urteil der Vorinstanz gegen den Autor dieser Zeilen, die ihm 500 Mark Geldstrafe auferlegt hatte, während das Schwurgericht Karlsruhe den Abdruck desselben Artikels in einer anderen Zeitung unbeanstandet ließ.[53]

Für solches Gewährenlassen standen die Chancen in Bayern besonders gut, von dessen Polizei in der »Ära Pöhner« zwar zugespitzt, im Kern aber zutreffend gesagt werden kann, dass sie nicht den Rechtsextremismus unterstützte, sondern ein Teil von ihm war.[54] Das galt erst recht für die Auseinandersetzung mit rassistischen und antisemitischen Bewegungen und Parteien. Julius Streicher in Nürnberg konnte sich in den frühen zwanziger Jahren der stillen Sympathie der Polizeiführung sicher sein und ungestört seine Propaganda verbreiten.[55] Dagegen haben die Behörden in Preußen den als

49 Gusy, *Weimar*, S. 369; ähnlich ders., »Pressefreiheit«.

50 Hennig, »Politische Gewalt«, S. 106.

51 Vgl. den programmatischen Titel Erdmann/Schulze (Hrsg.), *Selbstpreisgabe*.

52 Vgl. Pyta, *Gegen Hitler*, S. 265–390.

53 Vgl. Kißener, *Diktatur*, S. 86; vgl. auch Brandel, *Staatliche Maßnahmen*.

54 Dazu McGee, *Political Police*, S. 289: »Under Pöhner the political police did not simply support the radical right; it was, in effect, a part of the radical right.«

55 Vgl. Kauders, *German Politics*, S. 91 ff.

»Knüppel-Kunze« bekannten völkischen Aktivisten Richard Kunze streng überwacht und ihm bisweilen die Versammlungsgenehmigung versagt.[56] Alfred Roth klagte gleichfalls, wenn auch sicher übertreibend in der Absicht, sich zum Märtyrer zu machen, über zahlreiche Vernehmungen und eingeleitete Strafverfahren.[57]

In dem bekannten Erlass vom 23. September 1922 wies der Preußische Justizminister die Generalstaatsanwälte an, auf die Staatsanwälte dahingehend einzuwirken, dass sie antisemitische Ausschreitungen nachdrücklich verfolgen. Das für die öffentliche Anklage notwendige öffentliche Interesse an der Strafverfolgung sei regelmäßig dann anzunehmen,

> »wenn die Beleidigung usw. als Ausfluss und Ausdruck allgemeiner antisemitischer Gesinnung begangen ist. Bei Anzeichen von Vergehen gegen § 130 StGB. ist zu beachten, dass die Juden als Klasse im Sinne dieser Vorschrift anzusehen sind [...]. Wenn es bei Verfahren aus § 166 StGB. zweifelhaft erscheint, ob die Beschimpfung sich gegen eine ›Einrichtung‹ oder einen ›Gebrauch‹ der jüdischen Religionsgesellschaft richtet, wird es sich empfehlen, wegen Anhörung einzelner Sachverständiger mit den Organisationen der jüdischen Staatsbürger in Verbindung zu treten und die Frage, ob gegen ein freisprechendes Erkenntnis das zulässige Rechtsmittel einzulegen ist, sorgfältig zu prüfen.«[58]

Diese sich unter anderem auf das »Pückler-Urteil« des Reichsgerichts von 1899 beziehende, also lediglich die höchstrichterliche Rechtsprechung des Kaiserreichs in Erinnerung rufende Verordnung veranlasste die *Deutsche Tageszeitung*, von »Unseren Staatsbürgern erster Klasse« zu sprechen, und auch die *Kreuz-Zeitung* kommentierte sie mit der für Antisemiten typischen Argumentationsfigur der »jüdischen Übermacht« und Sonderstellung im Rechtswesen:

> »Diese Verfügung spricht sich klar und deutlich für die öffentliche Vorzugstellung, die das Judentum in der modernen Republik genießt, aus. Der errungenen Machtstellung entspricht nunmehr auch die Sicherung dieser Macht durch rechtliche Bestimmungen, die in dieser Konsequenz ›die Juden als Klasse‹ für unantastbar erklären und antisemitische Gesinnung mit dem Bannfluch des Staates belegen.«[59]

---

56 Vgl. z.B. den Antrag Kunzes auf Versammlungsgenehmigung und den ablehnenden Bescheid des Polizeipräsidenten Berlin, 13.3.1920, USHMM, RG-11.001M.31, Osobyi, 505/1/74 (reel 76), Bl. 87 f. Zu Kunze vgl. Jahr, »Richard Kunze«.

57 Roth, *Judas Herrschgewalt*, S. 5 f.

58 PJM an die GStAs, 23.9.1922, GStA PK, I. HA, Rep. 84a/47117, Bl. 127; auch abgedruckt bei Foerder, *Antisemitismus*, Anhang II, S. 27.

59 Zit. nach »Unsere Staatsbürger erster Klasse«, in: *Deutsche Tageszeitung* ca. vom 26.9.1922 (Nr. 492), und »Das geschützte Judentum«, in: *Kreuz-Zeitung* vom 26.9.1922. Auch später

Auf Reichsebene war Vergleichbares zur preußischen Verordnung vom September 1922 kaum zu erwarten; zum einen wegen der föderalen Zuständigkeit im Bereich der Justiz und Polizei, zum anderen, weil die SPD in den Reichsregierungen, in denen sie vertreten war, nie die dominante Stellung innehatte wie in Preußen. Institutionen wie dem 1920 errichteten und 1929 wieder aufgelösten Reichskommissariat zur Überwachung der öffentlichen Ordnung, das dem Reichsinnenministerium unterstand, oblag als Hauptaufgabe die Überwachung links- und rechtsradikaler Organisationen, Parteien und Verbände, nicht jedoch die eigenständige Verfolgung antisemitischer Agitation.[60]

Die Frage, ob die Reichsregierung selbst initiativ werden müsste, um durch Bildung und Aufklärung gegen den Antisemitismus vorzugehen, wurde aufgrund des vergifteten Klimas einerseits und des veränderten, stärker auf politische Teilhabe der Bevölkerung setzenden Anspruchs eines demokratischen Staatswesens andererseits immer wieder virulent. Eine anonyme Eingabe von »einer Deutschen jüdischen Glaubens für Tausende« an Reichskanzler Cuno mahnte – auf die negative Wirkung im Ausland hinweisend – von der Regierung angesichts des in der aufgeheizten Stimmung nach der »Ruhrbesetzung« Anfang 1923 zunehmend militanter werdenden Antisemitismus »jetzt staatliche Abwehrenergie und Aufklärung« an, sonst sei »der trübe Strom nicht mehr einzudämmen«,[61] zumal Reichspräsident Ebert noch kein Wort zum Schutz der Juden habe vernehmen lassen. Auch die Nürnberger Ortsgruppe des Vereins zur Abwehr des Antisemitismus appellierte Ende Februar 1923 an Ebert, dass in Anbetracht der maßlosen Judenhetze »der äusserste Zeitpunkt gekommen [ist], in dem gegen diese systematische Hetze auf das Energischste Front gemacht werden und in dem sie mit allen modernen Mitteln des Staates im Interesse unseres Deutschtums, unseres Volkes und unserer Wirtschaft bekämpft werden muss«. Neben die repressiven Maßnahmen sollten erzieherische und aufklärerische treten, »damit wenigstens die Kreise, die nicht von der Bewegung angefressen sind, noch in letzter Stunde von ihr verschont bleiben«.[62] Die derart emphatisch

wurde dieser Erlass von der Antisemitenpresse häufig entsprechend kommentiert, vgl. z.B. »Im Kampfe gegen Juda. Der besondere jüdische Rechtsschutz«, in: *Das deutsche Tageblatt* vom 26.6.1925.

60 Vgl. Petersen, *Zensur*, S. 90 ff.

61 Anonyme Eingabe aus Hamburg an den RK, 5.2.1923, BA-B, R 1501/116791, Bl. 5.

62 Alle Zitate Abwehrverein, Ortsgruppe Nürnberg, an RP, 21.2.1923, BA-B, R 1501/116791, Bl. 9 f.

angesprochene Regierung antwortete jedoch zunächst im Stil des untergegangenen Kaiserreiches nur kühl, dass sie »jede hetzerische Agitation« verurteile, »von welcher Seite sie auch kommen möge«.[63]

Trotzdem griff sie diese Anregung auf, denn einige Wochen später fragte das Reichsinnenministerium bei der Reichszentrale für Heimatdienst nach, ob von ihr anti-antisemitische Aufklärungsarbeit geleistet werde, was diese mit dem Hinweis auf einen Beschluss im parlamentarischen Beirat der Reichszentrale verneinte, da diese Art von Tätigkeit »nicht unmittelbar zum Aufgabenkreis«, mit dem sie betraut sei, gehöre. Der handschriftliche Aktenvermerk des zuständigen Sachbearbeiters im Innenministerium war höchst ambivalent. Einerseits beharrte er darauf, dass die »Bekämpfung der Übertreibungen [des Antisemitismus] in vorsichtiger Form« sehr wohl zu den Aufgaben der Reichszentrale gehöre; andererseits konzedierte er, dass es schwer sein werde, »eine Form zu finden, die nicht die Zentr[ale] vollständig in den Kampf hineinzieht und für alle Antisemiten diskreditiert«.[64] Die nationalpropagandistische Aufgabe der Reichszentrale lag, das machen diese Zeilen klar, weitab vom Ziel der Erziehung zu demokratischem Denken.[65]

Die Frage einer aktiv anti-antisemitischen Haltung der Reichsregierung wurde wieder aktuell, als die deutsche Botschaft in Wien am Tag vor dem »Bierhallenputsch« in München das Auswärtige Amt davon informierte, dass die »Haltung eines Teiles der deutschen Bevölkerung gegen fremdländische Elemente, meist gegen Juden«, wie sie in Bayern und in Berlin zu beobachten sei, von der österreichischen Presse aufmerksam registriert werde – und zwar mit einem verheerenden Ergebnis, denn diese Berichte seien geeignet, das »aufrichtige Mitgefühl für die Notlage des deutschen Volkes in vielen Kreisen *erheblich zu dämpfen*«.[66] Das vom Auswärtigen Amt unterrichtete Innenministerium hielt es nunmehr für geboten, dass gegen die antisemitische Hetze »etwas veranlasst wird«.[67] Daher erbat das Reichsinnenministerium entsprechende Stellungnahmen Bayerns und Preußens, die sehr unterschiedlich ausfielen. Während der Bayerische Ministerpräsident Eugen Ritter von Knilling die Existenz antijüdischer Vorfälle mit Ausnahme der Auswei-

63 RMI an Abwehrverein, Ortsgruppe Nürnberg, 9.3.1923, ebd., Bl. 11.

64 RMI an Reichszentrale für Heimatdienst, 4.4.1923, ebd., Bl. 12; Zitate: Reichszentrale für Heimatdienst, Berlin, 7.4.1923, und handschriftlicher Aktenvermerk dazu, ebd., Bl. 13.

65 Die Bekämpfung des Antisemitismus war kein explizites Thema der Reichszentrale, vgl. Wippermann, *Politische Propaganda*, S. 288–307.

66 Deutsche Gesandtschaft Wien an AA, 7.11.1923, BA-B, R 1501/116791, Bl. 15, Hervorhebung vom Empfänger.

67 RMI Spezialbüro, Berlin, 30.11.1923, an Ministerialdirektor Dr. Brecht, ebd., Bl. 16.

sung der Ostjuden schlichtweg verneinte, bedauerte das Preußische Innenministerium immerhin die »Wirkung ebenso wie die Ereignisse selbst«, die pogromartigen Ausschreitungen am 5. und 6. November 1923 gegen die im Berliner Scheunenviertel ansässigen, vor allem aus Osteuropa zugewanderten Juden. Einen Grund zu handeln sah man allerdings nicht und gab stattdessen den »Schwarzen Peter« an das Reich zurück, das »auf solche Kreise, die durch antisemitische Propaganda zu derartigen Ereignissen wie in der Grenadierstraße beitragen«, dahingehend einwirken solle, dass die Antisemiten »in ihren innerpolitischen Bestrebungen mit Rücksicht auf die schwierige aussenpolitische Lage Deutschlands Maß halten«.[68] Dieses Ansinnen veranlasste den Sachbearbeiter des Reichsinnenministeriums zu der ratlosen Notiz: »wie denn?«.

Sieben Jahre später scheiterte trotz der freundlichen Reaktion von Staatssekretär Pünder der Versuch des Vorsitzenden der Zionistischen Vereinigung für Deutschland, Kurt Blumenfeld, Reichskanzler Brüning zu einer offiziellen Stellungnahme gegen den Antisemitismus zu bewegen, obwohl er hauptsächlich jenes Argument anführte, das am meisten Erfolg zu versprechen schien: die Schädigung des deutschen Ansehens im Ausland, insbesondere in den USA.[69] Immerhin konnte die Lobbyarbeit des CV Ende Dezember 1932 ein Schreiben des Reichsinnenministeriums an die Länderregierungen erwirken, in dem beklagt wurde, dass die Boykottpropaganda »teilweise Formen angenommen [habe], die über eine geschäftliche Schädigung des Betroffenen hinaus eine Störung der Ruhe und Ordnung mit sich bringen«.[70] Wenn etwa durch Posten vor Geschäften Passanten bedroht würden, sei die Polizei zum Einschreiten verpflichtet. Fast zeitgleich hatte der Hessische Innenminister Wilhelm Leuschner auf eine Anfrage der NSDAP-Fraktion im Landtag klargestellt, dass »diese die öffentliche Ordnung gefährdende Agitation mit allem Nachdruck zu unterbinden«[71] sei.

---

68 RMI an BIM und PIM, 10.12.1923, ebd., Bl. 17; BMdA an RMI, 31.12.1923, ebd., Bl. 18; Zitat: PIM an RMI, 27.12.1923, und Randbemerkung dazu, ebd., Bl. 19. Zu den Vorfällen in Bayern und Preußen vgl. Walter, *Antisemitische Kriminalität*, S. 52–79 u. S. 97–142.

69 ZVfD an Staatssekretär Pünder, 17.4.1931, BA-B, R 43 I/2193, Bd. 1, Bl. 196 f.; Pünder an ZVfD, 21.4.1931, ebd., Bl. 198; vgl. auch Reinharz, »Zionist Response«, S. 131 f.

70 RMI an alle Länderregierungen, 27.12.1932, USHMM, RG-11.001M.31, Osobyi, 721/1/2478 (reel 112), Bl. 18.

71 Große Anfrage NSDAP-Fraktion Hessischer Landtag, 29.11.1932, Drucksache Nr. 278; Regierungsantwort, 30.12.1932, Drucksache Nr. 279, hier zit. n. ebd., Osobyi, 721/1/2478 (reel 112), Bl. 3.

Das Mitte April 1932 erlassene Verbot von SA und SS, das die Regierung Papen zwei Monate später als Besänftigungsgeste gegenüber Hitler wieder aufhob, ist ein Beispiel dafür, dass in der Zeit der größten Bedrohung ein Abwehrwille außerhalb des schrumpfenden republikanischen Lagers kaum noch vorhanden war. In diesem Fall war es nicht zuletzt eine »Einheitsfront der Länder«[72] – von Preußen, Bayern, Baden, Württemberg, Sachsen und Hessen –, die den zögerlichen kommissarischen Reichsinnenminister Wilhelm Groener zu diesem Verbot bewogen hatte. Diese Vorfälle belegen ein weiteres Mal, dass auf politischer Ebene der Kampf gegen den Antisemitismus als solchen keine Dringlichkeit besaß, sondern nur im Zusammenhang mit übergeordneten politischen Belangen eine Rolle spielte. Das gilt insbesondere für außenpolitische Erwägungen, die allein geeignet waren, ministerielles Handeln anzuregen.

Auch die Polizei als handelnder Arm der Exekutive wird in der Forschung kontrovers diskutiert. Ist die – jedenfalls in Preußen – konzipierte und zielstrebig umgesetzte »Republikanisierung« der Polizei tatsächlich gelungen? »Es ging gegen Rechts, also hat die Polizei versagt«:[73] Diese Einschätzung Carl von Ossietzkys aus Anlass des »Kurfürstendammkrawalls« vom September 1931, bei dem die SA unter Führung des Grafen Helldorf pogromähnliche Unruhen im Berliner Westen inszenierte, prägte das Bild vom Handeln der Polizei gegen den Rechtsradikalismus, zumal es unbestreitbar Verbindungen zwischen Polizei und NSDAP vor 1933 gab.[74] Tatsächlich mangelt es, analog zur »Blindheit der Justiz auf dem rechten Auge«, nicht an Beispielen polizeilicher »Taubheit auf dem rechten Ohr«. So konnte bei einer Stahlhelm-Demonstration das Lied »Ebert an den Galgen, Die Juden an die Wand, Die Rote Front ins Zuchthaus – Dann wird Ruhe im Land« gesungen werden, ohne dass die begleitende Polizei intervenierte. Im März 1927, als bei einem SA-Umzug in Berlin jüdisch aussehende Passanten verprügelt wurden, griff sie wieder nicht ein. Diesmal reagierte freilich die Polizeiführung und enthob den betreffenden Reviervorsteher und den Inspektionskommandeur ihrer Posten.[75] Doch es finden sich auch viele Beispiele dafür, dass der polizeiliche Kampf gegen die NSDAP mit Entschiedenheit geführt

72 So Reichsjustizminister Curt Joël, zit. nach Heinrich August Winkler, *Weimar*, S. 450.
73 Ossietzky, »Pogrom«, S. 453.
74 Vgl. Bernhard Sauer, »Zur politischen Haltung«; sehr skeptisch über die Tiefenwirkung der Republikanisierung der Polizei Kohler, »Crisis«.
75 Zu diesen Vorfällen Ehls, *Protest*, S. 408 u. S. 417 f.

wurde.[76] Erstaunlicherweise – wenn man bedenkt, welches Gewicht die Judenfeindschaft im völkisch-rechtsextremen Milieu hatte – ist das Verhalten der Polizei gegenüber antisemitischer Agitation und Gewalt bislang noch nicht systematisch und umfassend analysiert worden. Unter den gegebenen Umständen, so viel sei hier festgehalten, war sie, von der Politik und Justiz weitgehend allein gelassen, schlicht überfordert.[77]

Der Centralverein jedenfalls hütete sich, durch zu scharfe Kritik an der Polizei seine guten Beziehungen zur preußischen Regierung zu gefährden. In einer Unterredung zwischen Alfred Wiener und Hans Reichmann auf der einen und Polizeipräsident Albert Grzesinski und seinem Stellvertreter Bernhard Weiß auf der anderen Seite äußerte der CV zwei Tage nach dem »Kurfürstendammkrawall« vom Jüdischen Neujahrsfest am 12. September 1931 Verständnis für das Vorgehen der Polizei, die es vor jenen Presseberichten in Schutz zu nehmen gelte, die ihr Versagen vorwarfen. Im weiteren Verlauf dieser Unterredung kritisierte Grzesinski dann vertraulich, »dass die Frauen sich mit grossem Schmuck und Pelzen behängen. So wenig man verallgemeinern dürfe, wirke derartiges Auftreten auf die verhetzten und arbeitslosen Leute aufreizend.« Alfred Wiener erklärte gewunden, dass der CV diese Auffassung teile, man »dürfe aber nicht verkennen, dass die Vorgänge am Kurfürstendamm kaum durch diese taktlosen Juden provoziert worden seien«.[78] Dennoch entsprach der CV Grzesinskis Bitte, indem Leo Baeck in der *CV-Zeitung* zu »Schlichtheit und Echtheit«[79] aufrief.

2.3. Die Judikative

Die intensivste Forschungsdebatte entzündet sich jedoch an der Rolle der Justiz. War sie, entsprechend dem (links)liberalen und sozialdemokratischen Deutungsmuster, »auf dem rechten Auge blind«, wurde »kaum ein Angeklagter jemals verurteilt […] da die Justiz fast immer hohe ›patriotische Mo-

76 Vgl. dazu ausführlich Dams, *Staatsschutz*.

77 Vgl. Jahr, »Policing Anti-Semitic Crime«. Weitgehendes Schweigen zum Thema Antisemitismus und Polizei herrscht bei dem ansonsten vorzüglichen Leßmann, *Die preußische Schutzpolizei*, ebenso bei Liang, *Berliner Polizei*. Auch Walter, *Antisemitische Kriminalität*, ist in dieser Hinsicht unergiebig.

78 Paucker, »Documents«, Dok. 6, Aufzeichnungen von Hans Reichmann über den »Kurfürstendamm-Krawall«, S. 238–246, hier: S. 245.

79 *CV-Zeitung*, Jg. 10, Nr. 38 (1931), S. 457.

tive‹ unterstellte«?[80] Beispiele dafür haben schon die Zeitgenossen in großer Zahl beigebracht, so dass geradezu von einer »Rechtskrisis« gesprochen werden kann. Neben Erich Eyck[81] ist vor allem Ludwig Foerder zu nennen, der seine gut fundierte Kritik unter dem Titel »Antisemitismus und Justiz« 1921 erstmals in der Breslauer *Jüdisch-Liberalen Zeitung* und – wortgleich – im *Israelitischen Familienblatt* publizierte.[82] 1924 erschien dann unter demselben Titel eine umfangreiche Sammlung von Skandalurteilen. Das Amtsgericht Breslau beispielsweise befand, dass das laute Absingen des Kehrreims »Schlagt alle Juden tot« die öffentliche Sicherheit und Ordnung nicht ernsthaft gefährde. Mit derselben Begründung verfügte ein Berliner Staatsanwalt die Einstellung des Verfahrens gegen einen Arzt, der in Berlin Unter den Linden »Schlagt die Juden tot« gerufen hatte.[83]

Besondere Aufmerksamkeit erregte der von Foerder geschilderte Fall des deutsch-völkischen Hauslehrers Theodor Knobel, der einer von ihm geführten Jungsturmschar befahl, vor dem jüdischen Friedhof im schlesischen Guhrau dreimal auszuspucken. Der Staatsanwalt lehnte die Klageerhebung zunächst ab, und erst auf die Beschwerde des Centralvereins erhielt er Anweisung, wegen Religionsbeschimpfung und groben Unfugs zu ermitteln. Schließlich kam es zum Prozess wegen Verstoß gegen Paragraph 166 StGB, doch endete er mit einem Freispruch für Knobel. Das Gericht stellte fest, das Verhalten des Angeklagten sei zwar »vom sittlichen Standpunkt nicht zu billigen«, eine Beschimpfung der jüdischen Religionsgemeinschaft als Ganzes liege aber nicht vor, da sich der Antisemitismus »nicht gegen die Religion, sondern gegen die Rasse der Juden« richte. Auch für die den Bezug zur Religion eigentlich sehr deutlich machende Tatsache, dass der Tatort unmittelbar an einem jüdischen Friedhof lag, fanden die Glogauer Richter eine »elegante« Erklärung, die das Offensichtliche leugnete. Der Friedhof sei nur der äußere Anlass, nicht eigentliches Ziel des Ausspuckens gewesen, das vielmehr »ganz allgemein im antisemitischen Sinne zu verstehen«[84] sei.

Die *Berliner Morgenpost* kommentierte diese durch Foerder der Öffentlichkeit bekannt gemachte »Glanzleistung der Justiz« mit dem Hinweis auf einen alten Bekannten in der niederschlesischen Antisemitenszene: Das Ge-

80 Alle Zitate aus Hagenlücke, »Formverwandlungen«, S. 120.

81 Eyck, *Deutsches Judentum*; ders., »Stellung«.

82 Foerder, »Antisemitismus«. Zu den Folgen dieses Artikels vgl. Walter, *Antisemitische Kriminalität*, S. 80–89.

83 Vgl. Foerder, *Antisemitismus*, S. 7 f.

84 Alle Zitate Urteil LG Glogau 10.11.1921, GStA PK, I. HA, Rep. 84a/55757, Bl. 42 f.

richt habe »offenbar von dem Geist des vor den Toren Glogaus wohnenden Fürsten Pückler mehr als einen Hauch verspürt«.[85] Die *Welt am Montag* kritisierte am Freispruch Knobels, dass das Gericht, auch für den Fall, dass sein Verhalten juristisch nicht strafbar sei, ihn moralisch hätte verurteilen sollen. »Es kommt«, so die *Welt am Montag*, »ja durchaus nicht nur darauf an, daß einem schoflen Kerl eine gerichtliche Strafe aufgeknallt wird; viel wichtiger und wirksamer wär's zuweilen, wenn man ihm *das Brandmal seiner Ekelhaftigkeit* öffentlich aufdrückte.«[86] Die Signalwirkung des Falles zeigte sich noch drei Jahre später, als der DDP-Abgeordnete Alfred Franz Brodauf im Reichstag anhand dieses Beispiels das »sehr üble Kapitel des Antisemitismus in der Justiz« illustrierte, das seinen unrühmlichen Höhepunkt darin finde, dass »Richter ganz offen antisemitische Anschauungen bei Urteilsbegründungen zum Ausdruck gebracht haben« und man daher »ungesühnt öffentlich zum Totschlag der Juden auffordern«[87] könne.

Aufgrund der Schwere der von Foerder beschriebenen Fälle schaltete sich schließlich die Berliner CV-Zentrale ein. Julius Brodnitz erbat einen Gesprächstermin beim Preußischen Justizminister, um über Gerichtsurteile zu sprechen,

> »in denen Angriffe auf die jüdische Religionsgemeinschaft von den Gerichten nicht mehr geahndet wurden mit der Begründung, daß es eine jüdische Religionsgemeinschaft gar nicht gebe, sondern, daß die Juden eben nur eine Rasse bildeten, und Angriffe auf die jüdische Rasse strafrechtlich nicht zu verfolgen sind«.[88]

Das Justizministerium leitete daraufhin eine Überprüfung der von Foerder dokumentierten Fälle ein und forderte die Staatsanwaltschaften auf, bei ihren Ermittlungen mit dem Centralverein Kontakt aufzunehmen.[89] Das Innenministerium wies seinerseits die Orts- und Landespolizeibehörden an, im Falle antisemitischer Propaganda insbesondere von der Möglichkeit der Druckschriftenbeschlagnahme ohne richterliche Anordnung gemäß Paragraph 23 Pressegesetz Gebrauch zu machen, wenn Verdacht auf Verstoß ge-

85 »›Jungsturm‹-Erziehung. Eine Glanzleistung der Justiz«, in: *Berliner Morgenpost* vom 28.3.1922.

86 Dr. Frosch, »Spuckt alle dreimal aus!«, in: *Die Welt am Montag* vom 27.3.1922, Hervorhebung original.

87 *VdR*, Bd. 384, 17.3.1925, S. 1091 u. S. 1092.

88 Vgl. CV Berlin an PJM, 23.4.1922, GStA PK, I. HA, Rep. 84a/55757, Bl. 45; Zitat aus dem erläuternden Schreiben des CV vom 26.4.1922, ebd., Bl. 46.

89 Aktenvermerk PJM, ca. 2.5.1922, GStA PK, I. HA, Rep. 84a/55757, Bl. 48.

gen Paragraph 130 StGB bestehe und Gefahr im Verzug sei.[90] Dieses Beispiel veranschaulicht zweierlei: Einerseits illustriert es, wie tief verwurzelt und weit verbreitet die Mischung aus antidemokratischer und antisemitischer Gesinnung unter den deutschen Juristen war, andererseits führt es vor Augen, dass der CV sehr viel mehr Chancen als im Kaiserreich hatte, bei den relevanten politischen Stellen Gehör zu finden.

Wie begrenzt jedoch die Einflussmöglichkeiten des Ministeriums und der republikanisch gesinnten Beamten waren, demonstriert der ebenfalls von Foerder geschilderte Fall einer Schülervereinigung des Gymnasiums im schlesischen Frankenstein, die die Verse »Schmiert die Guillotine ein mit Judenfett, Blut muß fließen, Judenblut!« skandierend durch die Stadt gezogen war. Der Glatzer Staatsanwalt von Gellhorn, zugleich Mitglied des Deutschvölkischen Schutz- und Trutzbundes, hatte die Anklageerhebung mit der Begründung abgelehnt, dass nach »dem neuerdings von den Gerichten vertretenen Standpunkt [...] Deutsche und Juden [...] nicht verschiedene Klassen, sondern verschiedene Rassen« darstellen und daher der Kehrreim »höchstens die Rassengegensätze verschärf[en], nicht aber zum Klassenkampf auf[fordern]«[91] könne. Diese bei den Antisemiten beliebte Methode, den Paragraphen 130 StGB – entgegen den einschlägigen Reichsgerichtsentscheidungen – auszuhebeln, monierte Foerder in seiner Beschwerde an den Generalstaatsanwalt in Breslau. »Es war«, stellte er nüchtern fest, »bisher nicht üblich, dass die *Staatsanwaltschaft* sich mit der Rechtsprechung des Reichsgerichts in Widerspruch setzte und man sie von sich aus zu korrigieren suchte. Dies könnte höchstens Sache der *Gerichte* sein.« Dieser Standpunkt hätte, so Foerder weiter, zur Folge, »dass man in Deutschland ungestraft zum Totschlagen der Juden auffordern dürfte«, weshalb die Entscheidung des Staatsanwalts geeignet sei, »das Zutrauen zur Justiz in weiten, nicht bloss jüdischen Kreisen der Bevölkerung aufs empfindlichste zu erschüttern«.[92]

Staatsanwalt von Gellhorn ließ sich von dieser Argumentation freilich nicht beeindrucken und stellte das wiederaufgenommene Ermittlungsverfahren rasch ein. In seiner Beschwerde an den Oberstaatsanwalt kritisierte

90 Mitteilung des Amtlichen Preußischen Pressedienstes, 3.5.1922, ebd., Bl. 49.

91 Zit. nach der Urteilsabschrift, OStA Glatz, 8.3.1922, GStA PK, I. HA, Rep. 84a/55757, Bl. 70; vgl. auch Foerder, *Antisemitismus*, S. 8.

92 CV Breslau an GStA Breslau, 27.3.1922, GStA PK, I. HA, Rep. 84a/55757, Bl. 71 f., alle Zitate Bl. 71, Hervorhebungen von mir; Foerder bezog sich auf *ERGSt*, Bd. 26, S. 63–66, 29.7.1894; ebd., Bd. 32, S. 352 f., 10.11.1899; ebd., Bd. 34, S. 268–271, 31.5.1901.

Foerder, dass man erneut den politisch eindeutig vorbelasteten Gellhorn mit dem Fall betraut hatte. Außerdem verwies er auf die Justizausschussberatungen des Preußischen Landtages im Mai, in denen der »Fall Gellhorn« Gegenstand mehrerer Interpellationen gewesen war und reichsweit Beachtung gefunden hatte.[93] Foerder wandte sich schließlich sogar an das Preußische Justizministerium und hob sowohl die politische Tragweite des Falles angesichts der »letzten politischen Attentate« – vor allem auf Walther Rathenau – als auch die juristische Dimension klar hervor. Seine Hoffnung, »dass die oberste Spitze der Justizverwaltung ein solches Verfahren nicht billigen wird«,[94] ging insofern in Erfüllung, als das Preußische Justizministerium, unter Einschaltung des Reichsministeriums, den Sachverhalt nochmals nachforschen ließ. Zur unter anderem vom *Vorwärts* geforderten Statuierung eines Exempels konnte sich Minister Hugo am Zehnhoff vom Zentrum jedoch nicht durchringen; er beließ es bei einer milden Rüge, und Foerder erklärte angesichts dieser Blockadehaltung seine Beschwerde schließlich für erledigt.[95]

Solche Erfahrungen blieben dem Centralverein selbst im stabil von den republiktreuen Parteien regierten Preußen nicht erspart. Fast endlos erscheint die Reihe der Urteile, die die antisemitische Agitation juristisch zu einer lässlichen Sünde umdefinierten. Ende September 1929 sprach das Schöffengericht Kiel einen Angeklagten frei, der auf einer Landvolkversammlung kurz vor Weihnachten 1928 seine Rede mit »Tod und Verderben den Juden und Judengenossen, Tod und Verderben dieser fremden Rasse« beendet hatte, denn er habe zwar objektiv, aber nicht vorsätzlich gegen Paragraph 130 StGB verstoßen. Ein anderer Redner war wegen Verwendung des Wortes »Judenrepublik« nach Paragraph 8 Republikschutzgesetz angeklagt, aber ebenfalls freigesprochen worden, weil er nur prominente Politiker wie Hugo Preuß, Walther Rathenau oder Rudolf Hilferding, nicht jedoch die Republik als Ganzes habe treffen wollen. Dieses Urteil hatte trotz der von der Staatsanwaltschaft beim Landgericht Kiel eingelegten Berufung Bestand, da wegen

93 Vgl. OStA LG Glatz an CV Breslau, 4.6.1922, GStA PK, I. HA, Rep. 84a/55757, Bl. 73; CV Breslau an OStA beim OLG Breslau, 14.7.1922, ebd., Bl. 74.

94 Beide Zitate CV Breslau an PJM, 16.8.1922, ebd., Bl. 85 f.

95 »Ein nachsichtiger Staatsanwalt«, in: *Vorwärts* vom 15.8.1922. Vgl. PJM an GStA Breslau, 29.12.1922, GStA PK, I. HA, Rep. 84a/55757, Bl. 99.

divergierender Zeugenaussagen die Beleidigungsabsicht gegen die Republik nicht nachweisbar gewesen sei.[96]

Das vom Oberpräsidenten der Provinz Schleswig-Holstein am 14. März 1929 gegen die in Itzehoe erscheinende *Schleswig-Holsteinische Tageszeitung* gemäß Paragraph 8.1 Republikschutzgesetz erlassene vierwöchige Verbot wegen des in einer Beilage am 5. März 1929 gedruckten Artikels »Die weißen Juden« von »G.jr.« hob das Reichsgericht wieder auf. In dem Artikel hieß es, »die meisten Bankdirektoren« hätten »einen Synagogenschlüssel im Gesicht«, doch galt der Angriff in erster Linie Außenminister Stresemann, der als »Pionier für die Judenbewegung« diffamiert wurde. Die gegen dieses Verbot eingelegte Beschwerde wies das Preußische Innenministerium ab, das Reichsgericht hingegen war anderer Auffassung: Das Republikschutzgesetz greife lediglich, wenn die Beleidigung eines Ministers Mittel zum Zweck der Beleidigung der Republik sei. Da der fragliche Artikel »im wesentlichen eine antisemitische Tendenz«[97] habe, sei diese Bedingung nicht erfüllt.

Auch in einem zweiten Fall, der hier genauer geschildert werden soll, setzte das Reichsgericht ein vom Polizeipräsidenten in Dresden am 18. März 1931 gegen die NSDAP-Zeitung *Der Freiheitskampf* verhängtes Verbot außer Kraft. In dem inkriminierten Artikel »Der Alarmschuß« vom 16. März 1931 wurde mit unverhohlener Sympathie für den Täter geschildert, wie der Polizeiwachtmeister Friedrich Franz Pohl während einer dienstlichen Vernehmung wegen seiner nationalsozialistischen Betätigung seinen jüdischen Vorgesetzten Oswald Lassally niederschoss und schwer verletzte. »Der Schuß«, so abschließend in dem Zeitungsartikel, »den der Polizeiwachtmeister Pohl abfeuerte, war ein Alarmschuß. Die rote Mischpoche soll die Dinge nicht auf die Spitze treiben. Mehr wollen wir heute nicht sagen!« Weil diese Sätze »nicht anders« denn »als eine ausdrückliche Billigung der Tat des Polizeiwachtmeisters Pohl«[98] zu verstehen seien, sprach das Polizeipräsidium ein vierwöchiges Publikationsverbot gemäß Paragraph 5.1 Ziffer 4 Republikschutzgesetz aus. Das Reichsgericht schloss sich jedoch der Argumentation des Beschwerdeführers an, dass hier die Tat nicht gebilligt, sondern nur psychologisch erklärt worden sei. Entscheidend, so das Reichsgericht weiter, sei »*nicht nur* die Frage, was gewollt ist, sondern *auch*, ob das Gewollte einen

---

96 Beide Fälle werden geschildert bei Nils Werner, *Prozesse*, S. 120 f.

97 Beschluss RG 4. Senat, 10.4.1929, BA-B, R 1501/125643, Bl. 71–74, hier: Bl. 71, Bl. 72 u. Bl. 74.

98 Polizeipräsident Dresden an Verlag »Der Freiheitskampf«, 18.3.1931, BA-B, R1501/125643/1, Bl. 198 f., hier: Bl. 198.

klaren, nicht mißzuverstehenden, unmittelbaren Ausdruck gefunden«[99] habe; das wurde verneint.

Die relative Hilflosigkeit des Staates ausnützend, entwickelte vor allem Joseph Goebbels die gezielte juristische Provokation zulasten einer angefeindeten Minderheit systematisch zur politischen Strategie. Das Hauptopfer war vorderhand der langjährige Berliner Polizei-Vizepräsident Bernhard Weiß, doch auch der Missbrauch der parlamentarischen Immunität, von der viele führende Nationalsozialisten nach Kräften profitierten, ist von Goebbels in einem Artikel im *Angriff* Ende Mai 1928 zynisch beschrieben worden: »Ich bin kein Mitglied des Reichstags. Ich bin ein IdI. Ein Idf. Ein Inhaber der Immunität, ein Inhaber der Freifahrkarte.«[100] Trotzdem haben die Gerichte zahlreiche NS-Größen zu teilweise erheblichen Strafen verurteilt, und Juristen wie Hans Frank hatten als Verteidiger alle Hände voll zu tun.[101] Hermann Esser beispielsweise bekam als Redakteur des *Illustrierten Beobachters* dreimal wegen Beleidigung und einmal aufgrund des Republikschutzgesetzes Geldstrafen auferlegt, und Philipp Bouhler musste 1928 eine Geldstrafe in Höhe von 200 Mark wegen Religionsbeschimpfung hinnehmen. Alfred Rosenberg wurde als Schriftleiter der *Nationalsozialistischen Monatshefte* 1931 in zwei Verfahren wegen Gotteslästerung und Beleidigung verurteilt, ebenso als verantwortlicher Redakteur des *Völkischen Beobachters* wegen Verstoß gegen das Republikschutzgesetz. Als Walter Buch 1930 als verantwortlicher Redakteur den *Völkischen Beobachter* übernahm, waren 44 Verfahren gegen dieses Blatt anhängig.[102]

Allerdings fanden die Nationalsozialisten, wie alle anderen Antisemiten vor und nach ihnen, Wege, die Publikationsverbote zu umgehen. Nachdem Julius Streicher wegen Religionsbeschimpfung mit einer zweimonatigen Gefängnisstrafe belegt und einige *Stürmer*-Hefte der Jahrgänge 1928 und 1929 sowie die Broschüre *Der biblische Josef* eingezogen worden waren, vermied

99 Beschluss RG 4. Strafsenat, 27.3.1931, BA-B, R 1501/125643/1, Bl. 158 f., hier: Bl. 159, Hervorhebungen original.

100 Vgl. z.B. die Akten im LAB, A Rep. 358–01/2183, gegen Gregor Strasser wegen zweier Zeitungsartikel von 1927, in denen zum Boykott »jüdischer« Geschäfte aufgerufen wurde. Vgl. dazu auch Gudrun M. König, »Faszination«, S. 81; Longerich, *Joseph Goebbels*, S. 96–106, Goebbels-Zitat S. 112.

101 Vgl. Schenk, *Hans Frank*, S. 57–79.

102 Vgl. Petersen, *Zensur*, S. 124–133. Einschlägig dafür ist Bering, *Kampf*; ders., »Notwendigkeit«.

der *Stürmer* weitere Sanktionen, indem er den Inhalt in einer Sondernummer erneut abdruckte.[103]

Die Bemühungen der Antisemiten, ihre Propaganda so zu »verpacken«, dass sie nicht mehr strafrechtsrelevant und trotzdem nicht nur für Eingeweihte erkennbar war, entgingen den Gerichten nicht. Der Vierte Senat des Reichsgerichts stellte zu einer Beschwerde gegen das vom Hessischen Innenministerium im Oktober 1930 erlassene Verbot des nationalsozialistischen *Hessenhammer* aus Darmstadt fest,

»daß die dem gegenwärtigen Staat feindliche Presse bewußt und in Kenntnis der gesetzlichen Bestimmungen bestrebt ist, das Gesetz zu umgehen, ohne tatsächlich auf die vom Gesetz verbotenen Handlungen verzichten zu wollen. Dieses zwingt dazu, den Sinn und Zweck der gebrauchten Redewendungen und Worte einer besonders kritischen Prüfung zu unterziehen.«[104]

Die Gegner der Antisemiten liefen nicht weniger Gefahr, sich vor den Schranken des Gerichts wiederzufinden. Für den Aufsatz »Die Gefahr antisemitischer Richter« in den *Mitteilungen des Abwehrvereins* wurde der Herausgeber, Johannes Stanjek, zu 300 Mark Geldstrafe verurteilt, weil er den Geheimen Justizrat Rückert (einen Enkel des Dichters Friedrich Rückert), der bekennender Antisemit sei, als befangen bei Prozessen mit Juden bezeichnet hatte.[105]

Auf dem Material, das Ludwig Foerder sowie die liberale, sozialdemokratische und jüdische (explizit an Juden *als Juden* gerichtete) Presse sammelten und publizierten, ruht bis heute im Wesentlichen der Forschungsstand.[106] Doch die Weimarer Gerichte (und darunter insbesondere das Reichsgericht) finden auch ihre Verteidiger, die ihnen – von bedauerlichen Ausnahmen abgesehen – eine ausgewogene, der ständigen Rechtsprechung gemäße Urteilsfindung attestieren; zu überzeugen vermag diese Apologetik freilich nicht.[107] Der Justiz fehlte der Wille, so kann man festhalten, das Instrument der Zen-

103 Vgl. CV Essen an Michel Marx, Siegen, 6.12.1929, USHMM, RG-11.001M.31, Osobyi, 721/1/2270 (reel 367), Bl. 24.

104 Urteil RG 4. Senat 8.10.1930, Az. RG XII V Nr. 10/30, zit. nach Polizeipräsident Dresden an Verlag »Der Freiheitskampf«, 18.3.1931, BA-B, R 1501/125643/1, Bl. 199.

105 »Beleidigung eines deutschen Richters«, in: *Deutsche Zeitung* vom 15.7.1921.

106 Vgl. Schöningh, *»Kontrolliert die Justiz«*, S. 98–106 u. S. 279–283; Rasehorn, *Justizkritik*; Cornelia Hecht, *Deutsche Juden*, S. 368–376; Levitt, »Prosecution«.

107 Beer, »Protection«; ders., *Die Juden*; Niewyk, »Jews«; grotesk fehl geht Neusel, *Höchstrichterliche Strafgerichtsbarkeit*, bes. S. 96–99. Vgl. dagegen jetzt die umfassendste Studie über die Rechtsschutzarbeit des CV von Steinitz, *Kampf*.

sur bei der Bekämpfung des Rechtsradikalismus und Antisemitismus »so rückhaltlos zur Anwendung zu bringen, wie die Gesetze und eine Reihe früherer höchstrichterlicher Entscheidungen es erlaubt hätten«.[108] Dieses Ergebnis ist im Großen und Ganzen auf die Spruchpraxis der Zivilgerichte übertragbar. Zwar gelang es sehr häufig, bei Boykottaufrufen im Einzelfall Unterlassungsurteile zu erwirken – die generelle Rechtswidrigkeit antisemitisch motivierter Boykottaufrufe von den Gerichten feststellen zu lassen misslang dagegen. Wenn überhaupt, dann waren es die Obergerichte, die anerkannten, dass die antisemitische Boykotthetze den Normen der Verfassung zuwiderlief; die Urteile der Untergerichte hingegen vermittelten ein sehr uneinheitliches Bild. Die »Flucht in den Zivilprozess«, den viele Juden nur antraten, weil ihre Aussichten in Strafprozessen noch geringer waren, bestätigt das Ergebnis, dass die Weimarer Republik aufgrund fehlender Rechtssicherheit nur unzureichenden juristischen Schutz gegen den Antisemitismus bot.[109]

2.4. Abwehr und die Suche nach Verbündeten

Als »Stiefkinder der Gerechtigkeit«[110] bezeichnete Ludwig Foerder 1921 die deutschen Juden, weil sie immer wieder die Erfahrung subtiler oder offener Zurücksetzung machen mussten. Unter diesen Umständen war es dringlicher denn je, antisemitische Angriffe beherzt abzuwehren, doch wurde dies nicht nur durch Widerstände und Halbherzigkeiten auf Seiten der Mehrheitsbevölkerung, sondern auch durch Entwicklungen innerhalb der jüdischen Gemeinschaft erschwert. Die für die Weimarer Republik kennzeichnende Ausdifferenzierung und Polarisierung der politischen Landschaft zulasten der bürgerlich-liberalen Mitte fand ihre Entsprechung in den jüdischen Organisationen. Die Zionisten gewannen an Bedeutung, ohne allerdings aus ihrer Minderheitenposition herauszukommen. Trotz der unüberwindlichen Differenz, die hinsichtlich der langfristigen Ziele zwischen den nichtzionistischen jüdischen Vereinigungen und den Zionisten herrschte, hielten auch Letztere die legale *und* soziale Gleichberechtigung, die Weimar versprach, für unverzichtbar und setzten deshalb ihre Abwehrbemühungen

108 Petersen, *Zensur*, S. 291.

109 Vgl. dazu Brügmann, *Flucht*, zusammenfassend S. 117–126.

110 Foerder, »Antisemitismus«.

gegen den Antisemitismus fort.[111] Insbesondere die antijüdische Gewaltwelle des Krisenjahres 1923 schien eine Annäherung zwischen den »feindlichen Brüdern« zu ermöglichen, doch erfüllten sich diese Hoffnungen langfristig unter Kurt Blumenfeld, dem Nachfolger Alfred Landsbergs an der Spitze der Zionistischen Vereinigung für Deutschland, als die unmittelbare Gefahr wieder nachließ, nicht. Gegen Ende der zwanziger Jahre, als sie von neuem beträchtlich anwuchs, näherten sich die Antagonisten einander noch einmal vorsichtig an.

Der politischen Rechten zuzuordnen ist der 1919 auf Initiative des Hauptmanns der Reserve Leo Löwenstein gegründete und 1938 zwangsaufgelöste Reichsbund jüdischer Frontsoldaten, der nicht auf juristische, sondern auf publizistische und physische Abwehr setzte. Militante Selbstschutzaktionen gab es schon während des Kapp-Putsches und dann wieder während des Berliner »Scheunenviertelpogroms« 1923. Später übernahm der vom Reichsbund jüdischer Frontsoldaten aufgebaute Jüdische Abwehr-Dienst öfters den Saalschutz bei den Veranstaltungen des Centralvereins, doch alles in allem war das Verhältnis zwischen beiden Organisationen gespannt. Das lag nicht nur am habituellen Unterschied zwischen einer bürgerlichen Honoratiorenvereinigung – die der CV trotz seiner Entwicklung vom »Abwehrverein« zum »Gesinnungsverein« weiterhin sehr stark war – und einem auf militanten Nationalismus und performative Maskulinität setzenden Veteranenverband. Die an die alte »Selbstzuchtdebatte« anknüpfenden Bestrebungen des Reichsbundes jüdischer Frontsoldaten zur Berufsumschichtung, Siedlungsbewegung und Sportertüchtigung passten ebenfalls nur partiell zu der vom CV propagierten Synthese von »Deutschtum« und »Judentum«, denn der Reichsbund ging zu sehr »von der antisemitischen Behauptung aus und stellte ihr […] den wahren Sachverhalt gegenüber oder versuchte, den Sachverhalt zu ändern, auf den sich die Vorwürfe bezogen«, so dass »die Abwehr wenig Spielraum für eigene Konzepte hatte und […] direkt von den Aktionen der Gegner beeinflußt war«.[112] Der Falle, dass stets die Antisemiten bestimmten, wogegen sich die Juden zu wehren hatten, entging auch der Reichsbund nicht.

Schon über ihn kann man zugespitzt sagen, dass er einen an faschistisches Gedankengut grenzenden jüdisch-deutschen Militarismus propagierte.[113]

111 Vgl. zum Folgenden Nicosia, »Resistance«, und Reinharz, »Zionist Response«.

112 Dunker, *Reichsbund*, S. 106.

113 Vgl. Caplan, *Wicked Sons*, S. 3: »the RjF pursued a politics of German-Jewish militarism that bordered on fascism«.

Politisch noch weiter rechts stand der 1921 von Max Naumann ins Leben gerufene Verband nationaldeutscher Juden, der zwar äußerlich weniger militant auftrat, aber mit seiner Obstruktion innerjüdischer Solidarität sogar so weit ging, grundsätzlich die Berechtigung einiger antisemitischer Topoi anzuerkennen, um sich nicht aus der dominanten Diskursgemeinschaft auszuschließen und um vermeintlich »ehrliche Antisemiten« zu werben. Immerhin versuchte der Verband nicht erfolglos, auf die DVP und insbesondere deren Vorsitzenden Stresemann im Sinne eines Abbaus antijüdischer Vorurteile Einfluss zu nehmen.[114] Den militanten Selbstschutz des Reichsbundes jüdischer Frontsoldaten lehnte er ebenso ab wie die Rechtsschutzarbeit des CV, weil, so Naumann 1925 in der Verbandszeitung *Der Nationaldeutsche Jude*, »der formularmäßige Ruf nach ›Gerechtigkeit‹« nicht geeignet sei, »den Weg zum Verständnis der nichtjüdischen Deutschen zu eröffnen, noch weniger den Weg zu ihren Herzen«.[115] Die Abwehr des Antisemitismus sah er vor allem im Versuch, durch »vorbildliches Verhalten« positiv auf das deutsch-nationale Lager einzuwirken, dessen Rolle und Verhalten er jedoch nur unzureichend analysierte.

Der Solidarität der Nichtjuden in ihrem Kampf gegen den Antisemitismus konnten sich die Juden in der Weimarer Republik nicht sicherer sein als im Kaiserreich. Im Gegenteil: Gerade in der Revolutions- und frühen Nachkriegszeit fanden antisemitische Stereotype selbst im Abwehrverein Gehör, der nun in erster Linie vor einem allzu prominenten politischen Auftreten von Juden warnte.[116] Zwar nicht repräsentativ, aber durchaus symptomatisch ist in diesem Zusammenhang das Verhalten des langjährigen linksliberalen Reichstagsabgeordneten Ernst Müller-Meiningen, der sich jahrzehntelang gegen den Antisemitismus engagiert hatte und während der Revolution in Bayern 1918/19 dennoch Zuflucht zu judenfeindlichen Äußerungen nahm.[117] Die Rückendeckung seitens der liberalen Parteien, deren sich die Juden bislang sicher sein durften, wurde insbesondere zum Ende der Republik hin schwächer. Dieser oft beklagte Vorgang fand seinen Ausdruck unter anderem im Rückgang jüdischer beziehungsweise »jüdischstämmiger« Parlamentsabgeordneter dieser Parteien, aber auch in der 1930 vollzogenen Fu-

114 Vgl. Wright/Pulzer, »Gustav Stresemann«.
115 Zit. nach Hambrock, *Etablierung*, S. 470; vgl. hierzu ebd., S. 464–489.
116 Suchy, »Verein zur Abwehr« (1985), S. 74–79.
117 Vgl. dazu Jahr, »Liberaler Antiparlamentarismus?«, S. 164 f.

sion der DDP mit dem vom Antisemitismus nicht unberührten Jungdeutschen Orden zur Deutschen Staatspartei.

Ähnliches trifft zu für das Zentrum, das sich im Ganzen gesehen nur unscharf gegen die Judenfeindschaft positionierte. An diesem Bild in Grautönen ändern einige prominente Anti-Antisemiten wie Constantin Fehrenbach und Joseph Wirth oder der konsequent für die Freiheit der Religionsausübung eintretende Wilhelm Marx, der etwa in der »Schächtfrage« die »Wünsche der orthodoxen Juden«[118] unterstützte, wenig. So war es vor allem die SPD, die kontinuierlich und klar Stellung gegen den Antisemitismus bezog. Gleichwohl war ihr der Schutz der Juden nicht Selbstzweck, sondern *ein* Kampffeld unter anderen gegen die rechten Republikfeinde, insbesondere die NSDAP. Die KPD schließlich lehnte den Antisemitismus als bloße Ablenkungsstrategie »des Kapitals« zwar grundsätzlich ab; in ihrem praktischen Handeln und ihrer Propaganda jedoch war diese Haltung bisweilen weniger scharf konturiert, vor allem in der Zeit des nationalbolschewistischen Flirts mit der Rechten. Es gilt aber immer, regionale Unterschiede im Verhalten der Parteien zu beachten, zwischen Düsseldorf und Nürnberg etwa, denn in der Frankenmetropole besaßen die Antisemiten eine derart starke Position, dass sich die anderen Parteien schon früh ihrer Diskurshoheit beugen mussten.[119] Die Palette der wählbaren Parteien war aus der Sicht der jüdischen Presse fast deckungsgleich mit denen der Weimarer Koalition. Während man DDP, Zentrum und SPD trotz Einschränkungen für zuverlässige Bundesgenossen gegen den Antisemitismus hielt, gab die DVP schon Anlass zu Zweifeln, von den weiter rechts angesiedelten Parteien ganz zu schweigen.[120]

Auf diese Weise überwiegend auf sich gestellt, bekannte der CV: »nicht um das deutsche Judentum sei uns jetzt so bange, wie um das Vaterland«.[121] So betonte Alfred Wiener, Erich Eycks Rede über die »Stellung der Rechtspflege zu Juden und Judentum« auf der Juristentagung des Centralvereins 1927 wiedergebend, dass der CV nur »[u]nparteiische Gerechtigkeit« fordere, und

118 Marx an unbekannten Empfänger, 16.2.1926, GStA PK, I. HA, Rep. 84a/8420, Bl. 399; zu einem aufschlussreichen, weniger prominenten Einzelfall vgl. Forstner, »Katholizismus«.

119 Vgl. Kauders, *German Politics*. Die Situativität des Antisemitismus statt seine Funktion als die politischen Lager identifizierender kultureller Code betont Wenge, *Integration*.

120 Vgl. Liepach, *Wahlverhalten*, S. 112–174, der dies anhand der *CV-Zeitung*, dem *Israelitischen Familienblatt* und der *Jüdischen Rundschau* analysiert.

121 »Wir klagen an! Rathenau, das Opfer der deutschvölkischen Hetze«, in: *CV-Zeitung*, Jg. 1, Nr. 9 (1922).

zwar »nicht um der deutschen Juden willen, wohl aber für das große deutsche Vaterland«.[122]

Daneben verstärkte der CV seine Rechtsschutz- und Aufklärungsarbeit angesichts des anwachsenden und zunehmend militanter werdenden Antisemitismus.[123] Das wichtigste strategische Ziel, das leidige Problem der »Kollektivbeleidigung« zu lösen, wurde freilich nie erreicht. Ihm diente nicht nur die alltägliche praktische Arbeit, sondern auch eine von Alfred Hirschberg erstellte materialreiche Studie, von der noch die Rede sein wird.

Eine besondere Herausforderung stellte seit 1929 und endgültig seit der September-Wahl 1930 die NSDAP dar. Das »Büro Wilhelmstraße« entfaltete nun verstärkt Aktivitäten, vor allem durch die Publikation des von Walter Gyßling verfassten *Anti-Nazi*, zu dem es von linkszionistischer Seite ein Pendant in Gestalt des *Antistürmers* gab.[124] In einem Brief an Alfred Wiener warnte Ludwig Holländer vor einer Überschätzung der Wirkung der CV-Aufklärungsschriften gegen die NSDAP, zehn Tage nach deren Erdrutschsieg 1930. Das gesprochene Wort, die persönliche Ansprache bleibe wichtig, vor allem müssten Meinungsmacher und Multiplikatoren gewonnen werden.[125]

Neben der »klassischen« Rechtsschutzarbeit behielt der CV die verschiedenen Formen des Alltagsantisemitismus im Auge, so vor allem den sich radikalisierenden Bäderantisemitismus.[126] Der gewann – wie die Judenfeindschaft insgesamt – nicht zuletzt dadurch eine neue Dynamik, dass er sich aufs engste mit der deutschnationalen Fundamentalopposition gegen Republik und Demokratie verband. Ein gutes Beispiel dafür ist der Pastor und NSDAP-Aktivist Ludwig Münchmeyer, der selbst die bereits im Kaiserreich notorische Radikalität des Bäderantisemitismus auf der Nordseeinsel Borkum nochmals zu steigern wusste, so dass man ihn nach jahrelangen, zu-

122 Alfred Wiener, »Im Kampf um das Recht. Zur Juristentagung des C.V. Ueberblick – Ablauf – Ergebnis«, in: *CV-Zeitung*, Monatsausgabe Nr. 6 (1927), S. 41 f., hier: S. 42.

123 Einen unmittelbaren Eindruck in die Alltagsarbeit geben Rechenschaftsberichte wie Centralverein Deutscher Staatsbürger Jüdischen Glaubens, »Zwei Jahre Arbeit im Central-Verein deutscher Staatsbürger jüdischen Glaubens e.V. Geschäftsbericht erstattet der Hauptversammlung des Centralvereins«, 11., 12. und 13. Februar 1928. Als MS gedruckt – streng vertraulich – 1928.

124 Vgl. Gyßling, *Mein Leben*; Hill, »Walter Gyssling«; Getzler, »Antistürmer«.

125 Ludwig Holländer an Alfred Wiener, 25.9.1930, USHMM, RG-11.001M.31, Osobyi, 721/1/111 (reel 99), Bl. 22–31, hier: Bl. 22 f.

126 Vgl. Bajohr, »*Unser Hotel ist judenfrei*«, S. 53–115; Wildt, »›Der muß hinaus!‹«; Borut, »Antisemitism«.

nächst halbherzigen Versuchen, sein Treiben juristisch zu stoppen, schließlich seines Amtes enthob.[127]

Immer wieder musste sich der CV, wie schon vor 1918, mit Postkarten auseinandersetzen, die antisemitische Motive zeigten, oder mit Briefen, auf die Parolen wie »Das Judentum ist die Wurzel allen Übels!« oder »Juda verrecke!« geklebt oder gestempelt waren. Der CV brachte solche Fälle dem Reichspostministerium bis in die frühen NS-Jahre hinein zur Kenntnis. Die Rechtslage war eindeutig, denn propagandistisch zweckentfremdete Postsendungen waren gemäß Paragraph 4, Ziffer 1 der Postordnung vom 22. Dezember 1921 beziehungsweise Paragraph 4, I Ziffer 1 der Postordnung vom 30. Januar 1929 von der Beförderung ausgeschlossen.[128] Auch die Notgeldscheine der Inflationszeit dienten missbräuchlich als Medium antisemitischer Propaganda.[129] Ein besonders drastischer Fall illustriert, welch ungeheure Vernichtungsphantasien 1932 bereits vorhanden waren, zumal im Lichte der Shoa viele Stichworte wie eine direkte Ankündigung der späteren Ereignisse anmuten. Ein Pforzheimer Wäschefabrikant übersandte der Geschäftsstelle der *CV-Zeitung* die Abschrift eines an ihn gerichteten, am 31. Juli 1932, dem Tag der Reichstagswahl, zugestellten Briefes. Ein angeblicher »Verein für systematische Judenausrottung, Zweigstelle Pforzheim« schickte »2 Freifahrkarten nach Jerusalem«:

»Der Viehtransport beginnt morgen abend. [...] Wenn alle Juden dann beisammen sind in Jerusalem, wird vom Flugzeug aus, Adolf Hitler eine Ansprache halten. Es empfiehlt sich Gasmasken mitzunehmen, da dann die Möglichkeit nicht ausgeschlossen ist, dass von Seiten der Regierung Hitler hunderte von Flugzeugen über Jerusalem schwärmen und dann, wenn das auserwählte Volk Gottes alles beisammen ist, einen Gas Luftangriff macht. Wir greifen zu dem Radikalmittel der planmässigen Judenausrottung.«[130]

127 Zu Münchmeyer und den juristischen Auseinandersetzungen um ihn bzw. das »Borkum-Lied« vgl. Gerhard Lindemann, *»Typisch jüdisch«*, S. 136–220; vgl. auch Krach, *Jüdische Rechtsanwälte*, S. 116–121, und Beer, »›Der falsche Priester‹«.

128 Reichspostministerium an CV Berlin, 10.9.1931, USHMM, RG-11.001M.31, Osobyi, 721/1/2250 (reel 365), Bl. 50; in dieser Akte finden sich etwa 20 Beispiele dieser Art, z.B.: Dr. S. Klein, Rabbiner der Synagogengemeinde Düsseldorf, 15.9.1936, an CV Essen, mit der Versicherung des Amtsvorstehers des Postamtes: »Post ist ein neutrales Institut« (Bl. 6).

129 Weissberg, »Notenverkehr«.

130 Sal. Seligmann, Leinenhaus/Wäschefabrik, Pforzheim, 3.8.1932, an Geschäftsstelle *CV-Zeitung*, USHMM, RG-11.001M.31, Osobyi, 721/1/2251 (reel 366), Bl. 56.

Auch wenn die mittlere Phase der Republik letztlich nie mehr als einen »Schein der Normalität« (Heinrich A. Winkler) vermittelte, waren die Aussichten für gerichtliche Schritte gegen den Antisemitismus ohne Zweifel nie besser als in diesen wenigen Jahren, in denen die politische und gesellschaftliche Lage vergleichsweise ruhig erschien und die NSDAP nicht mehr beziehungsweise noch nicht wieder eine nennenswerte politische Rolle spielte. In ihnen sind nun die im Folgenden näher geschilderten und miteinander verbundenen Beispiele angesiedelt.

2.5. Zwei Fallbeispiele

In seiner Nr. 2 von 1927 hatte der *Illustrierte Beobachter* eine Bilderserie abgedruckt. Zu sehen waren unter anderem Darstellungen des »Ritualmords« in Konitz, eines Juden, der auf eine nichtjüdische Frau mit Kind speit, eines Juden, der einen Geldsack mit der Aufschrift »Wucherzinsen von den Gojim« hochhält, eines weiteren, der in einem Bordell eine nackte nichtjüdische Frau feilbietet, und schließlich eines letzten, der eine Brandfackel an ein Kruzifix legt. Alle Bilder wurden durch angebliche Talmudzitate erläutert. Dieses Beispiel zeigt, wie stark auch die NS-Propaganda auf religiöse Motive zurückgriff. Die Beschlagnahmeverfügung des Göttinger Polizeipräsidenten gegen diese Nummer vom 4. Februar 1927 wegen Verstoß gegen Paragraph 130 StGB hatte der Oberstaatsanwalt in Magdeburg umgehend wieder aufgehoben, da er keine Gefährdung des öffentlichen Friedens erkennen konnte.[131] Auch ein erneutes Ersuchen des Polizeipräsidenten beim Oberstaatsanwalt hatte keinen Erfolg. Dieser sandte die Akten Mitte Februar vielmehr zuständigkeitshalber an die Staatsanwaltschaft München, die ebenfalls keine Beschlagnahme verfügte; hiergegen legte der Göttinger Polizeipräsident noch einmal Beschwerde ein. Ähnlich handelte sein Amtskollege in Magdeburg, aber auch dessen Beschlagnahmeverfügung erklärte der zuständige Generalstaatsanwalt für nichtig.[132]

Unabhängig von diesen gescheiterten Konfiskationsanträgen waren bei der Staatsanwaltschaft in Göttingen zwei Ermittlungsverfahren anhängig. Das erste hatte die Anzeige eines Redakteurs der SPD-Zeitung *Göttinger*

131 Zum Folgenden OStA Magdeburg an PJM, 3.3.1927, GStA PK, I. HA, Rep. 84a/58066, Büschel 1, Bl. 16.

132 GStA Naumburg an PJM, 14.3.1927, ebd., Bl. 9 f.; Polizeipräsident Magdeburg an GStA Naumburg, 12.2.1927, ebd., Bl. 37–40.

Volksblatt, das zweite der Rechtsanwalt der CV-Ortsgruppe, Proskauer, wegen eines in einer völkischen Buchhandlung ausliegenden *Illustrierten Beobachters* auf den Weg gebracht. Als der Oberstaatsanwalt in Göttingen das Verfahren einstellte, legte Proskauer Beschwerde ein, doch auch der Generalstaatsanwalt in Celle plädierte für die Verfahrenseinstellung. Er gestand nun gegenüber dem Justizministerium ein, »daß eine versteckt drohende, zu Gewalttätigkeiten aufreizende Kundgebung« vorliege und der Buchhändler »wohl mit Absicht gerade die Seiten mit den aufreizenden Bildern und Texten nach vorn ausgehängt« habe. Doch mit großem Einfühlungsvermögen konstatierte er weiter, dass die bewusste Absicht, »nicht nur Haß, Verachtung und Verbitterung gegen die Juden hervorzurufen, sondern auch zu Gewalttätigkeiten anzureizen, [...] sich einwandfrei nicht feststellen« lasse. Da also allenfalls fahrlässiges, nicht aber vorsätzliches Handeln vorliege, müsse das auf der Grundlage von Paragraph 130 StGB angestrengte Verfahren eingestellt werden. Ebenso wenig erkannte der Generalstaatsanwalt in Celle einen Verstoß gegen Paragraph 166 StGB, da es im Begleittext zur Darstellung des Konitz-Mordes ausdrücklich heiße, dass der »Ritualmord« keine offizielle jüdische Religionspraxis sei. Grober Unfug, Paragraph 360.11 StGB, liege deshalb nicht vor, weil weder die öffentliche Ordnung unmittelbar gestört noch das Publikum belästigt worden sei. Nun folgte eine logische Volte, die den Eindruck hinterlässt, dass die Verfahrenseinstellung gezielt herbeigeführt werden sollte. Die Bilder, so der Generalstaatsanwalt, seien zwar geeignet, eine starke Erbitterung der Christen gegen die Juden hervorzurufen, die dann in Gewalt umschlagen könnte: »Die Gewalttätigkeiten würden aber erst die Folgeerscheinung gewesen sein, nicht die unmittelbare Wirkung der Bilder auf die Christen.«[133] Die Bilder lösten außerdem nur ein mittelbares Gefühl der Bedrohung bei den Juden aus, das Gefühl der Belästigung reiche für ein Verfahren nicht aus. Zur Untermauerung dieser Position verwies er ausdrücklich auf das im Vorangehenden zitierte Reichsgerichtsurteil von 1889, dem zufolge keineswegs »jede Verletzung der religiösen oder politischen Überzeugungen anderer schon um deshalb ›grober Unfug‹« sei, weil die Möglichkeit, »daß solche Verletzungen im Streite der politischen und kirchlichen Parteien zu ›Erwiderungen, selbst Gewalttätigkeiten‹ führen«, niemals auszuschließen sei und andernfalls »die gesamte politische Tagespresse und die ganze Streitschriftenliteratur« dem Zensurvorbehalt des Straf-

133 GStA Celle an PJM, 5.4.1927, ebd., Bl. 20–23, hier: Bl. 21 u. Bl. 22.

richters unterläge.[134] Wichtiger ist jedoch, welche Reichsgerichtsurteile *nicht* herangezogen wurden: zum Beispiel das durch die Agitation des Grafen Pückler veranlasste von 1901, in dem die höchste Instanz festgestellt hatte, dass der Paragraph 130 StGB bereits dann greife, »wenn die Anreizung in solcher Weise geschieht, daß berechtigte Gründe zu der Befürchtung vorliegen, jenes Gefühl der öffentlichen Rechtssicherheit werde erschüttert werden«.[135] Die Entscheidung des Generalstaatsanwalts in Celle ist ein weiterer Beleg dafür, dass viele Gerichte in der Weimarer Republik das eigentlich Offenkundige hinwegdefinierten.

Abermals griff das Justizministerium ein und äußerte unmissverständlich seine Bedenken gegen die Verfahrenseinstellung. Bezeichnenderweise hielt es nicht nur die entsprechenden Staatsanwaltschaften zu weiteren Begründungen und Ermittlungen an, sondern informierte zugleich den CV über diesen Schritt.[136] Der Druck des Justizministeriums zeigte Wirkung. In seiner Anklageschrift beantragte der Oberstaatsanwalt, den Diplomlandwirt Berengar Elsner von Gronow, den Geschäftsführer der NSDAP-Buchhandlung in Göttingen, wegen Verstoß gegen die Paragraphen 130, 166 und 73 StGB zu verurteilen, da die Aushänge des *Illustrierten Beobachters* zur Beunruhigung der Juden geführt hätten und sich Gronow der aufreizenden Wirkung bewusst gewesen sei.[137] Das Gericht eröffnete das Verfahren allerdings nur aus Paragraph 166 StGB, weil die Buchhandlung in einer ruhigen Seitenstraße liege, so dass keine ernsthafte Beunruhigung der Bevölkerung zu erwarten gewesen sei.[138] In der Hauptverhandlung am 10. Januar 1928 wurde Gronow aufgrund der Paragraphen 166 und 130 StGB zu 300 Mark Geldstrafe verurteilt. Über diese »Ritualmordnummern« herrschte unter den Göttinger Juden verständliche Entrüstung, und das Gericht sah dies ähnlich. Dem Angeklagten wurden insbesondere die von ihm angebrachten Zusätze »Das ist die wahre Kulturschande« und »Deutsche, warnt Eure Kinder« zum Verhängnis, weil er, so das Gericht, dadurch zu erkennen gegeben habe, dass er den »Ritualmord« für eine gegenwärtige Praxis der jüdischen Religionsgemeinschaft halte. Wegen der »Wiedergabe der die jüdische Religion beschimpfenden

134 *ERGSt*, Bd. 19, S. 294–298, 3.6.1889, hier: S. 297 (alle Zitate).

135 Ebd., Bd. 34, S. 268–271, 31.5.1901, hier S. 269.

136 PJM an GStA Celle und Naumburg sowie CV Berlin, 22.4.1927, GStA PK, I. HA, Rep. 84a/58066, Büschel 1, Bl. 24 f.

137 Anklageschrift OStA Göttingen an Schöffengericht Göttingen, 22.7.1927, ebd., Büschel 2, Bl. 4 ff.

138 OStA Göttingen an PJM durch GStA Celle, 26.11.1927, ebd., Bl. 13 f.

und jeden Kulturmenschen empörenden und die Masse der Ungebildeten verhetzenden unwahren Darstellungen« sah das Gericht auch einen Straftatbestand im Sinne des Paragraphen 130 StGB als gegeben an, zumal das subjektive Bedrohungsgefühl der angegriffenen Bevölkerungsgruppe ausreichend sei. Dass es trotzdem zu keiner Gefängnisstrafe kam, lag an der Jugend und Unbescholtenheit des Angeklagten; vor allem aber wurde er als politischer Überzeugungstäter eingestuft. Es sei nämlich, so das Gericht,

»nicht üblich, daß man dem, der aus politischer Überzeugung straffällig wird, die Ehrenhaftigkeit abspricht und das Gericht hofft auch, daß der Angeklagte einsehen lernen wird, daß wir der Zukunft unseres Vaterlandes nicht dadurch nützen, daß wir eine Klasse der Bevölkerung gegen die andere hetzen«.[139]

Auf diese Weise profitierte ein bekennender Nationalsozialist von Bestimmungen, die einst die Liberalen dem Obrigkeitsstaat abgetrotzt hatten.

Die Berufungen des Angeklagten und des Staatsanwalts gegen dieses Urteil verwarf das Landgericht Göttingen, das nur einen Verstoß gegen Paragraph 166 vorliegen sah, nicht jedoch gegen Paragraph 130 StGB, da keine objektive Gefährdung der öffentlichen Ruhe und Ordnung bestanden habe.[140] Der dagegen eingelegte Revisionsantrag beider Prozessparteien kam aufgrund der Amnestie vom 14. Juli 1928 nicht mehr zur Entscheidung.[141]

Die »Ritualmord«-Abbildungen aus dem *Illustrierten Beobachter* zogen noch ein weiteres Verfahren nach sich. Am 15. November 1927 verhandelte das Schöffengericht Halberstadt die Anklage wegen Beschimpfung der jüdischen Religionsgemeinschaft gegen den Rechtsreferendar und NSDAP-Anhänger Paul Lange. Er hatte aus Anlass einer Parteikundgebung im Juni desselben Jahres 36 auf Pappe gezogene Abbildungen aus dem *Illustrierten Beobachter* gut sichtbar an Bäume gehängt. Lange wurde zu moderaten 50 Mark Geldstrafe verurteilt, allerdings nur wegen der »Ritualmord«-Bilder, in denen das Gericht einen Verstoß gegen Paragraph 166 StGB erblickte, weil sie dem Betrachter suggerieren sollten, es handle sich dabei um einen Ritus des Judentums. Die erläuternden angeblichen Talmudzitate stufte es dagegen nicht als strafwürdig ein, da der Talmud keine »Einrichtung« der jüdischen Religion und eine Authentizitätsprüfung der Zitate infolgedessen

139 Urteil Schöffengericht Göttingen 10.1.1928, GStA PK, I. HA, Rep. 84a/55790, Bl. 21–27, hier: Bl. 26 u. Bl. 27.

140 Urteil Große Strafkammer LG Göttingen 10.5.1928, GStA PK, I. HA, Rep. 84a/58066, Büschel 2, Bl. 33–40.

141 OStA Göttingen an PJM durch GStA Celle, 10.5.1928, ebd., Bl. 30; OStA Göttingen an PJM durch GStA Celle, 1.8.1928, ebd., Bl. 43.

überflüssig sei. Ein Verstoß gegen Paragraph 130 StGB schied für das Gericht durchweg aus. Strafmildernd wirkte sich neben der Unbescholtenheit des Angeklagten seine Absicht aus, nur die »jüdische Rasse«, nicht die Religion im politischen Kampf treffen zu wollen.[142] Gegen dieses Urteil, das einmal mehr den argumentativen »Trick« anwandte, eine religiös gefärbte Agitation gelte »nur« der Rasse, weshalb Paragraph 166 StGB nicht greife, legten sowohl der Angeklagte als auch die Staatsanwaltschaft Berufung ein.

Die *Vossische Zeitung* bemerkte zum Angeklagten Lange, dass ein künftiger Richter, der Ritualmordbilder an Bäume hängt, »eine seltsame Figur macht«[143] und Urteils- und Geschmacklosigkeit beweist. Entgegen der offiziellen Darstellung dürfte wohl kaum zutreffen, dass Langes Entlassung aus dem Staatsdienst Ende November nichts mit diesem Urteil zu tun hatte, sondern nur erfolgt ist, weil er »in seinen Leistungen nicht gehörig fortschritt«.[144]

Doch nicht nur dadurch erlangte dieser Fall politische Bedeutung. Als Argumentationshilfe für die Berufungsbegründung gegen Lange sandte das Preußische Justizministerium im Februar 1928 dem Oberlandesgerichtspräsidenten und dem Generalstaatsanwalt in Naumburg die Abschrift des Urteils, das das Schöffengericht Göttingen am 10. Januar 1928 im oben geschilderten Prozess gegen den Geschäftsführer der NSDAP-Buchhandlung gefällt hatte.[145] Durch dieses Urteil gewissermaßen argumentativ aufgerüstet, begründete der Oberstaatsanwalt in Halberstadt seinen Berufungsantrag unter Verweis auf ein Urteil des Reichsgerichts[146] vom 25. November 1927 damit, dass die als gefälscht anzusehenden Talmudzitate sehr wohl einen Angriff auf die jüdische Religionsgemeinschaft darstellten; auch die Aufreizung zum Klassenhass sah der Oberstaatsanwalt als gegeben an.[147] An dieser Berufungsbegründung übte nun der zuständige Referent im Preußischen Justizministerium doppelte Kritik: zum einen, weil diese Begründung als reine

---

142 Urteil Schöffengericht Halberstadt 15.11.1927, GStA PK, I. HA, Rep. 84a/55790, Bl. 13 f.

143 »Ein zukünftiger Richter«, in: *Vossische Zeitung* vom 11.12.1927; dieser Artikel beruht auf einem Bericht des SPD-nahen *Halberstädter Tageblatts* vom 19.11.1927 und dem Artikel »Der Talmud im Gerichtssaal. Eine offene Anfrage an einen Richter am hiesigen Schöffengericht«, in: ebd. vom 27.11.1927.

144 OLG-Präsident und GStA Naumburg an PJM, 11.1.1928, GStA PK, I. HA, Rep. 84a/55790, Bl. 9.

145 PJM an OLG-Präsident und GStA Naumburg, 10.2.1928, ebd., Bl. 20; zum Folgenden vgl. Urteil Schöffengericht Göttingen 10.1.1928, ebd., Bl. 21–27.

146 Urteil 1. Strafsenat RG 25.11.1927, ebd., Bl. 35 f.

147 OStA Halberstadt an Große Strafkammer Halberstadt, 26.3.1928, ebd., Bl. 32 f.

Beschränkung auf das Strafmaß verstanden werden könne, zum anderen, weil jeglicher Hinweis auf das Göttinger Urteil vom 10. Januar 1928 fehlte – aber eine Handhabe zum Eingriff in das Verfahren hat er darin nicht gesehen.[148] Tatsächlich verwarf das Landgericht Halberstadt den Berufungsantrag des Angeklagten und gab dem der Staatsanwaltschaft statt, doch nur im Hinblick auf die Strafhöhe, die es auf 200 Mark vervierfachte.[149] Aufgrund der Einstellung des Verfahrens im Zuge des Gesetzes über Straffreiheit vom 14. Juli 1928 blieb Langes antisemitischer Angriff juristisch ungesühnt.[150]

Die bereits erwähnte Forschungskontroverse um die Rolle des Reichsgerichts kann und soll hier nicht abschließend bewertet werden. Stattdessen wird an einem weiteren Beispiel die problematische Seite der Reichsgerichtsrechtsprechung illustriert. Ende April 1930 hatte Ludwig Foerder vom CV-Ortsverein Breslau gegen den Nürnberger Stadtrat und NSDAP-Aktivisten Franz Ludwig Gengler Strafantrag wegen Verstoß gegen Paragraph 166 StGB gestellt, weil dieser in mehreren Publikationen mit Titeln wie *Judengier und deutsche Frauenehre* die gängige rassistisch-pornographische These verbreitet hatte, dass die Juden systematisch danach trachten, die »germanische Blutreinheit« zu verderben, um das solcherart »geschwächte« deutsche Volk leichter beherrschen zu können.[151] Gengler war ein Wiederholungstäter, der sich im Dezember 1930 erneut vor Gericht verantworten musste, diesmal wegen eines Verstoßes gegen Paragraph 8 Republikschutzgesetz; statt der vom Staatsanwalt beantragten vier Monate und einer Woche Gefängnis wurde er zu lediglich 450 Mark Geldstrafe verurteilt.[152] Zu einem bedeutsamen Fall wurde jedoch erst das ebenfalls auf Foerders Strafantrag zurückgehende Verfahren gegen Gengler wegen seiner Rede »Alljuda – der Todfeind des deutschen Volkes« vom 4. April 1930. In ihr hatte er Juden mit »Flöhen und Wanzen« verglichen, die entsprechend zu behandeln seien: weil sie »Dir das Blut aussaugen, so schlägst Du sie tot, Du rottest sie aus. Dasselbe machst

148 Aktennotiz PJM, 2.4.1928, ebd., Bl. 29.

149 Urteil LG Halberstadt 7.6.1928, ebd., Bl. 43–49.

150 OStA LG Halberstadt an PJM, 10.9.1928, ebd., Bl. 51 (zum Beschluss vom 6.9.1928).

151 Strafantrag Foerder, 29.4.1930, USHMM, RG-11.001M.31, Osobyi, 721/1/2439 (reel 375), Bl. 308. Vgl. Ludwig Holländer, »Und wollt ihr wissen, was sich ziemt … Die nationalsozialistischen ›Briefe an die deutsche Frau‹«, in: *CV-Zeitung*, Jg. 9, Nr. 2 (1930), S. 15.

152 »Gengler vor dem Hindenburger Gericht«, in: *Oberschlesische Zeitung* vom 10.12.1930.

Du mit dem Juden«.[153] Im weiteren Verlauf seiner Rede äußerte Gengler noch, dass, wer »beim Juden kauft«, ein »Volksverräter« sei, »und wenn ein deutsches Mädel sich mit einem Juden einlässt, die bezeichnen wir als eine Dirne«.[154] Für diese Äußerungen verurteilte ihn das Landgericht Glatz am 11. März 1931 wegen Verstoß gegen die Paragraphen 130 und 185 StGB zu 450 Mark Geldstrafe.

Die Staatsanwaltschaft legte Berufung ein, weil sie eine Haftstrafe erlangen wollte, Gengler, weil er einen Freispruch zu erreichen hoffte. Seine Berufung hatte Erfolg, denn am 25. Juni 1931 setzte die Große Strafkammer Glatz die Geldstrafe auf 300 Mark herab. Zwar kam auch die Berufungsinstanz zu dem Schluss, dass eine »Aufreizung zum Klassenhass« objektiv und subjektiv gegeben sei. Eine Kollektivbeleidigung vermochte sie jedoch nicht zu erkennen, denn Gengler, so das Gericht, wollte »nur ein allgemeines Werturteil über die Juden in ihrer Gesamterscheinung stellen. Dann sind aber nicht die sämtlichen einzelnen Juden beleidigt worden.«[155] Mit dieser Begründung zielte das Gericht haarscharf an der Besonderheit des modernen Antisemitismus (und vieler anderer Formen gruppenbezogener Menschenfeindlichkeit) vorbei, dem es gerade *nicht* auf die Verunglimpfung einzelner Juden wegen ihrer angeblichen Fehler und Untaten ankommt, weil solche Behauptungen jeweils überprüfbar gewesen wären. Seine Unterstellungen waren vielmehr nur Mittel zum Zweck der unterschiedslosen Aufhetzung gegen »die Juden«, um ihnen das Lebensrecht generell abzusprechen. Genau das, was diesen Antisemitismus so gefährlich machte und schließlich zur Shoa führte, fiel durch den juristischen Begriffsraster hindurch.

In seinem Revisionsantrag setzte sich Foerder mit der Behauptung auseinander, dass die Äußerung »Wer beim Juden kauft, der ist ein Volksverräter und wenn ein deutsches Mädel sich mit einem Juden einlässt, die bezeichnen wir als eine Dirne!« nicht ehrkränkend sei: »Wird jemand ein Makel aus der Tatsache angehangen, dass er sich mit einem anderen in eine wie immer geartete Beziehung begibt, so fällt dieser Makel naturgemäss auch auf den anderen zurück.« Vor allem stellte er mit Verweis auf die Reichsgerichtsentscheidung von 1899[156] fest, dass die Voraussetzungen für eine Kollektivbeleidigung vorlägen, da Gengler ausdrücklich geäußert hatte, »alle Angehö-

153 Zit. nach Urteil LG Glatz 25.6.1931, USHMM, RG-11.001M.31, Osobyi, 721/1/2439 (reel 375), Bl. 171–180, hier: Bl. 173.

154 Zit. nach ebd., Bl. 174.

155 Ebd., Bl. 179.

156 *ERGSt*, Bd. 32, S. 352 f., 10.11.1899.

rigen der jüdischen Rasse ohne Ausnahme gemeint« zu haben. »Deutlicher«, so Foerder, »kann die Beziehung auf die Einzelperson wirklich nicht ausgedrückt werden.«[157]

Obwohl Gengler bereits einen Teilerfolg errungen hatte, beantragte er gegen dieses Urteil Revision. Tatsächlich hob die zweite Strafkammer des Reichsgerichts am 16. November 1931 das Urteil auf, weil der bestimmte Wille zur Aufreizung beziehungsweise Beleidigung aus der Urteilsbegründung des Landgerichts Glatz nicht erkennbar werde, Gengler vielmehr vor Einzelaktionen gewarnt und eine »gesetzliche Lösung« gefordert habe. Kernpunkt des Reichsgerichtsurteils war jedoch, dass es abermals keine Kollektivbeleidigung der Juden anerkannte. Hans Lazarus vom CV Berlin bedauerte in diesem Zusammenhang, dass die oben erwähnte Studie von Alfred Hirschberg über Kollektivbeleidigung keine Änderung der Auffassung des Reichsgerichts bewirkt habe. Zwar werde sich der CV weiter bemühen, doch seien die Aussichten nunmehr »noch schwächer geworden als bisher. Das Beste wäre eine Gesetzesänderung, die aber auch unter den gegenwärtigen politischen Verhältnissen kaum zu erzielen ist. Die jüdische Gemeinschaft«, so Lazarus weiter, »wird daher nur in den seltensten Fällen bei Kollektivbeleidigungen mit Erfolg einschreiten können, und es ist dringend geraten, um Misserfolge zu vermeiden, dass hierauf in geeigneter Weise hingewiesen wird.«[158] Diese gut ein Jahr vor dem Ende der Weimarer Republik gezogene Bilanz bedeutete den resignierten Rückzug der größten jüdischen Interessenvertretung aus der Justizpolitik, weil sie eine Besserung der Verhältnisse selbst unter dem noch gemäßigten Präsidialkabinett Brüning auf absehbare Zeit nicht zu erwarten schien. Auch Ludwig Foerder klagte der Berliner Zentrale des CV, dass es »dem Reichsgericht ein Leichtes gewesen« wäre, den Vorsatz der Aufreizung durch den Hinweis darauf festzustellen, es handle »sich doch nicht nur um eine flüchtig hingeworfene Bemerkung, sondern um längere Ausführungen von mehreren Sätzen Umfang«. Was die Frage der Kollektivbeleidigung anbelangt, kam Foerder zu dem resignierten Schluss, dass »das Reichsgericht in der jetzigen Zusammensetzung des Senats nicht lernen *will*«. Für die zukünftige Rechtsschutzarbeit gehe es darum, in der Tatsacheninstanz – einem Amts- oder Landgericht – ein »uns günstiges Urteil revisionssicher zu machen«, was aber »bei dem grösstenteils vorhandenen

157 RA Foerder, Breslau, 22.7.1931, USHMM, RG-11.001M.31, Osobyi, 721/1/2439 (reel 375), Bl. 168 ff., hier: Bl. 168 f.

158 Alle Zitate CV Berlin an Herrn Wurmbrandt, Berlin, 20.11.1931, ebd., Osobyi, 721/1/2439 (reel 375), Bl. 70.

Mangel an gutem Willen und auch ohne Kenntnis der Rechtsmaterie nicht ohne weiteres zu erhoffen [sei], zumal die bei oberflächlicher Betrachtung suggestive Wirkung von Urteilen wie dem vorliegenden noch hinzutritt«.[159]

Aufgrund des Reichsgerichtsurteils wurde das Verfahren an das Landgericht Glatz zurückverwiesen. Anfang Februar 1932 kam es zur erneuten Verhandlung vor der Großen Strafkammer. Entsprechend dem Antrag des Oberstaatsanwalts wurde Gengler wegen Verstoß gegen Paragraph 130 StGB zu 300 Mark verurteilt.[160] Wie Foerder der CV-Zentrale in Berlin mitteilte, war er beeindruckt von der »Entschiedenheit«[161] des Oberstaatsanwalts, der für eine Verurteilung wegen Verstoß gegen Paragraph 130 eintrat und die Ausführungen des Verteidigers über die angebliche Legalitätsbindung der NSDAP als bloße Propaganda entlarvte. Unzufrieden stimmte ihn jedoch, dass eine missverständliche Formulierung in dem Reichsgerichtsurteil vom Landgericht Glatz dazu benutzt wurde, die zentrale Frage der Kollektivbeleidigung nicht nochmals aufzurollen. Der CV musste sich mit diesem relativ bescheidenen juristischen Erfolg begnügen, dessen Herbeiführung zudem fast zwei Jahre in Anspruch genommen hatte. Doch alle Schwierigkeiten und Hemmnisse, die den deutschen Juden bis 1933 widerfuhren, sollten sich als unbedeutend erweisen im Vergleich mit denen, die danach auf sie zukamen.

3. Entrechtung statt Rechtsschutz: Die Zeit des Nationalsozialismus

3.1. Antijüdische Gesetze und Gewalt

»›Hemmungslose Mordlust‹ – das Kennzeichen der Blutjustiz des Dritten Reiches«[162] – so formulierte, wie bereits zitiert, Robert W. Kempner seine Zukunftsvision für das, was auf die »Justiz-Dämmerung« der späten Weimarer Republik folgen würde. Tatsächlich wurde innerhalb weniger Wochen

159 CV Breslau an CV Berlin, 31.12.1931, ebd., Bl. 62, Hervorhebung original.

160 »Der Prozeß gegen den Naziredner Gengler«, in: *Der Gebirgsbote* vom 8.2.1932, und »Der Prozeß gegen den Naziredner Gengler« (Fortsetzung), in: ebd. vom 9.2.1932.

161 CV Niederschlesien an CV Berlin, 8.2.1932, USHMM, RG-11.001M.31, Osobyi, 721/1/2439 (reel 375), Bl. 45.

162 Eike von Repgow [i.e. Robert W. Kempner], *Justiz-Dämmerung*, S. 109.

nach der Ernennung Hitlers zum Reichskanzler der rassistische Antisemitismus der Nationalsozialisten zur Staatsdoktrin. Die wichtigsten Stationen der Entrechtung sind bekannt – der »April-Boykott« und das Gesetz zur Wiederherstellung des Berufsbeamtentums vom 7. April 1933, die Nürnberger Gesetze und ihre zahllosen Ausführungsbestimmungen, die Regelungen zur Zerstörung der wirtschaftlichen Existenzmöglichkeiten der Juden und schließlich der Novemberpogrom von 1938.[163] Die gesetzesförmige Entrechtung und Verfolgung der deutschen (und später aller im deutschen Machtbereich befindlichen) Juden mündete schließlich in den de facto rechtsfreien besetzten Ostgebieten in den systematischen Völkermord.

Die justizförmige Entrechtung der Juden wurde begleitet von der Amnestie vom 21. März 1933. Amnestien hatte es in den Jahren davor immer wieder gegeben, doch diese signalisierte, dass die Straftaten von gestern die Heldentaten von morgen sein würden, denn sie galt nicht pauschal für alle politisch motivierten Taten, sondern nur für die seit 1918 »im Kampfe für die nationale Erhebung des Deutschen Volkes«[164] begangenen. Noch verräterischer war in dieser Hinsicht das Straffreiheitsgesetz vom 7. August 1934, das Straferlass für jene Handlungen gewährte, »zu denen sich der Täter durch Übereifer im Kampfe für den nationalsozialistischen Gedanken hat hinreißen lassen«.[165] Schon diese frühen Maßnahmen machten deutlich, dass Äußerungen von Judenfeindschaft nicht länger eine Straftat, sondern die staatlich sanktionierte Norm darstellten. Dennoch wurde in der gesamten NS-Zeit keine der gegen den Antisemitismus anwendbaren Strafbestimmungen geändert, und de jure blieben Gewalttätigkeiten gegen Juden strafbar. De facto waren der Strafverfolgung nunmehr aber die Opfer des Antisemitismus und diejenigen Nichtjuden ausgesetzt, die sich in irgendeiner Form der antisemitischen Normsetzung entzogen oder gar aktiv widersetzten. Gleichwohl gab es selbst unter diesen Bedingungen noch juristische Debatten über die Frage, ob, warum und in welchem Ausmaß den deutschen Juden Schutz vor antisemitischen Äußerungen einzuräumen wäre.

Das lange Zeit vorherrschende Bild, dass es jenseits der staatlich oder durch die NSDAP und ihre Gliederungen durchgeführten Zwangsmaßnahmen

163 Vgl. dazu nur Friedländer, *Das Dritte Reich*.

164 Paragraph 1 der Verordnung des Reichspräsidenten über die Gewährung von Straffreiheit, 21.3.1933, *RGBl.* I, Nr. 25, 22.3.1933, S. 134.

165 Paragraph 3.3 des Gesetzes über die Gewährung von Straffreiheit, 7.8.1934, *RGBl.* I, Nr. 95, 9.8.1934, S. 769 f., hier: S. 769.

kaum zu antijüdischen Gewalttaten im Deutschen Reich gekommen sei, ist inzwischen durch eine reichhaltige regionalgeschichtliche Forschung widerlegt.[166] Die frühen Boykottmaßnahmen gegen »jüdische Geschäfte« fanden ihren ersten Höhepunkt in der reichsweiten Aktion vom 1. April 1933. Die Jüdische Gemeinde Berlin verwahrte sich in einem Schreiben an den Reichskanzler gegen den Boykottaufruf, zumal man sich stets gegen die »ausländische Greuelpropaganda« gewandt habe.[167] In seiner Hilflosigkeit aus heutiger Sicht anrührend wirkt das Verhalten eines Kölner Geschäftsinhabers. Er produzierte ein Flugblatt, auf dem er auf seinen eigenen Fronteinsatz und den von Verwandten 1914–1918 verwies und indirekt die Unzulässigkeit des Boykotts andeutete, indem er an Aussprüche Hitlers, Fricks und Görings erinnerte: »Wer im III. Reich einen Frontsoldaten beleidigt, wird mit Zuchthaus bestraft!«[168]

Insbesondere auf dem Lande kam es – regional und lokal sehr unterschiedlich[169] – zu pogromartigen Gewalttaten wie in Gunzenhausen am Palmsonntag 1934 oder im hessischen Dorf Rhina 1934/35. Dennoch blieben diese antisemitischen Exzesse »aufs Ganze gesehen bis zur ›Reichskristallnacht‹ die Ausnahme«,[170] sie wurden freilich um ein hohes Niveau an Alltagsdiskriminierung und -gewalt ergänzt. Chancen, dagegen erfolgreich vor Gericht vorzugehen, bestanden schon in den ersten Monaten des Regimes nur noch in Ausnahmefällen; sie tendierten gegen null, wenn höhere NS-Würdenträger beteiligt waren.

Einen ersten dramatischen Höhepunkt erreichte die unmittelbare physische Gewalt am 25. März 1933, als ein SA-Trupp sechzehn jüdische Männer des tauberfränkischen Städtchens Creglingen im Rathaus zusammentrieb und so misshandelte, dass zwei von ihnen starben.[171] Bereits am Tag danach ordnete NS-Gauleiter Wilhelm Murr in seiner Funktion als Württembergischer Staatspräsident eine gerichtliche Untersuchung an, um zu beweisen, dass die NSDAP gesetzestreu sei. Im Dezember 1934 schlug er, jetzt als Reichsstatthalter, das Verfahren wegen Körperverletzung mit Todesfolge im Gnadenweg nieder. Mit welch unterschiedlichem Maß die Justiz schon im

166 Vgl. Hesse, »Sichtbarer Terror«; umfassend dazu Wildt, *Volksgemeinschaft*.

167 Vorstand Jüdische Gemeinde Berlin an den RK, 29.3.1933, in: Herrmann, *Das Dritte Reich*, Dok. E 611921, S. 61.

168 Vgl. Maurer, »Alltag«, S. 398.

169 Vgl. Lowenstein, »Struggle«.

170 Christhard Hoffmann, »Verfolgung«, S. 376.

171 Vgl. zum Folgenden Schurr, »›Judenaktion‹«.

frühen NS-Staat urteilte, zeigt die Tatsache, dass ein SA-Mann, der sich bei der Durchsuchung eines von Juden bewohnten Hauses der räuberischen Erpressung schuldig gemacht hatte, vom Sondergericht Stuttgart Ende Mai 1933 zu drei Jahren Gefängnis verurteilt wurde – vielleicht als eine Art »Bauernopfer«.[172] Der Pogrom in Creglingen diente als Vorlage für Lion Feuchtwangers Exilroman *Die Geschwister Oppenheim* (später in *Die Geschwister Oppermann* umbenannt), der im Herbst 1933 in Amsterdam erschien.[173] Trotz der sich zunehmend verschlechternden Situation blieben auch die meisten der auf dem Land lebenden Juden in Deutschland, so lange es ging – oder bis es zu spät war; zum Teil, weil sie stets hofften, schlimmer könne es nicht mehr werden; zum Teil, weil es äußerst schwierig war, die Auswanderung zu finanzieren und ein Aufnahmeland zu finden.

Dass die vor 1933 inkriminierten Verhaltensweisen im NS-Staat zur Norm gesellschaftlichen und staatlichen Handelns wurden, zeigt eine Anweisung des Bürgermeisters von Andernach in seiner Eigenschaft als Chef der Ortspolizeibehörde. Nachdem einige Jugendliche gegen die Synagogeninschrift »Haben wir nicht alle einen Vater, hat uns nicht ein Gott geschaffen« protestierend durch die Stadt gezogen waren, wies er die örtliche Jüdische Gemeinde an, sie zu entfernen, da sie die öffentliche Ordnung und Sicherheit störe. Eine Eingabe der Reichsvertretung der deutschen Juden an das Reichs- und Preußische Ministerium des Innern wurde mit knappen Worten zurückgewiesen.[174] Der Schutz jüdischer Gotteshäuser mochte im Kaiserreich und der Weimarer Republik unzulänglich gewesen sein – nie jedoch war von den Opfern antisemitischer Aktionen verlangt worden, ihre eigene Religion zu verleugnen.

Ein weiteres Beispiel für die radikale Umwertung der Werte ist der Fall einer »Ritualmord«-Legende im unterfränkischen Manau. 1929, als dort ein knapp fünfjähriger Knabe ermordet worden war, kam abermals das »Ritualmord«-Gerücht auf. Die polizeilichen Ermittlungen ergaben jedoch keine Hinweise in diese Richtung, ebenso wenig wie die 1934 auf Druck der lokalen NSDAP wiederaufgenommenen Untersuchungen. Im April und Mai 1937 verhaftete die Gestapo sieben Juden und vernahm sie. Die Gestapo versuchte aktiv, »Beweise« für den »Ritualmord« zu beschaffen, doch trotz

172 Vgl. Naser, »Schuld«, S. 204.

173 Vgl. Englisch, »Das wahre Gesicht«.

174 Bürgermeister von Andernach an Synagogengemeinde, 17.6.1935, USHMM, RG-11.001M.31, Osobyi, 721/1/2555 (reel 113), Bl. 159; Reichsvertretung an R/PIM, 2.7.1935, ebd., Bl. 151; R/PIM an Reichsvertretung, 16.7.1935, ebd., Bl. 148.

des großen Aufwands mussten die Ermittlungen im Herbst 1937 schließlich abgebrochen werden. Im Juli 1938 stellte der Oberstaatsanwalt des Landgerichts Bamberg das Verfahren aus Mangel an Beweisen ein.[175] Konnte man den Ermittlungsbehörden im Kaiserreich vorwerfen, dass sie den absurden »Ritualmord«-Gerüchten überhaupt ernsthaft nachgingen, so war hier eine neue Qualität erreicht, denn die Strafverfolgungsbehörden – in diesem Fall die Gestapo – rollten aus eigenem Antrieb einen Jahre zurückliegenden Fall wieder auf. Statt die Verbreitung solcher Gerüchte strafrechtlich zu verfolgen oder zumindest einer abwägenden Prüfung zu unterziehen, war es nun eine staatliche Behörde, die sie selbst aktiv verbreitete.

Dieselbe Umkehrung aller Werte verdeutlicht der Bericht eines Sondersenats des Obersten Parteigerichts der NSDAP zu Verfahren in Zusammenhang mit Morden an Juden im Zuge des Novemberpogroms 1938. Selbst in den Fällen, in denen »Juden ohne Befehl [...] oder befehlswidrig [...] getötet wurden, konnten unlautere Motive nicht festgestellt werden«, so hieß es dort, da die Betreffenden »innerlich der Überzeugung« gewesen seien, »ihrem Führer und der Partei mit ihrer Tat einen Dienst getan zu haben«. Als Zweck der Verfahren wurde es bezeichnet, »diejenigen Parteigenossen zu decken, die aus anständiger nationalsozialistischer Haltung und Einsatzbereitschaft über das Ziel hinausgeschossen waren«, und nur diejenigen zu bestrafen, »die den völkischen Freiheitskampf der Partei gegen das Judentum in schnöder Weise zu persönlichen Zwecken mißbraucht oder darüber hinaus aus verbrecherischen Motiven gehandelt haben«. Da zudem die Täter lediglich »den zwar unklar zum Ausdruck gebrachten, aber richtig erkannten Willen der Führung in die Tat umgesetzt«[176] hätten, könnten sie dafür nicht belangt werden. Nur noch in seltenen Ausnahmen mussten Parteifunktionäre in späteren Jahren wegen Verbrechen an Juden mit Bestrafung rechnen. Doch selbst wenn eine Verurteilung erfolgte, wurden die Strafen meist schnell auf dem Gnadenweg herabgesetzt.[177]

Allerdings ergab sich für die NS-Führung auf verschiedenen Ebenen ein Problem. Sei es, um das Heft in der Hand zu behalten, um – nicht zuletzt gegenüber dem Ausland – den Schein der Ungesetzlichkeit zu vermeiden, oder aus Resten zivilisatorischer Standards – die bewusst in Gang gesetzte Dyna-

175 Vgl. Wiesemann, »Nationalsozialismus«.
176 Alle Zitate Rüping, *Studien- und Quellenbuch*, S. 278.
177 Vgl. die Dokumente 6D und 6E in Moritz/Noam (Hrsg.), *NS-Verbrechen*, S. 80 ff., und die Fälle Nr. 54 und 55 in Noam/Kropat (Hrsg.), *Juden*, S. 259–282.

mik antijüdischer Maßnahmen musste immer wieder gebremst werden. »Gelöst« sollte die »Judenfrage« werden, gründlich und radikal, aber doch zugleich »anständig« und »streng gesetzlich« – in der Tradition jener »Wissenschaftlichkeit« beanspruchenden Strömung der Judenfeindschaft, für die auch Hitler stand. In seinem bekannten Brief an Adolf Gemlich hatte er geäußert, dass der »Antisemitismus aus rein gefühlsmäßigen Gründen« nur zu Pogromen führen werde und allein der »Antisemitismus der Vernunft [...] zur planmäßigen gesetzlichen Bekämpfung und Beseitigung der Vorrechte des Juden« und schließlich zur »Entfernung der Juden überhaupt«.[178] Die Gesetzförmigkeit der NS-Judenverfolgung erscheint daher nicht als bremsender Faktor, sondern als etwas, das die Radikalität der »Endlösung« überhaupt erst ermöglicht hat.

In den ersten Monaten der NS-Herrschaft wagten es einzelne staatliche Stellen noch, Ross und Reiter zu nennen. Nachdem es in der ersten Oktoberhälfte 1933 im oberschlesischen Beuthen mehrfach zu körperlichen Angriffen auf Juden gekommen war, konnte der CV wenigstens erreichen, dass eine öffentliche Warnung des Polizeipräsidenten vor Übergriffen gegen jüdische Staatsbürger erging; die von den Opfern eingereichten Strafanträge blieben dagegen folgenlos.[179] Das Badische Kultus- und Unterrichtsministerium wies die Schulbehörden Ende März 1933 an, gegen die Beschimpfung jüdischer Schüler vorzugehen, weil derlei Verhalten »weder christlich noch national«[180] sei. Selbst Anfang 1936 verfügte das Badische Kultusministerium noch ein Aushangverbot für Streichers *Stürmer* in Schulhäusern.[181] Vielleicht wirkten hier, im ehemaligen liberalen »Musterland«, die Reste humanitärer Gesinnung noch etwas stärker nach als andernorts. Jedenfalls lässt sich Ähnliches für die Justizpraxis beobachten – doch das Funktionieren des NS-Terrors wurde dadurch nie in Frage gestellt.[182]

---

178 Brief an Adolf Gemlich, 16.9.1919, in Jäckel/Kuhn (Hrsg.), *Hitler*, S. 89 ff.

179 Vgl. die Strafanzeigen mehrerer jüdischer Bürger an den OStA LG Beuthen, 12.–14.10.1933, USHMM, RG-11.001M.31, Osobyi, 721/1/2324 (reel 101), Bl. 12; CV Oberschlesien an CV Berlin, 13.10.1933, ebd., Bl. 22 f.; Polizeipräsident Oberschlesien, 19.10.1933, in: Walk (Hrsg.), *Sonderrecht*, Dok. I/270, S. 56.

180 Erlass Badisches Kultusministerium, 31.3.1933, in: ebd., Dok. Nr. 204, S. 247. Dieser Erlass wurde Ende 1933 erneuert, vgl. Erlass Badisches Kultusministerium, 29.12.1933, in: ebd., Dok. Nr. 206, S. 248.

181 Erlass Badisches Kultusministerium, 1.2.1936, in: Paul Sauer (Bearb.), *Dokumente*, Bd. 1, Dok. Nr. 211, S. 250.

182 Vgl. Kißener, *Diktatur*.

So waren es zunächst die Sorge vor negativen Reaktionen im Ausland oder die befürchtete »schädigende Einwirkung auf den internationalen Fremdenverkehr«, welche die Behörden dazu veranlassten, die unauffällige Entfernung von »Juden unerwünscht«-Schildern oder »*Stürmer*-Kästen« anzuweisen.[183] Besonders heikel waren in dieser Hinsicht die Olympischen Winter- und Sommerspiele 1936 in Garmisch-Partenkirchen und Berlin. Nicht etwa »um den Juden zu helfen«, wie das Organisationskomitee der Winterolympiade gegenüber Staatssekretär Johann Pfundtner vom Innenministerium versicherte, sondern weil die Gefahr bestehe, »daß Ausländer, die jüdisch aussehen und gar keine Juden sind, beleidigt werden« könnten, sei Vorsicht geboten. Das Argument, dass bei einem Angriff auf einen jüdischen »Auslandspressevertreter [...] die schlimmsten Konsequenzen zu befürchten«[184] seien, überzeugte Innenminister Frick, weshalb er dieses Schreiben an die Reichskanzlei weiterleitete. Auch der Staatssekretär des Auswärtigen Amtes, Bernhard Wilhelm von Bülow, kam im August 1935 zu dem Schluss, es »sei Zurückhaltung geboten«, und sowohl Rudolf Heß als auch das Reichsjustizministerium warnten Anfang 1936 ausdrücklich vor Ausschreitungen gegen Juden infolge der Ermordung des Schweizer NS-Führers Wilhelm Gustloff.[185]

Stark ausgeprägt war vor allem die Besorgnis, dass zu schnelle und unkoordinierte »Einzelmaßnahmen« gegen »jüdische Geschäfte« zu ernsthaften Störungen des Wirtschaftslebens führen würden.[186] So bezeichnete selbst das Geheime Staatspolizeiamt Berlin im April 1934 neben »der Überwachung und Kontrolle der Juden in Deutschland« die »Verhinderung ungesetzlicher Eingriffe« gegen sie als »vordringliche Aufgabe«.[187] Wenn bis 1938/39 und

183 Badischer Ministerpräsident an Badisches Innenministerium, 26.10.1934, in: Paul Sauer (Bearb.), *Dokumente*, Bd. 1, Dok. 39b, hier: S. 54; ähnlich: Erlass Badisches Innenministerium, 21.6.1935, in: ebd., Dok. 39f, S. 55. Vgl. auch Matthäus, »Antisemitic Symbolism«, S. 187 ff.

184 Alle Zitate Organisationskomitee Winterolympiade München an RMI, 14.5.1935, BA-B, R 43 II/599a, Bl. 12–15; R/PIM an Staatssekretär der Reichskanzlei, 22.5.1935, ebd., Bl. 9 ff.

185 Bülow in einer Chefbesprechung im Reichswirtschaftsministerium, 20.8.1935, in: »Dokumente«, Dok. Nr. 12, S. 442 ff., hier: S. 444; Stellvertreter des Führers, 29.1.1936, in: Walk (Hrsg.), *Sonderrecht*, Dok. II/112, S. 153; RMJ, 5.2.1936, in: ebd., Dok. II/116, S. 153 f.

186 Z.B. Einzelhandelsverband Frankfurt am Main, 1.12.1933, in: ebd., Dok. I/300, S. 62.

187 Gestapo Berlin, Bericht »Die Juden in Deutschland«, Berlin, April 1934, in: Kulka/Jäckel (Hrsg.), *Juden*, Dok. Nr. 32, S. 68–71, hier: S. 71 (alle Zitate).

vereinzelt sogar noch 1940 Erlasse gegen öffentliche Äußerungen antisemitischer Gesinnung ergingen, dann fast ausschließlich unter dem Stichwort des Vorgehens gegen »Einzelaktionen« oder »Einzelmaßnahmen«.[188]

In diesem Zusammenhang ist auch das – durch einen geheimen »Führererlass« im August 1935 bekräftigte – Schreiben des Reichsministeriums des Innern an Hermann Göring als Preußischen Ministerpräsidenten und Chef der Geheimen Staatspolizei vom 26. Dezember 1934 zu sehen. Darin wurde gefordert, dass die Polizei gegen »ungesetzliche Einzelmaßnahmen« vorgehen solle.[189] Diese Anordnung verdankt sich dem Protest von Reichswirtschaftsminister Schacht gegen die teilweise gewalttätige Boykottwelle Ende 1934. »Im Interesse der Arbeitsbeschaffung und der Stärkung des Vertrauens in der [*sic*] Beruhigung der Wirtschaft«, so hieß es da, müssten wilde Boykottaktionen und andere Störungen des Wirtschaftslebens unterbleiben. Schacht ging noch einen Schritt weiter, indem er auf eine grundsätzliche Gefahr hinwies: Eine »ungestrafte Begehung von Ungesetzlichkeiten« sei »geeignet, einen Zustand von Rechtsunsicherheit hervorzubringen, der nicht bloß bei den nichtarischen Staatsangehörigen, sondern im Volk überhaupt den Glauben an die Autorität des Staates erschüttern und unkontrollierbaren Elementen die Möglichkeit staatsfeindlicher Betätigung geben kann«.[190]

Solche Appelle blieben freilich von begrenzter Wirkung, so dass Schacht im August 1935 das Thema erneut zur Sprache brachte und dabei auf die Gefährdung des Aufrüstungsprogramms verwies. Justizminister Franz Gürtner machte in diesem Zusammenhang darauf aufmerksam, »daß jede Anordnung von Staat oder Partei so lange wirkungslos bleiben müsse, als im Volke der Glaube genährt werde, daß die leitenden Stellen es nicht ungern sähen, wenn ihre einschränkenden Anordnungen übertreten würden, da sie nur aus politischen Rücksichten nicht so handeln könnten, wie sie gern wollten«.[191]

---

188 Vgl. z.B. SD-Oberabschnitt Nord II 112, Jahresbericht für 1937, Stettin, o.D. [ca. Jan. 1938], in: Kulka/Jäckel (Hrsg.), *Juden*, Dok. Nr. 293, S. 250: »In einem Falle ging ein Kreisleiter zu weit bei einer ›Einzelaktion‹ gegen Juden und mußte versetzt werden.« Verfügung Außendienststelle Gestapo/Stapoleitstelle Karlsruhe, 8.8.1940, in: Paul Sauer (Bearb.), *Dokumente*, Bd. 2, Dok. Nr. 412, S. 193 f. Allgemein dazu Hauber, »Judenverfolgung«.

189 Wortlaut des Erlasses vom 26.12.1934 in: ebd., Bd. 1, Nr. 145b, S. 171. Zum »Führererlass«: PMI, 20.8.1935, in: Walk (Hrsg.), *Sonderrecht*, Dok. I/621, S. 124.

190 Wortlaut des Erlasses vom 12.12.1934 in: Paul Sauer (Bearb.), *Dokumente*, Bd. 1, Nr. 145, S. 169 ff., hier: S. 170 (alle Zitate).

191 Gürtner in einer Chefbesprechung im Reichswirtschaftsministerium, 20.8.1935, in: »Dokumente«, Dok. Nr. 12, S. 442 ff., hier: S. 444.

Am 23. September 1935 erging schließlich eine Verfügung der Minister Frick und Schacht, dass »alle diffamierenden Maßnahmen wie Schilder oder Plakate ehrverletzenden Inhalts, Theaterverbote, Schwimmbäderverbote, Postenstellen vor jüdischen Geschäften, Sprechchöre usw. untersagt werden sollten«.[192] Die Durchschlagskraft dieser Anweisung war, wie die aller anderen davor und danach, gering, denn der Geist des antisemitischen Furors ließ sich nicht mehr ohne weiteres in die Flasche zurückverbannen, selbst wenn dies aus taktischen Erwägungen gelegentlich wünschenswert erschien.

Die Befürchtung, das Gewährenlassen eines »ungesetzlichen« Antisemitismus könnte am Ende die Fundamente jeglicher Ordnung und damit der Staatsautorität unterspülen, äußerten Behördenvertreter immer wieder. Anlässlich der von der NSDAP gesteuerten Übergriffe im fränkischen Neustadt an der Saale beispielsweise wurden Angriffe gegen Beamte lanciert, die angeblich den antijüdischen Kampf der NSDAP sabotierten. Der Bezirksamtsleiter beklagte sich daraufhin beim Ortsgruppenleiter über

»diese ungeheuerliche Bloßstellung und Kränkung des Vollzugsorgans der Staatsministerien im Bezirk Neustadt [...]. Wenn nicht bald von oben herab energisch eingegriffen werden wird und die Neustädter Anpöbelungen gesühnt werden, wird die Staatsautorität auch anderswo zum Schaden der nationalen Bewegung und gegen den Willen des Reichskanzlers weiter verhöhnt werden.«[193]

Solche Beschwerden waren auch später immer wieder zu hören. Der Regierungspräsident von Aachen bemängelte im Dezember 1935, dass er die Polizeibehörden nochmals habe anweisen müssen, die Ermittlungen bei antijüdischen Ausschreitungen

»mit Nachdruck so anzustellen, daß die Bevölkerung unter keinen Umständen den Eindruck gewinnt, als wenn derartige Vorfälle nur oberflächlich untersucht würden. Irgendwelche Rücksicht auf die Täter sei nicht mehr angebracht, nachdem wiederholt die Partei wie die staatlichen Dienststellen darauf hingewiesen hatten, dass derartige Handlungen dem Interesse der ›Bewegung‹ und der Autorität des Staates insbesondere in einem Grenzbezirk höchst abträglich seien«.[194]

Der Regierungspräsident in Kassel hingegen hatte ein Jahr zuvor darauf hingewiesen, dass die Behörden einerseits zwar den Gesetzen Geltung zu verschaffen hätten, andererseits aber »darauf bedacht sein [müssen], bei der

192 Pätzold, *Faschismus*, S. 280.

193 Bericht des Bezirksamts Neustadt/Aisch, 15.7.1933, in: Kulka/Jäckel (Hrsg.), *Juden*, Dok. Nr. 12, S. 51 f., hier: S. 52.

194 RP Aachen, 14.12.1935, in: ebd., Dok. Nr. 181, S. 173 f., hier: S. 174.

Bevölkerung nicht in den Ruf zu kommen, Hüter und Schützer des Judentums zu sein«.[195] Diese Konfliktsituation sah die Stapostelle in Kassel ganz ähnlich, die ebenfalls im Januar 1935 konstatierte, dass sich in der »Judenfrage« »in letzter Zeit wieder stärker der Unterschied zwischen der staatlichen und parteipolitischen Behandlung des Antisemitismus bemerkbar« mache. Trotz klarer Anweisungen der Geheimen Staatspolizei fördere die NSDAP nach wie vor die Aufstellung von Tafeln und Transparenten antijüdischen Inhalts. »Den Behörden«, so heißt es weiter, »die, höherer Weisung entsprechend, gegen eine solche Handhabung des Antisemitismus auftreten, wird dann vielfach Judenfreundlichkeit und nichtnationalsozialistische Gesinnung vorgeworfen.« Wenn zum Beispiel den bereits erwähnten Erlassen Schachts und Fricks vom Dezember 1934 entgegengehandelt werde, griffen die Ortspolizeibehörden oft »vielfach aus Angst vor der Partei [...] nicht genügend durch«.[196] Vergleichbare Erfahrungen musste der CV machen, der einem Mitglied, das eine Tafel in der Schlossstraße in Berlin-Steglitz mit der Aufschrift »NSDAP Kauft nicht bei Juden« beklagte, die geringen Erfolgsaussichten mitteilte, »wenn das Polizeirevier bei der Ortsgruppe die Entfernung nicht erreicht, [...] weil es sich um eine Anschlagetafel der Partei handelt«.[197]

Das Braunschweigische Innenministerium brachte diese Problematik in seinem Bericht über drei Versammlungen Julius Streichers Anfang November 1934 auf den Punkt. Streichers Auftritte sorgten für eine erregte antijüdische Stimmung, so dass jüdische Geschäfte polizeilich geschützt werden mussten. Es sei, so das Innenministerium, zwar

»selbstverständlich, daß die Anordnungen der Reichsregierung von den Behörden in Braunschweig durchgeführt werden. Es kann aber nicht im Willen der Reichsregierung liegen, daß die Durchführung in einer Form geschieht, bei der ein uniformiertes Polizeiaufgebot mit Gewalt gegen eine erzürnte deutsche Volksmenge vorgeht, die sich hinsichtlich ihrer Stellungnahme auf die Grundsätze der NSDAP berufen kann.« Nur weil die Polizei ihre »heikle Aufgabe mit Nachdruck, aber auch mit dem gebotenen Verständnis für die schwierige Aufgabe gelöst« habe, konnte »die Stim-

195 RP Kassel, 2.1.1935, in: ebd., Dok. Nr. 67, S. 104.

196 Alle Zitate Stapostelle RB Kassel, 5.1.1935, in: ebd., Dok. Nr. 60, S. 100 f.

197 Robert Abrahamsohn an CV Berlin, 12.12.1934, USHMM, RG-11.001M.31, Osobyi, 721/1/2300 (reel 100), Bl. 195 f.; CV Berlin an Robert Abrahamsohn, 17.12.1934, ebd., Bl. 194.

mung in ganz kurzer Zeit beruhigt werden […], ohne den Glauben des Volkes an den nationalsozialistischen Staat zu erschüttern«.[198]

Die Geheime Staatspolizei-Stelle Köln forderte daher im Juli 1935

»klare Anweisungen der zentralen behördlichen Stellen über das, *was im Rahmen der antijüdischen Propagandawelle erlaubt und was nicht erlaubt ist,* […] da sonst der polizeiliche Exekutivbeamte […] bei einem Eingreifen nicht den erforderlichen Rückhalt hat oder sich in der Nähe kritischer Situationen nicht mehr sehen läßt. In beiden Fällen leidet aber letzten Endes die *Staats-Autorität.*«[199]

Als durch die Nürnberger Gesetze – aus der Sicht der meisten deutschen Juden ein unerwarteter Rückschlag, der unwiderruflich das Ende des Emanzipationszeitalters markierte[200] – eine juristische Klärung und Stabilisierung erfolgt zu sein schien, warnte der Landrat in Melsungen davor, Gesetzesübertretungen zu streng zu ahnden, denn es müsse berücksichtigt werden, dass die durch den *Stürmer* und andere Organe emotionalisierte Bevölkerung, die »bisher glaubte, durch Judenverfolgung aus der erregten Volksseele heraus der Reichsgesetzgebung erwünschte Vorarbeit zu leisten«, nun nicht plötzlich strenger bestraft werde, »als zur Aufrichtung der Staatsautorität unbedingt notwendig erscheint«.[201]

Der Frage, inwieweit solche Warnungen vor »ungesetzlichen Maßnahmen« und Klagen über den damit einhergehenden Ansehensverlust der Staatsautorität Reste zivilisatorischer und humanistischer Standards verraten oder gar als Ansätze resistenten Verhaltens zu werten sind, kann hier nicht weiter nachgegangen werden. Sie wäre nur durch Erforschung der Einzelfälle zu klären. Funktional waren diese Verhaltensweisen jedoch – vielleicht sogar entgegen der positiv zu wertenden Intention mancher Akteure – letztlich verheerend. Das zeigt sich daran, dass die systematische Ermordung der Juden zumindest in Mittel- und Westeuropa nicht in Form »wilder Pogrome«, sondern als letzter Akt einer Abfolge justizförmiger Entrechtung erfolgte. Geradezu tragisch ist, dass in den Orten, in denen die Bevölkerung und die lokalen Autoritäten sich relativ menschlich verhielten und manchen Maßnahmen des Regimes die Spitze brachen, besonders viele Juden ermordet

198 Alle Zitate Braunschweigisches Innenministerium, Bericht, 14.12.1934, in: Kulka/Jäckel (Hrsg.), *Juden*, Dok. Nr. 52, S. 93 f., hier: S. 94.

199 Stapostelle RB Köln, 7.7.1935, in: ebd., Dok. Nr. 133, S. 143.

200 Vgl. Walk, »Reactions«.

201 Landrat in Melsungen, 24.10.1935, in: Kulka/Jäckel (Hrsg.), *Juden*, Dok. Nr. 178, S. 172.

wurden, weil sie sich aufgrund des relativ günstigen lokalen Klimas erst zu spät zur Auswanderung entschlossen.

3.2. Abwehren, aushalten oder auswandern?

Der 30. Januar 1933 stellte die größte anzunehmende Katastrophe der deutschen Politik dar, und für keine Bevölkerungsgruppe war das radikaler der Fall als für die deutschen Juden. In den ersten Wochen danach hatten verschiedene jüdische Interessenvertreter noch die Hoffnung, mäßigend auf das Regime einwirken zu können. In den Tagen vor dem April-Boykott bekundeten sie ihre Loyalität mit der Regierung angesichts der angeblichen ausländischen »Greuelpropaganda«.[202] Freiwillig geschah das allerdings nicht, denn Göring in seiner Eigenschaft als Reichskommissar für Preußen erpresste von ihnen Briefe gegen ausländische Gräuelhetze mit dem drohenden Hinweis, sonst für nichts garantieren zu können.[203] Überhaupt betrieb Göring ein Doppelspiel, indem er einerseits Julius Brodnitz vom CV versicherte, dass er sich in schweren Fällen antisemitischer Agitation jederzeit an ihn wenden könne, andererseits in öffentlichen Reden bezüglich »jüdischer Warenhausbesitzer« dröhnte, »es sei nicht Aufgabe der Polizei, diese Parasiten zu schützen«. Diesen Zynismus kommentierte Brodnitz ratlos mit dem Satz, es »müßten zwei völlig verschiedene Görings existieren«.[204]

Trotz dieser radikal veränderten Bedingungen kam die jüdische Abwehrarbeit 1933 nicht schlagartig zum Erliegen.[205] Im Mai 1933 beschwerte sich ein oberschlesischer jüdischer Angestellter erfolgreich beim Völkerbund, unter dessen Verwaltung Oberschlesien damals noch stand, über die NS-Politik. Die sogenannte Bernheim-Petition war zwar ein symbolischer Erfolg, hatte jedoch keine positiven Auswirkungen auf die Lebenswirklichkeit der

---

202 Z.B. Telegramm CV Berlin an RK, 23.3.1933, USHMM, RG-11.001M.31, Osobyi, 721/1/2485 (reel 112), Bl. 5. Ähnlich ZVfD an PIM, 27.3.1933, in: Herrmann, *Das Dritte Reich*, Dok. E 611923, S. 63; RjF an US-Botschafter Berlin, 24.3.1933, in: ebd., Dok. E 611930, S. 68.

203 Diese Episode berichtet Hans Reichmann, »Mein Leben vor und nach dem 30. Januar 1933«, MS, LBINY, Hans Reichmann Collection ME 1230, S. 89.

204 Ernst Herzfeld, »Meine letzten Jahre in Deutschland; 1933–1938«, S. 5 (MS von 1938 im LBINY).

205 Vgl. zum Folgenden Lamberti, »Jewish Defence«; Matthäus, »Kampf«; Barkai, »*Wehr Dich!*«, S. 300–317; Epstein, »Struggle«.

verfolgten Juden.[206] Die Reichsvertretung der deutschen Juden, in der die wichtigsten jüdischen Organisationen wie der CV, die Zionistische Vereinigung für Deutschland und der Reichsbund jüdischer Frontsoldaten zwangsweise zusammengeschlossen wurden, versuchte weiterhin – jede offene Herausforderung des NS-Staates vermeidend –, Einfluss zu nehmen. Daher wurden weder der »Arierparagraph« noch die Nürnberger Gesetze offen angegriffen.[207] An eine Fortsetzung der »klassischen« Rechtsschutzarbeit war freilich schon bald nicht mehr zu denken. In den ersten Wochen gaben sich manche noch der Hoffnung hin, auch unter der Regierung Hitler bestünden Chancen, gegen antisemitische Agitation vorzugehen. Ein jüdischer Bürger schrieb dem CV am 1. März 1933, dass zurzeit die Broschüre *Juden raus* auf der Straße verkauft werde: »Da die jetzigen Machthaber sich mit keinem Wort und mit keiner Andeutung zum Antisemitismus bekannt haben und jegliche Verhetzung bekämpfen wollen, halte ich es für durchaus nicht aussichtslos, zum Beispiel beim Vizekanzler v. Papen energisch zu intervenieren!«[208] Das hatte der CV bereits eine Woche davor getan, als er die Beschlagnahme dieser Schrift gemäß Paragraph 7 der »Verordnung des Reichspräsidenten zum Schutze des deutschen Volkes« in Verbindung mit Paragraph 14 Polizei-Verwaltungsgesetz beantragt hatte, weil die Behauptung eines jüdischen »Ritualmordes« gegen Paragraph 166 StGB verstoße.[209] Erfolg war dieser Beschwerde freilich nicht beschieden, ebenso wenig wie der Strafanzeige des CV wegen Verstoß gegen Paragraph 166 StGB gegen Johann von Leers, den Verfasser der 32-seitigen Broschüre *Nun erst recht: Juden raus!*. Das Verfahren gegen diese vor Verschwörungstheorien im Stil der *Protokolle der Weisen von Zion* strotzenden Schrift wurde gemäß den Paragraphen 3 und 1 der Verordnung des Reichspräsidenten über die Gewährung von Straffreiheit vom 21. März 1933 eingestellt.[210] Zu einem – hier nicht weiter erörterbaren – Thema nicht nur der Justiz, sondern vor allem auch der internationalen Bezie-

206 Vgl. dazu ausführlich Graf, *Bernheim-Petition*.

207 Daniel Fraenkel, »Jewish Self-Defense«, S. 347.

208 Heinz Lindenberg, Berlin, 1.3.1933, an CV, USHMM, RG-11.001M.31, Osobyi, 721/1/2291 (reel 100), Bl. 30.

209 CV Berlin, 23.2.1933, Rei[chmann], Eingabe an Polizeipräsident Berlin, ebd., Osobyi, 721/1/2291 (reel 100), Bl. 31 ff.; Verordnung des Reichspräsidenten vom 4.2.1933, in: *RGBl.* I, Nr. 8, 6.2.1933, S. 35–41.

210 OStA LG III Berlin an CV Berlin, 28.3.1933, USHMM, RG-11.001M.31, Osobyi, 721/1/2291 (reel 100), Bl. 27; Verordnung des Reichspräsidenten über die Gewährung von Straffreiheit, 21.3.1933, *RGBl.* I, Nr. 25, 22.3.1933, S. 134 ff. Zu der Broschüre Dr. von Leers' vgl. auch *CV-Zeitung*, Jg. 12, Nr. 8 (1933), S. 57 f.

hungen wurden die vom Schweizerischen Israelitischen Gemeindebund angestrengten Prozesse gegen die Verbreitung der *Protokolle* in der Schweiz.[211]

Einen seiner wenigen Erfolge konnte der CV dagegen verbuchen, als er sich beim Leipziger Polizeipräsidenten über die Broschüre *Die Juden fordern die Ermordung Hitlers* beschwerte; der antwortete zunächst dilatorisch, darüber habe nur das Reichsinnenministerium zu entscheiden. Eine Eingabe an diese Behörde lehnte die CV-Zentrale indes prinzipiell ab. Warum das Verbot im Juni 1933 dann doch durch den Polizeipräsidenten erfolgte, lässt sich aus den Akten nicht erkennen; der CV in Leipzig konnte nur vermuten, dass »er eine Anweisung von oben her bekommen«[212] habe. Das Grundproblem lag aber darin, dass die Täter »wilder Einzelmaßnahmen« sich meist auf Weisungen ihrer Parteileitung beriefen, so dass selbst in den Fällen, in denen die Polizei eingriff – wie bei den wilden Durchsuchungen und Sachbeschädigungen »jüdischer« Buchhandlungen in Würzburg im September 1933 –, für die Beteiligten häufig keine nachteiligen Folgen entstanden.[213] Dem Landesverband Rheinland des CV beispielsweise begegnete im November 1933 »der erste uns bekannt gewordene Fall polizeilichen Einschreitens gegenüber einer Boykottaufforderung«.[214]

Hoffnung auf Gehör machten sich die jüdischen Interessenvertreter auch dann, wenn sie auf die »Gefährdung der Staatsautorität« durch ausufernde Aktionen von Teilen der NSDAP verweisen konnten. So sandte der Vorstand der Israelitischen Gemeinde Frankfurt am Main im Februar 1935 eine von der CV-Zentrale entworfene Eingabe an den Polizeipräsidenten, um auf antisemitische Plakate, Boykottaufrufe usw. hinzuweisen, die geeignet erschienen, »die Sicherheit der jüdischen Bevölkerung […] zu gefährden«. »Der Herr Polizeipräsident hat es bereits mehrfach für erforderlich gehalten, gegen derartige Vorkommnisse einzuschreiten. Wenn sie sich trotzdem fortgesetzt wiederholten, so könnte daraus die Gefahr erwachsen, dass schliesslich in

211 Vgl. Lüthi, *Mythos*; als Überblick Benz, *Protokolle*.

212 CV Berlin, Alfred Hirschberg, an Julius Bamberger, 25.4.1933, USHMM, RG-11.001M.31, Osobyi, 721/1/2291 (reel 100), Bl. 8; CV LV Mitteldeutschland an CV Berlin, 24.5.1933, ebd., Bl. 6; CV Berlin an CV Mitteldeutschland, 13.6.1933, ebd., Bl. 3; CV Mitteldeutschland an CV Berlin, 23.6.1933, ebd., Bl. 1.

213 Kulka/Jäckel (Hrsg.), *Juden*, Dok. Nr. 22, S. 56 f.: RP Unterfranken und Aschaffenburg, Bericht, Würzburg, 7.10.1933.

214 CV LV Rheinland/Westfalen an CV Berlin, 9.11.1933, USHMM, RG-11.001M.31, Osobyi, 721/1/2750 (reel 115), Bl. 26.

manchen Bevölkerungsteilen das Bewusstsein für die Grenze des polizeilich und gesetzlich Zulässigen verloren geht.«[215]

Der CV trat mehrfach wegen Hetzartikeln in Julius Streichers *Stürmer* in Aktion, dessen »Ritualmord«-Nummer« vom Mai 1934 besonders hohe Wellen schlug. Seit dem 20. April 1934 wurde ein *Stürmer*-Flugblatt verteilt, das unter den Sensationsüberschriften »Enthülltes Geheimnis: Jüdischer Mordplan gegen die nichtjüdische Menschheit aufgedeckt« und »Jüdischer Mordplan gegen Adolf Hitler« für die Mai-Nummer warb. Durch Eingaben an Regierungspräsidenten und Staatspolizei-Leitstellen konnte die jüdische Interessenvertretung in einigen Bezirken ein Verbreitungsverbot des Extrablattes erreichen.[216] Einer Beschwerde der Reichsvertretung der deutschen Juden an die Reichspressekammer war jedoch kein Erfolg beschieden.[217] Das Erscheinen der »Ritualmord«-Nummer selbst ließ sich nicht verhindern, obwohl die Reichsvertretung auch ein Telegramm an Hitler geschickt hatte, in dem sie gegen die »grauenerregenden Darstellungen« im *Stürmer* und die »beispiellose Schändung unseres Glaubens in feierlicher Verwahrung«[218] Protest einlegte.

Selbst solche bescheidenen Erfolge gelangen nur vereinzelt; sie wurden im Laufe der Zeit immer seltener, so dass der CV im Juni 1935 einem Mitglied, das von fortgesetzter »Ritualmord«-Propaganda berichtet hatte, schrieb: »Die Vorwürfe, die gegen uns im Zusammenhang mit der Ritualmordbeschuldigung erhoben werden, sind so abwegig, dass wir unsererseits jede sachliche Beschäftigung mit ihnen, die der Erreichung eines Alibis dient, als ein Ent-

215 Vorstand Israelitische Gemeinde an Polizeipräsident Frankfurt am Main, 8.2.1935, ebd., Osobyi, 721/1/2300 (reel 100), Bl. 70–81, hier: Bl. 70 f.

216 CV Ostpreußen an CV Berlin, 3.5.1934, ebd., Osobyi, 721/1/2303 (reel 100), Bl. 263 f.; CV Hessen-Nassau/Hessen an CV Berlin, 27.4.1934, ebd., Bl. 281; CV Berlin an alle Landesverbände, 25.4.1934, ebd. (reel 101), Bl. 304.

217 Reichsvertretung an Reichspressekammer, 27.4.1934, ebd., Osobyi, 721/1/2303 (reel 100), Bl. 246 ff.

218 Reichsvertretung an RMI, 26.4.1934, in: Kulka (Hrsg.), *Deutsches Judentum*, Bd. 1, Dok. Nr. 37, S. 139 ff.; Nr. 37(a), S. 140. Zitat: Reichsvertretung an Reichsbischof Berlin, 2.5.1934, ebd., Dok. Nr. 37(b), S. 140. Ähnlich auch *Israelitisches Familienblatt* vom 31.1.1935, Abdruck einer Erklärung der Reichsvertretung der deutschen Juden, in der sie gegen die Behauptung Streichers, die Juden hätten die Rückkehr des Saarlandes nach Deutschland zu verhindern gesucht, Stellung bezieht: »Zur Wahrung unserer Ehre bleibt uns nichts als feierlicher Protest«, in: ebd., Dok. Nr. 58, S. 189 f., hier: S. 190.

gegenkommen gegenüber diesen Vorstellungen ansehen müssen.«[219] Daraus sprach einerseits sicher die grundsätzliche Erwägung, dass in Wirklichkeit jedes Eingehen auf die absurden Behauptungen der Antisemiten ungewollt deren Diskurshoheit anerkannte und weiter befestigte; andererseits lag dieser resignierenden Haltung, die sich schon vor 1933 abzuzeichnen begann, wohl auch die Einsicht in die zunehmende Aussichtslosigkeit der eigenen Abwehrbemühungen zugrunde.

Unter diesen Umständen verlagerte sich der Schwerpunkt der Rechtsschutzarbeit des CV vom Straf- zum Zivil- und Arbeitsrecht. So konnte ein jüdischer Bürger aus dem westfälischen Bocholt vor dem Reichswirtschaftsgericht eine Entschädigung für die bei der Boykottaktion vom 1. April 1933 zerstörten Fensterscheiben auf der Basis des »Reichsunruheschadensgesetzes« erwirken, die ihm von der Vorderinstanz versagt worden war.[220] Ein wichtiges Betätigungsfeld der CV-Rechtsschutzarbeit war angesichts der systematischen »Entjudung der Wirtschaft« das Arbeitsrecht. Mitte Mai 1933 versandte Alfred Wiener erstmals eine Entscheidungssammlung von Arbeitsgerichtsurteilen an die Landesverbände des CV.[221] Diese Verschiebung spiegelt sich in der Fallsammlung »Erfolge unserer Arbeit« wider, die die erfolgreichen Interventionen des CV zur Abschwächung antijüdischer Maßnahmen auflistete. Von 1934 bis 1936 handelte es sich vor allem um die Entfernung antijüdischer Plakate, später zunehmend um arbeitsrechtliche Fragen.[222] Während 1934 und 1935 noch 55 Eingaben um Entfernung antijüdischer Propaganda (zumindest zeitweise) erfolgreich waren, sank diese Zahl 1936 dramatisch auf 6, 1937 auf 5, 1938 auf 3; 1939 wurde schließlich nur noch eine erfolgreiche Intervention im Monat des Kriegsbeginns notiert.[223]

Trotzdem versuchte der CV, im Rahmen seiner beschnittenen Möglichkeiten den Abwehrkampf gegen den Antisemitismus weiterzuführen, etwa

---

219 CV Berlin an Willy Rosenthal, Berlin, 3.6.1935, USHMM, RG-11.001M.31, Osobyi, 721/1/2293 (reel 100), unpaginiert.

220 Urteil Reichswirtschaftsgericht 6.8.1934, ebd., Osobyi, 721/1/2501 (reel 112), Bl. 33–37.

221 CV Berlin, 16.5.1933, ebd., Osobyi, 721/1/18 (reel 97), Bl. 146–149.

222 Ordner »Erfolge unserer Arbeit«, ebd., Osobyi, 721/1/190 (reel 99); weitere Sammlungen dieser Art finden sich in Osobyi, 721/1/67 (reel 97) und 721/1/69 (reel 97); offensichtlich wurde diese Statistik auch nach der offiziellen Zwangsauflösung des CV weitergeführt. Vgl. auch Matthäus, »Kampf«, S. 261–264.

223 Diese Zahlen legen es nahe, die Radikalisierung der antisemitischen Politik des Regimes eher auf 1936 statt auf 1937 zu datieren, wie es Daniel Fraenkel, »Jewish Self-Defense«, S. 354, tut, und sie so in eine engere Beziehung zu den Nürnberger Gesetzen zu bringen.

indem er Verstöße gegen die Staatsbürgerrechte sammelte und den entsprechenden Behörden zur Kenntnis brachte.[224] Besonders der oben erwähnte Erlass des Reichswirtschafts- und des Preußischen Innenministeriums gegen die Wirtschaft schädigende Boykottaufrufe belebte beim CV die noch unerfüllte Hoffnung, eine rechtliche Handhabe zu bekommen, aufs Neue.[225] Doch nun sahen manche Behörden »[den] Jude[n] […] wieder auf dem Vormarsch« und beklagten, dass »jüdische Beschwerdeführer […] fast regelmäßig mit einer Abschrift des bekannten Erlasses des Herrn Reichswirtschaftministers [sc. dem vom 12.12.1934] bewaffnet«[226] seien. So beschränkt die rechtlichen Einflussmöglichkeiten des CV auch waren: Solange die antijüdischen Maßnahmen den Anschein der Gesetzförmigkeit trugen, bestand für die Verfolgten die Hoffnung, sich auf die überkommenen Prinzipien des Normenstaates zu berufen und den Weg der Beschwerde zu beschreiten.

In der von der Hauptgeschäftsstelle des CV herausgegebenen Denkschrift *Um unsere Wirklichkeit* von Mitte April 1935 wurde die Problematik dieser Lage klar beschrieben. Eine Vogel-Strauß-Politik sei schädlich, noch mehr aber »zweckbetonter Pessimismus«, denn man wolle weder »billige Beruhigungsparolen« noch »leichtfertige Auswanderungsparolen«[227] streuen. Es entbehrt daher nicht der Logik, dass der systematische Massenmord zuerst im weitgehend rechtsfreien Raum der eroberten Ostgebiete in Gang kam. Während im »Altreich« vor 1939 die Installierung der juristisch-administrativen Klassifizierungsmaschinerie die Judenverfolgung erst ermöglichte, hätte dasselbe Vorgehen in den besetzten Ostgebieten das Wüten der SS vermutlich gehemmt. Diese Option scheinen die zivilen Behörden aber nicht gesehen zu haben, weil es ihnen eben nicht auf das Bremsen der Mordmaschinerie ankam, sondern primär auf »die Ordnung der Dinge«.[228]

Mit den letzten Resten von Einflussmöglichkeiten auf staatliche Stellen war es endgültig vorbei, als unmittelbar nach dem Novemberpogrom 1938 alle jüdischen politischen Organisationen wie der CV oder die Zionistische

224 Kulka/Jäckel (Hrsg.), *Juden*, Dok. Nr. 24, S. 58 f.: Bericht Polizeidirektion Nürnberg-Fürth, 4.12.1933.

225 Z.B. Nachfrage CV Berlin an Polizeiamt Charlottenburg 5, 22.2.1935, USHMM, RG-11.001M.31, Osobyi, 721/1/2323 (reel 101), Bl. 7 ff., die unbeantwortet blieb, ebenso wie die Nachfrage CV Berlin an Polizeiamt Berlin Charlottenburg 5, 12.4.1935, ebd., Bl. 3.

226 Bericht RP Kassel, 2.1.1935, in: Kulka/Jäckel (Hrsg.), *Juden*, Dok. Nr. 67, S. 104.

227 Ortsgruppenrundbriefe des CV, Nr. 4, 15.4.1935, »Um unsere Wirklichkeit«, USHMM, RG-11.001M.31, Osobyi, 721/1/67 (reel 97), Bl. 1–10, hier: Bl. 1 u. Bl. 2.

228 Vgl. Essner, *»Nürnberger Gesetze«*, S. 365.

Vereinigung für Deutschland aufgelöst wurden.[229] Wie aktiv der CV sich aber bis zum Schluss um die Lebensverhältnisse der jüdischen Bevölkerung kümmerte, zeigt der letzte Arbeitsbericht für Oktober 1938. Insgesamt hatte die Berliner Zentrale in diesem Monat 2.822 Anfragen bearbeitet. 585 davon betrafen die Auswanderung; 187 die Liquidationen von Vermögen; 1.270 die neue Gesetzgebung; 550 allgemeine und 230 sonstige Rechtsfragen.[230] Ähnlich hatte es im Monat davor ausgesehen, in dem die CV-Zentrale 3.090 Anfragen beantwortet hatte.[231] Die seit Februar 1939 bis zu ihrer Auflösung 1943 tätige Reichsvereinigung der Juden in Deutschland versuchte, soweit das unter den sich stetig verschlechternden Umständen möglich war, die Kontinuität ihrer Arbeit und Ziele zu wahren und selbst dann noch, als die Deportationszüge rollten, mäßigend auf das Regime einzuwirken.[232] Entgegen dem noch immer verbreiteten Bild waren die deutschen Juden keineswegs nur passive Objekte der NS-Politik. Eine beträchtliche Zahl von ihnen wie die Gruppe um Herbert Baum betätigte sich sogar im aktiven Widerstand.[233]

4. Reaktionen – Diskussionen – Perspektiven 1914–1945

4.1. Juristische Probleme und Entwicklungen

Fast alle juristischen Probleme, die im Kaiserreich aufgeworfen worden waren, überdauerten den Ersten Weltkrieg und die Novemberrevolution. In der NS-Zeit änderten sich die Bedingungen derart dramatisch, dass es im Folgenden hauptsächlich um den Zeitraum bis 1933 geht, in dem der Weltkrieg im juristischen Bereich kaum Spuren hinterlassen hat. Am Anfang soll der Problembereich stehen, der für die erste deutsche Demokratie spezifisch war:

229 Vgl. Walk (Hrsg.), *Sonderrecht*, Dok. III/98, S. 273: RFSS/ChdDP, Anfang 1939.

230 CV Berlin an Stapoleitstelle Berlin, 4.11.1938, Arbeitsbericht für Oktober 1938, USHMM, RG-11.001M.31, Osobyi, 721/1/101 (reel 99), Bl. 1–7; in der Originalstatistik wird zwischen mündlichen, telefonischen und schriftlichen Anfragen unterschieden (Bl. 6).

231 CV Berlin an Stapoleitstelle Berlin, 4.10.1938, Arbeitsbericht für September 1938, ebd., Osobyi, 721/1/101 (reel 99), Bl. 22–25a.

232 Vgl. Kulka, »Reactions«.

233 Grundlegend ist Paucker, »Deutsche Juden«; zur Historiographiegeschichte dieses Aspektes vgl. Matthäus, »Fragmented Memory«.

Fiel die Bezeichnung »Judenrepublik« unter das »Republikschutzgesetz«? Dieser Frage gebührt besonderes Interesse, denn die Antwort auf sie ist gleichsam ein Indikator dafür, ob und inwieweit die Zeitgenossen die nahezu unauflösliche Verknüpfung von Antisemitismus und Demokratiefeindschaft erkannt haben. Das Reichsgericht und insbesondere sein Erster Strafsenat wandten viel Phantasie auf, um zu zeigen, dass der Ausdruck »Judenrepublik« in »verschiedenem Sinne gebraucht werden« könne, nämlich um die

»Form der demokratischen Republik zu bezeichnen, welche durch die Weimarer Nationalversammlung verfassungsmäßig festgestellt ist; er kann auch die gesamte Staatsform umfassen, die in Deutschland seit dem gewaltsamen Umsturz im November 1918 bestanden hat. Gemeint kann sein die neue Rechts- und Gesellschaftsordnung in Deutschland, die unter hervorragender Beteiligung deutscher und ausländischer Juden aufgerichtet wurde. Gemeint kann auch sein die übermäßige Macht und der übermäßige Einfluß, den die im Verhältnis zur Gesamtbevölkerung kleine Anzahl der Juden nach Ansicht weiter Volkskreise in Deutschland tatsächlich ausübt. In welchem Sinne die Angeklagten den Ausdruck ›Judenrepublik‹ gebraucht haben, ist nicht näher dargelegt. Es ist nicht einmal ausdrücklich festgestellt, daß die Angeklagten die *verfassungsmäßig festgestellte Staatsform* des Reiches beschimpft haben, sondern nur, daß sie die *gegenwärtige* Staatsform des Reichs beschimpft haben.«[234]

Es gab andere Urteile desselben Senats, die eine größere Sensibilität erkennen lassen; so wurde einer NS-Zeitung 1929 attestiert, sie habe »mit der Bezeichnung als ›Judenrepublik‹ ein Schimpfwort gebrauchen« und dadurch ihre »Verachtung gegenüber der deutschen Republik wegen *dieser* Staatsform zum Ausdruck bringen wollen«. Denn für die Nationalsozialisten sei »in dem Wort ›Jude‹ alles das zusammengefasst [...], was man an schlechten und verächtlichen Eigenschaften dem Juden glaubt vorwerfen zu können«; ähnlich äußerte sich das Reichsgericht in einem Urteil ein Jahr später.[235] Doch selbst diese Auslegung des Republikschutzgesetzes änderte nichts daran, dass dessen Bestimmungen nicht gegen die Verbreitung antisemitischer Gedanken als solcher gerichtet waren.

Zur Ehrenrettung des Reichsgerichts kann man immerhin noch anmerken, dass es als Revisionsinstanz nicht *inhaltlich* zu den Urteilen der Vorinstanz Stellung nahm. In einem Urteil von 1930 hob es im Hinblick auf eine Äuße-

---

234 Zitat: Urteil 1. Strafsenat RG 22.6.1923, abgedruckt in: *Die Justiz*, Bd. 1, 1923, S. 521, zit. nach Neusel, *Höchstrichterliche Strafgerichtsbarkeit*, S. 73 f., Hervorhebung original; vgl. auch *ERGSt*, Bd. 65, S. 4 ff., 6.11.1930, hier: S. 5.

235 Urteil RG 1. Strafsenat 15.11.1929, zit. nach *JW*, Jg. 59 (1930), S. 1219, Hervorhebung original.

rung, die »den jüdischen Einfluß im öffentlichen Leben zum Gegenstand hatte«, ausdrücklich hervor: »Ob mit dem Ausdruck ›Judenrepublik‹ die republikanische Staatsform des Deutschen Reichs getroffen werden sollte, *ist Tatfrage*. Die Beziehung kann bestehen, muß es aber nicht.«[236] Die öffentliche Wahrnehmung war jedoch, wie so oft bei Gerichtsurteilen, die, das Reichsgericht habe quasi einen Blankoscheck zur Beleidigung der Republik und gleichzeitig der Juden ausgestellt. Ganz so verhielt es sich nicht; zur Spruchpraxis des Reichsgerichts ist dennoch kritisch zu sagen, dass es erstens problematische Rechtsauslegungen unterer Instanzen weitgehend gedeckt und zweitens nie öffentlich gegen die politisch einseitige Verwendung seiner Urteilssprüche protestiert hat.

Bedenkt man die Hitze des innenpolitischen Klimas in der Weimarer Republik, dann erscheint die Gesamtzahl von 402 Verurteilungen wegen Paragraph 130 StGB erstaunlich niedrig.[237] Trotz der weiten Interpretation des Gesetzestextes vermieden es die untergeordneten Gerichte offenbar, den Paragraphen 130 StGB als jenen »Kautschuk-Paragraphen« zu verwenden, als der er vom höchsten deutschen Gericht modelliert wurde. Das ist umso erstaunlicher angesichts der Tatsache, dass das Reichsgericht weiterhin den öffentlichen Frieden schon dann gefährdet sah,

> »wenn durch die Anreizung die Gefahr begründet wird, daß zwar nicht sofort, aber doch bei einer sich darbietenden Gelegenheit, bei irgendwelchem den Ausbruch von Gewalttätigkeiten begünstigenden Anlasse, die aufgehetzte Bevölkerungsklasse zu Gewalttätigkeiten gegen die andere Klasse schreiten werde«.[238]

Ähnlich urteilte das höchste deutsche Gericht unter anderem auch im Februar 1928, was von Gustav Radbruch zustimmend und anerkennend kommentiert wurde.[239]

Innovativ war jener Teil der juristischen Literatur, der apodiktisch feststellte: »Unsere Zeit steht im Zeichen der Hetze.« Wer, so dieser Autor, »so weit gekommen ist, Volkswohl mit Klassenselbstsucht zu verwechseln«, werde »früher oder später zum Hetzer«. Die Frontstellung gegen die Arbeiterbewe-

---

236 Urteil RG 3. Senat 6.2.1930, zit. nach ebd., S. 2139, Hervorhebung von mir.

237 Vgl. Beer, *Juden*, S. 237.

238 *ERGSt*, Bd. 54, S. 26 ff., 7.10.1919, hier: S. 27.

239 *JW*, Jg. 57 (1928), S. 2218, RG-Urteil vom 6.2.1928 und Kommentar Gustav Radbruchs dazu.

gung und gegen den Parlamentarismus ist unverkennbar; plädiert wurde für die Abschaffung des Paragraphen 130, um stattdessen im neuen Strafgesetzbuch folgenden Passus einzufügen: »Wer die Achtung vor der grundsätzlichen Verbindlichkeit der Rechtsordnung untergräbt, um in einem Andern die innere Bereitschaft zu strafbarem Tun oder Lassen zu erzeugen, wird mit Gefängnis bis zu einem Jahre oder mit Geldstrafe bestraft.«[240] Ein anderer Autor forderte ebenfalls die Einfügung eines »Anstiftungsparagraphen«, dem zufolge derjenige, der »einen Anderen, ohne daß es diesem bewußt wird, zu der von demselben begangenen strafbaren Handlung veranlaßt, indem er ihn verächtlich macht oder ihm durch Vorspiegelung falscher oder Entstellung oder Unterdrückung wahrer Tatsachen einen Irrtum erregt«,[241] als »Hetzer« vor Gericht gestellt werden solle. Praktische Bedeutung erlangten diese Vorschläge nicht; sie zeigen aber, dass sich das Verständnis des Paragraphen 130 StGB zunehmend von seinem historischen Ursprung löste und einen tendenziell die ganze Gesellschaft umfassenden Charakter annahm. Diese Entwicklung sollte nach 1945 und vor allem seit 1960 vollends zum Durchbruch kommen.

Dasselbe lässt sich an Paragraph 126 des Strafrechtsänderungsentwurfs von 1936 erkennen, durch den die »Volksverleumdung« inkriminiert werden sollte und der mit dem »Volksverhetzungsparagraphen« von 1960 »schon vieles gemeinsam hatte«.[242] Er lautete:

> »Wer den Volksfrieden dadurch gefährdet, daß er öffentlich einen Teil der Bevölkerung gegen einen anderen aufhetzt oder öffentliche Angelegenheiten in hetzerischer Weise erörtert, wird mit Gefängnis bis zu zwei Jahren oder mit Haft bestraft. Ist der Täter ein Amtsträger oder ein Religionsdiener, so ist die Strafe Gefängnis.«[243]

Als Begründung war zu lesen, dass das »kommende Deutsche Strafrecht, dem erstes und letztes Ziel der Schutz des Volkes ist«, »den Frieden der Bevölkerung nur des Volkes und der Volksgemeinschaft wegen schützen« werde, denn obwohl jegliche Klassenspaltung im nationalsozialistischen Staat überwunden sei, könnten »*Volksverhetzer* auch künftig ihr frevles Spiel treiben«.[244] Solche Formulierungen machen deutlich (wenn es dieses Nachweises überhaupt bedarf), dass *dieser* Volksverhetzungsparagraph ganz in der

240 Endemann, *Hetze*, Zitate S. 1 u. S. 160.
241 Paul, *Hetze*, S. 52.
242 Lömker, *Die gefährliche Abwertung*, S. 16.
243 Leimer, »Störung«, S. 292.
244 Beide Zitate ebd., S. 285 u. S. 291, Hervorhebung original.

repressiven Tradition des Paragraphen 130 StGB stand und auf einen totalitär homogenisierten Gemeinschaftsbegriff zielte.

In der Weimarer Republik blieb das Reichsgericht konstant bei der Auffassung, auch der »jüdische Gott« sei durch Paragraph 166 StGB geschützt, und erblickte folglich, anders als die Vorinstanz, in einem Pressebericht über russische Synagogenbesucher und ihren »blutrünstigen, haßgeblähten Gott«[245] eine Beleidigung aller Juden. Gleichwohl gelang es den verschiedenen Strafrechtsreformentwürfen im Fall der »Religionsdelikte« nicht, ein einheitliches Rechtsgut zu definieren. Die Spur, den Schutz der Ehre der Glaubensangehörigen in den Vordergrund zu rücken, wurde nicht konsequent verfolgt.[246] In dieser Hinsicht waren die Reformvorstellungen des CV kaum profilierter. Im »Klassenkampfparagraphen« sollte lediglich ein »anreizt« eingefügt werden, um die relativ hohe Eingriffsschwelle zu senken, die sich durch das Wort »auffordern« ergab. Den Schutz der Religionsgesellschaften wollte er durch eine scheinbar unauffällige Veränderung verbessern; er empfahl, neben ihren Einrichtungen und Glaubensinhalten auch »die religiösen Lehren ihrer Geschichte«[247] explizit zu benennen. Der Sinn dieses Vorschlags für das Judentum erschließt sich, wenn man die antisemitische Agitation gegen den Talmud, den Schulchan Aruch oder den angeblich praktizierten »Ritualmord« bedenkt; es war eine beliebte Methode der Antisemiten, vor Gericht zu beteuern, man habe nicht das gegenwärtige, sondern ein »früheres« Judentum treffen wollen.

Die die Reichsgerichtsrechtsprechung und die juristische Literatur durchziehende Selbstverständlichkeit, dass die jüdische Religionsgemeinschaft und der jüdische Gottesbegriff den gleichen strafrechtlichen Schutz genossen wie die christlichen Kirchen und ihre Gottesvorstellungen, formulierte Alfred Thomä noch 1932, als er konstatierte, dass die staatliche Gottesidee »den strengen monotheistischen Gottesbegriff der Juden, wie auch die christliche Trinität umfassen«[248] müsse.

Damit war es ein Jahr später vorbei. Das »25-Punkte-Programm« der NSDAP verlangte, die »Freiheit aller religiösen Bekenntnisse im Staat« nur

245 *ERGSt*, Bd. 56, S. 128 ff., 20.6.1921, hier: S. 129.

246 Kiewitz, *Strafbarkeit*, S. 143–150.

247 CV an RJM, 12.11.1926, GStA PK, I. HA, Rep. 84a/8420, Bl. 501–508, hier: Bl. 502.

248 Thomä, *Gotteslästerung*, S. 20.

noch dann zu gewähren, »soweit sie nicht dessen Bestand gefährden oder gegen das Sittlichkeits- und Moralgefühl der germanischen Rasse verstoßen«. Dieser Leitsatz wurde in der juristischen Literatur dahingehend interpretiert:

»Religionen, wie z. B. das mosaische Gesetz, deren Moral darin gipfelt, daß die Juden das auserwählte Volk und über die Nichtjuden zu herrschen bestimmt seien, die keine Achtung vor den Urelementen der germanischen Rasse haben, vielmehr ihr Ziel in dem Untergang dieser Rasse erblicken, denen die germanischen Begriffe Treue, Ehre, Vaterland unbekannt sind, solchen Religionen bietet der nationalsozialistische Staat keinen Raum. Diese Bekenntnisfreiheit würde zum Untergang unseres Volkes führen.«[249]

Ein anderer Autor zog daraus den Schluss, dass nur die Gefühle »deutscher Menschen« als Maßstab gelten könnten und das Alte Testament deshalb »außerhalb des Schutzbereichs«[250] des Paragraphen 166 StGB stehe. Karl Klee, Mitglied der Akademie für Deutsches Recht, schalt gar alle Reichsgerichtsurteile, in denen dem Judentum der Schutz des Paragraphen 166 zugesprochen worden war, und proklamierte, der Nationalsozialismus wolle »den jüdischen Geist in der Rechtswissenschaft« ganz überwinden. Darüber hinaus sei es notwendig, sich »vor allem in der Religion von der jüdischen Grundlage frei[zu]machen«, um »allmählich eine[m] artgemäßen, unserem Blute entsprechenden Glauben« zum Sieg zu verhelfen. In der Folge lavierte Klee beständig zwischen der ideologisch begründeten Verdammung des durch seine jüdischen Wurzeln »kontaminierten« Christentums und dem taktisch motivierten Zwang, dennoch versichern zu müssen, dass das »positive Christentum« vom »neuen Staat« geschützt werde:

»Wir stehen aber heute auf dem Standpunkt, dem das kommende Recht durch Verweisung auf das religiöse deutsche Empfinden Ausdruck verleiht, daß eine die jüdische Grundlage der christlichen Glaubenslehre angreifende Kritik eben jenes religiöse deutsche Empfinden nicht verletzt, ihm im Gegenteil durchaus entspricht, daher nicht als Beschimpfung der Kirche strafbar sein kann.«

Die Entscheidung darüber, was »deutsches religiöses Gefühl« sei, müsse dem »auf der Höhe nationalsozialistischer Welt- und Staatsanschauung stehende[n], völkisch fühlende[n] Richter«[251] vorbehalten bleiben. Dass die Ent-

249 Ofterdinger, *Religionsvergehen*, S. 18; Zitat aus dem NSDAP-Programm S. 16.

250 Lorenzen, *Strafbarkeit*, S. 54; die quasi amtliche Position vertritt Mezger, »Religionsdelikte«.

251 Klee, »Religion«, hier: S. 147, S. 154 u. S. 160.

ziehung jeglichen Schutzes für die jüdische Religionsgemeinschaft ideologisch derart vehement proklamiert wurde, verweist abermals auf die – auch im angeblich vom »wissenschaftlichen Rassismus« bestimmten Staat – anhaltend große Bedeutung des religiös motivierten Judenhasses, der das Judentum als bloßen Ausfluss der »jüdischen Rasseeigenschaften« diffamierte.

Das Hauptproblem der »juristischen Abwehrarbeit« gegen den Antisemitismus in der Weimarer Republik war und blieb jedoch die Frage der Kollektivbeleidigung. Hier zeigte das Reichsgericht keinerlei Veränderungswillen und stellte noch 1930 kategorisch fest:

> »Es fehlt bei einem allgemeinen Angriff gegen die Juden – sei es als Rasse, sei es als religiöse Gemeinschaft – an einer hinreichenden Beziehung zu einzelnen bestimmten Angehörigen dieser Gesamtheit oder doch am Hinweis auf einen aus ihr herausgehobenen, den einzelnen als beleidigt erkennbar machenden engeren Personenkreis.«[252]

Günstiger war die Lage, wenn die Juden eines bestimmten Ortes kollektiv beleidigt wurden. Mit der Begründung, dass die Beleidigung der ortsansässigen Juden konkret genug sei, um unter den Paragraphen 185 StGB zu fallen, hob das Badische Oberlandesgericht Karlsruhe das vorinstanzliche freisprechende Urteil für die Autoren eines Flugblatts des Völkisch-sozialen Blocks auf. Diese hatten aus »den schauerlichen Abgründen der jüdischen Gedankenwelt« berichtet, dass in dem Ort B. angeblich »aus jüdischem Munde auf offener Straße« die Worte gefallen seien: »Wenn mir die menschte wäre, mir täte se schächte lasse wies Viehch.«[253] In einem ähnlichen Fall kam das Bayerische Oberlandesgericht zu dem Schluss, die Beleidigung der Juden eines ausdrücklich benannten Bezirks sei bestimmt genug, so dass sich jeder dort wohnende Jude zu Recht als beleidigt empfinden könne.[254]

Das Reichsgericht allerdings profilierte sich in diesem Bereich mit »einer geradezu grotesken Verkennung des psychischen Willens«[255] eines antisemitisch motivierten Verleumders. In einem Artikel des *Hirschberger Beobachters* wurde eine kontagionistische Horrorgeschichte über die »jüdische Weltpest« verbreitet, wonach »jüdische Lümmel deutschblütige Mädchen verführen«. Im Gegensatz zur Vorinstanz vermochte das Reichsgericht in

252 Zit. nach Pardo/Schiffner, *Jud Süss*, S. 51.

253 *JW*, Jg. 54 (1925), S. 2814 f., Zitat OLG Karlsruhe, 12.6.1925, S. 2814; vgl. zu diesem Fall auch Kißener, *Diktatur*, S. 91 f.

254 *JW*, Jg. 57 (1928), S. 2994, Bayerisches OLG, 30.3.1928.

255 Paepcke, *Antisemitismus*, S. 84; die Fallschilderung ebd., S. 83 ff.

Kundgebungen, die sich »mit Rassen- oder allgemeinen Menschheitsfragen« befassen, grundsätzlich keine Beleidigung zu erkennen, da es »bei einem allgemeinen Angriff gegen die Juden – sei es als Rasse, sei es als Religionsgemeinschaft – an einer hinreichenden Beziehung zu einzelnen bestimmten Angehörigen dieser Gesamtheit« fehle.

Die Kritik des Centralvereins an der starren und nicht unparteiischen Haltung des Reichsgerichts und vieler nachgeordneter Gerichte begründete und belegte Alfred Hirschberg im Detail. Seine Frage, »ob es vom Gesetz gewollt und von der Wissenschaft und Rechtsprechung gebilligt ist, Gruppen in gleicher Weise wie Einzelmenschen Ehre und damit Beleidigungsfähigkeit zuzuerkennen«, stellte er in einen größeren Zusammenhang. Sollten Beleidigungen gegen Personengesamtheiten straffrei bleiben, würde das die Geltung der Gruppen in der Gesellschaft schwächen, also »eine gewaltsame Hinderung der soziologischen Entwicklungstendenz der Gegenwart, die zur Gruppenbildung drängt, bedeuten und damit den menschlichen Fortschritt hemmen«. In diese Aussage könnte man eine Absage an die individualistische Orientierung des Liberalismus und ein Plädoyer für die Rückkehr zu voremanzipatorischen Rechtszuständen hineinlesen, doch das lag Hirschberg fern. Denn er zog den Schluss, dass das »Problem der Beleidigung von Einzelpersonen durch eine Gesamtbezeichnung« die Frage enthält,

> »ob das Recht Verantwortungslosigkeit, Lockerung und Verrohung der Sitten im menschlichen Gemeinschaftsleben dulden will. Solche Folgen würden mit der Möglichkeit entstehen, Einzelpersonen in der Form straffrei zu beleidigen, daß die Personen selbst ungenannt oder ungenau bezeichnet blieben, obwohl sie unverkennbar beleidigt sind.«[256]

Damit hatte Hirschberg das juristische Problem auf den Punkt gebracht und bot nun als dessen Lösung an, die »Grenze für die Zuerkennung der passiven Beleidigungsfähigkeit an einer Personengesamtheit« so zu ziehen, dass jede Körperschaft geschützt wird, die »eigene Handlungs- und Willensbetätigung entwickeln kann und der demgemäß von der Mitwelt ein selbständiges Recht auf äußere Achtung zugestanden wird«.[257] Einer nicht organisierten Personengesamtheit sprach auch er die Beleidigungsfähigkeit ab. Insgesamt, so Hirschberg abschließend, habe das Strafrecht »für die Sauberkeit des öffentlichen Lebens zu sorgen«, die dann gefährdet sei,

256 Alle Zitate Alfred Hirschberg, *Kollektiv-Ehre*, S. 5 f.
257 Ebd., S. 56.

»wenn jeder unbesorgt gegen ganze Gruppen innerhalb der Volksgemeinschaft […] beleidigende Vorwürfe erheben kann. […] Der durch eine diese Gesichtspunkte berücksichtigende Judikatur erzielte Zwang, in jedem Falle zu seinem Wort zu stehen, wird erzieherisch wirken und so dem höchsten Zwecke des Rechtes dienen: Das soziale Zusammenleben im Staate zum Rechtsfrieden zu entwickeln.«[258]

Diese Position war jedoch bis 1933 nicht durchsetzbar. In der NS-Zeit dienten die Gesetze nicht mehr dem Schutz der Rechtsgleichheit, sondern verliehen der Entrechtung den Schein der Legalität. Unter diesen Umständen konnte von einem strafrechtlichen Schutz der Juden vor verbaler Anfeindung keine Rede mehr sein. Dennoch beschäftigten sich auch NS-Juristen mit der Frage, inwieweit das »nationalsozialistische Recht« selbst gegenüber dieser diffamierten Minderheit eine Schutzwirkung entfalten müsste.[259] Unter den vielen Paradoxien unseres Themas ist es eine der merkwürdigsten, dass die Anerkennung der Strafwürdigkeit von Kollektivbeleidigungen, um die der CV seit seiner Gründung vergeblich gekämpft hatte, ausgerechnet in jenen Jahren deutliche Fortschritte machte, in denen die Verfolgung der Juden ihrem Höhepunkt entgegenstrebte. In Abkehr von den Prinzipien des Liberalismus wurde die Ehre von den NS-Juristen nicht mehr als etwas dem Menschen durch sein Menschsein Gegebenes angesehen, sondern an seine »Nützlichkeit« für die »Volksgemeinschaft« gebunden.

Wenn man die individuelle Ehre derart an die jeweilige Volkszugehörigkeit koppelt, stellt sich zwangsläufig die Frage, ob nicht auch Juden eine kollektive Ehre haben, die es, ganz entgegen der Entrechtungs- und Verfolgungspraxis des Regimes, zu schützen gelte. Bejaht hatte sie der Jenaer Strafrechtler Heinrich Gerland, der, explizit gegen Roland Freisler[260] gerichtet, daran festhielt, dass »der einzelne Nichtarier genau so gegen Beleidigungen geschützt wird wie der Arier« und daher »auch einer jüdischen Gemeinschaft derselbe Beleidigungsschutz gewährt werden« müsse »wie jeder anderen nichtjüdischen Gemeinschaft«.[261]

Solche Stimmen blieben freilich Ausnahmen. Dogmatisch »gelöst« wurde dieses Problem etwa von Horst Schröder. Der spätere Professor für Straf- und Prozessrecht in Kiel und Tübingen und Herausgeber eines der wichtigsten Strafrechtskommentare der Bundesrepublik (Schönke/Schröder), forderte, dass »Angriffe gegen die Ehre von Gemeinschaftsorganisationen« nur dann

258 Ebd., S. 80.

259 Vgl. zum Folgenden Brezina, *Ehre*; Waldow, *Der strafrechtliche Ehrenschutz*, S. 150–154.

260 Freisler, »Gedanken«, S. 1458–1466.

261 Gerland, »Einige Bemerkungen«, S. 31 (alle Zitate).

bestraft werden, »soweit diese besonders wichtige Aufgaben gegenüber dem Volksganzen zu erfüllen haben«. Dem »Wertbewußtsein des deutschen Volkes« bleibe die Entscheidung darüber vorbehalten, »ob das Streben einer Gemeinschaft wirkliches Wertstreben ist«.[262] Da, so Erwin Noack, der Ehrbegriff von »Deutschen« und »Juden« nicht nur grundverschieden, sondern gegensätzlich sei,[263] fiel die Entscheidung leicht. Walter Buch, oberster »Parteirichter« der NSDAP und glühender Antisemit, konnte in diesem Sinne schreiben, dass jeder Ehre besitze, der »in artgemäßem Leben für das Volk« lebe, doch weil der Jude »kein Mensch«, sondern »eine Fäulniserscheinung«[264] sei, gelte diese Regel für ihn nicht – und folglich habe er auch keinerlei Anspruch auf rechtlichen Ehrenschutz.

In der Frage der Anerkennung der Kollektivbeleidigung zeigte sich der Erste Strafsenat des Reichsgerichts zunächst wie gewohnt ablehnend und bewies, wie schon vor 1933, einen gewissen »Eigensinn«. So hielt er noch im Frühjahr 1934 die als »lauter Lumpen« bezeichnete SA und SS nicht für kollektiv beleidigt.[265] Die Beleidigungsfähigkeit von Kollektiven anerkannte das Reichsgericht unter dezidierter Abkehr von seiner bisherigen Rechtsprechung erst zwei Jahre später, da die bisherige ablehnende Haltung »nach der jetzigen Rechtsanschauung, die die Gemeinschaften […] in den Mittelpunkt der rechtlichen Betrachtungsweise stellt«, nicht mehr »in dieser Allgemeinheit aufrecht erhalten werden«[266] könne.

Gespenstisch mutet unter diesen Bedingungen ein Beispiel aus der Gerichtspraxis des Septembers 1941 an. Während an der Ostfront bereits die Einsatzgruppen systematisch wüteten und sich der Entschluss zur »Endlösung der Judenfrage« herauskristallisierte, setzte sich das Landgericht Halle mit der Frage auseinander, ob es eine schützenswerte »jüdische Ehre« gebe. Ein Jude, der sich von einer brieflichen Äußerung, dass seine Rasse aus Lug und Trug zusammengesetzt sei, beleidigt fühlte, hatte gegen einen »Arier« Privatklage eingereicht. Erstaunlich ist, dass solch ein Prozess im Herbst 1941 überhaupt noch stattfand. In seinem Urteil formulierte das Landgericht Halle jedoch in aller Deutlichkeit, dass Juden feindseligen Angriffen schutzlos ausgeliefert seien. Es könne, so hieß es da, dahingestellt bleiben, »ob ein Jude Ehre, insbes. die ihm eigene jüdische Ehre besitzt«; entscheidend sei, dass

262 Horst Schröder, »Ehrenschutz«, Zitate S. 92 u. S. 86.

263 Erwin Noack, »Ehre«, S. 406.

264 Buch, *Des nationalsozialistischen Menschen Ehre*, S. 10 u. S. 15.

265 *ERGSt*, Bd. 68, S. 120–125, 17.4.1934.

266 Ebd., Bd. 70, S. 140 f., 12.3.1936, hier: S. 141.

diese »im nationalsozialistischen Staat, wenn überhaupt, dann nur in ganz beschränktem Umfang anerkannt und geschützt wird«, da die staatlichen Maßnahmen des NS-Staates klar erkennen ließen, dass die NS-Weltanschauung »den menschlichen Wert des Juden durchaus negativ beurteilt«. Der Beklagte habe also nur »wahre Tatsachen und Werturteile wiedergegeben«, weshalb es »vom Standpunkt der von nationalsozialistischer Weltanschauung getragenen Rechtsauslegung und des gesunden Volksempfindens nicht zu rechtfertigen [sei], in der Anführung dieser Tatsachen gegenüber einem Juden den Tatbestand der Beleidigung zu sehen und dafür staatlichen Ehrenschutz zu gewähren«.[267]

Die Neuregelungsversuche des Ehrenschutzes im Nationalsozialismus hatten wenig praktische Bedeutung. Da die Angehörigen der verfolgten Gruppen aus naheliegenden Gründen kaum je die Gerichte anriefen, gab es selten Anlass, sich ihnen gegenüber mit dem veränderten Ehrbegriff auseinanderzusetzen. Trotz aller gegenteiligen Bekundungen war der Ehrenschutz des Individuums für den Nationalsozialismus nachrangig, auch in diesem Bereich wurde die Rechtssicherheit faktisch eingeschränkt.

4.2. Gesellschaftliche Debatten

Alle Motive der Diskussion um antisemitische Agitation und ihre Bekämpfung, die schon im Kaiserreich vorhanden waren, fanden sich später wieder, so dass sie hier nur kurz in Erinnerung gerufen zu werden brauchen. Die im späten Kaiserreich beobachtbare Tendenz, dass die Behörden die Interventionen des Centralvereins oder anderer jüdischer Organisationen ernster nahmen als vor der Jahrhundertwende, verstärkte sich, zumindest in Preußen und anderen, von (relativ) stabilen, republikanisch gesinnten Regierungen dominierten Ländern, nach 1918. Sie zeigt sich darin, dass die Behörden der *CV-Zeitung* einen deutlich höheren Stellenwert als Informationsquelle beimaßen als ihrem Vorgängerblatt *Im Deutschen Reich*. Auch die Beratungen zwischen CV-Vertretern und dem Berliner Polizeipräsidenten nach dem »Kurfürstendammkrawall« im September 1931 wiesen in diese Richtung. Der ebenfalls bei dieser Besprechung anwesende Pressereferent und spätere Widerstandskämpfer Theodor Haubach benannte die Schwierigkeiten, den Paragraphen 166 StGB bei der »Strafverfolgung der gemeinen antisemiti-

267 Alle Zitate Urteil LG Halle 12.9.1941, in: *DR*, Jg. 11 (1941), S. 2662.

schen Beschimpfungen« anzuwenden, da die Ausrede, »dass man nicht die jüdische Religion, sondern die jüdische Rasse gemeint habe«, dies immer wieder vereitle. Er gab daher den Ratschlag, der CV solle von der Reichsregierung eine Änderung der Notverordnung zum Schutz des inneren Friedens vom Juni 1931 verlangen. Außerdem erörterte er mit Hans Reichmann die »Schritte des C.V. in der Frage der Kollektivbeleidigung und des Paragraphen 166«. Beide kamen zu dem Schluss,

> »dass man nunmehr grobe antisemitische Beschimpfungen als Gefährdung der öffentlichen Ruhe und Ordnung ansehen und sich hierbei insbesondere auf die Vorgänge am Kurfürstendamm stützen würde. Man würde so ein Verbot antisemitischer Zeitungen auf Grund der Notverordnung vom Juni 1931 erreichen.«[268]

Der jahrelange zentrale Ansprechpartner des CV im Preußischen Justizministerium war Ministerialrat Dr. Kuhnt. Als Ludwig Foerder ihn Ende März 1924 bat, die Staatsanwaltschaft zur Einlegung von Rechtsmitteln gegen ein äußerst mildes Urteil des Amtsgerichts Breslau gegen die Hersteller und Verbreiter eines antisemitischen Flugblatts anzuweisen, wurde dieser Bitte noch am folgenden Tag, gerade rechtzeitig vor Ablauf der Rechtsmittelfrist, entsprochen.[269] Und als die CV-Zentrale in Berlin im Mai 1927 um die Zusendung einer für die Rechtsschutzarbeit wichtigen Urteilsabschrift nachsuchte, kam Kuhnt auch diesem Verlangen binnen weniger Tage nach.[270]

In der NS-Zeit war eine derart vertrauensvolle Zusammenarbeit mit Behördenvertretern unvorstellbar. Selbst wenn es sich um dieselben Personen wie vor 1933 handelte und sie sich weiterhin als »ansprechbar« erwiesen, gebot es angesichts der Überwachung aller CV-Aktivitäten allein schon die Rücksichtnahme auf solche »Vertrauenspersonen« in Ministerien, Polizei- oder Gemeindeverwaltungen, sie im internen Schriftverkehr nicht positiv hervorzuheben. Unter den Bedingungen eines staatsterroristischen Regimes war konspiratives Verhalten unumgänglich, mit dem Nebeneffekt, dass die Quellenlage für diese Phase äußerst problematisch ist. Im Kaiserreich hatten die staatlichen Stellen sich oft *nach außen* indifferent gezeigt, nach innen jedoch waren sie bis zu einem gewissen Grad den Schutzbedürfnissen der Juden entgegengekommen. Nun verhielt es sich umgekehrt: Nach außen hiel-

268 Paucker, »Documents«, Dok. 6, Aufzeichnungen von Hans Reichmann über den »Kurfürstendamm-Krawall«, S. 238–246, hier: S. 245 f. (alle Zitate). Zu Haubach vgl. Zimmermann, *Theodor Haubach*.

269 Foerder an PJM/Kuhnt, 26.3.1924, GStA PK, I. HA, Rep. 84a/55767, Bl. 1; Diensttelegramm PJM an OStA Breslau, 27.3.1924, ebd., Bl. 3.

270 CV Berlin an PJM/Kuhnt, GStA PK, I. HA, Rep. 84a/55789, unpaginiert.

ten die Behörden in der Frühzeit des Regimes bisweilen noch die Fassade aufrecht und sicherten Abhilfe zu, *nach innen* geschah meistens wenig, anders gesagt, die Institutionen des Normenstaates konnten sich nicht gegen diejenigen des Maßnahmenstaates durchsetzen.[271]

Die Ansicht, die Juden hätten sich die Anfeindungen vor allem selbst zuzuschreiben, gewann 1918 an Plausibilität, galten doch »die Juden« bis weit ins bürgerliche Lager hinein als Schuldige an Kriegsniederlage, Revolution und Inflation. Geradezu klassisch vertrat diese Position der Staatskommissar für die Überwachung der öffentlichen Ordnung, der in einem Bericht über die antisemitische Bewegung in Nordbayern und die Möglichkeiten ihrer Bekämpfung im Stil der antisemitischen Broschüren vom »kaum jemals ganz zu überbrückenden Rassengegensatz« zwischen »Juden« und »Deutschen« sprach, der durch den Typus des »Kriegsgewinnlers« und des »roten Revolutionärs« offener denn je zutage getreten sei. Selbst wenn er im weiteren Verlauf seines Berichts dafür plädierte, die antisemitische Bewegung mit polizeilichen Mitteln so weit einzudämmen, »dass wenigstens die einwandfreien, achtbaren Juden nicht mit für die Sünden eines Teils ihrer Stammesgenossen verantwortlich gemacht werden« – den Duktus und Inhalt der antisemitische Ideologie hatte er weitgehend übernommen.[272]

Ferner wurde zwischen einem berechtigten und einem unberechtigten Antisemitismus unterschieden. Traugott Rosche spitzte diese Denkfigur 1920 in den *Deutschvölkischen Blättern* verschwörungstheoretisch zu. Er kritisierte den angeblich halbherzigen Antisemitismus der DNVP, die zu Unrecht Demagogie und Rowdytum der »Radauantisemiten« verurteile, da »es die jüdische Presse gewesen ist, die Ahlwardt und auch Pückler ›gemacht‹ hat, weil sie diese Gestalten gegen den berechtigten Antisemitismus ausnutzen wollte«.[273] Hier war wieder einmal der perfekte Zirkelschluss formuliert: Weil es nicht sein durfte, dass der organisierte Antisemitismus zwangsläufig Figuren wie Ahlwardt oder Pückler hervorbrachte, konnten sie nur Kreaturen der Juden sein, die auf diese Weise die »berechtigte« Judenfeindschaft zu desavouieren trachteten.

---

271 Vgl. Ernst Fraenkel, *Doppelstaat*; die Kategorien Fraenkels sind nicht unproblematisch, worauf hier allerdings nicht eingegangen werden kann.

272 Staatskommissar für die Überwachung der öffentlichen Ordnung an Reichskanzler, 26.11.1919, BA-B, R 43 I/2193, Bd. 1, Bl. 27–31, hier: Bl. 28 u. Bl. 31.

273 Rosche, »Antisemitismus«.

Daher gerierten sich die Antisemiten selbst in den turbulenten Anfangsmonaten der Weimarer Republik, als die physische Gewalttätigkeit gegen tatsächliche oder vermeintliche Juden ein zuvor ungekanntes Ausmaß erreichte, weiter als verfolgte Unschuld. Die *Deutsche Tages-Zeitung* etwa beschwerte sich im September 1919 darüber, dass »in der Reichshauptstadt ein organisierter jüdischer Terrorismus gegen alle öffentlichen Bekundungen antisemitischer Gesinnung«[274] bestehe. In dieselbe Kerbe hieb Alfred Roth, Vorsitzender des Deutsch-Völkischen Schutz- und Trutzbundes, der sich über »tägliche Heimsuchungen durch Kriminalbeamte«, »polizeiliche und richterliche Vernehmungen« und Beschlagnahmen beklagte, um schließlich zu verkünden, »Juda« verstehe »eben sein Handwerk der Volksverhetzung besonders glänzend auszuüben«.[275]

Die Selbstinszenierung als »verfolgte Unschuld« fand ihre Krönung in der Überhöhung der eigenen Person als Märtyrer für eine »gerechte Sache«. Ein Beispiel von vielen mag zur Illustration genügen. Als Gregor Strasser 1929 wegen Beleidigung verurteilt worden war, schrieb Goebbels' Leitblatt *Der Angriff* in gewohnt schlechtem Deutsch:

> »Abschreckende Paragraphen gegen eine Idee. [...] Ist Strasser abgeschreckt, schrecken einen Nationalsozialisten Gefängnisstrafen? Verzeiht, ihr Richter, aber: was wirkt ihr doch komisch! Vor dem Gericht erwarten Strasser die Freunde. Blumen im Arm grüßen ihn. Die Republik wollte siegen. Wir lächeln nur.«[276]

Die Verunglimpfung der Weimarer Justiz als »judenfreundlich« gehörte zum festen Repertoire aller völkischen Bewegungen, somit auch der NSDAP,[277] während die zeitgenössische linke und liberale Justizkritik im Gegenteil die »Rechtslastigkeit« der politischen Justiz beanstandete – und damit trotz einiger Verzerrungen der historischen Wahrheit deutlich näher kam. Eine Karikatur in einem antisemitischen Witzblatt nahm der Berliner Rechtsanwalt Kurt Braun zum Anlass, auf diese Tatsache aufmerksam zu machen. Unter der Überschrift »Isaaks Opferung ...« war ein »typischer Jude« auf dem Richtblock zu erkennen, über den der Richter ein Richtbeil in »§«-Form schwang. Ein Engel mit roter Ballonmütze – ein »Marxist« also – hielt das Beil fest und sagte: »Lege Deine Hand nicht an den Knaben und tue ihm nichts.« Die Antisemiten, so Braun, gebärden sich, als würden sie vor Ge-

274 »Anti-Anti. Wozu das Auswärtige Amt da ist«, in: *Deutsche Tages-Zeitung* vom 11.9.1919.
275 Roth, *Judas Herrschgewalt*, S. 6.
276 *Der Angriff* vom 2.9.1929, zit. nach Krach, *Jüdische Rechtsanwälte*, S. 132 f.
277 Vgl. Krohn, *Die deutsche Justiz*.

richt benachteiligt, während die Juden genau dasselbe Gefühl haben. »Der jüdische Betrachter«, fährt Braun fort, »fragt sich unwillkürlich, wodurch sich eigentlich die deutschen Gerichte die Bezeichnung der Antisemiten als Beschützer der Juden verdient haben.«[278]

Wenn die Juden selbst schuld an ihrer Verfolgung sind, der Hass gegen sie also nur Notwehr ist und die ihnen wie allen anderen Staatsbürgern zustehenden Rechte lediglich dazu dienen, den Staat zu »zersetzen«, der sie zu gewährleisten sucht, lautet die immanent logische Schlussfolgerung, dass die Propagierung des Antisemitismus nicht nur keine *Straftat*, sondern geradezu eine Pflicht und *Norm* darstellt. Dieses Denken gewann in der Weimarer Republik langsam an Boden und obsiegte nach 1933. Hans Reichmann hat eine Alltagsepisode aus den ersten Wochen der Herrschaft Hitlers überliefert, die das veranschaulicht: »›Brot schmeckt süss‹, sagte ein alter Polizeibeamter zu mir, ›wir haben Frau und Kind, was wir jetzt dulden müssen, war früher strafbar; aber wir können nichts machen, Brot schmeckt süss.‹«[279]

Aus diesem radikalen Bruch mit den bislang verbindlichen Normen erwuchs jedoch ein Dilemma für die NS-Führung. Einerseits bedurfte sie des Staates und seiner allgemein anerkannten Institutionen und Machtmittel, andererseits untergrub die Entfesselung des Antisemitismus die Staatsautorität und trug zur Selbstzerstörungsdynamik des Regimes bei. Deshalb wurde das Argument vom »Schutz der Staatsautorität« in der NS-Zeit noch vereinzelt gebraucht, vor allem, wenn sich ein Konflikt zwischen NSDAP und staatlichen Behörden abzeichnete. Auch jüdische Organisationen bedienten sich – gewiss teilweise in taktischer Absicht – des Arguments, dass der Staat antisemitische Untaten nicht dulden könne, weil die Grenzen von Recht und Unrecht sonst völlig zu verschwimmen drohten.

Eng verwandt mit dem »Staatsautoritäts«argument und manchmal kaum von ihm unterscheidbar ist die Erklärung, dass ein Nichteinschreiten gegen den Antisemitismus »dem Vaterland« im Allgemeinen und dem »deutschen Ansehen im Ausland« oder »der Exportwirtschaft« im Besonderen schade. Selbst der Centralverein machte von dieser Argumentation Gebrauch, wenn er, insbesondere in der Inflationszeit, die »Gefahren der antisemitischen

278 Kurt Braun an CV Berlin, 21.4.1931, USHMM, RG-11.001M.31, Osobyi, 721/1/2445 (reel 375), Bl. 94; MS »Isaaks Opferung oder gefesselte Justiz«, ebd., Bl. 95–103, hier: Bl. 96.

279 Hans Reichmann, »Mein Leben vor und nach dem 30. Januar 1933«, MS, LBINY, Hans Reichmann Collection ME 1230, S. 84.

Propaganda für den wirtschaftlichen Wiederaufbau Deutschlands« beschrieb.[280]

In der Weimarer Republik tauchte erstmals die Frage auf, ob der Schutz der Republik und damit der Demokratie nicht identisch zu sein hätte mit der Bekämpfung des Antisemitismus. Die deutschen Juden teilten diese Auffassung schon aus verständlichem Eigeninteresse.[281] Die Gerichte hingegen (an)erkannten diese enge Kopplung von Judenfeindschaft, Hass auf die Republik und Verachtung der Demokratie nur selten. Gleichwohl fehlte es nicht völlig an der Erkenntnis, dass die antisemitische Agitation im Stil und Inhalt der NSDAP per se staatsfeindlich sei, wie die im Vorangehenden behandelten Urteile des Staatsgerichtshofes zum Schutz der Republik vom 15. März 1923 und des Schöffengerichts Göttingen vom 10. Januar 1928 belegen.

Wie im Kaiserreich, so haben die Behörden in der Weimarer Republik den Juden oft nicht um ihrer selbst willen Schutzwürdigkeit zuerkannt, sondern aus »egoistischen Motiven«. Auch die Protagonisten mutigen und entschiedenen Widerstands gegen die nationalsozialistische Judenpolitik wie die katholische Österreicherin Irene Harand und ihre 1931 in Wien ins Leben gerufene World Organisation [International League] against Racial Hatred and Human Distress waren davon nicht frei. Ihr Motiv begründete die 1938 von London aus, wo sie sich beim »Anschluss Österreichs« gerade aufhielt, in die USA emigrierte Harand wie folgt: »I am fighting anti-Semitism because it defiles our Christianity«. Weiter bezeichnete sie den Antisemitismus als »shame and disgrace *to us*«,[282] zumal die Geschichte lehre, dass Gott die Peiniger des jüdischen Volkes bestrafe.

Diese verengte, »egoistische« Perspektive schmälert nicht den Respekt, der solchen Widerstandsaktionen gebührt; aber man erkennt, dass der Philosemitismus nur eine begrenzte Reichweite hat, wenn es um die Abwehr des Antisemitismus ging. Dasselbe gilt in gewissem Sinn für das alte Reaktionsmuster, sich vor antisemitischen Angriffen möglichst wegzuducken, das in der NS-Zeit notgedrungen eine Wiedergeburt erlebte, als die in einem

280 Vgl. Centralverein Deutscher Staatsbürger Jüdischen Glaubens (Hrsg.), *Gefahren.*

281 Vgl. Cornelia Hecht, *Deutsche Juden*, bes. S. 72–75.

282 Alle Zitate aus: »Stamp collector spreads story of Anti-Nazi Harand movement« by Richard Aptekar, nicht bestimmbarer Zeitungsausschnitt, ca. 1980/81, LBINY, Eric Lind Collection AR 6680, Box 4, Folder 1, item 14, Hervorhebung von mir. Als aufklärerisches Hauptwerk ist zu nennen Harand, *»Sein Kampf«*. Zu Harand vgl. Klösch/Scharr/Weinzierl, *»Gegen Rassenhass«*.

Rechts- und Verfassungsstaat üblichen Wege nicht mehr zur Verfügung standen. So warnte beispielsweise die Reichsvertretung der deutschen Juden Ende Januar 1935 vor einem »Übermaß von Veranstaltungen« jüdischer Verbände und empfahl ihnen »größtmögliche Zurückhaltung«.[283] Aber schon in der Weimarer Republik hatten sich viele Juden *nolens volens* verschiedene »Wahrnehmungsfilter« gegenüber dem gesellschaftlichen Antisemitismus zu eigen gemacht, um angesichts der vielfach bedrückenden Realität nicht in Verzweiflung zu verfallen.[284]

4.3. Zwischenbilanz

Walter Grab hat vor nunmehr über zwanzig Jahren die zwiespältige und tragische Bilanz für die Weimarer Republik – verglichen mit dem Kaiserreich vor ihr und im Lichte des NS-Regimes nach ihr – prägnant beschrieben: Die

> »autoritäre Oberschicht hatte vor 1914 den Antisemitismus zwar zugelassen und als salonfähig betrachtet, aber seine brutalsten Auswüchse – Mordaufrufe und blutige Exzesse – nicht geduldet. Die republikanischen Regierungen nach 1918 erkannten die gänzliche Gleichberechtigung der Juden im politischen und gesellschaftlichen Bereich zwar an, unterließen es aber andererseits, gegen die völkischen Rassenantisemiten und ihre Mordhetze energische Schritte zu unternehmen.«[285]

Dabei fehlte es seitens des demokratischen Staates durchaus nicht an ermutigenden Signalen: Der CV fand mit seiner Lobbyarbeit mehr und leichter Gehör als im Kaiserreich, vor allem dank seiner wertvollen Kontakte zu führenden SPD-Politikern wie Otto Braun oder Carl Severing und einigen hohen Beamten der Ministerialbürokratie. Nur die stille Obstruktion vieler Gerichte blieb davon weitgehend unberührt, zumal das Reichsgericht nicht mit gutem Beispiel voranging.

Überhaupt muss die Weimarer Republik hinsichtlich der höchstrichterlichen Rechtsprechung als eine Epoche der Stagnation, wenn nicht gar der Regression bezeichnet werden. Alle Versuche, den Gedanken der Kollektivbeleidigung vor den Gerichten revisionssicher durchzusetzen, scheiterten nicht zuletzt an der in dieser Frage besonders ignoranten Haltung des Reichsgerichts. Zwar widerrief keine Entscheidung des höchsten Gerichts jene Ur-

283 Kulka (Hrsg.), *Deutsches Judentum*, Dok. Nr. 59, S. 190 f., Zitat aus *CV-Zeitung* vom 31.1.1935, S. 191.

284 Vgl. Cornelia Hecht, *Deutsche Juden*, bes. S. 376–391.

285 Grab, *Die jüdische Antwort*, S. 7.

teile aus der Kaiserzeit, denen zufolge die Juden eine »Klasse der Bevölkerung« im Sinne des Paragraphen 130 StGB waren; in der Spruchpraxis einiger Gerichte wurde dieser Grundsatz freilich aufgeweicht oder schlicht missachtet, ohne dass die zaghaft unternommenen Versuche der Vereinheitlichung der Auslegungspraxis gefruchtet hätten. In einem unter anderem auf der Unabhängigkeit der Richter aufbauenden Rechtsstaat ist es grundsätzlich gut und richtig, wenn politische Instanzen nicht unmittelbar in die Rechtsprechung eingreifen können; dass dieser »Eigensinn« der Justiz sich jedoch so einseitig gegen die Juden und ihre Schutzbedürfnisse richtete, macht es unmöglich, hier das hohe Lied des sprichwörtlichen »il y a des juges à Berlin« zu singen. Selbst wenn die gesamte Richterschaft aus engagierten Demokraten bestanden hätte, hätte sie den Untergang der Republik und den Sieg des Nationalsozialismus vermutlich nicht verhindern können. Aber seinen Spielraum derart einseitig genutzt zu haben ist alles andere als ein Ruhmesblatt für einen Berufsstand, der lange Zeit so lautstark Überparteilichkeit und Gesetzestreue als seine Maximen ausgegeben hatte.

Der Blick auf die Jahre 1933–1945 hellt dieses recht düstere Bild nicht auf, denn wo die antisemitische Gesinnung zur gesellschaftlichen Norm erhoben war, konnte von einer strafrechtlichen Verfolgung im üblichen Sinn keine Rede mehr sein. Angesichts der radikal veränderten Bedingungen ist es überaus bewundernswert, wie die jüdischen Interessenvertreter mit dem Mut der Verzweiflung versuchten, die Lebenssituation in Deutschland so erträglich wie möglich zu halten. Dass sie damit unwissentlich und unwillentlich dazu beigetragen haben dürften, den Auswanderungswillen vieler Betroffener zu bremsen, gehört zur besonderen Tragik jüdischen Lebens in Deutschland nach 1933.

In der Gerichtspraxis setzten sich die nationalsozialistischen Normen nicht sofort und nicht hundertprozentig durch; von einem ernsthaften Widerstand gegen sie findet sich jedoch, zumindest im Strafrecht, kaum eine Spur. Ebenso wenig können dies die Bürokratien auf den verschiedenen Ebenen – jedenfalls nicht als Kollektiv – für sich in Anspruch nehmen. Sein staats- und gesellschaftszerstörerisches Potenzial bewies der Antisemitismus schon in den »Friedensjahren« des Regimes. Vor allem aber zeichnete sich fast vom ersten Tag an ein Leidensweg für die deutschen Juden ab, der – bei aller Engherzigkeit und Gleichgültigkeit, die die staatlichen und juristischen Funktionsträger im Kaiserreich und in der Weimarer Republik ihnen oftmals entgegenbrachten –, zuvor unvorstellbar schien. Das, was sich seit 1945 mit der Chiffre »Auschwitz« verbindet, hat in der Folge das Denken über die Wahrung des inneren Friedens, die materielle Substanz des Rechtsstaats, die Demokratie und die Menschenwürde zutiefst geprägt.

V. Antisemitische Agitation und Skandal: Deutschland 1945–1960

Die jüdischen Menschen, die in einer traurigen Zeit
so sehr dem Hasse ausgesetzt gewesen sind,
[haben] heute wohl Anspruch auf ein besonderes Maß von Achtung,
ich möchte sagen, von Liebe ihrer Mitmenschen.[1]

Solange die Garantien des Rechtsstaats
von Sympathien abhängig sind,
sollte man nach Emigrationsmöglichkeiten Ausschau halten,
besonders, wenn man einer Minderheit angehört.[2]

1. Lernen aus der Vergangenheit? Verfassungsdiskussionen und Gesetze gegen »Rassenhetze« in den Westzonen und in der Sowjetischen Besatzungszone

Die gesellschaftliche Situation der unmittelbaren Nachkriegszeit in Deutschland lässt sich unter dem Aspekt der Judenfeindschaft anhand der Dichotomie »antisemitische Stereotype – anti-antisemitische Normsetzungen«, ergänzt um einen »verordnete[n] Philosemitismus«,[3] charakterisieren. Die »anti-antisemitische Normsetzung« begann, als der Alliierte Kontrollrat Gesetze und Gesetzesänderungen der NS-Zeit aufhob; dazu zählten unter anderem die »Reichstagsbrandverordnung« vom 28. Februar 1933 und das »Heimtückegesetz« vom 20. Dezember 1934.[4] Diese Maßnahmen des Kontrollrats sind für unser Thema höchstens am Rande von Interesse, da es in der NS-Zeit zu keiner Änderung der hier relevanten Teile des Strafgesetzbuches gekommen war. Die »Staatsschutzparagraphen« Hochverrat, Staatsgefährdung und Landesverrat des StGB (Paragraphen 80–94), die der Kontrollrat mit außer

1 Der CDU-Abgeordnete, spätere Bundesinnenminister und Präsident des Bundesverfassungsgerichts, Ernst Benda, im Bundestag, 3.12.1959, *VdB*, Bd. 44, S. 5086.

2 Spaemann, »Haß«, S. 42 f.

3 Frank Stern, »Entstehung«, S. 183 u. S. 193; Sterns Bewertung des Philosemitismus als bloße Verkleidung des Antisemitismus weist Kauders, »Catholics«, S. 473 f., Anm. 48, zurück; statt dessen dürften weder »Verdrängung« noch »Philosemitismus« pauschal als Erklärungsansätze herangezogen werden, vgl. ders., »History«. In seiner vermeintlich tabubrechenden Polemik maßlos ist Jesse, »Philosemitismus«.

4 Vgl. hierzu den Überblick bei Etzel, *Aufhebung*, S. 223–234; Schiffers, *Bürgerfreiheit*, S. 27 ff.; zum Heimtückegesetz vgl. Dörner, *»Heimtücke«*.

Kraft setzte,[5] wurden später durch das Erste Strafrechtsänderungsgesetz von 1951 wieder eingeführt.[6]

Die Prinzipien der Potsdamer Konferenz wirkten sich auf die entstehende Bundesrepublik nur indirekt aus. Die legislativen und verfassungsgebenden Körperschaften in den Westzonen bezogen ihre Hauptargumente aus den Erfahrungen der NS-Zeit einerseits und den vermeintlichen und vielfach umstrittenen Lernprozessen aus dem Scheitern der Weimarer Republik[7] andererseits, während eine Auseinandersetzung mit den juristischen Regelungen in den westlichen Staaten zumindest in dem hier zur Debatte stehenden Themenbereich keine Rolle spielte.[8] Der Einfluss des internationalen Rechts ist erst in Gestalt der Konvention der UNO über die Verhütung und Bestrafung des Völkermords vom 9. Dezember 1948 greifbar, die 1954 als Paragraph 220a in das Strafgesetzbuch der Bundesrepublik übernommen wurde.[9]

Schon Hitlers Machtantritt hatte zu intensiven Überlegungen über die politischen und verfassungsrechtlichen Ursachen des Scheiterns der Weimarer Republik angeregt. Die Ansicht, dass der fehlende Wille zur Verteidigung der Demokratie gegen ihre links- und rechtsextremistischen Feinde entscheidend zur Katastrophe von 1933 beigetragen habe, war weit verbreitet. Auch wenn man die Debatten im Exil nicht überbewerten sollte, zumal der Antisemitismus und der Holocaust in ihnen keine zentrale Rolle spielten,[10] ist es doch der Erwähnung wert, dass es deutsche Immigranten in Großbritannien und den USA waren, die die Antwort auf die »totalitäre Herausforderung«, das Modell der *militant democracy*, entworfen haben. In erster Linie zu nennen sind in diesem Zusammenhang Karl Loewenstein und sein Aufsatz von 1937 »Militant Democracy and Fundamental Rights«[11] und eine Oxforder Vorlesung Karl Mannheims vier Jahre später, in der er den »laissez-faire liber-

5 Artikel I Kontrollratsgesetz Nr. 11, 30.1.1946, Amtsblatt des Kontrollrats Nr. 3, S. 55, abgedruckt in Vormbaum/Welp (Hrsg.), *Strafgesetzbuch*, Bd. 1, S. 369 ff., hier: S. 369.

6 1. StÄG 30.8.1951, *BGBl.* I, Nr. 43, 31.8.1951, S. 739–747, hier S. 739–744.

7 Vgl. hierzu die umfassende Darstellung in Ullrich, *Weimar-Komplex*, und ders., »Im Schatten«; vgl. auch Groh, »Zwischen Skylla und Charybdis«.

8 Als Überblick vgl. Diestelkamp, »Verfassungsgebung«.

9 Gesetz über den Beitritt der Bundesrepublik Deutschland zu der Konvention vom 9. Dezember 1948 über die Verhütung und Bestrafung des Völkermords, 9.8.1954, *BGBl.* 1954 II, Nr. 15, 12.8.1954, S. 729.

10 Vgl. Lamberti, »German Antifascist Refugees«; Söllner, »Jüdische Emigranten«; Stoffregen, *Kämpfen*, S. 132–143; zum wissenschaftshistorischen Aspekt vgl. Ash, »Learning«.

11 Loewenstein, »Militant Democracy«.

alism« für die Verwechslung von Wertneutralität mit selbstmörderischer Toleranz verantwortlich gemacht hatte.[12] Carl J. Friedrich, in Deutschland geborener Politologe und Berater Lucius D. Clays, betonte, dass es nicht darum gehe, den Deutschen die »Demokratie aufzuzwingen; es sollten lediglich Schranken gegen jene Bevölkerungselemente errichtet werden, »die die Einführung der Demokratie verhindern, oder diese, wenn sie eingeführt war, untergraben und schließlich zerstören wollen«.[13]

Solche Gedanken flossen in die Bundes- und die Länderverfassungen in unterschiedlicher Form ein. Das Grundgesetz garantiert zwar die Gleichheit vor dem Gesetz unabhängig von Geschlecht, Herkunft, Rasse oder Religion (Artikel 3 Absatz 3), inkriminiert aber nicht ausdrücklich die »Aufstachelung zum Rassenhass«.[14] Im Parlamentarischen Rat war es dem KPD-Abgeordneten Hugo Paul vorbehalten, einen Passus gegen Rassenhetze nach dem Vorbild des Bayerischen Gesetzes Nr. 14 vorzuschlagen, da die »Freiheit der Meinungsäußerung [...] nicht darin bestehen [könne], daß jede Meinungsäußerung erlaubt« sei. Insbesondere, so Paul weiter, dürfe »keine neue Völker- und Rassenhetze« mehr geduldet werden, »wie wir sie in der Weimarer Republik so oft erleben mußten«. Die Abgeordneten Heuss und Bergsträsser versuchten, diesen Einwand mit dem Hinweis beiseitezuwischen, dass die Meinungsfreiheit nur für wahrheitsgetreue Berichterstattung gelte und ihre Grenze in der Treue zur Verfassung finde, wobei Heuss noch schnippisch bemerkte, wenn »Herr Paul eine andere Formulierung wünscht«, solle er »sich selber anstrengen und uns eine Fassung vorschlagen«. Als Paul darauf insistierte, dass die Deutschen »doch auch der Welt gegenüber zum Ausdruck bringen« müssten, »daß wir mit diesen verhängnisvollen Entwicklungen der Vergangenheit brechen wollen«, beendete der Ausschussvorsitzende Hermann von Mangoldt von der CDU die Debatte mit dem Hinweis, dass »in einem Verhalten, wie Herr Paul es brandmarkt, schon eine Verletzung der Treuepflicht gegen-

12 Vgl. Mannheim, *Diagnosis*, S. 7.

13 Carl J. Friedrich, »Military Government and Dictatorship«, in: *The Annals of the American Academy of Political and Social Sciences*, Bd. 267, Januar 1950, S. 1 ff., zit. nach Rupieper, »Peacemaking«, S. 48 f.

14 Vgl. Pfetsch, *Ursprünge*; Scherb, *Präventiver Demokratieschutz*; Boventer, *Grenzen*, der die Ähnlichkeiten der westlichen Demokratien in dieser Hinsicht betont. Skeptischer indes ist Schindler, »Über die Notwendigkeit«.

über der Verfassung, eine Verletzung des Gleichheitssatzes«,[15] liege, es also nicht noch einmal explizit inkriminiert werden müsse.

Das Drängen des Abgeordneten Paul auf ein ausdrückliches Verbot der »Völker- und Rassenhetze« durch das Grundgesetz beruhte sicher auch auf taktischen Überlegungen, konnte die KPD doch so auf einfache Weise demonstrieren, dass sie – im Gegensatz zu den bürgerlichen Parteien – es ernst meine mit dem Kampf gegen das Erbe des Nationalsozialismus. Dennoch bleibt ein gewisses Befremden darüber zurück, wie stark sich die Abgeordneten der anderen Parteien gegen eine Konkretisierung der Strafbarmachung von »Völker- und Rassenhetze« sträubten. Dieses Verhalten war keineswegs singulär und wird uns später im Zusammenhang mit der Debatte um das Parteiprogramm der CSU erneut begegnen.

Das Grundgesetz kam der Forderung nach einer »wehrhaften Demokratie« also ohne einen eigens die »Rassenhetze« verbietenden Artikel nach, und zwar durch mehrere Regelungen: Artikel 9 Absatz 2 setzte die Vereinigungsfreiheit für Gruppierungen, »die sich gegen die verfassungsmäßige Ordnung oder gegen den Gedanken der Völkerverständigung richten«, außer Kraft, Artikel 21 Absatz 2 ermöglichte das Verbot grundgesetzwidriger Parteien. Artikel 18 – als »Ausdruck des entschiedenen Willens des Verfassungsgebers, eine Wiederkehr der Vergangenheit zu verhindern«[16] – schließlich sah vor, dass Individuen ihre Grundrechte dann verwirken, wenn sie sie gegen die freiheitlich-demokratische Grundordnung missbrauchen. Beantragt – und jedes Mal abgelehnt – wurde das in lediglich vier Fällen: Otto Ernst Remer, 1952; Gerhard Frey, 1969; Heinz Reisz und Thomas Dienel, 1992.[17]

Carlo Schmid charakterisierte diese verfassungsrechtlichen Maßnahmen in der Plenarsitzung des Parlamentarischen Rates am 8. September 1948 als Lektionen aus dem Schicksal der Weimarer Republik: Die Freiheit solle nicht auch denen eingeräumt werden, »deren Streben ausschließlich darauf ausgeht, nach der Ergreifung der Macht die Freiheit selbst auszurotten«, da »es nicht zum Begriff der Demokratie gehört, daß sie selbst die Voraussetzungen für ihre Beseitigung schafft«. Wer, so Schmid weiter, an die Demokratie »als etwas für die Würde des Menschen Notwendiges« glaube, müsse »auch den Mut zur Intoleranz denen gegenüber aufbringen, die die Demokratie ge-

15 *Der Parlamentarische Rat*, Bd. 5/I, Dok. Nr. 6, 5. Sitzung, 29.9.1948, S. 88–116; hier: S. 113 f. (erstes Zitat), alle folgenden S. 114, letztes Zitat S. 115.

16 Schmitt Glaeser, *Mißbrauch*, S. 21; ähnliche Bestimmungen gab es in den Länderverfassungen von Hessen, Rheinland-Pfalz, Baden und dem Saarland, ebd., S. 22 f.

17 Flemming, *NPD-Verbotsverfahren*, S. 24.

brauchen wollen, um sie umzubringen«.[18] Wie nahe diese Überlegungen über die verfassungsrechtlichen Mängel der ersten deutschen Demokratie an deren Realität heranreichten, ist umstritten, denn es lässt sich plausibel argumentieren, dass es einen unmittelbaren, strukturellen Zusammenhang zwischen der Weimarer Verfassung und der Etablierung der NS-Diktatur allein schon deshalb nicht gab, weil sich die Verfassungswirklichkeit lange vor 1933 von der Verfassungstheorie wegentwickelt hatte.[19] Eines jedenfalls kann man festhalten: Keine der angeblichen »Lehren aus Weimar« wurde in der Geschichte der Bundesrepublik je ernsthaft umgesetzt.[20]

Was unmittelbare Antidiskriminierungsbestimmungen anbelangt, sind verschiedene Länderverfassungen aufschlussreicher als das Grundgesetz. In den Verfassungen von Baden, Bayern und Rheinland-Pfalz wurde die »Rassenhetze« ausdrücklich verboten und unter Strafe gestellt.[21] Die Vorläufige Verfassung von Groß-Berlin vom 13. August 1946[22] sah einen solchen Artikel noch nicht vor, er wurde aber in der Folgezeit intensiv diskutiert. Der von Otto Suhr im August 1947 vorgeschlagene Grundrechtskatalog beinhaltete in Artikel 6a Absatz 2 nur ein allgemeines Verbot von Diskriminierungen aufgrund von Geschlecht, Abstammung sowie religiöser und politischer Anschauungen. Der SPD-Verfassungsentwurf vom September 1947 nahm dann jedoch von diesem Schutz alle diejenigen explizit aus, »die nationalsozialistische oder militaristische Ziele verfolgen«.[23] Der SPD-Stadtverordnete Friedrich-Wilhelm Lucht begründete diese Einschränkung damit, dass die Feinde der Demokratie die Grundrechte nicht dazu ausnutzen dürften, »die Demokratie wieder zu untergraben. Allen reaktionären, militaristischen und antidemokratischen Kräften müssen diese Rechte abgesprochen werden.«[24] Die faktisch nur für die Westsektoren gültige Verfassung von Berlin vom 1. September 1950 schließlich gab sich wieder allgemeiner und stellte in Artikel 20 Absatz 2 die »dem Geist der Verfassung« widersprechende »Rassenhetze« und die »Bekundung nationalen oder religiösen Hasses«[25] unter Strafe.

---

18 *Der Parlamentarische Rat*, Bd. 9, Dok. Nr. 2, S. 18–69, hier: S. 36.
19 Vgl. Mommsen, »Lehren«.
20 Vgl. Grimm, »Mißglückt«. Ähnlich skeptisch hinsichtlich der Rolle verfassungsrechtlicher Demokratiesicherung ist Oberndörfer, »Germany's ›Militant Democracy‹«.
21 Vgl. Wegener, *Die neuen deutschen Verfassungen*, S. 136, S. 236 u. S. 261.
22 Abdruck bei Breunig, *Verfassungsgebung*, S. 441–450.
23 Zit. nach ebd., S. 256.
24 Zit. nach ebd., S. 261.
25 Zit. nach ebd., S. 453.

In Hessen wurde seit Mai 1946 über ein »Gesetz zum Schutz der demokratischen Freiheit« nachgedacht, das für die gesamte US-Zone gelten und – in bemerkenswerter Parallele zu ähnlichen Gesetzen in der SBZ – auch gegen Wirtschaftssabotage schützen sollte. Ende September forderte die US-Militärregierung die Länderregierungen ihrer Zone auf, zu einem Entwurf des Strafgesetzausschusses des Rechtsdirektoriums der Alliierten Kontrollbehörde zur Reform des StGB Stellung zu nehmen.[26] In der ausführlichen Antwort der Hessischen Regierung schlug der damalige SPD-Justizminister und spätere langjährige Ministerpräsident, Georg August Zinn, für den Paragraphen 130.1 StGB eine recht allgemeine Fassung vor, der zufolge bestraft wird, wer »in einer den öffentlichen Frieden gefährdenden Weise mit Gewalt droht oder öffentlich zu einer Gewalttat gegen Personen oder Sachen auffordert oder anreizt«.[27] Adolf Arndts späterer Entwurf vom Februar 1947 – im Rahmen des »Gesetzes zum Schutz der demokratischen Freiheit« –, dessen Paragraph 7 »die gewaltsamen Angriffe oder Drohung mit Gewalt gegen Personen oder Personengruppen, die sich durch Rasse-, Glaubens- oder Parteizugehörigkeit gebildet haben«, und »die öffentliche Beschimpfung der zuvor genannten Personengruppen«[28] mit mindestens drei Monaten Gefängnis bedrohte, konkretisierte die allgemein gehaltene Vorstellung Zinns. Obwohl alle Landtagsfraktionen diesen Entwurf grundsätzlich befürworteten, verzögerten sich die Beratungen wegen der gleichzeitigen Verhandlungen über das Grundgesetz. Schließlich wurde das Gesetz, das vor allem wegen seiner hohen Strafmaße und des ausgedehnten Personenkreises heftige Kritik in der Öffentlichkeit, aber auch durch die US-Zonenverwaltung erfuhr, auf Eis gelegt, da es teilweise in das Erste Strafrechtsänderungsgesetz Eingang gefunden hatte.

In Bayern trat schon am 13. März 1946, ein Dreivierteljahr vor der Verabschiedung der Landesverfassung, das »Gesetz Nr. 14 gegen Rassenwahn und Völkerhaß« in Kraft, das tatsächlich zur Verfolgung antisemitischer Äußerungen herangezogen wurde. Darüber hinaus brachte die SPD-Fraktion im Bayerischen Landtag im Juli 1947 einen dem hessischen ähnlichen Ent-

26 Dienststelle der Militärregierung für Deutschland an die Dienststelle der Militärregierung US-Zone, 27.9.1946, BA-K, Z 1/1230, Bl. 39 f.

27 Großhessisches Staatsministerium/Der Minister der Justiz an Das Amt der Militärregierung für Groß-Hessen, Rechtsabteilung, 25.10.1946, BA-K, Z 1/1230, Bl. 10–18, hier: Bl. 16. Zinn bezog sich dabei auf eine frühere Äußerung vom 16.8.1946, die sich jedoch nicht in der Akte befindet.

28 Zit. nach Schiffers, *Bürgerfreiheit*, S. 42, zu diesem Entwurf vgl. S. 39–46.

wurf für ein »Gesetz gegen die Untergrabung der Volksherrschaft« ein, und Anfang 1950 nahm der Saarländische Landtag ein »Gesetz zum Schutz der demokratischen Staatsordnung« an, das sich allerdings weniger gegen Rechtsradikale als gegen die Gegner der politischen Autonomie des Saarlandes richtete. Der Entwurf der SPD-Bundestagsfraktion vom 15. Februar 1950 für ein »Gesetz gegen die Feinde der Demokratie« wird uns im Zusammenhang mit dem »Hedler-Skandal« noch beschäftigen.

Eingehende Diskussionen um Antidiskriminierungsgesetze und Verfassungsartikel fanden freilich nicht nur in den Westzonen statt, sondern auch in der SBZ. Bereits im ersten Verfassungsentwurf vom 10. August 1946 wurde in Artikel 7 »nationale, religiöse oder Rassenhetze« unter Strafe gestellt und in der Verfassung vom 7. Oktober 1949 schließlich als Artikel 6 übernommen, der »Bekundungen von Glaubens-, Rassen-, Völkerhaß« zu »Verbrechen im Sinne des Strafgesetzbuches«[29] erklärte. Aussagekräftiger als die Verfassungsentwürfe der SED vom Sommer und Herbst 1946 sind – weil intensiv debattiert – die Überlegungen in den Länderministerien zu diesem Thema, die sich jedoch in den Parlamentsdebatten kaum und in den Verfassungsausschüssen nur abgeschwächt widerspiegelten.[30] Einen ersten Anlauf in Richtung Antidiskriminierungsgesetzgebung unternahm Ende März 1946 der Präsident des Landes Thüringen, Rudolf Paul, der Anzeichen dafür sah, dass wie in der Weimarer Republik »wiederum durch Verleumdung oder Beschimpfung Persönlichkeiten, die im öffentlichen Leben an höchster oder maßgebender Regierungsstelle stehen, verächtlich gemacht werden sollen«.[31] Die Beleidigungsparagraphen 185 ff. StGB hielt er für unzulänglich und forderte daher ein neues Gesetz zum Schutz führender Persönlichkeiten und des demokratischen Neuaufbaus. Dem widersprach die Deutsche (Zentral-) Verwaltung für Justiz (DJV), indem sie darauf verwies, dass die bestehenden Gesetze, strikt angewandt, ausreichend seien, zumal die Strafverschärfungen für die Beleidigungsparagraphen 186 und 187 StGB im Falle von Personen

29 Alle Zitate nach Amos, *Entstehung*, S. 407 u. S. 486. Vgl. zum Folgenden auch dies., »SED-Entwürfe«.

30 Die keineswegs lineare Entwicklung bis 1947 beschreibt minutiös Braas, *Entstehung*; unzutreffend ist allerdings die Behauptung auf S. 137, dass auf Vorgabe der SED Antirassenhetzebestimmungen »ohne ersichtliche Diskussionen in die Länderverfassungen aufgenommen wurden«, doch standen Braas die relevanten Akten nicht zur Verfügung. Als Überblick vgl. ders., »Verfassungsgebung«; Manfred Koch, »Parlamentarische Gremien«.

31 Präsident Land Thüringen an DJV, 29.3.1946, BA-B, DP 1 VA Nr. 131, Bl. 1.

des öffentlichen Lebens durch die »Verordnung zum Schutze des inneren Friedens« vom 8. Dezember 1931 noch gültig seien.[32] Die Anfrage aus Thüringen spielte zwar nicht auf das Bayerische Gesetz Nr. 14 vom 13. März 1946 an, doch die unmittelbare zeitliche Nähe der thüringischen Initiative zu diesem Gesetz macht eine Beeinflussung wahrscheinlich.

Rund ein Jahr später kam diese Angelegenheit wieder auf die Tagesordnung, diesmal zugespitzt auf die Frage des Schutzes von Minderheiten vor Verunglimpfung. Im April 1947 formulierte Eugen Schiffer, Chef der DJV[33] und ehemaliger Reichsfinanz- und Justizminister in der Weimarer Republik unter den Reichskanzlern Scheidemann, Bauer und Wirth, aufgrund einer Anfrage der mecklenburgischen Justizverwaltung vom März 1947, dass »eine einheitliche Regelung«[34] des in den Länderverfassungen Brandenburgs, Thüringens und Sachsens festgeschriebenen, strafbewehrten Verbots von »Rassenhetze« notwendig sei. Das vom Sachsen-Anhaltinischen Landtag verabschiedete »Gesetz zur Sicherung der Demokratie«[35] vom 30. Mai 1947 inkriminierte in Paragraph 4 die Beleidigung, körperliche oder gesundheitliche Schädigung eines Menschen aufgrund seiner »Zugehörigkeit zu einer bestimmten Religionsgemeinschaft, Rasse, Nation oder […] weil er Opfer des Faschismus ist«,[36] insofern, als es die Mindeststrafen für Beleidigung und Körperverletzung in solchen Fällen auf drei Monate anhob. Nun wurde die Frage einer zoneneinheitlichen Regelung abermals virulent. Am 24. Juli 1947 beauftragte der Thüringische Landtag die Regierung, einen Entwurf für ein Gesetz zur Sicherung der Demokratie zu erstellen. In seinem Gutachten zu diesem Gesetzentwurf kam der angesehene Jenaer Strafrechtler Richard Lange zu dem Schluss, dass der rechtliche Schutz gegen neonazistische Agitation in Thüringen besser sei als anderswo. Ihm erscheine eine weitere Gesetzesver-

---

32 DJV an den Präsidenten des Landes Thüringen, 12.4.1946, BA-B, DP 1 VA Nr. 131, Bl. 2. Vgl. Vierte Verordnung des Reichspräsidenten zur Sicherung von Wirtschaft und Finanzen und zum Schutze des Inneren Friedens vom 8. Dezember 1931, *RGBl.* I, Nr. 79, 9.12.1931, S. 699–745, hier: 8. Teil, Schutz des inneren Friedens, Kap. III, S. 743.

33 Zu Schiffer als Chef der DJV vgl. Ramm, *Eugen Schiffer*, S. 174–180.

34 DJV an Landesregierung Mecklenburg-Vorpommern, Justizverwaltung, 21.4.1947, BA-B, DP 1 VA Nr. 119, Bl. 11; vorausgegangen war die Anfrage Landesregierung Mecklenburg-Vorpommern, Justizverwaltung, an DJV, 13.3.1948, ebd., Bl. 14.

35 Abgedruckt in Karl Wilhelm Fricke, *Politik*, S. 48 f.

36 Zit. nach ebd., S. 48 f.

schärfung überflüssig und allenfalls eine zoneneinheitliche Regelung sinnvoll.[37] Es blieb folglich bei dem sachsen-anhaltinischen »Sonderweg«.

Als die Verlängerung des auf den 31. Dezember 1949 befristeten »Gesetzes zur Sicherung der Demokratie« anstand, trat erneut ein Gegensatz zwischen Zentrum und Peripherie in Erscheinung, denn schon auf der Länderkonferenz im März 1948 hatte die DJV zu erkennen gegeben, dass sie gegen Ländergesetze »zum Schutz der Demokratie« war – nicht zuletzt, weil dieser Länderpartikularismus ihrem zentralen Regelungsanspruch zuwiderlief.[38] Ernst Melsheimer, stellvertretender Chef und starker Mann der DJV sowohl unter Schiffer als auch später unter Max Fechner, erblickte im Auslaufen des Gesetzes einen Beitrag zur Rechtseinheitlichkeit in der SBZ, forderte aber dennoch einen Erfahrungsbericht bei den Länderministerien an.[39] Das Sachsen-Anhaltinische Justizministerium stellte sich klar gegen Melsheimer, indem es auf den fast einhelligen Wunsch sowohl im rechtspolitischen Ausschuss der SED als auch bei den Staatsanwaltschaften verwies, das Gesetz zu verlängern, zumal in den ersten acht Monaten des Jahres 1949 132 Strafanträge eingegangen waren, die in 112 Fällen zu Verurteilungen – meist mehrmonatigen Haftstrafen – geführt hatten.[40] Die Angelegenheit verlief schließlich trotz eines Änderungsvorschlags des Sachsen-Anhaltinischen Justizministeriums im Sande – interessanterweise hatten die Staatsanwaltschaften dafür plädiert, Paragraph 4 des Gesetzes zu streichen, da sein Inhalt durch mehrere Strafrechtsparagraphen gedeckt sei.[41]

Die Koordination der Gesetze gegen Volksverhetzung war, wie diese Beispiele zeigen, unlösbar mit dem tagespolitischen Machtkampf zwischen dem – in diesem Fall nur halb autonomen, weil von den Direktiven der Sowjetischen Militäradministration abhängigen – Zentrum und der Peripherie verknüpft. Nur die Liberaldemokratische Partei (LDP) setzte sich öffentlich mit der Wahrung rechtsstaatlicher Prinzipien auseinander. Im Brandenburgischen Landtag brachte sie Ende Januar 1947 den Antrag ein, nur die »Pro-

37 Prof. Dr. Richard Lange an ThMfJ, 11.8.1947, BA-B, DP 1 VA Nr. 131, Bl. 9 ff.

38 Aktenvermerk DJV, 16.3.1948, ebd., Bl. 27; in diesem Fall war es um einen Gesetzentwurf der Mecklenburgischen Landesregierung gegangen, der allerdings keinen Passus explizit gegen »Rassenhetze« enthielt.

39 DJV an SAnhMdJ, 16.7.1949, ebd., Bl. 29; als Antwort auf die Anfrage SAnhMdJ an DJV, 7.7.1949, ebd., Bl. 28.

40 SAnhMdJ an DJV, 26.8.1949, ebd., Bl. 31.

41 SAnhMdJ an DJV, 4.1.1950, ebd., Bl. 35; gemeint waren die Paragraphen 131, 185–200, 223, 223a, 227, 228 StGB.

paganda«, nicht aber schon die »Bekundung« von Rassenhass unter Strafe zu stellen, um nicht jede »Biertischäußerung« zu inkriminieren. Und im Landtag von Mecklenburg-Vorpommern hatte sie kurz zuvor darum nachgesucht, neben dem Rassen- auch den Klassenhass zu ahnden. Beide Anträge wurden auf Betreiben der SED mit dem Hinweis auf die Unerträglichkeit jeglicher Bekundung von NS-Gesinnung und der gesetzmäßigen Notwendigkeit des Klassenkampfes – den zu propagieren folglich keine »Hetze« sein könne – von den Parlamenten abgelehnt.[42]

Doch die Peripherien kommunizierten über dieses Thema untereinander, sogar über die Zonengrenzen hinweg. Das Bayerische Staatsministerium des Inneren fragte nämlich im Oktober 1947 beim Thüringischen Justizministerium an, ob dort »ein gesetzlicher Schutz gegen judenfeindliche Hetzreden besteht«.[43] Da die Tat, auf die es sich bezog, auf der Bahnstrecke Leipzig–Zeitz–Gera von einem in Bayern wohnenden Täter verübt worden war, griff das erwähnte Bayerische Gesetz Nr. 14 vom 13. März 1946, das nur in Bayern begangene Straftaten erfasste, in diesem Fall nicht. Das Thüringische Justizministerium leitete den Fall an die DJV mit der Bemerkung weiter, dass gesetzliche Bestimmungen dieser Art in der SBZ nicht bestünden und die wünschenswerte Vereinheitlichung in Form einer Ergänzung des Strafgesetzbuchs nicht Ländersache sei.[44] Artikel 6 der thüringischen Landesverfassung dagegen enthielt den Absatz, dass jede Bekundung »nationalen und religiösen Hasses und jede Rassenhetze« verboten sei und »auf das strengste bestraft« werde. Soweit es die schlechte Aktenlage erkennen lässt, kam es weder seitens einer ostdeutschen Länderregierung noch seitens der DJV je zum Versuch einer zonenübergreifenden Koordination – sie wäre angesichts der zunehmenden Ost-West-Spannungen auch kaum vorstellbar gewesen.

Gleichwohl blieb die Frage der gesetzlichen Bestimmungen gegen rechtsradikale Propaganda im Spannungsfeld von Zentrum und Peripherie innerhalb der SBZ virulent. Im Juni 1948 übersandte der Sächsische Justizminister Johannes Dieckmann den ersten Entwurf eines »Gesetzes gegen die Bekundung von Völker-, Glaubens- und Rassenhass« an die DJV, dem Mitte Juli eine leicht überarbeitete Fassung als Grundlage einer zoneneinheitlichen

42 Braas, *Entstehung*, S. 137 f.

43 BayIM, Staatskommissariat für rassisch, religiös und politisch Verfolgte, Juristische Abt. an ThMfJ, 15.10.1947, BA-B, DP 1 VA Nr. 119, Bl. 13.

44 ThMfJ an DJV, 3.11.1947, ebd., Bl. 12.

Regelung folgte.[45] Der sächsische Entwurf sollte erst nach der Stellungnahme des DJV dem Landtag zur Entscheidung vorgelegt werden. Er bedrohte denjenigen mit mindestens einem Monat Gefängnis, der es unternimmt,

»durch Wort, Schrift, Bild oder auf andere Weise den Hass, den er gegen einen anderen oder gegen ein Volk oder eine sonstige Personengemeinschaft wegen ihrer – wirklichen oder behaupteten – nationalen, religiösen oder rassischen Eigenart empfindet (Völker-, Glaubens- oder Rassenhass), öffentlich oder vor einem grösseren Personenkreise oder in der Erwartung der Weiterverbreitung zu bekunden [...] [oder] Gegenstände, Schriften, Abbildungen oder andere Darstellungen, die der Erregung, Erhaltung oder Vertiefung von Völker-, Glaubens- oder Rassenhass zu dienen bestimmt sind, herzustellen, zum Zwecke der Verbreitung vorrätig zu halten oder zu verbreiten«.[46]

Ebenso waren die Beteiligung an einem Aufzug, einer Versammlung, Vereinigung oder Verbindung, die der »Bekundung, Erregung, Erhaltung oder Vertiefung von Völker-, Glaubens- oder Rassenhass« dient, unter Strafe gestellt, die in besonders schweren Fällen bis zu fünf Jahre Zuchthaus betragen konnte. Die Möglichkeit der Privatklage für den Fall, dass die Staatsanwaltschaft die Erhebung einer öffentlichen Klage verweigerte, stand diesem Entwurf zufolge jenen Vereinigungen offen, »die sich nach ihren Satzungen aus Angehörigen der angegriffenen Personengemeinschaft zusammensetzen, und deren Tätigkeit im wesentlichen in der Pflege ihrer nationalen, religiösen oder rassischen Belange besteht«.[47]

In der Begründung dieses Entwurfs hieß es, Paragraph 130 StGB reiche nicht aus, weil er das Tatbestandsmerkmal »in einer den öffentlichen Frieden gefährdenden Weise« beinhalte, die Strafverfolgung also auf jene Fälle beschränke, in denen die Propaganda bereits eine große Wirkung erzielt hat, während Artikel 8 Absatz 4 des sächsischen Verfassungsentwurfs »*von vornherein* der Ausbreitung von nationalem, religiösem oder Rassenhass entgegentreten will«.[48] Diese Feststellungen gingen einerseits über die Rechtsprechung des Reichsgerichts vor 1933 hinaus und blieben andererseits hinter ihr zurück, war doch durch mehrere Urteile seit 1881 längst geklärt, dass für die Anwendbarkeit des Paragraphen 130 StGB keine *tatsächliche* Bedrohung des

---

45 SächsMdJ an DJV, 22.6.1948, ebd., Bl. 21; SächsMdJ an DJV, 20.7.1948, ebd., Bl. 23.

46 Entwurf des Gesetzes gegen die Bekundung von Völker-, Glaubens- und Rassenhass für das Land Sachsen, ebd., Bl. 16–20, hier: Bl. 16.

47 Ebd., Bl. 16 f.

48 Ebd., Bl. 18 ff., hier: Bl. 18, Hervorhebung von mir.

öffentlichen Friedens vorliegen musste, sondern die *mögliche* aufreizende Wirkung – unabhängig von der Intention des Agitators – und das subjektive Gefühl der Betroffenen genügten, dass der ihnen zustehende staatliche Schutz vor Diskriminierungen nicht gewährleistet sei.[49]

Relativ neu war freilich die explizite Rückbindung des Gesetzes an einen Verfassungsartikel, also die implizit vertretene Ansicht, dass aus den Verfassungsbestimmungen konkrete, den Gesetzgeber *bindende* Rechtsvorschriften hervorgehen. Des Weiteren wurde in der Begründung des Entwurfs das bislang geltende Strafmaß als zu niedrig kritisiert und herausgestellt, künftig dürfe es für die strafrechtliche Behandlung »faschistischer Agitation« keine Rolle spielen, ob der Agitator selbst an die Wahrheit seiner diskriminierenden Äußerungen glaube oder nicht. In aller Klarheit kam in der Begründung auch zum Ausdruck, dass »die Aufgabe der Verfolgung faschistischer Agitation und ähnlicher Straftaten so dringend [ist], dass sie von der Staatsanwaltschaft von amtswegen durchzuführen ist«, die Staatsanwaltschaft also nur bei zu schwacher Beweislage von einer Anklageerhebung absehen könne. Die Beschränkung des Privatklagerechts auf »Vereinigungen, die auf demokratischer Grundlage die Rechte der betroffenen Personengemeinschaften vertreten«,[50] sei nötig, um einer Überlastung der Gerichte durch Einzelklagen entgegenzuwirken. Der durchgehend generalpräventive Charakter des sächsischen Entwurfs zeigt sich besonders deutlich darin, dass er schon den Besuch einer agitatorischen Versammlung verbietet.

Er wurde den anderen Länderministerien zur Stellungnahme vorgelegt, die sehr unterschiedlich ausfiel. Das Land Mecklenburg[51] signalisierte seine Zustimmung, ebenso wie der Thüringische Generalstaatsanwalt, Friedrich Kuschnitzky, der nun »eine fühlbare Lücke im geltenden deutschen Strafrecht«[52] geschlossen sah und an die schlechten Erfahrungen mit einer zu engen Auslegung des Paragraphen 130 StGB vor 1933 erinnerte.

Das Thüringische Justizministerium beauftragte Richard Lange mit einem Gutachten, in dem er den generalpräventiven Charakter des Gesetzentwurfs kritisierte, weil bereits bestraft werden solle, wer es »unternimmt«,

---

49 *RRGSt*, Bd. 3, S. 632 ff., 24.10.1881; *ERGSt*, Bd. 9, S. 417 ff., 8.1.1884; *RRGSt*, Bd. 8, S. 783 ff., 22.12.1886; *ERGSt*, Bd. 34, S. 268–271, 31.5.1901. Auf die Rechtsprechung des Reichsgerichts verwies auch das Gutachten Langes vom 26.8.1948.

50 Entwurf des Gesetzes gegen die Bekundung von Völker-, Glaubens- und Rassenhass für das Land Sachsen, BA-B, DP 1 VA Nr. 119, Bl. 16–20, hier: Bl. 20 (beide Zitate).

51 Landesregierung Mecklenburg-Vorpommern, Justizverwaltung, an DJV, 6.9.1948, ebd., Bl. 37.

52 GStA Gera an ThMfJ, 28.8.1948, ebd., Bl. 41.

Hasspropaganda zu verbreiten. »Das«, so Lange, »führt in gefährliche Nähe des Gesinnungsstrafrechts; die ›unternehmens‹-Technik [...] wurde gerade in der nat[ional]soz[ialistischen] Zeit mit Vorliebe angewandt, sicherlich keine vorbildliche Erinnerung«. Auch die Gleichstellung von nichtöffentlicher und öffentlicher Bekundung von Rassenhass weckte bei Lange »unangenehme Erinnerungen an frühere Praktiken«, sie führe »wegen der Beweislastschwierigkeiten bei der ›Absicht‹ leicht zum Gesinnungsstrafrecht«.[53] Daneben erschienen ihm die Strafandrohungen zu hoch.

Das Sachsen-Anhaltinische Justizministerium erklärte den sächsischen Entwurf für überflüssig, weil alle seine Bestimmungen bereits durch das Landesgesetz »zum Schutze der Demokratie« vom 30. Mai 1947 abgedeckt seien. Für den Fall eventuell auftretender Zweifel bei der Rechtsauslegung äußerte es unverblümt die Hoffnung, »dass es gelingen wird, die Rechtsprechung so zu steuern, dass der Paragraph 3 des Gesetzes zur Sicherung der Demokratie angewendet wird«.[54]

Der Brandenburgische Justizminister kam, indem er sich auf eine entsprechende Äußerung des Vizepräsidenten der DJV, Melsheimer, auf der Juristentagung am 25. November 1948 bezog, ebenfalls zu dem Schluss, dass sich die bestehenden Gesetze in Verbindung mit der Kontrollratsdirektive 38 (Abschnitt II Artikel III A III) vom 12. Oktober 1946 als ausreichend erwiesen hätten. Zwar sah auch er »die Gefahr des Abgleitens zu einem reinen Gesinnungsstrafrecht« und hielt einige Strafmaße für zu hoch, plädierte aber für einen weiten Tatbegriff. Dagegen lehnte er die Möglichkeit eines Privatklagerechts für den Fall, dass die Staatsanwaltschaft keine Anklage erhob, vehement ab, »weil es bei der hochpolitischen Bedeutung dieser Strafsachen eine kaum tragbare Mißtrauenskundgebung gegen die Staatsanwaltschaft darstellt und im Einzelfall zu schweren Vorwürfen und Reibungen führen muß. Der Staatsanwaltschaft muß das Vertrauen entgegengebracht werden, daß sie alle wirklich strafwürdigen Fälle verfolgen wird.«[55]

Max Fechner, der neue Chef der DJV nach dem Rücktritt Eugen Schiffers, bilanzierte die Stellungnahmen der Länderregierungen dahingehend,

53 Alle Zitate Prof. Dr. Richard Lange an ThMfJ, 26.8.1948, BA-B, DP 1 VA Nr. 119, Bl. 35 f. Ähnlich Senatspräsident Dr. Hermann Großmann OLG Gera an OLG-Präsident, 18.9.1948, ebd., Bl. 38, dem sich OLG-Präsident Gera Dr. Barth an ThMfJ, 23.9.1948, ebd., Bl. 40, anschloss.

54 SAnhMdJ an DJV, 30.9.1948, ebd., Bl. 42 f., hier: Bl. 42; Landesgesetz zum Schutze der Demokratie vom 30.5.1947 (abgedruckt in Karl Wilhelm Fricke, *Politik*, S. 48 f.).

55 Alle Zitate Brandenburgisches MdJ an DJV, 15.12.1948, BA-B, DP 1 VA Nr. 119, Bl. 48.

dass »einmal ein Gesetz geschaffen werden muss, durch das der strafrechtliche Schutz sowohl der neuen demokratischen Einrichtungen wie der demokratischen Anschauungen gewährleistet ist«, doch sah er den richtigen Zeitpunkt dafür noch nicht gekommen. Obwohl fast alle Stellungnahmen aus den Ländern dezent, aber unmissverständlich den generalpräventiven und entgrenzenden Charakter des sächsischen Entwurfs kritisiert hatten, wollte Fechner gerade in diesem Punkt sogar noch weiter gehen:

»Wenn man nämlich an die gesetzliche Regelung dieser Materie herangeht, sollte man sich nicht mit den verhältnismässig eng umgrenzten Tatbeständen, wie sie dem sächsischen Entwurf zugrunde liegen, zufrieden geben, sondern sollte dann in Erwägung ziehen, die gesamte Materie des Schutzes der Demokratie in einem geschlossenen Gesetz zu regeln. Ein derartiges Gesetz bedarf aber der gründlichen Vorprüfung nicht nur in rechtlicher, sondern auch in politischer Beziehung.«[56]

Damit war offen ausgesprochen, dass die *politischen* Aspekte, zu denen vor allem die Herrschaftssicherung der SED gehörte, für ihn Vorrang vor allen anderen Erwägungen hatten. Die Länderregierungen bekräftigten, von der DJV zu nochmaliger Stellungnahme aufgefordert, ihre Positionen; auch Thüringen, das weiterhin auf seiner Erklärung beharrte, dass die bestehenden »Gesetze durchaus nicht alle Bekundungen von Völker-, Glaubens- und insbesondere Rassenhaß erfassen«.[57] Dem drängenden Sächsischen Justizministerium gegenüber blieb die DJV bei ihrer dilatorischen Haltung, so dass es schließlich zu keinem speziellen Gesetz gegen die Verbreitung von Rassenhass in der SBZ kam.[58]

Die Vorstellung, ein Verfassungsartikel gegen den Antisemitismus könne hilfreich sein, erreichte mit fast einem halben Jahrhundert Verzögerung doch noch die SED, allerdings erst in Gestalt ihrer Nachfolgerin PDS, deren Bundestagsfraktion im Jahr 2001 einen Antrag auf Ergänzung des Artikels 26 des Grundgesetzes stellte. Im April 2005, nach dem spektakulären Wahlerfolg der NPD, suchte sie im Sächsischen Landtag um Ergänzung der Verfassung, Artikel 12a, nach: »Rassistische, fremdenfeindliche und antisemitische Aktivitäten sowie eine Wiederbelebung und Verbreitung nationalsozialistischen

56 Beide Zitate Chef DJV an sämtliche Landesjustizverwaltungen, 3.1.1949, ebd., Bl. 54.

57 ThMfJ an DJV, 31.1.1949, BA-B, DP 1 VA Nr. 119, Bl. 58. Dagegen Brandenburgisches MdJ an DJV, 19.1.1949, ebd., Bl. 57; Justizverwaltung Mecklenburg-Vorpommern an DJV, 8.2.1949, ebd., Bl. 59; SAnhMdJ an DJV, 14.4.1949, ebd., Bl. 67.

58 SächsMdJ an DJV, 7.1.1949, BA-B, DP 1 VA Nr. 119, Bl. 56; SächsMdJ an DJV, 14.2.1949, ebd., Bl. 60; Chef der DJV an SächsMdJ, 5.3.1949, ebd., Bl. 64.

Gedankengutes nicht zuzulassen, ist Pflicht des Landes und Verpflichtung aller im Land.«[59]

An den Debatten in der SBZ/DDR über die Bekämpfung des Antisemitismus fällt auf, dass in hohem Maße politisch-utilitaristische Erwägungen, vor allem deutschlandpolitische Überlegungen, in dieses Thema einflossen, die mit Empathie für die Opfer nichts zu tun hatten. Mit der »antizionistischen Wende« der DDR im Schlepptau Stalins 1952 war es mit einer Perspektive, die das Leid der jüdischen Opfer *als Juden* anerkannte, endgültig vorbei, wie sich zum Beispiel an den Schulbüchern zeigen lässt, in denen die Erziehung gegen den Antisemitismus völlig hinter der Schürung antiimperialistischen Hasses zurücktrat.[60] Daher war es nur zynisch-konsequent, wenn die Staats- und Parteiführung antisemitische Vorfälle in der DDR stets auf das Wirken »westlicher Agenten« zurückführte. In diesem Klima wagten es die jüdischen Gemeinden der DDR nur sehr dezent, auf das Fortleben antijüdischer Ressentiments hinzuweisen.[61]

Einmal mehr hatten die Betroffenen in all diesen Vorgängen praktisch keine Rolle gespielt.[62] Lediglich der Geraer Senatspräsident Hermann Großmann brachte den nach dem Novemberpogrom 1938 zwangsaufgelösten Centralverein deutscher Staatsbürger jüdischen Glaubens und den ehemaligen Verein zur Abwehr des Antisemitismus in Erinnerung; solchen Organisationen sollte ebenfalls das Recht auf Privatklagen eingeräumt werden.[63] Siegbert Kahn, führender Wirtschaftsfachmann der SED und als Jude und KPD-Mitglied doppelt Opfer des Nationalsozialismus, bezeichnete 1948 die »Ausrottung des Antisemitismus und jeder Form des Rassenhasses aus dem Denken und Handeln des deutschen Volkes« als »eine unerläßliche Voraussetzung seiner demokratischen Wiedergeburt«.[64] Er lobte die dagegen unternommenen Schritte der SED als vorbildlich. Ob Überzeugung oder Opportunität aus ihm sprach, sei dahingestellt, er wusste es jedenfalls besser, als er mit seiner Forderung nach »sittlicher« *und* »materieller Wiedergutmachung« auf taube Ohren stieß.

59 Antrag 12.4.2005, zit. nach Jesse, »Das Auf und Ab der NPD«, S. 37.

60 Vgl. Rossow/Wiegmann, »Instrumentalisierung«.

61 Offenberg, *»Seid vorsichtig«*, S. 190–197.

62 Zur Jüdischen Gemeinde bzw. den Juden in der SBZ/DDR vgl. Ostow, »Erbe«; ders., *Jüdisches Leben*.

63 Senatspräsident Dr. Hermann Großmann Gera an OLG-Präsident Gera, 18.9.1948, BA-B, DP 1 VA Nr. 119, Bl. 38.

64 Beide Zitate Kahn, *Antisemitismus*, S. 89.

Von keiner staatlichen Stelle waren Vertreter der Jüdischen Gemeinde oder anderer jüdischer Organisationen offiziell über die aktuellen Überlegungen über ein Gesetz zum Schutz vor – unter anderem – antisemitischer Agitation informiert worden. Es hatte einer Anfrage der Jüdischen Gemeinde Dresden bedurft, ehe Justizminister Dieckmann sie im Dezember 1948 von dem Gesetzentwurf in Kenntnis setzte. Der Landesverband der jüdischen Gemeinden in der Russischen Okkupationszone hatte jedenfalls großes Interesse an einer zoneneinheitlichen Regelung auf der Basis des sächsischen Gesetzentwurfs, weil, so die Hoffnung ihres Präsidenten Julius Meyer, »der Antisemitismus dadurch am ehesten und radikalsten beseitigt wird«.[65] Die DJV maß dieser an sie adressierten Anregung freilich keine Bedeutung bei und behandelte sie dilatorisch, ohne in irgendeiner Weise inhaltlich zu ihr Stellung zu nehmen.[66]

In der Epoche nach 1945 entwickelte sich der im Juli 1950 gegründete Zentralrat der Juden in Deutschland zum mit Abstand wichtigsten jüdischen Interessenvertreter, an dessen quasi offizieller Stellung aus den demokratischen Parteien zumindest öffentlich niemand Zweifel anzumelden wagte.[67] Für den Zentralrat standen die Entschädigungs- und Wiedergutmachungszahlungen, die deutsch-israelischen Beziehungen und der Wiederaufbau eines jüdischen Gemeindelebens im Vordergrund; juristische Fragen der Abwehr des Antisemitismus hingegen gelangten seltener auf seine Tagesordnung, es sei denn, dass aktuelle Vorfälle traurigen Anlass dazu boten.

Eines der Motive jüdischerseits, trotz beziehungsweise *wegen* der schrecklichen Erfahrungen der Jahre 1933 bis 1945 in Deutschland zu bleiben, war der Wille, den Kampf für die Demokratie und gegen den Antisemitismus weiterzuführen. Ernst Landau beispielsweise bezeichnete es 1946 in der *Jüdischen Rundschau* als Pflicht und religiöses Gebot, zur »Erziehung« der Deutschen beizutragen, damit sie in die neue demokratische Ordnung hineinwachsen können. R. May nannte die Juden »Warnglocken« in der deutschen Gesellschaft, und schon lange vor dem bekannten Ausspruch des US-Hoch-

65 Vorbereitender Ausschuss Landesverband der Jüdischen Gemeinden in der Russischen Okkupationszone an DJV, 4.1.1949, BA-B, DP 1 VA Nr. 119, Bl. 55.

66 Vorbereitender Ausschuss Landesverband der Jüdischen Gemeinden in der Russischen Okkupationszone an DJV, 16.2.1949, ebd., Bl. 61; Chef DJV an Landesverband, 5.3.1949, ebd., Bl. 64.

67 Vgl. Zieher, »Privilegierung«; ders., *Schatten*; Weingardt, *Deutsche Israel- und Nahostpolitik*, S. 61–99.

kommissars John McCloy galt die Haltung der nichtjüdischen Deutschen zu den Juden als »Prüfstein der Demokratie«. Schließlich gab es die Befürchtung, dass, »wenn der letzte Jude Deutschland verlässt, niemand übrig bleiben [wird], um gegen den Antisemitismus zu kämpfen«.[68] Diese Haltung war wohl eher eine Minderheitenmeinung; interessant ist sie trotzdem, weil sie explizit die Bekämpfung des Antisemitismus mit der Demokratisierung der deutschen Gesellschaft verknüpfte.

Ob jüdische Interessenvertreter während der verschiedenen Reformversuche des Paragraphen 130 StGB unmittelbar konsultiert wurden, geht aus den Quellen nicht hervor. Nicht zuletzt aufgrund der tatsächlichen oder erwarteten Medienresonanz im Ausland war die Tendenz zur Verharmlosung antisemitischer Agitation nach 1945 allerdings in der Regel gering. Das Beispiel Generalbundesanwalt Güdes mag dies verdeulichen, der sich selbst mit dem antisemitischen Pamphlet *Die kommende rote Diktatur!* von Guido Roeder befasste und im Fall Nielands sogar das Verfahren an sich zog.

2. Die »wehrhafte Demokratie« in der westdeutschen Praxis

Die Prozesse gegen Kriegsverbrecher vor deutschen und alliierten Gerichten sind ein zwar verwandtes und vor allem in der öffentlich-publizistischen Diskussion jener Zeit eng mit der Bekämpfung antisemitischer Äußerungen in der damaligen Gegenwart verknüpftes Phänomen, das aber eine andere Zielrichtung hatte und deshalb hier nicht weiter behandelt wird.[69] Diese Prozesse befassten sich nicht nur mit den während des Zweiten Weltkriegs verübten Verbrechen, sondern auch mit den Brandstiftungen, Plünderungen und Angriffen auf Leib und Leben von Juden während der NS-Zeit, insbesondere in Verbindung mit der Pogromnacht vom 8./9. November 1938. Juristisch waren dabei zwei Probleme zu lösen, nämlich das der Verjährung und das der

68 Zitate von Ernst Landau, »Wir Juden und die Umwelt. Ein Beitrag zum Problem der Kollektivschuld«, in: *Jüdische Rundschau*, Jg. 1, Juli 1946, S. 25; R. May, »Persönlichkeiten«, in: *Der Weg* vom 17.1.1947; W.G./H.M., »Die problematische Stellung der Juden in Deutschland«, in: ebd. vom 1.3.1946; H. Lewy, »Auswandern oder ausharren?«, in: ebd. vom 24.10.1947; alle Zitate nach Anthony, *Land*, S. 60 f.

69 Vgl. dazu jetzt Osterloh/Vollnhals (Hrsg.), *NS-Prozesse*. Skeptisch gegenüber der Tendenz, durch diese Prozesse die »historische Wahrheit« zu ermitteln und zu verbreiten, ist Marrus, »History«.

Rechtsgrundlage, um dem *Nulla-poena*-Gebot zu entsprechen. Insgesamt gab es zwar annähernd zweieinhalbtausend Ermittlungsverfahren, doch nur vergleichsweise wenige und milde Verurteilungen.[70]

Die »Verordnung zur Beseitigung nationalsozialistischer Eingriffe in die Strafrechtspflege« vom 23. Mai 1947 legte in Artikel I Paragraphen 1 und 3 fest, dass bei Verbrechen oder Vergehen mit einer Höchststrafe von über drei Jahren Haft, die zwischen dem 30. Januar 1933 und dem 8. Mai 1945 aus politischen Gründen nicht verfolgt wurden, die Verjährungsfrist für diesen Zeitraum ruhe und erst mit dem 9. Mai 1945 wieder einsetze.[71] Das betraf insbesondere Delikte wie die Verfolgung aus politischen, religiösen oder rassistischen Gründen. Als Rechtsgrundlage diente meist das Alliierte Kontrollratsgesetz Nr. 10 vom 20. Dezember 1945, das Kriegsverbrechen, Verbrechen gegen den Frieden und gegen die Menschlichkeit unter Strafe stellte. Die darauf aufbauende Kontrollratsverordnung Nr. 47 bestimmte, dass den ordentlichen deutschen Gerichten die Gerichtsbarkeit bei Verbrechen gemäß Kontrollratsgesetz Nr. 10 dann zufiel, wenn die Verbrechen von Deutschen gegen Deutsche oder Staatenlose begangen worden waren. Waren auch andere deutsche Strafnormen verletzt, konnte alternativ nach diesen angeklagt werden.

Wegen ihrer mutmaßlichen Beteiligung an Verbrechen während der Pogromnacht 1938 in Freiburg, Breisach, Ihringen und Eichstetten erhielten beispielsweise sieben der acht Angeklagten Ende März 1949 Haftstrafen zwischen zwei Wochen und einem Jahr.[72] Neben dem Kontrollratsgesetz Nr. 10 erfolgten in zwei Fällen Verurteilungen nach Paragraph 166 StGB. Diese Strafmaße lagen in fünf Fällen zum Teil beträchtlich unter den von der Staatsanwaltschaft geforderten, die auf bis zu drei Jahren Zuchthaus gelautet hatten. Diese Milde scheint für solche Verfahren typisch gewesen zu sein.[73] Eine relativ harte Bestrafung traf dagegen den Haupttäter des im vorigen Kapitel erwähnten Pogroms vom 25. März 1933 in Creglingen. Im Oktober 1952 erkannte das Gericht wegen Körperverletzung im Amte und Körperverletzung mit Todesfolge in zwei Fällen auf fünf Jahre Gefängnis, die er aufgrund eines Gnadenerweises allerdings nur teilweise absitzen musste. Sechs weitere Tatverdächtige hatte das Landgericht Ellwangen schon Ende 1949 abgeurteilt, einen der Angeklagten zu einem Jahr Gefängnis, die restlichen

70 Vgl. Raim, »›Daß alle […] die verdiente Strafe erhalten‹«.
71 Vgl. Pardo/Schiffner, *Jud Süss*, S. 39.
72 Vgl. zum Folgenden Huggle, »Angeklagt«.
73 Vgl. z.B. für Südhessen Kohlmannslehner/Lange, »Nach 1945«, S. 281–287.

dagegen sprach es frei.[74] Der Versuch, zumindest die offenkundigsten antisemitisch motivierten Gesetzesverstöße in der NS-Zeit systematisch zu ahnden, wurde in der Bundesrepublik freilich nie unternommen. Das lag nicht nur am Problem der Verjährung oder an der schwierigen Beweisaufnahme, sondern vor allem an dem amnestiefreudigen Klima jener Jahre.

Der auf Gegenwart und Zukunft gerichtete Schutz der Demokratie vor verhetzender Agitation galt nicht nur den »klassischen« Verfassungsinstitutionen, sondern reichte weit über diese hinaus. Die politischen Parteien bekamen durch das Grundgesetz Verfassungsrang, da sie laut Artikel 21 Absatz 1 an der politischen Willensbildung des Volkes mitwirken. Folgerichtig wurden sie zugleich dazu verpflichtet, ihre innere Ordnung den demokratischen Grundsätzen entsprechend zu gestalten. Dass die Parteien in ihre Statuten Passagen aufnahmen, in denen sie sich die Bekämpfung der Verbreitung von »Rassenhass« zum Ziel setzten, hat freilich mehr mit der unmittelbaren Schockwirkung der NS-Verbrechen zu tun als mit verfassungsrechtlichen Überlegungen, zumal die Parteiprogramme älter sind als das Grundgesetz. Kurt Schumacher etwa erklärte es auf dem Nürnberger Parteitag vom 29. Juni bis 2. Juli 1947 zur Aufgabe der SPD, sich nicht nur für die Wiedergutmachung und Entschädigung der Juden, sondern ebenso für das Verbot aller antisemitischen Propaganda einzusetzen.[75] Die bereits erwähnten Gesetzesvorschläge im Hessischen Landtag für ein »Gesetz zum Schutz der demokratischen Freiheit« und im Bundestag für ein »Gesetz gegen die Feinde der Demokratie« hatte die SPD entworfen und eingebracht.

Zwar hatten alle Parteien in ihre Programme Abschnitte eingefügt,[76] in denen sie die Gleichheit aller Staatsbürger ungeachtet ihrer Herkunft oder religiösen und weltanschaulichen Überzeugung forderten, den Antisemitismus darin jedoch nicht explizit erwähnt. Im Oktober 1946 schlug August Haußleitner auf einer Sitzung des Landesausschusses der CSU einen Passus für das Parteiprogramm vor, der »jede Art von Rassenhaß, und insbesondere den antisemitischen, als schmachvollen Rückfall in eine überwundene Barbarei mit Entschlossenheit« ablehnte. Während Dr. Fritz Gerathewohl lediglich den pathetischen Ton dieser Aussage abschwächen wollte, ging Ludwig Sporer auf Konfrontationskurs. Auf die Situation in Bogenhausen und die dort lebenden ostjüdischen »Displaced Persons« anspielend, beantragte er,

74 Vgl. Naser, »Schuld«, S. 204; und Schurr, »›Judenaktion‹«, S. 79.
75 Vgl. Shafir, »SPD«, S. 193.
76 Vgl. Kunz/Maier/Stammen (Hrsg.), *Programme*.

»das Wort Antisemitismus nicht anzuführen«, denn »wir sind nicht schuldig und haben es daher auch nicht nötig, uns zu entschuldigen«. Zwar werde die CSU »auch dafür einstehen, daß die Juden dableiben«, aber allzu deutliche Worte würden, so Sporer, »nach Zeitgeschmack« klingen, zumal man »jetzt an den Wahlkampf denken« müsse. Dieser Argumentation stimmte der Landesausschuss mehrheitlich zu, so dass der entsprechende Passus entkonkretisiert wurde zu: »deshalb lehnen wir jede Art von Rassenhaß ab«.[77] Dieselbe Furcht vor klaren Aussagen prägte später die Beratungen des Parlamentarischen Rates. Immerhin enthielt das CSU-Grundsatzprogramm »Die dreißig Punkte der Union« vom November 1946 den Satz, dass jegliche Form des Antisemitismus gegen die Ursprünge und das Wesen des Christentums verstoße.

Neben diesen verfassungsrechtlichen Sicherungen wurden in der Frühzeit der Bundesrepublik verschiedene staatliche Organisationen ins Leben gerufen, die sich der Festigung der Demokratie und der Bekämpfung rassistischer beziehungsweise antisemitischer Agitation widmen sollten. Die seit Sommer 1948 in mehreren deutschen Städten gegründeten Gesellschaften für Christlich-Jüdische Zusammenarbeit hatten unter anderem das Ziel, durch Aufklärung und Dialog den Antisemitismus zu bekämpfen. Der Münchner Oberbürgermeister und Vorsitzende der dortigen Gesellschaft, Dr. Karl Scharnagl, musste diesen Posten allerdings ein Jahr später wegen einer antisemitischen Äußerung niederlegen – eines von vielen Beispielen dafür, wie schwierig sich der »jüdisch-christliche Dialog« im Schatten des Holocaust gestaltete.[78] Dem Schutz der demokratischen Ordnung mit Geheimdienstmitteln dient das offiziell 1950 errichtete Bundesamt für Verfassungsschutz, dessen Ursprung sich bis ins Jahr 1947 zurückverfolgen lässt und das auf die Bekämpfung rechtsradikaler Gruppierungen und antisemitischer Propaganda in der Britischen Zone zurückgeht.[79] 1949 kam als halbstaatliche Institution die Freiwillige Selbstkontrolle der Filmwirtschaft, FSK, hinzu, die es sich zur Aufgabe gemacht hat, »antidemokratische (nationalsozialistische, bolschewistische u.ä.), militaristische, imperialistische, nationalistische oder rassen-

77 Alle Zitate nach Fait/Mintzel (Hrsg.), *CSU*, Dok. Nr. 24, S. 671–769, hier: S. 740 f.; vgl. dazu auch Kauders, »Catholics«, S. 474 ff.

78 Vgl. Foschepoth, *Schatten*, S. 81–88; vgl. allgemein auch Frank Stern, »Wider Antisemitismus«.

79 Vgl. Buschfort, *Geheime Hüter*, bes. S. 26–30 u. S. 128–150.

hetzerische Tendenzen«[80] zu bekämpfen. Außerdem sei die 1952 eingerichtete Bundeszentrale für Heimatdienst hier erwähnt, die nicht nur dem Namen nach eine Fortführung der Reichszentrale für Heimatdienst war und 1962 in Bundeszentrale für politische Bildung umbenannt wurde; sie kann als »pädagogische Hüterin der ›streitbaren Demokratie‹«[81] gelten. 1954 folgte die Bundesprüfstelle für jugendgefährdende Schriften, die auf der Grundlage des »Gesetzes über die Verbreitung jugendgefährdender Schriften« tätig werden und »unsittliche sowie Verbrechen, Krieg und Rassenhaß verherrlichende Schriften«[82] aus dem Verkehr ziehen sollte. Neonazistische und antisemitische Veröffentlichungen waren in den 1950er Jahren allerdings kaum davon betroffen, da der Kampf gegen sexuell »obszöne« Literatur oder gegen Comics im Vordergrund der Aktivitäten der Bundesprüfstelle stand.[83] Ende 1958 schlossen sich die wichtigsten Illustrierten zur »Selbstkontrolle der Illustrierten« zusammen, deren Vereinbarung unter anderem vorsah, die Verbreitung von Rassenhass zu verhindern.[84]

Seinem eigentlichen »Praxistest« unterzog sich das Konzept der »wehrhaften Demokratie« jedoch im Zuge der Verbotsverfahren gegen die Sozialistische Reichspartei (SRP) und die KPD. Wie bereits erwähnt, verpflichtet das Grundgesetz die Parteien im Gegenzug zum ihnen gewährten Verfassungsprivileg zur Einhaltung demokratischer Prinzipien; Artikel 21 Absatz 2 eröffnet die Möglichkeit eines Parteiverbots durch das Bundesverfassungsgericht. Davon machte es erstmalig im Oktober 1952 im Fall der rechtsradikalen und antisemitischen SRP Gebrauch; das zweite Mal traf es im August 1956 die KPD.

Die im Oktober 1949 in Hannover gegründete Sozialistische Reichspartei[85] hatte ihren regionalen Schwerpunkt in Norddeutschland und zählte viele ehemalige NS-Funktionsträger der zweiten oder dritten Garnitur in

80 »Grundsätze der FSK«, revidierte Fassung vom 2.4.1949, zit. nach Wohland, *Informationsfreiheit*, S. 194. Vgl. auch Heinz-Dietrich Fischer, »Renaissance«; Cron, »Organisation«.

81 Jaschke, *Streitbare Demokratie*, S. 226.

82 *BGBl.* I, Nr. 27, 16.6.1953, S. 377 ff., Paragraph 1, hier: S. 377.

83 Vgl. Bertz, *Bundesprüfstelle*; Stephan Buchloh, »Wider die Schmutzflut«, S. 175.

84 Vgl. van Dam, »Selbstkontrolle«.

85 Als Überblick vgl. Hansen, *Sozialistische Reichspartei*; spezieller ders., »›Radau‹-Nationalismus«; Gnad, »Sozialistische Reichspartei«; Schmollinger, »Sozialistische Reichspartei«. Als zeitgenössische Auseinandersetzung mit dem organisierten Rechtsradikalismus vgl. Knütter, *Ideologien*.

ihren Reihen, von denen Otto Ernst Remer,[86] der sich durch die Niederschlagung des Umsturzversuchs vom 20. Juli 1944 in Berlin als Held der rechtsradikalen Szene präsentieren konnte, der bekannteste war. Im Mai 1951 erlangte die SRP, von der »Verbindung von materieller Not und sozialer Deklassierung mit der nachlassenden politischen Integrationskraft der bestehenden Parteien«[87] profitierend, 11 Prozent der Stimmen bei der niedersächsischen Landtagswahl. Dieser Wahlerfolg machte sie endgültig zu einem Thema der internationalen Politik, zumal sich die Westalliierten besorgt zeigten und Kanzler Adenauer seine bis dahin gepflegte Zurückhaltung stufenweise aufgeben musste, nicht zuletzt auch deshalb, weil zu befürchten stand, dass sich die Rückgewinnung der westdeutschen Souveränität durch allzu zaghaftes Einschreiten gegen rechtsradikale Personen und Parteien verzögern könnte.

Die Ideologie der SRP lässt sich mit den Schlagwörtern »Gemeinschaft«, »Führung«, »Deutscher Sozialismus«, »Reichsidee« und mit ihrer generellen Verneinung der Demokratie umschreiben. Die Frontstellung gegen den »Materialismus«, »Mammonismus« und »Kapitalismus« bildete das größte Einfallstor antisemitischer Ressentiments, die aus naheliegenden Gründen im Parteiprogramm oder in den offiziellen Parteiverlautbarungen zunächst nicht zur Sprache kamen, freilich bald »andeutungsweise und zögernd, aber auch schon wieder offen und aggressiv«[88] geäußert wurden. Neben dem Stereotyp der »jüdischen Ausbeutung« war vor allem eine an die Verhältnisse des Kalten Krieges adaptierte Variante der »jüdischen Weltverschwörung« kennzeichnend für den Antisemitismus der SRP. Die durch das Verbotsverfahren drohende Gefahr wurde seitens der SRP zunächst unterschätzt, ja, man sah sogar eine Chance, sich als verfassungstreu zu präsentieren. Taktisch motiviert mäßigte die Partei ihre Außendarstellung, um alles zu vermeiden, »was geeignet ist, Zweifel in unsere demokratische und verfassungsrechtliche Grundauffassung zu setzen«, und man erklärte gar, »bedingungslos auf dem Boden einer demokratischen Staatsordnung im rechtsstaatlichen Sinne«[89] zu stehen. Der wachsende staatliche Druck auf die Partei führte in diesem Fall dazu, dass diejenigen, die weniger aus einer festgefügten rechtsextremistischen Überzeugung heraus als vielmehr aus Unzufriedenheit mit den politi-

86 Vgl. Jesse, »Biographisches Porträt«.

87 Buschke, »Sozialistische Reichspartei«, S. 106.

88 Furth, »Ideologie«, bes. S. 226–232, hier: S. 227.

89 SRP-Rundschreiben Nr. 35/51, 25.10.1951, und Erklärung Parteivorstand, 8.5.1951, zit. nach Trittel, »Sozialistische Reichspartei«, S. 78 u. S. 79.

schen, wirtschaftlichen und sozialen Verhältnissen zur SRP gestoßen waren, sich wieder von ihr abwandten.[90] Die Gegenwehr gegen die SRP wurde zwar von allen demokratischen Parteien getragen, doch spielten dabei »permanent taktische Erwägungen eine Rolle«.[91] Seitens der bürgerlichen Parteien gab es die Befürchtung, die potenzielle eigene Wählerschaft durch ein zu energisches Vorgehen gegen die SRP zu brüskieren, während die SPD die Schwächung des bürgerlichen Lagers durch die SRP nicht ungern sah. Am klarsten profilierte sich der Deutsche Gewerkschaftsbund (DGB) unter Hans Böckler, der die Störung von Partei- und Wahlkampfauftritten der SRP organisierte.[92] Daneben erließen mehrere Länderinnenminister Rede- und Versammlungsverbote.

Die Bundesregierung tat sich schwer damit, eine einheitliche Haltung gegenüber der SRP zu finden, obwohl – oder weil – das Kabinett schon am 19. September 1950 grünes Licht für einen an die Beamtenschaft gerichteten »Unvereinbarkeitsbeschluss« gab, der trotz Zweifeln an seiner Verfassungsmäßigkeit vom Bundesverwaltungs- und vom Bundesverfassungsgericht bestätigt wurde.[93] Dieser Beschluss führte zehn linksextreme Gruppierungen, allen voran die KPD, und erst dann die SRP und zwei weitere rechtsextreme Gruppen auf. Daneben gab es mehrere von der Bundesregierung angestrengte Gerichtsverfahren gegen prominente SRP-Führer wegen Beleidigung, übler Nachrede oder Verächtlichmachung der Bundesrepublik sowie zeitweise Verbote und Beschlagnahmen der SRP-Organe *Deutsche Opposition* und *Reichszeitung*. Im April 1952 stellte Bundesinnenminister Robert Lehr im Namen der Bundesregierung beim Verfassungsgericht einen Antrag auf Aberkennung der Grundrechte gegen Remer, der wegen dessen Flucht erst zurückgestellt und 1960 schließlich niedergeschlagen wurde.

Als langwierig erwies sich jedoch die Entscheidung des Kabinetts zum Verbotsantrag.[94] Innenminister Lehr vertrat schon Ende Januar 1951 die Meinung, »daß die Sozialistische Reichspartei besondere Aufmerksamkeit erfordere«,[95] traf damit aber bei der Mehrzahl seiner Kabinettskollegen nicht

90 So zumindest die These bei Buschke, »Sozialistische Reichspartei«, S. 106 f.

91 Hansen, *Sozialistische Reichspartei*, S. 297.

92 Zum Folgenden vgl. Büsch, »Ideologie«, S. 175–183.

93 Erlass BMI, 19.9.1950, in: *Gesetz- und Mitteilungsblatt der Bundesregierung* 1950, S. 93, hier zit. nach Trittel, »Sozialistische Reichspartei«, S. 69, Anm. 15. Vgl. auch Rudolf, »›Verfassungsfeinde‹«, S. 217 ff.

94 Zum Tauziehen um das Verbotsverfahren vgl. Frei, *Vergangenheitspolitik*, S. 326–360.

95 126. Sitzung, 30.1.1951, in: *Kabinettsprotokolle der Bundesregierung*, Bd. 4, 1951, S. 126.

auf Zustimmung. Bei dem Ende April im Zusammenhang mit der geplanten Volksbefragung zur Remilitarisierung besprochenen Vorgehen gegen kommunistische Organisationen empfahl Bundeskanzler Adenauer, »auch entsprechende Maßnahmen gegen den Rechtsradikalismus zu erlassen«. Der Staatssekretär im Ministerium für Bundesratsangelegenheiten und führende Kopf der rechtskonservativen Deutschen Partei (DP), Hans-Joachim von Merkatz, und der Staatssekretär im Bundeskanzleramt, Otto Lenz (CDU), hielten dagegen eine »parallele Aktion gegen den Rechtsradikalismus nicht für angezeigt, weil es sich hierbei in viel größerem Maße als es bei den Kommunisten der Fall sei, um irregeleitete, verbitterte Menschen handele, die man nicht zu Märtyrern machen solle«.[96] Trotz dieser Bedenken stimmte das Kabinett dem Vorhaben zu, im Innenministerium Material über den Rechtsradikalismus in Niedersachsen zu sammeln.

Zwei Wochen später kam Innenminister Lehr im Kabinett in Abwesenheit von Kanzler Adenauer zu dem Schluss, »daß die SRP sich durch nichts von der NSDAP unterscheide, es müsse jetzt sofort zugegriffen werden, um nicht eine Entwicklung aufkommen zu lassen, wie wir sie bereits 1932 erlebt hätten«. Auch Vertriebenenminister Hans Lukaschek, durch seine Verbindung zum Widerstand in der NS-Zeit in dieser Hinsicht sehr sensibel, plädierte für einen sofortigen Verbotsantrag, sah er doch den »Staatsnotstand gegeben«, und zwar »nicht nur mit Rücksicht auf die innenpolitischen Verhältnisse, sondern vielmehr im Hinblick auf die Auswirkungen im Auslande«. Justizminister Dehler und Merkatz hingegen warnten vor einem voreiligen Verbotsverfahren, bei dem die Gefahr bestehe, »später vom Bundesverfassungsgericht ein verfassungswidriges Verhalten bescheinigt zu bekommen«. Arnold Köttgen, Juraprofessor und von 1950 bis 1952 Referatsleiter im Bundesministerium des Innern, Staatssekretär Lenz und Verkehrsminister Hans-Christoph Seebohm teilten diese Bedenken. Letzterer empfahl, die anstehende Landtagswahl in Niedersachsen abzuwarten, denn dann wisse man, »wo eigentlich die Staatsfeinde steckten«,[97] und könne besser gegen sie vorgehen.

Die Waagschale senkte sich – nach langer, stiller Destruktionspolitik unter anderem von Justizminister Dehler[98] – erst dann zugunsten der Ver-

96 143. Sitzung, 24.4.1951, in: ebd., beide Zitate S. 333.

97 145. Sitzung, 4.5.1951, in: ebd., Zitate Lehr S. 346, alle weiteren S. 347.

98 So die Einschätzung bei Frei, *Vergangenheitspolitik*, S. 332–346. Positiver bei Wengst, *Thomas Dehler*, S. 165–169, doch die S. 195–201 angeführten Ausfälle Dehlers insbesondere gegen Frankreich, dem er eine Mitschuld an Hitlers Machtübernahme zusprach, zeigen

botsbefürworter, als Kanzler Adenauer nach dem triumphalen Wahlergebnis der SRP in Niedersachsen seine Ansicht bekräftigte, »daß mit allen Mitteln versucht werden müsse, das Umsichgreifen derartiger Organisationen zu verhindern«, damit die Demokratie nicht noch einmal wie 1933 »an den demokratischen Grundsätzen sterbe«.[99] Am 19. November 1951 reichte die Bundesregierung schließlich ihren Verbotsantrag beim Verfassungsgericht ein und wurde darin von der Presse überwiegend unterstützt, auch wenn die *Frankfurter Allgemeine Zeitung* und die *Welt* einige grundsätzliche Bedenken formulierten.[100] Um die Widerstände innerhalb der Koalition zu überwinden, beantragte sie das Verbot der KPD gleich mit, obwohl dafür die Beweislage noch völlig unzureichend war. Das Hauptargument gegen die SRP, unter anderem untermauert durch ein Gutachten Ludwig Bergsträssers, lautete, sie sei eine Nachfolgeorganisation der NSDAP.[101] Die Versuche der Parteileitung, sich in dem mündlichen Prozess als verfolgte Unschuld zu gerieren, verfingen nicht. Das argumentativ wesentlich auf Gerhard Leibholz zurückgehende[102] Verbot vom 23. Oktober 1952 erfolgte zwar nicht vorrangig, aber *auch* aufgrund des Vorwurfs der Reanimierung des Antisemitismus, da die SRP jede »Gelegenheit zur Diffamierung jüdischer Menschen«[103] nutze. Gleichzeitig konzeptualisierte das Gericht die Idee der freiheitlich-demokratischen Grundordnung, die als solche im Grundgesetz selbst nicht festgeschrieben ist. Als Minimaldefinition bestimmte es sie als eine »unter Ausschluß jeglicher Gewalt- und Willkürherrschaft [...] rechtsstaatliche Herrschaftsordnung auf der Grundlage der Selbstbestimmung des Volkes nach dem Willen der jeweiligen Mehrheit und der Freiheit und Gleichheit«. Zu ihren grundlegenden Prinzipien seien mindestens zu rechnen: das

> »Recht der Persönlichkeit auf Leben und freie Entfaltung, die Volkssouveränität, die Gewaltenteilung, die Verantwortlichkeit der Regierung, die Gesetzmäßigkeit der Verwaltung, die Unabhängigkeit der Gerichte, das Mehrparteienprinzip und die Chancengleichheit für alle politischen Parteien mit dem Recht auf verfassungsmäßige Bildung und Ausübung einer Opposition«.[104]

---

ihn als einen gelegentlich bedenklich am deutschnationalen Rand des politischen Spektrums operierenden Politiker.

99 146. Sitzung, 8.5.1951, in: *Kabinettsprotokolle der Bundesregierung*, Bd. 4, S. 356.

100 Vgl. Buschke, *Deutsche Presse*, S. 147–186.

101 Zum Folgenden vgl. Büsch, »Ideologie«, S. 183–192. Zu Bergsträsser vgl. jetzt auch Zibell, *Politische Bildung*.

102 Vgl. Hanschmann, »Parteiverbotsverfahren«.

103 *BverfGE*, Bd. 2, S. 1–79, 23.10.1952, hier: S. 68.

104 Beide Zitate ebd., S. 12 f.

1956 wurde der Verbotsantrag gegen die KPD gleichfalls positiv beschieden. Dieses doppelte Parteiverbot – gegen je eine links- und eine rechtsradikale Partei – macht deutlich, dass es nicht nur um die Bekämpfung einer konkreten Gefährdung der demokratischen Ordnung der Bundesrepublik ging.[105] Eine solche wird man, erst recht nach einem Abstand von über einem halben Jahrhundert, in beiden Fällen eher als recht gering einschätzen müssen. Wichtiger war es, den offiziellen antitotalitären Grundkonsens zu demonstrieren und symbolisch zu konsolidieren sowie in »Distanzierung von der Weimarer Verfassung«,[106] gar in »gewollte[m] Gegensatz zu der Weimarer Regelung«,[107] das abstrakte Modell der »wehrhaften Demokratie« in juristisch handhabbare Formen und Formeln zu übersetzen. Das »Denken vom Staat her«, der Vorrang der Wahrung der institutionellen Ordnung, war damit freilich nicht nur nicht gebrochen,[108] vielmehr war das Instrument »streitbare Demokratie« »dem Ruf nach mehr Staat, zu Lasten grundrechtlicher Verbürgungen der Verfassung, behilflich«[109] und legitimierte den alten Primat der Staatsraison aufs Neue. Der »Jakobinismus in der jungen Bundesrepublik« zeichnete sich dadurch aus, dass er sich der Rhetorik des Ausnahmezustandes und der Freund-Feind-Definition des Politischen im Sinne Carl Schmitts bediente und auf diese Weise »im Gewand der zum Staatsschutz verkürzten Verfassungsschutzkonzeption obrigkeitsstaatliche auf Kosten liberaldemokratischer Traditionen reaktiviert[e]« – bei gleichzeitiger Beschwörung der »Kontinuität eines demokratischen Legitimationshintergrundes«.[110]

Obwohl auch später immer wieder Parteiverbote erwogen wurden, gab es auf Bundesebene keinen solchen Vorstoß mehr[111] – bis zu jenem im März 2003 sang- und klanglos gescheiterten Antrag gegen die NPD, den die Bundesregierung symbolträchtig am 30. Januar 2001 eingereicht hatte und der von »Hektik, Symbolik und Aktionismus«[112] geprägt war. Historisch war es

105 Das Fortwirken antiliberaler Strafrechtsdogmatik im Umgang mit der KPD betont Perels, »Nachwirkungen«.

106 Gusy, »›Vergangenheitsrechtsprechung‹«, S. 77.

107 Jellinek, »Bericht«, S. 5.

108 Vgl. Doering-Manteuffel, »Freiheitliche demokratische Grundordnung«, S. 275 f.

109 Lameyer, *Streitbare Demokratie*, S. 206.

110 Alle Zitate Thiele, »›Keine Freiheit‹«, S. 795 u. S. 809.

111 Dagegen wurde die Deutsche Reichspartei in Rheinland-Pfalz als SRP-Nachfolgeorganisation verboten, vgl. Schmollinger, »Deutsche Reichspartei«, S. 1131; und Gnad, »Deutsche Reichspartei«.

112 So zutreffend der ansonsten unnötig polemische Flemming, *NPD-Verbotsverfahren*, S. 242. Weiterhin vgl. Lovens, »Parteiverbote«; Meier/Leggewie (Hrsg.), *Verbot*; Lynen von Berg/Tschiche (Hrsg.), *NPD*; Gelberg, *Parteiverbotsverfahren*.

nicht außergewöhnlich, dass diesem Musterbeispiel eines leerlaufenden rechts- und verfassungspolitischen Aktionismus eine eigenwillige Kombination von konservativem Ordnungsdenken (Günther Beckstein) und diffusem Liberalismus im Sinne eines »Aufstands der Anständigen« (Gerhard Schröder) zugrunde lag. Der »neonazistische Gehalt« rechtsextremistischer Parteien hat seit den fünfziger Jahren abgenommen – zumindest bis zur Jahrtausendwende. Gleichzeitig hat die öffentliche Diskussion um Verbotsverfahren – eine solche hatte es im Falle der SRP kaum gegeben – enorm zugenommen; Parteiverbote schienen keine Selbstverständlichkeit mehr zu sein. Seit Eckhard Jesse dies festgestellt hat,[113] sind bereits wieder eineinhalb Jahrzehnte vergangen, in denen sich die Situation des organisierten Rechtsradikalismus durch die weitgehende Einbindung der rechtsextremen Jugendszene in die Parteistrukturen der NPD enorm verändert hat. Auch ist die Bereitschaft wieder gewachsen, Verbotsverfahren einzuleiten und nach dem Vorbild der USA eine *Hate-crime*-Gesetzgebung aufzubauen, ungeachtet der rechtstheoretischen, rechtspraktischen, aber auch empirischen Probleme, »Hassverbrechen« zu definieren.[114]

3. Skandalgeschichte

Die Geschichte der politischen und/oder juristischen Skandale um antisemitische Äußerungen in der frühen Bundesrepublik ist inzwischen intensiv erforscht worden. Hier genügt daher eine kurze Skizze, um das Umfeld deutlich zu machen, in dem der »Fall Roeder« spielt, der zu den weniger bekannten Episoden zählt, sich aber sehr gut zur Illustration juristischer Probleme eignet.

Wenn man sich die Situation in den ersten Jahren nach Kriegsende vergegenwärtigt, dann wird als Erstes deutlich, dass der frühe Nachkriegsantisemitismus nur bedingt ein »Antisemitismus ohne Juden« war, denn in einigen Gebieten Deutschlands waren Juden 1946 sichtbarer als 1932 – und bald wieder Zielscheibe des Hasses.[115] Kurz vor Weihnachten 1946 wurden im

113 Vgl. Jesse, »Rechtsextremistische Parteien«.

114 Zu diesem Thema vgl. Baldus, *Hate Crime*; Bleich/Hart, »Quantifying Hate«; Brugger, »Verbot«; James B. Jacobs, »Emergence«; Krakau, »Hate Speech«, bes. S. 99.

115 Als Überblick vgl. Brenner (Hrsg.), *Nach dem Holocaust*, S. 13–116, und die anschließenden Zeitzeugenberichte; ders., »Wider den Mythos«; Geller, *Jews*; Kauders, *Unmögliche Heimat*.

Hauptbahnhof Hannover einige Juden aus Osteuropa unter dem Ruf »Ihr seid von dort, wo man die Unsrigen vertreibt«,[116] krankenhausreif geschlagen, ohne dass auch nur einer der Täter verhaftet worden wäre. 1947 kam es zur Schändung jüdischer Friedhöfe in Hannover und Lübeck.

Nicht besser erging es den in Südhessen in größerer Zahl lebenden jüdischen »Displaced Persons« (DPs). Sie waren Anfeindungen ausgesetzt, die umstandslos an die Zeit vor der Shoa anknüpften, wie in einem Zeitungsbericht vom Frühjahr 1947 deutlich wurde: »Dieburg [...] ist zu den Juden sehr feindlich gestimmt. Juden sind dort schon mit Steinen beworfen worden, Scheiben wurden zerbrochen und von einem Gasthaus hat man schon herausgerufen ›Juden raus‹«.[117] Auf solche und ähnliche Vorkommnisse reagierte das Hessische Ministerium für politische Befreiung mit einem Aufruf vom 15. Januar 1948, in dem es den Antisemitismus als »Dummheit und Barbarei« bezeichnete; ihn zu bekämpfen sei wichtig, gehe es doch »um die Ehre des deutschen Namens in der Welt«.[118]

Auch der erste Jüdische Juristentag in Detmold im April 1947 sah bereits wieder Anlass, den »Rechtsschutz gegen Aufhetzung zum Rassenhass« als »vollkommen ungenügend«[119] zu bezeichnen, da das Bayerische Gesetz Nr. 14 keine Nachfolger gefunden hatte. Dieses Gesetzes ungeachtet war die Lage in Oberbayern noch brisanter als in Hessen. Das lag weniger an der geringen Zahl überlebender deutscher Juden als vielmehr an den überwiegend aus Osteuropa stammenden DPs, von denen 1946 bis zu 230.000 in Deutschland lebten, davon allein 100.000 in München und Umgebung, was einen fruchtbaren Boden für antisemitische Agitation bot.[120] Juden wurden in hergebrachter Weise als »Schwarzmarkthyänen« und »Infektionsherde« dämonisiert.[121] Im April 1947 verbreitete sich ein »Ritualmord«-Gerücht im oberpfälzischen Weiden, und 1948 schwappte eine Welle von Friedhofs-

116 Vgl. *Unzer Sztyme*, Zitat aus *Unzer Sztyme*, Heft 17, 25.1.1947, S. 30, zit. nach S. 72; zu den Friedhofsschändungen vgl. Heft 19, 15.4.1947, S. 43, zit. nach S. 73 f., und Heft 20, 15.5.1947, S. 42, zit. nach S. 78.

117 Vgl. z.B. für Südhessen Kohlmannslehner/Lange, »Nach 1945«, S. 291–305, Zitat: Übersetzung eines Artikels in einer zionistischen Zeitung vom 6.3.1947, hier: S. 299.

118 Der Aufruf ist abgedruckt in ebd., Zitat S. 307.

119 Diesen Juristentag erwähnt van Dam, »Strafbarkeit der Rassenhetze«.

120 Speziell zu München Kauders, *Democratization*; vgl. weiter Frank Stern, »Historic Triangle«, S. 61; Wetzel, »›Mir szeinen doh‹«; Wolffsohn, *»Meine Juden«*, S. 15–26; Jelinek, *Deutschland*, S. 20–37.

121 Vgl. Kauders, »Catholics«, S. 477. Allgemein vgl. Schulze Wessel, »Neue Formen«; dies., »Reformulierung«; Brenner, »East European and German Jews«; Webster, »American Relief«, S. 310–316.

schändungen durch Franken und andere Teile Deutschlands, mit denen sogar Gewalttätigkeiten einhergingen.[122] Die auf DPs aus Osteuropa gemünzten Stereotype waren selbst bei den Soldaten der US-Besatzungstruppen anzutreffen und ähnelten denen in der deutschen Bevölkerung.[123] In der SBZ und frühen DDR schufen Gerüchte und halboffizielle Zeitungsberichte ein Klima, in dem antijüdische Stimmungen florierten und, nach Stalins antizionistischer Kehrtwende, in regelrechte antijüdische Kampagnen wie die gegen Paul Merker mündeten. Wie in den Westzonen kam es auch dort wiederholt zu Friedhofsschändungen, die häufig als »Dumme-Jungen-Streiche« entpolitisiert und meist nur geringfügig bestraft wurden.[124]

Hohe Wellen schlug der Skandal um Philipp Auerbach, der als Staatskommissar für rassisch, religiös und politisch Verfolgte antisemitische Hetze auf sich zog.[125] Um die Frage, ob derlei Agitation rechtlich zu unterbinden sei, ging es dabei jedoch nicht, anders als im »Fall Bleibtreu«. Dieser mit der spezifischen Situation in München und Oberbayern korrespondierende Skandal wurde verursacht, als die *Süddeutsche Zeitung* im August 1949 einen antisemitischen Leserbrief unter dem Pseudonym »Adolf Bleibtreu« unkommentiert abdruckte.[126] Dieser Brief war eine Reaktion auf einen Artikel des *SZ*-Redakteurs Wilhelm Emanuel Süskind über die Äußerung des US-Hochkommissars McCloy, der die »Judenfrage als Prüfstein der Demokratie« bezeichnet hatte. Auf diesen Leserbrief hin stellte der Landesverband der Israelitischen Kultusgemeinden in Bayern gegen die leitenden Redakteure Edmund Goldschagg und Süskind Strafantrag wegen Verstoß gegen das Bayerische Gesetz Nr. 14, den die Staatsanwaltschaft jedoch ablehnte, weil sie im Abdruck des Leserbriefs kein Wirken für den Nationalsozialismus erblickte, zumal beide Redakteure als NS-Gegner bekannt seien.

---

122 Vgl. Frank Stern, *Im Anfang*, S. 149; auch Wetzel, *Jüdisches Leben*. Zu den Friedhofsschändungen vgl. Goschler, »Attitude«, S. 451 ff. Diamant, *Geschändete jüdische Friedhöfe*, weist bis 1959 im Jahresdurchschnitt gut neun Fälle in der Bundesrepublik nach. Vgl. auch Wirsching, »Jüdische Friedhöfe«; zur SBZ/DDR vgl. Schmidt, *Schändungen*.

123 Vgl. Brown-Fleming, »›The Worst Enemies‹«.

124 Vgl. Schulte, »›Was ist denn das überhaupt‹«. Zum Antisemitismus der Linken vgl. Haury, *Antisemitismus*; Goldenbogen, »Zusammenhang«; Offenberg, *»Seid vorsichtig«*, S. 78–84.

125 Vgl. dazu Ludyga, *Philipp Auerbach*; ders., »Eine antisemitische Affäre«; Kraushaar, »Affäre Auerbach«.

126 Der Leserbrief in der *Süddeutschen Zeitung* vom 9.8.1949 ist abgedruckt bei Bergmann, »Medienöffentlichkeit«, S. 53 f., und bei Wetzel, *Jüdisches Leben*, Anhang 13; zum »Fall Bleibtreu« vgl. auch Bergmann, *Antisemitismus*, S. 73–86.

Dieser Skandal, einer der frühesten in der Geschichte Westdeutschlands, ließ bereits jene Positionen paradigmatisch aufscheinen, die alle Debatten um das Verhalten gegenüber öffentlich geäußertem Antisemitismus bis heute prägen. Auf der einen Seite standen diejenigen, die für die Unterdrückung solcher Äußerungen eintraten und auf negative außenpolitische Folgen und die Anfälligkeit der Bevölkerung aufgrund ihrer ungefestigten demokratisch-antinazistischen Einstellung aufmerksam machten. Das tat beispielsweise *SZ*-Herausgeber Friedmann am 16. August 1949, als er vor jener falschen Toleranz warnte, »an der die Demokratie bei uns schon einmal zu Grunde gegangen ist. Mit Henkern und Sadisten wollen wir uns nicht unterhalten – nicht einmal, um zu zeigen, daß es solche unter uns gibt. Wir wissen das leider schon.«[127] Die andere Seite betonte weniger die Kontinuität zum Nationalsozialismus als den Neuanfang, zu dem es gehöre, selbst antisemitische Äußerungen auszuhalten, um sich nicht über das wahre Ausmaß solcher Ressentiments in der Bevölkerung zu täuschen: »Wir können die Augen nicht davor verschließen: der üble, feige und infame Schmutzfinken-Antisemitismus ist vorhanden«.[128] Auch solle man nicht in eine – wenn auch gut gemeinte – Gesinnungsjustiz verfallen; empfohlen wurde statt Repression die argumentative Auseinandersetzung mit den Antisemiten und die Bloßstellung der Primitivität und Widersinnigkeit ihrer Ideologie.[129] Als journalistischer Konsens in der bundesdeutschen Qualitätspresse setzte sich letztlich Friedmanns Position durch, antisemitischen Ressentiments kein unfreiwilliges Forum zu bieten.[130]

Während der »Fall Bleibtreu« die Justiz nur am Rande berührte, stand sie im »Fall Harlan« ganz im Zentrum.[131] Veit Harlan war einer der erfolgreichsten Regisseure nationalsozialistischer Unterhaltungs-, Propaganda- und Durchhaltefilme, von denen *Jud Süß* der infamste war. Für diesen musste er sich 1948 vor dem Schwurgericht Hamburg verantworten. Die Vereinigung der Verfolgten des Naziregimes und die Notgemeinschaft der durch die Nürn-

127 Zit. nach Bergmann, *Antisemitismus*, S. 84.

128 Süskinds Kommentar in der *Süddeutschen Zeitung* vom 13.8.1949, zit. nach ebd., S. 79; darüber hinaus bezeichnete er den Nichtabdruck des Leserbriefs als eine »Fälschung der tatsächlichen Geisteshaltung eines Teils des Volkes«, was »nicht der Sinn einer Veröffentlichung in einer ernsten Zeitung sein« könne.

129 Ebd., S. 71 ff.

130 Ebd., S. 86.

131 Zum Fall Harlan vgl. Kraushaar, »Kampf«; apologetisch und daher wenig hilfreich ist Ingrid Buchloh, *Veit Harlan*.

berger Gesetze Betroffenen hatten ihn wegen Verbrechen gegen den Frieden und gegen die Menschlichkeit nach dem Alliierten Kontrollratsgesetz Nr. 10 verklagt. Die Anklageschrift sah in *Jud Süß* »eine einzige Ehrenkränkung des jüdischen Volksteils«.[132] Das Gericht unter dem Vorsitzenden Richter Walter Tyrolf konzedierte zwar, »daß in dem Film alte Schlagworte des Antisemitismus anschaulich zur Geltung gebracht«[133] worden seien. Dennoch endete der Prozess mit Harlans Freispruch, weil der Film selbst nicht zur Gewalt auffordere und nicht bewiesen werden könne, dass den Juden *aufgrund des Films* Leid zugefügt worden sei. Der Oberste Gerichtshof der Britischen Zone in Köln als Revisionsinstanz hob dieses Urteil im Dezember 1949 auf, da der Film sich von vornherein gegen die Juden im Allgemeinen gerichtet habe und Teil jener planvollen, »von Staat und Partei mit allen Mitteln moderner Massenbeeinflussung jahrelang folgerichtig« durchgeführten judenfeindlichen Propaganda gewesen sei, die »bei zahlreichen Deutschen einen Meinungsumschwung zu Ungunsten der Juden bewirkt« habe. Er sei also ein »nicht unwesentliches Werkzeug dieser zur Vernichtung der Juden dienenden Hetze«[134] gewesen. Dieser deutlichen Worte ungeachtet machte das Schwurgericht Hamburg, wieder unter Richter Tyrolf, »Befehlsnotstand« und Nötigung (Paragraph 52 StGB) zugunsten Harlans geltend. So gelangte es zu einem erneuten Freispruch, obwohl es diesmal feststellte, dass aufgrund des in ihm gezeigten Antisemitismus »der Film ›Jud Süß‹ objektiv ein geeignetes Angriffsmittel im Sinn des Kontrollratsgesetzes Nr. 10 darstellte«.[135]

Bis heute liegt ein anderer Aspekt des Prozesses gegen Harlan im Windschatten dieser Auseinandersetzung, denn im ersten Verfahren gab es vier Nebenkläger, die Strafantrag gemäß den Paragraphen 185, 187 und 166 StGB wegen des *Jud Süß*-Films gestellt hatten. Das Gericht sah aber keine Religionsbeschimpfung vorliegen, und für die Beleidigung sei die Antragsfrist inzwischen abgelaufen. Dieses Urteil wurde nicht revidiert, da bei Beginn des zweiten Prozesses alle jüdischen Nebenkläger ausgewandert waren.[136]

---

132 Anklageschrift OStA LG Hamburg, 15.7.1948, zit. nach Henne/Riedlinger (Hrsg.), *Lüth-Urteil*, Dokumentenanhang, S. 411–418, hier: S. 417.

133 Urteil LG Hamburg 23.4.1949, ebd., S. 419–434, hier: S. 427.

134 Beide Zitate aus der Urteilsbegründung zit. nach Kuhlbrodt, »›Jud Süß‹«, S. 103. Das Urteil des Obersten Gerichtshofes der Britischen Zone in Strafsachen, 12.12.1949, ist teilweise abgedruckt in Henne/Riedlinger (Hrsg.), *Lüth-Urteil*, S. 435–438. Zum OGH vgl. Pauli, »Ein hohes Gericht«.

135 Urteil LG Hamburg 29.4.1950, in: Henne/Riedlinger (Hrsg.), *Lüth-Urteil*, S. 445–456, hier: S. 453.

136 Vgl. Kundrus, »›Vergangenheitsbewältigungen‹«, S. 72–75.

In der Öffentlichkeit riefen die Hamburger Urteile heftige Reaktionen hervor. Ernst Friedlaender fühlte sich in der *Zeit* in seiner Skepsis gegenüber einer juristischen Aufarbeitung von Harlans Verhalten nach dem Freispruch bestätigt und wollte diesen Fall »von der falschen Instanz des Schwurgerichts an die richtige Instanz der öffentlichen Meinung«[137] weitergeben. Insgesamt fanden über 60 öffentliche Protestaktionen gegen Harlan in Deutschland,[138] Österreich und der Schweiz statt.

Der Widerstand gegen Veit Harlan war *ein* Motor für die sich herausbildende demokratisch-pluralistische Gesellschaft. Dennoch gilt es auch hier, die Dimensionen im Auge zu behalten: Ausdrückliche Empathie mit den Opfern der Judenverfolgung war nur die Angelegenheit von »relativ kleinen, zumeist linksstehenden Gruppen, während Teile der Bevölkerung durchaus zur Äußerung von offenem Antisemitismus bereit waren«.[139] Zumindest in ihren öffentlichen Äußerungen gingen die Politiker meistens auf vorsichtige Distanz zu der in der Bevölkerung weit verbreiteten »Pro-Harlan-Stimmung«; ein ähnliches Bild zeigen die Debatten um die Rückerstattung des »arisierten« jüdischen Eigentums nach 1945, die gegen starke Widerstände in der Bevölkerung »von oben« durchgesetzt wurde, wenn auch um einen hohen Preis, denn die »Ausgrenzung der Juden aus der deutschen ›Bürgergesellschaft‹ blieb [...] über 1945 hinaus ein weitgehend stabiles Ergebnis der nationalsozialistischen Verfolgungspolitik«.[140]

Als »Nachspiel« zu den Harlan-Prozessen um seine Filmtätigkeit im Nationalsozialismus gewann das sogenannte »Lüth-Urteil« großes Gewicht für die Geschichte der Verfassungsgerichtsbarkeit in Deutschland. Es war die von Adolf Arndt erhoffte »Grundentscheidung für die deutsche Demokratie«.[141] Anstatt nach den brisanten Gerichtsverfahren erst einmal vorsichtige Zurückhaltung walten zu lassen, begann Harlan sofort nach dem endgültigen Freispruch mit den Dreharbeiten für *Unsterbliche Geliebte.* Gegen diesen Film verfasste der Leiter der Pressestelle des Hamburger Senats und Vorsitzende des Hamburger Presseclubs, Erich Lüth,[142] den wohl folgenreichsten Boykottaufruf der Bundesrepublik – der Rest ist Rechts- und Ver-

---

137 *Die Zeit* vom 28.4.1949, zit. nach Kraushaar, »Kampf«, S. 14.

138 Speziell zu Freiburg, wo die Demonstrationen besonders heftig verliefen, vgl. Groß/Wegemann, »Der ›Fall Harlan‹«.

139 Bergmann, »Antisemitismus als Thema«, S. 57.

140 Goschler, »Politik«, S. 124.

141 Gosewinkel, *Adolf Arndt,* S. 493–499; Zitat: Brief Arndts an Prof. Franz Böhm, 20.12.1951, hier: S. 494. Zur Rolle Lüths vgl. Miosga, *Kampf.*

142 Als biographische Skizze vgl. Kretschmann, »Schuld«.

fassungsgeschichte. Das von Harlans Filmverleih gegen Lüth angestrengte Verfahren endete vor dem Bundesverfassungsgericht, vor dem Adolf Arndt den Beschuldigten vertrat. Das Urteil vom Januar 1958 definierte die Grundrechte nicht mehr nur als passive Schutzrechte der Bürger gegenüber dem Staat, sondern als eine Werteordnung, die auch die Beziehungen *zwischen* den Bürgern bestimmt. Seit die »Drittwirkung« der Grundrechte derart festgeschrieben und dadurch zur juristischen Basis für Antidiskriminierungsgesetze geworden ist, wandelt die bundesdeutsche Gesellschaft unter dem Wertehimmel des Grundgesetzes. Daneben ist das »Lüth-Urteil« wichtig für die Vorrangvermutung der Meinungsfreiheit vor anderen Rechtsgütern.[143] Lüth stellte sein Licht in dieser Sache dreißig Jahre später unter den Scheffel, als er die Rolle als »Bahnbrecher oder gar Hauptperson« von sich wies, weil er »immer nur aus der akuten Situation [...], aus dem Gewissen und dem Instinkt«[144] heraus gehandelt habe.

Weniger langwierig und intellektuell von weit geringerem Kaliber als der Fall Harlan/Lüth war der Skandal um den schleswig-holsteinischen Bundestagsabgeordneten Wolfgang Hedler.[145] Er war ein »Hinterbänkler« der mit zwei Ministern am ersten Kabinett Adenauer beteiligten rechtskonservativen Deutschen Partei. Erst dadurch gewannen seine Äußerungen auf einer Parteiversammlung Ende November 1949 bundesweite Bedeutung. Hedler berichtete von der ersten Bundestagssitzung und gab dabei skrupellos erfundene Redeausschnitte zum Besten, durch die sich ehemalige NS-Gegner, unter ihnen Kurt Schumacher, beleidigt fühlten und Strafantrag stellten. Hedler wurde Mitte Januar 1950 aus der Deutschen Partei ausgeschlossen und wechselte als Hospitant zur Fraktion der SRP. In der Anklageschrift wurde ihm unter anderem vorgeworfen, »Angehörige der jüdischen Rasse beleidigt«[146] zu haben. Hedler bestritt vor Gericht jede Beleidigungsabsicht gegenüber Juden. Weil er dem Antisemitismus das Wort rede, beantragte der Staatsanwalt sieben Monate Haft wegen Verstoß gegen Paragraph 130 StGB, insgesamt zehn Monate, unter anderem wegen Beschimpfung des Andenkens der Widerstandskämpfer. Das Gericht sprach Hedler aber überraschend frei. Seine Äußerungen seien zwar keineswegs »judenfreundlich« gewesen, »des-

143 Vgl. Bull, »Freiheit«, S. 166; Wahl, »Lüth«.

144 Beide Zitate Lüth, *Ein Hamburger*, S. 106.

145 Vgl. zum Folgenden Korte, »Hedler-Skandal«; daneben auch Bergmann, *Antisemitismus*, S. 117–133; Buschke, *Deutsche Presse*, S. 115–122.

146 Anklageschrift LG Kiel, zit. nach Korte, »Hedler-Skandal«, S. 277.

wegen allein«[147] könne er jedoch nicht bestraft werden. Im Juli 1950 hob das Oberlandesgericht Kiel dieses Urteil auf Antrag der Staatsanwaltschaft auf. Knapp ein Jahr später begann die Verhandlung vor dem Landgericht Kiel mit einem Eklat: Hedler hatte das Gericht eigenmächtig verlassen, so dass, nach Aufhebung der Immunität, ein Haftbefehl gegen ihn erging, der erst nach einem grotesken Hin und Her vollstreckt werden konnte. Passend zum 20. Juli 1951 verurteilte ihn das Landgericht schließlich zu neun Monaten Haft, die er, nachdem das Bundesverfassungsgericht seine Beschwerde verworfen hatte, zum größten Teil verbüßen musste.

Interessant ist dieser Fall nicht nur wegen der Begründung des freisprechenden Urteils im ersten Prozess, sondern auch aufgrund der heftigen öffentlichen Reaktionen darauf. Am Tag nach der Urteilsverkündung versammelten sich tausende Protestierer in Kiel, das Landgericht wurde mit Protestbriefen aus dem Ausland und beiden Teilen Deutschlands überschwemmt, und bei seinem ersten Erscheinen im Bundestag nach dem Freispruch wurde Hedler unter giftigen Zwischenrufen aus dem Plenarsaal ausgewiesen. Paradigmatisch für das Presseecho waren die Artikel von Fritz Löwenthal und Paul Sethe. Während Löwenthal in der *Frankfurter Rundschau* feststellte, dass »das Grundgesetz demokratische Rechte nur den Demokraten zuerkennt«, weil für ein demokratisch ungefestigtes Volk wie die Deutschen »ein Übermaß an politischem Liberalismus eine selbstmörderische Torheit« wäre, warnte Mitherausgeber Sethe in der *Frankfurter Allgemeinen Zeitung* davor, »von einem Gericht [zu] fordern, es solle einen Mann verurteilen, nur weil er politisch gefährliche Ideen habe«.[148] Der Skandal um Hedler führte, wie die *Neue Zürcher Zeitung* schrieb, »zu einem offenen Streit über die Rolle […], die heute der deutschen Justiz bei der Bekämpfung totalitärer und antidemokratischer Tendenzen zufallen soll«.[149]

Als Reaktion auf den »Fall Hedler« brachte die SPD-Fraktion am 15. Februar 1950 den Entwurf für ein »Gesetz gegen die Feinde der Demokratie« ein, das Haftstrafen von drei bis sechs Monaten für denjenigen vorsah, der »öffentlich eine durch ihre Rasse, ihren Glauben oder ihre Weltanschauung gebildete Gruppe von Menschen in Deutschland als solche oder in einem ihr angehörigen Einzelnen durch Verletzung der Menschenwürde oder der Men-

147 Beide Zitate aus der schriftlichen Urteilsbegründung des LG Kiel, zit. nach ebd., S. 280.

148 *Frankfurter Rundschau* vom 22.5.1950; *Frankfurter Allgemeine Zeitung* vom 18.2.1950, zit. nach ebd., S. 281.

149 Zit. nach ebd., S. 283.

schenrechte angreift« oder der »die Verwerflichkeit des Völkermords oder Rassenverfolgung leugnet oder in Zweifel zieht«.[150] Während der SPD-Abgeordnete Otto Heinrich Greve in der Plenumsdebatte am 16. März 1950 an den Terror von rechts in den zwanziger Jahren erinnerte und den SPD-Entwurf eine »offene Kampfansage an alle Feinde der Demokratie«[151] nannte, lehnte Justizminister Thomas Dehler – der an sich der Meinung war, in Sachen Demokratieschutz »lieber etwas zuviel als zu wenig zu tun«[152] – dieses auf »polizeistaatlichen Vorstellungen« basierende Sondergesetz ab und plädierte stattdessen für eine Änderung des Strafgesetzbuches, »schon um diesen Strafdrohungen den kriminellen Charakter zu geben«.[153] Der Abgeordnete Anton Donhauser von der Bayernpartei zog gar eine gerade Linie »vom Republikschutzgesetz über das berühmte und berüchtigte Gesetz zum Schutz von Volk und Staat, ja bis zum Heimtückegesetz«[154] von 1934. Der Bundestag wies den SPD-Entwurf ab, doch brachte die CDU ihrerseits einen Entwurf für die Abänderung des Paragraphen 130 StGB ein, der den Vorstellungen der SPD sehr nahe kam.[155] Indem er den bisherigen Begriff »Klasse der Bevölkerung« durch eine über »Abstammung, Religion oder Weltanschauung« bestimmte »Bevölkerungsgruppe«[156] ersetzte, hätte er die Kriminalisierung antisemitischer Agitation unzweifelhaft erleichtert. Nun waren es Adolf Arndt von der SPD, der den Gedanken verwarf, man müsse »ein Freiheitsopfer bringen, um die Freiheit zu wahren«, und mit Hugo Paul ein KPD-Abgeordneter, der vor unangenehmen Erinnerungen an das NS-»Heimtückegesetz« warnte.[157] Die Verabschiedung des Gesetzentwurfs am 4. September 1950 scheiterte an der durch den Koreakrieg ausgelösten zunehmenden Verschärfung des »Kalten Krieges«, »die innenpolitisch eine Gleichsetzung von Verfassungsfeindschaft und Kommunismus bewirkte«.[158] Auch im Ersten Strafrechtsänderungsgesetz vom 30. August 1951 blieb der

150 *VdB*, Anlagen-Bd. 2, 1. WP 1949, Drucksache Nr. 563, 15.2.1950.
151 *VdB*, Bd. 2, 16.3.1950, S. 1593–1597, hier: S. 1597.
152 So Dehler kurz zuvor auf einer Tagung mit Vertretern der Landesjustizverwaltungen, zit. nach Wengst, *Thomas Dehler*, S. 163.
153 *VdB*, Bd. 2, 16.3.1950, S. 1597.
154 Ebd., S. 1607 f., hier: S. 1607.
155 *VdB*, Anlagen-Bd. 6, 1. WP 1949, Drucksache Nr. 1307, 4.9.1950, zum Regierungsentwurf für die Änderung des StGB, zur Neufassung Paragraph 130 StGB vgl. S. 13 f.
156 Ebd., S. 13.
157 *VdB*, Bd. 5, 12.9.1950, S. 3117, und Hugo Paul, KPD, ebd.
158 So die These von Krone, *Volksverhetzung*, S. 23, der sich dabei wiederum auf Copic, *Grundgesetz*, S. 9, beruft.

Paragraph 130 StGB unverändert und verschwand zunächst von der rechtspolitischen Agenda des Deutschen Bundestages.

1957 unternahm die CDU unter der Ägide von Heinrich Krone einen neuen Anlauf im Rahmen der Beratungen über das Fünfte Strafrechtsänderungsgesetz. Krone war nicht nur ein enger Vertrauter von Kanzler Adenauer, sondern als Zentrumsmitglied in den Weimarer Jahren unter anderem auch im Reichsbanner und im Abwehrverein aktiv gewesen; Letzterem stand er 1933 nach Gotheins Rücktritt noch für wenige Wochen bis zu seiner Selbstauflösung vor.[159] Der CDU-Antrag sah vor, dass wegen Volksverhetzung mit Gefängnis nicht unter drei Monaten bestraft werden solle, wer »in einer den inneren Frieden gefährdenden Weise [...] gegen eine Bevölkerungsgruppe, die durch Abstammung, Herkunft oder Glauben ihrer Mitglieder bestimmt wird, hetzt oder sie oder eines ihrer Mitglieder wegen seiner Zugehörigkeit zu ihr beschimpft«.[160]

Hendrik G. van Dam, Generalsekretär des Zentralrats der Juden in Deutschland, zeigte sich grundsätzlich zufrieden darüber, dass dieser »Entwurf in zutreffender Weise nicht auf den Beleidigungstatbestand, sondern auf die Gefährdung des inneren Friedens abstellt«, erkannte aber Prüfungsbedarf, »ob das Tatbestandsmerkmal der Gefährdung des inneren Friedens nicht zu unklar«[161] sei. Im Bundestag äußerten die Oppositionsparteien SPD und FDP scharfe Kritik an dem Gesetzentwurf. Ewald Bucher – Rechtsanwalt und im Entnazifizierungsverfahren mit 18 Monaten Berufsverbot belegt, 1965/66 dann selbst Justizminister – erinnerte für die FDP daran, dass der Regierungsentwurf dem nationalsozialistischen Entwurf für einen »Volksverhetzungsparagraphen« von 1936 nahe komme; darüber hinaus hielt er es prinzipiell »für einen Irrtum, wenn wir glauben, daß uns Paragraphen etwa vor Antisemitismus, um dieses Hauptbeispiel zu nennen, schützen«. Das könne, so Bucher weiter, vielmehr nur eine Demokratie, die »im Geiste lebendig« sei, während neue Gesetze in den Bürgern lediglich den Irrglauben weckten, »auf Paragraphen lasse es sich doch ruhig schlafen [...] und so etwas könne gar nicht wiederkommen, denn der Kadi wache darüber«.[162] Adolf Arndt warnte ebenfalls davor, dass die Vagheit des Tatbestandsmerkmals »in [den] inneren Frieden gefährdender Weise« die »Gefahr einer Pönalisierung des öffentlichen Lebens« heraufbeschwöre, da »das Strafrecht kein

159 Suchy, »Verein zur Abwehr« (1985), S. 102.

160 *VdB*, Anlagen-Bd. 48, 2. WP, Drucksache Nr. 3067, 9.1.1957.

161 Van Dam, »Strafbarkeit der Rassenhetze«.

162 Alle Zitate *VdB*, Bd. 35, 2. WP, 7.2.1957, S. 10910.

Allheilmittel ist, sondern eine Überdosis vergiftend, ja tödlich wirkt«, weil »gerade die Grundwerte einer Rechtskultur, wie z.B. [...] die Menschenwürde [...] keinesfalls ein Gegenstand unmittelbaren Strafschutzes sein können«. Wie vor ihm Bucher wies nun Arndt auf die Nähe des gewiss gut gemeinten Entwurfs zum NS-Denken hin. Darin zeige sich, »wie tief die totalitäre Zerstörung des Rechtsgedankens und Rechtsbewußtseins allen, ob bewußt oder unbewußt, noch in den Knochen steckt und wieviel Grund wir haben zum Aufpassen«. Deshalb riet er davon ab, »die Herkunft oder den Glauben gewisser Bevölkerungsgruppen direkt mit der Waffe des Strafrechts zu brüsten, abgesehen davon übrigens, daß solche Privilegien auch mit dem Grundsatz der Gleichheit vor dem Gesetz meines Erachtens nicht vereinbar wären«, zumal »Redewendungen wie ›hetzen‹ und ›Volksverhetzung‹ als Gesetzesbegriffe sich nur in das unbestimmte und daher parteilich willkürliche Strafunrecht einer totalitären Macht einfügen lassen«.[163] Nachdem der Regierungsentwurf in den Rechtsausschuss überwiesen worden war, versandete er dort sang- und klanglos und kam vor Ende der zweiten Wahlperiode des Bundestages nicht mehr zur Entscheidung.

Wenngleich also gesetzgeberischer Stillstand herrschte, nahm sich, wie schon im Fall Harlan, »die Öffentlichkeit« – genauer gesagt: jener Teil, der dem SPD-nahen Spektrum zuzuordnen ist – in den frühen fünfziger Jahren zunehmend der Bekämpfung antisemitischer oder neonazistischer »Umtriebe« an. Bei den nicht immer gewaltfreien Protestkundgebungen gegen die Aufführung von Harlan-Filmen 1952 engagierten sich Teile der Studentenschaft vergangenheitspolitisch.[164] Auch die im September 1950 gegründete Hilfsgemeinschaft auf Gegenseitigkeit der Angehörigen der ehemaligen Waffen-SS (HIAG) sah sich seit 1952 mit Protestkundgebungen und Gegenveranstaltungen zu ihren Treffen konfrontiert und versuchte, sie zu unterlaufen, indem sie ihre »Suchdienstfunktion« für ehemalige Waffen-SS-Angehörige betonte und sich so in die Nähe des DRK-Suchdienstes rückte. Ungeachtet der Tatsache, dass die NS-Ideologie nach wie vor den weltanschaulichen Bezugspunkt der HIAG bildete, schrieb Paul Hausser, ehemaliger Generaloberst der Waffen-SS, im Jahr 1951 an die Bundestagsfraktionen der Parteien, dass man »jeden Radikalismus, sei er von rechts oder von links«, ablehne und sich gegen die Bezeichnung als »Neofaschisten« »schärfstens«[165] verwah-

163 Alle Zitate ebd., S. 10919; vgl. auch Krone, *Volksverhetzung*, S. 26 f.

164 Vgl. Kraushaar, »Kampf«, S. 18–30.

165 Vgl. Wilke, »Organisierte Veteranen«, S. 164; Hausser zit. nach Siemens, »›Wir haben nur unsere Pflicht getan‹«, S. 10.

re. Diese Strategie war durchaus erfolgreich, denn erst seit den späten sechziger Jahren rückten die etablierten Parteien zunehmend von der HIAG ab.

Ein größeres publizistisches Echo war auch dem Urteil der Großen Strafkammer I des Hamburger Landgerichts unter Direktor Enno Budde vom 26. November 1958 gegen den Hamburger Holzhändler Friedrich Nieland beschieden. In seiner Schrift *Wieviel Welt(Geld)-Kriege müssen die Völker noch verlieren?*[166] hatte er unter anderem den Holocaust als »eine der teuflischsten Gemeinheiten« bezeichnet, »die das ›Internationale Judentum‹ vollzogen hat, um ihre [*sic*] Verbrechen an Deutschland zu tarnen«, ihn gar »die ungeheuerliche Lüge über die Vergasung« genannt und apodiktisch gefordert: »kein Jude darf an irgendeinem maßgebenden Posten sitzen«.[167] Der jüdische SPD-Bundestagsabgeordnete Maxim Kuraner stellte aus Anlass dieser Schrift, die in 2.000 Exemplaren vor allem an Politiker und Parlamentarier versandt worden war, Strafantrag gegen Nieland und den Verleger und Druckereibesitzer Adolf Heimberg wegen öffentlicher Beleidigung, dem die Staatsanwaltschaft folgte. Das Landgericht Hamburg unter dem Vorsitzenden Richter Budde lehnte jedoch die Verfahrenseröffnung aufgrund der Paragraphen 88, 93 und 185 StGB am 26. November 1958 ab. Die Strafkammer folgte Nielands Verteidigung, er habe sich »nicht gegen die Juden schlechthin«, sondern »nur gegen einen eng begrenzten Kreis von Juden« wenden wollen. Auch hinsichtlich der Äußerung, den Juden kein »maßgebendes Amt« mehr zuzubilligen, folgte das Gericht der haarsträubenden Argumentation Nielands, damit habe er nicht »das jüdische Volk« als solches, sondern nur das davon strikt zu trennende »internationale Judentum«[168] gemeint. Eine Beleidigung Kuraners liege deshalb nicht vor, weil nicht anzunehmen sei, dass er zu dem von Nieland angegriffenen »eng begrenzten Kreis von Juden« gehöre. Als wäre das Skandalmaß noch nicht voll, bestätigte das Hanseatische Oberlandesgericht am 6. Januar 1959 diese Entscheidung und wies die vom Generalstaatsanwalt mit Billigung des Hamburgischen Justizsenators Biermann-Rathjen eingelegte Beschwerde zurück.

Diese Urteile lösten heftige Proteste und eine Urteilsschelte in der Hamburgischen Bürgerschaft aus. Hamburgs Erster Bürgermeister Max Brauer

166 Nieland, *Welt(Geld)-Kriege*; zum Folgenden Bergmann, *Antisemitismus*, S. 208–221.

167 Alle Zitate nach Rainer Hering, »›Fall Nieland‹«, S. 209 und die folgende Darstellung; vgl. auch Krone, *Volksverhetzung*, S. 28–36.

168 Alle Zitate nach Rainer Hering, »›Fall Nieland‹«, S. 210; vgl. auch Krone, *Volksverhetzung*, S. 28–34.

traf sich daraufhin am 8. Januar mit Adenauer und forderte eine Verschärfung der Strafgesetze, ähnlich dem Bundesvorstand des DGB oder dem Landtag von Nordrhein-Westfalen.[169] Der Generalbundesanwalt prüfte – freilich mit negativem Ergebnis –, ob vor dem Bundesgerichtshof (BGH) Anklage wegen »Rassenhetze« erhoben werden könne.[170] Erfolgreich war erst der Antrag des Generalbundesanwalts vor dem Bundesgerichtshof auf Einziehung der Schrift.[171] Am 14. Januar legte das Bundeskabinett einen Entwurf zur Verschärfung des Paragraphen 130 StGB vor, der jedoch erst eineinhalb Jahre später den Bundestag passierte.

Die öffentliche Kritik konzentrierte sich auf den Landgerichtsdirektor Budde, dessen NS-Vergangenheit damals kaum thematisiert wurde, ebenso wenig wie der Verdacht, er habe sich in seinem Urteil von der ideologischen Nähe zu Nielands abstrusen Thesen leiten lassen. Die zeitgenössischen Kommentare unterstellten Budde jedenfalls fast ausschließlich »rein juristische« Motive, die teilweise heftig kritisiert wurden. Die Debatte in der Hamburgischen Bürgerschaft am 14. Januar 1959 demonstrierte zwar den einstimmigen Willen, die Strafgesetze zu ergänzen, offenbarte aber gleichzeitig die weiterhin bestehende Uneinigkeit darüber, ob es zulässig sei, Justizkritik zu üben. Sich auf die »Lehren aus Weimar« berufend, vertrat die SPD den Standpunkt, dass in Einzelfällen eine Richter-Anklage notwendig sei, um eine Erosion des Rechtsverständnisses zu verhindern, während die CDU – ebenso wie die richterlichen Standesorganisationen – die Unabhängigkeit der Richter auch bei Fehlurteilen verteidigten. Diese Frontstellung sollte sich am 22. Januar 1959 im Bundestag wiederholen.

Der Hamburger Theologieprofessor Helmut Thielicke sprang Budde mit einem Artikel bei, in dem er sich polemisch über den Anti-Antisemitismus äußerte, der dazu geführt habe, dass Budde unter die »Ruf- und Leumundsmörder«[172] gefallen sei, wogegen sich wiederum Erich Lüth energisch verwahrte. Konsequenzen hatte diese Affäre für Budde insofern, als er sich durch die Versetzung in eine Zivilkammer aus der Schusslinie bringen ließ. Die Skandalisierung dieses Falles hatte erst mit erheblicher Zeitverzögerung eingesetzt, denn schon am 4. April 1957 hatte der Hamburger Abgeordnete Helmut Schmidt im Bundestag eine die Nieland-Schrift betreffende

---

169 Vgl. Krone, *Volksverhetzung*, S. 33, Anm. 2.

170 Vgl. Bergmann, *Antisemitismus*, S. 211, ohne freilich die Rechtsgrundlage zu erörtern.

171 *BGHSt*, Bd. 13, S. 32–41, 28.2.1959; auch in: *NJW*, Jg. 12 (1959), S. 1593 ff.

172 Beide Zitate nach Rainer Hering, »›Fall Nieland‹«, S. 219 f.

Anfrage an Bundesinnenminister Gerhard Schröder gestellt, ohne darauf eine substanzielle Antwort zu erhalten.[173] Erst die beiden Landgerichts- beziehungsweise Oberlandesgerichtsurteile bescherten der Sache eine große Öffentlichkeit. In diesem Fall ging die Skandalisierung des Vorfalls von der Politik aus.

In den gesamten fünfziger Jahren war es gängige Praxis der Regierungsparteien, antisemitische Vorfälle »den Kommunisten« im Allgemeinen und der SED-Führung im Besonderen anzulasten, die Derartiges inszeniere, um Westdeutschlands Glaubwürdigkeit im Ausland zu unterminieren. 1959 beispielsweise lud der Abgeordnete der Deutschen Partei, Wilhelm Probst, die Verantwortung für antisemitische Vorfälle auf »Einzelgänger oder Unbelehrbare« ab, vor allem aber auf Provokateure, »deren Auftraggeber im bolschewistisch besetzten Teil Deutschlands zu suchen sind«.[174] Auch Kanzler Adenauer legte im März 1959 gegenüber Journalisten seine Ansicht dar, solche Vorgänge würden »von Kommunisten gemacht«, um der Welt zu beweisen, »daß die Deutschen noch so wären wie die Nazis«.[175]

Diese Einseitigkeit der politischen Kultur der Bundesrepublik im Schatten des Ost-West-Konflikts machte die westdeutsche Demokratie zu einem leichten Ziel für den zwar polemischen, aber keineswegs völlig substanzlosen Vorwurf, die Restauration semiautoritärer Strukturen, modisch als »wehrhafte Demokratie« verkleidet, sei ein leichtfertig gezahlter Preis für politische Stabilität.[176] Albert Nordens Ausschuß für Deutsche Einheit in Ost-Berlin konstatierte anhand zahlreicher Skandalfälle wie Nieland, Eisele und Zind, am Beispiel antisemitisch motivierter Alltagsgewalt und Friedhofsschändungen, vor allem aber angesichts der zahlreichen personellen Kontinuitäten zum »Dritten Reich« unter Juristen, Professoren, Universitäts- und Schullehrern eine »Hexenjagd gegen Juden«[177] in Westdeutschland. Die »Bundesrepublik als Hort alter Nazis« wurde zum Stichwort der Versuche der DDR-

173 *VdB*, Bd. 36, 2. WP, 4.4.1957, S. 11390. Zu Schmidts ambivalenter Haltung insgesamt vgl. Shafir, »Helmut Schmidt«.

174 *VdB*, Bd. 43, 8.4.1959, S. 3623 f.

175 Zit. nach Brochhagen, *Nach Nürnberg*, S. 280.

176 Vgl. Lameyer, *Streitbare Demokratie*, S. 207.

177 Vgl. *Hexenjagd*. Diese Propagandaschrift wurde am 15.1.1959 auf einer internationalen Pressekonferenz vorgestellt. Vgl. *Kabinettsprotokolle der Bundesregierung*, Bd. 12, 1959, S. 128, Anm. 24. Vgl. auch Miquel, *Ahnden*, S. 27–70; ders., »Aufklärung«; Niermann, »Unbehagen«; Leide, *NS-Verbrecher*, S. 73–88.

Führung, die nebulöse Haltung der Adenauer-Regierung gegenüber dem Erbe der NS-Zeit zu skandalisieren.

Auch wenn dergleichen Vorwürfe nicht immer einer nüchternen Nachprüfung standhielten, blieb in der westdeutschen Nachkriegsgeschichte doch der dunkle Punkt, dass es mit Personen wie Hans Globke und Theodor Oberländer[178] zu viele »Problemfälle« dieser Art gab. Ihre von den jeweiligen NS-Verstrickungen ungehinderten politischen Karrieren warfen einen düsteren Schatten auf die Entschlossenheit der westdeutschen Regierungen, den Antisemitismus zu bekämpfen. »As long as notorious Nazis like Globke and Oberländer remain as Ministers in Adenauer's Cabinet«, schrieb eine amerikanische zionistische Zeitung, »the Chancellor's cries of horror at Neo-Nazi burgeonings must be taken with several grains of salt.«[179] Ähnlich skeptisch äußerte sich die Basler *Nationalzeitung* über die Ernsthaftigkeit von Adenauers Empfehlung, den Hakenkreuzschmierern eine »Tracht Prügel« zu verabreichen: Solange in der Regierung Minister und Beamte mitwirken,

»die, wie Oberländer und Globke, an der Rassenverfemung Hitlers und den Willkürmaßnahmen führend beteiligt waren, kann der Bundeskanzler nicht darauf zählen, daß man im Publikum sich gutgläubig darauf einläßt, beim Einschreiten gegen einen Schmierer im Sinne der amtlichen Politik zu handeln.«[180]

Es spricht für den seit Ende der fünfziger Jahre langsam einsetzenden Wandel in der öffentlichen Haltung gegenüber dem NS-Regime und seinen Verbrechen, dass die DDR-Kampagnen gegen Oberländer und Globke mit dem Rücktritt dieser opportunistischen Karrierepolitiker endeten.

---

178 Vgl. den populärwissenschaftlichen Beitrag von Bevers, *Mann*; Lommatzsch, *Hans Globke*, und ders., »Hans Globke«; sehr narrativ, aber quellengesättigt ist Norbert Jacobs, *Streit*. An der Grenze zum Apologetischen bewegt sich Wachs, *Fall Theodor Oberländer*. Die Tatsache, dass Oberländer wegen eines Verbrechens zurücktreten musste, das er nicht begangen hatte, macht aus diesem rücksichtslosen Opportunisten kein Opfer. Zur Verfolgung von NS-Tätern durch das MfS als instrumentelles Kampfprogramm in der deutsch-deutschen Systemkonkurrenz insgesamt vgl. Leide, *NS-Verbrecher*.

179 »Editorial Comment: Swastikas – Foreign and Domestic«, in: *Jewish Frontier*, Jg. 27, Nr. 2 (1960), S. 3, zit. nach Geller, »Bild«, S. 152, Anm. 48. Globke war allerdings nicht Minister, sondern Staatssekretär im Kanzleramt.

180 *Nationalzeitung* ca. vom 22.1.1960.

4. Ein »*Stürmer* redivivus« – Der Fall Guido Roeder

Weniger öffentliche Aufmerksamkeit als Hedler oder Nieland und praktisch keine wissenschaftliche Bekanntheit erlangte der Fall des Verlegers Guido Roeder, der in mancher Hinsicht an den »Dreschgrafen« Pückler zu Beginn des 20. Jahrhunderts erinnert. Er verkörperte nicht nur wie dieser den Typus des parteipolitisch ungebundenen Sonderlings, sondern auch den des durch kein Gerichtsurteil zu stoppenden, von der Psychiatrisierung bedrohten Überzeugungstäters. Roeder hatte im Juni 1956 das Pamphlet *SOS-Rufe aus den USA! Die kommende rote Diktatur!* in einer Auflage von 35.000 Stück drucken lassen. Diese Schrift war eine von Roeder selbst angefertigte Übersetzung des Flugblattes *The Coming Red Dictatorship* des beim Bundesamt für Verfassungsschutz einschlägig bekannten Common-Sense-Verlages in New Jersey/USA.[181] Die darin ausgebreitete Weltverschwörungstheorie im Stil der als Quelle zitierten *Protokolle der Weisen von Zion* behauptete, dass »asiatisch-marxistische Sataniden«, also Juden, die ganze Welt beherrschen würden, »sobald der letzte Weltkrieg beginnt«. Geschmückt war dieses Pamphlet mit Karikaturen zum Beispiel Morgenthaus, Bernhard Baruchs, James P. Warburgs und anderer, die nicht alle fratzenhaft waren, doch unverkennbar und in herabwürdigender Weise »typisch jüdische« Physiognomien zeigten, so dass die *Frankfurter Allgemeine Zeitung* von einem »*Stürmer* redivivus«[182] sprach. Ähnlich äußerte sich die *Allgemeine Wochenzeitung der Juden in Deutschland* in einem Leitartikel. Zwar könne jeder Leser »nach der Lektüre nur weniger Zeilen feststellen, dass hier nicht die politische Redaktion, sondern ein Psychopathologe zuständig wäre«, doch das sei kein Grund für Entwarnung, da die Menschen des zwanzigsten Jahrhunderts »die Perfektion des Hasses und der Vernichtung erlebt haben«, und in »den Infernos der Tausendjährigen [...] das Lachen erstorben und das Gefühl für die Gefährdung unseres Daseins gewachsen« sei. Einmal mehr forderte die *Allgemeine Wochenzeitung der Juden* eine

»Erweiterung des Strafgesetzbuches, die derartige Verleumdungen ganzer Bevölkerungsteile unter Strafe stellt. Man komme uns nicht mit der Pressefreiheit, die dadurch bedroht würde. [...] Es erscheint fast unverständlich, daß die Zensorseele, die von einem Bikini in den tiefsten Tiefen aufgewühlt wird, bei der Beurteilung des

181 Dieser Verlag taucht z.B. in der »Zusammenstellung der Literatur über den internationalen Faschismus« des BVS auf, vgl. BVS an BMI, 14.8.1954, BA-K, B 106/15596.

182 *Frankfurter Allgemeine Zeitung* vom 10.7.1956.

politischen Schmutzes eine Weitherzigkeit entfaltet, die einfach nicht zu überbieten ist.«[183]

Roeders Flugblatt wurde in Windeseile bekannt, da er es nicht nur an Führungspersonen der Wirtschafts- und Finanzwelt, sondern auch an die Bundestagsabgeordneten, Parteien und Verbände verschicken ließ, von denen sich einige sofort an das Bundesinnenministerium wandten. Bis Ende Juli 1956 wurden 24 derartige Eingaben registriert, darunter die der Deutschen Angestellten-Gewerkschaft, des Bundesverbandes Deutscher Zeitschriftenverleger, des Bundestagspräsidenten Gerstenmaier, des Bundesfinanzministers Fritz Schäffer, der CDU/CSU-Bundestagsfraktion und des SPD-Abgeordneten Adolf Arndt.[184] Innenminister Gerhard Schröder sicherte allen Petenten – so auch dem Abgeordneten Helmut Schmidt – mit markigen Worten energisches Eingreifen zu: »Sobald wir die Hintergründe aufgeklärt haben, hoffe ich diesen Verlag mit Stumpf und Stil ausheben zu können.«[185]

Tatsächlich hatten die Behörden relativ schnell und entschlossen gehandelt. Bereits am 9. Juli 1956 hatte das Amtsgericht Garmisch-Partenkirchen wegen eines unzureichenden Impressums gemäß den Paragraphen 13 und 7 des Bayerischen Pressegesetzes vom 3. Oktober 1949 das Pamphlet eingezogen, die Verlagsräume in Oberammergau polizeilich durchsuchen und die dort lagernden 66 Exemplare der Schrift beschlagnahmen lassen. Zugleich hatten sowohl die Bayerische Landespolizei als auch der Zentralrat der Juden in Deutschland beim Staatsanwalt des Landgerichts München II Anzeige auf der Grundlage des Bayerischen Gesetzes Nr. 14 erstattet.[186] Die Sache wurde vom Bayerischen Ministerpräsidenten Wilhelm Hoegner als so gravierend eingeschätzt, dass er der Bitte des Bundesinnenministers Schröder nach Übernahme der Ermittlungen durch das Bundeskriminalamt entsprach. Außerdem schaltete sich das Bundesjustizministerium ein und bat seine bayerischen Kollegen, gegen das Roeder-Flugblatt gemäß Paragraph 93 StGB einzuschreiten, da sein Inhalt staatsgefährdend sei und bereits öffentliches Aufsehen erregt habe; Form und Inhalt, so die historisch argumentierende Begründung, zeigten, »dass die Schrift für die Unterdrückung der Juden auch in Deutschland werben will. Hätte der Herausgeber damit Erfolg, so

183 D. L., »Unter falscher Flagge«.

184 Undatierte Liste [nach dem 30.7.1956] des BMI, BA-K, B 106/63069.

185 BMI Schröder an MdB H. Schmidt auf dessen Brief vom 20.7.1956, 23.7.1956, ebd.

186 Alle Angaben zum Verfahren aus einem Aktenvermerk des BMI, 14.7.1956, ebd.

wäre das der unmittelbare Weg zu den ›Reichsbürgergesetzen‹, die die nationalsozialistische Judenverfolgung eingeleitet haben.«[187]

Während gegen den Zeichner der Karikaturen kein Verfahren eingeleitet wurde, da er glaubhaft machen konnte, den hetzerischen Inhalt der Schrift nicht gekannt zu haben,[188] und die Karikaturen für sich genommen zwar derb, aber nicht beleidigend waren, kamen die Ermittlungen gegen Roeder, den Drucker Adolf Heimberg – der später auch Nielands Broschüre drucken sollte – wegen Herstellung der Schrift (Paragraphen 93 und 47 StGB) und gegen Lorenz Mesch – seit seiner Zeit als Führer des Germanenordens in Regensburg und einer Hilfeleistung für die Mörder des Zentrumspolitikers Matthias Erzberger 1921 im völkischen Milieu verankert – wegen Verbreitung des Flugblatts in Gang.

Die Anklageschrift warf Roeder Verstöße gegen Paragraph 88 StGB (verfassungsfeindliche Sabotage) und durch Äußerungen des Rassenwahns Gefährdung der öffentlichen Ordnung und Sicherheit sowie Beleidigung, Paragraph 93 StGB, in Tateinheit mit einem Verstoß gegen das Bayerische Gesetz Nr. 14 von 1946 vor, Mesch zusätzlich Verstöße gegen die Paragraphen 73 und 47 StGB. Da Roeder ein besessen fleißiger Pamphletproduzent war, wurde das Verfahren gegen ihn wegen insgesamt neun Schriften geführt, die die Anklageschrift zum Teil explizit als »antisemitische Hetzschrift[en]«[189] charakterisierte.

Doch wie beim Grafen Pückler fünfzig Jahre zuvor entschieden den Fall Roeder nicht die Richter, sondern die Psychiater. Schon die Vernehmung durch einen Beamten des Bundeskriminalamtes hatte erstaunliche biographische Details zutage gefördert.[190] Der am 30. November 1887 als Gutsbesitzersohn in Berlin geborene Roeder war nämlich nicht nur kein »Neonazi« im engeren Sinn, sondern sogar ein anerkanntes »Opfer des Faschismus«. Ihn als »neonazistisch« zu bezeichnen wäre, ähnlich wie bei den Kreisen um Otto Strasser oder Mathilde Ludendorff, zumindest ungenau.[191] Obwohl Roeder finanziell gut ausgestattet war, konnte er wirtschaftlich mit seinem 1919 gegründeten, auf esoterisch-völkische Literatur spezialisierten Widar-

187 BMJ an BayMJ, 18.7.1956, ebd.

188 BMJ an BMI, 20.10.1956, ebd.

189 Anklageschrift OStA LG München I, 15.11.1956, S. 3, ebd.

190 Alle folgenden Angaben stammen aus dem Vernehmungsprotokoll Kriminalinspektor Hein, Sicherungsgruppe, BKA, Vernehmungen 21. und 22.7.1956, ebd. Kurz danach erschien der ausführliche Artikel »Der falsche Fünfzehner« über Roeder im *Spiegel*, Jg. 10, H. 33 (1956), S. 11–14.

191 Vgl. zu dieser Problematik Knütter, *Ideologien*, S. 14 f.

Verlag nie Fuß fassen. 1933 übersiedelte er nicht nur nach Oberammergau; er wurde auch auf Antrag seines Vaters vom Amtsgericht Berlin-Mitte entmündigt. Aufgrund einer Denunziation verbrachte Roeder die Zeit von September 1942 bis Kriegsende im KZ Dachau, wofür er nach dem Krieg Haftentschädigung und Rente erhielt. Seine Entmündigung hob das Amtsgericht Lindau 1947 wieder auf. Aufgrund dieser Vergangenheit erscheint die abschließende Einschätzung des Bundeskriminalamtes, dass Roeder keine organisatorischen Verbindungen zu neofaschistischen Gruppen habe und als Einzeltäter zu qualifizieren sei, der die Herstellung und den Vertrieb seiner Pamphlete aus eigener Tasche bezahle, durchaus plausibel. Richtungsweisend war daher die bilanzierende Feststellung des BKA, »daß der Beschuldigte, besessen von seinen phantastischen Ideen, überzeugt von seiner Sendung und in offensichtlicher Überschätzung seiner Fähigkeiten die Auswirkungen und strafrechtlichen Folgen seines Tuns nicht übersehen«[192] habe, weshalb seine strafrechtliche Verantwortlichkeit zu prüfen sei.

Der Verdacht auf Unzurechnungsfähigkeit erhärtete sich, als Roeder sich angesichts des gegen ihn laufenden Verfahrens nicht taktisch klug zurückhielt, sondern in einem »Offenen Brief an Bundesinnenminister Schröder« im März 1957 und in dem Pamphlet *An alle Mitglieder des Bundesrats, Bundestags und Landtagsabgeordnete in Westdeutschland* zwei Jahre später seine Weltverschwörungstheorien wiederholte und verschärfte.[193] Daher hielt der öffentliche Druck auf die Bundesregierung, gegen Roeder vorzugehen, an, und das Ermittlungsverfahren wurde auf seine neueren Produktionen ausgedehnt.[194] Zusätzlich wurde die Einweisung in eine Heil- und Pflegeanstalt zur Beobachtung gemäß Paragraph 81 StPO beantragt. Ein Gutachten vom August 1956 hatte bereits ergeben, dass Roeder zwar nicht geisteskrank oder schwachsinnig, aber »von überwertigen Ideen eingenommen« sei,

---

192 Sicherungsgruppe, BKA, Abschlußbericht 10.8.1956, S. 8, BA-K, B 106/63069.

193 »Offener Brief« Roeders an BMI Schröder, im März 1957; laut Bericht BIM, 23.4.1959, ORR Dr. Schmitt, an BMI hat das AG Garmisch-Partenkirchen am 3.2.1959 das Flugblatt *An alle Mitglieder des Bundesrats, Bundestags und Landtagsabgeordnete in Westdeutschland* wegen antisemitischen und staatsgefährdenden Inhalts beschlagnahmt und dabei ca. 3.000 Exemplare sichergestellt, ebd.

194 Vgl. z.B. Brief Deutscher Koordinierungsrat der Gesellschaften für Christlich-Jüdische Zusammenarbeit, Frankfurt, an BMI Schröder, 25.4.1957; Antwortschreiben Schröders vom 20.5.1957. Bericht OStA München I an GStA beim OLG München, 11.6.1957; Nachtragsanklageschrift 20.12.1957; 2. Nachtragsanklageschrift 23.5.1958, ebd.

weshalb »seine Fähigkeit das Unrecht seiner Handlung einzusehen und nach dieser Einsicht zu handeln, erheblich vermindert ist«.[195]

Gegen den Antrag auf eine erneute psychiatrische Untersuchung legten Roeder und Mesch – für Heimberg konnte auf ein inzwischen im Zusammenhang mit dem Fall Nieland erstelltes und seine volle Zurechnungsfähigkeit feststellendes Dossier zurückgegriffen werden – zwar Beschwerde ein, erklärten sich aber nach deren Verwerfung schließlich dazu bereit.[196] Das Gutachten der Nervenklinik der Universität München vom April 1959 bejahte für Roeder die strafrechtliche Unzurechnungsfähigkeit gemäß Paragraph 51 Absatz 1 StGB, während es Mesch für voll verantwortlich erklärte.[197]

Quasi im Windschatten des Falles Nieland hatte Roeder so viel Aufmerksamkeit erregt, dass das weitere Vorgehen in beiden Fällen am 19. Januar 1959 zusammen mit dem Generalbundesanwalt beraten wurde.[198] Dieser lehnte aber die Übernahme des Verfahrens gemäß Paragraph 74a.2 Gerichtsverfassungsgesetz ab, da er diesem Fall keine besondere Bedeutung zumaß und außerdem mit der baldigen Außerverfolgungsetzung Roeders aufgrund der bei ihm festgestellten Unzurechnungsfähigkeit rechnete. Auch für die Verfahren gegen Mesch und Heimberg wegen des Flugblattes *Die kommende rote Diktatur!* sah Generalbundesanwalt Max Güde keine großen Erfolgsaussichten. Heimbergs Behauptung, sein Rechtsanwalt habe das Flugblatt geprüft und für zulässig befunden, sei kaum zu widerlegen. Dem Angeklagten Mesch wiederum sei aufgrund seines politischen Werdegangs und seiner konservativ-religiösen Überzeugung kaum zuzutrauen, dass er den staatsfeindlichen Inhalt des Flugblattes gebilligt habe, zumal er nur wenige der ihm zur Verfügung gestellten 500 Exemplare verteilt hatte. Wegen mangelnder Beweise für einen subjektiven Tatwillen müsse, so Güde resümierend, bei Heimberg und Mesch gleichfalls damit gerechnet werden, dass sie außer Verfolgung gesetzt werden.[199]

195 Bericht OStA München I an GStA beim OLG München, 18.4.1957, S. 2: Zitate aus dem Gutachten des Obermedizinalrats Dr. Arnold (Landgerichtsarzt München II), 28.8.1956, ebd.

196 OStA München I an GStA beim OLG München, 7.6.1958; Bericht BIM an BMI, 2.4.1959, ebd.

197 Bericht BIM an BMI, 12.6.1959. Gutachten für Roeder 25.4.1959, für Mesch 30.4.1959, BA-K, B 106/63069.

198 GStA beim OLG München an BayMJ, 20.1.1959, ebd.

199 GBA beim BGH an GStA OLG München, 9.7.1959, ebd.

So kam es schließlich auch. Der Oberstaatsanwalt am Landgericht München I zog die Anklage gegen Roeder zurück und stellte das Verfahren gegen ihn am 7. Oktober 1959 ein; die von der Staatsanwaltschaft beantragte Einweisung Roeders in eine Heil- und Pflegeanstalt dagegen lehnte das Landgericht München I ab, da von ihm keine gravierende Gefährdung der Öffentlichkeit ausgehe.[200] Alle drei Angeklagten wurden durch einen Beschluss des Landgerichts, dessen Begründung fast wortgleich mit der des Generalbundesanwalts vom 9. Juli 1959 war, außer Verfolgung gesetzt.[201] Damit war die Angelegenheit jedoch nicht erledigt, denn Oberstaatsanwalt Schönberger beantragte nunmehr die Einziehung der Roeder'schen Pamphlete in einem selbständigen Verfahren; diese ordnete das Gericht im Mai 1960 schließlich an.[202]

Komplizierter gestaltete sich dagegen die Einziehung eines weiteren antisemitischen Pamphlets, an dem Roeder beteiligt war. Es handelte sich um Eustace Mullins' Schrift *The Federal Reserve Conspiracy*, deren deutsche Übersetzung unter dem Titel *Die Bankier-Verschwörung von Jekyl Island* 1956 im Widar-Verlag erschienen war. Auch hier ist der Inhalt schnell erzählt: Eine kleine Gruppe meist jüdischer »Geldleute« sei durch betrügerische Machenschaften mit Hilfe des Federal-Reserve-Banksystems zulasten des amerikanischen Volkes zu enormem Reichtum gekommen und habe Schuld an allen ökonomischen Krisen in den USA und weltweit sowie an den beiden Weltkriegen. Der im Februar 2010 verstorbene Autor war ein »Schüler« Ezra Pounds,[203] in dessen Auftrag er die vermeintlichen Geheimnisse des US-Bankensystems erforschte und unter dem Titel *The Secrets of the Federal Reserve* 1952 erstmals veröffentlichte. Bis heute geistert die von Mullins verbreitete Behauptung umher, dass die deutsche Version der darauf aufbauenden Schrift *The Federal Reserve Conspiracy* öffentlich verbrannt worden sei (»burned by the German government«[204]); selbst in der US-Ausgabe der Internet-Enzyklopädie »wikipedia« fand sich eine Zeit lang die in rechtsradikalen Kreisen in den USA genüsslich ausgebreitete Behauptung: »The German edition

200 OStA München I an LG München I, 16.8.1960; Beschluss LG München I, 14.12.1960, ebd.

201 Beschluss LG München I, 23.9.1959; OStA München I an GStA beim OLG München, 14.10.1958, ebd.

202 Antragsschrift OstA, 28.10.1959; Beschluss LG München I, 5.5.1960, ebd.

203 Zu Pounds Antisemitismus vgl. Maccoby, *Antisemitism*, S. 120–135.

204 James Dyer (© 2003), »An Afternoon with Eustace Mullins«, http://www.rense.com/general39/ EUSTACE.htm (18.11.2005).

of the book was burned in West Germany in 1955. It was the first book publicly burned in West Germany since the defeat of the Nazi government.«[205] Nichts trifft zu, nicht einmal die Jahreszahl, denn erst Ende September 1960 befasste sich erstmals ein deutsches Gericht mit dem Antrag auf Vernichtung aller Exemplare des schon im Juli 1956 vom Amtsgericht Garmisch-Partenkirchen beschlagnahmten Machwerks.[206]

Das Landgericht München lehnte die von der Staatsanwaltschaft beantragte Einziehung wegen Verstoß gegen die Paragraphen 93, 185 und 130 StGB sowie gegen das Bayerische Gesetz Nr. 14 allerdings ab. Zwar würden auf den Seiten 168 und 169 der Schrift einige im Finanzwesen der USA tätige Juden genannt und als Teil einer jüdisch-kommunistischen Verschwörung zur Ausplünderung der USA gebrandmarkt, doch reiche dies nicht zu einer Verurteilung. Paragraph 93 StGB greife nicht, weil die Schrift weder das Ziel noch das Potenzial habe, eine politische Bewegung gegen die staatliche Ordnung der Bundesrepublik zu initiieren. Das Bayerische Gesetz Nr. 14 könne nicht angewendet werden, weil kein Erfolg der Aufreizung feststellbar sei. Den frisch novellierten Paragraphen 130 StGB wollten die Richter des Landgerichts nicht heranziehen, weil er härtere Strafen als das Bayerische Gesetz Nr. 14 vorsehe und daher nicht in Frage komme. Schließlich, und das war der juristische Kern dieses Urteils, mochten die Münchner Landrichter trotz des BGH-Urteils vom 1. März 1960 keine Kollektivbeleidigung erkennen. Es seien vielmehr nur einzelne, namentlich genannte Juden betroffen, »so daß auch im Wege der Verallgemeinerung kein begründeter Anlaß als gegeben erachtet werden kann, daß das Judentum in seiner Gesamtheit durch die fraglichen Buchstellen als diskriminiert angesehen werden könnte. Es wäre eine Überspitzung des Gedankens der Kollektivbeleidigung, wenn man aus der gegen *bestimmte* Einzelne getroffenen Feststellung eine Kränkung einer Personenmehrheit entnehmen wollte.«[207] Diese Feststellung gelte unabhängig von den Intentionen des Übersetzers – also Roeders –, da die Schrift nach ihrer Publikation ein Eigenleben führe und aus sich heraus gedeutet werden müsse.

Gegen diese Entscheidung legte die Staatsanwaltschaft Revision ein, so dass sich der dritte Strafsenat des Bundesgerichtshofes im April 1961 unter

205 Artikel Eustace Mullins, in: http://en.wikipedia.org/wiki/Eustace_Mullins (18.11.2005); dieser Passus ist gegenwärtig, Juni 2011, nicht mehr dort zu finden.

206 Vgl. Ino Arndt/Schardt, »Chronologie«, S. 278.

207 Beschluss LG München I, 23.9.1960, S. 19, BA-K, B 106/63069, Hervorhebung original.

dem Vorsitz des Senatspräsidenten Jagusch mit dem Fall befassen musste. Das höchste Bundesgericht zerpflückte die befremdliche Argumentation des Landgerichts München nach allen Regeln der Kunst und verfügte, die Schrift gemäß den Paragraphen 98 und 86 StGB einzuziehen, »denn sie ist als antisemitische Hetzschrift verfassungsfeindlich (§ 93 StGB), volksverhetzend (§ 130 Nr. 1 StGB) und beleidigend (§ 185 StGB)«.[208] Die Vorderrichter, so der BGH unter Verweis auf frühere Urteile,[209] verkennten die Tragweite des Paragraphen 93 StGB, denn die verfassungsfeindliche Zielsetzung müsse nicht offenkundig sein; es genüge vielmehr, wenn sie der verständige Leser zwischen den Zeilen herauslesen könne. Im vorliegenden Falle bedeute dies, dass es nicht primär um die Schilderung US-amerikanischer Zustände gehe, sondern um die Kennzeichnung negativer, »typisch jüdischer« Eigenschaften. Darüber könne »für jeden verständigen Leser« angesichts »aller dieser tendenziösen Hinweise« in der Schrift »in der Zusammenschau kein Zweifel bestehen: Das Judentum als Gesamtheit wird für unglückliche Vorgänge im Leben des amerikanischen Volkes, für Katastrophen der Weltwirtschaft und für die Weltkriege mit ihren verheerenden Wirkungen verantwortlich gemacht. Damit sollen antisemitische Instinkte belebt und erregt werden.« Weil, so der BGH weiter, die Behauptung einer jüdischen Weltverschwörung und Zinsknechtschaft Teil des NS-Propagandarepertoires gewesen sei, ziele »die das Judentum im Stile nationalsozialistischer Rassenhetze herabwürdigende Schrift für jeden verständigen Leser in Deutschland im Ergebnis auf die Forderung nach entsprechenden Gegenmaßnahmen ab«.[210] Derart die Wiederholung der NS-Maßnahmen zu propagieren sei ein Verstoß gegen Paragraph 88 Absatz 2 Nr. 2 und 6 StGB. Geradezu apodiktisch stellte der BGH die Verbindung zwischen derlei Hetze und der Demokratie her, indem er auch das Straftatbestandsmerkmal »zur Unterdrückung der demokratischen Freiheit« »angesichts der Forderung der Schrift nach Diffamierung einer Bevölkerungsgruppe erfüllt«[211] sah.

Ebenso wenig fand das Argument des Landgerichts München, der Paragraph 130 StGB habe nicht angewandt werden können, weil das Bayerische Gesetz Nr. 14 mildere Strafen vorsehe, Gnade in den Augen der Bundesrichter, denn Roeder als Verleger hätte im mildesten Fall gemäß Paragraph 41

208 *BGHSt*, Bd. 16, S. 49–57, 21.4.1961, hier: S. 50.

209 Vgl. *BGHSt*, Bd. 8, S. 245–249, 23.11.1955; Bd. 12, S. 174–177, 11.12.1958; Bd. 14, S. 293–299, 13.5.1960.

210 Beide Zitate ebd., Bd. 16, S. 49–57, 21.4.1961, hier: S. 54.

211 Ebd., S. 55.

StGB mit der Unbrauchbarmachung der Druckplatten zu rechnen. Daher hätte das StGB statt des Bayerischen Gesetzes Nr. 14 und also auch der Paragraph 130 angewandt werden müssen. Die Schrift hetze gegen die Juden und verletze dadurch deren Menschenwürde. Dass die öffentliche Ruhe und Ordnung nicht tatsächlich gefährdet sein musste, um Paragraph 130 anzuwenden, begründete der BGH abermals mit leidvollen historischen Erfahrungen: »Es genügt, daß berechtigte Gründe für die Befürchtung vorliegen, der Angriff werde das Vertrauen in die öffentliche Rechtssicherheit erschüttern, sei es auch nur bei der Bevölkerungsgruppe, gegen die er sich richtet. Daß dies bei einer zur Verbreitung bestimmten antisemitischen Hetzschrift zutrifft, bedarf nach den geschichtlichen Erfahrungen keiner weiteren Begründung.«[212] Schließlich erkannte der BGH auch eine Kollektivbeleidigung gemäß Paragraph 185 StGB, wobei er sich auf ein früheres Urteil gegen antisemitische Äußerungen berief.[213]

Nach diesem letztinstanzlichen Urteil endete die *Bankier-Verschwörung von Jekyl Island* nicht, wie die Gemeinde der Verschwörungstheoretiker bis heute weismachen will, dramatisch in einem an die »Bücherverbrennung« von 1933 gemahnenden Autodafé, sondern völlig unspektakulär im nahe von Roeders Wohnsitz Oberammergau gelegenen Papier- und Pappewerk Oberau, wo diese Schrift im Mai 1961 ihrer umweltfreundlichen Wiederverwertung zugeführt wurde.[214]

Im Vergleich mit anderen zeitgenössischen Skandalen fällt auf, dass besonders im Fall der *Bankier-Verschwörung* die problematischen Entscheidungen der unteren Gerichte vom höchstinstanzlichen Gericht korrigiert wurden. Das lag sicher nicht nur an einer aus reiner Menschlichkeit vertieften Einsicht in die Verwerflichkeit antisemitischer Agitation, sondern vor allem an dem durch die »Schmierwelle« ausgelösten Schock, der auch die Justiz erfasste.[215] Das auf dem – unter rechtsstaatlichem Aspekt unverzichtbaren – Postulat der Unabhängigkeit der Richter basierende Problem uneinheitlicher Rechtsanwendung blieb freilich bestehen. 1988 stellte das Bundesverfas-

212 Ebd., S. 56 ff.
213 Ebd., Bd. 11, S. 207 ff., 28.2.1958.
214 BIM an BMI, 10.1.1962, BA-K, B 106/63069.
215 Vgl. Schildt, »»Schlafende Höllenhunde««.

sungsgericht dazu lapidar fest, »daß die Rechtspflege durch die Unabhängigkeit der Richter (Art. 97 GG) konstitutionell ›uneinheitlich‹ ist«.[216]

5. Ein »Naturschutzpark für Juden«? Die Neufassung des Paragraphen 130 StGB

Die Beschmierung der Kölner Synagoge an Weihnachten 1959 mit judenfeindlichen Sprüchen löste eine Welle von 470 antisemitisch motivierten Vorfällen im ganzen Bundesgebiet und sogar im Ausland aus.[217] Zu einer frühen Variante des »Aufstands der Anständigen« rief Konrad Adenauer in einer über Rundfunk und Fernsehen verbreiteten Erklärung auf und empfahl, jedem allfällig ertappten »Lümmel [...] eine Tracht Prügel«[218] zu verabreichen. Nicht zuletzt aufgrund außenpolitischer Erwägungen gegenüber den Westalliierten und innerdeutscher Abgrenzungsbedürfnisse gegenüber der DDR startete die Bundesregierung eine Reihe auf Öffentlichkeitswirkung zielender Aktionen wie eine Protesttelegramm-Aktion oder Adenauers erstmaligen Besuch einer KZ-Gedenkstätte in Bergen-Belsen. Das Weißbuch der Bundesregierung über die *Antisemitischen und nazistischen Vorfälle in der Zeit vom 25. Dezember 1959 bis zum 28. Januar 1960* bemühte sich um eingehende Ursachenanalyse, sollte aber auch die staatliche Entschlossenheit und Handlungsfähigkeit im Angesicht des Rechtsradikalismus demonstrieren.[219]

Solcher Bemühungen ungeachtet waren die publizistischen Reaktionen recht regierungskritisch.[220] Die Schmierwelle gab dem *Rheinischen Merkur* Gelegenheit, auf den Unterschied zwischen der Situation in den frühen 1930er Jahren und derjenigen 1959/60 zu verweisen und dabei zugleich auf ein grundsätzliches Dilemma aufmerksam zu machen:

---

216 *BVerfGE*, Bd. 78, S. 123–127, 26.4.1988, hier: S. 126 (mit Verweis auf Maunz-Dürig, GG, Art. 3 I, Rdnr. 410).

217 Zur Schmierwelle vgl. Brochhagen, *Nach Nürnberg*, S. 276–297; Bergmann, »Antisemitismus als politisches Ereignis«; ders., *Antisemitismus*, S. 235–250.

218 Erklärung vom 16.1.1960, abgedruckt in: *Die antisemitischen und nazistischen Vorfälle*, S. 62 f., hier: S. 62.

219 Veröffentlicht in ebd., S. 25–61.

220 Vgl. Buschke, *Deutsche Presse*, S. 312–357; und Bergmann, »Antisemitismus als politisches Ereignis«.

»Kein Strafgesetz, keine Polizei und kein Ausnahmeschutz kann die jüdischen Mitbürger vor Exzessen schützen, wenn die Attentäter mit der stillen Duldung oder gar Billigung durch die Mehrheit der Bevölkerung rechnen dürfen. Das ›Kölner Ereignis‹ von 1959 hat aber die umgekehrte Reaktion gezeigt: die überwiegende Mehrheit der Bevölkerung ist zum aktiven Schutz ihrer jüdischen Mitbürger entschlossen und wird den Sudelpolitikern die falsche Gefolgschaft verweigern.«[221]

Doch nicht nur verharmlosender Umgang mit den »alten Nazis« und mangelnde Aufklärung über die Verbrechen der Vergangenheit wurden der Bundesregierung vorgeworfen, auch der Versuch, die Schmierwelle als »vom Osten« *inszeniert* darzustellen, den Innenminister Schröder im Bundestag unternahm,[222] fand ein kritisches Presseecho. Ob die Ost-Berliner Führung wirklich als Erste zu diesem Mittel griff, um die Adenauer-Republik als »faschistisch« zu diffamieren, ist bis heute nicht geklärt und erscheint eher unwahrscheinlich, zumal es in der DDR zahlreiche Vorfälle dieser Art gab. Die politischen Konsequenzen bewegten sich dabei »auf einem formalistischen, bürokratischen und ausschließlich repressiven Niveau«.[223] Dokumente des Ministeriums für Staatssicherheit beweisen aber immerhin, dass die DDR die Schmierwelle verstärkte und zu einer Kampagne gegen die Bundesrepublik nutzte.[224]

Zwar fehlte es, wie bei Skandalen üblich, auch hier nicht an Versuchen der politisch Verantwortlichen, den Konflikt durch Bagatellisierung, Aktionismus, Verweis auf Sündenböcke und symbolisches Handeln zu begrenzen, dennoch bilden die Reaktionen auf die Schmierwelle, die Karl Marx in der *Allgemeinen Wochenzeitung der Juden in Deutschland* als »Anschlag auf die deutsche Demokratie«[225] kennzeichnete, einen Wendepunkt in der bundesrepublikanischen Geschichte der Reaktionen auf den Antisemitismus und stehen paradigmatisch für den kollektiven Lernprozess der westdeutschen Gesellschaft nach 1945. Die »einmütige und klare Gegenwehr der politischen und kulturellen Eliten gegen antisemitische Tendenzen« stellte, so Werner Bergmann zusammenfassend, ebenso ein Novum dar wie die Tatsa-

221 P. W. Wenger im *Rheinischen Merkur* vom 8.1.1960, zit. nach dem Abdruck im *Freiburger Rundbrief*, XII. Folge, Nr. 45/48 (1959/1960), S. 57.

222 *VdB*, Bd. 35, 3. WP, 18.2.1960, S. 5575; wenig überzeugend vertritt die These der Stasi-Steuerung Wolffsohn, *Deutschland-Akte*, S. 17–27.

223 Waibel, *Rechtsextremismus*, S. 74; zu den antisemitischen Vorfällen um 1960 vgl. S. 26–37. Vgl. auch Illichmann, *DDR*, S. 137–148; Timm, *Hammer*, S. 165.

224 Mertens, »›Westdeutscher‹ Antisemitismus?«; vgl. auch Buschfort, *Geheime Hüter*, S. 235 ff.

225 Karl Marx, »Anschlag«.

che, dass der Angriff gegen die Juden »weithin als Angriff gegen die Demokratie begriffen«[226] wurde. Die Ergebnisse von Meinungsumfragen zeigen diese Entwicklung sehr deutlich. 1949 sprachen sich ganze 41 Prozent der Deutschen dafür aus, antisemitische Äußerungen hart zu bestrafen; 1958 war dieser Anteil auf gerade einmal 50 Prozent gestiegen. 1960 dagegen schoss diese Quote auf 82 Prozent empor und liegt seither auf diesem hohen Niveau.[227] Richtig ist allerdings auch, dass es noch fast ein Jahrzehnt dauern sollte, ehe die öffentliche Verurteilung antisemitischer Ausschreitungen zu einer Einstellungsänderung in breiteren Bevölkerungskreisen führte.[228] Doch die Schmierwelle verstärkte nicht nur die Forderung nach Bestrafung der Täter, sondern ebenso die »Schlussstrichmentalität«, zu der sich laut Allensbach-Umfragen 1958 nur 34 Prozent, elf Jahre später dagegen 67 Prozent der Befragten bekannten.[229] Dennoch erscheint es überzogen, den seit den späten fünfziger Jahren sich vollziehenden kollektiven Lernprozess grundsätzlich in Zweifel zu ziehen.[230] An dieser Kritik ist zutreffend, dass er keineswegs linear verlaufen ist und etwa zu einem ein für alle Mal feststehenden Ergebnis geführt hätte. Das hat in dieser Form freilich auch niemand behauptet.

Die dauerhafte Folge der Schmierwelle für die Bundesrepublik war jedoch die Neufassung des Paragraphen 130 StGB, zu der es sonst wohl nicht gekommen wäre.[231] Nach dem gescheiterten Anlauf zur Novellierung des Paragraphen 130 StGB im Jahr 1957 hatte Anfang 1959 der Freispruch für Friedrich Nieland dazu geführt, dass die erste Beratung des Entwurfs im Bundestag am 22. Januar 1959 zusätzliche Aktualität und Brisanz gewann und zu einer Grundsatzaussprache über die Rolle der Justiz im demokratischen Rechtsstaat geriet. Den Anlass dafür hatte eine Große Anfrage der SPD zur Justizpolitik gegeben, in der unter anderem die Haltung der Gerichte gegenüber den NS-Verbrechen und den Versuchen ihrer juristischen Aufarbeitung angeschnitten wurde.[232] So wandte sich Adolf Arndt nicht nur

226 Bergmann, »Antisemitismus als politisches Ereignis«, S. 271.

227 Vgl. ders., *Antisemitismus*, S. 270, Tabelle 4.

228 So bilanziert Gripp, *Rechtsextremismus*, S. 48.

229 Zahlen nach ebd., S. 47.

230 So Rensmann, *Demokratie*, S. 501.

231 Zum Novellierungsprozess des Paragraphen 130 nach Nieland vgl. Krone, *Volksverhetzung*, S. 34–54.

232 *VdB*, Anlagen-Bd. 59, 3. WP, Drucksache Nr. 569, Große Anfrage der SPD betr. Fragen der Justizpolitik, 16.10.1958.

allgemein gegen jegliche »Schlussstrichmentalität«, sondern kritisierte konkret die »fadenscheinige und spitzfindige Begründung«, mit der das Hamburger Gericht sich weigerte, Nieland strafrechtlich zur Verantwortung zu ziehen, als »offene Wund[e] – im Recht«.[233] Doch nicht neue Gesetze hielt Arndt für nötig, sondern »[m]ehr Mut, in der Rechtsprechung auch die Stimme des Herzens mittönen zu lassen« und »einen Sturm der öffentlichen Meinung herbeizuführen«.[234] Justizminister Schäffer antwortete ausweichend, indem er auf die schwierigen Ausgangsbedingungen der Justiz nach 1945 verwies, die eine angemessene Verfolgung der NS-Verbrechen erschwert hätten.[235]

Die Erklärung von Bundeskanzler Adenauer blieb gleichfalls blass; zwar prangerte er im Namen der Regierung »diese Vorgänge auf das schärfste« an und bezeichnete sie als »ein schweres Unrecht, das wir Deutschen um so mehr verurteilen, wenn wir an die Vergangenheit denken«.[236] Trotzdem führte er nicht zuletzt die Beschädigung des deutschen Ansehens im Ausland als das eigentliche Problem an. Dagegen forderte Gerhard Jahn von der SPD, »ein so klares Verhältnis zu unserer politischen Vergangenheit« zu bekommen, dass »auch durch die Justiz ein eindeutiges Nein zu dem Unrechtsstaat« gesagt werde, da andernfalls die Grundlagen »unserer eigenen Demokratie, an deren Aufbau wir doch noch arbeiten«,[237] gefährdet würden. Diesen Gedanken nahm Karl Kanka von der CDU auf, indem er den Hamburger Richtern vorwarf, ihre Aufgabe nicht »als eine staatspolitische Aufgabe erkannt [zu] haben, die in unserer politischen Wirklichkeit und nicht auf den vermeintlichen Höhen oder in Laboratorien reiner Justiztechnik zu leisten ist«. Dazu, so Kanka weiter, hätte die Strafkammer »in die Begründung ihres Beschlusses deutlich hineinschreiben müssen, was sie von dem minderwertigen Machwerk hält, wie es moralisch und sonst zu beurteilen ist. Solche Urteile äußern unsere Richter ja auch sonst.«[238] Bemerkenswert war schließlich die Rede von Ernst Benda von der CDU. Zwar verteidigte er entschieden die richterliche Unabhängigkeit gegen Urteilsschelten, doch stellte er in scharfem Kontrast zu Adenauer klar, dass es in Fällen wie Nieland »nicht nur

233 *VdB*, Bd. 42, 22.1.1959, S. 3051.

234 Ebd., S. 3052.

235 Ebd., S. 3056–3069; diese Zögerlichkeit erklärt sich angesichts der Tatsache, dass Schäffer Anfang der zwanziger Jahre vor dem Bayerischen Landtag geäußert hatte: »Die Judenfrage ist so alt wie unsere Kultur.« Zit. nach Ludyga, *Rechtsstellung*, S. 374.

236 *VdB*, Bd. 42, 22.1.1959, S. 3069.

237 Ebd., S. 3070.

238 Ebd., S. 3078.

um den Schaden im Ausland« gehe, sondern um »die innere Sauberkeit unseres Landes«.[239]

Der Regierungsentwurf zur Verschärfung des Paragraphen 130 StGB auf der Grundlage des Entwurfs von 1957 wurde am 14. Januar 1959 im Bundeskabinett beschlossen[240] und schon am 5. März 1959 vom Bundesrat mit einer kleinen redaktionellen Änderung abgesegnet.[241] Er sah die Bestrafung desjenigen vor, der

> »in einer den öffentlichen Frieden gefährdenden Weise 1. zum Haß gegen eine nationale, rassische, religiöse oder durch ihr Volkstum bestimmte Gruppe aufstachelt, sie beschimpft oder böswillig verächtlich macht oder 2. wider besseres Wissen verunglimpfende Behauptungen tatsächlicher Art über sie aufstellt oder verbreitet«.[242]

Im schriftlichen Bericht des Rechtsausschusses erläuterte dessen Vorsitzender Benda einige redaktionelle Änderungen, die klarstellten, dass nicht NS-Rasseterminologie weitergeführt werde. Deshalb sei nunmehr, jegliche Essenzialisierung vermeidend, von Gruppen die Rede, die ein Täter »*als* nationale, rassische, religiöse oder durch ihr Volkstum bestimmte Gruppe *treffen will*«.[243] Grundsätzlich jedoch herrschte im Ausschuss keine Einigkeit darüber, ob strafrechtliche Mittel überhaupt sinnvoll seien. Die Gegner der Regierungsvorlage beklagten »nicht Mängel der Gesetzgebung, sondern eine unbefriedigende Haltung der Gerichte« und äußerten die Befürchtung, dass man den Juden keinen Gefallen damit tue, sie mit einem *privilegium odiosum* auszustatten, »durch das […] die hier und da vorhandene Abneigung gegen diese Gruppe eher noch verstärkt werde«.[244] Die Ausschussmehrheit war anderer Meinung, weil das geschützte Rechtsgut nicht die Ehre der Angehörigen einer bestimmten Bevölkerungsgruppe, sondern der öffentliche Friede sei. Als weitere Kritikpunkte wurden die drohende Einschränkung der Meinungsfreiheit, die Unbestimmtheit des Rechtsgutes »öffentlicher Frieden«

239 Ebd., S. 3102.

240 Vgl. 49. Sitzung des Bundeskabinetts, 14.1.1959, in: *Kabinettsprotokolle der Bundesregierung*, Bd. 12, S. 73–80, hier: S. 75 f.

241 Bundesratsdrucksache 21/59, 5.3.1959.

242 *VdB*, Anlagen-Band 61, 3. WP, Drucksache Nr. 918: Entwurf für Paragraph 130, 5.3.1959, S. 2.

243 Ebd., Anlagen-Band 62, Entwurf Neufassung Paragraph 130; Nr. 1143, Schriftlicher Bericht des Rechtsausschusses zu Drucksache Nr. 918, S. 2, Hervorhebung original.

244 Ebd., Entwurf Neufassung Paragraph 130; Nr. 1143, Schriftlicher Bericht des Rechtsausschusses zu Drucksache Nr. 918, S. 1.

und die Tatsache, dass das Strafrecht für politische Fragen grundsätzlich ungeeignet sei, moniert.[245]

Erst Anfang Dezember 1959 wurde der Änderungsentwurf in zweiter und dritter Lesung im Bundestagsplenum beraten. Bundesjustizminister Fritz Schäffer, der sich zwei Jahre zuvor in seinen Reden in Plattling und Passau noch über die vermeintlich untragbaren Kosten der Wiedergutmachungspolitik gegenüber Israel beschwert hatte, begründete die Novellierung des Paragraphen 130 StGB mit dem Hinweis, dass es Sache des Staates sei, »hier den Anfängen zu wehren«.[246] Das Strafrecht habe die Aufgabe, »weithin sichtbare Werttafeln aufzurichten, die nicht nur eine negative, sondern auch eine positive Wirkung ausstrahlen«. Gegen Arndts Befürchtung gerichtet, anerkannte er zugleich den Pluralismus verschiedener gesellschaftlicher Gruppen als »eine Realität, und zwar in der Regel eine sehr gesunde und begrüßenswerte Realität. […] Daß ein Gesetz solche Gruppen nennt, heißt in keiner Weise, das [*sic*] es sie isoliert.«[247] Damit ging Schäffer einen Schritt weiter als der Strafrechtler Robert von Hippel, der 1906 die »Kämpfe zwischen verschiedenen Teilen oder Klassen der Bevölkerung« als »an sich weder bedauerlich noch erfreulich«[248] bezeichnet hatte.

Der SPD-Abgeordnete Karl Wittrock begründete sein »Nein« zum Regierungsvorschlag damit, dass Sondergesetze zum Schutz der Juden ihren Zweck verfehlen müssten. Stattdessen plädierte er für die Skandalisierung antisemitischer Äußerungen, denn die Strafgesetze hielt er für prinzipiell ungeeignet, das zu leisten, »was in einem solchen Falle die gesellschaftlichen Kräfte selber tun müßten«, nämlich »denjenigen, der sich in Widerspruch zu den moralischen Prinzipien der Gemeinschaft stellt, [zu] disqualifizieren«.[249] Während Ernst Benda der Regierungsvorlage mit dem Hinweis auf das schreckliche Verfolgungsschicksal der deutschen Juden in der NS-Zeit besonderen Nachdruck verlieh,[250] warnte sein Parteikollege, der als NS-Verfolgter und Gründungsmitglied der Frankfurter Gesellschaft für Christlich-Jüdische Zusammenarbeit sensibilisierte Juraprofessor Franz Böhm, unter dem lebhaften Beifall des Plenums vor einem »Schönwettergesetz«, das die

245 Vgl. Krone, *Volksverhetzung*, S. 36–44.
246 *VdB*, Bd. 44, 3.12.1959, S. 5082; zu Schäffer vgl. Henzler, *Fritz Schäffer*, S. 581–584.
247 *VdB*, Bd. 44, 3.12.1959, S. 5081.
248 Hippel, »Anreizung«, S. 60 f.
249 *VdB*, Bd. 44, 3.12.1959, S. 5083.
250 Ebd., S. 5085 ff.

Bürger dazu verführen könnte, sich in trügerischer Sicherheit zu wähnen, so dass sie

»die große Lehre, die sie aus der Vergangenheit zu ziehen hätten, nicht befolgen, daß nämlich eine Nation, die nicht will, daß so etwas wie der Nationalsozialismus aufkommt, sich nicht auf ihre Staatsanwälte und ihre Polizei verlassen darf, sondern auf die Straße gehen muß, in die Hände spucken und sich zur Wehr setzen muß, wenn irgendwelche Leute eine gehässige Politik propagieren«.

Nicht der Antisemitismus sei im Anwachsen; vielmehr gebe es »eine immer größere Zahl von Leuten, die sich so etwas nicht mehr gefallen lassen, und nur deshalb [...] steht es in den Zeitungen, und nur weil es in unseren Zeitungen steht, erfahrt ihr das überhaupt«.[251] Diese Bedenken – gestützt durch eine Äußerung van Dams – führten dazu, dass die abschließende Abstimmung über den Entwurf überraschend vertagt wurde.

Als der Bundestag nach der Weihnachtspause erstmals wieder zusammentrat, hatten sich die Parameter der Diskussion angesichts der inzwischen durch Deutschland gehenden Schmierwelle grundlegend verändert. Zu Beginn der Sitzung vom 20. Januar 1960 verlas der gerade aus Israel zurückgekehrte[252] Bundestagsvizepräsident Carlo Schmid eine Erklärung für den erkrankten Präsidenten Eugen Gerstenmaier, in der er die Schmierwelle als eine Schande bezeichnete, die in Deutschland besonders schwer wiege: »Anderswo sind unter dem Hakenkreuz zwar Rüpeleien erfolgt, bei uns aber sind in seinem Zeichen sechs Millionen Juden ermordet worden. Darum ist, was in diesen Wochen geschah, bei uns schändlicher als anderswo.« Die Schmierereien zeigten, dass es »noch unaufgeräumte Unratsecken« gebe, die auszuräumen nicht wegen »des möglichen Schadens [...] den die Bundesrepublik politisch erlitten haben mag«, verpflichtend sei, sondern »unter dem Aspekt der Moral«. Wie Franz Böhm eineinhalb Monate davor konnte Schmid der zunächst unangenehmen Aufmerksamkeit für die antisemitischen Vorfälle etwas Positives abgewinnen, gebe es doch Situationen, »in denen man die schlafenden Höllenhunde wecken muß, um an ihrem Gebelle innezuwerden, wie nahe wir der Hölle noch sind«.[253]

Die Bundestagsdebatte über das Weißbuch der Bundesregierung wurde von Innenminister Schröder – wohl mehr aus Gründen der Kabinetts- und Parteidisziplin als aus eigener Überzeugung – mit dem Hinweis auf »Verbin-

251 Ebd., S. 5088 f. (beide Zitate).

252 Vgl. Moshe Zimmermann, »Carlo Schmid«, S. 55 ff.

253 Alle Zitate *VdB*, Bd. 45, 3. WP, 95. Sitzung, 20.1.1960, S. 5231.

dungslinien zu sowjetzonalen Drahtziehern«[254] eröffnet. Danach ging er ausführlich auf die Mängel in der historischen Bildung, Aufklärung und Erziehung ein, denen durch Institutionen wie die Bundeszentrale für Heimatdienst, das Münchner Institut für Zeitgeschichte oder eine verstärkte schulische »Erziehung zur Demokratie«[255] entgegengewirkt werden müsse, ohne dass auf juristische Repressionen verzichtet werden könne. Die folgende Rede von Carlo Schmid geriet zu einer Sternstunde des Bundestages, denn mit wenigen Sätzen markierte der gelernte Jurist und Politologieprofessor in Frankfurt am Main eine fundamentale Erweiterung und Vertiefung des Demokratiebegriffes, denn sein breit angelegtes Thema lautete: »Wie machen wir denn eigentlich Ernst mit der Demokratie?«

Für Schmid war Demokratie mehr als eine bloße Technik der Willensbildung, »denn auch mit Mehrheitsbeschlüssen kann man Böses in die Welt setzen«. Demokratie bedeute vielmehr, »daß jedem Bewohner unseres Landes das gleiche Recht auf Achtung und Würde zusteht«, das »in der gesellschaftlichen Umwelt, in der er lebt, zu Wirklichkeiten werden«[256] müsse. Daher gehe es nicht darum, einer Minderheit wie den Juden Schutz zu gewähren, sondern »mit der Demokratie in der ganzen Breite, in der ganzen Tiefe ihrer Postulate ernst [zu] machen«. Außerdem stellte Schmid einen unmittelbaren Bezug zwischen Demokratie und Judenfeindschaft her, weil in Deutschland der Antisemitismus immer auch ein Zeichen dafür gewesen sei, »daß man an den Fundamenten der Demokratie rütteln will«. Deswegen sollte man antisemitisch motivierte Täter nicht wegen Beleidigung bestrafen, sondern weil sie »die moralischen Grundlagen« des demokratischen Staates mit Füßen getreten und also »ein *Staatsverbrechen* begangen«[257] haben.

Angesichts dieser eindrücklichen Worte blieb dem folgenden Redner, Hans Wilhelmi (CDU/CSU) – der als Minister für den wirtschaftlichen Besitz des Bundes zugleich für die Bundesregierung sprach –, nur übrig, sich Schmids Meinung anzuschließen, »daß es zum Wesen des demokratischen

254 Ebd., S. 5575. In der CDU/CSU-Fraktionssitzung am 19.1.1960 hatte sich Verteidigungsminister Strauß hinsichtlich einer ostdeutschen bzw. kommunistischen Beteiligung sicher gezeigt, während Schröder für eine gründliche Analyse plädierte; diese Differenz war am 20.1.1960 in der *FAZ* gemeldet worden und führte in der Kabinettssitzung am gleichen Tag zur Abmahnung Schröders durch Adenauer, der sich auf Strauß' Seite stellte. Vgl. 92. Sitzung, 20.1.1960, in: *Kabinettsprotokolle der Bundesregierung*, Bd. 13, S. 76–82, hier: S. 77. Zur Debatte am 18.2.1960 vgl. auch Dubiel, *Niemand*, S. 81–91.

255 *VdB*, Bd. 45, 18.2.1960, S. 5578.

256 Alle Zitate ebd., S. 5583. Vgl. auch Petra Weber, *Carlo Schmid*, S. 612 f.

257 Alle Zitate *VdB*, Bd. 45, 18.2.1960, S. 5584, Hervorhebung original.

Staates gehört, den Antisemitismus auszuscheiden, umgekehrt gesagt: daß der Antisemitismus in seinem Wesen antidemokratisch ist«. Es ist nicht schwer, aus diesen Worten das Echo Carl Schmitts herauszuhören, der »die Ausscheidung oder Vernichtung des Heterogenen« bekanntlich als »nötigenfalls«[258] zur Demokratie gehörig erklärt hatte. In Wilhelmis Bemerkung, dass der Antisemitismus zwar »eine Geschichte der Isolierung und Verfolgung in *allen* Ländern« sei, dass für »*uns* Deutsche [...] die Dinge aber deshalb so grundlegend anders als in jedem anderen Land« lägen, »weil bei uns der Antisemitismus [...] zu den schrecklichsten Morden geführt hat, die die neuere Geschichte kennt«, kam abermals jener Zwiespalt zwischen universellen und spezifisch nationalen Faktoren zum Vorschein, der bis heute das Problem der juristischen Verfolgung antisemitischer Agitation prägt. Seine Aussage, »ein jeder für sich und das ganze Volk« müsse die Konsequenz ziehen, »daß wir [...] Vorkämpfer gegen den Antisemitismus werden«, ist einerseits zwar ehrenwert, andererseits aber problematisch. Er trennte nicht nur diskursiv »*uns* Deutsche« und »*der* Jude«[259] im Kollektivsingular voneinander ab, sondern geriet zudem in die Nähe dessen, was Hermann Lübbe später polemisch als »Sündenstolz« bezeichnete.

Weil Wilhelmi den Antisemitismus unter anderem als Angriff auf das Christentum charakterisiert hatte, wies Gustav Heinemann, sich explizit auf die Religion berufend, auf die Mitschuld der Kirchen und des Christentums an der Judenfeindschaft hin und setzte sich kritisch mit Adenauers Rhetorik vom »christlichen Abendland« und dessen Verteidigung gegen den Bolschewismus auseinander.[260] Dadurch wurde die Debatte turbulent und geriet noch erheblich stärker in Fahrt, als Gerhard Jahn den aktuellen »Fall Oberländer« erwähnte, worauf ein CDU-Abgeordneter in einem Zwischenruf Herbert Wehners kommunistische Vergangenheit ins Spiel brachte, was den so Gescholtenen zu dem Zwischenruf »Sie sind ein Strolch«[261] veranlasste. Wann immer, so lässt sich daran ablesen, nach 1945 die Bekämpfung des Antisemitismus erörtert wurde, stand stets die jüngere deutsche Geschichte mit ihren Verwerfungen zur Debatte, und auch der Kontext des Kalten Krieges war ständig präsent.

Zusätzliches Gewicht bekamen die gegen den Regierungsentwurf geäußerten Bedenken durch Hendrik G. van Dams in der *Zeit* publizierte War-

258 Schmitt, *Die geistesgeschichtliche Lage*, S. 14.
259 Alle Zitate *VdB*, Bd. 45, 18.2.1960, S. 5586, Hervorhebungen von mir.
260 Ebd., S. 5597 f.
261 Zitat Wehner ebd., S. 5607; Rede Jahns S. 5606–5613.

nung vor einem »Naturschutzpark für Juden«,[262] der in ein strafrechtliches Ghetto führe. Wirkung entfaltete dieser Artikel insofern, als der Vorsitzende des Rechtsausschusses, Benda, in seinem neuerlichen Bericht die vorgenommenen Ergänzungen darlegte, um nicht zuletzt das Missverständnis zu vermeiden, »als ob es sich bei dem Entwurf eines ›Gesetzes gegen Volksverhetzung‹ um ein Sondergesetz und nicht vielmehr um eine Änderung des StGB handele«. Indem nunmehr auf die Aufzählung von Gruppenmerkmalen zugunsten des unspezifischen Terminus »Teile der Bevölkerung« verzichtet werde, sei sichergestellt, dass es nicht um einen diskriminierend wirkenden Sonderschutz für eine spezifische Gruppe gehe. Diese erhebliche Ausweitung des Straftatbestands wurde erstens durch die Einschränkung ausbalanciert, dass ein Angriff auf den öffentlichen Frieden vorliegen müsse. Vor allem aber sei ein Angriff auf die Menschenwürde nachzuweisen, dass der Täter dem Angegriffenen also das »Lebensrecht als gleichwertige Persönlichkeit in der staatlichen Gemeinschaft bestreiten und sie als unterwertiges Wesen behandeln«[263] wolle.

Zwar ließ sich im Rechtsausschuss keine vollständige Einigkeit erzielen, wohl aber ein Kompromiss, der auch den Bedenken der SPD Rechnung trug, so dass der Gesetzentwurf am 20. Mai 1960 in zweiter und dritter Lesung ohne Aussprache jeweils einstimmig angenommen wurde.[264] Als Artikel I Nr. 2 des Sechsten Strafrechtsänderungsgesetzes erhielt der Paragraph 130 StGB unter dem Titel »Volksverhetzung« folgende Form:

> »Wer in einer Weise, die geeignet ist, den öffentlichen Frieden zu stören, die Menschenwürde anderer dadurch angreift, daß er 1. zum Haß gegen Teile der Bevölkerung anstachelt, 2. zu Gewalt- oder Willkürmaßnahmen gegen sie auffordert oder 3. sie beschimpft, böswillig verächtlich macht oder verleumdet, wird mit Gefängnis nicht unter drei Monaten bestraft. Daneben kann auf Geldstrafe erkannt werden.«[265]

Damit war die über dreißigjährige Gesetzgebungstätigkeit an diesem Paragraphen beendet. Was dieses Gesetz trotz seines zunächst vielleicht wenig sensationell anmutenden Textes tatsächlich zu einer wichtigen Zäsur weit über die Geschichte des Strafrechts hinaus machte, wird noch ausführlich zu erörtern sein. Hendrik van Dam jedenfalls zeigte sich ungeachtet der langen Diskussionsdauer zufrieden, da das Gesetz nun jeglichen Anklang an die

---

262 Van Dam, »Naturschutzpark«.

263 *VdB*, Anlagen-Bd. 67, 3. WP, Drucksache Nr. 1746, Schriftlicher Bericht des Rechtsausschusses, 22.3.1960, hier: S. 2 u. S. 3.

264 *VdB*, Bd. 46, 3. WP, 20.5.1960, S. 6667.

265 *BGBl.* I, Nr. 33, 4.7.1960, S. 478.

NS-Terminologie vermied und »keinesfalls als ein ›Judenschutzgesetz‹ bezeichnet werden [könne], ohne dem Wortlaut Gewalt anzutun«.[266] Was den reinen Wortlaut anbelangt, trifft dies zu, doch wenn man die Entstehungsumstände mitberücksichtigt, kann man es drehen und wenden, wie man will: Faktisch war der neue Paragraph 130 StGB eben doch ein Sondergesetz zum Schutz der Juden vor antisemitischer Agitation und damit genau das, was die Protagonisten der »deutsch-jüdischen Symbiose« seit dem Beginn des Zeitalters der Emanzipation stets verhindern wollten.

Dennoch bedeutet diese Novellierung des Paragraphen 130 StGB zweifellos einen großen Fortschritt. Wenn auch nicht durch einen Verfassungsartikel, was, wie geschildert, in mehreren Ländern und auf Bundesebene vereinzelt angestrebt worden war, so waren doch wenigstens durch ein Gesetz nun die Voraussetzungen dafür geschaffen worden, die systematische Aufhetzung gegen bestimmte Bevölkerungsgruppen juristisch zu ahnden. Außerdem hatte sich auf diese Weise das leidige Problem der Kollektivbeleidigung weitgehend gelöst, denn wenn ein Gericht immer noch an der passiven Beleidigungsfähigkeit der Juden als Personenmehrheit zweifeln sollte, bot der neue Paragraph 130 StGB eine wirkungsvolle Ausweichmöglichkeit.

Während das Jahr 1960 für die juristische Eindämmung antisemitischer Agitation in gewissem Sinne den Endpunkt einer Entwicklung markierte, begann die historisch-politische, moralische und gesellschaftliche Dimension des Themas in dieser Zeit erst ihre große Wirkung zu entfalten. Befördert durch spektakuläre Prozesse gegen NS-Kriegsverbrecher (Ulmer Einsatzgruppenprozess, Eichmann-Prozess in Jerusalem, Frankfurter Auschwitz-Prozess), wuchs langsam der Stellenwert des Holocaust in der öffentlichen und wissenschaftlichen Wahrnehmung, auch wenn es noch ein langer Weg war, bis er als das Zentralereignis des Zweiten Weltkriegs, vielleicht des 20. Jahrhunderts, wahrgenommen und als solches auch in der Kinder- und Jugenderziehung vermittelt wurde.[267]

Nicht nur für die Gesetzgebungstätigkeit, sondern auch für die politische Bildung war die Schmierwelle ein Wendepunkt, bezeichnete sie doch den »Übergang von der politischen Pädagogik zur Didaktik der politischen Bildung«.[268] Auf einer Sonderkonferenz beschlossen die Kultusminister der

266 Van Dam, »Strafbarkeit der Volksverhetzung«.

267 Vgl. Edgar Wolfrum, »Das westdeutsche ›Geschichtsbild‹«; Ehmann, »Holocaust«.

268 Gagel, *Geschichte*, S. 134; verknüpft ist dieser Vorgang mit Fischer/Herrmann/Mahrenholz, *Der politische Unterricht*.

Länder im Februar 1960, die Lehrerfortbildung im Hinblick auf die NS-Geschichte zu verbessern und an den Schulen die Aufklärung über die NS-Verbrechen zu intensivieren.[269] Ebenso verstärkten die Verjährungsdebatte im Bundestag 1960, der Eichmann- und der Auschwitz-Prozess 1961 beziehungsweise 1963 die Entwicklung, der Auseinandersetzung mit der NS-Zeit, ihren Verbrechen und nicht zuletzt mit dem Antisemitismus größeren Raum als bisher in der Schulpädagogik und politisch-historischen Bildung einzuräumen. »[D]ie ›68er‹«, so kann man sagen, haben »ihre Wurzeln in den fünfziger Jahren«.[270] Das Grundgesetz gibt allerdings nur einen normativen Rahmen, kein konkretes, im Zweifelsfalle gegen die zu Erziehenden durchzusetzendes Erziehungsprogramm vor. Wie eine Tagung der Landeszentralen für politische Bildung 1976 im »Beutelsbacher Konsens« festhielt, muss es vermieden werden, Schüler »im Sinne erwünschter Meinungen zu überrumpeln«,[271] denn was in der Wissenschaft, in der Gesellschaft oder Politik kontrovers ist, muss auch im Unterricht so dargestellt werden.

Überhaupt erwies sich die bildungspolitische Hoffnung, dass historisches Wissen automatisch gegen den Neonazismus immunisiere, als allzu optimistisch, denn die Haltungen von Jugendlichen gegenüber Juden änderten sich von 1949 bis 1979 nicht strukturell.[272] Schon im Herbst 1962 hatte Theodor W. Adorno in einem Vortrag auf der Ersten Europäischen Pädagogenkonferenz des deutschen Koordinierungsrates der Gesellschaft für Deutsch-Jüdische Zusammenarbeit die ernüchternde Bilanz gezogen, dass politische Bildung es nicht nur mit Menschen zu tun habe, »die wir bilden oder verändern können, sondern auch mit solchen, bei denen die Würfel bereits ausgespielt sind«.[273]

269 Vgl. Zilien, *Politische Bildung*, S. 293–298; Buschke, *Deutsche Presse*, S. 317; zur zögerlichen Modernisierung der Schulbücher in dieser Hinsicht (Empfehlungen der Deutsch-Israelischen Schulbuchkommission 1985) vgl. Schatzker, »Juden«.

270 Dudek, *»Rückblick«*, S. 260–284, hier: S. 265. Vgl. dagegen die nationalapologetische These, »daß das seit dem Paradigmenwechsel 1959/60 atemberaubend schnell wachsende Schuldgefühl« die »Zerstörung des antitotalitären Grundkonsensus und einen Wandel zum bloßen Antifaschismus« bewirkt habe, bei Manfred Kittel, »Peripetie«, S. 59 u. S. 62.

271 Scherb, »Das normative Gerüst«, S. 113.

272 Gripp, *Rechtsextremismus*, S. 62 f.

273 Adorno, »Bekämpfung«, S. 110.

6. Reaktionen – Diskussionen – Perspektiven 1945–1960

6.1. Juristische Probleme und Entwicklungen

Von den vielen juristischen Problemfeldern, die seit dem Kaiserreich bestanden, blieb nach 1945 im Wesentlichen nur noch eines übrig: der Schutz des öffentlichen Friedens und der Menschenwürde der Betroffenen durch den Paragraphen 130 StGB; davon gleich mehr. Das Bundesverfassungsgericht hatte bis 1960 noch kein Urteil gefällt, das hier unmittelbar von Bedeutung wäre. Das »Lüth-Urteil« von 1958 war, wie im Vorangehenden dargelegt, insofern wichtig, als es die Werte des Grundgesetzes als verbindliche Normen nicht nur im Verhältnis zwischen Bürger und Staat, sondern auch der Bürger untereinander etablierte. Diese »Drittwirkung der Grundrechte« festgestellt zu haben bedeutete eine epochale Wende der deutschen Verfassungsgeschichte, die schließlich einer Antidiskriminierungsgesetzgebung den Boden bereitete.

Das alte Problem der Kollektivbeleidigung wurde 1952 aus der Welt geschafft anlässlich Wolfgang Hedlers Ausspruch, der sinngemäß lautete: »Wir können Deutschland allein aufbauen, dazu brauchen wir die Juden nicht.« Der Bundesgerichtshof bestätigte die Einschätzung der Vorinstanz, dass angesichts einer Zahl von nur noch 30.000 in Deutschland lebenden Juden »der Kreis der beleidigten Personen hinreichend abgegrenzt« sei. »Gerade die verbrecherische nat[ional]soz[ialistische] Verfolgung der Juden«, so der Bundesgerichtshof weiter, »hat dazu beigetragen, daß sie nunmehr eine deutlich umrissene Gruppe bilden.«[274] 1958 bekräftigte er diese Sichtweise, indem er lapidar feststellte: »Die als Juden vom Nationalsozialismus verfolgten Menschen, die jetzt in Deutschland leben, bilden eine Personenmehrheit, die beleidigungsfähig ist«; »die Juden« als solche aber gelten weiterhin nicht als beleidigungsfähig, »sondern die Menschen, die als Juden vom Nationalsozialismus verfolgt worden sind. Dieser Kreis ist eindeutig bestimmt.«[275]

Mit dieser Definition wurde die einseitige Identitätszuschreibung der Juden als Holocaustopfer, die allerdings auch für die Selbstwahrnehmung der deutschen Juden nach 1945 konstitutiv war,[276] in juristische Formeln übersetzt. Selbstredend lassen sich die damit verbundenen Umstände in keiner

274 Alle Zitate aus der Urteilsschrift 8.5.1952, zit. nach *NJW*, Jg. 5 (1952), S. 1183 f., hier: S. 1184.

275 *BGHSt*, Bd. 11, S. 207 ff., 28.2.1958, hier: S. 208.

276 Kugelmann, »Identity«.

Weise universalisieren, denn sarkastisch formuliert bedeutet dies, dass eine Gruppe erst einen Völkermord erleiden muss, ehe sie auf umfassenden Strafrechtsschutz hoffen darf. Außerdem gab es weiterhin Auswege, von denen, wie beschrieben, beispielsweise das Landgericht Hamburg in seinem Urteil gegen Friedrich Nieland Gebrauch machte. Das von ihm angegriffene »internationale Judentum«, so hatte das Gericht seinen Freispruch begründet, sei weder mit dem »jüdischen Volk« noch mit den in Deutschland lebenden Juden identisch, so dass sich Letztere auch nicht beleidigt fühlen könnten. Der Bundesgerichtshof hob dieses Urteil auf, weil ihm diese Unterscheidung als »bloße Spiegelfechterei«[277] erschien. Wegweisend ist sein Spruch, weil er die in der Grundgesetz-Kommentarliteratur festgestellte Bindung aller staatlichen Gewalt an die Wahrung der Menschenwürde gemäß Artikel 1 des Grundgesetzes bekräftigte und dadurch höchstrichterlich sanktionierte.[278] »Die Menschenwürde nimmt in der Verfassungsordnung des Grundgesetzes zweifelsohne einen herausragenden Platz ein«, unterliegt aber zugleich der Gefahr der Trivialisierung. Denn der Artikel 1 des Grundgesetzes »entfaltet keine unmittelbare Rechtswirkung. In ihm ist des Menschen ›Recht auf Rechte‹, seine Fähigkeit, Träger von Rechten zu sein, dem Grunde nach anerkannt«[279] – nicht mehr, aber auch nicht weniger.

Seit 1960 konzentriert sich die juristische Abwehr antisemitischer Agitation fast ausschließlich auf den Paragraphen 130 StGB. In seiner alten Fassung hatte er der Unterdrückung oppositioneller Äußerungen gedient; in seiner neuen dagegen hat er die Aufgabe, den Meinungspluralismus aufrechtzuerhalten, indem er die Stigmatisierung von Bevölkerungsgruppen unterbindet. Er geht also nicht mehr von der Vorstellung einer Unterordnung der gesellschaftlichen Gruppen unter den Staat aus, sondern von deren Gleichberechtigung untereinander und gegenüber dem Staat. Der Paragraph 130 StGB ist dadurch ein Ausfluss des Pluralismusgebots des Grundgesetzes.[280] Daneben existieren andere Bewertungen. Zwar kam der unübersehbar von gegenreformatorischem Eifer überwältigte Autor einer juristischen Dissertation von 1970 zu dem Schluss, die Menschenwürde-Klausel im neuen Paragraph 130

277 *NJW*, Jg. 12 (1959), S. 1593 ff., hier: S. 1593; auch in *BGHSt*, Bd. 13, S. 32–41, 28.2.1959.

278 Ähnlich auch *BGHSt*, Bd. 21, S. 371 ff., 15.11.1967.

279 Dreier, »Bedeutung«, S. 47 (erstes Zitat); Enders, »Menschenwürde«, S. 59 (zweites Zitat).

280 Krone, *Volksverhetzung*, S. 152 f.; ähnlich Jahn, *Strafrechtliche Mittel*, S. 130 f.

StGB sollte nicht wieder gestrichen werden; er beklagte aber, dass der alte Klassenkampf-Paragraph dadurch faktisch fortfiel und sich der Rechtsschutz nur für die Juden verbessert, für alle anderen angegriffenen Kollektive dagegen verschlechtert habe.[281] Er trauerte offensichtlich den autoritär-repressiven Traditionen des Paragraphen 130 StGB hinterher.

Die juristische Literatur schwieg bis 1960 weitgehend zur Problematik der Bekämpfung des Antisemitismus.[282] Die Vermutung liegt nahe, dass den meisten Juristen angesichts der wenig rühmlichen Rolle ihres Faches in der NS-Zeit dieses Thema schlicht zu heikel war. Es gelang daher auch nicht, auf dem Detmolder Juristentag 1947 eine Debatte über die juristischen Mittel zur Bekämpfung des Antisemitismus anzustoßen.[283] Erst als der Paragraph 130 StGB 1960 geändert war, meldeten sich die Juristen ausdrücklich zu diesem Thema zu Wort.

Für den autoritär-demokratischen Minderheitenschutz als Lehre aus der NS-Vergangenheit steht geradezu paradigmatisch Josef Schafheutle, der als Ministerialdirektor im Bundesjustizministerium entscheidend an der Ausgestaltung des Sechsten Strafrechtsänderungsgesetzes beteiligt war. »Nach allem, was in den zwölf dunklen Jahren durch Deutsche verübt worden ist«, so schrieb er 1960 in einer juristischen Fachzeitschrift, »hat der neue Tatbestand der Volksverhetzung die Aufgabe, schon in den Anfängen einem Wiedererstehen des Hasses zu wehren, der einmal auf deutschem Boden gewütet hat.« Dass Humanität und Toleranz durch Strafgesetze allein nicht gesichert werden können, konstatierte auch er, um dann aber martialisch zu fordern, »die Widerspenstigen und Bösartigen […] durch das Strafgesetz unter die Rechtsüberzeugung der Allgemeinheit« zu beugen. Zugleich sprach er von einem »Bekenntnis zu der Unantastbarkeit von Menschlichkeit und Menschenwürde« und davon, dass die »Unterdrückung des Hasses im Volke und die Wahrung des Rechtsfriedens […] nicht nur ein Anliegen jener, gegen die sich die Ausbrüche von Feindschaft und Intoleranz richten, sondern eine Aufgabe des ganzen Volkes«[284] seien.

Die in diesen Worten sich offenbarende Mischung aus autoritären, generalpräventiven Sichtweisen einerseits und vergangenheitspolitischer Korrektheit und Moralität andererseits ist kein Zufall. Ohne je der NSDAP ange-

281 Vgl. Lömker, *Die gefährliche Abwertung*, S. 249 f.
282 Vgl. die Literaturliste bei Paepcke, *Antisemitismus*, S. i-vi.
283 Vgl. van Dam, »Billigung«.
284 Schafheutle, »Das 6. Strafrechtsänderungsgesetz«, S. 474.

hört zu haben, war Schafheutle in der NS-Zeit im Reichsjustizministerium für das politische Strafrecht zuständig gewesen. Jedweder Widerständigkeit unverdächtig, hatte er dort seinen Beitrag zur Ausgestaltung der Diktatur geleistet. Obwohl er im Juli 1945 einer der Mitbegründer der lokalen CDU war, arbeitete er zunächst für die DJV im sowjetischen Sektor Berlins, bevor ihn im Oktober 1946 die Sowjetische Militäradministration verhaftete und ins Sonderlager Sachsenhausen verbrachte. 1948 aus russischer Haft entlassen, wirkte er nach einer Zwischenstation im Badischen Justizministerium 1949–1951 ab 1954 als Ministerialdirektor im Bundesjustizministerium erneut federführend an der Formulierung des politischen Strafrechts mit – und konnte dabei nahtlos an den von ihm mitentwickelten Gedanken des »vorverlegten« Staatsschutzes anknüpfen.[285]

Doch nicht nur die NS-Vergangenheit Schafheutles – die den Zeitgenossen übrigens bekannt war – ist hier bemerkenswert, sondern die Tatsache, dass man an seiner Person wie unter dem Mikroskop die langsame Wandlung des Schutzgedankens gegen gehässige Agitation ablesen kann. Um 1960 lässt sich *beides* noch – oder bereits – erkennen: das autoritär-repressive Staats- und Gesellschaftsverständnis auf der einen, die Wandlung in Richtung auf eine vom Individuum ausgehende Perspektive auf der anderen Seite. Dafür steht auch der Text eines anderen Autors, Karl Louven, der den neuen Paragraphen 130 scharf kritisierte. Zwar habe die Schmierwelle schwere innen- und außenpolitische Schäden gezeitigt, trotzdem seien »die politischen Stellen in der Bundesrepublik« nicht berechtigt, »die Strafjustiz aufzufordern, harte Strafen zu verhängen«. Er begründete seine Auffassung damit, »daß sich die erhobenen Forderungen zum Teil im Ansatz einem bedenklichen Übergriff der Exekutive auf die Justiz näherten und damit die Gefahr einer politischen Zweckjustiz heraufbeschwören«, der Dritten Gewalt folglich eine Aufgabe aufbürden würden,

»die diese niemals bewältigen könnte. Denn der *Strafschutz* gegen antisemitische Umtriebe muß seiner Natur nach *unzulänglich und unvollkommen sein.* Wenn es unserem Staatswesen nicht gelingt, seine Bürger auf Grund freier Zustimmung zu einer toleranten Haltung den Juden gegenüber zu bewegen, dann schützen in der Zukunft weder Sondergesetze noch besonders harte Strafen vor neuen Ausschreitungen.«[286]

285 Alle biographischen Angaben nach Kramer, »Dr. Josef Schafheutle«.
286 Louven, »Strafbarkeit«, S. 213.

Zugleich kennzeichnete er antisemitische Propaganda als »eine gegen die freiheitlich demokratische Grundordnung der Bundesrepublik gerichtete politische Meinungsäußerung«[287] und durchbrach damit jene Tradition, die einen »anständigen« Antisemitismus für möglich hielt.

Ende der fünfziger Jahre befasste sich die juristische Literatur zunehmend mit den Fragen des Schutzes von Bevölkerungsteilen vor Agitation. Den Wertewandel nach 1945, der eng mit der Durchsetzung des Begriffs der »Menschenwürde« verknüpft ist, hat der spätere Bochumer Strafrechtsprofessor Wilhelm Wertenbruch 1958 zeitnah und eindrucksvoll beschrieben. Seiner Meinung nach sollte sich der Menschenwürdebegriff nach und nach auf die weitere Verfassungsentwicklung auswirken, so dass am Ende »der ›materielle Rechtsstaat‹ stehen [kann], der – im Verbund mit den formell-rechtsstaatlichen Prinzipien – es allen personalen Gliedern gleichermaßen ermöglicht, ihren Anlagen gerecht zu werden und auf diese Weise ihre irdische Bestimmung zu erfüllen«.[288] Das Pathos ist zeitgenössisch, der Inhalt aber bleibt aktuell, schließt dieser Satz doch im doppelten Sinn die Aufhebung der Stahl'schen Rechtsstaatsdefinition ein, dass dieser »überhaupt nicht Ziel und Inhalt des Staates, sondern nur Art und Charakter, dieselben zu verwirklichen«, sei.

Die Ereignisse der Jahre 1959/60 und die juristischen Folgen fanden ihren Niederschlag auch in juristischen Qualifikationsarbeiten. »Das Thema ist aktuell, es ist belastet von einer unglückseligen Vergangenheit und einer durch sie immer wieder aufgestörten Gegenwart«: Mit diesen Worten eröffnete Peter Paepcke 1962 seine Freiburger Dissertationsschrift, die zum ersten Mal seit Maximilian Parmod 1894 und Ludwig Foerder 1924 Antisemitismus und Strafrecht unmittelbar miteinander verknüpfte.[289] In seiner Untersuchung kam er zu dem Schluss, dass es »weitgehend in der Hand der Gerichte« liege, »ob sie von den ihnen gegebenen Möglichkeiten einen ausreichenden Gebrauch machen. Wenn politische oder auch nur rein menschliche Erwägungen bei der Anwendung der Gesetze unzulässigen Spielraum gewinnen, wird das Ergebnis unbefriedigend sein«, schloss Paepcke seine Überlegungen, die von einem recht weitgehenden Vertrauen in die Regelungskompetenz der Justiz zeugen.

287 Ebd.

288 Wertenbruch, *Grundgesetz*, S. 218.

289 Paepcke, *Antisemitismus*, S. 186.

Skeptischer zeigte sich da ein anderer mit Freiburg eng verbundener Jurist, der hier aufgrund seines Expertenstatus unter den juristischen Debattenbeiträgern eingeordnet ist, auch wenn er in diesem Fall für eine breitere Öffentlichkeit schrieb. Der in der Weimarer Republik als DDP-nah bekannte Karl Siegfried Bader[290] war mit der NS-Terrorpolitik persönlich konfrontiert, weil seine Ehefrau als Jüdin zu den Verfolgten zählte. Er selbst hatte enge Kontakte zum Widerstandskreis um Gertrud Luckner und erhielt 1940 an der Universität Freiburg eine Dozentur für das »Nischenfach« Rechtsgeschichte und Kirchenrecht; 1941 wurde er eingezogen und geriet schließlich in amerikanische Kriegsgefangenschaft. Von Juli 1945 an war er Generalstaatsanwalt am Oberlandesgericht Freiburg, bis er 1951 als Professor für Rechtsgeschichte und strafrechtliche Hilfswissenschaften an die Universität Zürich wechselte. In dem von ihm mitbegründeten[291] *Freiburger Rundbrief* reflektierte er im September 1958, also kurz vor dem öffentlichen Aufsehen um den »Fall Nieland«, über den »strafrechtlichen Schutz gegen Antisemitismus«; seine gedankenreichen, aus wissenschaftlicher Präzision und engagierter Zeitgenossenschaft gleichermaßen gespeisten Ausführungen fassen viele der bisher angestellten Überlegungen zusammen und sollen daher ausführlich zitiert werden.

Zunächst formulierte er jene zwei Fragen, um die es in der vorliegenden Arbeit immer wieder ging. Ausgehend von dem Gedanken, dass der Antisemitismus ein Phänomen sei, »das sich vielfach weniger in äußeren, dem Strafrecht zugänglichen und von ihm faßbaren Handlungen, weniger in ›Tatbeständen‹ als in tiefliegender Abneigung, in Haß, Vorurteil usw. äußert«, fragte er erstens, was strafrechtlicher Schutz hier überhaupt bewirken könne. Zweitens fragte er, ob »es zur Bekämpfung der Nachwirkungen oder Neubildungen des Antisemitismus in Deutschland besonderer strafrechtlicher Mittel« bedürfe und wie sich »diese Maßnahmen zum Kampf gegen den Antisemitismus als Weltproblem« verhielten. Seine Antwort war ernüchternd, denn zunächst rief er die »Ablehnung des Gesinnungsstrafrechts, wie es gerade der Nationalsozialismus [...] als Devise forderte«, in Erinnerung, was weitreichende Folgen habe: »Wir aber können nicht den ›Antisemiten‹ strafen, nur weil wir wissen, daß er Juden und ihresgleichen haßt. Wir brau-

290 Vgl. Wollasch, »Karl Siegfried Bader«; Kißener, »Personeller Neubeginn«, S. 191.
291 Vgl. Wollasch, *»Betrifft: Nachrichtenzentrale«*, S. 47.

chen, um mit Mitteln des Strafrechts eingreifen zu können, eine antisemitische Tat, die bestimmte, vom Staat[292] geschützte Rechtsgüter verletzt.«[293]

Weil der Antisemitismus »ein auf niedriger Instinktstufe stehengebliebenes Fehldenken« sei, so Bader weiter, könne »das Strafrecht mit seinen beschränkten Mitteln nicht oder doch nur höchst unvollkommen« dagegen angehen; deshalb müsse der Kampf gegen den Antisemitismus mit jenen Mitteln geführt werden, »die weit vor der antisemitischen Tat ansetzen«. Notwendig seien eine »höhere Gesinnung und Erweckung positiver Triebe«, wobei der Staat gefragt sei, »der strafbaren Handlung zuvor[zu]kommen, wenn er seine Bürger zu rechtlicher, ethischer, toleranter, zu positiver menschlicher Gesinnung bringen will«. Doch nicht nur den Staat wollte Bader als Erzieher sehen, auch die Familien, Schulen, Kirchen und Medien, denn der »Staat, der sich auf sein Strafrecht verlassen müsste, um gute Staatsbürger zu erziehen, wäre rasch verloren«. Vom strafrechtlichen Schutz dürfe man daher »nicht zuviel erwarten. Wir müssen, wenn wir den Antisemitismus bekämpfen wollen, sozusagen früher aufstehen.«

Rechtshistorisch weit ausholend, erklärte Bader den Glauben Anselm von Feuerbachs an den von der Strafandrohung ausgehenden psychologischen Zwang für überholt, denn trotz Strafen werde es immer Verbrechen geben, für die die Humanisierung des Strafrechts nicht verantwortlich zu machen sei. Die Strafe sei daher »ein notwendiges Übel«, aber

> »kein Allheilmittel, am wenigsten ein Heilmittel gegen unmenschliche Gesinnung. […] Im Kampf gegen den Antisemitismus können wir der Strafe nicht entbehren – dort nämlich, wo der Antisemitismus sich in strafbaren Handlungen manifestiert; die Strafe ist aber in diesem Kampfe ein spätes, oft allzu spätes und meist erst das letzte Mittel.«

Auch zur spezifischen Situation in Deutschland nach 1945 hatte Bader eine klare Meinung. Weil »der Nationalsozialismus […] den Antisemitismus für ein Dutzend Jahre zur ersten und stärkstbetonten Staatsmaxime gemacht«[294] hatte, könne ihn das mit dieser Hypothek belastete deutsche Volk »in keinerlei Form mehr dulden. Hier sind schon Anzeichen gefährlich, die anderwärts noch zur Streubreite des Unsympathischen und Unzulänglichen gerechnet werden mögen.« Da es noch viele »alte Nazis« und unüberwundene Ideologiereste gebe, bleibe die deutsche Situation »labil, solange es einen mehr oder

292 Im Original steht hier »Senat«, offensichtlich ein Druckfehler.

293 Alle bisherigen Zitate Bader, »Strafrechtlicher Schutz«, S. 11.

294 Alle bisherigen Zitate ebd., S. 12.

minder geduldeten Weltantisemitismus gibt«.[295] Hilfe erhoffte sich Bader daher von außen, doch müsse die UN-Menschenrechtsdeklaration tatsächlich überwacht und durchgesetzt werden, damit sich »ein common law bilde[t], das den Antisemitismus mit dem Makel der Rechtswidrigkeit zeichnet«. Von hier aus wären die Rechtsgrundlagen zu schaffen, und von hier aus könnte dann das nationale und internationale Strafrecht gestärkt werden, damit die »Ächtung von Genocid, von politischem Mord, von rassisch-völkischem und religiösem Haß [...] nicht Sache des geduldigen Papiers«[296] bleibe.

Von dieser Zukunftsvision wieder zur bundesdeutschen Wirklichkeit des Jahres 1958 zurückkehrend, stellte Bader fest, dass die bestehenden Gesetze an sich ausreichten und die Rechtsanwendung von problematischen Einzelfällen abgesehen in Ordnung sei. Dringend warnte er allerdings vor der Einführung von Sonderstraftatbeständen, denn ein »strafrechtliches Privileg ist häufig zugleich eine verdeckte Art von Diffamierung« und würde zudem das »Vokabular des Unmenschen«[297] verewigen.

Auch wenn sich Bader Radbruchs Motto »Keine Toleranz der Intoleranz!« zu eigen machte, galt für ihn, dass es »nicht immer nur der Staat sein [muss], der hier die Grenzen erträglicher Toleranz zieht«. Als Beispiel nannte er seine Wahlheimat Schweiz, weil dort »die öffentliche Meinung ein noch wirksameres Korrektiv« sei. Sein Fazit lautete daher:

> »Wenn jeder, [...] der zum Schutze gegen Störungen menschlicher Beziehungen nach Gesetzgeber und Richter ruft, jenen ›Hitler in uns‹ bekämpft, den er bei sich und seinem Nächsten trifft: dann ist mehr getan, als mit der juristischen Präzisierung von Straftatbeständen. Den strafrechtlichen Schutz gegen Antisemitismus wollen wir im Rahmen dessen, was er zu bieten vermag und zu großen Teilen bereits bietet, zu dem machen, was er ist: zum *ultimum remedium*.«[298]

An Baders ausführlich zitiertem Plädoyer ist vieles bemerkenswert. Da ist zunächst die Nüchternheit hinsichtlich der grundsätzlichen Möglichkeiten und Grenzen des Strafrechts. Zweitens die klare Einsicht, wie groß die Versuchung ist, angesichts des Konflikts zwischen liberalem Strafrechtsverständnis und Wunsch nach Bekämpfung des Antisemitismus in ein – wenn auch gut gemeintes, so doch fatales – Gesinnungsstrafrecht abzugleiten. Drittens formulierte Bader die Vorstellung, dass »Weltprobleme« wie der Antisemitis-

295 Alle bisherigen Zitate ebd., S. 13.
296 Ebd., S. 13 f.
297 Alle bisherigen Zitate ebd., S. 14
298 Alle bisherigen Zitate ebd., S. 15

mus oder andere Formen gruppenbezogener Menschenfeindlichkeit letztlich nur auf globaler Ebene einer Lösung näher gebracht werden können. Dieses erweiterte Verständnis des problematischen Verhältnisses von Demokratie, Meinungsfreiheit und Minderheitenschutz gewann in den fünfziger Jahren langsam in einer breiteren Öffentlichkeit an Boden, wenn auch keineswegs durchgehend und ohne innere Widersprüche.

6.2. Gesellschaftliche Debatten

Nach 1945 war es in Deutschland nicht mehr vorstellbar, den Antisemitismus *öffentlich* als ein allenfalls marginales Problem zu bezeichnen. Dieser Tatsache mussten (und müssen) sich auch rechtsradikale und rechtsextreme Parteien und Gruppierungen weitgehend beugen. Wenn es doch geschah, bemühten sich sogar Parteien wie die SRP, DRP oder heute die NPD, dergleichen Äußerungen als »Ausrutscher« Einzelner zu relativieren.

Im Kaiserreich und selbst in der Weimarer Republik mochte es den Zeitgenossen, die die Erfahrung von Auschwitz noch vor sich hatten, vertretbar erschienen sein, im Antisemitismus eine legitime politische Strömung zu sehen. Grundsätzlich anders verhält es sich jedoch, wenn nach 1945 diese Position weiterhin eingenommen wurde. Im zweiten Freispruch für Veit Harlan bezeichnete Richter Tyrolf den Antisemitismus als nicht strafbar, »solange dadurch die Gesetze der Humanität nicht missachtet« würden.[299] Als wäre seither nichts geschehen, stellte er sich dadurch auf einen ähnlichen Standpunkt wie der Vorsitzende Richter Brausewetter im *Judenflinten*-Prozess gegen Hermann Ahlwardt fast sechzig Jahre zuvor. Was 1892 schon befremdlich wirkte, konnte 1950 nur noch als Ausfluss wissentlicher Realitätsverdrängung und zynischer Ignoranz des Leidens der Opfer anmuten.

Dennoch waren die Denktraditionen, die den Juden attestierten, selbst schuld am Hass gegen sie zu sein, nach 1945 nicht verschwunden. Im Gegenteil: Bis heute teilen annähernd 25 Prozent der Deutschen diese Ansicht.[300] Neu hinzu kam die Behauptung, dass die Juden angeblich den Holocaust ausnützen, um finanzielle Hilfe beziehungsweise Kompensation erpressen zu können.

299 Zit. nach Kraushaar, »Kampf«, S. 15 f.

300 Zu diesen Zahlen aus einer Umfrage 2004 vgl. Zick/Küpper, »›Die sind doch selbst schuld‹«, S. 133.

Die Schuldabwehr durch Täter-Opfer-Umkehrung, der zentrale Aspekt des »sekundären Antisemitismus« nach 1945, erweist sich bei näherer Betrachtung keineswegs als völlig neu, sondern als wohlvertraut in modischem Gewand; die Tragweite dieser Denkfigur ist vor dem Hintergrund der in jeder Hinsicht monströsen Dimensionen des Völkermords allerdings sehr viel größer geworden. Die wohl nicht mehr überbietbare Steigerung dieses Denkens formulierte beispielsweise Guido Roeder in seiner Schrift *Sowjet-Agenten überall*, der zufolge »Hitler als Werkzeug des bolschewistischen Ostjudentums die in Deutschland unverständliche Aufgabe hatte, durch seine Judenverfolgungen das jüdische Volk der gesamten Welt wieder zusammenzuschweißen«.[301] Doch auch Ernst Noltes These, der Nationalsozialismus – und in seiner Konsequenz Auschwitz – sei eine Art übersteigerter »Putativnotwehr« angesichts der Bedrohung durch den »jüdischen Bolschewismus«, und erst recht Martin Hohmanns »Tätervolkrede« stehen in dieser Tradition.

Eine erstaunliche Ähnlichkeit mit den Gepflogenheiten der deutschen Behörden im Kaiserreich und in der Weimarer Republik, welche Anpassung an die Mehrheit und Vermeidung von Verhaltensweisen, die den nichtjüdischen Deutschen Ansatzpunkte für judenfeindliche Stereotype geben könnten, als probate Mittel gegen den Antisemitismus empfahlen, legte die amerikanische Militärregierung nach 1945 an den Tag. Nachdem eine Umfrage Anfang 1947 ergeben hatte, dass 40 Prozent der Deutschen nach wie vor starke oder sogar radikale antisemitische Ansichten vertraten, riet das Office of Military Government, United States (OMGUS), dem Kriegsministerium in Washington Maßnahmen gegen den Antisemitismus an. Diese umfassten neben »education and propaganda« die Drohung gegen die Täter, dass sie »vigorously and promptly« ergriffen und »effectively« bestraft werden würden, weil der Staat demonstrieren müsse, dass er solche Angriffe nicht dulde. Den Juden hingegen sei nahezulegen, sich der Mehrheitsbevölkerung anzupassen und ihre Aktivitäten auf dem schwarzen Markt einzuschränken, die negative Stimmungen gegen sie erzeugten.[302]

Nach 1945 spielte das Argument des »Schutzes der Staatsautorität« noch eine Zeit lang eine Rolle und wurde nur zögerlich mit den Wertsetzungen der freiheitlich-demokratischen Grundordnung verknüpft, wie der zitierte

301 Zitat auf S. 4 der Anklageschrift OStA LG München I 15.11.1956 gegen Roeder, Heimberg und Mesch, BA-K, B 106/63069.

302 Vgl. Benz, »Antisemitismus nach Hitler«, S. 358 f.; vergleichende Zahlen der verschiedenen Reporte 1946–1948, die starke regionale Unterschiede zeigen, bei Gerhardt, »»… a democratic and peace-loving German society««, S. 269–275.

OMGUS-Bericht zeigt. Im Mai 1956 begann der zuständige Referent im Bundesministerium des Innern seine Begründung eines Strafrechtsänderungsentwurfes mit den Worten, »dass es eine der vornehmsten Aufgaben des Staates sein muss, den Bestand der verfassungsmässigen Ordnung vor allen Angriffen aus dem totalitären Lager zu schützen«. Diese Notwendigkeit untermauerte er jedoch nicht inhaltlich, sondern rein formal, weil das »Nichtbeachten dieser Pflicht [...] die Gefahr einer Aushöhlung des Staates und einer Wiederholung des legalen Staatsstreiches von 1933 bedeuten« würde. Sein vorgesetzter Abteilungsleiter wusste daran nur sprachliche, aber keine inhaltlichen Mängel auszusetzen und korrigierte den betreffenden Passus wie folgt: »Ein Ausweichen hiervor würde einen Rückfall in die Wertneutralität der Weimarer Zeit bedeuten und damit die Gefahr einer Aushöhlung der Staatsautorität heraufbeschwören.«[303]

Von jüdischer Seite war auch nach 1945 zu hören, dass sie keine Gruppeninteressen verträten, sondern die universellen Werte der Demokratie und des Humanismus. Hendrik van Dam betonte 1956, dass durch den Massenmord verherrlichende Schriften »ganz andere Rechtsgüter verletzt [werden], die von weit größerer Bedeutung sind als die Interessensphäre des Individuums. Der innere Frieden des Staates wird durch derartige Akte unmittelbar angegriffen«, und niemand »anders als das deutsche Volk wird wiederum den Schaden von einer derartigen Besudelung des eigenen Namens tragen und es ist kein Gruppeninteresse, sondern ein öffentliches Interesse, das den deutschen Gesetzgeber zwingt, eine klaffende Lücke zu schließen«.[304] Deshalb kam van Dam immer wieder darauf zurück, dass die Gestaltung des Strafgesetzbuchs »keine Parteiangelegenheit« sei, »sondern ein Anliegen für alle, denen der Schutz der Rechtsordnung nach den Maßstäben des Rechtsstaats wichtig ist«.[305] In eine ähnliche Richtung geht die Bemerkung der *Allgemeinen Wochenzeitung der Juden in Deutschland*, die anlässlich einer Friedhofsschändung im saarländischen Tholey schrieb, jede »Verharmlosung des Vorfalles in Tholey würde die Autorität des Staates untergraben«.[306]

303 MS, Entwurf – BMI, Referent: Dr. Harting zur Vorlage an AbtLtr VI, 17.5.1956, Entwurf einer gemeinsamen Kabinettsvorlage des BMJ und des BMI, alle Zitate S. 9, BA-K, B 106/63067.

304 Van Dam, »Billigung«.

305 Ders., »Strafbarkeit der Rassenhetze«.

306 »Die Friedhofsschändung in Tholey. Achtjährige als Täter – Frage nach den wahren Urhebern«, in: *Berliner Allgemeine. Wochenzeitung der Juden in Deutschland*, Jg. 12, Nr. 8 (1957), S. 2.

Wie mehrfach erwähnt, besaß das Argument, der Antisemitismus beeinträchtige – vor dem Hintergrund des von Deutschland ausgegangenen Zivilisationsbruchs – das »deutsche Ansehen im Ausland«, besonderes Gewicht. Auf einer infolge der Hakenkreuz-Schmierereien zum Jahreswechsel 1959/60 von den Verfassungsschutzämtern im Mai 1960 veranstalteten Tagung zum Thema Rechtsextremismus meinte Lorenz Bessel-Lorck, seit 1955 Abteilungsleiter »Rechtsradikalismus« des Bundesamtes für Verfassungsschutz, diese Vorfälle »hätten der Bundesrepublik auf diplomatischem Gebiet erheblich geschadet. Es sei daher zu verstehen, wenn Bundesaußenminister Brentano wünscht, auf dem Gebiet des Rechtsradikalismus Abwehrmaßnahmen vorweisen zu können.«[307] Von ebendieser Sichtweise war jedoch der *FAZ*-Herausgeber Jürgen Tern in seinem Kommentar von Anfang Januar 1960 abgerückt:

»Es wäre schlecht um uns bestellt, wollten wir die unseren jüdischen Mitbürgern neuerlich zugefügten Kränkungen hauptsächlich deshalb bedauern, weil damit dem Ansehen der Bundesrepublik im Ausland und zumal ihrer Reputation unter den westlichen Verbündeten schwerer Schaden zugefügt worden ist [...]. Solches Zweckdenken wäre sehr zu beklagen. Wir haben es vielmehr mit einer ureigenen Angelegenheit zu tun, die wir um unser Selbst willen mit uns auszumachen haben.«[308]

Auch der SPD-Abgeordnete Karl Wittrock stellte im Dezember 1959 anlässlich der Bundestagsdebatte über die Verschärfung des Paragraphen 130 StGB die kategorische Forderung auf, dass »nicht einmal der Anschein erweckt« werden dürfe, als seien Rücksichtnahmen auf das Ausland bestimmend für die geplante Gesetzesänderung, denn das »wäre eine leere Geste des Opportunismus, die das eigene Verhalten nur entwerten könnte«.[309]

Wie stark die Begründung dafür, dass ein entschiedenes Vorgehen gegen den Antisemitismus notwendig sei, um 1959/60 zwischen Empathie für die Opfer einerseits und einer davon wenig berührten Selbstbezüglichkeit schwankte, zeigt eine weitere Äußerung Wittrocks an gleicher Stelle:

»Haßerregenden Äußerungen eines die Menschenwürde verletzenden Ungeistes entgegenzutreten, ist für uns Verpflichtung *um unserer Selbstachtung willen.* Wir sind es *unserer Jugend* schuldig, um *sie* vor einer Wiederkehr des Makels zu bewahren, der unsere Geschichte dadurch befleckt, daß Menschenverachtung aus Feindschaft we-

307 Zit. nach Buschfort, *Geheime Hüter*, S. 237.

308 »Die Infektion«, in: *Frankfurter Allgemeine Zeitung* vom 7.1.1960, zit. nach Buschke, *Deutsche Presse*, S. 323.

309 *VdB*, Bd. 44, 3.12.1959, S. 5082.

gen des Glaubens und Denkens und aus Rassenwahn zur mörderischsten aller politischen Waffen gemacht wurde.«[310]

Einerseits ging es ihm um die Verletzung der Menschenwürde der Opfer hetzerischer Agitation, andererseits war sein Hauptadressat das Kollektiv der Deutschen, von dem er die Juden implizit erneut abgrenzte und das letztlich am meisten von der Bekämpfung des Antisemitismus profitieren sollte. Von den Juden war dagegen, wie zuvor in dem *FAZ*-Kommentar Terns, keine Rede. Gleichwohl spielten sie, vor allem organisiert in Gestalt des Zentralrats, jetzt eine deutlich größere Rolle in den politischen Erwägungen als vor 1933, anders als in der SBZ, wo sie völlig marginalisiert blieben.

Nach dem Völkermord wurde von politischer Seite die generalpräventive Funktion des Strafrechts besonders betont. Die von Bundesjustizminister Fritz Schäffer Anfang Dezember 1959 im Bundestagsplenum bei der Beratung des Änderungsentwurfs für den Paragraphen 130 StGB verwendete Formel, es sei »Sache des Staates, hier den Anfängen zu wehren«, was nach »den schrecklichen Erlebnissen der Jahre vor 1945 [...] nicht früh genug geschehen«[311] könne, bringt die veränderte Bewusstseinslage »nach Auschwitz« auf den Punkt.

Verständlicherweise war und ist das *principiis obsta* insbesondere ein Hauptargument von jüdischer Seite. In einem Leitartikel der *Allgemeinen Wochenzeitung der Juden* anlässlich Guido Roeders Flugblatt *SOS-Rufe aus den USA!* schrieb der Autor, die Haltung, »solche Elaborate der Lächerlichkeit preis[zu]geben oder sie als ›quantité négligeable‹ [zu] betrachten«, sei den »Menschen des zwanzigsten Jahrhunderts, die wir die Perfektion des Hasses und der Vernichtung erlebt haben«, nicht mehr möglich: »In den Infernos der Tausendjährigen ist aber das Lachen erstorben und das Gefühl für die Gefährdung unseres Daseins gewachsen.«[312] Aus gleichem Anlass erklärte es van Dam zur »Pflicht des Staates, den Rechtsfrieden aufrecht zu erhalten, die Mitglieder der Gesellschaft und sich selbst vor Angriffen zu schützen, die zunächst lächerlich erscheinen, aber in einem späteren Stadium eines [*sic*] derartig dramatische Wucht annehmen können, daß sie ein ganzes Volk unter den Trümmern begraben«.[313] Es ist bemerkenswert, wie selbstverständlich van Dam »den Staat« hier in die Pflicht nimmt – jenen Staat,

310 Ebd., Hervorhebungen von mir.
311 Ebd., S. 5081.
312 D. L., »Unter falscher Flagge«.
313 Van Dam, »Versagen«.

der nur wenige Jahre zuvor nicht nur die antisemitische Agitation, sondern auch den Völkermord organisiert hatte.

Die Begründung, Antisemitismus-Propaganda sei entgegenzutreten, weil sie »eine gegen die freiheitlich demokratische Grundordnung der Bundesrepublik gerichtete politische Meinungsäußerung«[314] darstelle, trug noch dieselbe Doppeldeutigkeit von demokratisch-humanistischer Werteorientierung und etatistischer Ordnungsfixierung in sich. Eine wirklich universalistische Haltung bekämpft den Antisemitismus, weil er menschenfeindlich ist. Diese Position formulierte van Dam 1956, als er die Verbreitung des Antisemitismus als ein Verhalten charakterisierte, »das die Grundlagen nicht nur der Rechtsordnung, sondern der mühsam wiedergewonnenen Zivilisation angreift«.[315] In diesem Zusammenhang kommt dem Begriff der »Menschenwürde« abermals zentrale Bedeutung zu. Mit ihm lässt sich der entscheidende Fortschritt klar benennen: Aus seiner Perspektive ist der Antisemitismus als Angriff auf spezifische Werte zu verstehen, und zwar auf diejenigen, die einen erweiterten, nicht bloß rein formalen Demokratiebegriff wesentlich ausmachen.

6.3. Zwischenbilanz

Nicht nur Politiker, Publizisten und Juristen, sondern auch Historiker bewerteten den Antisemitismus Mitte der fünfziger Jahre neu und stellten eine direkte Beziehung zur jungen und noch ungefestigten Demokratie her. In seiner von Karl Dietrich Erdmann betreuten Kieler Dissertation brachte Hans Christian Gerlach einen alten Bekannten ins Spiel, um seine auf das Kaiserreich projizierte Lesart der »wehrhaften Demokratie« zu illustrieren:

> »Weder Parteidisziplin noch politisch-ideologische Zielsetzung und nicht einmal die Würde der höchsten deutschen Volksvertretung waren in der Lage, solchen hemmungs- und verantwortungslosen, durch die Gunst der Stunde hochgekommenen Elementen des Hasses zu steuern, geschweige denn sie in der Aktion zu hindern.«

Die Rede war von Hermann Ahlwardt, der, so Gerlach weiter, Skandale entfesselte, deren »politische Folgen für jede andere Partei äußerst kompromittierend gewesen wären. Was hier von einem gesunden Parlament in einem geordneten und starken Rechtsstaat dann doch noch gemeistert wurde, ist

314 Louven, »Strafbarkeit«, S. 213.
315 Van Dam, »Versagen«.

40 Jahre später dem gleichen Volk zum Verhängnis geworden.«[316] Die Ausrichtung auf das Kaiserreich ist typisch für eine Zeit, die nach der von Ahlwardt zu Hitler führenden Katastrophe Orientierung suchte in einer vermeintlich vorbildlichen und alle anderen Epochen überstrahlenden Glanzzeit der deutschen Geschichte. Selbst wenn die vorliegende Untersuchung gezeigt hat, dass man dem Kaiserreich, auch im Hinblick auf seinen Umgang mit dem Antisemitismus von staatlicher wie juristischer Seite, mit einem Schwarzweiß-Gemälde nicht gerecht zu werden vermag, wird man sich heute damit schwertun, wie Gerlach dem monarchischen Staat eine ungebrochene Gesundheit und Vitalität zu bescheinigen.

Die erstaunliche Erfolgsgeschichte der Bundesrepublik, die sich ungeachtet der zahllosen Kontinuitäten zum »Dritten Reich« zu einer stabilen Demokratie entwickelt hat, in der rechtsextreme oder gar offen antisemitische Parteien keinen dauerhaften Erfolg hatten, kann, das hat dieses Kapitel gezeigt, mit Verfassungs- und Gesetzesregelungen allein nicht hinreichend erklärt werden – und auch nicht mit dem Verweis auf das Modell der »wehrhaften Demokratie«. Weder wurde das Verbot der Aufhetzung gegen bestimmte Bevölkerungskreise in einer der Verfassungen der Bundesrepublik Deutschland verankert, noch gab es bis 1960 ausdrücklich gegen rechtsradikale und antisemitische Agitation gerichtete Gesetze, abgesehen von dem Bayerischen Gesetz Nr. 14 von 1946. Als schließlich 1960 der Paragraph 130 StGB geändert wurde, waren Regierung und Legislative längst nicht mehr Herren des Verfahrens, sondern getrieben von der öffentlichen Meinung inner- und außerhalb Deutschlands – und zwar durchaus in positivem Sinn. Offensichtlich hatte es der mehrfachen Skandalisierung antisemitischer Vorfälle bedurft, bis sich im Parlament die Meinung durchsetzte, dass Antisemitismus und Demokratie nicht nebeneinander bestehen können. Die Erweiterung des Demokratie- und Rechtsstaatsbegriffs von einem primär formalen Verständnis hin zu einem stark normativ gefüllten, das im Begriff der »Menschenwürde« seinen Ausdruck fand, war das wichtigste Ergebnis der Debatten um die Bekämpfung des Antisemitismus nach Auschwitz.

Die Tatsache, dass antisemitische Vorfälle nach 1945 – anders als in der Weimarer Republik – gesellschaftlich skandalisiert wurden, ist in diesem Zusammenhang von großer Bedeutung. Die beschriebenen Justizskandale hatten stets zwei Seiten: Auf der einen zeigten viele Gerichtsurteile eine Miss-

316 Hans Christian Gerlach, *Agitation*, S. 184 (beide Zitate).

achtung und Gefühlskälte gegenüber den Opfern antisemitischer Agitation, die bisweilen schwer erträglich ist. In erschreckender Weise setzten manche Gerichte die Tradition der Rechtsprechung in der Weimarer Republik fort und gewährten den Juden den ihnen zustehenden Rechtsschutz nicht immer oder nur halbherzig und nach langwierigem Durchschreiten des Instanzenweges. Auf der anderen Seite mobilisierten sich Teile der Öffentlichkeit – wenn auch zunächst sehr kleine – im Protest gegen solche Urteile und antisemitische Vorfälle; erinnert sei hier an das Beispiel Hedler und an die studentischen Anti-Harlan-Demonstrationen. Auf diese Weise wurde lange vor »1968« der Grundstein für eine ernsthaftere Auseinandersetzung mit der NS-Zeit gelegt und die Praxis des »kommunikativen Beschweigens« (Hermann Lübbe) beendet.[317] Diese Ereignisse schufen zugleich die Voraussetzung für die Entfaltung einer Bürgergesellschaft, die »Demokratie« nicht länger als etwas begriff, das primär den Staat angehe.

Es muss allerdings ausdrücklich betont werden, dass dieser Prozess keineswegs linear verlief. Während Ende der vierziger und der fünfziger Jahre intensive Debatten über die NS-Vergangenheit im Allgemeinen und den Antisemitismus im Besonderen stattfanden, zeichnen sich die Jahre von 1949/50 bis 1958 durch Stagnation, gar durch Rückschritt aus, ungeachtet der erwähnten Beispiele von Bürgerprotest gegen antisemitische Skandale.[318] Das lag nicht zuletzt daran, dass sich eine kritische politische Öffentlichkeit, »die Kritik, Konflikt und Kontrolle einschloß«,[319] nur verzögert herausbildete. Es brauchte eine gute Dekade, bis eine neue Generation qualifizierter und der Demokratie gegenüber aufgeschlossener Journalisten herangewachsen war, denen es gelang, in der Bundesrepublik einen Mediensektor zu etablieren, der seine demokratischen Schutz- und Kontrollfunktionen erfüllte. Die Zeit von 1958 bis in die Mitte der sechziger Jahre war einerseits eine »Orientierungskrise«, andererseits eine »produktive Phase des Aufbruchs« und markiert vielleicht tatsächlich eine »wichtigere Zäsur als die Jahre 1967/68«.[320]

Das lange vorherrschende Bild, in den fünfziger Jahren habe es kaum öffentliche Diskussionen um die NS-Vergangenheit gegeben,[321] bedarf also

317 Vgl. Dudek, *»Rückblick«*, S. 265.
318 Bergmann, *Antisemitismus*, S. 143.
319 Hodenberg, »Journalisten«, S. 309.
320 Dies., *Konsens*, S. 444 u. S. 446; in eine ähnliche Richtung zielt auch Miquel, »Aufklärung«.
321 So z.B. Markovits, »Politics«, bes. S. 68.

einer Differenzierung. Damals herrschte vielmehr ein permanenter Thematisierungsdruck, dennoch wurden bestimmte Regeln des Beredens und Beschweigens nicht gebrochen.[322] Aber nicht nur in dieser Hinsicht erscheinen die Jahre um 1960 als Wendepunkt in der Haltung der Deutschen zu Demokratie und Antisemitismus. Über ein Jahrzehnt nach der Staatsgründung schlug nun endlich der Gedanke Wurzeln, dass der Antisemitismus nicht nur ein Angriff auf eine Minderheit, sondern zugleich auf die Demokratie selbst ist.

322 Vgl. Kundrus, »›Vergangenheitsbewältigungen‹«, S. 81; allgemeiner ist Hodenberg. »Konkurrierende Konzepte«.

VI. Epilog: Ende gut, alles gut?

Schafft endlich harte Gesetze zur Strafe für jene,
die offensichtlich nichts lernen wollen,
die sich auch noch der Schande rühmen
und uns damit neue Schande antun. Zwingt uns nicht,
durch falschverstandene Toleranz Unmenschen […]
in unserer Mitte zu dulden.[1]

Sarastro, der die Königin der Nacht demütigt,
wird ihren Haß nicht durch Arien gegen den Geist der Rache überwinden.
[…] Haß kann man nicht bekämpfen und schon gar nicht ausrotten.
Aber man kann Hassende besänftigen.
Und wem das gelingt, dem ist viel gelungen.[2]

Die von Marie-Elisabeth Lüders (FDP) in der Bundestagsdebatte über die »Schmierwelle« 1960 geäußerte Hoffnung, »daß es das letzte, das allerletzte Mal ist, daß irgend jemand von uns in die Lage kommt, hierüber vor diesem Hohen Hause sprechen zu müssen«,[3] sollte sich nicht erfüllen. Der Rechtsradikalismus und die ihn stets begleitende Judenfeindschaft blieben ein immer wieder akut werdendes Thema in der deutschen Gesellschaft, trotz der unzweifelhaften »kollektiven Lernprozesse« und der markanten Wandlungen der politischen Kultur und des Geschichtsbewusstseins. Sein juristisch relevanter Schwerpunkt verlagerte sich jedoch von den »klassischen« Äußerungen des Judenhasses hin zu jenem Delikt, das dem »sekundären Antisemitismus« der Nachkriegszeit am besten entspricht: der Leugnung des systematischen Völkermordes an den europäischen Juden. Je mehr im Laufe der sechziger Jahre die NS-Verbrechen durch spektakuläre Prozesse wie den Ulmer Einsatzgruppenprozess, das Verfahren gegen Adolf Eichmann in Jerusalem oder den Frankfurter Auschwitzprozess ins öffentliche Bewusstsein drangen und je mehr seit der Fernsehserie *Holocaust* von 1979 die Shoa als *Zentralereignis* des Zweiten Weltkrieges in den Fokus der Aufmerksamkeit rückte, um so stärker systematisierte auch die rechtsradikale Szene ihr Geschichtsbild.

---

1 Der West-Berliner Innensenator Lipschitz in der *Allgemeinen Wochenzeitung der Juden in Deutschland* vom 22.5.1959, zit. nach der Bundestagsrede Ernst Bendas, 3.12.1959, *VdB*, Bd. 44, S. 5087.

2 Spaemann, »Haß«, S. 49 f.

3 *VdB*, Bd. 45, 18.2.1960, S. 5590.

Diese Tatsache ist nur ein Beispiel für die vielen Brüche, Kontinuitäten, ungeahnten Wendungen und Widersprüche im Umgang mit antisemitischer Agitation, die diese einen Zeitraum von mehr als achtzig Jahren abdeckende Untersuchung zutage gefördert hat. Die Polarität zwischen – oft repressionsbewehrtem – Interventionismus einerseits und relativ weitgehendem Gewährenlassen aus Ignoranz oder stiller Sympathie andererseits war bis in die Nachkriegszeit hinein prägend. Für die Diskussion um die juristische Abwehr des Antisemitismus in der Bundesrepublik kann man festhalten, dass es sowohl für die repressive wie auch die liberale Position »durchaus gute Gründe gibt« und ein »neutraler Beobachterstandpunkt mit der ›richtigen Lösung‹«[4] nicht existiert. Das war schon in der Grundkonstellation angelegt, denn zwei der drei zentralen Rechtsvorschriften, die »Aufreizung zum Klassenhass« und die »Religionsbeschimpfung«, konnten und können ihren antiliberalen Ursprung nicht verbergen. Das Problem aber, wie eine liberale beziehungsweise demokratische Ordnung mit Hilfe antiliberaler und antidemokratischer Gesetze geschützt werden soll, ohne ihren freiheitlichen Charakter zu verlieren, ist, aller Politikeraufrufe zum »Aufstand der Anständigen« ungeachtet, bis heute ungelöst.

Mit jeder neuen Epoche in der deutschen Geschichte verschob sich die Bedeutung der drei für die Bekämpfung antisemitischer Agitation wichtigsten Straftatbestände. Der Paragraph 166 StGB, der im Kaiserreich noch eine zentrale, die Gemüter erhitzende Rolle spielte, ist heute für diesen Zweck praktisch bedeutungslos geworden. Ähnliches gilt für das Problem der Kollektivbeleidigung, das den Auseinandersetzungen in der Weimarer Republik seinen Stempel aufdrückte. Statt der Paragraphen 185 ff. StGB ist es heute fast ausschließlich der Paragraph 130 StGB, der alle Aufmerksamkeit auf sich zieht. Damit ging eine langsame Wandlung des Schutzgutes einher, von der ungestörten Ausübung der Religion über den individuellen Ehrenschutz hin zum öffentlichen Frieden; dieser steht heute, zusammen mit der »Menschenwürde«, ganz im Zentrum der Debatte.

Diese moralische Aufladung hat, das kann hier nicht verschwiegen werden, ihren Preis. Jede große Welle rechtsradikaler Gewaltakte führt inzwischen fast zwanghaft zu einer Diskussion über oder zur tatsächlichen Verschärfung des Paragraphen 130 StGB und verwandter Straftatbestände, vor allem aber zu ihrer immer weiter gehenden faktischen Zuspitzung auf die NS-Vergangenheit. Besonders deutlich zeigt dies die Strafrechtsänderung

4 Bergmann, »Medienöffentlichkeit«, S. 61.

aus dem Jahr 1994, durch die der Paragraph 130 einen neuen Absatz erhielt, der die Leugnung des Völkermordes unter Strafe stellt. Wieder ist der Text neutral formuliert, doch aus dem politischen und historischen Kontext geht zweifelsfrei hervor, dass dieser »Ablasshandel« primär auf den Nationalsozialismus zielt, dadurch aber zugleich Gefahr läuft, rechtsstaatliche Prinzipien zu verletzen und in bürgerliche Freiheitsrechte einzugreifen.[5] Der Paragraph 130.III ist »eine aus dem Rahmen fallende Regelung von ausgeprägt zeitgebundener Legitimation«,[6] wie selbst diejenigen einräumen müssen, die seine grundsätzliche Berechtigung nicht bestreiten. Weitet man den Blick über den deutschen Fall hinaus, wird noch augenfälliger, dass ein Gesetz, das de facto nur die Leugnung *eines* Genozids unter Strafe stellt, unbefriedigend ist.[7]

Dabei erscheint es durchaus fraglich, ob die Leugnung des Holocaust, um die es hierbei geht, wirklich das entscheidende agitatorische Mittel ist, das die gegen tatsächliche und vermeintliche Ausländer gerichtete rechtsradikale Gewalt schürt. In der Diskussion um die Ursachen und Bekämpfungsmöglichkeiten des aktuellen Rechtsradikalismus steht Deutschland, zumindest soweit es die staatliche und juristische Ebene anbelangt, heute nicht mehr im Zeichen der Vergangenheits*be*wältigung, sondern im Zeichen der Vergangenheits*über*wältigung. Die Inflationierung der Bezugnahmen auf die NS-Zeit ist nicht nur problematisch, weil sie gewollt oder ungewollt Auschwitz verharmlost, sondern weil eine in die falsche Richtung zielende »Wachsamkeit« nichts anderes ist als Unachtsamkeit.

Einmal mehr hat sich gezeigt, wie stark auch – und gerade – die Antworten auf universelle Fragen und Probleme zeit- und gesellschaftsspezifisch sind. Am Anfang unseres Untersuchungszeitraums, in den 1880er Jahren, lehnten die deutschen Juden wie selbstverständlich jeglichen partikularen Rechtsschutz ab, weil die große Mehrheit von ihnen nichts weiter wünschte, als Deutsche unter Deutschen zu sein, deren Abstammung und Religionszugehörigkeit keine andere Rolle spielen sollten als für einen katholischen Rheinländer oder protestantischen Pommern. 1960 wurden die in Deutschland lebenden Juden juristisch als Gruppe definiert aufgrund ihres Status als Opfer jenes Völkermordes, der mit der rechtsförmigen Bestimmung und Iso-

5 Vgl. Frommel, »Rechtsgut«; Dietz, »Lüge«; sehr kritisch auch Junge, *Schutzgut*.
6 Streng, »Anmerkung«, S. 206; ähnlich Lohmann, »Liberale Toleranz«, S. 124 f.
7 Zu denken wäre vor allem an den Genozid an den Armeniern 1915/16, dessen Leugnung etwa in Frankreich oder der Schweiz – im Gegensatz zu Deutschland – pönalisiert ist; vgl. dazu Stockhammer, »Äußerungsdelikte«.

lierung als Kollektiv seinen Anfang nahm. Faktisch, man kann es drehen und wenden, wie man will, ist der Paragraph 130 StGB heute ein Sonderrechtstatbestand, dessen um Universalisierung bemühter Text seinen politischen Entstehungszusammenhang nur mühsam verbirgt.

Das mag aus juristischer Sicht problematisch sein, doch andererseits kann ein Verfassungsstaat »sich nicht von der Vergangenheit lösen, aus der er hervorgegangen ist. In diesem Sinne steht auch das Grundgesetz seiner Struktur nach im Zeichen einer menschenwürdigen Gegenordnung zum vorangegangenen Nationalsozialismus«;[8] Ähnliches dürfte auf unabsehbare Zeit auch für die deutsche Gesellschaft insgesamt gelten. Diese Spannung zwischen den universellen Ansprüchen des Rechts einerseits und den jeweils spezifischen historischen Prägungen der Gesellschaften, Staaten und Nationen andererseits auszuhalten ist eine Herausforderung, der sich eine demokratische Gesellschaft fortwährend stellen muss.

Außerdem hat diese Untersuchung gezeigt, wie sehr gerade auch das Recht ein historisch und kulturell variabler Faktor ist. Das ist kein Plädoyer für eine »postmoderne Beliebigkeit«, sondern dafür, keine unerfüllbaren Erwartungen an das Recht heranzutragen. Lange Zeit fiel es »den Deutschen« schwer, ihr Gemeinwesen überhaupt als Gesellschaft zu begreifen, ohne in düsteres Raunen über Entfremdung, Zerfall und Artfremdheit zu verfallen.[9] Die Utopie einer konfliktfreien Gesellschaft sollte auf zwei Arten verwirklicht werden: in der Sphäre des Sozialen einerseits, in der des Juristischen andererseits. Die Emanzipation von der Vorstellung, Sozialpolitik könne eine ideale Gesellschaft herstellen, ist inzwischen weit fortgeschritten. Es wird Zeit, dass dieselbe Ernüchterung auch die auf das Strafrecht gesetzten Hoffnungen erreicht.

Für die Verabschiedung der übergroßen Erwartungen an das Recht sprechen aber noch andere Überlegungen, die in Abwandlung von Shulamit Volkovs Formel vom »Antisemitismus als kulturellem Code«[10] erläutert werden sollen. Sie ist inzwischen zum inflationär zitierten, aber weitgehend sinnentleerten Schlagwort geworden. Ein Blick in diesen Text lohnt dessen ungeachtet, denn Volkovs an der Gesellschaft des Kaiserreichs gewonnene Beobachtun-

8 Menzel, »Versammlungsrecht«, S. 54 f.

9 Vgl. dazu, auf die Soziologie beschränkt und thesenarm materialreich, Nolte, *Ordnung*.

10 Volkov, »Antisemitism«.

gen enthalten wertvolle Anregungen. Sie hat die These aufgestellt, der Antisemitismus habe sich als kultureller Code in der bürgerlichen Gesellschaft durchgesetzt, was aber nicht bedeute, dass diese sich die radikale Judenfeindschaft gänzlich zu eigen gemacht habe. Vielmehr sei es üblich geworden, gewisse als negativ empfundene Entwicklungen und Gegebenheiten als »jüdisch« zu bezeichnen. Diese Kennzeichnung wurde zu einem Code, der »Juden« oder »Judentum« sagte, beides aber nicht konkret meinte, sondern eine Abstraktion, die den meisten Menschen als solche bewusst war. Wenn man heute von »Globalisierung« spricht, dann vielfach auch nicht in der Absicht, konkrete Strukturen und Prozesse zu benennen, sondern um sich als »Globalisierungsbefürworter« oder »Gobalisierungskritiker« einem bestimmten politisch-sozialen Milieu zuzuordnen.

Der entscheidende Punkt ist nun laut Volkov, dass die radikalen Antisemiten sich weitgehend derselben Sprache wie die bürgerlich-konservative Elite bedienten, sie jedoch nicht als abstrahierenden Code, sondern wortwörtlich und bitterernst verstanden. Dadurch erhielten sie Anschluss an den herrschenden bürgerlichen Diskurs und vermochten diesen umzucodieren, so dass 1942 schließlich jeder »deutsche Volksgenosse« wusste, was es bedeutete, wenn die Juden »in den Osten« abtransportiert wurden, sich zugleich aber (und vor allem nach 1945 wieder) auf die Behauptung zurückziehen konnte, den NS-Antisemitismus stets nur metaphorisch verstanden und deshalb seine mörderische Konsequenz nicht erkannt zu haben.

Auf unser Thema angewandt, käme man zu dem Schluss, dass es den Antisemitismus nicht nur als »kulturellen«, sondern auch als »juristischen Code« gab und gibt. Der juristische Repressionsdruck bewirkt, dass sich die Antisemiten auf Formeln zurückziehen, die rechtlich nicht mehr zu beanstanden sind, ohne deswegen von ihren Überzeugungen auch nur im Geringsten zu lassen. Wo diese Grenzlinie semantisch jeweils verläuft, ist dabei irrelevant, denn wollte man sie sprachlich bestimmen, könnte man ebenso gut Assoziationen, Wortspiele und Zynismus verbieten. Dass das weder möglich noch wünschbar ist, liegt auf der Hand und wird vollends klar, wenn man den performativen Charakter der nichtschriftlichen antisemitischen Agitation berücksichtigt. Von den vielen Arten, die Floskel »unsere jüdischen Mitbürger« auszusprechen und zu betonen, wird der geübte Redner stets jene Variante finden, die von seinem Publikum so verstanden wird, wie er sie verstanden wissen will. Doch auch Texte erzeugen ihre eigene Wirklichkeit im Betrachter, die mit ihrer Semantik und Lexik zwar verbunden, aber nicht identisch ist. Indem das Recht als ein Faktor unter vielen dazu beiträgt, den diskursiven Rahmen zu konstituieren, in dem gruppenbezogene Menschenfeindlichkeit geäußert wird, ist es zugleich eine Teillösung *und* ein Teil des Problems.

Diese Sphäre lässt sich mit juristischen Mitteln nicht trotz, sondern wegen der ausgeprägten Textgebundenheit des Rechts kaum durchdringen. Gleichwohl ist Nichtstun keine Alternative – generell nicht und erst recht nicht in Deutschland nach 1945. »Entlarven, verspotten, notfalls verbieten«: Mit diesen Worten hatte sich Robert Leicht in der *Zeit* dafür ausgesprochen, das »Repertoire der Instrumente gegen die Rechtsextremen […] von der ›politischen Auseinandersetzung‹ bis zum Verbot«[11] auszuschöpfen und keine Möglichkeit dabei auszulassen. Diesem auf die Praxis gerichteten Plädoyer lässt sich kaum widersprechen, das grundsätzliche Problem wird dadurch aber nicht beseitigt, denn es hat sich gezeigt, dass der »Gedanke, diskriminierte Bevölkerungsteile auch mit Hilfe des Strafrechts stärker zu schützen«, »vom Ansatz her zwar lobens-, die legislative Umsetzung dagegen nicht nachahmenswert«[12] ist. Die einzige Lösung, die es zu geben scheint, ist die bescheidene Einsicht in die prinzipielle Unlösbarkeit dieses Problems.

Für das Verhältnis von Justiz und Antisemitismus würde das bedeuten, dass die Reglementierung und allfällige Unterdrückung der öffentlichen Äußerung bestimmter Gedanken und Formulierungen nur den Sinn haben kann, auf längere Sicht jenen Klartext verblassen zu lassen, auf den sich kodierte Andeutungen und geheimnisvolles Raunen stets beziehen müssen, um verständlich zu sein. Doch bleibt ein Zustand, in dem es für gruppenbezogene Menschenfeindlichkeit keine Referenzpunkte mehr gibt, eine Utopie, denn nur wenn es keine Zeilen mehr gäbe, wäre auch der Raum dafür verschwunden, zwischen ihnen zu lesen.

11 Robert Leicht, »Entlarven«.

12 Beide Zitate Baldus, *Hate Crime*, S. 52; international vergleichend Rädler, »Gesetze«; Fennema, »Legal Repression«; und die durch Fronza, »Punishment«, ausgelöste Debatte.

VII. Abkürzungen

AA	Auswärtiges Amt
AbtLtr	Abteilungsleiter
AfS	Archiv für Sozialgeschichte
AG	Amtsgericht
AK	Armeekorps
AöR	Archiv des öffentlichen Rechts
APuZ	Aus Politik und Zeitgeschichte
BA-B	Bundesarchiv Berlin
BadMdJ/dA	Badisches Ministerium des Innern und des Äußern
BA-K	Bundesarchiv Koblenz
BayIM	Bayerisches Innenministerium
BayMJ	Bayerisches Ministerium der Justiz
BGBl.	Bundesgesetzblatt
BGH	Bundesgerichtshof
BGHSt	Entscheidungen des Bundesgerichtshofes in Strafsachen
BIM	Bundesinnenministerium
BKA	Bundeskriminalamt
BMdA	Bayerisches Staatsministerium des Äußeren
BMI	Bundesministerium des Innern
BMJ	Bundesministerium der Justiz

BVerfGE	Entscheidungen des Bundesverfassungsgerichts
BVS	Bundesverfassungsschutz
CEH	Central European History
CV	Centralverein deutscher Staatsbürger jüdischen Glaubens
DDP	Deutsche Demokratische Partei
DIGB	Deutsch-Israelitischer Gemeindebund
DJV	Deutsche (Zentral)Verwaltung für Justiz
DJZ	Deutsche Juristen-Zeitung
DNVP	Deutschnationale Volkspartei
DP	Displaced Person
DR	Deutsches Recht
DRiZ	Deutsche Richter-Zeitung
DStrR	Deutsches Strafrecht
DVP	Demokratische Volkspartei
ERGSt	Entscheidungen des Reichsgerichts in Strafsachen
EStA	Erster Staatsanwalt
GBA	Generalbundesanwalt
GG	Geschichte und Gesellschaft
GK	Generalkommando
GORR	Geheimer Oberregierungsrat
GStA	Generalstaatsanwalt
GStA PK	Preußisches Geheimes Staatsarchiv
GWU	Geschichte in Wissenschaft und Unterricht
HMRG	Historische Mitteilungen der Ranke-Gesellschaft
HZ	Historische Zeitschrift
JBfA	Jahrbuch für Antisemitismusforschung

JCH	Journal of Contemporary History
JuS	Juristische Schulung
JW	Juristische Wochenschrift
JZ	Juristenzeitung
KG	Kammergericht
KJ	Kritische Justiz
LAB	Landesarchiv Berlin
LBIYB	Leo Baeck Institute Year Book
LBINY	Archiv des Leo Baeck Instituts New York
LDP	Liberal-demokratische Partei Deutschlands
LG	Landgericht
LV	Landesverband
MdB	Mitglied des Deutschen Bundestages
MfS	Ministerium für Staatssicherheit
NJW	Neue Juristische Wochenschrift
NStZ	Neue Zeitschrift für Strafrecht
OGH	Oberster Gerichtshof
OLG	Oberlandesgericht
ÖZfG	Österreichische Zeitschrift für Geschichtswissenschaft
ORA	Oberreichsanwalt
ORR	Oberregierungsrat
OStA	Oberstaatsanwalt
PFM	Preußisches Finanzministerium/Preußischer Finanzminister
PIM	Preußisches Innenministerium/Preußischer Innenminister

PJM	Preußisches Justizministerium/Preußischer Justizminister
PKM	Preußisches Kriegsministerium/Preußischer Kriegsminister
PKuM	Preußisches Kultusministerium/Preußischer Kultusminister
RB	Regierungsbezirk
RA	Rechtsanwalt
RGBl.	Reichsgesetzblatt
RdI	Reichsamt des Innern
RdJ	Reichsamt der Justiz
RFSS/ ChdDP	Reichsführer SS und Chef der Deutschen Polizei
RGe	Rechtsgeschichte (Zeitschrift des Max-Planck-Instituts für europäische Rechtsgeschichte)
RG	Reichsgericht
RjF	Reichsbund jüdischer Frontsoldaten
RK	Reichskanzler
RMI	Reichsministerium des Innern
RMJ	Reichsministerium der Justiz
RP	Regierungspräsident/Regierungspräsidium
R/PIM	Reichs- und Preußisches Innenministerium
RRGSt	Rechtsprechung des Deutschen Reichsgerichts in Strafsachen
RuP	Recht und Politik
SächsMdJ	Sächsisches Ministerium der Justiz
SAnhMdJ	Sachsen-Anhaltinisches Ministerium der Justiz
SBZ	Sowjetische Besatzungszone

SG	Schwurgericht
SIM	Sächsischer Innenminister
SMdA	Sächsisches Ministerium des Äußern
SRP	Sozialistische Reichspartei
StÄG	Strafrechtsänderungsgesetz
StGB	Strafgesetzbuch
StPO	Strafprozessordnung
TAJBfdG	Tel-Aviver Jahrbuch für deutsche Geschichte
ThMfJ	Thüringisches Ministerium für Justiz
USHMM	United States Holocaust Memorial Museum
VdB	Verhandlungen des Deutschen Bundestags
VdPA	Stenographische Berichte über die Verhandlungen des Preußischen Abgeordnetenhauses
VdR	Verhandlungen des Deutschen Reichstags
VdRNB	Verhandlungen des Reichstags des Norddeutschen Bundes
VfZG	Vierteljahrshefte für Zeitgeschichte
ZfG	Zeitschrift für Geschichtswissenschaft
ZfGO	Zeitschrift für die Geschichte des Oberrheins
ZStW	Zeitschrift für die gesamte Strafrechtswissenschaft
ZNR	Zeitschrift für Neuere Rechtsgeschichte
ZRP	Zeitschrift für Rechtspolitik
ZVfD	Zionistische Vereinigung für Deutschland

VIII. Quellen und Literatur

1. Quellen

1.1. Ungedruckte Quellen

Bundesarchiv Berlin (BA-B)

DP 1 VA Nr. 119, 131
R 43/679
R 43/908
R 43 I/2193 Bd. 1
R 43 II/599a
R 1501/112276, /112276/1, /112277, /116791, /125643, /125643/1
R 3001/6747

Bundesarchiv Koblenz (BA-K)

B 106/15596, /63069
Z1/1230

Preußisches Geheimes Staatsarchiv (GStA PK)

I. HA, Rep. 76 III. Sekt. 1 Tit. XIIIa Nr. 56a, Bde. 1–6
I. HA, Rep. 77 Tit. 505 Nr. 10
I. HA, Rep. 77 Tit. 500 Nr. 50, Bde. 1–3
I. HA, Rep. 84a/8420, /47116, /47117, /49789, /55739, /55740, /55741, /55746, /55747, /55753, /55754, /55755, /55757, /55767, /55789, /55790, /57462, /57468, /57485, /57728, /58066
I. HA, Rep. 89/23691

Landesarchiv Berlin (LAB)

A Rep. 358–01/218

United States Holocaust Memorial Museum (USHMM)

RG-11.001M.31 = Mikrofilme des Bestandes Sonderarchiv Moskau (Osobyi)
505/1/74
721/1/18, /67, /69, /101, /111, /190, /2250, /2251, /2270, /2291, /2293, /2300, /2303, /2323, /2324, /2439, /2445, /2478, /2485, /2501, /2555, /2750
RG-14.011M

Archiv des Leo Baeck Instituts New York (LBINY)

Hans Reichmann Collection ME 1230
AR 2198
Eric Lind Collection AR 6680

1.2. Gedruckte Quellen – Quelleneditionen – Zeitgenössische Schriften bis circa 1960

Ackermann, [Aaron], *Vogelfrei! Ein Blick auf das erste Jahr des zwanzigsten Jahrhunderts*, Brandenburg a. H. 1901.
Adorno, Theodor W., »Zur Bekämpfung des Antisemitismus heute«, in: ders., *Kritik. Kleine Schriften zur Gesellschaft*, Frankfurt am Main 1971, S. 105–133 [Vortrag 1962].
Ahlwardt, Hermann, *Der Verzweiflungskampf der arischen Völker mit dem Judentum*, 3 Bde., Berlin 1890–1892.
–, *Neue Enthüllungen. Judenflinten*, 32., nach wortgetreu auf S. 14, 15 u. 16. abgedr. Beschluss des Berliner Landgerichts vorläufig abgeänderte Aufl., Dresden 1892.
–, *Judenflinten*, II. Theil, Dresden 1892.
–, *Wahrer und falscher Patriotismus. Vortrag, gehalten im Deutsch-socialen Verein in Zwickau am 28. Mai 1892*, Zwickau 1892.
Ambach, Hermann, *Kollektiv-Injurien und Injurien gegen Kollektiv-Personen*, Würzburg 1904.
Améry, Jean, »Die Grenzen liberaler Toleranz«, in: ders., *Widersprüche*, Stuttgart 1971, S. 204–209 [zuerst erschienen in: *Die Zeit* vom 22.1.1971].
Anonymus, *Ein Wort an die Deutschen Staatsbürger jüdischen Glaubens*, Mainz 1896.
Anonymus [F. S.], *Der Antisemitismus der Gegenwart und seine Abwehr. Ein Weckruf an die deutschen Juden*, Mülheim am Rhein 1895.

Anonymus, *Ahlwardt und seine Judenflinten. Ansichten eines deutschen Waffenoffiziers*, Berlin 1892.

Anonymus, *Der Prozeß Ahlwardt. Ein Zeichen der Zeit und eine lehrreiche Studie. Von einem Deutsch-Nationalen*, Berlin 1892.

Anonymus, *Christenflinten. Von einem Juden*, Friedeberg a. Qu. 1892.

Arndt, Hans, *Herunter mit der Maske! Die Führer der deutschen Antisemiten im Lichte der Wahrheit*, Zürich 1898.

Auerbach, Leopold, *Wie ist die Judenhetze mit Erfolg zu bekämpfen?*, Berlin 1893.

–, *Das Judenthum und seine Bekenner in Preußen*, Berlin 1890.

Bader, Karl S., »Strafrechtlicher Schutz gegen Antisemitismus«, in: *Freiburger Rundbrief*, XI. Folge, Nr. 41/44 (1958/59), S. 11–15.

Bähr, O[tto], »Der Prozeß gegen Ahlwardt«, in: *Grenzboten*, Nr. 52 (1892), S. 609–620.

Bahr, Hermann, *Der Antisemitismus. Ein internationales Interview*, Berlin 1894.

Balfour, Michael, »Four-Power Control in Germany 1945–1945«, in: Arnold Toynbee (Hrsg.), *Survey of International Affairs 1939–1946*. Bd. 6: *Four-Power Control in Germany and Austria 1945–1945*, London u.a. 1956, S. 1–265.

Bebel, August, *Sozialdemokratie und Antisemitismus. Rede des Reichstagsabgeordneten Bebel auf dem IV. Parteitag der Sozialdemokratischen Partei zu Köln a.Rh. Nebst einem Nachtrag*, Berlin 1894.

Bismarck, Otto von, *Gedanken und Erinnerungen*, 3 Bde., Stuttgart 1898–1919.

Bleß, Friedrich, *Die Beleidigung von Personengesamtheiten und von Einzelpersonen durch eine Gesamtbezeichnung*, Rostock u.a. 1909.

Boehlich, Walter (Hrsg.), *Der Berliner Antisemitismusstreit*, Frankfurt am Main 1965.

Buch, Walter, *Des nationalsozialistischen Menschen Ehre und Ehrenschutz*, 2. Aufl., München 1939.

Bundesregierung (Hrsg.), *Die antisemitischen und nazistischen Vorfälle. Weißbuch und Erklärung der Bundesregierung*, Bonn 1960.

Centralverein Deutscher Staatsbürger Jüdischen Glaubens, *Zwei Jahre Arbeit im Central-Verein deutscher Staatsbürger jüdischen Glaubens e.V. Geschäftsbericht erstattet der Hauptversammlung des Centralvereins, 11., 12. und 13. Februar 1928*. Als MS gedruckt – streng vertraulich 1928.

– (Hrsg.), *Die Gefahren der antisemitischen Propaganda für den wirtschaftlichen Wiederaufbau Deutschlands*, 2., bearb. und verm. Aufl., Berlin 1922.

Conrad, »Ein grundlegendes Urteil des Staatsgerichtshofes zum Schutz der Republik«, in: *DJZ*, Jg. 28 (1923), S. 298 f.

D. L., »Unter falscher Flagge. Antisemitismus unter dem Deckmantel des Kampfes gegen Moskau«, in: *Berliner Allgemeine. Wochenzeitung der Juden in Deutschland* vom 13.7.1956, S. 1.

Dam, Hendrik G. van, »Strafbarkeit der Volksverhetzung. Gesetz einstimmig vom Bundestag angenommen«, in: *Berliner Allgemeine. Wochenzeitung der Juden in Deutschland* vom 27.5.1960, S. 1.

–, »Kein Naturschutzpark für Juden. Zum Gesetz gegen Volksverhetzung«, in: *Die Zeit* vom 19.2.1960, S. 3.

–, »Das Gericht und die Herostraten. Zum Kölner Urteil«, in: *Berliner Allgemeine. Wochenzeitung der Juden in Deutschland* vom 12.2.1960, S. 1.

–, »Selbstkontrolle der Illustrierten. Gegen Völkerverhetzung und Rassenhaß«, in: *Berliner Allgemeine. Wochenzeitung der Juden in Deutschland* vom 21.11.1958, S. 1.

–, »Die Billigung des Massenmordes. Ein Problem der Strafrechtsreform«, in: *Berliner Allgemeine. Wochenzeitung der Juden in Deutschland*, vom 24.1.1958, S. 1.

–, »Strafbarkeit der Rassenhetze. Bundestag berät das 5. Strafänderungsgesetz«, in: *Berliner Allgemeine. Wochenzeitung der Juden in Deutschland* vom 15.2.1957, S. 1.

–, »Das Versagen des Gesetzgebers gegenüber antidemokratischer Rassenhetze«, in: *Berliner Allgemeine. Wochenzeitung der Juden in Deutschland* vom 20.7.1956, S. 1.

»Dokumente zur Verfolgung der Juden 1933–1943«, in: Hans Mommsen/Susanne Willems, *Herrschaftsalltag im Dritten Reich. Studien und Texte*, Düsseldorf 1988, S. 427–485.

Dyer, James (© 2003) *An Afternoon with Eustace Mullins*, http://www.rense.com/general39/EUSTACE.htm (18.11.2005).

Eike von Repgow [i.e. Robert W. Kempner], *Justiz-Dämmerung. Auftakt zum Dritten Reich*, Berlin 1932 [ND Frankfurt am Main 1963].

Endemann, Helmut, *Hetze als Gefährdungsproblem*, Mannheim u.a. 1924.

Entscheidungen des Bundesgerichtshofes in Strafsachen, hrsg. von den Mitgliedern des Bundesgerichtshofes und der Bundesanwaltschaft, Berlin u.a. 1950 ff. (= *BGHSt*).

Entscheidungen des Bundesverfassungsgerichts, hrsg. von den Mitgliedern des Bundesverfassungsgerichts, Tübingen 1952 ff. (= *BVerfGE*).

Entscheidungen des Reichsgerichts in Strafsachen, hrsg. von den Mitgliedern des Gerichtshofes und der Reichsanwaltschaft, Berlin u.a. 1880–1944 (= *ERGSt*).

Eyck, Erich, *Deutsches Judentum und Rechtskrisis*, Berlin 1927.

–, »Die Stellung der Rechtspflege zu Juden und Judentum«, in: ders./Jacques Stern/Bruno Weil (Hrsg.), *Deutsches Judentum und Rechtskrisis*, Berlin 1927, S. 31–66.

Fait, Barbara/Mintzel, Alf (Hrsg.), *Die CSU 1945–1948. Protokolle und Materialien zur Frühgeschichte der Christlich-Sozialen Union*, Bd. 1, München 1993.

Feuerring, Josef, *Der Antisemitenapostel! Ein Wort der Entgegnung an Rektor Hermann Ahlwardt auf seine letzte Broschüre: »Neue Enthüllungen Judenflinten«*, Berlin 1892.

Fiedler, P[eter] J[osef], *Die Antisemitenbewegung in Deutschland in ihren Ursachen und Folgen. (Ein Vortrag, gehalten in der Bezirkslehrerversammlung zu Darmstadt am 17. Januar 1891)*, Darmstadt 1891.

Fischer, Kurt Gerhard/Herrmann, Karl/Mahrenholz, Hans, *Der politische Unterricht*, Bad Homburg v.d.H. 1960.

Foerder, Ludwig, »Die ›Judenrepublik‹ in der Rechtsprechung«, in: *Die Justiz*, Bd. 1 (1926), S. 519–532.

–, *Antisemitismus und Justiz*, Berlin 1924.

–, »Antisemitismus und Justiz«, in: *Jüdisch-Liberale Zeitung* vom 23.9.1921 bzw. in: *Israelitisches Familienblatt* vom 3.11.1921.

Förster, Paul, *Der Fall Ahlwardt in der öffentlichen Meinung und im Lichte der Wahrheit. Eine Streitschrift*, 3. veränd. und um ein Nachwort über den Prozeß »Judenflinten« vermehrte Aufl., Berlin o.J. [1893].

Fraenkel, Ernst, *Der Doppelstaat. Recht und Justiz im »Dritten Reich«*, Frankfurt am Main 1984 [zuerst auf Englisch erschienen 1941].

–, *Zur Soziologie der Klassenjustiz*, Berlin 1927.

Frank, Friedrich, *Der Ritualmord vor den Gerichtshöfen der Wahrheit und Gerechtigkeit*, 2. Aufl., Regensburg 1902.

–, *Nachträge zu »Der Ritualmord vor den Gerichtshöfen der Wahrheit und Gerechtigkeit.« I. Die letzten Schlupfwinkel des Ritualmord-Aberglaubens. II. Der Ritualmord-Aberglaube in den letzten Zügen. III. Das Leichenbegängnis des Ritualmord-Aberglaubens*, Regensburg 1902.

Frank, Walter, *Hofprediger Adolf Stoecker und die christlich-soziale Bewegung*, Berlin 1928.

Franz, W., »Juristische Vorbildung und Auslese der Verwaltungsbeamten«, in: Alfred Bozi/Hugo Heinemann (Hrsg.), *Recht, Verwaltung und Politik im Neuen Deutschland*, Stuttgart 1916, S. 19–32.

Freisler, Roland, »Gedanken zum Gemeinschaftsehrschutz«, in: *Deutsche Justiz*, Nr. 98 (1936), S. 1458–1466.

Fritsch, Theodor, *Handbuch der Judenfrage. Die wichtigsten Tatsachen zur Beurteilung des jüdischen Volkes*, 35. Aufl., Leipzig 1933.

– [Pseud. F. Roderich-Stoltheim], »Licht und Schatten an Rathenau«, in: *Der Hammer*, Jg. 21, Nr. 488 (1922), S. 393–398.

–, *Der falsche Gott (Beweismaterial gegen Jahwe)*, 5. Aufl., Leipzig 1919.

–, *Beweismaterial gegen Jahwe*, Leipzig 1913.

–, *Mein Beweismaterial gegen Jahwe*, Leipzig 1911.

–, *Vertheidigungs-Schrift gegen die Anklage wegen groben Unfugs, verübt durch Verbreitung antisemitischer Flugblätter*, Leipzig 1891.

Fuchs, Eugen, *Glaube und Heimat.* Mit einem Vorwort von Franz Eugen Fuchs, Berlin o.J. [1928].

–, *Die Zukunft der Juden. Ein Referat über Werner Sombarts Schrift*, Berlin 1912.

–, *Bericht der Rechtsschutz-Commission über ihre bisherige Thätigkeit erstattet in der ordentl. Versammlung vom 16. April 1894*, Berlin 1894.

Furth, Peter, »Ideologie und Propaganda der SRP«, in: Eugen Fischer-Baling/Otto Büsch/Peter Furth, *Rechtsradikalismus im Nachkriegsdeutschland. Studien über die »Sozialistische Reichspartei« (SRP)*, Berlin 1957, S. 196–309.

Gerlach, Hans Christian, *Agitation und parlamentarische Wirksamkeit der deutschen Antisemitenparteien 1873–1895*, Kiel 1956.

Gerlach, Hellmut von, *Erinnerungen eines Junkers*, Berlin [1926].

Gerland, Heinrich, »Einige Bemerkungen zur Beleidigungslehre im geltenden und künftigen Strafrecht«, in: *Der Gerichtssaal*, Nr. 110 (1938), S. 9–76.

Glaser, Fritz, *Das Verhältnis der Presse zur Justiz unter besonderer Berücksichtigung der Berichterstattung durch die Presse und ihrer gesetzlichen Verantwortung*, Berlin 1914.

Goebbels, Joseph (Hrsg.), *Knorke. Ein neues Buch Isidor für Zeitgenossen*, München 1929.

Gold, Helmut/Heuberger, Georg (Hrsg.), *Abgestempelt. Judenfeindliche Postkarten auf der Grundlage der Sammlung Wolfgang Haney*, Frankfurt am Main 1999.

Gozel, Fr. v. d., *Die Juden und die politischen Parteien. Eine Antwort an den Verfasser der Schrift: »Schutzjuden oder Staatsbürger«*, Berlin 1893.

Gumbel, Emil Julius, *Vier Jahre politischer Mord*, Berlin 1922 [ND Heidelberg 1980].

Gyßling, Walter, *Mein Leben in Deutschland vor und nach 1933 und der Anti-Nazi. Handbuch im Kampf gegen die NSDAP*, hrsg. und eingel. von Leonidas E. Hill, ND Bremen 2003.

H., C. von, *Adel und Judenfrage vom Standpunkte des Adels*, Frankfurt am Main [1893].

Hammerschmidt, Helmut, »Renazifizierung der Bundesrepublik«, in: *Deutsche Rundschau*, Nr. 82 (1956), S. 371–381.

Harand, Irene, *»Sein Kampf«. Antwort an Hitler*, Wien 1935.

Herzfeld, Ernst, *Meine letzten Jahre in Deutschland; 1933–1938*, MS, 1938.

Hexenjagd gegen Juden – Adenauer-Regierung fördert Antisemitismus. Eine Dokumentation, hrsg. vom Ausschuß für Deutsche Einheit, Berlin [1959].

Hippel, Robert von, »Die Anreizung zum Klassenkampf (§ 130 RStrGB)«, in: Karl Birkmeyer/Fritz von Calker/Reinhard Frank/Robert von Hippel/Wilhelm Kahl/Karl von Lilienthal/Franz von Liszt/Adolf Wach (Hrsg.), *Vergleichende Darstellung des Deutschen und Ausländischen Strafrechts. Vorarbeiten zur deutschen Strafrechtsreform. Besonderer Teil Band II: Verbrechen und Vergehen wider die Öffentliche Ordnung*, Berlin 1906, S. 47–67.

Hirschberg, Alfred, *Kollektiv-Ehre und Kollektiv-Beleidigung*, Berlin 1929.

Holthoff, W., *Ist der Ausdruck »Judenrepublik« eine Beschimpfung? Eine Abwehrschrift gegen den Antigermanismus*, München o. J. [ca. 1927/28].

Horkheimer, Max/Adorno, Theodor W., *Dialektik der Aufklärung. Philosophische Fragmente*, Amsterdam 1947.

Ipsen, Johann, *Gotteslästerung und Beschimpfung der Religionsgesellschaften. (Bericht über den Stand des Streites um § 166 des Reichsstrafgesetzbuchs)*, Hamburg 1909.

Jäckel, Eberhard/Kuhn, Axel (Hrsg.), *Hitler. Sämtliche Aufzeichnungen 1905–1924*, Stuttgart 1980.

Jellinek, Walter, »Bericht zum Ersten Beratungsgegenstand: Kabinettsfrage und Gesetzgebungsnotstand nach dem Bonner Grundgesetz«, in: *Veröffentlichungen der Vereinigung der Deutschen Staatsrechtslehrer*, H. 8 (1950), S. 3–20.

Jentsch, Carl, *Betrachtungen eines Laien über unsre Strafrechtspflege*, Leipzig 1894.

Joseph, Detlef (Hrsg.), *Rechtsstaat und Klassenjustiz. Texte aus der sozialdemokratischen »Neuen Zeit« 1883–1914*, Freiburg i. Br. u.a. 1996.

Der »Judenflinten«-Proceß. Sonderabdruck der stenographischen Berichte der »Neuen Deutschen Zeitung« über die Verhandlungen des Kgl. Landgerichts I zu Berlin in d. Beleidigungssache Isidor Löwe und Kühne wider den Rector Hermann Ahlwardt, Mitglied des Deutschen Reichstages, Leipzig 1893.

Die Kabinettsprotokolle der Bundesregierung, hrsg. für das Bundesarchiv von Hans Booms, Bd. 4, 1951, bearb. von Ursula Hüllbüsch, Boppard 1988.

Die Kabinettsprotokolle der Bundesregierung, hrsg. für das Bundesarchiv von Hartmut Weber, Bd. 12, 1959, bearb. von Josef Henke und Uta Rössel, München 2002; Bd. 13, 1960, bearb. von Ralf Behrendt und Christoph Seemann, München 2003.

Kade, Carl, *Der deutsche Richter. Ein Wort zur Abwehr und Förderung*, Berlin 1904.

Kahl, Wilhelm, »Gotteslästerung und Beschimpfung von Religionsgesellschaften«, in: ders./Karl Birkmeyer/Fritz von Calker/Reinhard Frank/Robert von Hippel/Karl von Lilienthal/Franz von Liszt/Adolf Wach (Hrsg.), *Vergleichende Darstellung des Deutschen und Ausländischen Strafrechts. Vorarbeiten zur deutschen Strafrechtsreform. Besonderer Teil Band III: Religionsvergehen. Falsche Anschuldigung. Zweikampf. Münzdelikte. Meineid*, Berlin 1906, S. 33–48.

–/Lilienthal, K. von/Liszt, Franz von/Goldschmidt, James, *Gegenentwurf zum Vorentwurf eines Deutschen Strafgesetzbuches. Diskussionsvorschlag einer Sachverständigenkommission*, Bd. 1: *Text*; Bd. 2: *Begründung*, Berlin 1911.

Kahn, Siegbert, *Antisemitismus und Rassenhetze. Eine Übersicht über ihre Entwicklung in Deutschland*, Berlin 1948.

Kittel, Rudolf, *Judenfeindschaft oder Gotteslästerung? Ein gerichtliches Gutachten. Mit einem Schlußwort: Die Juden und der gegenwärtige Krieg*, Leipzig 1914.

Klee, [Karl], »Religion und Strafrecht. Eine grundsätzliche Untersuchung; zugleich eine Kritik der einschlägigen Rechtsprechung des Reichsgerichts«, in: *DStrR*, N.F. 5 (1938), S. 145–160.

–, »Das Judentum im Strafrecht«, in: ders./Karl Siegert, *Das Judentum in der Rechtswissenschaft*, Bd. 4: *Judentum und Strafrecht*, Berlin [1936], S. 5–18.

Knaack, Rudolf/Stumper, Rita (Bearb.), *Polizeipräsidium Berlin. Politische Angelegenheiten 1890–1945. Sachthematisches Inventar*, Berlin 2007.

König, Ed[uard], *Das Obergutachten im Gotteslästerungsprozeß Fritsch*, Dresden 1918.

Kohlrausch, Eduard, *Die Beschimpfung der Religionsgesellschaften. Ein Beitrag zur Strafrechtsreform*, Tübingen 1908.

Krieger, Karsten (Bearb.), *Der »Berliner Antisemitismusstreit« 1879–1881. Eine Kontroverse um die Zugehörigkeit der deutschen Juden zur Nation. Kommentierte Quellenedition*, 2 Teile, München 2003.

Kulka, Otto Dov (Hrsg.), *Deutsches Judentum unter dem Nationalsozialismus*, Bd. 1, Tübingen 1997.

–/Jäckel, Eberhard (Hrsg.), *Die Juden in den geheimen NS-Stimmungsberichten 1933–1945*, Düsseldorf 2004.

Kunz, Rainer/Maier, Herbert/Stammen, Theo (Hrsg.), *Programme der politischen Parteien in der Bundesrepublik*, 3., überarb. Aufl., München 1979.

Lassalle, Ferdinand, »Die Wissenschaft und die Arbeiter. Eine Vertheidigungsrede vor dem Berliner Kriminalgericht gegen die Anklage die besitzlosen Klassen zum Haß und zur Verachtung gegen die Besitzenden öffentlich angereizt zu haben«, in: *Sozialdemokratische Bibliothek*, Bd. II, H. XV, S. 1–38, Hottingen-Zürich 1887–88, [Erstdruck: Zürich 1863], Nachdruck Leipzig 1971.

Lazarus, Moritz, *Treu und Frei. Gesammelte Reden und Vorträge über Juden und Judentum*, Leipzig 1887.

–, *An die deutschen Juden*, 4. Aufl., Berlin 1887.

Leicht, Robert, »Entlarven, verspotten, notfalls verbieten. Der Kampf gegen die NPD muss mit allen rechtsstaatlichen Mitteln geführt werden«, in: *Die Zeit* vom 27.1.2005, S. 5.

Leimer [Landgerichtsdirektor], »Störung des Volksfriedens«, in: Franz Gürtner (Hrsg.), *Das kommende deutsche Strafrecht – Besonderer Teil – Bericht über die Arbeit der amtlichen Strafrechtskommission*, 2. Aufl., nach den Ergebnissen der zweiten Lesung neu bearb., Berlin 1936, S. 285–298.

Loewenfeld, Raphael [anonym erschienen], *Schutzjuden oder Staatsbürger*, Berlin 1893.

Loewenstein, Karl, »Militant Democracy and Fundamental Rights«, in: *American Political Science Review*, Jg. 31, H. 3 (1937), S. 417–432 (Teil 1), und H. 4 (August 1937), S. 638–658 (Teil 2).

Lorenzen, Wilhelm, *Die Strafbarkeit der Gotteslästerung*, Hamburg 1939.

Maier, Hans, *Die Antisemiten (Wirtschaftliche Vereinigung)*. Deutsches Parteiwesen, H. 2, 2. Aufl., München 1911.

Mannheim, Karl, *Diagnosis of Our Time. Wartime Essays of a Sociologist*, [zuerst London 1943], ND Greenwood Press, Westport/Conn. 1986.

Marquardsen, Heinrich, »Ueber den Begriff des Hochverrathes«, in: *Archiv des Criminalrechts*, N.F. Bd. 37 (1849), S. 246–265.

Marx, Karl, »Anschlag auf die deutsche Demokratie. Verbrechen in nationalsozialistischem Geist«, in: *Berliner Allgemeine. Wochenzeitung der Juden in Deutschland* vom 1.1.1960, S. 1.

Menke, Christoph, »Die Dunkelzonen der Demokratie«, in: *Die Zeit* vom 5.4.2001, S. 47.

Mezger, Edmund, »Religionsdelikte und Störung der Totenruhe«, in: Franz Gürtner (Hrsg.), *Das kommende deutsche Strafrecht – Besonderer Teil – Bericht über die Arbeit der amtlichen Strafrechtskommission*, 2. Aufl., nach den Ergebnissen der zweiten Lesung neu bearb., Berlin 1936, S. 211–217.

Mierendorff, Carlo, *Arisches Kaiserreich oder Judenrepublik*, Berlin [ca. 1920] (neu hrsg. und mit Anmerkungen und Hinweisen versehen von Richard Albrecht, in:

Internationale wissenschaftliche Korrespondenz zur Geschichte der deutschen Arbeiterbewegung, Jg. 40, H. 3 (2004), S. 321–337).

Mohl, Robert von, *Die deutsche Polizeiwissenschaft nach den Grundsätzen des Rechtsstaats*, 3 Bde., Tübingen 1832–1834.

Moritz, Klaus/Noam, Ernst (Hrsg.), *NS-Verbrechen vor Gericht 1945–1955. Dokumente aus hessischen Justizakten mit einem Nachwort von Richard Schmid*, Wiesbaden 1978.

Moskowitz, Moses, »The Germans and the Jews: Postwar Report. The Enigma of German Irresponsibility«, in: *Commentary*, Bd. II, Nr. 1 (1946), S. 7–14.

Nieland, Friedrich, *Wieviel Welt(Geld)-Kriege müssen die Völker noch verlieren?*, Stade 1957

Noack, Erwin, »Die Ehre des Rechtswahrerstandes«, in: *DR*, Jg. 4 (1934), S. 405 ff.

Noam, Ernst/Kropat, Wolf-Arno (Hrsg.), *Juden vor Gericht 1933–1945. Dokumente aus hessischen Justizakten.* Mit einem Vorwort von Johannes Strelitz, Wiesbaden 1975.

Ofterdinger, Friedel-Ernst, *Religionsvergehen, insbesondere Gotteslästerung, im kommenden Strafrecht. Ein Beitrag zur Ausgestaltung des Religionsstrafrechts*, Krefeld 1937.

Ossietzky, Carl von, »Pogrom und Polizei«, in: *Die Weltbühne*, Jg. 27, H. 38 (1931), S. 453 f.

Pardo, Herbert/Schiffner, Siegfried, *Jud Süss. Historisches und juristisches Material zum Fall Veit Harlan*, Hamburg 1949.

Der Parlamentarische Rat 1948–1949. Akten und Protokolle, hrsg. vom Deutschen Bundestag und vom Bundesarchiv unter Leitung von Rupert Schick und Friedrich P. Kahlenberg, Bd. 5/I: *Ausschuß für Grundsatzfragen*, bearb. von Eberhard Pikart und Wolfram Werner, Boppard 1993; Bd. 9: *Plenum*, bearb. von Wolfram Werner, München 1996.

Parmod, Maximilian (i.e. Max Apt), *Antisemitismus und Strafrechtspflege. Zur Auslegung und Anwendung der §§ 130, 166, 185, 193, 360 (11) Straf-Gesetz-Buchs in höchstrichterlicher und erstinstanzlicher Praxis*, Berlin 1894.

Paucker, Arnold, »Documents on the Fight of Jewish Organizations against Right-Wing Extremists«, in: *Michael. On the History of the Jews in the Diaspora*, Bd. 2, The Diaspora Research Institute, Tel-Aviv University 1973, S. 216–246.

Paul, Heinrich, *Die Hetze*, Köln 1926.

Perrot, Franz, *Bismarck und die Juden. »Papierpest« und »Aera-Artikel von 1875«.* Ergänzt durch Karl Perrot. Neu hrsg., mit Einl. und Nachw. von L. Feldmüller-Perrot, Berlin 1931.

Plack-Podgòrski, Rudolf, *Pharisäer und Heuchler oder die Leuchten des deutschen Parlaments und die Stützen des Staates*, Berlin [1893].

–, *Ahlwardt vor Gericht. Eine kritische Beleuchtung des Judenflinten-Prozesses*, 6. Aufl., Dresden 1893 [zuerst 1892].

Die Protokolle des Preußischen Staatsministeriums 1817–1934/38, Bd. 7: 8. Januar 1879 bis 19. März 1890, bearb. von Hartwin Spenkuch, Hildesheim u.a. 1999.

Radbruch, Gustav, »Richterliches Prüfungsrecht?«, in: *Die Justiz*, Jg. 1 (1925), S. 12–16.

Rechtsprechung des Deutschen Reichsgerichts in Strafsachen, hrsg. von den Mitgliedern der Reichsanwaltschaft, München u.a. 1879–1888 (= *RRGSt*).

Rieger, [Paul], *Ein Vierteljahrhundert im Kampf um das Recht und die Zukunft der deutschen Juden. Ein Rückblick auf die Geschichte des Centralvereins deutscher Staatsbürger jüdischen Glaubens in den Jahren 1893–1918*, Berlin 1918.

Ring-Zborow, Joé Freiherr von, *Enthüllungen zum Sternberg Prozess und der Oberstaatsanwalt. Die Staatsbürger Zeitung bei der Arbeit*, Berlin [1900].

Rosche, Traugott, »Antisemitismus«, in: *Deutschvölkische Blätter*, Nr. 12 (1920).

Roth, Alfred, *Judas Herrschgewalt. Die Deutschvölkischen im Lichte der Behörden und des Staatsgerichtshofes. Eine Streitschrift*, Hamburg 1923.

Rüping, Hinrich, *Studien- und Quellenbuch zur Geschichte der deutschen Strafrechtspflege*, Bd. 2: *Von der Aufklärung bis zur doppelten Staatsgründung*, Aalen 1994.

Sauer, Paul (Bearb.), *Dokumente über die Verfolgung der jüdischen Bürger in Baden-Württemberg durch das nationalsozialistische Regime 1933–1945*, 2 Bde., Stuttgart 1966.

Schafheutle, Josef, »Das 6. Strafrechtsänderungsgesetz«, in: *JZ*, Jg. 15 (1960), S. 470–474.

Schiffer, Eugen, *Die deutsche Justiz. Grundzüge einer durchgreifenden Reform*, Berlin 1928.

Schmahl, Eugen, *Entwicklung der völkischen Bewegung. Die antisemitische Bauernbewegung in Hessen von der Böckelzeit bis zum Nationalsozialismus.* [beigefügtes Werk:] *Willi Seipel, Entwicklung der nationalsozialistischen Bauernbewegung in Hessen*, Gießen 1933.

Schmitt, Carl, *Die geistesgeschichtliche Lage des heutigen Parlamentarismus*, 7. Aufl., unveränd. Nachdruck der 1926 erschienenen 2. Aufl., Berlin 1991.

–, *Der Begriff des Politischen*, München u.a. 1932.

–, *Politische Theologie. Vier Kapitel zur Lehre von der Souveränität*, 3. Aufl., unveränd. Nachdruck der 1934 erschienenen 2. Aufl. 1934, Berlin 1979.

Schöler, Hermann, *Die antisemitische Bewegung, ihre Entstehung und Überwindung. Vom Standpunkte liberaler Weltanschauung. Staatsphilosophisch beleuchtet.* Vortrag, gehalten im Zentralverein deutscher Staatsbürger jüdischen Glaubens zu Berlin (Gruppe SW.) am 23. Januar 1911, Berlin 1911.

Schröder, Horst, »Ehrenschutz von Gemeinschaften im kommenden Strafrecht«, in: *Der Gerichtssaal*, Nr. 110 (1938), S. 77–94.

Schultes, Karl, *Der Aufbau der Länderverfassungen in der sowjetischen Besatzungszone. Anhang: Wortlaut der Länderverfassungen*, Berlin 1948.

–, *Die süddeutschen Länderverfassungen. Anhang: Wortlaut der Länderverfassungen*, Berlin 1948.

Simon, F., *Wehrt Euch! Ein Mahnruf an die Juden. Mit einem offenen Briefe der Frau Baronin Bertha von Suttner an den Verfasser*, Berlin 1893.

Stahl, Friedrich Julius, *Die Philosophie des Rechts.* Bd. II/2: *Rechts- und Staatslehre auf der Grundlage christlicher Weltanschauung*, 5. unveränd. Aufl., Tübingen 1878.

Stein, Erwin (Hrsg.), *Arnold Schoenberg. Ausgewählte Briefe*, Mainz 1958.

Stenographische Berichte über die Verhandlungen des Preußischen Hauses der Abgeordneten, Berlin 1855 ff. (= *VdPA*).

Stimmen über Juden und Judenthum von hervorragenden christlichen Gelehrten Nord-Amerikas, erschienen im American Hebrew in New York, in's Deutsche übertragen und mit Anmerkungen versehen von Moritz Baum. Im Selbstverlag d. Autors, Druckerei von M. Slobotzky, Frankfurt am Main 1890.

Strack, Hermann L[eberecht], *Der Blutaberglaube in der Menschheit. Blutmorde und Blutritus*, 4., neubearb. Aufl., München 1892 [zuerst 1891].

–, *Das Blut im Glauben und Aberglauben der Menschheit. Mit besonderer Berücksichtigung der »Volksmedizin« und des »jüdischen Blutritus«*, 5.–7., Aufl. München 1900.

–, *Die Juden, dürfen sie »Verbrecher von Religionswegen« genannt werden? Aktenstücke, zugleich als ein Beitrag zur Kennzeichnung der Gerechtigkeitspflege in Preußen*, Berlin 1893.

Thomä, Alfred, *Gotteslästerung und Glaubensschutz. Ein Vergleich des geltenden Strafrechts mit dem Entwurf eines Allgemeinen deutschen Strafgesetzbuches von 1927*, Urach/Württ. 1932.

Ulrich, Karl, *Die Wahrnehmung berechtigter Interessen bei der Beleidigung in § 193 StGB, insbesondere in der Judikatur des Reichsgerichts*, Göttingen 1908.

Unzer Sztyme. Jiddische Quellen zur Geschichte der jüdischen Gemeinden in der Britischen Zone 1945–1947, übers. und bearb. von Hildegard Harck, unter Mitwirkung von Andreas Brämer, Ole Harck, Ina Lorenz, Gerda Steinfeld und Nicholas Yantien, Kiel 2004.

Verhandlungen des Deutschen Bundestages. Stenographische Berichte und Drucksachen, Bonn 1950 ff. (= *VdB*).

Verhandlungen des Reichstags. Stenographische Berichte und Drucksachen, Berlin 1872 ff. (= *VdR*).

Verhandlungen des Reichstags des Norddeutschen Bundes. Stenographische Berichte und Drucksachen, Berlin 1869–1871 (= *VdRNB*).

Der Vorentwurf zu einem Deutschen Strafgesetzbuch. Bearbeitet von der hierzu bestellten Sachverständigen-Kommission, veröff. auf Anordnung des Reichs-Justizamts, Bd. 2: *Begründung*, Berlin 1909 [ND Frankfurt am Main 1990].

Vormbaum, Thomas/Welp, Jürgen (Hrsg.), *Das Strafgesetzbuch. Sammlung der Änderungsgesetze und Neubekanntmachungen*, 4 Bde., Baden-Baden 1999–2002.

Walk, Joseph (Hrsg.), *Das Sonderrecht für die Juden im NS-Staat. Eine Sammlung der gesetzlichen Maßnahmen und Richtlinien – Inhalt und Bedeutung*, 2. Aufl., Heidelberg 1996.

Weber, Adolph Dieterich, *Ueber Injurien und Schmähschriften*, 1. Abteilung, Schwerin u.a. 1793; Zweite Abtheilung, 3., von neuem durchges. Aufl., Schwerin u.a. 1805.

Wegener, Wilhelm, *Die neuen deutschen Verfassungen*, Essen 1947.
Weil, Ludwig, *Die Aufreizung zum Klassenkampf*, Breslau 1905.
Weinberg, Siegfried, »Die Strafrechtswissenschaft gegen die Arbeiterklasse«, in: *Die Neue Zeit*, Jg. 30, Bd. 1, Nr. 12 (1911), S. 405–412.
–, »Der neue Strafgesetzentwurf«, in: *Die Neue Zeit*, Jg. 28, Bd. 1, Nr. 20 (1910), S. 721–731.
Wertenbruch, Wilhelm, *Grundgesetz und Menschenwürde. Ein kritischer Beitrag zur Verfassungswirklichkeit*, Köln u.a. 1958.
Wrobel, Ignaz [Kurt Tucholsky], »Deutsche Richter«, in: *Die Weltbühne*, Jg. 23 (1927), S. 622 f.
Der Xantener Knabenmord vor dem Schwurgericht zu Cleve 4.–14. Juli 1892. Vollständiger stenographischer Bericht, Berlin 1893.
Zarnow, Gottfried (i.e. Moritz, Ewald), *Gefesselte Justiz. Politische Bilder aus deutscher Gegenwart*, 2 Bde., München 1930–1932 [2. Aufl. 1932].

2. Forschungsliteratur

Abel, Ekkehard, *Der straf- und zivilrechtliche Schutz bei Diffamierungen von Personengruppen im anglo-amerikanischen, französischen und deutschen Recht*, Köln 1965.
Adam, Thomas, »Heinrich Pudor – Lebensreformer, Antisemit und Verleger«, in: Mark Lehmstedt/Andreas Herzog (Hrsg.), *Das bewegte Buch. Buchwesen und soziale, nationale und kulturelle Bewegungen um 1900*, Wiesbaden 1999, S. 183–196.
Adolph, Andreas Martin, *Die Entwicklung des modernen Antisemitismus von Adolf Stoecker bis zur Reichstagswahl 1881 im Spiegel der »Allgemeinen Zeitung des Judenthums«*, Magisterarbeit, Freie Universität Berlin, 1986.
Albrecht, Henning, *Antiliberalismus und Antisemitismus. Hermann Wagener und die preußischen Sozialkonservativen 1855–1873*, Paderborn 2009.
Alexander, Matthias, *Die Freikonservative Partei 1890–1918. Gemäßigter Konservativismus in der konstitutionellen Monarchie*, Düsseldorf 2000.
Almog, Shmuel, »Between Zionism and Antisemitism«, in: *Patterns of Prejudice*, Jg. 28, Nr. 2 (1994), S. 49–59.
Altenhöner, Florian, *Kommunikation und Kontrolle. Gerüchte und städtische Öffentlichkeit in Berlin und London 1914/1918*, München 2008.
Amelung, Knut, »Der Begriff des Rechtsguts in der Lehre vom strafrechtlichen Rechtsgüterschutz«, in: Roland Hefendehl/Andrew von Hirsch/Wolfgang Wohlers (Hrsg.), *Die Rechtsgutstheorie. Legitimationsbasis des Strafrechts oder dogmatisches Glasperlenspiel?*, Baden-Baden 2003, S. 155–182.
–, *Rechtsgüterschutz und Schutz der Gesellschaft. Untersuchungen zum Inhalt und zum Anwendungsbereich eines Strafrechtsprinzips auf dogmengeschichtlicher Grundlage.*

Zugleich ein Beitrag zur Lehre von der »Sozialschädlichkeit« des Verbrechens, Frankfurt am Main 1972.

Amos, Heike, *Die Entstehung der Verfassung in der Sowjetischen Besatzungszone/DDR 1946–1949*, Münster 2006.

–, »Die SED-Entwürfe zu einer Reichs- und Länderverfassung 1946/47«, in: *Jahrbuch für Historische Kommunismusforschung*, Jg. 10 (2004), S. 167–180.

Anderson, Margaret Lavinia, *Windthorst. Zentrumspolitiker und Gegenspieler Bismarcks*, Düsseldorf 1988.

Angermund, Ralph, *Deutsche Richterschaft 1919–1945. Krisenerfahrung, Illusion, politische Rechtsprechung*, Frankfurt am Main 1990.

Angress, Werner T., »The German Army's ›Judenzählung‹ of 1916. Genesis – Consequences – Significance«, in: *LBIYB*, Jg. 23 (1978), S. 117–137.

–, »Das deutsche Militär und die Juden im Ersten Weltkrieg«, in: *Militärgeschichtliche Mitteilungen*, Jg. 19, H. 1 (1976), S. 77–146.

Anthony, Tamara, *Ins Land der Väter oder der Täter? Israel und die Juden in Deutschland nach der Schoah*, Berlin 2004.

Arendt, Hannah, »Wahrheit und Politik«, in: dies., *Wahrheit und Lüge in der Politk. Zwei Essays*, München 1972 [zuerst 1967].

Arndt, Ino/Schardt, Angelika, »Zur Chronologie des Rechtsextremismus. Daten und Zahlen 1946–1989«, in: Wolfgang Benz (Hrsg.), *Rechtsextremismus in der Bundesrepublik. Voraussetzungen, Zusammenhänge, Wirkungen*, aktual. Neuaufl., Frankfurt am Main 1990, S. 273–324.

Arsenschek, Robert, *Der Kampf um die Wahlfreiheit im Kaiserreich. Zur parlamentarischen Wahlprüfung und politischen Realität der Reichstagswahlen im Kaiserreich 1871–1914*, Düsseldorf 2004.

Asch, Adolf/Philippson, Johanna, »Self-Defence at the Turn of the Century: The Emergence of the K.C.«, in: *LBIYB*, Jg. 3 (1958), S. 122–139.

Ash, Mitchell G., »Learning from Persecution. Émigré Jewish Social Scientists' Studies of Authoritarianism and Anti-Semitism after 1933«, in: Marion Kaplan/Beate Meyer (Hrsg.), *Jüdische Welten. Juden in Deutschland vom 18. Jahrhundert bis in die Gegenwart*, Göttingen 2005, S. 271–294.

Backes, Uwe, *Politische Extreme. Eine Wort- und Begriffsgeschichte von der Antike bis zur Gegenwart*, Göttingen 2006.

Bajohr, Frank, *»Unser Hotel ist judenfrei«. Bäder-Antisemitismus im 19. und 20. Jahrhundert*, Frankfurt am Main 2003.

Baldus, Volker, *Hate Crime: Gesetze zur effektiven Bekämpfung von Rechtsextremismus und Fremdenfeindlichkeit in Deutschland?*, Diss., Johann Wolfgang Goethe-Universität, Frankfurt am Main, 2003.

Baltzer, Christian, *Die geschichtlichen Grundlagen der privilegierten Behandlung politischer Straftäter im Reichsstrafgesetzbuch von 1871*, Bonn 1966.

Bar-Chen, Eli, »Prototyp jüdischer Solidarität. Die Alliance Israélite Universelle«, in: *Jahrbuch des Simon-Dubnow-Instituts/Simon Dubnow Institute Yearbook*, Jg. 1 (2002), S. 277–296.

Barkai, Avraham, *»Wehr Dich!« Der Centralverein deutscher Staatsbürger jüdischen Glaubens (C.V.) 1893–1938*, München 2002.
–, »The C.V. Archives in Moscow. A Reassessment«, in: *LBIYB*, Jg. 45 (2000), S. 163–172.
–, »Der C.V. im Jahre 1933. Neu aufgefundene Dokumente im Moskauer ›Sonderarchiv‹«, in: *TAJBfdG*, Jg. 23 (1994), S. 233–246.
Bauche, Ulrich, »›Wo ist der Judenjunge, den will ich mir herausholen!‹ Antisemitismus und Hamburger Polizei im späten 19. Jahrhundert«, in: Andreas Brämer/Stefanie Schüler-Springorum/Michael Studemund-Halévy (Hrsg.), *Aus den Quellen: Beiträge zur deutsch-jüdischen Geschichte. Festschrift für Ina Lorenz zum 65. Geburtstag*, München u.a. 2005, S. 284–290.
Baumann, Ulrich, *Zerstörte Nachbarschaften – Christen und Juden in badischen Landgemeinden 1862–1940*, Hamburg 2000.
Bayer, Karen, *»How dead is Hitler?« Der britische Starreporter Sefton Delmer und die Deutschen*, Mainz 2008.
Becker, Hans-Jürgen, »Neuheidentum und Rechtsgeschichte«, in: Joachim Rückert/Dietmar Willoweit (Hrsg.), *Die Deutsche Rechtsgeschichte in der NS-Zeit: ihre Vorgeschichte und ihre Nachwirkungen*, Tübingen 1995, S. 7–29.
Beckstein, Günther, *Der Gewissenstäter im Strafrecht und Strafprozessrecht*, Erlangen u.a. 1975.
Beer, Udo, »The Protection of Jewish Civil Rights in the Weimar Republic. Jewish Self-Defence through Legal Action«, in: *LBIYB*, Jg. 33 (1988), S. 149–176.
–, *Die Juden, das Recht und die Republik. Verbandswesen und Rechtsschutz 1919–1933*, Frankfurt am Main 1986.
–, »›Der falsche Priester‹. Eine Borkumer Kampfschrift aus der Zeit der Weimarer Republik«, in: *Jahrbuch der Gesellschaft für bildende Kunst und vaterländische Altertümer zu Emden*, Bd. 66 (1986), S. 152–163.
Behrends, Okko, »Von der Freirechtsbewegung zum konkreten Ordnungs- und Gestaltungsdenken«, in: Ralf Dreier/Wolfgang Sellert (Hrsg.), *Recht und Justiz im »Dritten Reich«*, Frankfurt am Main 1989, S. 34–79.
Bellardi, Werner, »Klein-Tschirne (1935–1945 Alteichen) im ehemaligen Niederschlesien, Kreis Glogau. Die Gemeinde und ihre Bethauskirche«, in: *Jahrbuch für Schlesische Kirchengeschichte*, N.F. 71 (1992), S. 105–119.
Benz, Wolfgang, *Auftrag Demokratie. Die Gründungsgeschichte der Bundesrepublik und die Entstehung der DDR 1945–1949*, Berlin 2009.
–, *Die Protokolle der Weisen von Zion. Die Legende von der jüdischen Weltverschwörung*, München 2007.
–, »Antisemitismus im rechtsextremen Spektrum«, in: *JbfA*, Jg. 14 (2005), S. 61–71.
–, *Was ist Antisemitismus*, München 2004.
–, »Vorwort«, in: Karsten Krieger (Bearb.), *Der »Berliner Antisemitismusstreit« 1879–1881. Eine Kontroverse um die Zugehörigkeit der deutschen Juden zur Nation. Kommentierte Quellenedition*, Bd. 1, München 2003, S. vii–ix.

–, »Antisemitismus nach Hitler. Beobachtungen der amerikanischen Militärregierung aus dem Jahre 1947«, in: *JbfA*, Jg. 6 (1997), S. 349–362.

–/Königseder, Angelika (Hrsg.), *Judenfeindschaft als Paradigma. Studien zur Vorurteilsforschung*, Berlin 2002.

Berding, Helmut, »Der Aufstieg des Antisemitismus im Ersten Weltkrieg«, in: Wolfgang Benz/Werner Bergmann (Hrsg.), *Vorurteil und Völkermord. Entwicklungslinien des Antisemitismus*, Bonn 1997, S. 286–303.

–, *Moderner Antisemitismus in Deutschland*, Stuttgart 1988.

Berger Waldenegg, Georg Christoph, *Antisemitismus: »Eine gefährliche Vokabel«? Diagnose eines Wortes*, Köln u.a. 2003.

–, »Antisemitismus: Eine gefährliche Vokabel? Zur Diagnose eines Begriffs«, in: *JBfA*, Jg. 9 (2000), S. 108–126.

Bergmann, Werner, »Antisemitismus im Rechtsextremismus«, in: *APuZ*, Nr. 42 (2005), S. 23–38.

–, »Auschwitz zum Trotz. Formen und Funktionen des Antisemitismus nach 1945«, in: Christina von Braun/Eva-Maria Ziege (Hrsg.), *»Das ›bewegliche‹ Vorurteil«. Aspekte des internationalen Antisemitismus*, Würzburg 2004, S. 117–141.

–, *Geschichte des Antisemitismus*, München 2002.

–, »›Die Judenfrage als Prüfstein der Demokratie‹. Die Aufarbeitung des Antisemitismus in der Bundesrepublik Deutschland«, in: Hermann Graml/Angelika Königseder/Juliane Wetzel (Hrsg.), *Vorurteil und Rassenhaß. Antisemitismus in den faschistischen Bewegungen Europas*, Berlin 2001, S. 347–373.

–, »Antisemitismus als Thema öffentlicher Konflikte in der Geschichte der Bundesrepublik Deutschland«, in: Doron Kiesel/Leonore Siegele-Wenschkewitz (Hrsg.), *Der Aufklärung zum Trotz. Antisemitismus in der politischen Kultur in Deutschland*, Frankfurt am Main 1998, S. 53–79.

–, *Antisemitismus in öffentlichen Konflikten. Kollektives Lernen in der politischen Kultur der Bundesrepublik 1949–1989*, Frankfurt am Main u.a. 1997.

–, »Antisemitismus in öffentlichen Konflikten 1949–1994«, in: Wolfgang Benz (Hrsg.), *Antisemitismus in Deutschland. Zur Aktualität eines Vorurteils*, München 1995, S. 64–88.

–, »Medienöffentlichkeit und extremistisches Meinungsspektrum. Die Süddeutsche Zeitung und der Fall ›Adolf Bleibtreu‹«, in: *JBfA*, Jg. 3 (1994), S. 51–67.

–, »Die Reaktionen auf den Holocaust in Westdeutschland von 1945–1989«, in: *GWU*, Jg. 43 (1992), S. 327–350.

–, »Antisemitismus als politisches Ereignis. Die antisemitische Welle im Winter 1959/1960«, in: ders./Rainer Erb (Hrsg.), *Antisemitismus in der politischen Kultur nach 1945*, Opladen 1990, S. 253–277.

–/Erb, Rainer (Hrsg.), *Schwieriges Erbe. Der Umgang mit Nationalsozialismus und Antisemitismus in Österreich, der DDR und der Bundesrepublik Deutschland*, Frankfurt am Main u.a. 1995.

–/Erb, Rainer, *Antisemitismus in der Bundesrepublik Deutschland: Ergebnisse der empirischen Forschung von 1946–1989*, Opladen 1991.

–/Wyrwa, Ulrich, *Antisemitismus in Zentraleuropa. Vom 18. Jahrhundert bis zur Gegenwart*, Darmstadt 2011.

Berg-Schlosser, Dirk, »Introduction«, in: ders. (Hrsg.), *Democratization. The State of the Art*, Wiesbaden 2004, S. 13–29.

Bering, Dietz, *Kampf um Namen. Bernhard Weiß gegen Joseph Goebbels*, 2. Aufl., Stuttgart 1992 [zuerst 1991].

–, »Von der Notwendigkeit politischer Beleidigungsprozesse – der Beginn der Auseinandersetzung zwischen Polizeipräsident Bernhard Weiß und der NSDAP«, in: Walter Grab/Julius H. Schoeps (Hrsg.), *Juden in der Weimarer Republik*, Stuttgart 1986, S. 305–329.

Berkessel, Hans, »Antisemitische Presse in einer ländlichen Region: Die Mainzer Wochenzeitung ›Die Wucherpille‹ (1882–1886)«, in: Gideon Botsch/Christoph Kopke/Lars Rensmann (Hrsg.), *Politik des Hasses. Studien zu Antisemitismus und zur radikalen Rechten*, Hildesheim 2010, S. 29–42.

–, »Antisemitismus im Kaiserreich und die Mainzer Wochenzeitung ›Die Wucherpille‹. ›Eliminatorischer Antisemitismus‹ oder ›gelungene Integration‹?«, in: *Mainzer Geschichtsblätter*, H. 13 (2004), S. 160–192.

Bernhardt, Hans-Michael, »›Die Juden sind unser Unglück!‹ Strukturen eines Feindbildes im deutschen Kaiserreich«, in: Christoph Jahr/Uwe Mai/Kathrin Roller (Hrsg.), *Feindbilder in der deutschen Geschichte. Studien zur Vorurteilsgeschichte im 19. und 20. Jahrhundert*, Berlin 1994, S. 25–54.

Bernstein, Reiner, *Zwischen Emanzipation und Antisemitismus. Die Publizistik der deutschen Juden am Beispiel der »C. V.-Zeitung«, Organ des Centralvereins deutscher Staatsbürger jüdischen Glaubens, 1924–1933*, PhD, Freie Universität Berlin, 1969.

Bertz, Dieter, *Die Bundesprüfstelle für jugendgefährdende Schriften. Zum Problem der politisch-staatlichen Zensur*, Diplomarbeit, Freie Universität Berlin (OSI), 1991.

Bettermann, Karl August, »Reichsgericht und richterliches Prüfungsrecht. Zur Historie und Dogmatik der inzidenten Normenkontrolle«, in: Joseph Listl/Herbert Schambeck (Hrsg.), *Demokratie in Anfechtung und Bewährung. Festschrift für Johannes Broermann*, Berlin 1982, S. 491–515.

Bevers, Jürgen, *Der Mann hinter Adenauer. Hans Globkes Aufstieg vom NS-Juristen zur Grauen Eminenz der Bonner Republik*, Berlin 2009.

Biefang, Andreas, »›Volksgenossen‹. Nationale Verfassungsbewegung und ›Judenfrage‹ in Deutschland 1850–1878«, in: Peter Alter/Claus-Ekkehard Bärsch/Peter Berghoff (Hrsg.), *Die Konstruktion der Nation gegen die Juden*, München 1999, S. 49–64.

Bielefeld, Ulrich, »Der gegenwärtige Antisemitismus. Tendenzen und Interpretationen«, in: *Mittelweg 36*, Jg. 14, Nr. 2 (2005), S. 36–52.

–, »Vorwort zur Neuausgabe«, in: ders. (Hrsg.), *Das Eigene und das Fremde*, Hamburg 1998.

Binder, Birgit, *Otto Bähr (1817–1895). Richter von universellem Geist, Mittler zwischen Dogmatik und Praxis*, Frankfurt am Main 1983.

Blackbourn, David, *Wenn ihr sie wieder seht, fragt wer sie sei. Marienerscheinungen in Marpingen – Aufstieg und Niedergang des deutschen Lourdes*, Reinbek bei Hamburg 1997.

–, »Peasants and Politics in Germany, 1871–1914«, in: ders., *Populists and Patricians. Essays in Modern German History*, London 1987, S. 114–139.

Blaschke, Olaf, *Katholizismus und Antisemitismus im Deutschen Kaiserreich*, Göttingen 1997.

Blasius, Dirk, *Geschichte der politischen Kriminalität in Deutschland 1800–1980. Eine Studie zu Justiz und Staatsverbrechen*, Frankfurt am Main 1983.

Bleeker-Dohmen, Roelf/Strasser, Hermann, »Denkverbot oder kritische Reflexion? Von Tätern und Opfern der Antisemitismusdebatten«, in: Birgit E. Klein/Christiane E. Müller (Hrsg.), *Memoria – Wege jüdischen Erinnerns. Festschrift für Michael Brocke zum 65. Geburtstag*, Berlin 2005, S. 807–821.

Bleich, Erik/Hart, Ryan K., »Quantifying Hate: The Evolution of German Approaches to Measuring ›Hate Crime‹«, in: *German Politics*, Jg. 17, H. 1 (2008), S. 63–80.

Bodemann, Y. Michal, »Staat und Minorität. Antisemitismus und die gesellschaftliche Rolle der Juden in der Nachkriegszeit«, in: Werner Bergmann/Rainer Erb (Hrsg.), *Antisemitismus in der politischen Kultur nach 1945*, Opladen 1990, S. 320–331.

Boldt, Hans, *Rechtsstaat und Ausnahmezustand. Eine Studie über den Belagerungszustand als Ausnahmezustand des bürgerlichen Rechtsstaates im 19. Jahrhundert*, Berlin 1967.

Borut, Jacob, »Gewalttätiger Antisemitismus im Rheinland und in Westfalen während der Weimarer Republik«, in: *Geschichte im Westen*, Jg. 22 (2007), S. 9–40.

–, »Antisemitism in Tourist Facilities in Weimar Germany«, in: *Yad Vashem Studies*, Jg. 28 (2000), S. 7–50.

–, »Die jüdischen Abwehrvereine zu Beginn der neunziger Jahre des 19. Jahrhunderts«, in: *Aschkenas*, Jg. 7, Nr. 2 (1997), S. 467–494.

–, »Der Central-Verein und seine Vorgeschichte. Deutschlands Juden am Ende des 19. Jahrhunderts«, in: *Jüdischer Almanach des Leo Baeck Instituts*, Jg. 4 (1996), Frankfurt am Main 1995, S. 99–111.

–, »The Rise of Jewish Defence Agitation in Germany, 1890–1895: A Pre-History of the C.V.?«, in: *LBIYB*, Jg. 36 (1991), S. 59–96.

Bottke, Wilfried, »Das Straftatererfordernis der Rechtsgutverletzung«, in: Dieter Dölling (Hrsg.), *Jus humanum. Grundlagen des Rechts und Strafrechts. Festschrift für Ernst-Joachim Lampe zum 70. Geburtstag*, Berlin 2003, S. 463–489.

Boventer, Gregor Paul, *Grenzen politischer Freiheit im demokratischen Staat. Das Konzept der streitbaren Demokratie in einem internationalen Vergleich*, Berlin 1985.

Braas, Gerhard, »Verfassungsgebung auf Landes- und zonaler Ebene«, in: Martin Broszat/Hermann Weber (Hrsg.), *SBZ-Handbuch. Staatliche Verwaltungen, Parteien, gesellschaftliche Organisationen und ihre Führungskräfte in der Sowjetischen Besatzungszone Deutschlands 1945–1949*, 2. Aufl., München 1993, S. 358–380.

–, *Die Entstehung der Länderverfassungen in der Sowjetischen Besatzungszone Deutschlands 1946–1947*, Hamburg 1985.

Brakelmann, Günter/Greschat, Martin/Jochmann, Werner, *Protestantismus und Politik. Werk und Wirkung Adolf Stoeckers*, Hamburg 1982.

Brandel, Hermann, *Staatliche Maßnahmen gegen den politischen Radikalismus in Baden 1930–1933*, Heidelberg 1976.

Braum, Stefan, *Geschichte der Revision im Strafverfahren von 1877 bis zur Gegenwart. Zugleich eine Kritik der Kontinuität politischer Macht im Recht*, Frankfurt am Main 1996.

Bredekamp, Horst, *Thomas Hobbes, Der Leviathan. Das Urbild des modernen Staates und seine Gegenbilder*, Berlin 2003.

Brenner, Michael, »East European and German Jews in Postwar Germany, 1945–50«, in: Y. Michal Bodemann (Hrsg.), *Jews, Germans, Memory. Reconstructions of Jewish Life in Germany*, Ann Arbor 1996, S. 49–63.

–, »›Gott schütze uns vor unseren Freunden‹. Zur Ambivalenz des ›Philosemitismus‹ im Kaiserreich«, in: *JBfA*, Jg. 2 (1993), S. 174–199.

–, »Wider den Mythos der ›Stunde Null‹ – Kontinuitäten im innerjüdischen Bewußtsein und deutsch-jüdischen Bewußtsein und deutsch-jüdischen Verhältnis nach 1945, in: *Menora. Jahrbuch für deutsch-jüdische Geschichte*, Jg. 3 (1992), S. 155–181.

– (Hrsg.), *Nach dem Holocaust. Juden in Deutschland 1945–1950*, München 1995.

Breunig, Werner, *Verfassungsgebung in Berlin 1945–1950*, Berlin 1990.

Brezina, Markus, *Ehre und Ehrenschutz im nationalsozialistischen Recht*, Augsburg 1987.

Brochhagen, Ulrich, *Nach Nürnberg. Vergangenheitsbewältigung und Westintegration in der Ära Adenauer*, Hamburg 1994 [2. Aufl. 1999].

Brockelmann, Kurt, »§ 130 StGB und antisemitische Schriften«, in: *DRiZ*, Jg. 54 (1976), S. 213 ff.

Brosch, Matthias/Elm, Michael/Geißler, Norman/Simbürger, Brigitta Elisa/Wrochem, Oliver von (Hrsg.), *Exklusive Solidarität. Linker Antisemitismus in Deutschland. Vom Idealismus zur Antiglobalisierungsbewegung*, Berlin 2007.

Brown-Fleming, Suzanne, »›The Worst Enemies of a Better Germany‹: Postwar Antisemitism among Catholic Clergy and U.S. Occupation Forces«, in: *Holocaust and Genocide Studies*, Jg. 18, Nr. 3 (2004), S. 379–401.

Brügmann, Cord, *Flucht in den Zivilprozess. Antisemitischer Wirtschaftsboykott vor den Zivilgerichten der Weimarer Republik*, Berlin 2009.

Brugger, Winfried, »Verbot oder Schutz von Haßrede? Rechtsvergleichende Beobachtungen zum deutschen und amerikanischen Recht«, in: *AöR*, Jg. 128 (2003), S. 372–411.

Brumlik, Micha, »Die Rezension als gut getarnte Waffe«, in: *die tageszeitung* vom 18.3.2006, S. 21 (www.taz.de/pt/2006/03/18/a0214.1/text) (20.6.2006).

Buchloh, Ingrid, *Veit Harlan. Goebbels' Starregisseur*, Paderborn 2010.

Buchloh, Stephan, »Wider die Schmutzflut. Jugendschutzdebatten und -maßnahmen in der frühen Bundesrepublik Deutschland«, in: *Jahrbuch für Kommunikationsgeschichte*, Jg. 2 (2000), S. 157–187.

Büsch, Otto, »Ideologie und Propaganda der SRP«, in: Eugen Fischer-Baling/Otto Büsch/Peter Furth, *Rechtsradikalismus im Nachkriegsdeutschland. Studien über die »Sozialistische Reichspartei« (SRP)*, Berlin 1957, S. 7–192.

Bull, Hans Peter, »Freiheit und Grenzen des politischen Meinungskampfes«, in: Peter Badura/Horst Dreier (Hrsg.), *Festschrift 50 Jahre Bundesverfassungsgericht*, Bd. 2: *Klärung und Fortbildung des Verfassungsrechts*, Tübingen 2001, S. 163–191.

Bullinger, Martin, »Medien, Pressefreiheit, Rundfunkverfassung«, in: Peter Badura/Horst Dreier (Hrsg.), *Festschrift 50 Jahre Bundesverfassungsgericht*, Bd. 2: *Klärung und Fortbildung des Verfassungsrechts*, Tübingen 2001, S. 193–218.

Burgard, Friedhelm/Haverkamp, Alfred/Mentgen, Gerd (Hrsg.), *Judenvertreibungen in Mittelalter und früher Neuzeit*, Hannover 1999.

Buschfort, Wolfgang, *Geheime Hüter der Verfassung. Von der Düsseldorfer Informationsstelle zum ersten Verfassungsschutz der Bundesrepublik (1947–1961)*, Paderborn 2004.

Buschke, Heiko, *Deutsche Presse, Rechtsextremismus und nationalsozialistische Vergangenheit in der Ära Adenauer*, Frankfurt am Main u.a. 2003.

–, »Die Sozialistische Reichspartei im Raum Lüneburg«, in: Bernd Weisbrod (Hrsg.), *Rechtsradikalismus in der politischen Kultur der Nachkriegszeit. Die verzögerte Normalisierung in Niedersachsen*, Hannover 1995, S. 87–107.

Busse, Dietrich, *Juristische Semantik. Grundfragen der juristischen Interpretationstheorie in sprachwissenschaftlicher Sicht*, Berlin 1993.

Busse, Sylvia, *Theodor Fritsch und der Hammer-Verlag in Leipzig*, Diplomarbeit, Martin-Luther-Universität Halle [1989].

Bussiek, Dagmar, »Die Stimme der ›Ultrarechten‹: Die Kreuzzeitung 1881–1892«, in: Michel Grunewald/Uwe Puschner (Hrsg.), *Le Milieu intellectuel conservateur en Allemagne, sa presse et ses résaux (1890–1960)/Das konservative Intellektuellenmilieu, seine Presse und seine Netzwerke (1890–1960)*, Bern 2003, S. 49–67.

–, *»Mit Gott für König und Vaterland!« Die Neue Preußische Zeitung (Kreuzzeitung) 1848–1892*, Münster 2002.

Butterwegge, Christoph, »Ambivalenzen der politischen Kultur, intermediäre Institutionen und Rechtsextremismus«, in: Wilfried Schubarth/Richard Stöss (Hrsg.), *Rechtsextremismus in der Bundesrepublik Deutschland. Eine Bilanz*, Bonn 2000, S. 292–313.

Canu, Isabelle, »Der Streit um den Extremismusbegriff«, in: Eckhard Jesse/Steffen Kailitz (Hrsg.), *Prägekräfte des 20. Jahrhunderts. Demokratie, Extremismus, Totalitarismus*, München 1997, S. 103–125.

Caplan, Gregory A., *Wicked Sons, German Heroes. Jewish Soldiers, Veterans, and Memories of World War I in Germany*, Washington/DC 2001.

Chlosta, Christiane, *Nur dem Gesetz unterworfen? Eine rechtsgeschichtliche Untersuchung zu Idee und Wirklichkeit richterlicher Gesetzestreue unter besonderer Berück-*

sichtigung der Aufwertungsrechtsprechung und des richterlichen Prüfungsrechts, Frankfurt am Main u.a. 2005.

Christensen, Ralph/Lerch, Kent D., »Transkriptionen. Das Umschreiben des Rechts im Verfahren«, in: Paula Diehl/Henning Grunwald/Thomas Scheffer/Christoph Wulf (Hrsg.), *Performanz des Rechts. Inszenierung und Diskurs* (= *Paragrana. Internationale Zeitschrift für Historische Anthropologie*, Bd. 15, H. 1 (2006), S. 41–60).

Cohen, Mark R., *Unter Kreuz und Halbmond. Die Juden im Mittelalter*, München 2005.

Collin, Peter, *»Wächter der Gesetze« oder »Organ der Staatsregierung«? Konzipierung, Einrichtung und Anleitung der Staatsanwaltschaft durch das preußische Justizministerium von den Anfängen bis 1860*, Frankfurt am Main 2000.

Conway, Martin, »Democracy in Post-War Western Europe. The Triumph of a Political Model«, in: *European History Quarterly*, Jg. 32 (2002), S. 59–84.

Conze, Eckart, *Die Suche nach Sicherheit. Eine Geschichte der Bundesrepublik Deutschland von 1949 bis in die Gegenwart*, München 2009.

Copic, Hans, *Grundgesetz und politisches Strafrecht neuer Art. Untersuchungen zur Problematik der Verfassungsmäßigkeit der §§ 88–98 (incl. § 86), 100 d II, 100 d III i. V. m. II, 128, 129 StGB, § 20 VereinsG und der Deliktsfolgen gem. §§ 31–34, 37, 42 e, 42 m, 421 StGB im Falle ihrer Verknüpfung mit den vorgenannten politischen Straftatbeständen*, Tübingen 1967.

Cordes, Oda, »Prozeßrecht im Dienste eines Vorurteils: Der Judeneid«, in: *JBfA*, Jg. 11 (2002), S. 13–30.

Cron, Helmut, »Die Organisation der Selbstkontrolle«, in: Martin Löffler (Hrsg.), *Selbstkontrolle von Presse, Funk und Film*, München u.a. 1960, S. 1–9.

Dams, Carsten, *Staatsschutz in der Weimarer Republik. Die Überwachung und Bekämpfung der NSDAP durch die preußische Polizei von 1928 bis 1932*, Marburg 2002.

Denninger, Erhard, »›Streitbare Demokratie‹ und Schutz der Verfassung«, in: Ernst Benda/Werner Maihofer/Hans-Jochen Vogel (Hrsg.), *Handbuch des Verfassungsrechts der Bundesrepublik Deutschland* (Studienausgabe Teil 1), 2., neubearb. und erw. Aufl. Berlin u.a. 1995, S. 675–716.

Diamant, Adolf, *Geschändete jüdische Friedhöfe in Deutschland 1945 bis 1999*. Mit einem Nachwort von Prof. Dr. Julius H. Schoeps, Frankfurt am Main 2000.

Diehl, Paula/Grunwald, Henning/Scheffer, Thomas/Wulf, Christoph, »Einleitung«, in: dies. (Hrsg.), *Performanz des Rechts. Inszenierung und Diskurs* (= *Paragrana. Internationale Zeitschrift für Historische Anthropologie*, Bd. 15, H. 1 (2006), S. 9–21).

Diestelkamp, Bernhard, »Verfassungsgebung in den Westzonen nach 1945 – Länderverfassungen und Grundgesetz«, in: *ZNR*, Jg. 11 (1989), S. 168–183.

Dietz, Simone, »Die Lüge von der ›Auschwitzlüge‹ – Wie weit reicht das Recht auf freie Meinungsäußerung?, in: *KJ*, Jg. 28 (1995), S. 210–222.

Dipper, Christof, »Geschichtswissenschaft und Rechtsgeschichte«, in: *ZNR*, Jg. 27 (2005), S. 272–286.

Diner, Dan, »Der Sarkophag zeigt Risse. Über Israel, Palästina und die Frage eines ›neuen Antisemitismus‹, in: Doron Rabinovici/Ulrich Speck/Natan Sznaider (Hrsg.), *Neuer Antisemitismus? Eine globale Debatte*, Frankfurt am Main 2004, S. 310–329.

Dölemeyer, Barbara, »Entstehung und Funktion von juristischen Zeitschriften und Entscheidungssammlungen (Deutschland und Österreich)«, in: *ZNR*, Jg. 28 (2006) S. 195–208.

Doering-Manteuffel, Anselm, »Freiheitliche demokratische Grundordnung und Gewaltdiskurs. Überlegungen zur ›streitbaren Demokratie‹ in der politischen Kultur der Bundesrepublik«, in: Frank Becker/Thomas Großbölting/Armin Owzar/Rudolf Schlögl (Hrsg.), *Politische Gewalt in der Moderne. Festschrift für Hans-Ulrich Thamer*, Münster 2003, S. 269–284.

Dörner, Bernward, *»Heimtücke«: Das Gesetz als Waffe. Kontrolle, Abschreckung und Verfolgung in Deutschland 1933–1945*, Paderborn 1998.

Dreier, Horst, »Bedeutung und systematische Stellung der Menschenwürde im deutschen Grundgesetz«, in: Kurt Seelmann (Hrsg.), *Menschenwürde als Rechtsbegriff: Tagung der Internationalen Vereinigung für Rechts- und Sozialphilosophie, Schweizer Sektion Basel, 25. bis 28. Juni 2003*, Stuttgart 2004, S. 33–48.

Dreitzel, Horst, »Toleranz und Gewissensfreiheit im konfessionellen Zeitalter. Zur Diskussion im Reich zwischen Augsburger Religionsfrieden und Aufklärung«, in: Dieter Breuer in Verb. mit Barbara Becker-Cantarino, Heinz Schilling und Walter Sparn (Hrsg.), *Religion und Religiosität im Zeitalter des Barock*, Wiesbaden 1995, S. 115–128.

Drosdeck, Thomas, »Richterbilder und richterliches Selbstverständnis in der Weimarer Republik«, in: André Gouron/Laurent Mayali/Antonio Padoa Schioppa/Dieter Simon (Hrsg.), *Europäische und amerikanische Richterbilder*, Frankfurt am Main 1996, S. 293–332

Dubiel, Helmut, *Niemand ist frei von Geschichte. Die nationalsozialistische Herrschaft in den Debatten des Deutschen Bundestages*, München 1999.

Dudek, Peter, *»Der Rückblick auf die Vergangenheit wird sich nicht vermeiden lassen«. Zur pädagogischen Verarbeitung des Nationalsozialismus in Deutschland (1945–1990)*, Opladen 1995.

Dunker, Ulrich, *Der Reichsbund jüdischer Frontsoldaten 1919–1938. Geschichte eines jüdischen Abwehrvereins*, Düsseldorf 1977.

Efron, John M., »The Most Cruel Cut of All? The Campaign against Jewish Ritual Slaughter in Fin-de-Siècle Switzerland and Germany«, in: *LBIYB*, Jg. 52 (2007), S. 167–184.

Ehls, Marie-Luise, *Protest und Propaganda. Demonstrationen in Berlin zur Zeit der Weimarer Republik*, Berlin u.a. 1997.

Ehmann, Annegret, »Holocaust in Politik und Bildung«, in: Susanne Meinl/Irmtrud Wojak (Hrsg.), *Grenzenlose Vorurteile. Antisemitismus, ethnische Konflikte und Nationalismus in verschiedenen Kulturen* (= Jahrbuch zur Geschichte und Wirkung des Holocaust, Fritz Bauer Institut 2002), Frankfurt am Main u.a. 2002, S. 41–67.

Ehrenpreis, Stefan/Gotzmann, Andreas/Wendehorst, Stephan, »Von den Rechtsnormen zur Rechtspraxis: Ein neuer Zugang zur Rechtsgeschichte der Juden im Heiligen Römischen Reich? Eine Projektbeschreibung«, in: *Aschkenas*, Jg. 11 (2001), S. 39–58.

Eichholz, Georg, *Der Gewissenstäter. Die Geschichte der strafrechtlichen Privilegien*, Bonn 1971.

Ellscheid, Günter/Hassemer, Winfried (Hrsg.), *Interessenjurisprudenz*, Darmstadt 1974.

Enders, Christoph, »Die Menschenwürde als Recht auf Rechte – die mißverstandene Botschaft des Bonner Grundgesetzes«, in: Kurt Seelmann (Hrsg.), *Menschenwürde als Rechtsbegriff: Tagung der Internationalen Vereinigung für Rechts- und Sozialphilosophie, Schweizer Sektion Basel, 25. bis 28. Juni 2003*, Stuttgart 2004, S. 49–61.

Engel, David, »Patriotism as a Shield. The Liberal Jewish Defence against Antisemitism in Germany during the First World War«, in: *LBIYB*, Jg. 31 (1986), S. 147–171.

–, *Organized Jewish Responses to German Antisemitism during the First World War*, PhD, University of California, Los Angeles 1979.

Engelmann, Hans, *Kirche am Abgrund. Adolf Stoecker und seine antijüdische Bewegung*, Berlin 1984.

Englisch, Helmut, »Das wahre Gesicht der Nazi-Herrschaft. Creglingen als Tatort in Lion Feuchtwangers Roman ›Die Geschwister Oppermann‹«, in: Gerhard Naser (Hrsg.), *Lebenswege Creglinger Juden. Das Pogrom von 1933. Der schwierige Umgang mit der Vergangenheit*, Bergatreute 2000, S. 1–10.

Epstein, Simcha, »The Struggle of the German Jews against Nazism and the Emergence of the Myth of their Passivity«, in: Andrea Hoffmann/Utz Jeggle/Reinhard Johler/Martin Ulmer (Hrsg.), *Die kulturelle Seite des Antisemitismus zwischen Aufklärung und Shoah*, Tübingen 2006, S. 291–298.

Erb, Rainer, »Zur Erforschung der europäischen Ritualmordbeschuldigungen«, in: ders. (Hrsg.), *Die Legende vom Ritualmord. Zur Geschichte der Blutbeschuldigung gegen Juden*, Berlin 1993, S. 9–16.

–/Bergmann, Werner, *Die Nachtseite der Judenemanzipation. Der Widerstand gegen die Integration der Juden in Deutschland 1780–1860*, Berlin 1989.

Erdmann, Karl Dietrich/Schulze, Hagen (Hrsg.), *Weimar: Selbstpreisgabe einer Demokratie. Eine Bilanz heute*, Düsseldorf 1980.

Ernst, Andreas, »Öffentlichkeit – das unsichtbare Wesen mit der grossen Wirkung. Konzeptionen und Anwendung für die schweizerische Parteiengeschichte«, in: *Schweizerische Zeitschrift für Geschichte*, Jg. 46 (1996), S. 60–80.

Essner, Cornelia, *Die »Nürnberger Gesetze« oder Die Verwaltung des Rassenwahns 1933–1945*, Paderborn 2002.

Etzel, Matthias, *Die Aufhebung von nationalsozialistischen Gesetzen durch den Alliierten Kontrollrat 1945–1948*, Tübingen 1992.

Evans, Richard, J. (Hrsg.), *Kneipengespräche im Kaiserreich. Stimmungsberichte der Hamburger Politischen Polizei 1892*, Reinbek bei Hamburg 1989.

Falk, Ulrich, »Von Dienern des Staates und von anderen Richtern. Zum Selbstverständnis der deutschen Richterschaft im 19. Jahrhundert«, in: André Gouron/Laurent Mayali/Antonio Padoa Schioppa/Dieter Simon (Hrsg.), *Europäische und amerikanische Richterbilder*, Frankfurt am Main 1996, S. 251–292.

Fasel, Peter, *Revolte und Judenmord: Hartwig von Hundt-Radowsky (1780–1835)*, Berlin 2009.

Fattmann, Rainer, *Bildungsbürger in der Defensive. Die akademische Beamtenschaft und der »Reichsbund der höheren Beamten« in der Weimarer Republik*, Göttingen 2001.

Feinberg, Anat, »Der permanente Ruhestörer: Juden in der deutschen Nachkriegsliteratur. Ein Ausblick«, in: Otto Horch/Horst Denkler (Hrsg.), *Conditio Judaica. Judentum, Antisemitismus und deutschsprachige Literatur. Interdisziplinäres Symposium der Werner-Reimers-Stiftung Bad Homburg v.d.H.*, 3. Teil: *Vom Ersten Weltkrieg bis 1933/1938*, Tübingen 1993, S. 380–387.

Feldkamp, Michael F., *Der parlamentarische Rat 1948–1949. Die Entstehung des Grundgesetzes*, Göttingen 1998.

Fennema, Meindert, »Legal Repression of Extreme-Right Parties and Racial Discrimination«, in: Ruud Koopmans/Paul Statham (Hrsg.), *Challenging Immigration and Ethnic Relations Politics. Comparative European Perspectives*, Oxford 2000, S. 119–144.

Fink, Carole, *Defending the Rights of Others. The Great Powers, the Jews, and International Minority Protection, 1878–1938*, Cambridge 2004.

Fischer, Heinz-Dietrich, »Renaissance der ›äußeren‹ und Etappen zur Realisierung von ›innerer‹ Kommunikationsfreiheit (1949–1980)«, in: ders. (Hrsg.), *Deutsche Kommunikationskontrolle des 15. bis 20. Jahrhunderts*, München 1982, S. 305–354.

Fischer, Lars, *The Socialist Response to Antisemitism in Imperial Germany*, Cambridge 2007.

Fischer, Michael (Hrsg.), *Der Begriff der Menschenwürde: Definition, Belastbarkeit und Grenzen*, 2., überarb. Aufl., Frankfurt am Main 2005.

Flemming, Lars, *Das NPD-Verbotsverfahren. Vom »Aufstand der Anständigen« zum »Aufstand der Unfähigen«*, Baden-Baden 2005.

Fögen, Marie Theres/Teubner, Gunther, »Rechtstransfer«, in: *RGe*, Jg. 7 (2005), S. 38–45.

Föllmer, Moritz/Graf, Rüdiger (Hrsg.), *Die »Krise« der Weimarer Republik. Zur Kritik eines Deutungsmusters*, Frankfurt am Main 2005.

Foerstner, Georg, *Kollektivbeleidigung, Volksverhetzung und »lex Tucholsky«. Eine Untersuchung zu Äußerungsdelikten und Meinungsfreiheit*, Berlin 2002.

Forrer, Dietrich, *Der Einfluss von Naturrecht und Aufklärung auf die Bestrafung der Gotteslästerung*, Zürich 1973.

Forstner, Thomas, »Katholizismus contra Antijudaismus. Dr. Franz Rödel (1891–1969) – ein Priesterleben im Dienst der christlich-jüdischen Verständigung«, in: *Historisches Jahrbuch*, Jg. 125 (2005), S. 223–271.

Foschepoth, Josef, *Im Schatten der Vergangenheit. Die Anfänge der Gesellschaften für Christlich-Jüdische Zusammenarbeit*, Göttingen 1993.

Fraenkel, Daniel, »Jewish Self-Defense under the Constraints of National Socialism: The Final Years of the Centralverein«, in: David Bankier (Hrsg.), *Probing the Dephts of German Antisemitism. German Society and the Persecution of the Jews, 1933–1941*, Jerusalem 2000, S. 339–359.

Frank, Peter R., »Der Weg einer antisemitischen Hetzschrift. August Rohlings ›Der Talmudjude‹«, in: *Aus dem Antiquariat*, Ausgabe 2 (2004), S. 91–101.

Frankel, Jonathan, *The Damascus Affair. »Ritual Murder«, Politics, and the Jews in 1840*, Cambridge u.a. 1997.

Frei, Norbert, *Vergangenheitspolitik. Die Anfänge der Bundesrepublik und die NS-Vergangenheit*, München 1996.

Fricke, Dieter, »›Antisemitisch bis in die Knochen!‹ Judenfeindschaft in Bremen während der Weimarer Republik«, in: Eva Schöck-Quinteros/Hans Kloft/Franklin Kopitzsch/Hans-Josef Steinberg (Hrsg.), *Bürgerliche Gesellschaft – Idee und Wirklichkeit. Festschrift für Manfred Hahn*, Berlin 2004, S. 345–359.

Fricke, Karl Wilhelm, *Politik und Justiz in der DDR. Zur Geschichte der politischen Verfolgung 1945–1968. Bericht und Dokumentation*, 2. Aufl., Köln 1990.

Friedländer, Saul, *Das Dritte Reich und die Juden*, Bd. 1: *Die Jahre der Verfolgung 1933–1939*, München 1998.

Friesel, Evyatar, »From Self-Defense to Self-Affirmation. The Transformation of the German-Jewish Centralverein«, in: Andrea Hoffmann/Utz Jeggle/Reinhard Johler/Martin Ulmer (Hrsg.), *Die kulturelle Seite des Antisemitismus zwischen Aufklärung und Shoah*, Tübingen 2006, S. 277–290.

–, »The Political and Ideological Development of the Centralverein before 1914«, in: *LBIYB*, Jg. 31 (1986), S. 51–80.

Frommel, Monika, »Das Rechtsgut der Volksverhetzung – oder ein ›Ablaßhandel‹ in drei Akten«, in: *KJ*, Jg. 28 (1995), S. 402–411.

–, »Fremdenfeindliche Gewalt, Polizei und Strafjustiz«, in: *KJ*, Jg. 27 (1994), S. 323–343.

Fronza, Emanuela, »The Punishment of Negationism: The Difficult Dialogue between Law and Memory«, in: *Vermont Law Review*, Jg. 30, H. 3 (2006), S. 609–626.

Gagel, Walter, *Geschichte der politischen Bildung in der Bundesrepublik Deutschland 1945–1989. Zwölf Lektionen*, Opladen 1994.

Gailus, Manfred, »Anti-Jewish Emotion and Violence in the 1848 Crisis of German Society«, in: Christhard Hoffmann/Werner Bergmann/Helmut Walser Smith (Hrsg.), *Exclusionary Violence. Antisemitic Riots in Modern German History*, Chicago 2002, S. 43–65.

Gangl, Manfred, »Positivismus und Antipositivismus im Rechts-Links-Gefüge«, in: ders. (Hrsg.), *Linke Juristen in der Weimarer Republik*, Frankfurt am Main 2003, S. 20–49.

Gawron, Thomas/Rogowski, Ralf, *Die Wirkung des Bundesverfassungsgerichtes. Rechtssoziologische Analysen*, Baden-Baden 2007.

Gehring-Münzel, Ursula, *Vom Schutzjuden zum Staatsbürger. Die gesellschaftliche Integration der Würzburger Juden 1803–1871*, Würzburg 1992.

Geilen, Gerd, »Volksverhetzung (§ 130 StGB)«, in: Gerhard Ulsamer (Hrsg.), *Lexikon des Rechts. Strafrecht, Strafverfahrensrecht*, 2., überarb. und erw. Aufl., Neuwied u.a. 1996, S. 1168–1180.

Gelberg, Theresia Anna, *Das Parteiverbotsverfahren nach Art. 21 Abs. 2 GG am Beispiel des NPD-Verbotsverfahrens*, Göttingen 2009.

Geller, Jay Howard, »Die Entstehung des Zentralrats der Juden in Deutschland«, in: Susanne Schönborn (Hrsg.), *Zwischen Erinnerung und Neubeginn. Zur deutsch-jüdischen Geschichte nach 1945*, München 2006, S. 60–75.

–, *Jews in Post-Holocaust Germany, 1945–1953*, Cambridge u.a. 2005.

–, »Das Bild Konrad Adenauers vom Judentum und seine Beziehungen zu Vertretern jüdischer Organisationen«, in: Hanns Jürgen Küsters (Hrsg.), *Adenauer, Israel und das Judentum*, Bonn 2004, S. 137–155.

Gerhardt, Uta, »›… a democratic and peace-loving German society‹. Die Probleme der gesellschaftlichen Demokratisierung in der Vorgeschichte der Bundesrepublik als Thema der amerikanischen Soziologie«, in: dies., *Denken der Demokratie. Die Soziologie im atlantischen Transfer des Besatzungsregimes. Vier Abhandlungen*, Stuttgart 2007, S. 241–310.

–, »Das Reeducation-Programm der USA«, in: Hans Erler/Arnold Paucker/Ernst Ludwig Ehrlich (Hrsg.), *Gegen alle Vergeblichkeit Jüdischer Widerstand gegen den Nationalsozialismus*, Frankfurt am Main 2003, S. 407–431.

Gerson, Daniel, *Die Kehrseite der Emanzipation in Frankreich. Judenfeindschaft im Elsass 1778 bis 1848*, Essen 2006.

Getzler, Israel, »Der Antistürmer: Kampfblatt gegen Antisemitismus und Rassenhaß«, in: *Jüdischer Almanach des Leo Baeck Instituts*, Jg. 2 (1994), Frankfurt am Main 1993, S. 44–48.

Geulen, Christian, *Wahlverwandte. Rassendiskurs und Nationalismus im späten 19. Jahrhundert*, Hamburg 2004.

Geyer, Martin H., »Die Sprache des Rechts, die Sprache des Antisemitismus: ›Wucher‹ und soziale Ordnungsvorstellungen im Kaiserreich und der Weimarer Republik«, in: Christof Dipper/Lutz Klinkhammer/Alexander Nützenadel (Hrsg.), *Europäische Sozialgeschichte. Festschrift für Wolfgang Schieder*, Berlin 2000, S. 413–430.

–, »Recht, Gerechtigkeit und Gesetze: Reichsgerichtsrat Zeiler und die Inflation«, in: *ZNR*, Jg. 16 (1994), S. 349–372.

Gilman, Sander L., *Jüdischer Selbsthaß. Antisemitismus und die verborgene Sprache der Juden*, Frankfurt am Main 1993.

Gnad, Oliver, »Deutsche Reichspartei, Mitgliederschaft und Sozialstruktur«, in: *Handbuch zur Statistik der Parlamente und Parteien in den westlichen Besatzungszonen und in der Bundesrepublik Deutschland. FDP sowie kleinere bürgerliche und rechte Parteien. Mitgliederschaft und Sozialstruktur 1945–1990*, Düsseldorf 2005, S. 475–590.

–, »Sozialistische Reichspartei. Mitgliederschaft und Sozialstruktur«, in: ebd., S. 353–473.

Godau-Schüttke, Klaus-Detlev, *Rechtsverwalter des Reiches. Staatssekretär Dr. Curt Joël*, Frankfurt am Main 1981.

Görlitz, Axel, »Modelle Politischer Justiz«, in: ders. (Hrsg.), *Politische Justiz*, Baden-Baden 1996, S. 9–23.

–, »Mediales Recht als politisches Steuerungskonzept«, in: ders. (Hrsg.), *Politische Steuerung sozialer Systeme. Mediales Recht als politisches Steuerungskonzept*, Pfaffenweiler 1989, S. 13–34.

Gössner, Rolf, »Politische Justiz gegen Rechts. Zwischen Verharmlosung und Überreaktion«, in: Axel Görlitz (Hrsg.), *Politische Justiz*, Baden-Baden 1996, S. 139–172.

Götz von Olenhusen, Albrecht, »Zur Entwicklung völkischen Rechtsdenkens. Frühe rechtsradikale Programmatik und bürgerliche Rechtswissenschaft«, in: Hans-Jochen Vogel/Helmut Simon/Adalbert Podlech (Hrsg.), *Die Freiheit des anderen. Festschrift für Martin Hirsch*, Baden-Baden 1981, S. 77–108.

Goldenbogen, Nora, »Zum Zusammenhang zwischen Antisemitismus und spätstalinistischen Säuberungswellen in Sachsen zwischen 1949 und 1953«, in: Solvejg Höppner (Red.), *Antisemitismus in Sachsen im 19. und 20. Jahrhundert*, hrsg. von der Ephraim Carlebach Stiftung und der Sächsischen Landeszentrale für politische Bildung, Dresden 2004, S. 207–220.

Goldhagen, Erich, »The Mad Count: A Forgotten Portent of the Holocaust«, in: *Midstream*, Jg. 22, Nr. 2 (1976), S. 61 ff.

Gondermann, Thomas, »Vom politischen Antisemitismus zum politischen Antiamerikanismus. Der Wandel sozialer Demagogie bei Hermann Ahlwardt«, in: *JBfA*, Jg. 17 (2008), S. 195–216.

–, *»Der Rektor aller Deutschen« Hermann Ahlwardt und der politische Antisemitismus im deutschen Kaiserreich*, Diplomarbeit, MS, Universität Hamburg, 2000.

Goschler, Constantin, *Rudolf Virchow. Mediziner – Anthropologe – Politiker*, Köln 2002.

–, »Die Politik der Rückerstattung in Westdeutschland«, in: ders./Jürgen Lillteicher (Hrsg.), *»Arisierung« und Restitution. Die Rückerstattung jüdischen Eigentums in Deutschland und Österreich nach 1945 und 1989*, Göttingen 2002, S. 99–125.

–, »The Attitude towards Jews in Bavaria after the Second World War«, in: *LBIYB*, Jg. 36 (1991), S. 443–458.

Gosewinkel, Dieter, *Adolf Arndt. Die Wiederbegründung des Rechtsstaats aus dem Geist der Sozialdemokratie 1945–1961*, Bonn 1991.

Grab, Walter, *Die jüdische Antwort auf den Zusammenbruch der deutschen Demokratie 1933*, Berlin 1988.

Gräfe, Thomas, *Antisemitismus in Gesellschaft und Karikatur des Kaiserreichs. Glöß' Politische Bilderbogen 1892–1901*, Norderstedt 2005.

Graf, Philipp, *Die Bernheim-Petition 1933. Jüdische Politik in der Zwischenkriegszeit*, Göttingen 2008.

Graetz, Michael, »Vom Text zum Bild: die antisemitische Karikatur«, in: ders. (Hrsg.), *Ein Leben für die jüdische Kunst. Gedenkband für Hannelore Künzl*, Heidelberg 2003, S. 163–179.

Grau, Bernhard, *Kurt Eisner 1867–1919. Eine Biografie*, München 2001.

Greive, Hermann, *Geschichte des modernen Antisemitismus in Deutschland*, Darmstadt 1983.

Greschat, Martin, »Protestantischer Antisemitismus in Wilhelminischer Zeit. Das Beispiel des Hofpredigers Adolf Stoecker«, in: Günter Brakelmann/Martin Rosowski (Hrsg.), *Antisemitismus. Von religiöser Judenfeindschaft zur Rassenideologie*, Göttingen 1989, S. 27–51.

Gress, Franz/Jaschke, Hans-Gerd, »Politische Justiz gegen rechts: Der Remer-Prozeß 1952 in paradigmatischer Perspektive«, in: Rainer Eisfeld/Ingo Müller (Hrsg.), *Gegen Barbarei. Essays Robert M. W. Kempner zu Ehren*, Frankfurt am Main 1989, S. 453–478.

Griebel, Katrin, »Antijudaismus und Antisemitismus in der sächsischen Oberlausitz zwischen 1871 und 1918«, in: Solvejg Höppner (Red.), *Antisemitismus in Sachsen im 19. und 20. Jahrhundert*, hrsg. von der Ephraim Carlebach Stiftung und der Sächsischen Landeszentrale für politische Bildung, Dresden 2004, S. 94–109.

Grimm, Dieter, »Mißglückt oder glücklos? Die Weimarer Reichsverfassung im Widerstreit der Meinungen«, in: Heinrich August Winkler (Hrsg.), *Weimar im Widerstreit. Deutungen der ersten deutschen Republik im geteilten Deutschland*, München 2002, S. 151–161.

–, »Die Bedeutung des Rechts in der Gesellschaftsgeschichte. Eine Anfrage«, in: Paul Nolte/Manfred Hettling/Frank-Michael Kuhlemann/Hans-Walter Schmuhl (Hrsg.), *Perspektiven der Gesellschaftsgeschichte*, München 2000, S. 47–57.

–, »Bürgerlichkeit im Recht«, in: Jürgen Kocka (Hrsg.), *Bürger und Bürgerlichkeit im 19. Jahrhundert*, Göttingen 1987, S. 149–188.

Gripp, Miriam, *Rechtsextremismus und politische Bildung in BRD und DDR. Ein Vergleich des Zeitraums von 1958 bis 1965*, Marburg 2003.

Groh, Kathrin, »Zwischen Skylla und Charybdis: Die streitbare Demokratie«, in: Christoph Gusy (Hrsg.), *Weimars lange Schatten – »Weimar« als Argument nach 1945*, Baden-Baden 2003, S. 425–454.

Groß, Johannes T., *Ritualmordbeschuldigungen gegen Juden im Deutschen Kaiserreich*, Berlin 2002.

Groß, Thomas/Wegemann, Holger, »Der ›Fall Harlan‹ – Die Geschichte eines politischen Skandals in der jungen BRD«, in: Heiko Haumann/Thomas Schnabel

(Hrsg.), *»Eigentlich habe ich nichts gesehen ...« Beiträge zu Geschichte und Alltag in Südbaden im 19. und 20. Jahrhundert*, Freiburg i.Br. 1987, S. 173–200.

Grotkopp, Jörg, *Beamtentum und Staatsformwechsel. Die Auswirkungen der Staatsformwechsel von 1918, 1933 und 1945 auf das Beamtenrecht und die personelle Zusammensetzung der deutschen Beamtenschaft*, Frankfurt am Main u.a. 1992.

Grugel, Jean, *Democratization. A Critical Introduction*, Basingstoke u.a. 2002.

Grumke, Thomas, *Rechtsextremismus in den USA*, Opladen 2001.

Grunwald, Henning, »Der Gerichtssaal als ›revolutionäre Tribüne‹. Ideologische Selbst-Inszenierung im Medium politischer Prozesse der Weimarer Republik«, in: ders./Paula Diehl/Thomas Scheffer/Christoph Wulf (Hrsg.), *Performanz des Rechts. Inszenierung und Diskurs* (= *Paragrana. Internationale Zeitschrift für Historische Anthropologie*, Bd. 15, H. 1 (2006), S. 211–225).

Günther, Frieder, »Ein Jahrzehnt der Rückbesinnung. Die bundesdeutsche Staatsrechtslehre zwischen Dezision und Integration in den fünfziger Jahren«, in: Thomas Henne/Arne Riedlinger (Hrsg.), *Das Lüth-Urteil in (rechts-)historischer Sicht. Die Konflikte um Veit Harlan und die Grundrechtsjudikatur des Bundesverfassungsgerichts*, Berlin 2005, S. 291–304.

–, *Denken vom Staat her. Die bundesdeutsche Staatsrechtslehre zwischen Dezision und Integration 1949–1970*, München 2004.

Guesnet, François, »Die Politik der Fürsprache – Vormoderne jüdische Interessenvertretung«, in: Dan Diner (Hrsg.), *Synchrone Welten. Zeiträume jüdischer Geschichte*, Göttingen 2005, S. 67–92.

–, »Strukturwandel im Gebrauch der Öffentlichkeit. Zu einem Aspekt jüdischer politischer Praxis zwischen 1744 und 1881«, in: Jörg Requate/Martin Schulze Wessel (Hrsg.), *Europäische Öffentlichkeit. Transnationale Kommunikation seit dem 18. Jahrhundert*, Frankfurt am Main 2002, S. 43–62.

Gusy, Christoph, »Pressefreiheit contra Republikschutz? Zur Abwehr ›republikfeindlicher‹ Presse in der Weimarer Republik«, in: Gerald Kohl/Christian Neschwara/Thomas Simons (Hrsg.), *Rechtsgeschichte mit internationaler Perspektive. Festschrift für Wilhelm Brauneder zum 65. Geburtstag*, Wien 2008, S. 137–155.

–, »›Vergangenheitsrechtsprechung‹. Die Weimarer Reichsverfassung in der Rechtsprechung des Bundesverfassungsgerichts«, in: *ZNR*, Jg. 26 (2004), S. 62–83.

–, *Weimar – die wehrlose Republik? Verfassungsschutzrecht und Verfassungsschutz in der Weimarer Republik*, Tübingen 1991.

–, *Richterliches Prüfungsrecht: eine verfassungsgeschichtliche Untersuchung*, Berlin 1985.

Hagenlücke, Heinz, »Formverwandlungen der Politik in Deutschland im Übergang vom Kaiserreich zur Weimarer Republik«, in: Hans Mommsen (Hrsg.), *Der Erste Weltkrieg und die europäische Nachkriegsordnung. Sozialer Wandel und Formveränderung der Politik*, Köln 2000, S. 107–124.

Haltern, Ulrich, »Recht als Tabu? Was Juristen nicht wissen wollen sollten«, in: Otto Depenheuer (Hrsg.), *Recht und Tabu*, Wiesbaden 2003, S. 141–190.

Hambrock, Matthias, *Die Etablierung der Außenseiter. Der Verband nationaldeutscher Juden 1921–1935*, Köln u.a. 2003.

Hamburger, Ernest, *Juden im öffentlichen Leben Deutschlands. Regierungsmitglieder, Beamte und Parlamentarier in der monarchischen Zeit 1848–1918*, Tübingen 1968.

Hamel, Iris, *Völkischer Verband und nationale Gewerkschaft. Der Deutschnationale Handlungsgehilfen-Verband 1893–1933*, Frankfurt am Main 1967.

Hannover, Heinrich und Elisabeth, *Politische Justiz 1918–1933*, Frankfurt am Main 1966.

Hanschmann, Felix, »Parteiverbotsverfahren vor dem Bundesverfassungsgericht: SRP und KPD. Antragsgegner, historisch-politischer Kontext, Verfahren und Folgen«, in: Michael Goldbach (Hrsg.), *Mit juristischen Waffen gegen Rechts. Zur Wirksamkeit von Partei- und Versammlungsverboten*, Hofgeismar 2003, S. 3–16.

Hansen, Henning, *Die Sozialistische Reichspartei (SRP). Aufstieg und Scheitern einer rechtsextremen Partei*, Düsseldorf 2007.

–, »›Radau‹-Nationalismus in der frühen Bundesrepublik. Die Sozialistische Reichspartei im Lichte alliierter Geheimdienstberichte«, in: Eckhard Jesse/Hans-Peter Niedermeier (Hrsg.), *Politischer Extremismus und Parteien*, Berlin 2007, S. 127–145.

Harris, James F., *The People Speak! Anti-Semitism and Emancipation in Nineteenth-Century Bavaria*, Ann Arbor 1994.

–, »Franz Perrot: A Study in the Development of German Lower Middle Class Social and Political Thought in the 1870's«, in: Ekkehard-Teja Wilke/Peter Wilfried (Hrsg.), *Studies in Modern European History and Culture*, Bd. 2, Bloomington 1976, S. 73–106.

Hartston, Barnet Peretz, *Sensationalizing the Jewish Question. Anti-Semitic Trials and the Press in the Early German Empire*, Leiden 2005.

–, »Reluctant Justice: Government Legal Intervention on Behalf of Jews in Imperial Germany«, in: *German Studies Review*, Jg. 27, Nr. 1 (2004), S. 83–102.

Hattenhauer, Hans, »Wandlungen des Richterbildes im 19. und 20. Jahrhundert«, in: Ralf Dreier/Wolfgang Sellert (Hrsg.), *Recht und Justiz im »Dritten Reich«*, Frankfurt am Main 1989, S. 9–33.

–, »Zur Lage der Justiz in der Weimarer Republik«, in: Dietrich Erdmann/Hagen Schulze (Hrsg.), *Weimar: Selbstpreisgabe einer Demokratie. Eine Bilanz heute*, Düsseldorf 1980, S. 169–176.

–, *Geschichte des Beamtentums*, Köln 1980.

Hauber, Georgia, »Die Judenverfolgung im Spiegel geheimer NS-Lage- und Stimmungsberichte 1933–1939. Ein Projektbericht«, in: Hubert Cancik/Uwe Puschner (Hrsg.), *Antisemitismus, Paganismus, Völkische Religion = Anti-Semitism, Paganism, Voelkish Religion*, München 2004, S. 97–103.

Haumann, Heiko, »›Wir waren alle ein klein wenig antisemitisch‹. Ein Versuch über historische Massstäbe zur Beurteilung von Judengegnerschaft an den Beispielen

Karl von Rotteck und Jacob Burckhardt«, in: *Schweizerische Zeitschrift für Geschichte*, Jg. 55, Nr. 2 (2004), S. 196–214.

Haury, Thomas, *Antisemitismus von links. Kommunistische Ideologie, Nationalismus und Antizionismus in der frühen DDR*, Hamburg 2002.

–, »›Finanzkapital oder Nation‹. Zur ideologischen Genese des Antizionismus der SED«, in: *JBfA*, Jg. 5 (1996), S. 148–171.

Hecht, Cornelia, *Deutsche Juden und Antisemitismus in der Weimarer Republik*, Bonn 2003.

Hecht, Karsten, *Die Harden-Prozesse – Strafverfahren, Öffentlichkeit und Politik im Kaiserreich*, Diss., Ludwig-Maximilians-Universität, München 1997.

Heil, Johannes, »›Antijudaismus‹ und ›Antisemitismus‹. Begriffe als Bedeutungsträger«, in: *JBfA*, Jg. 6 (1997), S. 92–114.

Heilbronner, Oded, »From Antisemitic Peripheries to Antisemitic Centres: The Place of Antisemitism in Modern German History«, in: *JCH*, Jg. 35 (2000), S. 559–576.

Heinrichs, Wolfgang E., *Das Judenbild im Protestantismus des deutschen Kaiserreichs: Ein Beitrag zur Mentalitätsgeschichte des deutschen Bürgertums in der Krise der Moderne*, Köln 2000.

Heitmeyer, Wilhelm, »Gruppenbezogene Menschenfeindlichkeit. Die theoretische Konzeption und empirische Ergebnisse aus den Jahren 2002, 2003 und 2004«, in: *Deutsche Zustände*, Bd. 3, hrsg. von dems., Frankfurt am Main 2005, S. 13–36.

Hempel, Norbert, *Richterleitbilder in der Weimarer Republik*, Frankfurt am Main 1978.

Henne, Thomas/Kretschmann, Carsten, »Rechtsgeschichtliche Beiträge zur Antisemitismusforschung«, in: Werner Bergmann/Mona Körte (Hrsg.), *Antisemitismusforschung in den Wissenschaften*, Berlin 2004, S. 137–159.

–, »Ein Mythos der Richterrechtsdiskussion: Oskar Bülow, ›Gesetz und Richteramt‹ (1885)«, in: *Ius Commune*, Jg. 26 (1999), S. 211–237.

Henne, Thomas/Riedlinger, Arne (Hrsg.), *Das Lüth-Urteil in (rechts-)historischer Sicht. Die Konflikte um Veit Harlan und die Grundrechtsjudikatur des Bundesverfassungsgerichts*, Berlin 2005.

Hennig, Eike, »Politische Gewalt und Verfassungsschutz in der Endphase der Weimarer Republik«, in: Rainer Eisfeld/Ingo Müller (Hrsg.), *Gegen Barbarei. Essays Robert M. W. Kempner zu Ehren*, Frankfurt am Main 1989, S. 106–130.

Henning, Hansjoachim, *Die deutsche Beamtenschaft im 19. Jahrhundert. Zwischen Stand und Beruf*, Stuttgart 1984.

Hentschke, Felicitas, *Demokratisierung als Ziel der amerikanischen Besatzungspolitik in Deutschland und Japan, 1943–1947*, Münster 2001.

Henzler, Christoph, *Fritz Schäffer 1945–1967. Der erste bayerische Nachkriegs-Ministerpräsident und erste Finanzminister der Bundesrepublik Deutschland. Eine biographische Studie*, München 1994.

Herdegen, Gerhard, »Beleidigung«, in: Gerhard Ulsamer (Hrsg.), *Lexikon des Rechts. Strafrecht, Strafverfahrensrecht*, 2., überarb. und erw. Aufl., Neuwied u.a. 1996, S. 90–104.

Hering, Rainer, »Der ›Fall Nieland‹ und sein Richter. Zur Kontinuität in der Hamburger Justiz zwischen ›Drittem Reich‹ und Bundesrepublik«, in: *Zeitschrift des Vereins für Hamburgische Geschichte*, Jg. 81 (1995), S. 207–222.

Hering Torres, Max S., *Rassismus in der Vormoderne. Die »Reinheit des Blutes« im Spanien der Frühen Neuzeit*, Frankfurt am Main 2006.

Herr, Robert, »Zur ›Rechtsblindheit‹ und zur ›Unabhängigkeit‹ der deutschen Richter/Innen«, in: *DRiZ*, Jg. 72 (1994), S. 405–411.

Herrmann, Klaus J., *Das Dritte Reich und die deutsch-jüdischen Organisationen 1933–1934*, Köln u.a. 1969.

Herzog, Andreas, »Theodor Fritschs Zeitschrift Hammer und der Aufbau des ›Reichs-Hammerbundes‹ als Instrumente der antisemitischen völkischen Reformbewegung (1902–1914)«, in: Mark Lehmstedt/Andreas Herzog (Hrsg.), *Das bewegte Buch. Buchwesen und soziale, nationale und kulturelle Bewegungen um 1900*, Wiesbaden 1999, S. 153–182.

Herzog, Felix, »Thesen zur politischen Funktionalisierung des Kriminaljustizsystems – oder: Warum der Begriff ›Politische Justiz‹ an Unterscheidungskraft verloren hat«, in: Axel Görlitz (Hrsg.), *Politische Justiz*, Baden-Baden 1996, S. 25–30.

Hesse, Klaus, »Sichtbarer Terror – Öffentliche Gewalt gegen deutsche Juden 1933–1936 im Spiegel fotografischer Quellen«, in: *WerkstattGeschichte*, Jg. 35 (2003), S. 44–56.

Hett, Benjamin Carter, *Death in the Tiergarten. Murder and Criminal Justice in the Kaiser's Berlin*, Cambridge/Mass. 2004.

Hildesheimer, Esriel, *Jüdische Selbstverwaltung unter dem NS-Regime. Der Existenzkampf der Reichsvertretung und Reichsvereinigung der Juden in Deutschland*, Tübingen 1994.

Hill, Leonidas E., »Walter Gyssling, the Centralverein and the Büro Wilhelmstraße, 1929–1933«, in: *LBIYB*, Jg. 38 (1993), S. 193–208.

Hirschberg, Max, *Das Fehlurteil im Strafprozeß. Zur Pathologie der Rechtsprechung*, Stuttgart 1960.

Hitzler, Ronald, »Skandal ist Ansichtssache. Zur Inszenierungslogik ritueller Spektakel in der Politik«, in: Rolf Ebbighausen/Sighard Neckel (Hrsg.), *Anatomie des politischen Skandals*, Frankfurt am Main 1989, S. 334–354.

Hodenberg, Christina von, *Konsens und Krise. Eine Geschichte der westdeutschen Medienöffentlichkeit 1945–1973*, Göttingen 2006.

–, »Konkurrierende Konzepte von ›Öffentlichkeit‹ in der Orientierungskrise der 60er Jahre«, in: Matthias Frese/Julia Paulus/Karl Teppe (Hrsg.), *Demokratisierung und gesellschaftlicher Aufbruch. Die sechziger Jahre als Wendezeit der Bundesrepublik*, Paderborn 2003, S. 205–226.

–, »Die Journalisten und der Aufbruch zur kritischen Öffentlichkeit«, in: Ulrich Herbert (Hrsg.), *Wandlungsprozesse in Westdeutschland: Belastung, Integration, Liberalisierung 1945–1980*, Göttingen 2002, S. 278–311.

–, *Die Partei der Unparteiischen. Der Liberalismus der preußischen Richterschaft 1815–1848/49*, Göttingen 1996.

Hoffmann, Andrea/Jeggle, Utz/Ulmer, Martin, »Jüdische Modernität und Antisemitismus in Württemberg 1871–1938. Exemplarische Miniaturen«, in: *Zeitschrift für Württembergische Landesgeschichte*, Jg. 63 (2004), S. 309–368.

Hoffmann, Christhard, »Political Culture and Violence against Minorities: The Antisemitic Riots in Pomerania and West Prussia«, in: ders./Werner Bergmann/Helmut Walser Smith (Hrsg.), *Exclusionary Violence. Antisemitic Riots in Modern German History*, Chicago 2002, S. 67–92.

–, »Geschichte und Ideologie: Der Berliner Antisemitismusstreit 1879/81«, in: Wolfgang Benz/Werner Bergmann (Hrsg.), *Vorurteil und Völkermord. Entwicklungslinien des Antisemitismus*, Bonn 1997, S. 219–251.

–, »Between Integration and Rejection: The Jewish Community in Germany«, in: John Horne (Hrsg.), *State, Society and Mobilization in Europe during the First World War*, Cambridge 1997, S. 89–104.

–, »Verfolgung und Alltagsleben der Landjuden im nationalsozialistischen Deutschland«, in: Monika Richarz/Reinhard Rürup (Hrsg.), *Jüdisches Leben auf dem Lande. Studien zur deutsch-jüdischen Geschichte*, Tübingen 1997, S. 373–398.

–, »Politische Kultur und Gewalt gegen Minderheiten. Die antisemitischen Ausschreitungen in Pommern und Westpreußen 1881«, in: *JBfA*, Jg. 3 (1994), S. 93–119.

Hoffmann, Gerd (Hrsg.), *Der Prozeß um den Brand der Synagoge in Neustettin: Antisemitismus in Deutschland ausgangs des 19. Jahrhunderts; mit einer Einführungsbibliographie und biobibliographischen Anmerkungen zu Ernst Henrici, Hermann Makower, Erich Sello*, Schifferstadt 1998.

Holtmann, Everhard, »Demokratische Transformation im frühen Nachkriegsdeutschland. Abrupter Systemwechsel oder lang anhaltender Prozess? Lokale Erscheinungsformen der Demokratisierung nach 1945 in der britischen Besatzungszone«, in: ders./Hans Braun/Uta Gerhardt (Hrsg.), *Die lange Stunde Null. Gelenkter sozialer Wandel in Westdeutschland nach 1945*, Baden-Baden 2007, S. 293–310.

Holz, Klaus, »Besser streiten. Wie eine Analyse des islamistischen und antizionistischen Antisemitismus zur kruden Israelfeindschaft verkehrt wird. Eine Antwort auf Micha Brumlik«, in: *die tageszeitung* vom 6.4.2006, S. 16 (www.taz.de/pt/2006/04/06/a0271.1/text).

–, *Die Gegenwart des Antisemitismus. Islamistische, demokratische und antizionistische Judenfeindschaft*, Hamburg 2005.

–, *Nationaler Antisemitismus. Wissenssoziologie einer Weltanschauung*, Hamburg 2001.

Hornauer, Alexandra Maria, *Das Reichsgericht zur Frage des richterlichen Prüfungsrechts (1919–1933)*, Frankfurt am Main 2009.

Hueck, Ingo J., *Der Staatsgerichtshof zum Schutze der Republik*, Tübingen 1996.

Huggle, Ursula, »Angeklagt wegen Verbrechen gegen die Menschlichkeit. Die Pogromnacht in Freiburg, Breisach, Ihringen und Eichstetten im Spiegel des Prozesses von 1949«, in: *ZfGO*, Jg. 149 (2001), S. 437–469.

Huster, Stephan, »Das Verbot der ›Auschwitzlüge‹, die Meinungsfreiheit und das Bundesverfassungsgericht«, in: *NJW*, Jg. 49 (1996), S. 487–491.

Ignor, Alexander, *Geschichte des Strafprozesses in Deutschland 1532–1846. Von der Carolina Karls V. bis zu den Reformen des Vormärz*, Paderborn 2001.

Illichmann, Jutta, *Die DDR und die Juden. Die deutschlandpolitische Instrumentalisierung von Juden und Judentum durch die Partei- und Staatsführung der SBZ/DDR von 1945 bis 1990*, Frankfurt am Main 1997.

Irmer, Thomas, »Das ›erste antisemitische Denkmal Deutschlands‹ – Zur Geschichte eines Denkmals für Theodor Fritsch im kommunalen öffentlichen Raum Berlins 1935–1945«, in: Gideon Botsch/Christoph Kopke/Lars Rensmann (Hrsg.), *Politik des Hasses. Studien zu Antisemitismus und zur radikalen Rechten*, Hildesheim 2010, S. 153–170.

Jacobs, James B., »The Emergence and Implications of American Hate Crime Jurisprudence«, in: Robert J. Kelly/Jess Maghan (Hrsg.), *Hate Crime. The Global Politics of Polarization*, Carbondale u.a. 1998, S. 150–176.

Jacobs, Norbert, *Der Streit um Hans Globke in der öffentlichen Meinung der Bundesrepublik Deutschland 1949–1963. Ein Beitrag zur politischen Kultur der Bundesrepublik Deutschland*, Bonn 1992.

Jahn, Joachim, *Strafrechtliche Mittel gegen Rechtsextremismus. Die Änderungen der §§ 130 und 86a StGB als Reaktion auf fremdenfeindliche Gewalt im Lichte der Geschichte des politischen Strafrechts in Deutschland*, Frankfurt am Main 1998.

Jahr, Christoph, »›Das Zentralorgan des Antisemitismus‹: Die ›Staatsbürger-Zeitung‹ 1890–1914«, in: Michael Nagel/Moshe Zimmermann (Hrsg.), *Judenfeindschaft und Antisemitismus in der deutschen Presse über fünf Jahrhunderte: Erscheinungsformen, Rezeption, Debatte und Gegenwehr*, 2011 (im Druck)

–, »Judenflinten-Prozess«, in: Wolfgang Benz (Hrsg.), *Handbuch des Antisemitismus. Judenfeindschaft in Geschichte und Gegenwart*, Bd. 4: *Ereignisse, Dekrete, Kontroversen*, Berlin 2011, S. 192 ff.

–, »Radauantisemitismus«, in: Wolfgang Benz (Hrsg.), *Handbuch des Antisemitismus. Judenfeindschaft in Geschichte und Gegenwart*, Bd. 3: *Begriffe, Theorien, Ideologien*, Berlin 2010, S. 270 ff.

–, »Fighting Antisemitism – Democratizing Society? Reflections on Germany's Rocky Path towards a Civil Society after the Second World War«, in: Matthew P. Berg/Maria Mesner (Hrsg.), *After Fascism: European Case Studies in Politics, Society, and Identity since 1945*, Wien u.a. 2009, S. 89–107.

–, »Richard Kunze«, in: Wolfgang Benz (Hrsg.), *Handbuch des Antisemitismus. Judenfeindschaft in Geschichte und Gegenwart*, Bd. 2/1: *Personen A–K*, Berlin 2009, S. 444 f.

–, »Pückler, Walter Graf von (1860–1924)«, in: Richard S. Levy (Hrsg.), *Antisemitism: Historical Encyclopedia of Prejudice and Persecution*, Bd. 2, Santa Barbara u.a. 2005, S. 574 f.

–, »Sündenböcke der Niederlage. Warum der deutsche Antisemitismus im Ersten Weltkrieg immer radikaler wurde«, in: Stephan Burgdorff/Klaus Wiegrefe (Hrsg.), *Der 1. Weltkrieg. Die Ur-Katastrophe des 20. Jahrhunderts*, München u.a. 2004, S. 185–189.

–, »Antisemiten vor Gericht. Überlegungen zur juristischen Verfolgung eines politischen Radikalismus im deutschen Kaiserreich«, in: *Rechtsforschung als disziplinübergreifende Herausforderung. Proceedings zur Konferenz, veranstaltet am 2.–3. Juni 2003 am Max-Planck-Institut für ethnologische Forschung in Halle (Saale)*, 2004, S. 35–43 (abrufbar unter: http://www.rechtswirklichkeit.de) (28.8.2011).

–, »Ahlwardt on Trial: Reactions to the Antisemitic Agitation of the 1890s in Germany«, in: *LBIYB*, Jg. 48 (2003), S. 67–85.

–, »Policing Anti-Semitic Crime in Weimar Germany«, in: Gerard Oram (Hrsg.), *Conflict and Legality: Policing Mid-Twentieth Century Europe*, London 2003, S. 64–77.

–, »Liberaler Antiparlamentarismus? Die Krise des Linksliberalismus im späten Kaiserreich und in der Weimarer Republik am Beispiel des Reichstagsabgeordneten Ernst Müller-Meiningen«, in: Wolther von Kieseritzky/Klaus-Peter Sick (Hrsg.), *Demokratie in Deutschland. Chancen und Gefährdungen im 19. und 20. Jahrhundert*, München 1999, S. 153–172.

–, »›Das Krämervolk der eitlen Briten‹. Das deutsche Englandfeindbild im Ersten Weltkrieg«, in: ders./Uwe Mai/Kathrin Roller (Hrsg.), *Feindbilder in der deutschen Geschichte. Studien zur Vorurteilsgeschichte im 19. und 20. Jahrhundert*, Berlin 1994, S. 115–142.

Jansen, Christian, *Emil Julius Gumbel. Portrait eines Zivilisten*, Heidelberg 1991.

Jarausch, Konrad H., *Die Umkehr. Deutsche Wandlungen 1945–1995*, München 2004.

Jaschke, Hans-Gerd, *Streitbare Demokratie und innere Sicherheit. Grundlagen, Praxis und Kritik*, Opladen 1991.

Jasper, Gotthard, »Justiz und Politik in der Weimarer Republik«, in: *VfZG*, Jg. 30 (1982), S. 167–205.

–, *Der Schutz der Republik. Studien zur staatlichen Sicherung der Demokratie in der Weimarer Republik 1922–1930*, Tübingen 1963.

Jeggle, Utz, *Judendörfer in Württemberg*, erw. Neuaufl., Tübingen 1999 [zuerst 1969].

Jelinek, Yeshayahu A., *Deutschland und Israel 1945–1965. Ein neurotisches Verhältnis*, München 2004.

Jensen, Uffa, *Gebildete Doppelgänger. Bürgerliche Juden und Protestanten im 19. Jahrhundert*, Göttingen 2005.

–, »Getrennt streiten – getrennt leben? Der doppelte Streit um Heinrich von Treitschkes Antisemitismus unter gebildeten Bürgern (1879–1881)«, in: *WerkstattGeschichte*, Jg. 13, Nr. 38 (2004), S. 5–27.

–, »Die Macht des Flüchtigen. Bürgerliche Beobachter und der öffentliche Raum in den Flugschriften zur ›Judenfrage‹ 1870–1890«, in: Habbo Knoch/Daniel Morat (Hrsg.), *Kommunikation als Beobachtung. Medienwandel und Gesellschaftsbilder 1880–1960*, München 2003, S. 81–97.

Jentsch, Susanne, *Antisemitismus als Gegenstand parlamentarischer Auseinandersetzung im deutschen Kaiserreich 1880–1895*, MS, Berlin 1991.

Jesse, Eckhard, »Das Auf und Ab der NPD«, in: *APuZ*, Jg. 42 (2005), S. 31–38.

–, »Rechtsextremistische Parteien in Deutschland 1945–1995. Ein Vergleich zwischen der SRP, der NPD und den REP«, in: *HMRG*, Jg. 9 (1996), S. 189–202.

–, »Biographisches Porträt: Otto Ernst Remer«, in: ders./Uwe Backes (Hrsg.), *Jahrbuch Extremismus & Demokratie*, Bd. 6, Bonn 1994, S. 207–221.

–, »Philosemitismus, Antisemitismus und Anti-Antisemitismus. Vergangenheitsbewältigung und Tabus«, in: Uwe Backes/Eckhard Jesse/Rainer Zitelmann (Hrsg.), *Die Schatten der Vergangenheit*, um ein Nachwort erw. Ausg., Frankfurt am Main u.a. 1992, S. 543–567.

Jochmann, Werner, »Die Ausbreitung des Antisemitismus in Deutschland 1914–1923«, in: ders., *Gesellschaftskrise und Judenfeindschaft in Deutschland 1870–1945*, 2. Aufl., Hamburg 1991, S. 99–170.

Johe, Werner, »Die Beteiligung der Justiz an der nationalsozialistischen Judenverfolgung«, in: Ursula Büttner (Hrsg.), *Die Deutschen und die Judenverfolgung im Dritten Reich*, überarb. Neuaufl., Hamburg 2003, S. 215–227.

Judd, Robin, *Contested Rituals: Circumcision, Kosher Butchering, and German-Jewish Political Life in Germany, 1843–1933*, Ithaca u.a. 2007.

–, »Jewish Political Behaviour and the Schächtfrage, 1880–1914«, in: Rainer Liedtke/David Rechter (Hrsg.), *Towards Normality? Acculturation and Modern German Jewry*, Tübingen 2003, S. 251–269.

–, »The Politics of Beef: Animal Advocacy and the Kosher Butchering Debates in Germany«, in: *Jewish Social Studies*, Jg. 10, H. 1 (2003), S. 117–150.

Junge, Iris, *Das Schutzgut des § 130 StGB*, Herdecke 2000.

Junginger, Horst, »Das Bild des Juden in der nationalsozialistischen Judenforschung«, in: Andrea Hoffmann/Utz Jeggle/Reinhard Johler/Martin Ulmer (Hrsg.), *Die kulturelle Seite des Antisemitismus zwischen Aufklärung und Shoah*, Tübingen 2006, S. 171–220.

Kaiser, Jochen-Christoph, »Der deutsche Protestantismus und die ›Mission unter Israel‹ zwischen Weltkrieg und ›NS-Machtergreifung‹«, in: Kurt Nowak/Gérard Raulet (Hrsg.), *Protestantismus und Antisemitismus in der Weimarer Republik*, Frankfurt am Main 1994, S. 147–217.

Kalinowsky, Harry H., *Kampfplatz Justiz. Politische Justiz und Rechtsextremismus in der Bundesrepublik Deutschland 1949–1990*, Pfaffenweiler 1993.

Kampe, Norbert, *Studenten und »Judenfrage« im deutschen Kaiserreich. Die Entstehung einer akademischen Trägerschicht des Antisemitismus*, Göttingen 1988.

Kampmann, Christoph, »Die Petition des Salomon Hirsch und die Würzburger ›Hepp-Hepp‹-Krawalle von 1819: Zur frühen Verwendung des Begriffs ›Emanzipation‹ in der publizistischen Debatte«, in: *Jahrbuch für fränkische Landesforschung*, Jg. 60 (2000), S. 417–434.

Kasischke-Wurm, Daniela, *Antisemitismus im Spiegel der Hamburger Presse während des Kaiserreichs (1884–1914)*, Hamburg 1997.

Katz, Jakob, *Die Hep-Hep-Verfolgungen des Jahres 1819*, Berlin 1994.

Katz, Steven T., *Kontinuität und Diskontinuität zwischen christlichem und nationalsozialistischem Antisemitismus*, hrsg. von Volker Drehsen, Tübingen 2001.

Kauders, Anthony D., *Unmögliche Heimat. Eine deutsch-jüdische Geschichte der Bundesrepublik*, München 2007.

–, *Democratization and the Jews, Munich, 1945–1965*, Lincoln 2004.

–, »History as Censure: ›Repression‹ and ›Philo-Semitism‹ in Postwar Germany«, in: *History & Memory*, Jg. 15, Nr. 1 (2003), S. 97–122.

–, »Catholics, the Jews and Democratization in Post-war Germany, Munich 1945–65«, in: *German History*, Jg. 18 (2000), S. 461–484.

–, *German Politics and the Jews. Düsseldorf and Nürnberg 1910–1933*, Oxford 1996.

Kern, Bernd-Rüdiger/Schmidt-Recla, Adrian (Hrsg.), *125 Jahre Reichsgericht*, Berlin 2006.

Kieval, Hillel J., »The Importance of Place: Comparative Aspects of the Ritual Murder Trial in Modern Central Europe«, in: Todd M. Endelman (Hrsg.), *Comparing Jewish Societies*, Ann Arbor 1997, S. 135–165.

Kiewitz, Rainer, *Die Strafbarkeit der Gotteslästerung nach § 166 StGB und den Entwürfen zu einem StGB*, o.O. [Saarbrücken] 1969.

Kimmel, Elke, *Methoden antisemitischer Propaganda im Ersten Weltkrieg. Die Presse des Bundes der Landwirte*, Berlin 2000.

Kirchheimer, Otto, *Politische Justiz. Verwendung juristischer Verfahrensmöglichkeiten zu politischen Zwecken*, Neuwied u.a. 1965.

–, *Political Justice. The Use of Legal Procedure for Political Ends*, Princeton 1961.

Kirchhof, Hans Georg, »Der Kindesmord in Neuenhoven und das Judenpogrom von 1834«, in: *Beiträge zur Geschichte der Stadt Grevenbroich*, H. 6, Grevenbroich 1985, S. 45–78.

Kirschstein, Christine, »Der J. F. Lehmanns Verlag im Kampf gegen die Weimarer Demokratie: Das Buch ›Gefesselte Justiz‹«, in: Sigrid Stöckel (Hrsg.), *Die »rechte Nation« und ihr Verleger. Politik und Popularisierung im J. F. Lehmanns Verlag 1890–1979*, Heidelberg 2002, S. 171–206.

Kissel, Otto Rudolf, »Bedeutung und Leistungen des Reichsgerichts«, in: *Das Reichsgericht*, hrsg. vom Stadtgeschichtlichen Museum Leipzig, verantw. Ursula Oehme, Leipzig 1995, S. 17–23.

Kißener, Michael, *Zwischen Diktatur und Demokratie. Badische Richter 1919–1952*, Konstanz 2003.

–, »Personeller Neubeginn. Die Anfänge der badischen Justiz 1945/46«, in: Gerhard Pauli/Thomas Vormbaum (Hrsg.), *Justiz und Nationalsozialismus. Kontinuität und Diskontinuität*, Berlin 2003, S. 183–197.

Kittel, Manfred, *Provinz zwischen Reich und Republik. Politische Mentalitäten in Deutschland und Frankreich 1918–1933/36*, München 2000.

–, »Peripetie der Vergangenheitsbewältigung. Die Hakenkreuzschmierereien 1959/60 und das bundesdeutsche Verhältnis zum Nationalsozialismus«, in: *Historisch-Politische Mitteilungen*, Jg. 1 (1994), S. 49–67.

Klein, Peter K., »Alltags-Antisemitismus im Kaiserreich. Das Beispiel der ›Judenspottkarten‹«, in: Andrea Hoffmann/Utz Jeggle/Reinhard Johler/Martin Ulmer (Hrsg.), *Die kulturelle Seite des Antisemitismus zwischen Aufklärung und Shoah*, Tübingen 2006, S. 125–170.

Klein, Thomas, *Der preußisch-deutsche Konservatismus und die Entstehung des politischen Antisemitismus in Hessen-Kassel (1866–1893). Ein Beitrag zur hessischen Parteiengeschichte*, Marburg 1995.

Klemmer, Markus, *Gesetzesbindung und Richterfreiheit. Die Entscheidungen des Reichsgerichts in Zivilsachen während der Weimarer Republik und im späten Kaiserreich*, Baden-Baden 1996.

Klier, John Doyle, *Russians, Jews, and the Pogroms of 1881–1882*, Cambridge 2011.

Klippel, Diethelm, »Subjektives Recht und germanisch-deutscher Rechtsgedanke in der Zeit des Nationalsozialismus«, in: Joachim Rückert/Dietmar Willoweit (Hrsg.), *Die Deutsche Rechtsgeschichte in der NS-Zeit: ihre Vorgeschichte und ihre Nachwirkungen*, Tübingen 1995, S. 31–54.

Klösch, Christian/Scharr, Kurt/Weinzierl, Erika, *»Gegen Rassenhass und Menschennot«. Irene Harand – Leben und Werk einer ungewöhnlichen Widerstandskämpferin*, Innsbruck 2004.

Klug, Brian, »Gibt es einen neuen Antisemitismus?«, in: Jens Haupt (Hrsg.), *Immer wieder die Juden … Antisemitismus in Europa*, Hofgeismar 2004, S. 35–49.

Knütter, Hans Helmut, *Ideologien des Rechtsradikalismus im Nachkriegsdeutschland. Eine Studie über die Auswirkungen des Nationalsozialismus*, Bonn 1961.

Koch, Grit, *Adolf Stoecker: 1835–1909. Ein Leben zwischen Politik und Kirche*, Erlangen 1993.

Koch, Manfred, »Parlamentarische Gremien und Verfassungsgebung. Beratende Versammlungen«, in: Martin Broszat/Hermann Weber (Hrsg.), *SBZ-Handbuch. Staatliche Verwaltungen, Parteien, gesellschaftliche Organisationen und ihre Führungskräfte in der Sowjetischen Besatzungszone Deutschlands 1945–1949*, 2. Aufl., München 1993, S. 321–357.

Kölling, Bernd, »Blutige Illusionen. Ritualmorddiskurse und Antisemitismus im niederrheinischen Xanten am Ende des 19. Jahrhunderts«, in: Wolfgang Neugebauer/Ralf Pröve (Hrsg.), *Agrarische Verfassung und politische Struktur. Studien zur Gesellschaftsgeschichte Preußens 1700–1918. Festschrift für Hartmut Harnisch zum 65. Geburtstag*, Berlin 1998, S. 349–382.

König, Gudrun M., »Faszination und Feindschaft. Zur Warenhausgeschichte vor 1933«, in: Andrea Hoffmann/Utz Jeggle/Reinhard Johler/Martin Ulmer (Hrsg.), *Die kulturelle Seite des Antisemitismus zwischen Aufklärung und Shoah*, Tübingen 2006, S. 81–104.

Kohler, Eric D., »The Crisis in the Prussian Schutzpolizei 1930–32«, in: George L. Mosse (Hrsg.), *Police Forces in History*, London u.a. 1975, S. 131–150.

Kohlmannslehner, Dieter/Lange, Thomas, »Nach 1945 – ein neuer Anfang?«, in: *»L'chajim«. Die Geschichte der Juden im Landkreis Darmstadt-Dieburg*, hrsg. vom Landkreis Darmstadt-Dieburg, Reinheim 1997, S. 271–337.

Kohlrausch, Martin, *Der Monarch im Skandal. Die Logik der Massenmedien und die Transformation der wilhelminischen Monarchie*, Berlin 2005.

Kolbeck, Thomas, *Juristenschwemmen. Untersuchungen über den juristischen Arbeitsmarkt im 19. und 20. Jahrhundert*, Frankfurt am Main u.a. 1978.

Kornberg, Jacques, »Vienna in the 1890s. The Austrian opposition to Antisemitism. The Verein zur Abwehr des Antisemitismus«, in: *LBIYB*, Jg. 41 (1996), S. 161–196.

–, »Vienna, the 1890s: Jews in the Eyes of Their Defenders. (The Verein zur Abwehr des Antisemitismus)«, in: *CEH*, Jg. 28 (1995), S.153–173.

Korte, Detlef, »Der Hedler-Skandal 1949–53. Ein rechtsradikales MdB aus Rendsburg und eine Schlägerei im Bundestag«, in: *Demokratische Geschichte. Jahrbuch zur Arbeiterbewegung und Demokratie in Schleswig-Holstein*, Bd. 9 (1995), S. 275–292.

Krach, Tillmann, *Jüdische Rechtsanwälte in Preußen. Über die Bedeutung der freien Advokatur und ihre Zerstörung durch den Nationalsozialismus*, München 1991.

Krakau, Knud, »Hate Speech under the Constitution«, in: Andreas Etges/Ursula Lehmkuhl (Hrsg.), *Atlantic Passages. Constitution – Immigration – Internationalization. In memoriam Willi Paul Adams*, Münster 2006, S. 87–104.

Kramer, Helmut, »Dr. Josef Schafheutle, unpolitischer Rechtstechnokrat als Gestalter des politischen Strafrechts«, in: Holger Schlüter (Red.), *Zwischen Recht und Unrecht. Lebensläufe deutscher Juristen*, hrsg. vom Justizministerium des Landes NRW, Recklinghausen 2004, S. 107 ff.

Kraus, Daniela, »Bernhard Förster und seine Siedlung Nueva Germania in Paraguay«, in: *JBfA*, Jg. 17 (2008), S. 171–194.

Kraushaar, Wolfgang, »Der Kampf gegen den ›Jud-Süß‹-Regisseur Veit Harlan. Ein Meilenstein in der Grundrechtssprechung des Bundesverfassungsgerichts«, in: *Mittelweg 36*, Jg. 4, H. 6 (1995), S. 4–33.

–, »Die Affäre Auerbach. Zur Virulenz des Antisemitismus in den Gründerjahren der Bundesrepublik«, in: *Menora. Jahrbuch für deutsch-jüdische Geschichte*, Jg. 6 (1995), S. 319–343.

Krauthammer, Pascal, *Das Schächtverbot in der Schweiz 1854–2000. Die Schächtfrage zwischen Tierschutz, Politik und Fremdenfeindlichkeit*, Zürich 2000.

Kretschmann, Carsten, »Schuld und Sühne. Annäherungen an Erich Lüth«, in: Thomas Henne/Arne Riedlinger (Hrsg.), *Das Lüth-Urteil in (rechts-)historischer Sicht.*

Die Konflikte um Veit Harlan und die Grundrechtsjudikatur des Bundesverfassungsgerichts, Berlin 2005, S. 47–63.

Krieger, Karsten, »Der Berliner Antisemitismusstreit 1879–1881. Eine Kontroverse um die Zugehörigkeit der deutschen Juden zur Nation«, in: Wolfgang Benz/Angelika Königseder (Hrsg.), *Judenfeindschaft als Paradigma. Studien zur Vorurteilsforschung*, Berlin 2002, S. 89–95.

Krohn, Manfred, *Die deutsche Justiz im Urteil der Nationalsozialisten 1920–1933*, Frankfurt am Main 1991.

Krone, Gunnar, *Die Volksverhetzung als Verbrechen gegen die Menschlichkeit unter Berücksichtigung der soziologischen, psychologischen und sozialpsychologischen Gesetzmäßigkeiten des zugrunde liegenden Aggressionsprozesses sowie des historischen und kriminologischen Hintergrundes von § 130 StGB*, Mainz 1979.

Krüger, Christine G., *»Sind wir denn nicht Brüder?« Deutsche Juden im nationalen Krieg 1870/71*, Paderborn 2006.

Krüger, Gerd, *»Treudeutsch Allewege!« Gruppen, Vereine und Verbände der Rechten in Münster (1887–1929/30)*, Münster 1992.

Kübler, Friedrich Karl, »Rassenhetze und Meinungsfreiheit«, in: *AöR*, Jg. 125 (2000), S. 109–130.

–, »Der deutsche Richter und das demokratische Gesetz. Versuch einer Deutung aus richterlichen Selbstzeugnissen«, in: *Archiv für die civilistische Praxis*, Jg. 162 (1963), S. 104–128.

Kühl, Kristian, *Die Bedeutung der Rechtsphilosophie für das Strafrecht*, Baden-Baden 2001.

–, »Rückblick auf die Renaissance des Naturrechts nach dem 2. Weltkrieg«, in: Gerhard Köbler/Meinhard Heinze/Jan Schapp (Hrsg.), *Geschichtliche Rechtswissenschaft: Ars Tradendo Innovandoque Aequitatem Sectandi. Freundesgabe für Alfred Söllner zum 60. Geburtstag am 5.2.1990*, Gießen 1990, S. 331–357.

Külling, Friedrich, »Schweizerische Behörden angesichts antisemitischer Strömungen 1866–1900«, in: Simon Lauer (Hrsg.), *Kritik und Gegenkritik in Christentum und Judentum*, Bern 1981, S. 195–218.

Kugelmann, Cilly, »The Identity and Ideology of Jewish Displaced Persons«, in: Y. Michal Bodemann (Hrsg.), *Jews, Germans, Memory. Reconstructions of Jewish Life in Germany*, Ann Arbor 1996, S. 65–76

Kuhlbrodt, Dietrich, »›Jud Süß‹ und der Fall Harlan/Lüth. Zur Entnazifizierung des NS-Films«, in: Peter Reichel (Hrsg.), *Das Gedächtnis der Stadt. Hamburg im Umgang mit seiner nationalsozialistischen Vergangenheit*, Hamburg 1997, S. 101–112.

Kuhn, Robert, *Die Vertrauenskrise der Justiz (1926–1928). Der Kampf um die »Republikanisierung« der Rechtspflege in der Weimarer Republik*, Köln 1983.

Kulka, Otto Dov, »The Reactions of German Jewry to the National Socialist Regime. New Light on the Attitudes and Activities of the Reichsvereinigung der Juden in Deutschland from 1938–39 to 1943«, in: Jehuda Reinharz (Hrsg.), *Living with Antisemitism. Modern Jewish Responses*, Hanover u.a. 1987, S. 367–379.

Kundrus, Birthe, »›Vergangenheitsbewältigungen‹. Dimensionen des Falles Veit Harlan«, in: *GWU*, Jg. 55 (2004), S. 68–82.

Lahme, Tilmann, »Historische Fußtritte – Antisemitismus? Die Netz-Zeitschrift ›H-Soz-u-Kult‹ streitet«, in: *Frankfurter Allgemeine Zeitung* vom 11.3.2006.

Lamberti, Marjorie, »German Antifascist Refugees in America and the Public Debate on ›What Should be Done with Germany after Hitler‹, 1941–1945«, in: *CEH*, Jg. 40. H. 2 (2007), S. 279–305.

–, »The Jewish Defence in Germany after the National-Socialist Seizure of Power«, in: *LBIYB*, Jg. 42 (1997), S. 135–147.

–, »Liberals, Socialists and the Defence against Antisemitism in the Wilhelminian Period«, in: *LBIYB*, Jg. 25 (1980), S. 147–162.

–, *Jewish Activism in Imperial Germany. The Struggle for Civil Equality*, New Haven u.a. 1978.

Lameyer, Johannes, *Streitbare Demokratie. Eine verfassungshermeneutische Untersuchung*, Berlin 1978.

Landau, Peter, »Kommentar«, in: Jürgen Kocka (Hrsg.), *Bürger und Bürgerlichkeit im 19. Jahrhundert*, Göttingen 1987, S. 189–195.

Lange, Jürgen, »Der Xantener Ritualmordprozeß von 1892 und die Staatsanwaltschaft«, in: Dieter Laum/Adolf Klein/Dieter Strauch (Hrsg.), *Rheinische Justiz. Geschichte und Gegenwart. 175 Jahre Oberlandesgericht Köln*, Köln 1994, S. 565–623.

Lange, Matthew, *Antisemitic Elements in the Critique of Capitalism in German Culture, 1850–1933*, Bern 2007.

Lange, Thomas, »Judenfeindschaft und Antisemitismus zwischen 1890 und 1933 – auch eine Spurensuche«, in: *»L'chajim«. Die Geschichte der Juden im Landkreis Darmstadt-Dieburg*, hrsg. vom Landkreis Darmstadt-Dieburg, Reinheim 1997, S. 139–168.

Langer, Ulrich, *Heinrich von Treitschke. Politische Biographie eines deutschen Nationalisten*, Düsseldorf 1998.

Lauer, Eva, *Die Positionen der Sozialdemokratie zum Antisemitismus im Deutschen Kaiserreich (1871–1914)*, Magisterarbeit, MS, Universität des Saarlandes, Saarbrücken 1988.

Ledford, Kenneth F., »Formalizing the Rule of Law in Prussia: The Supreme Administrative Law Court, 1876–1914«, in: *CEH*, Jg. 37, Nr. 2 (2004), S. 203–224.

Leicht, Johannes, »›Alldeutsch – vielleicht alljüdisch?‹ Rassistische und antisemitische Semantiken in der Agitation des Alldeutschen Verbandes in den Jahren 1891 bis 1919«, in: *JBfA*, Jg. 13 (2004), S. 111–137.

Leide, Henry, *NS-Verbrecher und Staatssicherheit. Die geheime Vergangenheitspolitik der DDR*, Göttingen 2005.

Leßmann, Peter, *Die preußische Schutzpolizei in der Weimarer Republik. Streifendienst und Straßenkampf*, Düsseldorf 1989.

Leuschen-Seppel, Rosemarie, »Arbeiterbewegung und Antisemitismus«, in: Günter Brakelmann/Martin Rosowski (Hrsg.), *Antisemitismus. Von religiöser Judenfeindschaft zur Rassenideologie*, Göttingen 1989, S. 77–96.

–, *Sozialdemokratie und Antisemitismus im Kaiserreich*, Bonn 1978.

Levenson, Alan, *Between Philosemitism and Antisemitism: Defenses of Jews and Judaism in Germany, 1871–1932*, Lincoln/NE 2004.

–, »Philosemitic Discourse in Imperial Germany«, in: *Jewish Social Studies*, Jg. 2, Nr. 3 (1996), S. 25–53.

Levitt, Cyril, »The Prosecution of Antisemites by the Courts in the Weimar Republic: Was Justice Served?«, in: *LBIYB*, Jg. 36 (1991), S. 151–167.

Levy, Richard S., »Hermann Ahlwardt«, in: ders. (Hrsg.), *Antisemitism: Historical Encyclopedia of Prejudice and Persecution*, Bd. 1, Santa Barbara u.a., S. 7 f.

–, »Fritsch, Theodor (1852–1933)«, in: ebd., S. 249 f.

–, *The Downfall of the Antisemitic Political Parties in Imperial Germany*, New Haven u.a. 1975.

Liang, Hsi-Huey, *Die Berliner Polizei in der Weimarer Republik*, Berlin u.a. 1977.

Liebeschütz, Hans, »Treitschke and Mommsen on Jewry and Judaism«, in: *LBIYB*, Jg. 7 (1962), S. 153–182.

Liepach, Martin, »Die Rezeption sozialdemokratischer Politik in jüdischen Zeitschriften der Weimarer Republik 1924–1932«, in: *AfS*, Jg. 37 (1997), S. 39–54.

–, *Das Wahlverhalten der jüdischen Bevölkerung. Zur politischen Orientierung der Juden in der Weimarer Republik*, Tübingen 1996.

Lindemann, Albert, *The Jew Accused. Three Anti-Semitic Affairs (Dreyfus, Beilis, Frank) 1894–1915*, New York 1991.

Lindemann, Gerhard, *»Typisch jüdisch«. Die Stellung der Ev.-luth. Landeskirche Hannovers zu Antijudaismus, Judenfeindschaft und Antisemitismus 1919–1949*, Berlin 1998.

Lindenberger, Thomas, *Straßenpolitik: Zur Sozialgeschichte der öffentlichen Ordnung in Berlin 1900–1914*, Bonn 1995.

Lindner, Erik, »Houston Stewart Chamberlain: The Abwehrverein and the ›Praeceptor Germaniae‹, 1914–1918«, in: *LBIYB*, Jg. 37 (1992), S. 213–236.

–, *Philosemitismus im Krieg. Programmatik und Argumentation der Zeitschrift »Mitteilungen aus dem Verein zur Abwehr des Antisemitismus« 1914–1918*, Magisterarbeit, MS, Universität Münster, 1989.

Linnemann, Gerd, *Klassenjustiz und Weltfremdheit. Deutsche Justizkritik 1890–1914*, Kiel 1989.

Lömker, Joachim, *Die gefährliche Abwertung von Bevölkerungsteilen (§ 130 StGB)*, Hamburg 1970.

Lohmann, Georg, »Liberale Toleranz und Meinungsfreiheit«, in: K. Peter Fritzsche/Frank Hörnlein (Hrsg.), *Frieden und Demokratie. Festschrift zum 60. Geburtstag von Erhard Forndran*, Baden-Baden 1998, S. 117–127.

Lommatzsch, Erik, *Hans Globke (1898–1973). Beamter im Dritten Reich und Staatssekretär Adenauers*, Frankfurt am Main 2009.

–, »Hans Globke und der Nationalsozialismus. Eine Skizze«, in: *Historisch-Politische Mitteilungen*, Jg. 10 (2003), S. 95–128.

Longerich, Peter, *Joseph Goebbels. Biographie*, München 2010.

Loose, Ingo, »›In der Seele ein Gefühl des 16. Jahrhunderts‹. Der Ritualmordprozess gegen Mendel' Bejlis in Kiev 1913«, in: *JBfA*, Jg. 12 (2003), S. 281–304.

Louven, Klaus, »Die Strafbarkeit antisemitischer Ausschreitungen«, in: *DRiZ*, Jg. 38 (1960), S. 211 ff.

Lovens, Sebastian, »Parteiverbote in der Bundesrepublik Deutschland. Zur verfassungsrechtlichen Ausgangslage der Anträge gegen die NPD«, in: *Zeitschrift für Parlamentsfragen*, Jg. 32 (2001), S. 550–571.

Lowenstein, Steven M., »The Struggle for Survival of Rural Jews in Germany 1933–1938: The Case of Bezirksamt Weißenburg, Mittelfranken«, in: Arnold Paucker zus. mit Sylvia Gilchrist und Barbara Suchy (Hrsg.), *Die Juden im nationalsozialistischen Deutschland/The Jews in Nazi Germany 1933–1943*, Tübingen 1986, S. 115–124.

Ludyga, Hannes, *Die Rechtsstellung der Juden in Bayern von 1819 bis 1918. Studie im Spiegel der Verhandlungen der Kammer der Abgeordneten des bayerischen Landtags*, Berlin 2007.

–, »Eine antisemitische Affäre im Nachkriegsdeutschland. Der ›Staatskommissar für politisch, religiös und rassisch Verfolgte‹ Philipp Auerbach (1906–1952)«, in: *KJ*, Jg. 40, H. 4 (2007), S. 410–427.

–, *Philipp Auerbach (1906–1952). »Staatskommissar für rassisch, religiös und politisch Verfolgte«*, Berlin 2005.

Lübbe-Wolff, Gertrude, »Safeguards of Civil and Constitutional Rights: The Debate on the Role of the Reichsgericht«, in: Hermann Wellenreuther (Hrsg.), *German and American Constitutional Thought. Contexts, Interaction, and Historical Realities*, New York u.a. 1990, S. 353–372.

Lüsebrink, Hans-Jürgen, »Nationalistische Publizistik und ›tatbegründende‹ Wissenschaft – zum Werk Heinrich von Treitschkes«, in: Michel Grunewald/Uwe Puschner (Hrsg.), *Le Milieu intellectuel conservateur en Allemagne, sa presse et ses résaux (1890–1960)/Das konservative Intellektuellenmilieu, seine Presse und seine Netzwerke (1890–1960)*, Bern 2003, S. 661–678.

Lüth, Erich, *Ein Hamburger schwimmt gegen den Strom*, Hamburg 1981.

Lüthi, Urs, *Der Mythos von der Weltverschwörung. Die Hetze der Schweizer Frontisten gegen Juden und Freimaurer – am Beispiel des Berner Prozesses um die »Protokolle der Weisen von Zion«*, Basel 1992.

Luig, Klaus, »›Römische und germanische Rechtsanschauung, individualistische und soziale Ordnung‹«, in: Joachim Rückert/Dietmar Willoweit (Hrsg.), *Die Deutsche Rechtsgeschichte in der NS-Zeit: ihre Vorgeschichte und ihre Nachwirkungen*, Tübingen 1995, S. 95–137.

Lustiger, Arno, »Der Fettmilchaufstand in Frankfurt und die Juden. Eine Neubewertung des historischen Geschehens«, in: Willi Jasper/Joachim H. Knoll (Hrsg.),

Preußens Himmel breitet seine Sterne … Beiträge zur Kultur-, Politik- und Geistesgeschichte der Neuzeit, Bd. 2, Hildesheim u.a. 2002, S. 455–472.

Lynen von Berg, Heinz/Tschiche, Hans-Jochen (Hrsg.), *NPD – Herausforderung für die Demokratie?*, Berlin 2002.

Maccoby, Hyam, *Antisemitism and Modernity. Innovation and Continuity*, London 2006.

Mack, Rüdiger, »Otto Böckel und die antisemitische Bauernbewegung in Hessen 1887–1894«, in: *900 Jahre Geschichte der Juden in Hessen. Beiträge zum politischen, wirtschaftlichen und kulturellen Leben*, Wiesbaden 1983, S. 377–410.

März, Peter/Oberreuter, Heinrich (Hrsg.), *Weichenstellung für Deutschland? Der Verfassungskonvent von Herrenchiemsee*, München 1999.

Magill, Stephen, *Defense and Introspection. The First World War as a Pivotal Crisis in the German Jewish Experience*, PhD, University of California, Los Angeles 1977.

Mai, Uwe, »›Wie es der Jude treibt.‹ Das Feindbild der antisemitischen Bewegung am Beispiel der Agitation Hermann Ahlwardts«, in: Christoph Jahr/Uwe Mai/Kathrin Roller (Hrsg.), *Feindbilder in der deutschen Geschichte. Studien zur Vorurteilsgeschichte im 19. und 20. Jahrhundert*, Berlin 1994, S. 55–80.

Malinowski, Stephan, »Vom blauen zum reinen Blut. Antisemitische Adelskritik und adliger Antisemitismus 1871–1944«, in: *JBfA*, Jg. 12 (2003), S. 147–168.

Malitz, Jürgen, »›Auch ein Wort über unser Judenthum‹. Theodor Mommsen und der Berliner Antisemitismusstreit«, in: Josef Wiesehöfer/Henning Börm (Hrsg.), *Theodor Mommsen. Gelehrter, Politiker, Literat*, Stuttgart 2005, S. 137–164.

Markovits, Andrei S., »The Politics of Memory: The Predicament of German-Jewish Relations in the Former Bundesrepublik and in Post-Wall Deutschland«, in: Amy Colin/Elisabeth Strenger (Hrsg.), *Brücken über dem Abgrund. Auseinandersetzungen mit jüdischer Leidenserfahrung, Antisemitismus und Exil. Festschrift für Harry Zohn*, München 1994, S. 63–78.

Marrus, Michael R., »History and the Holocaust in the Courtroom«, in: Ronald Smelser (Hrsg.), *Lessons and Legacies*, Bd. 5: *The Holocaust and Justice*, Evanston/Ill. 2002, S. 215–239.

Martens, Tina, *Graf Ernst zu Reventlow und Wilhelm II. Die Kaiserkritik eines adligen Außenseiters*, Magisterarbeit, Humboldt-Universität, Berlin 2005.

Marx, Lilli, »Die Anfänge der Allgemeinen Jüdischen Wochenzeitung«, in: Michael Brenner, *Nach dem Holocaust. Juden in Deutschland 1945–1950*, München 1995, S. 179–185.

Marx, Michael, *Zur Definition des Begriffs »Rechtsgut«. Prolegomena einer materiellen Verbrechenslehre*, Köln u.a. 1972.

Massing, Paul W., *Vorgeschichte des politischen Antisemitismus*, Frankfurt am Main 1986 .

Matthäus, Jürgen, »Between Fragmented Memory and ›Real History‹ – The LBI's Perception of Jewish Self-Defense against Nazi Antisemitism, 1955–1970«, in: Christhard Hoffmann (Hrsg.), *Preserving the Legacy of German Jewry. A History of the Leo Baeck Institute 1955–2005*, Tübingen 2005, S. 375–407.

–, »Antisemitic Symbolism in Early Nazi Germany, 1933–1935«, in: *LBIYB*, Jg. 45 (2000), S. 183–203.

–, »Kampf ohne Verbündete: Der Centralverein deutscher Staatsbürger jüdischen Glaubens 1933–1938«, in: *JBfA*, Jg. 8 (1999), S. 248–277.

–, »Deutschtum and Judentum under Fire – The Impact of the First World War on the Strategies of the Centralverein and the Zionistische Vereinigung«, in: *LBIYB*, Jg. 33 (1988), S. 129–147.

–, *Das Verhältnis zwischen dem »Centralverein deutscher Staatsbürger jüdischen Glaubens« (CV) und der »Zionistischen Vereinigung für Deutschland« (ZVfD) im Ersten Weltkrieg*, Magisterarbeit, MS, Ruhr-Universität Bochum, 1986.

Maurer, Trude, »Vom Alltag zum Ausnahmezustand: Juden in der Weimarer Republik und im Nationalsozialismus 1918–1945«, in: Marion Kaplan (Hrsg.), *Geschichte des jüdischen Alltags in Deutschland. Vom 17. Jahrhundert bis 1945*, München 2003, S. 345–470.

Mauz, Gerhard, *Die Justiz vor Gericht. Macht und Ohnmacht der Richter*, München 1990.

Mazura, Uwe, *Zentrumspartei und Judenfrage 1870/71–1933. Verfassung, Staat und Minderheitenschutz*, Mainz 1994.

McGee, James H., *The Political Police in Bavaria 1919–36*, Ann Arbor 1980.

Megerle, Klaus, »Verhaltensdispositionen und politische Orientierungen bei gesellschaftlichen Führungsgruppen: Richter und Großunternehmer in der Weimarer Republik«, in: Detlef Lehnert/Klaus Megerle (Hrsg.), *Pluralismus als Verfassungs- und Gesellschaftsmodell. Zur politischen Kultur in der Weimarer Republik*, Opladen 1993, S. 215–270.

Mehnert, Gottfried, »Der Verein zur Abwehr des Antisemitismus in Marburg 1891/92«, in: *Zeitschrift des Vereins für Hessische Geschichte*, Jg. 108 (2003), S. 215–230.

Meier, Horst/Leggewie, Claus (Hrsg.), *Verbot der NPD oder Mit Rechtsradikalen leben?*, Frankfurt am Main 2002.

Menzel, Jörg, »Mit Versammlungsrecht gegen ›Rechts‹? Überlegungen zum verfassungs- und verwaltungsrechtlichen Umgang mit politischem Extremismus«, in: Michael Goldbach (Hrsg.), *Mit juristischen Waffen gegen Rechts. Zur Wirksamkeit von Partei- und Versammlungsverboten*, Hofgeismar 2003, S. 43–83.

Mergel, Thomas, *Parlamentarische Kultur in der Weimarer Republik. Politische Kommunikation, symbolische Politik und Öffentlichkeit im Reichstag*, Düsseldorf 2002.

Mertens, Lothar, »›Westdeutscher‹ Antisemitismus? MfS-Dokumente über eine Geheimaktion in der Bundesrepublik Deutschland«, in: *Deutschland Archiv*, Jg. 27 (1994), S. 1271 ff.

Mesmer, Beatrix, »The Banning of Jewish Ritual Slaughter in Switzerland«, in: *LBIYB*, Jg. 52 (2007), S. 185–194.

–, »Das Schächtverbot von 1893«, in: Aram Mattioli (Hrsg.), *Antisemitismus in der Schweiz 1848–1960*, Zürich 1998, S. 215–239.

Meyer, Michael A., »Great Debate on Antisemitism: Jewish Reaction to New Hostility in Germany, 1879–1881«, in: *LBIYB*, Jg. 11 (1966), S. 137–170.

Miosga, Caren, *Der Kampf des politischen Publizisten Erich Lüth gegen Veit Harlan. Ein früher Versuch zur »Vergangenheitsbewältigung« in der Ära Adenauer*, Magisterarbeit, Universität Hamburg, 1998.

Miquel, Marc von, *Ahnden oder amnestieren? Westdeutsche Justiz und Vergangenheitspolitik in den sechziger Jahren*, Göttingen 2004.

–, »Aufklärung, Distanzierung, Apologie. Die Debatte über die Strafverfolgung von NS-Verbrechen in den sechziger Jahren«, in: Norbert Frei/Sybille Steinbacher (Hrsg.), *Beschweigen und Bekennen. Die deutsche Nachkriegsgesellschaft und der Holocaust*, Göttingen 2001, S. 51–70.

Mommsen, Hans, »Lehren aus der Geschichte der Weimarer Republik bei der Demokratiegründung des Parlamentarischen Rates 1948/49«, in: Dieter Dowe (Hrsg.), *Lernen aus der Vergangenheit? Der Parlamentarische Rat und das Grundgesetz. Vortrag und Podiumsdiskussion eines Kolloquiums des Gesprächskreises Geschichte der Friedrich-Ebert-Stiftung in Bonn am 27. August 1998*, Bonn 1998, S. 7–29.

Moore, Robert Ian, *The Formation of a Persecuting Society: Power and Deviance in Western Europe, 950–1250*, Oxford u.a. 1987.

Müller, Bernhard, *Alltag im Zivilisationsbruch. Das Ausnahme-Unrecht gegen die jüdische Bevölkerung in Deutschland 1933–1945*, München 2003.

Müller, Kai, *Der Hüter des Rechts. Die Stellung des Reichsgerichts im Deutschen Kaiserreich 1879–1918*, Baden-Baden 1997.

Müller, Sven Oliver, *Die Nation als Waffe und Vorstellung. Nationalismus in Deutschland und Großbritannien im Ersten Weltkrieg*, Göttingen 2002.

Nachama, Andreas/Schoeps, Julius H./Voolen, Edward van (Hrsg.), *Jüdische Lebenswelten. Essays*, 3. Aufl., Frankfurt am Main 1992.

Naser, Gerhard, »Zwischen Schuld, Sühne und Vergessen: Creglingen nach 1945«, in: ders. (Hrsg.), *Lebenswege Creglinger Juden. Das Pogrom von 1933. Der schwierige Umgang mit der Vergangenheit*, Bergatreute 2000, S. 185–208.

Nerger, Katja/Zimmermann, Rüdiger, »Der Deutschnationale Handlungsgehilfen-Verband (DHV)«, in: dies. (Bearb.), *Zwischen Antisemitismus und Interessenvertretung. Periodika und Festschriften des Deutschnationalen Handlungsgehilfen-Verbands in der Bibliothek der Friedrich-Ebert-Stiftung*, Bonn 2006, S. 7–17.

Neubauer, Hans-Joachim, *Judenfiguren. Drama und Theater im frühen 19. Jahrhundert*, Frankfurt am Main u.a. 1994.

Neugebauer, Gerd, »Extremismus – Rechtsextremismus – Linksextremismus: Einige Anmerkungen zu Begriffen, Forschungskonzepten, Forschungsfragen und Forschungsergebnissen«, in: Wilfried Schubarth/Richard Stöss (Hrsg.), *Rechtsextremismus in der Bundesrepublik Deutschland. Eine Bilanz*, Bonn 2000, S. 13–37.

Neusel, Werner, *Höchstrichterliche Strafgerichtsbarkeit in der Republik von Weimar*, Frankfurt am Main 1972.

–, *Die Spruchtätigkeit der Strafsenate des Reichsgerichts in politischen Strafsachen in der Zeit der Weimarer Republik*, Marburg 1971.

Nicholls, Stephen C. J., *Jews and Christians in Pomerania 1815–1914. The Mobilisation of Antisemitic Prejudice in Rural Communities*, PhD, Centre for German-Jewish Studies, University of Sussex, Southampton 2001.

–, *The Burning of the Synagogue in Neustettin. Ideological Arson in the 1880s*, Research Paper Nr. 2, Centre for German-Jewish Studies, University of Sussex, Brighton 1999.

Nichols, John Alden, *Germany after Bismarck: The Caprivi Era, 1890–1894*, New York 1968.

Nickerson, Chris, *Political Fragmentation and Collapsing Turnout in the 1890s: Böckel, the BdL and the National Liberal Narrative Revisited*, unveröffentlichtes MS (ca. 2005).

Nicosia, Francis R., »Resistance and Self-Defence. Zionism and Antisemitism in Inter-War Germany«, in: *LBIYB*, Jg. 42 (1997), S. 123–134.

Niermann, Hans-Eckhard, »Zwischen Unbehagen und Verdrängung. Die Reaktion von Richterschaft und Justizverwaltung des Oberlandesgerichtsbezirks Hamm auf die ›Braunbuch-Kampagne‹ der DDR 1957 bis 1968«, in: Jörg Requate (Hrsg.), *Recht und Justiz im gesellschaftlichen Aufbruch (1960–1975). Bundesrepublik Deutschland, Italien und Frankreich*, Baden-Baden 2003, S. 103–129.

Niewyk, Donald L., »Jews and the Courts in Weimar Germany«, in: *Jewish Social Studies*, Jg. 37 (1975), S. 99–113.

Nipperdey, Thomas/Rürup, Reinhard, »Antisemitismus – Entstehung, Funktion und Geschichte eines Begriffs«, in: Otto Brunner/Werner Conze/Reinhart Koselleck (Hrsg.), *Geschichtliche Grundbegriffe. Historisches Lexikon zur politisch-sozialen Sprache in Deutschland*, Bd. 1, Stuttgart 1972, S. 129–153.

Noack, Hannelore, *Unbelehrbar? Antijüdische Agitation mit entstellten Talmudzitaten. Antisemitische Aufwiegelung durch Verteufelung der Juden*, Paderborn 2001.

Nörr, Knut Wolfgang, *Der Richter zwischen Gesetz und Wirklichkeit. Die Reaktion des Reichsgerichts auf die Krisen von Weltkrieg und Inflation und die Entfaltung eines neuen richterlichen Selbstverständnisses*, Heidelberg 1996.

Nolte, Paul, *Die Ordnung der deutschen Gesellschaft, Selbstentwurf und Selbstbeschreibung im 20. Jahrhundert*, München 2000.

–, *Gemeindebürgertum und Liberalismus in Baden 1800–1850*, Göttingen 1994.

Nonn, Christoph, *Eine Stadt sucht einen Mörder. Gerücht, Gewalt und Antisemitismus im Kaiserreich*, Göttingen 2002.

–, »Ritualmordgerüchte als Form von popularem Antisemitismus – Eine katholische Spezialität?«, in: Olaf Blaschke/Aram Mattioli (Hrsg.), *Katholischer Antisemitismus im 19. Jahrhundert. Ursachen und Traditionen im internationalen Vergleich*, Zürich 2000, S. 145–159.

–, »Zwischenfall in Konitz. Antisemitismus und Nationalismus im preußischen Osten um 1900«, in: *HZ*, Nr. 266 (1998), S. 387–418.

Nordbruch, Götz, »Antisemitismus als Gegenstand islamwissenschaftlicher und Nahost-bezogener Sozialforschung«, in: Werner Bergmann/Mona Körte (Hrsg.), *Antisemitismusforschung in den Wissenschaften*, Berlin 2004, S. 241–270.

Nottmeier, Christian, *Adolf von Harnack und die deutsche Politik 1890–1930. Eine biografische Studie zum Verhältnis von Protestantismus, Wissenschaft und Politik*, Tübingen 2004.

Oberndörfer, Dieter, »Germany's ›Militant Democracy‹: An Attempt to Fight Incitement against Democracy and Freedom of Speech through Constitutional Provisions: History and Overall Record«, in: David Kretzmer/Francine Kershman Hazan (Hrsg.), *Freedom of Speech and Incitement against Democracy*, Den Haag 2000, S. 235–246.

Offenberg, Ulrike, *»Seid vorsichtig gegen die Machthaber«. Die jüdischen Gemeinden in der SBZ und der DDR, 1945–1990*, Berlin 1998.

Ogorek, Regina, »Richter und Politik – aus historischer Sicht«, in: Werner Hoppe/Werner Krawietz/Martin Schulte (Hrsg.), *Rechtsprechungslehre. Zweites internationales Symposium Münster 1988*, Köln u.a. 1992, S. 333–348.

–, »Richterliche Normenkontrolle im 19. Jahrhundert: Zur Rekonstruktion einer Streitfrage«, in: *ZNR*, Jg. 11 (1989), S. 12–38.

–, *Richterkönig oder Subsumtionsautomat? Zur Justiztheorie im 19. Jahrhundert*, Frankfurt am Main 1986 [2., unveränd. Aufl. 2004].

Ormond, Thomas, *Richterwürde und Regierungstreue. Dienstrecht, politische Betätigung und Disziplinierung der Richter in Preußen, Baden und Hessen 1866–1918*, Frankfurt am Main 1994.

Osterloh, Jörg/Vollnhals, Clemens (Hrsg.), *NS-Prozesse und Öffentlichkeit. Besatzungszeit, frühe Bundesrepublik und DDR*, Göttingen 2011.

Ostow, Robin, »Das Erbe des Holocaust im antifaschistischen Deutschland. Die Jüdische Gemeinde Ost-Berlins und ihre Integration in die Deutsche Demokratische Republik«, in: Werner Bergmann/Rainer Erb (Hrsg.), *Antisemitismus in der politischen Kultur nach 1945*, Opladen 1990, S. 332–344.

–, *Jüdisches Leben in der DDR*, Frankfurt am Main 1988.

Owzar, Armin, *»Reden ist Silber, Schweigen ist Gold«. Konfliktmanagement im Alltag des wilhelminischen Obrigkeitsstaates*, Konstanz 2006.

Oyen, Robert Chr. van/Schale, Frank (Hrsg.), *Kritische Verfassungspolitologie. Das Staatsverständnis von Otto Kirchheimer*, Baden-Baden 2011.

Paepcke, Peter, *Antisemitismus und Strafrecht*, Freiburg i.Br. 1962.

Pätzold, Kurt, *Faschismus, Rassenwahn, Judenverfolgung. Eine Studie zur politischen Strategie und Taktik des faschistischen deutschen Imperialismus (1933–1935)*, Berlin (Ost) 1975.

Papen-Bodek, Patricia von, »Anti-Jewish Research of the Institut zur Erforschung der Judenfrage in Frankfurt am Main between 1939 and 1945«, in: Jeffry M. Diefendorf (Hrsg.), *Lessons and Legacies*, Bd. 6: *New Currents in Holocaust Research*, Evanston/Ill. 2004, S. 155–189.

–, »Schützenhilfe nationalsozialistischer Judenpolitik. Die Judenforschung des Reichsinstituts für Geschichte des Neuen Deutschland 1935–1945«, in: Fritz Bauer Institut (Hrsg.), *»Beseitigung des jüdischen Einflusses …«. Antisemitische Forschung, Eliten und Karrieren im Nationalsozialismus* (= Jahrbuch zur Geschichte und Wirkung des Holocaust 1998/99), Frankfurt am Main 1999, S. 17–42.

Paucker, Arnold, »Changing Perceptions. Reflections on the Historiography of Jewish Self-Defense and Jewish Resistance, 1890–2000«, in: Marion Kaplan/Beate Meyer (Hrsg.), *Jüdische Welten. Juden in Deutschland vom 18. Jahrhundert bis in die Gegenwart*, Göttingen 2005, S. 440–456.

–, *Deutsche Juden im Kampf um Recht und Freiheit. Studien zu Abwehr, Selbstbehauptung und Widerstand der deutschen Juden seit dem Ende des 19. Jahrhunderts.* Bearbeitet von Barbara Suchy. Mit einer Einführung von Reinhard Rürup, Berlin 2003.

–, »Deutsche Juden im Widerstand 1933–1945. Tatsachen und Probleme«, in: ebd., S. 205–289.

–, »Das Berliner liberale jüdische Bürgertum im ›Centralverein deutscher Staatsbürger jüdischen Glaubens‹«, in: ebd., S. 161–180.

–, »Zur deutsch-jüdischen Geschichtsschreibung über Abwehr, Widerstand und jüdische Verhaltensweisen unter der NS-Diktatur«, in: Michael Grüttner/Rüdiger Hachtmann/Heinz-Gerhard Haupt (Hrsg.), *Geschichte und Emanzipation. Festschrift für Reinhard Rürup*, Frankfurt am Main u.a. 1999, S. 359–375.

–, »Die Abwehr des Antisemitismus in den Jahren 1893 bis 1933«, in: Herbert A. Strauss/Norbert Kampe (Hrsg.), *Antisemitismus. Von der Judenfeindschaft zum Holocaust*, Frankfurt am Main 1985, S. 143–171.

–, »Zur Problematik einer jüdischen Abwehrstrategie in der deutschen Gesellschaft«, in: ders., *Deutsche Juden im Kampf um Recht und Freiheit. Studien zu Abwehr, Selbstbehauptung und Widerstand der deutschen Juden seit dem Ende des 19. Jahrhunderts.* Bearbeitet von Barbara Suchy. Mit einer Einführung von Reinhard Rürup, Berlin 2003, S. 3–89 [zuerst erschienen in: Werner E. Mosse (Hrsg.), *Juden im Wilhelminischen Deutschland 1890–1914*, Tübingen 1976, S. 479–548].

–, *Der jüdische Abwehrkampf gegen Antisemitismus und Nationalsozialismus in den letzten Jahren der Weimarer Republik*, Hamburg 1968.

Pauli, Gerhard, »Ein hohes Gericht – Der Oberste Gerichtshof für die Britische Zone und seine Rechtsprechung zu Straftaten im Dritten Reich«, in: *Juristische Zeitgeschichte*, Bd. 5: *50 Jahre Justiz in NRW*, hrsg. vom Justizministerium NRW, Düsseldorf 1996, S. 95–120.

Pauly, Walter, unt. Mitarb. von Olaf Hünemörder, *Grundrechtslaboratorium Weimar. Zur Entstehung des zweiten Hauptteils der Reichsverfassung vom 14. August 1919*, Tübingen 2004.

Peal, David, »Antisemitism by Other Means? The Rural Cooperative Movement in Late Nineteenth-Century Germany«, in: *LBIYB*, Jg. 32 (1987), S. 135–153.

–, »Jewish Response to German Antisemitism: The Case of the Böckel Movement«, in: *Jewish Social Studies*, Jg. 48 (1986), S. 269–282.

–, *Anti-Semitism and Rural Transformation in Kurhessen: The Rise and Fall of the Böckel Movement*, PhD, MS, Ann Arbor 1985.

Perels, Joachim, »Nachwirkungen der antiliberalen Strafrechtsdogmatik der Diktatur. Zum Umgang der Justiz mit Kommunisten«, in: ders., *Entsorgung der NS-Herrschaft. Konfliktlinien im Umgang mit dem Hitler-Regime*, Hannover 2004, S. 195–205.

Petersen, Klaus, *Zensur in der Weimarer Republik*, Stuttgart u.a. 1995.

–, *Literatur und Justiz in der Weimarer Republik*, Stuttgart 1988.

Pfahl-Traughber, Armin, »Freimaurer und Juden, Kapitalisten und Kommunisten als Feindbilder rechtsextremistischer Verschwörungsideologien vom Kaiserreich bis zur Gegenwart«, in: Uwe Backes (Hrsg.), *Rechtsextreme Ideologien in Geschichte und Gegenwart*, Wien u.a. 2003, S. 193–234.

–, »Antisemitismus, Populismus und Sozialprotest. Eine Fallstudie zur Agitation von Otto Böckel, dem ersten Antisemiten im Deutschen Reichstag«, in: *Aschkenas*, Jg. 10 (2000), S. 389–415.

–, »Adolf Stoeckers politische Instrumentalisierung des Antisemitismus. Zu einigen politischen und sozialen Komponenten der Judenfeindschaft im wilhelminischen Kaiserreich«, in: Peter Bernhardi (Hrsg.), *Religiöse Judenfeindschaft*, Frankfurt am Main 1992, S. 69–80.

Pfetsch, Frank R., *Ursprünge der Zweiten Republik. Prozesse der Verfassungsgebung*, Opladen 1990.

Picht, Clemens, »Zwischen Vaterland und Volk. Das deutsche Judentum im Ersten Weltkrieg«, in: Wolfgang Michalka (Hrsg.), *Der Erste Weltkrieg. Wirkung, Wahrnehmung, Analyse*, München u.a. 1994, S. 530–562.

Piefel, Matthias, *Antisemitismus und völkische Bewegung im Königreich Sachsen 1879–1914*, Göttingen 2004.

Planert, Ute, »Reaktionäre Modernisten? Zum Verhältnis von Antisemitismus und Antifeminismus in der völkischen Bewegung«, in: *JBfA*, Jg. 11 (2002), S. 31–51.

Pötzsch, Hansjörg, »Parteipolitischer Antisemitismus im Deutschen Kaiserreich vor dem Ersten Weltkrieg. Der Deutsch-soziale (Reform)Verein für das Herzogtum Braunschweig«, in: Ramona Myrrhe (Hrsg.), *Geschichte als Beruf. Demokratie und Diktatur. Protestantismus und politische Kultur. Festschrift zum 65. Geburtstag von Klaus Erich Pollmann*, Halle (Saale) 2005, S. 351–366.

–, *Antisemitismus in der Region. Antisemitische Erscheinungsformen in Sachsen, Hessen, Hessen-Nassau und Braunschweig 1870–1914*, Wiesbaden 2000.

Polleroß, Friedrich, »›Die Erinnerung tut zu weh!‹ Georg Ritter von Schönerer und die Folgen«, in: Jüdisches Museum der Stadt Wien (Hrsg.), *Die Macht der Bilder. Antisemitische Vorurteile und Mythen*, Wien 1995, S. 156–162.

Preuß, Ulrich K., »Politische Justiz im demokratischen Verfassungsstaat«, in: Alfons Söllner (Hrsg.), *Verfassungsstaat, Souveränität, Pluralismus. Otto Kirchheimer zum Gedächtnis*, Opladen 1989, S. 129–152.

Przyrembel, Alexandra, »Von der ›Rassenehre‹ zum Topos der ›Unanständigkeit‹: ›Rassenschande‹ vor Gericht«, in: *ZfG*, Jg. 52 (2004), S. 1091–1105.

–, *»Rassenschande«. Reinheitsmythos und Vernichtungslegitimation im Nationalsozialismus*, Göttingen 2003.

Puhle, Hans-Jürgen, *Agrarische Interessenpolitik und preußischer Konservativismus im wilhelminischen Reich (1893–1914). Ein Beitrag zur Analyse des Nationalismus in Deutschland am Beispiel des Bundes der Landwirte und der Deutsch-Konservativen Partei*, 2. Aufl., Bonn 1975.

Pulzer, Peter, »Die Wiederkehr des alten Hasses«, in: *Deutsch-Jüdische Geschichte in der Neuzeit.* Hrsg. im Auftrag des Leo Baeck Instituts von Michael A. Meyer unter Mitwirkung von Michael Brenner, Bd. 3: *Umstrittene Integration 1871–1918*, München 1997, S. 193–248.

–, »Die Reaktion auf den Antisemitismus«, in: ebd., S. 249–277.

–, *Jews and the German State. The Political History of a Minority, 1848–1933*, Oxford 1992.

–, »Why Was there a Jewish Question in Imperial Germany?«, in: *LBIYB*, Jg. 25 (1980), S. 133–146.

–, *Die Entstehung des politischen Antisemitismus in Deutschland und Österreich 1867–1914. Mit einem Forschungsbericht des Autors*, Göttingen 2004 (zuerst erschienen unter dem Titel *The Rise of Political Anti-Semitism in Germany & Austria*, 1964).

Pyta, Wolfram, *Gegen Hitler und für die Republik. Die Auseinandersetzung der deutschen Sozialdemokratie mit der NSDAP in der Weimarer Republik*, Düsseldorf 1989.

Rädler, Peter, »Gesetze gegen Rassendiskriminierung?«, in: *Zeitschrift für Rechtspolitik*, Jg. 30 (1997), S. 5–9.

Ragins, Sanford, *Jewish Responses to Anti-Semitism in Germany, 1870–1914. A Study in the History of Ideas*, Cincinnati 1980.

Rahden, Till van, »Sprechen und Handeln im Breslauer Antisemitismus des Kaiserreichs«, in: *ÖZfG*, Jg. 9 (1998), S. 218–243.

Raim, Edith, »Daß alle […] die verdiente Strafe erhalten«. Die justizielle Ahndung von »Reichskristallnacht«-Verbrechen durch die westdeutsche Justiz seit 1945, in: Andreas Nachama/Uwe Neumärker/Hermann Simon (Hrsg.), *Es brennt. Antijüdischer Terror im November 1938*, Berlin 2008, S. 146–153.

–, »Der Wiederaufbau der westdeutschen Justiz unter alliierter Aufsicht und die Verfolgung von NS-Verbrechen 1945 bis 1949/1950«, in: Hans Braun/Uta Gerhardt/Everhard Holtmann (Hrsg.), *Die lange Stunde Null. Gelenkter sozialer Wandel in Westdeutschland nach 1945*, Baden-Baden 2007, S. 141–173.

Ramm, Joachim, *Eugen Schiffer und die Reform der deutschen Justiz*, Darmstadt 1987.

Rasehorn, Theo, *Justizkritik in der Weimarer Republik. Das Beispiel der Zeitschrift »Die Justiz«*, Frankfurt am Main 1985.

Rath, Christian, »Recht, Herrschaft und Globalisierung. Die zivilgesellschaftliche Einbindung der Bundesrepublik ist unter Druck geraten«, in: *Erstsemester-Son-*

derausgabe »Wozu Jura studieren?« 2002/2003, Forum Recht, 28.6.2006: http://www.forum-recht-online.de/erstinfos/erst/erstrath.htm.

Rebenich, Stefan, *Theodor Mommsen. Eine Biographie*, München 2002.

Reckling, Karola, »Nur dem Gesetz und dem Gewissen verpflichtet – zum Wirken des Reichsgerichts«, in: *Das Reichsgericht*, hrsg. vom Stadtgeschichtlichen Museum Leipzig, verantw. Ursula Oehme, Leipzig 1995, S. 102–115.

Reemtsma, Jan Philipp, »Die Falle des Antirassismus«, in: Ulrich Bielefeld (Hrsg.), *Das Eigene und das Fremde. Neuer Rassismus in der Alten Welt?*, Hamburg 1991, S. 269–282.

Reichel, Peter, *Vergangenheitsbewältigung in Deutschland. Die Auseinandersetzung mit der NS-Diktatur von 1945 bis heute*, München 2001.

Reichmann, Hans, »Der drohende Sturm. Episoden aus dem Kampf der deutschen Juden gegen die nationalsozialistische Gefahr 1929 bis 1933«, in: Hans Tramer (Hrsg.), *In zwei Welten. Siegfried Moses zum 75. Geburtstag*, Tel-Aviv 1962, S. 556–577.

Reimann, Joachim, *Ernst Müller-Meiningen senior und der Linksliberalismus in seiner Zeit. Zur Biographie eines bayerischen und deutschen Politikers (1866–1944)*, München 1968.

Reinhard, Wolfgang, *Geschichte der Staatsgewalt. Eine vergleichende Verfassungsgeschichte Europas von den Anfängen bis zur Gegenwart*, München 1999.

Reinharz, Jehuda, »The Zionist Response to Antisemitism in Germany«, in: *LBIYB*, Jg. 30 (1985), S. 105–140.

– (Hrsg.), *Living with Antisemitism. Modern Jewish Responses*, Hanover u.a. 1987.

Reinke, Andreas, »Between Ethnic Solidarity and National Allegiance – The German Order of the B'nai B'rith«, in: *Jahrbuch des Simon-Dubnow-Instituts/Simon Dubnow Institute Yearbook*, Jg. 1 (2002), S. 321–342.

Rensmann, Lars, *Demokratie und Judenbild. Antisemitismus in der politischen Kultur der Bundesrepublik Deutschland*, Wiesbaden 2004 [2. Aufl. 2005].

–, *Kritische Theorie über den Antisemitismus. Studien zu Struktur, Erklärungspotential und Aktualität*, 3., überarb. Aufl., Berlin 2001.

Requate, Jörg, »Die Zeitung als Medium politischer Kommunikation«, in: Ute Frevert/Wolfgang Braungart (Hrsg.), *Sprachen des Politischen. Medien und Medialität in der Geschichte*, Göttingen 2004, S. 139–167.

–, »Einleitung«, in: ders. (Hrsg.), *Recht und Justiz im gesellschaftlichen Aufbruch (1960–1975). Bundesrepublik Deutschland, Italien und Frankreich*, Baden-Baden 2003, S. 9–32.

–, »Politische Gestaltung durch die Justiz? Zur Auseinandersetzung um die gesellschaftliche Funktion des Richters in den ›68er Jahren‹«, in: ders. (Hrsg.), *Recht und Justiz im gesellschaftlichen Aufbruch (1960–1975). Bundesrepublik Deutschland, Italien und Frankreich*, Baden-Baden 2003, S. 165–181.

–, »Standespolitik als Gesellschaftspolitik. Zur Debatte um den Reformbedarf der Justiz in den 60er Jahren«, in: Axel Schildt/Detlef Siegfried/Karl Christian Lammers (Hrsg.), *Dynamische Zeiten. Die 60er Jahre in den beiden deutschen Gesellschaften*, Hamburg 2000, S. 424–443.

–, »Öffentlichkeit und Medien als Gegenstände historischer Analyse«, in: *GG*, Jg. 25 (1999), S. 5–32.

–, *Journalismus als Beruf. Entstehung und Entwicklung des Journalistenberufs im 19. Jahrhundert. Deutschland im internationalen Vergleich*, Göttingen 1995.

Retallack, James N., *The German Right 1860–1920. Political Limits of the Authoritarian Imagination*, Toronto 2006.

–, »Die ›liberalen‹ Konservativen? Konservatismus und Antisemitismus im industrialisierten Sachsen«, in: Simone Lässig/Karl Heinrich Pohl (Hrsg.), *Sachsen im Kaiserreich. Politik, Wirtschaft und Gesellschaft im Umbruch*, Weimar 1997, S. 133–148.

–, *Notables of the Right: The Conservative Party and Political Mobilization in Germany, 1876–1918*, Boston 1988.

–, »Anti-Semitism, Conservative Propaganda, and Regional Politics in Late Nineteenth Century Germany«, in: *German Studies Review*, Jg. 11 (1988), S. 377–403.

Reyer, Herbert, »Antisemitische ›Empörung‹ und Zivilcourage. Der Hildesheimer Baurat Hensel und das ›Borkumlied‹. Eine ›Affäre‹ auf der Ferieninsel Borkum im Sommer 1900«, in: *Emder Jahrbuch*, Bd. 85, Aurich 2005, S. 136–153.

Riff, Michael, »The Government of Baden against Antisemitism. Political Expediency or Principle?«, in: *LBIYB*, Jg. 32 (1987), S. 119–134.

–, »The Anti-Jewish Aspects of the Revolutionary Unrest of 1848 in Baden and its Impact on Emancipation«, in: *LBIYB*, Jg. 21 (1976), S. 27–40.

Röder, Hein Ulrich, »Religion, Weltanschauung«, in: Gerhard Ulsamer (Hrsg.), *Lexikon des Rechts. Strafrecht, Strafverfahrensrecht*, 2., überarb. und erw. Aufl., Neuwied u.a. 1996, S. 783 ff.

Röhl, John C. G., »Beamtenpolitik im Wilhelminischen Deutschland«, in: Michael Stürmer (Hrsg.), *Das kaiserliche Deutschland. Politik und Gesellschaft 1870–1918*, Kronberg 1977, S. 287–311.

Roellecke, Gerd, »›Karlsruhe‹«, in: Etienne François/Hagen Schulze (Hrsg.), *Deutsche Erinnerungsorte*, Bd. II, München 2001, S. 549–564.

Rohrbacher, Stefan, »The ›Hep Hep‹ Riots of 1819: Anti-Jewish Ideology, Agitation, and Violence«, in: Christhard Hoffmann/Werner Bergmann/Helmut Walser Smith (Hrsg.), *Exclusionary Violence. Antisemitic Riots in Modern German History*, Chicago 2002, S. 23–42.

–, »Deutsche Revolution und antijüdische Gewalt (1815–1848/49)«, in: Peter Alter/Claus-Ekkehard Bärsch/Peter Berghoff (Hrsg.), *Die Konstruktion der Nation gegen die Juden*, München 1999, S. 29–47.

–, »Über das Fortwuchern von Stereotypvorstellungen in der Geschichtswissenschaft«, in: Johannes Heil/Bernd Wacker (Hrsg.), *Shylock? Zinsverbot und Geldverleih in jüdischer und christlicher Tradition*, München 1997, S. 235–252.

–, *Gewalt im Biedermeier. Antijüdische Ausschreitungen in Vormärz und Revolution (1815–1848/49)*, Frankfurt am Main 1993.

–, »Ritualmord-Beschuldigungen am Niederrhein. Christlicher Aberglaube und antijüdische Agitation im 19. Jahrhundert«, in: *Menora. Jahrbuch für deutsch-jüdische Geschichte*, Jg. 1 (1990), S. 299–326.

–, »Gewalt gegen Juden im 19. und 20. Jahrhundert«, in: Herbert A. Strauss/Werner Bergmann/Christhard Hoffmann (Hrsg.), *Lerntag über Gewalt gegen Juden: Die Novemberpogrome von 1938 in historischer Perspektive*, Berlin 1989, S. 55–66.

–, »Die ›Hep-Hep-Krawalle‹ und der ›Ritualmord‹ des Jahres 1819 zu Dormagen«, in: Rainer Erb/Michael Schmidt (Hrsg.), *Antisemitismus und jüdische Geschichte. Studien zu Ehren von Herbert A. Strauss*, Berlin 1987, S. 135–147.

–/Schmidt, Michael, *Judenbilder. Kulturgeschichte antijüdischer Mythen und antisemitischer Vorurteile*, Reinbek bei Hamburg 1991.

Rohrßen, Benedikt, *Von der »Anreizung zum Klassenkampf« zur »Volksverhetzung« (§ 130 StGB). Reformdiskussion und Gesetzgebung seit dem 19. Jahrhundert*, Berlin 2009.

Rosenthal, Jacob, *»Die Ehre des jüdischen Soldaten«. Die Judenzählung im Ersten Weltkrieg und ihre Folgen*, Frankfurt am Main 2007.

Rossow, Änne/Wiegmann, Ulrich, »Die Instrumentalisierung identitätsloser Opfer. Zum Platz jüdischer Geschichte und des Genozids an den deutschen und europäischen Juden in den Geschichtslehrplänen und -büchern der SBZ und der DDR 1946–1990«, in: Thomas Lange (Hrsg.), *Judentum und jüdische Geschichte im Schulunterricht nach 1945. Bestandsaufnahmen, Erfahrungen und Analysen aus Deutschland, Österreich, Frankreich und Israel*, Wien u.a. 1994, S. 113–124.

Rottleuthner, Hubert, »Die gebrochene Bürgerlichkeit einer Scheinprofession. Zur Situation der deutschen Richterschaft zu Beginn des 20. Jahrhunderts«, in: Hannes Siegrist (Hrsg.), *Bürgerliche Berufe*, Göttingen 1988, S. 145–173.

Rudolf, Beate, »›Verfassungsfeinde‹ im öffentlichen Dienst«, in: Markus Thiel (Hrsg.), *Wehrhafte Demokratie. Beiträge über die Regelungen zum Schutze der freiheitlichen demokratischen Grundordnung*, Tübingen 2003, S. 209–250.

Rückert, Joachim, »Der Geist des Rechts in Jherings ›Geist‹ und Jherings ›Zweck‹«, Teil 1, in: *RGe*, Jg. 5 (2004), S. 128–149; Teil 2, in: *RGe*, Jg. 6 (2005), S. 122–139.

Rürup, Miriam, *Ehrensache. Jüdische Studentenverbindungen an deutschen Universitäten 1886–1937*, Göttingen 2008.

–, »Jüdische Studentenverbindungen im Kaiserreich. Organisationen zur Abwehr des Antisemitismus auf ›studentische Art‹«, in: *JBfA*, Jg. 10 (2001), S. 113–137.

Rürup, Reinhard, »Der moderne Antisemitismus und die Entwicklung der historischen Antisemitismusforschung«, in: Werner Bergmann/Mona Körte (Hrsg.), *Antisemitismusforschung in den Wissenschaften*, Berlin 2004, S. 117–135.

–, »Antisemitismus und moderne Gesellschaft. Antijüdisches Denken und antijüdische Agitation im 19. und frühen 20. Jahrhundert«, in: Christina von Braun/

Eva-Maria Ziege (Hrsg.), *»Das ›bewegliche‹ Vorurteil«. Aspekte des internationalen Antisemitismus,* Würzburg 2004, S. 81–100.

–, »Jüdische Geschichte in Deutschland. Von der Emanzipation bis zur nationalsozialistischen Vernichtung«, in: Dirk Blasius/Dan Diner (Hrsg.), *Zerbrochene Geschichte. Leben und Selbstverständnis der Juden in Deutschland,* Frankfurt am Main 1991, S. 79–101.

–, »Sozialdemokratie und Antisemitismus im deutschen Kaiserreich«, in: Micha Brumlik/Doron Kiesel/Linda Reisch (Hrsg.), *Der Antisemitismus und die Linke,* Frankfurt am Main 1991, S. 17–31.

–, »Emanzipation. Anmerkungen zur Begriffsgeschichte«, in: ders. *Emanzipation und Antisemitismus. Studien zur »Judenfrage« der bürgerlichen Gesellschaft,* Frankfurt am Main 1987, S. 159–166.

– (Hrsg.), *Jüdische Geschichte in Berlin. Bilder und Dokumente,* Berlin 1995.

Rupieper, Hermann-Josef, »Peacemaking with Germany. Grundlinien amerikanischer Demokratisierungspolitik 1945–1954«, in: Arnd Bauerkämper/Konrad H. Jarausch/Marcus M. Payk (Hrsg.), *Demokratiewunder. Transatlantische Mittler und die kulturelle Öffnung Westdeutschlands 1945–1970,* Göttingen 2005, S. 41–56.

Sabrow, Martin, »Politischer Skandal und moderne Diktatur«, in: ders. (Hrsg.), *Skandal und Diktatur. Formen öffentlicher Empörung im NS-Staat und in der DDR,* Göttingen 2004, S. 7–32.

Sattler, Andreas, *Die rechtliche Bedeutung der Entscheidung für die streitbare Demokratie. Unter besonderer Berücksichtigung der Rechtsprechung des Bundesverfassungsgerichts,* Baden-Baden 1982.

Sauer, Bernhard, »Zur politischen Haltung der Berliner Sicherheitspolizei in der Weimarer Republik«, in: *ZfG,* Jg. 53 (2005), S. 26–45.

Sauer, Paul, »Otto Hirsch (1885–1941). Director of the Reichsvertretung«, in: *LBIYB,* Jg. 32 (1987), S. 341–368.

Saul, Klaus, »Der Staat und die ›Mächte des Umsturzes‹. Ein Beitrag zu den Methoden antisozialistischer Repression und Agitation vom Scheitern des Sozialistengesetzes bis zur Jahrhundertwende«, in: *AfS,* Jg. 12 (1972), S. 293–350.

Schatzker, Chaim, »Juden und Judentum in den Geschichtslehrbüchern der Bundesrepublik Deutschland«, in: Thomas Lange (Hrsg.), *Judentum und jüdische Geschichte im Schulunterricht nach 1945. Bestandsaufnahmen, Erfahrungen und Analysen aus Deutschland, Österreich, Frankreich und Israel,* Wien u.a. 1994, S. 37–47.

Scheil, Stefan, »Aktivitäten antisemitischer Parteien im Großherzogtum Baden zwischen 1890 und 1914«, in: *ZfGO,* Jg. 141 (1993), S. 304–335.

Schenck, Friedbert, *Die Einstellung der deutschen Beamten zur Weimarer Republik,* 2 Bde., Mannheim 1984.

Schenk, Dieter, *Hans Frank. Hitlers Kronjurist und Generalgouverneur,* Frankfurt am Main 2006.

Scherb, Armin, »Das normative Gerüst von 1948/49 und seine Bedeutung für die politische Bildung«, in: Peter März/Heinrich Oberreuter (Hrsg.), *Weichenstellung für Deutschland. Der Verfassungskonvent von Herrenchiemsee*, München 1999, S. 101–120.

–, *Präventiver Demokratieschutz als Problem der Verfassungsgebung nach 1945*, Frankfurt am Main 1987.

Schiffers, Reinhard, *Zwischen Bürgerfreiheit und Staatsschutz. Wiederherstellung und Neufassung des politischen Strafrechts in der Bundesrepublik Deutschland 1949–1951*, Düsseldorf 1989.

Schildt, Axel, »›Schlafende Höllenhunde‹. Reaktionen auf die antisemitische Schmierwelle 1959/60«, in: Andreas Brämer/Stefanie Schüler-Springorum/Michael Studemund-Halévy (Hrsg.), *Aus den Quellen: Beiträge zur deutsch-jüdischen Geschichte. Festschrift für Ina Lorenz zum 65. Geburtstag*, München u.a. 2005, S. 313–324.

Schindler, Dietrich, »Über die Notwendigkeit gemeinsamer Grundüberzeugungen in der Demokratie und die Versuche, sie rechtlich zu verankern«, in: Erhard Denninger/Manfred O. Hinz/Peter Cornelius Mayer-Tasch/Gerd Roellecke (Hrsg.), *Kritik und Vertrauen. Festschrift für Peter Schneider zum 70. Geburtstag*, Frankfurt am Main 1990, S. 487–500.

Schlotzhauer, Inge, *Ideologie und Organisation des politischen Antisemitismus in Frankfurt am Main 1880–1914*, Frankfurt am Main 1989.

Schmenk, Holger, *Xanten im 19. Jahrhundert. Eine rheinische Stadt zwischen Tradition und Moderne*, Köln u.a. 2008.

Schmidt, Monika, *Schändungen jüdischer Friedhöfe in der DDR. Eine Dokumentation*, Berlin 2007.

Schmitt Glaeser, Walter, *Mißbrauch und Verwirkung von Grundrechten im politischen Meinungskampf. Eine Untersuchung über die Verfassungsschutzbestimmung des Art. 18 GG und ihr Verhältnis zum einfachen Recht, insbesondere zum politischen Strafrecht*, Bad Homburg v.d.H. 1968.

Schmitz, Heribert, *Straftaten gegen Religion und Weltanschauung (§§ 166–168 StGB)*, Köln 1982.

Schmollinger, Horst W., »Die Sozialistische Reichspartei«, in: Richard Stöss (Hrsg.), *Parteien-Handbuch. Die Parteien der Bundesrepublik Deutschland 1945–1980*, Bd. II: *FDP bis WAV*, Opladen 1984, S. 2274–2336.

–, »Die Deutsche Reichspartei«, in: Richard Stöss (Hrsg.), *Parteien-Handbuch. Die Parteien der Bundesrepublik Deutschland 1945–1980*, Bd. I: *AUD bis EFP*, Opladen 1983, S. 1112–1191.

Schönbach, Peter, *Reaktionen auf die antisemitische Welle im Winter 1959/1960*, Frankfurt am Main 1961.

Schönhoven, Klaus, »Republik ohne Rechtsschutz. Politische Justiz in der Weimarer Republik«, in: Franz-Josef Hutter/Carsten Tessmer (Hrsg.), *Die Menschenrechte in Deutschland. Geschichte und Gegenwart*, München 1997, S.73–88.

Schöningh, Claudia, *»Kontrolliert die Justiz«. Die Vertrauenskrise der Weimarer Justiz im Spiegel der Gerichtsreportagen von Weltbühne, Tagebuch und Vossischer Zeitung*, München 2000.

Schoeps, Julius H., »Ritualmordbeschuldigung und Blutaberglaube. Die Affäre Buschhoff im niederrheinischen Xanten«, in: Jutta Bohnke-Kollwitz/Willehad Paul Eckert/Frank Golczewski/Hermann Greive (Hrsg.), *Köln und das rheinische Judentum. Festschrift Germania Judaica 1959–1984*, Köln 1984, S. 289–299.

–, »Autoemanzipation und Selbsthilfe. Die Anfänge der nationaljüdischen Bewegung in Deutschland, 1882–1897«, in: Walter Grab (Hrsg.), *Jüdische Integration und Identität in Deutschland und Österreich, 1848–1918. Internationales Symposium, April 1983*, Tel-Aviv 1984, S. 231–254.

Schorsch, Ismar, *On the History of the Political Judgment of the Jew. Leo Baeck Memorial Lecture 20*, New York 1976.

–, *Jewish Reactions to German Anti-Semitism, 1870–1914*, New York 1972.

Schroeder, Friedrich-Christian, *Der Schutz von Staat und Verfassung im Strafrecht. Eine systematische Darstellung, entwickelt aus Rechtsgeschichte und Rechtsvergleichung*, München 1970.

Schröder, Rainer, *Rechtsgeschichte*, 8., neu bearb. Aufl., Münster 2011.

–, »Die Richterschaft am Ende des zweiten Kaiserreichs unter dem Druck polarer sozialer und politischer Anforderungen«, in: Arno Buschmann/Franz-Ludwig Knemeyer/Gerhard Otte/Werner Schubert (Hrsg.), *Festschrift für Rudolf Gmür zum 70. Geburtstag: 28. Juli 1983*, Bielefeld 1983, S. 201–253.

Schudnagies, Christian, *Der Kriegs- oder Belagerungszustand im Deutschen Reich während des Ersten Weltkrieges. Eine Studie zur Entwicklung und Handhabung des deutschen Ausnahmezustandsrechts bis 1918*, Frankfurt am Main 1994.

Schüler-Springorum, Stefanie, »Unser Standpunkt. Jüdische Reaktionen auf den Berliner Antisemitismusstreit«, in: dies./Andreas Brämer/Michael Studemund-Halévy (Hrsg.), *Aus den Quellen: Beiträge zur deutsch-jüdischen Geschichte. Festschrift für Ina Lorenz zum 65. Geburtstag*, München u.a. 2005, S. 276–283.

Schütz, Wolfgang, *Einwirkungen des preußischen Justizministers auf die Rechtspflege. Ein Beitrag zur Geschichte des 19. Jahrhunderts*, Marburg 1970.

Schulte, Klaus, »›Was ist denn das überhaupt, ein Jude?‹ Anna Seghers' Einspruch anlässlich der antisemitischen Hetze gegen die Insassen der Berliner Transitlager für ›displaced persons‹ in der Presse der Vier-Sektoren-Stadt im Jahre 1948: Rekonstruktion, Lektüre, Kommentar«, in: *Jahrbuch für Kommunikationsgeschichte*, Bd. 4 (2002), S. 196–231.

Schulz, Birger, *Der Republikanische Richterbund (1921–1933)*, Frankfurt am Main 1982.

Schulze, Reiner, »Juristische Zeitgeschichte«, in: Michael Stolleis (Hrsg.), *Juristische Zeitgeschichte – ein neues Fach?*, Baden-Baden 1993, S. 53–62.

Schulze Wessel, Julia, »Neue Formen des Antisemitismus in der deutschen Nachkriegsgesellschaft. Eine Analyse deutscher Polizeiakten der Jahre 1945–1948«, in: *JBfA*, Jg. 8 (1999), S. 177–194.

–, »Zur Reformulierung des Antisemitismus in der deutschen Nachkriegsgesellschaft. Eine Analyse deutscher Polizeiakten aus der Zeit von 1945 bis 1948«, in: dies./Susanne Dietrich, *Zwischen Selbstorganisation und Stigmatisierung. Die Lebenswirklichkeit jüdischer Displaced Persons und die neue Gestalt des Antisemitismus in der deutschen Nachkriegsgesellschaft*, Stuttgart 1998, S. 131–232.

Schumann, Dirk, *Politische Gewalt in der Weimarer Republik. Kampf um die Straße und Furcht vor dem Bürgerkrieg*, Essen 2001.

Schurr, Stephan, »Die ›Judenaktion‹ in Creglingen am 25. März 1933. Eine Quellendokumentation«, in: Gerhard Naser (Hrsg.), *Lebenswege Creglinger Juden. Das Pogrom von 1933. Der schwierige Umgang mit der Vergangenheit*, Bergatreute 2000, S. 59–82.

Schwabe, Klaus, »Die deutsche Politik und die Juden im Ersten Weltkrieg«, in: Hans Otto Horch (Hrsg.), *Judentum, Antisemitismus und europäische Kultur*, Tübingen 1988, S. 255–266.

Schwarz, Johannes Valentin, »›Der Gegenstand böte genügend Attraktion‹: Ein Forschungsüberblick zur Geschichte der jüdischen Presse des 18. bis 20. Jahrhunderts im deutschen Sprach- und Kulturraum«, in: *Jahrbuch für Kommunikationsgeschichte*, Jg. 9 (2007), S. 3–75.

Schwarz, Kyrill-A., *Das Spannungsverhältnis von Religionsfreiheit und Tierschutz am Beispiel des »rituellen Schächtens«*, Baden-Baden 2003.

Senn, Marcel, »Recht und Kultur – ein dialektisches Verhältnis«, in: ders./Dániel Puskás (Hrsg.), *Rechtswissenschaft als Kulturwissenschaft? Kongress der Schweizerischen Vereinigung für Rechts- und Sozialphilosophie, 15. und 16. Juni 2007*, Stuttgart u.a. 2008, S. 13–21.

Shafir, Shlomo, »Helmut Schmidt: Seine Beziehungen zu Israel und den Juden«, in: *JBfA*, Jg. 17 (2008), S. 297–321.

–, »Die SPD und die Wiedergutmachung gegenüber Israel«, in: Ludolf Herbst/Constantin Goschler (Hrsg.), *Wiedergutmachung in der Bundesrepublik Deutschland*, München 1989, S. 191–203.

Sieg, Ulrich, *Deutschlands Prophet. Paul de Lagarde und die Ursprünge des modernen Antisemitismus*, München 2007.

–, »Der Talmud vor Gericht. Die ideengeschichtliche Bedeutung des Marburger Antisemitismusprozesses«, in: Hans-Martin Barth/Christoph Elsas (Hrsg.), *Religiöse Minderheiten. Potentiale für Konflikt und Frieden. IV. Internationales Rudolf-Otto-Symposion Marburg*, Hamburg 2004, S. 129–144.

–, »›Nothing More German than the German Jews‹? On the Integration of a Minority in a Society at War«, in: Rainer Liedtke/David Rechter (Hrsg.), *Towards Normality? Acculturation and Modern German Jewry*, Tübingen 2003, S. 201–216.

–, »Auf dem Weg zur ›dichten Beschreibung‹. Neuere Literatur zur Geschichte des Antisemitismus im Kaiserreich«, in: *JBfA*, Jg. 12 (2003), S. 329–342.

–, *Aufstieg und Niedergang des Marburger Neukantianismus. Die Geschichte einer philosophischen Schulgemeinschaft*, Würzburg 1994.

–, »›Der Wissenschaft und dem Leben tut dasselbe not: Ehrfurcht vor der Wahrheit.‹ Hermann Cohens Gutachten im Marburger Antisemitismusprozeß 1888«, in: Reinhard Brandt/Franz Orlik (Hrsg.), *Philosophisches Denken – Politisches Wirken. Hermann-Cohen-Kolloquium, Marburg 1992*, Hildesheim u.a. 1993, S. 222–249.

Siemens, Daniel, *Metropole und Verbrechen. Die Gerichtsreportage in Berlin, Paris und Chicago 1919–1933*, Stuttgart 2007.

–, »›Wir haben nur unsere Pflicht getan‹. Zur Geschichte der HIAG, der Lobby der Waffen-SS, in der frühen Bundesrepublik«, in: *Junge Welt* vom 20.7.2007, S. 10.

–, »Die ›Vertrauenskrise der Justiz‹«, in: Moritz Föllmer/Rüdiger Graf (Hrsg.), *Die »Krise« der Weimarer Republik. Zur Kritik eines Deutungsmusters*, Frankfurt am Main 2005, S. 139–163.

Simonsen, Jon Gunnar Mølstre, »Perfect Targets – Antisemitism and Eastern Jews in Leipzig, 1919–23«, in: *LBIYB*, Jg. 51 (2006), S. 79–101.

Sina, Peter, *Die Dogmengeschichte des strafrechtlichen Begriffs »Rechtsgut«*, Basel 1962.

Smith, Helmut Walser, »Konitz, 1900: Ritual Murder and Antisemitic Violence«, in: ders./Christhard Hoffmann/Werner Bergmann (Hrsg.), *Exclusionary Violence. Antisemitic Riots in Modern German History*, Chicago 2002, S. 93–122.

–, *Die Geschichte des Schlachters. Mord und Antisemitismus in einer deutschen Kleinstadt*, Göttingen 2002.

–, »Alltag und politischer Antisemitismus in Baden, 1890–1900«, in: *ZfGO*, Jg. 141 (1993), S. 280–303.

Söllner, Alfons, »Jüdische Emigranten in den USA: Ihr Einfluß auf die amerikanische Deutschlandpolitik 1933–1949«, in: Hans Erler/Arnold Paucker/Ernst Ludwig Ehrlich (Hrsg.), *Gegen alle Vergeblichkeit. Jüdischer Widerstand gegen den Nationalsozialismus*, Frankfurt am Main 2003, S. 365–387.

Solbach, Markus, *Politischer Druck und richterliche Argumentation. Eine rechtsrhetorische Analyse von Entscheidungen des Bundesverfassungsgerichts*, Frankfurt am Main u.a. 2003.

Spaemann, Robert, »Der Haß des Sarastro. Menschen und Untermenschen«, in: *Transit. Europäische Revue*, Jg. 16 (1998), S. 39–50.

Staudinger, Barbara, »Von den Rechtsnormen zur Rechtspraxis: Eine Stellungnahme zu einem Forschungsvorhaben zur Rechtsgeschichte der Juden im Heiligen Römischen Reich«, in: *Aschkenas*, Jg. 13 (2003), S. 107–115.

–, »Die Resolutionsprotokolle des Reichshofrats als Quelle zur jüdischen Geschichte«, in: Anette Baumann/Siegrid Westphal/Stephan Wendehorst/Stefan Ehrenpreis (Hrsg.), *Prozessakten als Quelle. Neue Ansätze zur Erforschung der Höchsten Gerichtsbarkeit im Alten Reich*, Köln u.a. 2001, S. 119–140.

Steen, Jürgen, »›Gruß aus dem Kölner Hof in Neu-Jerusalem‹. Werbung für das ›einzige judenfreie Hotel‹ in Frankfurt am Main«, in: Helmut Gold/Georg Heuberger (Hrsg.), *Abgestempelt. Judenfeindliche Postkarten auf der Grundlage der Sammlung Wolfgang Haney*, Frankfurt am Main 1999, S. 256–261.

Stein, Katrin, *Parteiverbote in der Weimarer Republik*, Berlin 1999.

Steinitz, Inbal, *Der Kampf jüdischer Anwälte gegen den Antisemitismus*, Berlin 2008.

Steinle, Jürgen, »Weimarer Krisenbewußtsein zur Zeit des Präsidialkabinetts Papen im Spiegel der Frankfurter Zeitung«, in: *HMRG*, Jg. 7 (1994), S. 244–261.

Steinweis, Alan E., *Studying the Jew. Scholarly Antisemitism in Nazi Germany*, Cambridge/MA 2006.

Sterling, Eleonore, »Anti-Jewish Riots in Germany in 1819: A Displacement of Social Protest«, in: *Historia Judaica*, Jg. 12 (1950), S. 105–142.

Stern, Frank, »Wider Antisemitismus – für christlich-jüdische Zusammenarbeit. Aus der Entstehungszeit der Gesellschaften und des Koordinierungsrats«, in: *Menora. Jahrbuch für deutsch-jüdische Geschichte*, Jg. 3 (1992), S. 182–209.

–, *Im Anfang war Auschwitz. Antisemitismus und Philosemitismus im deutschen Nachkrieg*, Göttingen 1991.

–, »Entstehung, Bedeutung und Funktion des Philosemitismus in Westdeutschland nach 1945«, in: Werner Bergmann/Rainer Erb (Hrsg.), *Antisemitismus in der politischen Kultur nach 1945*, Opladen 1990, S. 180–196.

–, »The Historic Triangle: Occupiers, Germans and Jews in Postwar Germany«, in: *TAJBfdG*, Jg. 19 (1990), S. 47–76.

Stern, Fritz, *Gold and Iron. Bismarck, Bleichröder, and the Building of the German Empire*, Harmondsworth 1987 [zuerst 1977].

Stingl, Wolfgang G., *Jüdisches Leben in Nidda im 19. und 20. Jahrhundert. Untersuchungen zur Lokalgeschichte des oberhessischen Landjudentums*, Obertshausen 2001.

Stockhammer, Robert, »Äußerungsdelikte. Zur Frage der juristischen Gleichstellung von Genozidleugnungen«, in: ders., *»Literatur«, nach einem Genozid: Äußerungsakte, Äußerungsformen, Äußerungsdelikte*, Aachen 2010, S. 97–113.

Stoetzler, Marcel, *The State, the Nation and the Jews. The Antisemitism Dispute in Bismarck's Germany*, Lincoln 2008.

Stoffregen, Matthias, *Kämpfen für ein demokratisches Deutschland. Emigranten zwischen Politik und Politikwissenschaft*, Opladen 2002.

Stolleis, Michael, *Das Auge des Gesetzes. Geschichte einer Metapher*, München 2004.

Strauss, Gerald, *Law, Resistance and the State – The Opposition to Roman Law in Reformation Germany*, Princeton 1986.

Strauss, Herbert A., »Formen des modernen Antisemitismus und Probleme seiner Abwehr«, in: *International Review of Social History*, Jg. 30 (1985), S. 431–443.

–, »Die preußische Bürokratie und die antijüdischen Unruhen im Jahre 1834«, in: ders./Kurt R. Grossmann (Hrsg.), *Gegenwart im Rückblick. Festgabe für die Jüdische Gemeinde zu Berlin 25 Jahre nach dem Neubeginn*, Heidelberg 1970, S. 27–55.

Streng, Franz, »Anmerkung zum Urteil des BGH v. 6.4.2000 – 1 StR 502/99 (LG Mannheim)«, in: *JZ*, Jg. 56 (2001), S. 205–208.

Strenge, Barbara, *Juden im preußischen Justizdienst 1819–1918. Der Zugang zu den juristischen Berufen als Indikator der gesellschaftlichen Emanzipation*, München 1996.

Suchy, Barbara, »›Wir halten treu und fest zu Republik und Verfassung‹. Deutsche Juden und die Verteidigung der Weimarer Republik«, in: Hans Erler/Arnold Paucker/Ernst Ludwig Ehrlich (Hrsg.), *»Gegen alle Vergeblichkeit«. Jüdischer Widerstand gegen den Nationalsozialismus*, Frankfurt am Main 2003, S. 68–100.

–, »Antisemitismus in den Jahren vor dem Ersten Weltkrieg«, in: Jutta Bohnke-Kollwitz/Willehad Paul Eckert/Frank Golczewski/Hermann Greive (Hrsg.), *Köln und das rheinische Judentum. Festschrift Germania Judaica 1959–1984*, Köln 1984, S. 252–285.

–, »The Verein zur Abwehr des Antisemitismus«, in: *LBIYB*, Jg. 28 (1983), S. 205–239, und Jg. 30 (1985), S. 67–103.

Süle, Tibor, *Preußische Bürokratietradition. Zur Entwicklung in Verwaltung und Beamtenschaft in Deutschland 1871–1918*, Göttingen 1988.

Tabary, Serge, »Theodor Fritsch (1852–1933), le ›Vieux Maître‹ de l'Antisémitisme allemand«, in: *Revue d'Allemagne et des pays de langue allemande*, Jg. 30 (1998), S. 89–100.

–, *Theodor Fritsch (1852–1933): le »Vieux Maître« de l'antisémitisme allemand et la diffusion de l'idée »völkisch«*, Diss., Université de Strasbourg III, 1998.

Tal, Uriel, *Christians and Jews in Germany. Religion, Politics and Ideology in the Second Reich. 1870–1914*, Ithaca u.a. 1975.

Thalmann, Rita R., »Die Schwäche des Kulturprotestantismus bei der Bekämpfung des Antisemitismus«, in: Kurt Nowak/Gérard Raulet (Hrsg.), *Protestantismus und Antisemitismus in der Weimarer Republik*, Frankfurt am Main 1994, S. 147–165.

Thiele, Ulrich, »›Keine Freiheit den Feinden der Freiheit!‹ Westdeutschland entdeckt die Ideale der Französischen Revolution?«, in: Detlef Georgia Schulze/Sabine Berghahn/Frieder Otto Wolf (Hrsg.), *Rechtsstaat statt Revolution, Verrechtlichung statt Demokratie? Transdisziplinäre Analysen zum deutschen und spanischen Weg in die Moderne*, Bd. 2: *Die juristischen Konsequenzen*, Münster 2010, S. 795–811.

Tiedemann, Paul, *Was ist Menschenwürde? Eine Einführung*, Darmstadt 2006.

Timm, Angelika, *Hammer, Zirkel, Davidstern. Das gestörte Verhältnis der DDR zu Zionismus und Staat Israel*, Bonn 1997.

Toury, Jacob, »Antisemitismus auf dem Lande: Der Fall Hessen 1881–1895«, in: Monika Richarz/Reinhard Rürup (Hrsg.), *Jüdisches Leben auf dem Lande. Studien zur deutsch-jüdischen Geschichte*, Tübingen 1997, S. 173–188.

–, »Anti-Anti 1889/1892«, in: *LBIYB*, Jg. 36 (1991), S. 47–58.

–, »Gab es ein Krisenbewußtsein unter den Juden der ›Guten Jahre‹ der Weimarer Republik 1924–1929?«, in: *TAJBfdG*, Jg. 17 (1988), S. 145–168.

Trittel, Günter J., »Die Sozialistische Reichspartei als niedersächsische Regionalpartei«, in: Bernd Weisbrod (Hrsg.), *Rechtsradikalismus in der politischen Kultur der*

Nachkriegszeit. Die verzögerte Normalisierung in Niedersachsen, Hannover 1995, S. 67–85.

Ullrich, Sebastian, *Der Weimar-Komplex. Das Scheitern der ersten deutschen Demokratie und die politische Kultur der frühen Bundesrepublik 1945–1959*, Göttingen 2009.

–, »Im Schatten einer gescheiterten Demokratie. Die Weimarer Republik und der demokratische Neubeginn in den Westzonen 1945–1949«, in: Heinrich August Winkler (Hrsg.), *Griff nach der Deutungsmacht. Zur Geschichte der Geschichtspolitik in Deutschland*, Göttingen 2004, S. 185–208.

Ulmer, Martin, *Antisemitismus in Stuttgart 1871–1933. Studien zum öffentlichen Diskurs und Alltag*, Berlin 2011.

–, »Antisemitische Massenkrawalle in Stuttgart – Anlass, Verlauf, Diskurse und Ursachen«, in: *JBfA*, Jg. 15 (2006), S. 17–41.

Vogt, Bernhard, »Die ›Atmosphäre eines Narrenhauses‹. Eine Ritualmordlegende um die Ermordung des Schülers Ernst Winter in Konitz«, in: Michael Brocke/Margret Heitmann/Harald Lordick (Hrsg.), *Zur Geschichte und Kultur der Juden in Ost- und Westpreußen*, Hildesheim 2000, S. 546–577.

–, »Antisemitismus und Justiz im Kaiserreich: Der Synagogenbrand in Neustettin«, in: Margret Heitmann/Julius H. Schoeps (Hrsg.), *»Halte fern dem ganzen Lande jedes Verderben …«: Geschichte und Kultur der Juden in Pommern*, Hildesheim u.a. 1995, S. 379–399.

Volkov, Shulamit, »Antisemitism as a Cultural Code. Reflections on the Historiography of Antisemitism in Imperial Germany«, in: *LBIYB*, Jg. 23 (1978), S. 25–46.

Vorländer, Hans, »Deutungsmacht – Die Macht der Verfassungsgerichtsbarkeit«, in: ders. (Hrsg.), *Die Deutungsmacht der Verfassungsgerichtsbarkeit*, Wiesbaden 2006, S. 9–33.

Vormbaum, Thomas, »130 Jahre Strafgesetzgebung«, in: ders./Jürgen Welp (Hrsg.), *Das Strafgesetzbuch. Sammlung der Änderungsgesetze und Neubekanntmachungen*, Supplementband I: *130 Jahre Strafgesetzgebung – Eine Bilanz*, Berlin 2004, S. 456–489.

Vossieg, Michael Alexander, *Parlamentarische Justizkritik in Preußen 1847–1870*, Kiel 1974.

Vyleta, Daniel M., *Crime, Jews, and News: Vienna 1895–1914*, New York 2007.

Wachs, Philipp-Christian, *Der Fall Theodor Oberländer (1905–1998). Ein Lehrstück deutscher Geschichte*, Frankfurt am Main u.a. 2000.

Wahl, Rainer, »Lüth und die Folgen. Ein Urteil als Weichenstellung für die Rechtsentwicklung«, in: Thomas Henne/Arne Riedlinger (Hrsg.), *Das Lüth-Urteil in (rechts-)historischer Sicht. Die Konflikte um Veit Harlan und die Grundrechtsjudikatur des Bundesverfassungsgerichts*, Berlin 2005, S. 371–397.

Waibel, Harry, *Rechtsextremismus in der DDR bis 1989. Neofaschistische, antisemitische und xenophobische Einstellungen und Gewalttaten von Jugendlichen unter besonderer Berücksichtigung der DDR-spezifischen historischen, politischen und ideologi-*

schen Bedingungen und Ursachen, Phil. Diss, Fachbereich 1, Technische Universität Berlin, 1995.

Waldow, Jörg Ernst August, *Der strafrechtliche Ehrenschutz in der NS-Zeit*, Baden-Baden 2000.

Walk, Joseph, »Reactions of the Jewish Press in Germany to the Nuremberg Laws«, in: David Bankier (Hrsg.), *Probing the Dephts of German Antisemitism. German Society and the Persecution of the Jews, 1933–1941*, Jerusalem 2000, S. 329–338.

Walkenhorst, Peter, *Nation – Volk – Rasse. Radikaler Nationalismus im Deutschen Kaiserreich 1890–1914*, Göttingen 2007.

Wallmann, Wilhelm, *Einfluß der Exekutive auf die Justiz im 19. Jahrhundert*, Marburg 1968.

Walter, Dirk, *Antisemitische Kriminalität und Gewalt. Judenfeindlichkeit in der Weimarer Republik*, Bonn 1999.

Walz, Rainer, »Der vormoderne Antisemitismus: Religiöser Fanatismus oder Rassenwahn?«, in: *HZ*, Jg. 260, H. 3 (1995), S. 719–748.

Wassermann, H., »*Verein zur Abwehr des Antisemitismus*«, presented to Prof. J. Arieli, MS undatiert (LBINY, AR 2198)

Wawrzyn, Heidemarie, *Vaterland statt Menschenrechte. Formen der Judenfeindschaft in den Frauenbewegungen des Deutschen Kaiserreiches*, Marburg 1999.

–, »Als die ›Mütter der Nation‹ Abschied nahmen von den Menschenrechten: Über Antisemitismus in den bürgerlichen Frauenbewegungen 1865–1918«, in: Ute Planert (Hrsg.), *Nation, Politik und Geschlecht: Frauenbewegungen und Nationalismus in der Moderne*, Frankfurt am Main 2000, S. 182–197.

Weber, Petra, *Carlo Schmid 1896–1979. Eine Biographie*, München 1996.

Webster, Ronald, »American Relief and Jews in Germany, 1945–1960«, in: *LBIYB*, Jg. 38 (1993), S. 293–321.

Wehinger, Markus, *Kollektivbeleidigung – Volksverhetzung. Der strafrechtliche Schutz von Bevölkerungsgruppen durch die §§ 185ff. und § 130 StGB*, Baden-Baden 1994.

Wehler, Hans-Ulrich, *Deutsche Gesellschaftsgeschichte*, Bd. 4: *Vom Beginn des Ersten Weltkrieges bis zur Gründung der beiden deutschen Staaten: 1914–1949*, München 2003.

Weiland, Daniela, *Otto Glagau und »Der Kulturkämpfer«. Zur Entstehung des modernen Antisemitismus im frühen Kaiserreich*, Berlin 2004.

Weinberg, Sonja, *Pogroms and Riots: German Press Responses to Anti-Jewish Violence in Germany and Russia (1881–1882)*, Frankfurt am Main 2010.

–, »Germania and the Anti-Jewish Riots in Germany and Russia, 1881–1882«, in: *LBIYB*, Jg. 52 (2007), S. 133–148.

Weingardt, Markus A., *Deutsche Israel- und Nahostpolitik. Die Geschichte einer Gratwanderung seit 1949*, Frankfurt am Main u.a. 2002.

Weissberg, Liliane, »Notenverkehr. Antisemitische Motive auf dem Notgeld der 20er Jahre«, in: Helmut Gold/Georg Heuberger (Hrsg.), *Abgestempelt. Judenfeindliche*

Postkarten auf der Grundlage der Sammlung Wolfgang Haney, Frankfurt am Main 1999, S. 276–283.

Weitzel, Jürgen, »Werte und Selbstbewertung juristisch-forensischen Begründens heute«, in: Albrecht Cordes (Hrsg.), *Juristische Argumentationen – Argumente der Juristen*, Wien u.a. 2005, S. 11–28.

Welling, Martin, »›Wie ein böser Spuk.‹ Düsseldorfer Juden in Krieg und Revolution 1914–1920«, in: *Aschkenas*, Jg. 13 (2003), S. 167–188.

Wendenburg, Helge, *Die Debatte um die Verfassungsgerichtsbarkeit und der Methodenstreit der Staatsrechtslehre in der Weimarer Republik*, Göttingen 1984.

Wenge, Nicola, *Integration und Ausgrenzung in der städtischen Gesellschaft. Eine jüdisch-nichtjüdische Beziehungsgeschichte Kölns 1918–1933*, Mainz 2005.

Wengst, Udo, *Thomas Dehler 1897–1967. Eine politische Biographie*, München 1997.

Wenzel, Kay, »Befreiung oder Freiheit? Zur politischen Ausdeutung der deutschen Kriege gegen Napoleon von 1913 bis 1923«, in: Heinrich August Winkler (Hrsg.), *Griff nach der Deutungsmacht. Zur Geschichte der Geschichtspolitik in Deutschland*, Göttingen 2004, S. 67–89.

Werner, Nils, *Die Prozesse gegen die Landvolkbewegung in Schleswig-Holstein 1929/32. Ein Beitrag zur Justizkritik in der späten Weimarer Republik*, Frankfurt am Main u.a. 2001.

Werner, Olaf, *Staatliches Gewaltmonopol und Selbsthilfe im Rechtsstaat*, Stuttgart u.a. 1999.

Wesel, Uwe, *Der Gang nach Karlsruhe. Das Bundesverfassungsgericht in der Geschichte der Bundesrepublik*, München 2004.

Wessel, Julia Schulze, »Zur Reformulierung des Antisemitismus in der deutschen Nachkriegsgesellschaft. Eine Analyse deutscher Polizeiakten aus der Zeit von 1945 bis 1948«, in: dies./Susanne Dietrich, *Zwischen Selbstorganisation und Stigmatisierung. Die Lebenswirklichkeit jüdischer Displaced Persons und die neue Gestalt des Antisemitismus in der deutschen Nachkriegsgesellschaft*, Stuttgart 1998, S. 131–232.

Wetzel, Juliane, »Der schwierige Umgang mit einem Phänomen – die EU und der Antisemitismus«, in: *TAJBfdG*, Jg. 33 (2005), S. 90–109.

–, »Antisemitismus als Element rechtsextremer Ideologie und Propaganda«, in: Wolfgang Benz (Hrsg.), *Antisemitismus in Deutschland. Zur Aktualität eines Vorurteils*, München 1995, S. 101–120.

–, »›Mir szeinen doh‹. München und Umgebung als Zuflucht von Überlebenden des Holocaust 1945–1948«, in: Martin Broszat/Klaus-Dietmar Henke/Hans Woller (Hrsg.), *Von Stalingrad zur Währungsreform. Zur Sozialgeschichte des Umbruchs in Deutschland*, München 1988, S. 327–364.

–, *Jüdisches Leben in München 1945–1951. Durchgangsstation oder Wiederaufbau?*, München 1987.

Widmann, Peter, »Entscheidungsschlachten am Bildschirm. Extremistische Provokateure und journalistische Routinen«, in: *JBfA*, Jg. 14 (2005), S. 99–109.

Wiese, Christian, »Ein ›aufrichtiger Freund des Judentums‹? ›Judenmission‹, christliche Judaistik und Wissenschaft des Judentums im Deutschen Kaiserreich am Beispiel Hermann L. Stracks«, in: Giuseppe Veltri/Gerold Necker (Hrsg.), *Gottes Sprache in der philologischen Werkstatt. Hebraistik vom 15. bis zum 19. Jahrhundert*, Leiden u.a. 2004, S. 277–316.

–, »Jahwe – ein Gott nur für die Juden? Der Disput um das Gottesverständnis zwischen Wissenschaft des Judentums und protestantischer alttestamentlicher Wissenschaft im Kaiserreich«, in: Leonore Siegele-Wenschkewitz (Hrsg.), *Christlicher Antijudaismus und Antisemitismus. Theologische und kirchliche Programme deutscher Christen*, Frankfurt am Main 1994, S. 27–94.

Wiesemann, Falk, »Nationalsozialismus und ländlicher Antisemitismus. Eine Ritualmordbeschuldigung in Franken 1929–1937«, in: Volker Ackermann/Bernd-A. Rusinek/Falk Wiesemann (Hrsg.), *Anknüpfungen. Kulturgeschichte – Landesgeschichte – Zeitgeschichte. Gedenkschrift für Peter Hüttenberger*, Essen 1995, S. 221–234.

Wildt, Michael, *Volksgemeinschaft als Selbstermächtigung. Gewalt gegen Juden in der deutschen Provinz 1919–1939*, Hamburg 2007.

–, »›Gemeinnutz geht vor Eigennutz‹. Ein kurzer Nachtrag zur Hohmann-Rede«, in: *Mittelweg 36*, Jg. 13, H. 1 (2004), S. 88–92.

–, »Gewaltpolitik. Volksgemeinschaft und Judenverfolgung in der deutschen Provinz 1932 bis 1935«, in: *WerkstattGeschichte*, Nr. 35 (2003), S. 23–43.

–, »›Der muß hinaus! Der muß hinaus!‹ Antisemitismus in deutschen Nord- und Ostseebädern 1920–1935«, in: *Mittelweg 36*, Jg. 10, H. 4 (2001), S. 2–25.

–, »Violence against Jews in Germany, 1933–1939«, in: David Bankier (Hrsg.), *Probing the Dephts of German Antisemitism. German Society and the Persecution of the Jews, 1933–1941*, Jerusalem 2000, S. 181–209.

–, »Gewalt gegen Juden in Deutschland 1933 bis 1939«, in: *WerkstattGeschichte*, Nr. 18 (1997), S. 59–80.

Wilhelm, Uwe, *Das Deutsche Kaiserreich und seine Justiz. Justizkritik – politische Strafrechtsprechung – Justizpolitik*, Berlin 2010.

Wilke, Karsten, »Organisierte Veteranen der Waffen-SS zwischen Systemopposition und Integration. Die ›Hilfsgemeinschaft auf Gegenseitigkeit der Angehörigen der ehemaligen Waffen-SS‹ (HIAG) in der frühen Bundesrepublik«, in: *ZfG*, Jg. 53 (2005), S. 149–166.

Winkler, Heinrich August, »Forced Democratization? Some Lessons from Postwar Germany«, in: Juhana Aunesluoma/Pauli Kettunen (Hrsg.), *The Cold War and the Politics of History*, Helsinki 2008, S. 335–347.

–, *Weimar 1918–1933. Die Geschichte der ersten deutschen Demokratie*, München 1993.

Winkler, Jürgen R., »Rechtsextremismus. Gegenstand – Erklärungsansätze – Grundprobleme«, in: Wilfried Schubarth/Richard Stöss (Hrsg.), *Rechtsextremismus in der Bundesrepublik Deutschland. Eine Bilanz*, Bonn 2000, S. 38–68.

Wippermann, Klaus W., *Politische Propaganda und staatsbürgerliche Erziehung. Die Reichszentrale für Heimatdienst in der Weimarer Republik*, Köln 1976.

Wirsching, Andreas, »Jüdische Friedhöfe in Deutschland 1933–1957«, in: *VfZG*, Jg. 50 (2002), S. 1–40.

Wittreck, Fabian, *Nationalsozialistische Rechtslehre und Naturrecht. Affinität und Aversion*, Tübingen 2008.

Wohland, Werner, *Informationsfreiheit und politische Filmkontrolle. Ein Beitrag zur Konkretisierung von Art. 5 Grundgesetz*, Berlin 1968.

Wolf, Stefan Philipp, *Konservatismus im liberalen Baden. Studien zur badischen Innen-, Kirchen- und Agrarpolitik sowie zur süddeutschen Parteiengeschichte 1860–1893*, Karlsruhe 1990.

Wolfrum, Edgar, *Die geglückte Demokratie. Geschichte der Bundesrepublik Deutschland von ihren Anfängen bis zur Gegenwart*, Stuttgart 2006.

–, »Das westdeutsche ›Geschichtsbild‹ entsteht. Auseinandersetzung mit dem Nationalsozialismus und neues bundesrepublikanisches Selbstbewusstsein«, in: Matthias Frese/Julia Paulus/Karl Teppe (Hrsg.), *Demokratisierung und gesellschaftlicher Aufbruch. Die sechziger Jahre als Wendezeit der Bundesrepublik*, Paderborn 2003, S. 227–246.

Wolfrum, Rüdiger, »Das Verbot der Rassendiskriminierung im Spannungsfeld zwischen dem Schutz individueller Freiheitsrechte und der Verpflichtung des einzelnen im Allgemeininteresse«, in: Erhard Denninger/Manfred O. Hinz/Peter Cornelius Mayer-Tasch/Gerd Roellecke (Hrsg.), *Kritik und Vertrauen. Festschrift für Peter Schneider zum 70. Geburtstag*, Frankfurt am Main 1990, S. 515–527.

Wollasch, Hans-Josef, »Karl Siegfried Bader zum Gedenken (1905–1998)«, in: *Freiburger Rundbrief. Zeitschrift für christlich-jüdische Begegnung*, N. F. 6, H. 2 (1999), S. 114–117.

–, *»Betrifft: Nachrichtenzentrale des Erzbischofs Gröber in Freiburg«. Die Ermittlungsakten der Geheimen Staatspolizei gegen Gertrud Luckner 1942–1944*, Konstanz 1999.

Wolffsohn, Michael, *»Meine Juden – Eure Juden«*, München u.a. 1997.

–, *Die Deutschland-Akte. Juden und Deutsche in Ost und West. Tatsachen und Legenden*, München 1995.

Wright, Jonathan/Pulzer, Peter, »Gustav Stresemann and the Verband Nationaldeutscher Juden: Right-Wing Jews in Weimar Politics«, in: *LBIYB*, Jg. 50 (2005), S. 199–211.

Würtenberger, Thomas, »Zur Legitimität des Verfassungsrichterrechts«, in: ders./Bernd Guggenberger (Hrsg.), *Hüter der Verfassung oder Lenker der Politik? Das Bundesverfassungsgericht im Widerstreit*, Baden-Baden 1998, S. 57–80.

Wyrwa, Ulrich (Hrsg.), *Einspruch und Abwehr. Die Reaktion des europäischen Judentums auf die Entstehung des Antisemitismus (1879–1914)* (= Jahrbuch des Fritz Bauer Instituts 2010), Frankfurt am Main u.a. 2010.

–, *Juden in der Toskana und in Preußen im Vergleich. Aufklärung und Emanzipation in Florenz, Livorno, Berlin und Königsberg i. Pr.*, Tübingen 2003.

–, »Heinrich von Treitschke. Geschichtsschreibung und öffentliche Meinung im Deutschland des 19. Jahrhunderts«, in: *ZfG*, Jg. 51 (2003), S. 779–792.

Zibell, Stephanie, *Politische Bildung und demokratische Verfassung. Ludwig Bergsträsser (1883–1960)*, Bonn 2006.

Zick, Andreas/Küpper, Beate, »›Die sind doch selbst schuld, wenn man was gegen sie hat!‹ oder Wie man sich seiner Vorurteile entledigt«, in: *Deutsche Zustände*, Bd. 3, hrsg. von Wilhelm Heitmeyer, Frankfurt am Main 2005, S. 129–143.

Zieher, Jürgen, *Im Schatten von Antisemitismus und Wiedergutmachung: Kommunen und jüdische Gemeinden in Dortmund, Düsseldorf und Köln 1945–1960*, Berlin 2005.

–, »Weder Privilegierung noch Diskriminierung. Die Politik des Zentralrats der Juden in Deutschland von 1950 bis 1960«, in: *JBfA*, Jg. 13 (2004), S. 187–211.

Ziemann, Benjamin, »›Linguistische Wende‹ und ›kultureller Code‹ in der Geschichtsschreibung zum modernen Antisemitismus«, in: *JBfA*, Jg. 14 (2005), S. 301–322.

Zilien, Johann, *Politische Bildung in Hessen von 1945 bis 1965. Gestaltung und Entwicklung der politischen Bildung als schulpolitisches Instrument der sozialen Demokratisierung*, Frankfurt am Main 1997.

Zimmermann, Moshe, »Carlo Schmid als Botschafter des ›anderen Deutschlands‹ in Israel«, in: Regina Krane (Red.), *Carlo Schmid und seine Politik. Wissenschaftliches Symposion am 2. Dezember 1996 aus Anlass des 100. Geburtstages von Professor Dr. Carlo Schmid*, Berlin 1997, S. 52–63.

–, »Zukunftserwartungen deutscher Juden im ersten Jahr der Weimarer Republik«, in: *AfS*, Jg. 37 (1997), S. 55–72.

–, *Wilhelm Marr. The Patriarch of Anti-Semitism*, New York 1986.

Zimmermann, Peter, *Theodor Haubach (1896–1945). Eine politische Biographie*, München u.a. 2004.

Zippan, Claudia, »Grabschändungen im Kontext christlicher Kultur«, in: *JBfA*, Jg. 10 (2001), S. 13–35.

Zumbini, Massimo Ferrari, *Die Wurzeln des Bösen. Gründerjahre des Antisemitismus: Von der Bismarckzeit zu Hitler*, Frankfurt am Main 2003.